U0905111

珍藏本
纪念版

汉译世界学术名著丛书

中世纪晚期
欧洲经济社会史

〔美〕詹姆斯·W.汤普逊 著

徐家玲 等译

2017年·北京

James Westfall Thompson
ECONOMIC AND SOCIAL HISTORY
OF EUROPE
IN THE LATER MIDDLE AGES
The Century Co. U. S. A. 1931
本书根据美国世纪出版公司 1931 年版译出

汉译世界学术名著丛书
（120 年纪念版·珍藏本）
出 版 说 明

2017 年 2 月 11 日，商务印书馆迎来 120 岁的生日。120 年前，商务印书馆前贤怀揣文化救国的理想，抱持“昌明教育，开启民智”的使命，立足本土，放眼寰宇，以出版为津梁，沟通中西，为中国、为世界提供最富智慧的思想文化成果。无论世事白云苍狗，潮流左右激荡，甚至战火硝烟弥漫，始终践行学术报国之志，无改初心。

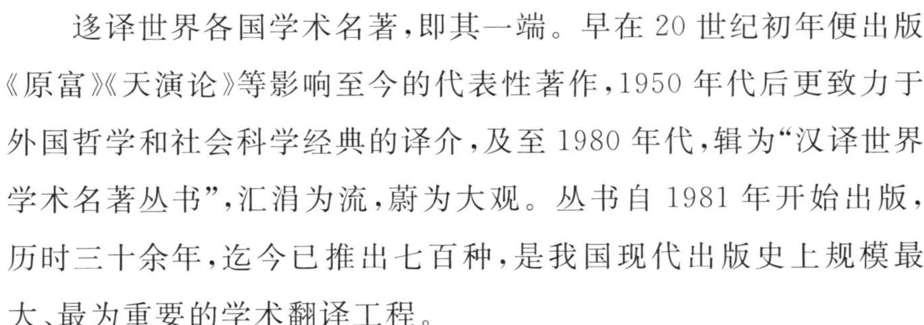

逐译世界各国学术名著，即其一端。早在 20 世纪初年便出版《原富》《天演论》等影响至今的代表性著作，1950 年代后更致力于外国哲学和社会科学经典的译介，及至 1980 年代，辑为“汉译世界学术名著丛书”，汇涓为流，蔚为大观。丛书自 1981 年开始出版，历时三十余年，迄今已推出七百种，是我国现代出版史上规模最大、最为重要的学术翻译工程。

丛书所选之书，立场观点不囿于一派，学科领域不限于一门，皆为文明开启以来，各时代、各国家、各民族的思想与文化精粹，代表着人类已经到达过的精神境界。丛书系统译介世界学术经典，引领时代思想，为本土原创学术的发展提供丰富的文化滋养，为推动中国现代学术和现代化进程做出了突出的贡献。

为纪念商务印书馆成立120周年，我们整体推出“汉译世界学术名著丛书”120年纪念版的珍藏本，寄望既利于文化积累，又便于研读查考，同时向长期支持丛书出版的译者、编者和读者致以敬意。

两甲子后的今天，商务印书馆又站在了一个新的历史时间节点上。我们不仅要铭记先辈的身影和足迹，更须让我们的步伐充满新的时代精神。这是商务人代代相传的事业，更是与国家和民族的命运始终紧密相连的事业。我们责无旁贷，必须做好我们这代人的传承与创造，让我们的努力和成果不仅凝聚成民族文化的记忆，还能成为后来人可以接续的事业。唯此，才能不负前贤，无愧来者。

商务印书馆编辑部

2017年10月

出版说明

本书作者詹姆斯·W.汤普逊(1869～1942 年)是美国著名的中世纪史专家。他曾就学于腊特格斯大学和芝加哥大学。1895 年毕业后到 1932 年在芝加哥大学研究院担任中世纪史的教学工作。晚年任加利福尼亚大学欧洲史教授,一直到 1939 年成为名誉教授退职为止。作者出版的著作除本书外还有《法国宗教战争》(1909 年)、《中世纪经济社会史》(1928 年)、《德意志的封建主义》(1928 年)、《西洋中古史》(1933 年)、《中世纪史》(1932 年)、《欧洲中世纪史导论》(1937 年)、《史学史》(1942 年)等。通过这些著作和长期的教学活动,他在美国史学界有较大的影响。

汤普逊属于西方的"新史学派",该学派对历史研究的基本主张,是把历史学的范围从传统的狭窄的政治军事史扩大到整个人类社会的各方面。他们提倡"用历史来解释历史"、"为历史而历史",反对把历史分成若干必然的发展阶段。不主张以某种学说来解释历史。

我馆 1961 年出版了汤普逊的《中世纪经济社会史》中译本,1984 年本书作为汉译世界名著重印。该书记载了 4～12 世纪后半期、即封建社会发生和发展时期欧洲大陆的经济社会条件及其发展变化的状况,是研究中世纪史和世界史的重要参考书之一。

本书是前书的续篇。本书记述了 14～16 世纪前半期欧洲大陆的经济和社会状况。而在此时期，特别是 16 世纪的前半期，恰是封建社会的经济结构逐渐瓦解，资本主义生产方式正在形成、壮大的时期。全书共有二十二章。重点记述了在欧洲历史上有重大影响的事件，如英法百年战争，德国城市同盟，意大利羊毛工业和教廷及其君主国的财经政策，以及行会、银行、商业、外贸及萌芽中的无产阶级的早期斗争。全书内容丰富，史料充实，是研究中世纪经济社会史和资本主义萌芽问题的一部很有价值的参考书。

目　　录

地 图 目 次

原　　序

本书是我的《中世纪经济社会史》(1928年版)的续篇,《中世纪经济社会史》结束于13世纪的后半期。本书则不以某一日期作为结束点,而是以16世纪早期的经济社会条件为结束。这一时期,宗教改革运动开始被卷入经济和社会力量的漩涡中,由美洲通过西班牙源源流入欧洲的白银开始引起通货膨胀,使欧洲的物价达到前所未有的水平。

我力图通过此书的记载揭示经济、社会和政治条件及其运动之间的密切联系。因为在历史上,上述现象无一不是相互依存而独立存在的。已故的乔治·欧文明确地揭示了这一点。他解释道,历史"不是记述政治家们广泛的、戏剧性的结合,而是记述纯粹的、永恒的和基本的动机"。我是同意上述观点的。归根结蒂,全部历史就是思想,然而思想时常是经济和社会条件在人们头脑中的反映,而人的行为是深刻地受到这些条件的影响的。

同前书一样,我在本书中也有意识地省略了英国的部分,除非在英国的事件涉及欧洲大陆。因为记载英国经济和社会历史的英文著作已有许多,但却没有以英语写的这一时期欧洲大陆的经济社会史。我希望读者们不至于因此而以为我把英国中世纪史视为地方性的事件。这一省略并非因其不重要,而是为节省篇幅。

詹姆斯·威斯特福尔·汤普逊

绪　　论

到13世纪末，一个新的欧洲已在很大程度上取代了前一时代的政治和文化。旧欧洲的政治理论和政体形式是封建的，社会制度是封建的，社会结构是封建的，经济条件是封建的，甚至哲学和神学也是封建的，因为经院哲学一直支持封建社会现存的政治体系和阶级体制。但是，到了1300年，欧洲社会结构发生了深刻的变化。新的社会内容几乎处处都在冲破旧时代的外壳。新经济条件正在形成，新制度正在顺应新的需要。新的政治和社会理论正在取代人对于社会的关系的旧哲学。

1250年至1291年短暂的41年间，重大事件同时绽生犹如万炮齐发，击碎了封建鼎盛时代的社会制度，致使欧洲各地旧秩序处于土崩瓦解之中。1250年，随着皇帝腓特烈二世*的逝世，查理大帝和奥托一世以来出现在历史上的中世纪帝国消逝了。1268年，法国王储昂儒**的查理占领了前属霍亨斯陶芬朝的南意大利和西西里王国，因而触发了一场政治革命。两年以后的1270年，法王圣路易九世死于突尼斯城前的沙滩上。1273年，哈布斯堡家族的鲁道夫当选为德意志皇帝，从而结束了德意志的大空位时期。五

* 神圣罗马帝国皇帝，1220～1250年在位。——译者

** 旧译安茹。——译者

年以后，马尔赫平原大捷（1278 年）* 又使他占有奥地利，并建立起哈布斯堡王朝的强权。1282 年，在西西里对法国人的大屠杀使阿拉贡成为海上大国和地中海强国，从而必然导致了地中海国际关系的改变。1291 年，瑞士的乌里、施维茨和下瓦尔德三州的自由农民联合组成了一个更完善的联盟，以前历史上未曾有过的政治结构——瑞士邦联的历史由此开始。

正当这些历史事件改变着西方之时，东方也发生了革命性的变化。在东欧，1261 年希腊人摆脱了自 1204 年第四次十字军东征以来就强加于巴尔干半岛的拉丁帝国的统治。在亚洲，1258 年蒙古人洗劫并平毁了巴格达。紧接这一东方变局之后，1291 年回教徒夺取了阿克这最后一块当时仍在十字军的耶路撒冷王国控制下的基督教领土。在北欧，条顿骑士团于 1283 年完成了对普鲁士的占领。1295 年当马可·波罗结束其在中国和远东的惊险旅行而返回欧洲以后，西方便与远东建立了联系。

市场和商路随着这些事件的发生而开放或关闭。在利凡特贸易中，法国和阿拉贡成为威尼斯和热那亚的竞争对手。君士坦丁堡的拉丁帝国的垮台使威尼斯丧失了 1204 年以来享有的黑海和爱琴海的贸易垄断权，并由热那亚取而代之。因为 1261 年的革命** 是由热那亚外交界策划，并得到热那亚金钱资助的。由于蒙古人的胜利使伊斯兰教国家比基督教国家付出更大的牺牲。因而

* 马尔赫平原大捷为哈布斯堡王朝与波希米亚王国之间的战争，哈布斯堡家族胜，波希米亚王奥托卡尔于此役阵亡。——译者

** 指 1261 年尼西亚帝国在热那亚帮助下，推翻拉丁帝国统治，重新夺回君士坦丁堡，恢复拜占庭帝国王统。——译者

巴格达的毁灭和埃及在巴勒斯坦的胜利使西亚和东地中海沿岸各国发生了商业变革。蒙古人统一了除印度以外的整个亚洲，并将俄国大部分土地并入庞大的蒙古帝国，遂使东西方的联系比以往历史上任何时候都更为密切。此后不久，马可·波罗回到欧洲，向惊讶的欧洲人揭示了远东各国各民族的真正风貌。在北欧，律贝克、什切青和格但斯克的那些善于经营的日耳曼商人正致力于使波罗的海变成德国的内湖，并将使德意志贸易势力迅速扩张到诺夫哥罗德，那是一个久负盛名的商业中心，销售着来自中国、印度、撒马尔罕和塔什干的商品。

在上述重大事件发生的同时，一些不那么富有声色的力量和过程自从十字军远征开始以后就一直在发生着，到13世纪末，已经或正在达到高潮。这是一些经济和社会力量。早在十字军远征一开始，急于进入利凡特市场，并夺取对丝绸、香料等东方奢侈品的厚利贸易的控制权的欲望，就刺激着阿马尔菲、威尼斯、热那亚和比萨等意大利航海城市。不久，普罗旺斯和西班牙的港口城市，诸如马赛、蒙彼利埃、纳尔榜和巴塞罗那等也加入了这场竞争。甚至伦巴第的那些内陆城镇也由于这类贸易而兴旺致富，人口日增。由于这类贸易的数量和品种增长迅速，故而大量上行至波河流域，因而伦巴第平原诸城充当了翻越阿尔卑斯山诸隘口向中欧、北欧分销商品的中介人。所有伦巴第城市都从这项贸易中获利，米兰、帕维亚则由于它们地处通往阿尔卑斯山各隘口的战略要地而获利最大。

阿尔卑斯山以北，来自伦巴第平原的贸易货流日益增长，沿莱茵河顺流而下,并通过其支流美因河、摩泽尔河、鲁尔河和利珀河分布到整个中欧。同时,利凡特商品从威尼斯输入南德,在此,又经多瑙河及其支流将它们分散出去。这类商品经过罗纳河—索恩河—默兹河路线供给整个法国东部和中部。沿上述路线的临河城市,如多瑙河流域的雷根斯堡、奥格斯堡、纽伦堡;莱茵河流域的巴塞尔、斯特拉斯堡、美因茨、科布伦茨;法国的里昂、巴黎、特鲁瓦和香槟集市全部繁荣昌盛起来了。佛兰德是莱茵河、默兹河两航路的交汇处,亦是这两条航路同北海、波罗的海商路的联结处,故到13世纪末,被称为"北欧的伦巴第"。这里,布鲁日、根特、伊普雷、列日和卡塞尔诸城人口众多,殷实富庶,堪与南欧诸城相匹敌。再向东,在下德意志,位于易北河入海口的汉堡、威悉河口的不来梅、波罗的海角地的律贝克以及位于德国内陆的不伦瑞克和哈雷都是佛莱芒集团*势均力敌的对手。

然而,这类贸易并非都源于东方。中世纪欧洲也已经知道开发其本地自然资源,鼓励发展其省区和地方的商业,甚至鼓励进行一国与他国之间产品的国际交换。工业的发展也日益迅速。城市是手工业产品的制造者和中介者。各城市手工业的特点是由环境决定的。因而,意大利的布雷西亚、德国的纽伦堡、比利时的列日等由于邻近铁矿,其制铁业便出类拔萃。拉昂、伊普雷、康布雷、瓦朗西安等城市专长亚麻织造,水平极高,以致它们的名字在一些纺织业术语中保持至今。例如"上等细麻布"(Lawn)一词来自拉昂(Laon),"麻布"(Cambric)一词来自康布雷(Cambrai),"桌帷"

* 指低地国家(相当今荷兰、比利时、卢森堡领土范围)的城市集团。——译者

(Vaence)一词来自瓦朗西安(Valenciennes),“菱形花纹织物”(diaper)的词型来自伊普雷(Ypres)。南欧的佛罗伦萨和北欧的根特是两个最大的毛织品中心,而佛罗伦萨在呢绒印染工艺方面居全欧之首。依据经营商品或制造手工业品的品种而组成的商人和手工业者的行会,在生产和分配两方面的调节中起了很大作用。

这种累积发展的结果是在工商业规模日益扩大的情况下,产生出一种新的财产形式。13世纪的欧洲处于变革的阵痛之中,在经济上变得越来越商业化和工业化。农业仍然是最普遍而且产量最多的部门,但已经失去往昔那种几乎囊括一切的特征。由于新型财富的竞争和成千上万农业居民向城市的迁移,农村土地价值大为下降。在工商业活跃之处,僧侣和贵族等有产阶级,便受到这些变革的沉重打击。

这种种深刻的经济变革还导致了社会变革。农奴制衰落了,并且在1300年以前,欧洲某些地区的农奴制就已经泯灭不见了。13世纪末,欧洲农民的社会处境,特别是在意大利、法国和佛兰德,在人身和财产权利方面已经不像人们普遍想象的那样恶劣。许多农奴,以前按领主意愿随意被征税,此时也上升到维兰的地位,于是他们的义务靠习惯法确定,领主不能再任意改变税额和强制征税;至于自由维兰,他们实际上成为租地—纳租的租佃农民。当然,还存在许多农奴,但是其中只有极少数(如果还有的话)处境仍像以前那样艰难。给予农奴人身自由权是实质性的进步,这并非由于新的人道主义,而是由于自由劳动比农奴劳动更为有利可图,这一点已经越来越明显。地主更愿意采用自由的维兰制,而不喜欢受奴役的维兰制。当然,农民也是如此。城市的兴起,工商业的发展,以及农业的缓慢进步,促进了农民在这方面的物质利益的增长。伴随这些变化,领主征课的沉重的磨坊及面包炉税和劳役有所缓和。以前的农奴村庄在某种程度上变成了设有地方官的自治村社。至今,法国许多村社仍保持着它们由以形成的庄园化教区的领土边界,它们当今的名称和位置与它们在中世纪的名称和位置相一致。不仅人身的奴役极大地衰落了,而且对昔日繁杂的"贡赋"也有了限制,其中最为苛刻的项目被取消了。地方庄园的税收可能还是有些令人难以忍受,但是征税的种类和征收方式的固定化对于防止滥用征税权提供了某些保证。很显然,13世纪末的许多农民同前一时代的农奴相比,处境已大不相同。我们切不可因一些旧时代流行词语的反复出现而被蒙蔽。这些词句可能仍在使用,但其内容已发生变化。它们常常代表着一种法律上的概念,却不再反映实际的历史环境。甚至一个贵族也可能购买一块属于维兰租佃地上的地产,正如今天人们可以购买一块带有某种古老契约条件的不动产一样。

工商业的兴起促进了城市生活的产生,新的城市生活又使中世纪社会产生了新的阶级,即资产阶级或市民阶级。这样,社会结构也发生了变化。被奴役的农民变成自由人和市民;各种手工业技术发展起来,且以它较高的工资待遇和更自由的人身关系吸引农业劳动者离开农田前往城市作坊,成为职业工人;封建贵族和占有土地的僧侣虽仍保持了以前的社会名望,但却逐渐丧失了他们一度占有的由特权带来的经济优势,其中许多人成为"有地产的穷人"。有一些历史学家认为,12、13世纪的经济社会变革比以后任何一场革命都更为重要,甚至比文艺复兴或宗教改革运动更为重要，因为它比这两场运动更深刻地改变了欧洲的经济环境和社会结构。

政治和行政制度也由于这些新的条件而发生了变化。自由的自治城市给欧洲带来一种新型的、前所未有的政治单位，这种单位与诸如公爵领、侯爵领、伯爵领以及其他采邑那种陈旧而为人熟知的封建"主干"毫无共同之处。除了这一重要历史事实之外，各地封建政府还被迫改变了其旧有的行政管理形式，使自己适应新环境。不久，新兴市民阶级作为补充僧侣和贵族等级的第三等级跻身于封建"等级代表会议"中。在英格兰，市民出席了1265年的国会和1295年的所谓"模范国会"；在法国，第三等级出席1302年首次"三级会议"；在卡斯蒂利亚议会中，我们也看到有"城市公社代表"；1356年，在德意志帝国议会中，市民地位得到承认。与此同时，我们还看到资产阶级进入英国的最高法院和税务法庭、进入法国的巴黎法务院和财政部等行政、司法机构。甚至可以看到市民担任了除财政、司法大臣以外的顾问官和国家各部大臣，即我们可称之为内阁阁员的职务——而在16世纪以前，财政、司法大臣总是由教会人士担任的。

中世纪封建经济的衰败和建立于工商业基础之上的新经济制度的发展，要求各国政府修改其税收和财政章法，以适应事物的新秩序。新的财富的出现需要设立新的税收种类和新的征税机构。到1300年，货币经济已大体上取代了以前的自然经济，这是因为工商业需要使用货币来经营，而与此同时，农业则长时间依靠以物易物的交换来维持。封建制度在这方面的衰落，影响着行政、立法、司法、军事等每一个政府分支机构。

1300年以后，从进出口贸易征收巨额税收的做法——甚至实行保护性关税的建议——在欧洲也司空见惯了。商业在整个欧洲和东方流行开来。[1]

早已确立起来的政治和社会理论，由于曾在许多世纪里维护封建欧洲的政治社会结构而保持下来，自然也由于这些变迁而发生了变化。君主制度和民族主义的思想开始推翻源于封建主义的陈旧政治理论。封建政体所固有的相互制约性和契约性的概念不仅已开始被上级权力的概念所代替，而且已开始被君权和王权的至高无上的概念所代替。同时，新兴资产阶级从下面公开提出政治代表权的要求和在法律面前平等的要求。因为教会在欧洲是最有特权和最富有的机构，所以教产成为人们抗议的突出目标。修道院和修女院的巨大赠产，尤其是骑士团的庞大而不承担义务的财产，激起了君主和平民双方的不满和觊觎。

从政治上看，中世纪末期是封建制度的衰落；从经济上看，它是工商业努力摆脱庄园和农场束缚，建立商业贸易中心——城市的胜利；从社会上看，中世纪末期是社会下层阶级为争取人身自由和经济自由、建立地方自治政府的斗争。14、15世纪历史中的每一方面，甚至艺术、文学和哲学都反映了这些变化。这几个世纪

① “商业观念处处可见，实用哲学开始起支配作用；在商业的实利欲望中，我们可以看到该时代主要的外向活动的基本动力。”——比兹雷：《近代地理之曙光》，第3卷，第12页。

“我们经常粗心地把中世纪面临的问题设想为类似于我们自己面临的问题，并依照解决我们的困难所提出的办法而去设想解决办法，然而，当时的许多问题及它们的解决办法可能在细节上与现在很不相同。”——斯蒂芬森，载《美国史学评论》，1930年4月，第507页。

中，实际上消逝的是整个中世纪社会。

然而，必须明了，尽管上述情况在1300年前后的中世纪欧洲普遍存在，但它们并非处处都有同等的优势；在新的精神潮流发展中，也是如此。“新思想”并非在欧洲所有国家中都表现得同样激烈和明确。历史的变革既是一般状况的结果，亦是特殊环境的产物。然而“特殊”通常也是来自“一般”。偏离一般发展趋势的情况之所以发生，是由于地方或民族的情况不同，或由于统治权力的特性或统治者个人的禀性不同所致。

虽然在13世纪末，封建制度作为一种政府形式、一种社会结构、一种经济制度，甚至作为一种心理状态而盛行于整个中欧和西欧，但是封建政府的形式、封建制度盛行的性质和程度却多种多样。在英国、法国和卡斯蒂利亚，趋向于发展民族意识、扩张领土、实现统一及强化君主专制。德意志和意大利则缺乏任何民族感情，其政治变动呈现为离心倾向。在德意志，这种趋势表现为封建地方分立主义和市民独立要求的双重形式。各自由城市要同时向王权和诸侯两方面作斗争。另一方面，在意大利，由于城市共和国几乎在各地占有优势，因而除教皇国和那不勒斯王国以外，封建制度早已徒有其表。教会在其政治理论、管理方式和物质状况两方面都是中世纪性质最鲜明而近代化因素最少的机构。

然而，14、15世纪的欧洲却在一个方面衰退了，这就是生活态度。社会制度在14世纪进步极快，但令人沮丧的舆论却是，优雅的生活态度不时兴了。这种看法适用于整个欧洲，甚至14、15世纪文艺复兴时期的意大利也不例外。当人们从12、13世纪进入中世纪最后两个世纪和近代头一个世纪时，惬意但又荒诞不经的“进步”信条引起了巨大震动，这几百年间的数代人在荣誉感、优雅礼貌的举止、仁慈心、对个人或对社会的责任感、容忍和克制力以及对生活奥理的虔诚等方面，比他们的前辈低劣得多。

随着封建鼎盛时代的旧秩序在政体、法律、制度、经济状况、社会结构、生活态度方面的消逝，人们的道德水准也发生了变化。道德水平像物价和财政收入一样极不稳定，有时似乎已堕落到崩溃的边缘。任何社会阶级都难免受此毒害。无论僧侣还是俗人、国王还是朝臣、男爵还是神父或市民，都不能与前一时代同阶级的人们的品性相媲美。1300～1600 年间的欧洲大概是人类历史上最无情的时代。

从经济和社会角度看，12、13 世纪的社会是由俗界和僧界大封建土地贵族所组成。而教会是其中最大的土地所有者。当时不是“货币经济”时代，而是“自然经济”时代。在此时代中，有产阶级的生产几乎不超过其自身的需求，几乎不消费任何非本地生产的物品。市场权、税收权和铸币权进一步充实了封建领主的财源。

这个富有的有产阶级除土地之外还拥有另一类财产，即家用金银器皿、教会金银器皿、金条、窖藏金币和珠宝等等。教会的这类财产特别丰厚。但是，它是闲置的财富，既不投入流通，也不用于生产。

> 地主从其农奴和佃户身上征集的岁入并不用于经济目的。它们被分散用于济贫、建筑纪念物、购置艺术品或贵重物品，以增添宗教仪式的华彩。财富、资本……在一僧界贵族或

军事贵族手中是固定不变的。①

在自然经济时代,王室和贵族的家庭仅为消费而组织起来。购买用品只是为了生计,而不是为了经商牟利。可能也会有贪图利润的个别事例。但是,它作为一种普遍采用的做法,是12世纪以后才开始出现的。

所有这些固定和封闭着的资本都必须变成流动的增殖的资本,然后才可能出现真正的资本主义。人们提出了种种理论来说明这种变化。桑巴特*的理论认为,以前用产品支付的庄园地租的货币化引起这种变化的发生,然后,许多窖藏金条和金银器皿转变为流通货币。但是,这种解释至多仅说明了一半问题。这种关于资本主义兴起的理论大部分已被事实所否定,而只作为一种理论而存在。多数事实表明,欧洲最初的大私有财产产生于那些非贵族人士、即新兴资产阶级经营的工商企业。而贵族间或参与这些企业的事例也只证明其贫穷,而不证明其富有。大笔金钱作为地租转化结果而集中在这些贵族手中的情况,并不明显。

犹太人的情况也证明这种理论是不准确的。犹太人是不许占有土地的,因此,地租根本不可能为他们提供那些显然属于他们的财产。唯有商业和合股金融业能增加他们的巨大财产。中世纪晚期城市的部分财富来自地租。但是小市民群众能够偿付高额租金这一事实,说明剩余资金已确然无疑地存在,而它必定产生于工商

① 皮朗:《美国史学评论》,第19卷,第494页。

* 维尔纳·桑巴特(1863~1941年),德国经济史学家,曾任教于布雷斯劳大学和柏林大学,以研究资本主义起源及其发展而著称。——译者

业中。

这种变化的基地在城市，而不在农村；在企业，而不在土地。12、13世纪的商业复兴促进了这一变化，而这种商业复兴一方面与十字军东征无关，另一方面又受十字军东征的刺激。我们不应停止于争论究竟是十字军东征刺激了商业，还是商业刺激了十字军东征；是贸易造就了城市，还是城市造成了贸易大发展的可能性这样的问题上。十字军东征带来的较为自由的交通、城市运动的进展、城市间以及国际间商业的迅速发展，造成了使经营方式必须改进以适应新型商业交易的性质和范围的条件，这样说就足够了。如同马修·帕里斯*所贴切表述的那样，人们开始认识到“撒下他们的金钱种子使之增殖”是可能的。城市、贸易和资本主义在欧洲一齐出现。商业、制造业、银行业、经营技术、信贷，全都起源于城市。于是，资本逐渐具有新的意义；它是增殖新价值的价值，或如卡尔·马克思指出的“增殖剩余价值的价值”。财富不再像以前那样固定不变，而成为流动的、易变的。因此说，货币成为一种生产的手段。从货币价值方面说，生产被视为取得更大价值的手段。领主不再要求附庸和农奴提供劳役，而转为要求支付货币。雇佣劳动比强制劳役报酬丰厚。自由劳动者比农奴劳动者生产效率更高。商业契约关系取代了旧的封建联系和庄园关系。货币化的城市租金成倍增加。“城市居民的持续增长使这些城市越加富有……。随着城市财富的增加……它们越来越具有工业特性，农

* 马修·帕里斯(1200～1259年)，英国编年史家，其著述记载了13世纪欧洲重大历史事件，是研究该时期欧洲历史的最重要的史料。——译者

村工匠大量离弃农村涌入城市。”①城市成为工商业中心，而其中最大者已拥有国际商业联系。

意大利是资本主义制度和资本主义社会出现最早的欧洲国家。其原因是双重的。首先，由于意大利的地理位置和半岛的地形，使意大利各城市得以控制富庶的利凡特贸易。这是一项以丝绸、香料、珍贵染料、宝石等东方奢侈品为主的商业，它可以从少量货物中牟取巨额利润。一艘往返于威尼斯和亚历山大之间的威尼斯单层甲板大帆船，从欧洲向缺少铁和木材的埃及运去铁和木材，并满载丝绸和香料返回，每次往返通常可得1000％的收益。其次，教皇从西方基督教各国征收的彼得税、教产税、什一税、赎罪券金以及诉讼费用等巨额教会岁入源源流入意大利。单是“就教职首年税”就等于一位新任主教就任第一年内一个主教管区的全部收入，它是作为授圣职费而征收的。据说1252年教皇从英国得到的岁收是英国王室年收入的3倍，由此可以说明这些款项意味着什么。13世纪拉特兰*的收入肯定远远超过欧洲所有君主收入的总和。罗马不仅是欧洲的教会首府；而且是欧洲的财政金融首府，13世纪教廷的金融实力俨如今天的大国际银行家的实力。

当货币经济在欧洲逐渐流行时，最重要的金融家便是货币兑换商。各国都铸造自己的货币。因而，各个不同国家的商人无论在何处进行贸易，都需要有货币兑换商效劳。各主要城市都有货币兑换商的柜台，而且往往是设在集市上。商人和货币兑换商集

① 《美国史学评论》，第19卷，第506页。

* 罗马的拉特兰宫，教廷重要会议多在此举行。此处意指罗马教廷。——译者

中在某些确定地点,以便从事交易活动。我们可以看到,热那亚的“老市场”,就是为此而设;在威尼斯,货币兑换业务集中在里亚尔托(市场)附近以及圣马克广场;在佛罗伦萨,为进行金融交易而在“新市场”建立了一个回廊;在蒙彼利埃有“商人驿馆”;在布鲁日,有著名的交易所。

银行业务在中世纪的基本形式是借贷,它最先出现于意大利。在东方,货币兑换业是一种古老的行业,但对西方来说却是崭新的行业,十字军东征以前的一百年内由阿拉伯传入西西里,后来又传入意大利。一位阿拉伯地理学家伊本·哈克曾在997年提到巴勒莫的货币兑换商。正如我们已经看到的那样,诺曼人对南意大利和西西里的占领以及十字军的东征,对商业,特别是对意大利各航海共和国的商业产生了巨大的促进作用。货币兑换和借贷是这种贸易复兴最初的副产品。1111年,在卢卡出现了货币兑换商行会。1138年耶路撒冷国王富尔克在一份特权证书中提到了货币兑换商的柜台。1156年,在热那亚使用了“交易所”一词。1200年以前,货币兑换商和商人这两个词可以交替使用,这一事实证明货币兑换业、贷款业和商业之间存在着密切联系。银行家的“桌案”和商人们的柜台也常常是同一概念。我们看到,1191年意大利银行家资助十字军。而热那亚、佛罗伦萨和锡耶纳银行在埃及、塞浦路斯和叙利亚也有支行。比萨甚至在亚美尼亚也有一家银行。13世纪时,欧洲各骑士团和各国君主,特别是圣路易,在第一次十字军东征时,经常利用这些银行。“汇兑信”虽仍属少见,但“活支汇信”却很常见。

当时对这类人的广泛流行的称呼——或更确切地说是不受欢

迎的称呼是“伦巴第”人或“卡奥尔”人。前者证明了一个重要的历史事实，即除犹太人外，伦巴第商人是中世纪欧洲最早从事货币竞争的人。“卡奥尔人”一词则来自朗格多克地区的卡奥尔城，可能这是伦巴第人在法国最早的驻地。随着货币经济的迅速扩大和发展，这两个称呼很快便完全丧失了地方性含义。这样，我们就看到了“桑城伦巴第人”、“杜埃城的卡奥尔人”等称呼。伦巴第人和卡奥尔人不像犹太人那样招怨；但是由于有反对高利贷的成见，由于贪婪的君主们时常没收他们的钱财，因而也像犹太人一样受气。1269年、1274年、1277年、1291年，他们多次被逐出法国。但由于他们的事业虽有风险但利润丰厚，所以他们总是重新返回法国。1295年，腓力四世允许他们在王国的任何城市定居。国王的银行家有佛罗伦萨的圭多兄弟、比基和穆基等，他们在腓力四世统治时期起了重要作用。

除了借贷以外，伦巴第人还从事广泛的聚敛钱财的活动。他们是教会宠幸的银行家，受到教皇的保护。他们在英、法、德等国充当教会捐税的征收人。他们在欧洲所有大集市，特别在香槟集市设有交易所。严格地说，即使伦巴第人并没有什么发明，他们也还是大大扩展了当时的金融业务；他们给商业和金融交易制度的发展以巨大动力。尽管他们并没发明商业，但是却促进了商业。

教廷的金库是新兴资本主义的头一个贮藏所，佛罗伦萨的毛织品贸易则是第二个。对中世纪银行业的诞生影响最大的因素之一是，教廷需要在阿尔卑斯山以北的欧洲征收教会捐税，并使这笔巨款免受旅途运送之险，并进而使教廷摆脱在当代繁杂的货币体系下计算税款的业务，这是十分复杂艰难的。在英国和佛兰德，由于教廷的金融家可以将教皇税收转换为原料或成品呢绒，并按有利于教皇的价格出售，所以，羊毛和呢绒贸易有利于这些银行家。自从格利哥里九世（1227～1241 年）任教皇以后，意大利各城市重要银行商号都在罗马和国外，在法国、佛兰德和英国设立了代理机构。其主要职能是征集和向罗马输送彼得税以及其他教会捐税。这些教皇委托人将教皇的权威和他们自己的财政影响结合在一起，以促进和保护他们自己的业务经营。[①] 假使一个来自佛罗伦萨或米兰的意大利人在法国或英国遭到抢劫，或受到某些贵族蛮横粗暴的勒索，或不能收回一笔外债，那么教皇就要亲自干预。而且教皇的压力通常总是奏效的。罗马教廷始终保护这些银行家免遭损失，因此，经营教皇或教廷的债务是从事银行活动的最安全的形式。

意大利各银行家不仅将他们自己的利润投放于商业，经手征集教皇税收，而且他们还作为教廷代理人经营教廷巨额剩余资金的投资。任何意大利城市在与罗马教廷的财政联系方面都不如佛罗伦萨成功。佛罗伦萨各家大银行均成立于 13 世纪，其中有：阿尔贝蒂尼、阿尔比齐、阿尔迪乔尼、巴尔迪（薄伽丘[*]的父亲是巴尔

① 教皇的下列信件是很重要的，其意义在于，它既描述了上述用途，又表明了教皇默许那些为他效劳的人们接受高利盘剥这一方式。此信是 1255 年写给特鲁瓦的圣玛丽教堂教长拉尔夫·德鲁米利亚科的，谈及奥斯尼修道院院长的债务问题：

“如果你发现他尚未还钱，那么你应在礼拜天和斋戒日宣布革除该修道院长和修道院之教籍，直到他们给商人以公正适当的费用和合理的损失补偿使之满意为止，如果两个月以后仍未付钱，你应中止他们的教俗管理权。”

* G. 薄伽丘（1313～1375 年），意大利文艺复兴时期著名人文主义作家。著有《十日谈》。——译者

迪银行忠实的代理人)、贝利科齐、伊尔多布兰迪尼、博尔戈、菲利皮、瓜尔弗雷迪、斯卡拉、切尔基、林贝蒂尼、弗雷斯科巴尔迪、阿奎雷利、莱奥尼、莫纳尔迪、罗奇、斯科蒂、马科阿尔迪、泰达尔迪、斯皮利阿蒂等。佛罗伦萨各家银行在教皇与腓特烈二世长期的政治斗争中坚定地支持教皇,并得到报偿。他们向那些在政治上和商业上成为佛罗伦萨对手的近邻城市中的教皇党人贷款,削弱了这些城市的地位。此种情况在锡耶纳特别明显。该城"大塔沃拉银行"* 的破产使全城败落。

锡耶纳城采取错误的政治策略,支持皇帝反对教皇,从而铸成大错。在采取这一致命的政策之前,教皇银行业务的总部一直是锡耶纳,而不是佛罗伦萨。锡耶纳城主要银行是由布翁西尼奥里经营的,称为"大塔沃拉"(Tavolla),这一名称来自集市上货币兑换商的桌摊。1289 年,其资本总额达到 35000 弗罗林金币,当时算得上一笔巨款。它曾借款给教皇、皇帝、封建诸侯以及各城市。但是当锡耶纳拥护帝国事业,并背离教廷时,教皇便将其基金转移到佛罗伦萨,并千方百计瓦解锡耶纳。1260 年 11 月,锡耶纳所有银号随着大塔沃拉银行的倒闭而陷于绝境。今天,旅游者们还可以在锡耶纳城见到该城最早的资本家之一安利埃雷·索拉菲卡于 1234 年修建的中世纪房宅,屋前墙壁上有这样的镌刻:教皇格利哥里九世所属之银行。

1260～1347 年间,佛罗伦萨有 80 家银行,其中最大的是巴尔迪和佩卢齐两家。这两家银行与南意大利昂儒王室诸王** 和英国

---

* Tavola 在意大利语中是"桌子"或桌案,此处指货币兑换商的办事机构。——译者

** 此处指法王路易九世之弟、昂儒伯爵查理在西西里和南意大利建立的王朝(1268～1282 年),属卡佩家族谱系。——译者

的财政金融交易特别密切。1268 年,他们认为昂儒的查理攻占那不勒斯和西西里王国的远征是有利可图的投机事业,因而大力资助这次远征。作为报偿,他们得到了征收港口税的权利,并以经营矿业和盐池的权利作为担保。但是,1282 年,阿拉贡成功地促成了“西西里晚祷”事件,摧毁了法国在西西里的统治,也严重损害了这两家银行,特别是卷入极深的巴尔迪银行。幸运的是他们对昂儒王族的支持符合教皇利益,所以,教廷又促使圭尔夫党①银行家进入南意大利,以救助其忠实的门徒。佛罗伦萨人是这批救助力量的先锋,到 13 世纪末,他们的工作已极有成效,以致使查理二世完全处于其势力控制下。这位国王交出了部分岁入项目,并授予佛罗伦萨人垄断权以补偿这些银行家的预付款。

无论王国处于战时还是平时,情况是同样的:在和平时期,统治者需要金钱改善内政,或维持其豪华宫廷的开销;在战时则需要金钱支付军费。在这两种情况下,佛罗伦萨人都得到好处。这样的美事不久便广为人知。许多银行派出自己的代理人,去分享那些间接地从王室的保护下得来的丰厚利润。从预付款的数量看,其中巴尔迪银行是最重要的:例如,他们在 1291 年即提供了 1 万盎司白银,支付教皇什一税。此例使上述银行家的作用得到有趣的说明。如前所述,他们是教廷征收教会捐税的代理人,同时,唯有他们掌握着可用于借贷的动产。于是便发生了下述情况:他们经常以一只手借钱给资金拮据的个人,而用另一只手把这笔钱征收上来送往教廷。所有银行家都成了狂热的圭尔夫党人,“而且他

① 指 12～15 世纪在教皇与德皇斗争中拥护教皇的派别,又称教皇党。——译者

们对昂儒王族的忠诚随着他们从中获利的程度而增长。"阿尔诺德·佩卢齐成为查理二世的公使和财务总管。1308 年,他的公司获得 40%的红利。随着时间的流逝,王室主要信托人逐渐组成一种包括巴尔迪、佩卢齐和阿奇阿茹里三家银行在内的辛迪加式的联合组织。1330 年左右,博纳科尔西银行加入了该组织。

然而,巴尔迪银行和佩卢齐银行最大的金融活动是在英国。意大利人向英王贷款的个别事例可以上溯到 12 世纪。狮心理查可能曾向他们借过钱。因为他的兄弟和继承者约翰王曾答应偿还皮亚琴察商人们一笔钱款,这笔款是商人们依理查之命预付给派往罗马的两名英国使节的。1219 年,波洛尼亚的一位叫彼得罗·圭贝蒂尼的人来见亨利三世,要求偿还另一笔钱,他声称那笔钱是他本人和其他商人借给理查的。

但是,意大利金融业在英国的真正的鼎盛时代是从 13 世纪开始的。当时,意大利商人涌入英国购买羊毛或进行以羊毛为抵押品的贷款谈判。在亨利三世极力为其子康沃尔的理查谋取德意志和神圣罗马帝国皇位时,意大利商人第一次起了重大作用。几乎与此同时,这些意大利商人——银行家借给亨利三世另一笔价值 13.5 万马克的贷款,这笔钱被用于使亨利三世的长子爱德华,即以后的爱德华一世谋求西西里王位。其结果是枉费心机。爱德华向意大利人借钱,以进行对苏格兰人的战争。故而,威廉·华莱士*的失败和佛罗伦萨的历史之间有密切的联系。国王发现借贷比向难以驾驭的国会斗争以得到补助金更方便。爱德华一世统治

* 苏格兰爱国者。1297 年领导反对英王爱德华统治的人民起义,次年被英军镇压,于 1305 年被处死。——译者

的头四年期间，卢卡的商人大量受雇从事王室的财政金融活动。尽管许多家商行同时经营，佛罗伦萨的影响却稳步上升，最终占据统治地位。1277 年至 1309 年 5 月 6 日期间，佛罗伦萨的莫齐银行变得日益重要。在此期间，他们借出 79 941 镑 6 先令 8 便士。在更短的时间里（1285 年 6 月 25 日到 1293 年 11 月 18 日），卢卡的里卡尔迪银行借给爱德华一世 56 240 镑 18 先令 1 便士。佛罗伦萨的斯皮尼银行在 13 世纪末年也是重要的银号，但是有关其经营范围的材料却很缺乏。其他不太重要的商号可以简单提一下：佛罗伦萨的普尔奇商行以及与之合作的同一城市的林贝蒂尼商行、皮斯托亚的阿曼纳蒂商行、卢卡的巴拉蒂商行、佛罗伦萨的切尔基・詹基商行以及切尔基・内里商行。佛罗伦萨的巴尔迪银行和佩卢齐银行也在此期间奠立了王室对之青睐的基础，这在后来对它们损害极大。

爱德华一世统治时期，有两个似乎影响最大的商号，即里卡尔迪商行和弗雷斯科巴尔迪商行，而后者的影响又逐渐超过了前者。这个时期，他们事实上控制了王国的财政。国王恢复了让渡税收给意大利商人作为举贷担保的方法。1299 年爱尔兰的全部税收都转给这些商号，以偿付 11 000 镑的贷款。而且从 1304 年 4 月 1 日到 1911 年 5 月 30 日的“几乎全部关税收入都落入意大利商人手中”。

在法国，“伦巴第人”像在英国一样活跃。如要开列他们的名单，只需把已经提到的名字重复一遍就可以了。在法国和意大利的历史和文学资料中经常提到他们，例如，佛罗伦萨历史家维兰尼*和曾在路易九世宫廷中住过几年的佛罗伦萨学者布鲁内托·拉蒂尼**都经常提到他们。

然而，在13世纪的欧洲，从事金融银行业活动的并不仅仅是犹太人和伦巴第人。“圣殿骑士团”是他们直接的竞争对手。圣殿骑士团是由一名香槟贵族于格·德帕扬和七名最初自称基督战士，后来又自称圣殿战士的同伴，于1118年在耶路撒冷建立的。圣殿骑士团或圣殿战士，与其对头“医院骑士团”一样，是骑士制度和修道制度的奇怪的“混血儿”。从表面看，他们是普通的教士，而事实上，他们是僧侣骑士，其捐税征收人受到圣彼得***的保护。由于他们拥有的全部财产，从理论上讲应该用于朝圣香客和穷人所需。所以规定，任何人，不论俗人还是僧侣，均不得从骑士团耕种土地收获中征收什一税。教皇也确认他们从亚洲和欧洲可能得到的一切财产的合法性。

耶路撒冷大主教授给了圣殿骑士们第一块土地，而他们却在香槟取得了第一个坚实的金融基地。13世纪，他们在这里拥有15处田产，并已控制了15 000英亩土地。1228年，他们开始与香槟伯爵发生冲突，而伯爵终于能阻止他们在未经自己批准的情况下，在香槟获取更多的地产。

---

* G.维兰尼(1275～1348年)，佛罗伦萨编年史家，著有多卷本《编年史》和《佛罗伦萨史》。——译者

** 布鲁内托·拉蒂尼(1220～1294年)，佛罗伦萨政治家，学者，但丁之友，著散文百科全书。——译者

*** 基督十二门徒中的大弟子。相传他掌握通往天堂大门的钥匙，后传给罗马教皇。此处意指罗马教廷。——译者

人们对于十字军东征的热忱，使这两个骑士团不仅在圣地，而且在意大利、法国、西班牙、德国和英国获得大量财富。据伟大的英国历史学家马修·帕里斯估计，13 世纪中期，圣殿骑士团拥有9 000处堡垒和庄园。的确，圣殿骑士团的财产相当可观，以致引起各修道僧团乃至教皇亚历山大三世的垂涎。1179 年，拉特兰宗教会议徒劳地要求圣殿骑士团放弃他们在此前 10 年内得到的所有财产。圣殿骑士团还特别受益于在农业地区使用劳动力的经济方式。被大量吸收进骑士团的服役信徒们承担了这类劳动，他们之中有农夫、牧人、猪倌儿、工匠和家仆。

所有的历史学家都注意到圣殿骑士团的万贯财富和巨大的财政影响。蒂雷的威廉*认为，整个基督教世界的各省都曾向他们提供钱财，他们的产业与各国君主的产业一样多。1187 年耶路撒冷陷落以前，圣殿骑士团拥有的地产遍布欧洲各个角落，骑士团管辖系统覆盖意大利、法国、德意志、英国和西班牙。大团长的王国拥有无数庄园；享有大量市场权、通行税和赋税豁免权；它的舰队每年都向东方运载金钱和十字军兵员，以支持对阿拉伯人进行的无休止的战争；它的武装骑士团队疾驰在欧洲各条道路上；它的堡寨据点星罗棋布于基督教世界各国，它已成为当时头等重要的金融军事势力。大团长与阿拉伯人独立签订协议，他几乎和西欧各国君主具有同等的权势和威严。

从最初时候起，圣殿骑士团就在管理和征集其土地产业和其

* 威廉（1130～1185 年）生于法国，主要活动在耶路撒冷的拉丁王国。为当时著名的政治家、教士和历史家。他的著作是有关十字军运动和耶路撒冷的拉丁王国历史的最重要史料。——译者

他特权收入的事务中采取明确的货币经济方针。日益增多的金钱流入骑士团辖区，还有源源不断的捐赠和遗赠，这些财富总是被用于投资牟利。他们在东西方拥有的资金使他们得以自由支配现金，其中大量现款被用来牟利，而没有全部用于对阿拉伯人的战争。征集、管理、输送其日益增多的收入的职责，要求骑士团辖区的财务官具有一种与今天的银行家相当的技能。骑士团的辖区鳞次栉比，分布在欧洲各条主要道路沿线：从苏格兰边界到基督教的西班牙，从波尔多到莱茵河流域，并沿多瑙河顺流而下到达君士坦丁堡。

圣殿骑士团的财产，他们的骄横态度以及他们享有的免税权和豁免权，使之树敌颇多。公众舆论指控他们勾结异教反对其竞争者医院骑士团；指控他们抢劫阿什克伦(1152 年)；指控他们在腓特烈二世(1229 年)和圣路易(1250 年)这两位君主仍在东方时背弃了他们。1291 年，当阿克失陷时，医院骑士团退往塞浦路斯，还作出一番武装抵抗阿拉伯人的姿态。而圣殿骑士团却放弃了十字军骑士的事业，携带着他们控制的巨大资本撤到他们在西方的领地里。不久，便作为金融家同意大利银行家和最富有的犹太人展开竞争。

圣殿骑士们还成为教廷、国王、诸侯和许多私人的银行家和财务官。该团为阿拉贡国王詹姆斯一世和那不勒斯国王查理一世提供了若干名大臣和财政官员。钱财、珠宝、遗嘱甚至条约都委托给圣殿骑士团安全保管。在英国，“伦敦圣殿”早就用作寄存教廷税款和支援圣地的遗赠、捐赠财物的地方。在英国，将财物寄存于圣殿骑士团的习惯可能就是从此开始的。到 13 世纪初，在“新圣殿”

寄存财物的习惯已形成。新圣殿地窖里存放着大地产主的财产、商人们的剩余资金及教廷的税款。1204 年到 1205 年，约翰王将玉玺和英国王冠宝石寄存于伦敦圣殿安全保管。次年，他将坎特伯雷大主教的教堂金银器皿存放于此。1263 年，当亨利三世之子爱德华洗掠"伦敦圣殿"时，抢走了属于王国许多商人和贵族的10 000镑财产。在巴黎，法国诸王把他们的财宝存放于"圣殿"长达一个世纪以上。1259 年，路易九世和亨利三世的使节缔结的条约原本亦放于巴黎的圣殿。

由于圣殿骑士团辖区在整个基督教世界到处可见，所以像"美国快邮公司"一样，圣殿骑士接收并转送货物、货币和流通证券。他们贷款给无力交付封建"捐助"或希望为其女儿提供一份慷慨大方的嫁妆的贵族；或贷款给被迫交纳教廷"任教职首年税"的主教；贷款给 13 世纪所有那些濒临破产的修道院；也贷款给谋求资金的商人，甚至贷款给国王。由于他们不必纳税，又享有许多保护和豁免权，因此他们比犹太人和伦巴第人银行家收取的利息要低。但他们也是逼迫债务人取消抵押品赎回权的无情债权人和过期票据的逼债者。

尽管取得了所有这些巨额利润，圣殿骑士团却丝毫也不对社会或政府有所回报。他们不像医院骑士团那样开办医院；也不创设任何学校；根本不扶助穷人。他们既不交人头税，也不交财产税。他们的一切商业活动都是免税的。在欧洲许多地方，圣殿骑士团的服装，即白底红十字袈裟，被视为贪婪的象征。百姓像其先人憎恶抢掠成性的贵族们的阴森可怕的堡垒一样，憎恶圣殿骑士团的那些坚墙围筑、深沟环绕、棱堡高耸、角楼兀立的辖区指挥所。

狮心理查*临终前在病榻上说:“我将我的欲望留给锡陀教团**,将我的骄傲留给圣殿骑士团。”

到1300年,教皇、国王、贵族、市民和农民都畏惧并痛恨圣殿骑士团。在骑士团大辖区指挥所所在地巴黎,君主们以难以掩饰的反感看待骑士团势力的膨胀。由于在1191年,腓力·奥古斯都从圣地回国后,授予圣殿骑士团以免受大法官司法管辖的豁免权,1258年路易九世又确认了骑士团所占有财产的合法性,(尽管他并不愿意看到王权被削弱,)使圣殿骑士团的势力继续增长。腓力三世在一项旨在禁止各宗教团体攫取永久经营地的法令中,公开豁免了圣殿骑士团。1279年,腓力三世说服圣殿骑士团放弃他们通过许多产业而在巴黎城内享有的特权;但作为补偿,骑士团保持了他们在城郊产业上的绝对权力、高级和低级司法权以及广泛的领主权。在骑士团高大城墙的蔽护下,兴起了一个完整的“新城”,这是国中之国的中心,独立于所有教俗权威之外,有其自己的军队、自己的警察、自己的官员、自己的司法、自己的税收和财政。

“巴黎圣殿”即使不是西欧的中央银行,至少也是法国的圣殿骑士团中央银行。这里保存着各骑士团辖区的、教皇的、法国国王的、皇族亲王的、上层贵族的和市民的账簿。M.利奥波德·德莱尔发现的一份文献鲜明地展示了那里采用的账簿制度和簿记方法,这份文献是1295年3月19日至1296年7月4日期间该圣殿的“日志”或“收入日录”。

---

* 原文名 Richard Coeur de Lion 或 Richard I the Lion-Heart(1157~1199年),英国国王,领导第三次十字军东征。——译者

** 1098年创建于法国 Citeaux,故名。——译者

这本“日录”的每一页开头都记着日期和当日在账房值班的圣殿骑士的姓名。随后，记载寄存物品的数量、寄存人姓名、所存款项来源、寄存物将入账的户头及登记者标明收讫的标记。每天的总收入或超过支付的收入部分在当晚及时送交中心金库，这就是依“按时结算”的规章行事。现金出纳窗口立有专门账册，但上述这本“日录”却也记了几笔支出款项。此外，也有特别登记账页，在这种账页上，根据金钱往来的性质，在各个债务人或债权人的名字下，分类记载着出纳员在该账房顾客户头上收进或支出的全部款项。一般说来，圣殿簿记的内容，旨在清楚地显示出尚未结清账目的每一个当事人的资产和负债情况。

考察这本“日录”中展示的那些在圣殿寄存财物并设立户头者的人数和状况是饶有趣味的。德莱尔曾把这些顾客分为五类：(1)圣殿骑士团自己的官员，例如团长、财务官以及与圣殿骑士团有联系的省区中各分团司令官们；(2)各级教会显贵人物，如枢机主教使节、圣德尼修道院院长，等等；(3)国王、皇室官员——特别是负责接收王室税收的官员——巴黎京城总督，奥弗涅、奥尔良、桑利、桑、韦尔曼杜瓦等家族的管家；(4)王室成员及其代理人，王后的管家，克莱蒙伯爵及其管家；(5)大贵族和属于贵族及资产阶级的各种人物，有时资产阶级的人名中，意大利人多于法国人。

“日录”立有 222 个单独的户头，账目长短不一，分别属于生活中地位不同的个人。其中 60 多个户头提到为偿还他人贷款而存入。下面是这类户头中的一个实例：

1295 年 12 月 12 日——星期一——若阿内兄弟

敬收信徒拉杜尔福，25 镑，万圣节到期。

敬收信徒佩特罗，25 镑，偿还上述拉杜尔福。

敬收信徒里夏多，13 镑，偿还上述拉杜尔福。

敬收信徒若阿内，12 镑，偿还上述拉杜尔福。

总计：75 镑。

按时结账。

上例的词义可大致释读如下：

1295 年 12 月 12 日，星期一，圣殿出纳员若阿内兄弟收到下列寄存物：收自拉杜尔福（可能是兰多尔夫）信徒 25 镑，万圣节到期；收到佩特罗信徒 25 镑，应在上述同一日期偿还给上述同一拉杜尔福信徒；敬收里夏多和若阿内信徒分别为 13 镑和 12 镑，应在同时偿还同一个拉杜尔福信徒，总计 75 镑。

法国国王在 1286 年于该圣殿的户头，揭示了每年年终每个当事人所据以弄清其资产和负债情况的一般格式。这一记录格式如下：

	国王应付			国王应收		
	镑	先令	便士	镑	先令	便士
1286 年耶稣升天节	101,845	7	6			
万圣节	51,886	8	5			

“显然，一个多世纪以来，在会计室的和平气氛中，圣殿骑士团的骑士们处理着西欧的大量资金，他们变成专业会计、精明的管理

人员和发展信贷及其手段的先驱，那一发展势将使商业和金融业发生根本性的变革。”①

① 费里斯：《美国史学评论》，第8卷，第1页。

第一章　美男子腓力(1285～1314 年)和卡佩王朝末期诸王统治下的法国(1314～1328 年)△

在 13 世纪末,法国是欧洲最繁荣和治理得最好的国家。路易九世(1226～1270 年)统治的最后几十年,连年升平,一派昌盛。南部各省早已从征伐阿尔比派十字军的灾难性影响中恢复过来。同英国国王争夺基恩和加斯科尼的旷日持久的纷争,已经于 1259 年解决了。* 多年来,既无外战之忧,又无内乱之患。政府享有声誉,行政管理卓有成效。倘若路易七世在 12 世纪中叶可以不无得意地说:"在我们法国从来不缺少面包、美酒和欢乐。"那么,到了 13 世纪,这种评价就是双倍的正确了。仅举一史实足以说明这一时期法国的极为富足。

根据统计材料,从 1170 年至 1270 年的 100 年间,法国便修建了 80 座大教堂和近 500 座大教堂级的礼拜堂。据 1840 年估计,这些建筑物的造价需要50亿法郎,相当于10亿美

△　参看地图:W. R. 谢泼德:《历史地图集》,第 7 版(亨利·霍尔特公司,纽约,1929 年),第 76 页。

*　路易九世根据 1295 年的巴黎和约,承认英王对基恩和加斯科尼的统治权,英王则放弃对法兰西其他领土的要求。——译者

元。而这里所谈的仅仅是一个世纪内建成的大教堂。①

有教养的佛罗伦萨学者、但丁年轻时的导师布鲁内托·拉蒂尼——他同他的学生但丁一样因政治信念而遭流放——在1260年得到了法国宫廷的庇护，并在那里写出了《宝鉴》一书，那是一本用法文而不是用意大利文写成的一种百科全书。他对自己所看到的城市街道的治安、农村的宁静、城镇工商业和农民的农场、果园和葡萄园有不可言尽的羡慕。腓力三世（1270～1285年）则在各个方面都维持了这种繁荣。1282年由于法国人在西西里岛遭屠杀*而引起的短期对阿拉贡战争，虽无荣耀却也没有灾难。腓力三世的统治在某些方面持续了他父亲的政策，而其他方面却是新趋势的开端。在处理同封建社会的关系中，他奉行了圣路易**的准则，尽力维持王国内部的和平和正义，像当时的许多统治者一样把惯例和法律相结合。但是，我们从这些有作为的政治家的统治中，发现近代统治制度脱离封建传统而登上历史舞台。直到圣路易统治时期以前，王室统治实质上是国王个人的统治；国王在一些当选的大臣们协助下，亲自掌管各项事务。这些大臣在政府里没有进取精神、也从不僭越王位，而圣路易时期更是如此。腓力三世打破了这一传统。皮埃尔·德布罗斯是法国君主专制史上第一位

① 亨利·亚当斯:《圣米歇尔山修道院和夏尔特尔》，第95页。

* 1268年，西西里王国被法王路易九世的弟弟昂儒的查理所占领。他加重了捐税压迫，摧毁了城市自治残余，引起人民反抗，即1282年的“西西里晚祷”起义，所有法国占领者被消灭。由于阿拉贡王朝的干涉，此后西西里移归阿拉贡王朝。——译者

** 圣路易即法王路易九世（1226～1270年）。——译者

长期辅佐国王的宠臣。此后，重大的行政措施均由国王的总理大臣计划和实施。法国的王权不再是封建概念上的王权，而更有至尊地位；王权不断扩大，封建传统被置之不顾，甚至受到破坏；王权日益专断，有增无已。如果因此而激起强烈的反抗或叛乱，则往往把这一责任推诿在不得人心的总理大臣们身上，他们或被撤职，甚至被处死，以此作为平息民愤的一种手段。

另外，腓力三世统治期间的税收记载，也预示着一个新时代在1270年即将到来。路易九世除了为筹集他的赎金*而借款外，是以王国政府正常岁入来满足政府的开支的。而他的儿子腓力三世却是求助于危险的临时贷款和增设名目繁多的新税的第一个法国国王。固然这些新税几乎统统以什一税的形式强加于教职人员身上，但是下一步必然使大量的新税同时落在俗人身上，尤其是落在中产阶级的身上。可以毫无疑问地说，一个公开而不顾一切地开创了向教会征税的王国(在这个王国里，旧式的封建收支预算的平衡严重失调，以至于只能靠借款的办法才能恢复平衡)，是一个新型的政府。

当腓力四世在1285年登上王位时，法国国内外形势发生了更为急剧的变化。美男子腓力**是一个强硬的、野心勃勃的、有时不讲道德的国王。他远远不满足于依照他祖父的温和方式治国。他的王权思想是君主权，而不是领主权。他是一位国王，而不是封建

* 路易九世是第七次十字军东侵的组织者。1250年4月他率领部下在攻打伊斯兰教首都开罗时，在曼苏拉城附近兵败被俘。其后法国以80万金将他从伊斯兰教徒手中赎回。——译者

** 美男子为腓力四世的绰号。——译者

领主，他实行君主专制的特权而不是封建领主的特权。尽管如此，若把这种政策仅归咎于出自个人野心，却会是一种错误。某些时候，一位伟大的统治者是一面明察秋毫、预见未来的镜子——腓力四世也是一位伟大的统治者，即使不是一位伟人。腓力四世是第一位近代国王。他的直觉似乎已经使他认识到，封建主义的统治形式已是一种过时而又陈腐的形式——即使它作为一种社会制度还没有过时。为了适应社会变革的需要，他竭力想系统地调整已经正在变得过时的封建统治形式。他似乎已经认识到，奠基于农业上的旧的封建经济正在让位给建立在工商业上的新经济；作为封建主义核心的地方观念必须服从于领土的统一；封建主的权力必须被现实的民族性的王权所取代；对地方和中央的政府机构必须严加控制，地方领主权必须让位给全国性王权；甚至教会也必须克制自己，放弃世俗权力而让位给世俗政府。腓力四世的国内外政策、外交、战争和行政改革完全是现代人的典范。历史上没有一个伟大人物比他更能体现他所处时代的时代精神。在某些方面，他的思想是很先进的，他所实行的政策在几个世纪里处于领先地位，后来才变得平庸无奇。

在腓力四世与教皇卜尼法斯斗争期间，新旧欧洲两者之间的对立表现得最为明显。在此之前，政教便经常发生矛盾冲突了。可是在皇帝亨利四世同教皇格利哥里七世、红胡子腓特烈*同亚历山大三世的斗争中，以及许多世俗统治者为保护其独立地位、反对教皇英诺森三世提出的、关于教皇的权力高于一切国家和统治

* 德国皇帝（1152～1190年），绰号。——译者

者的权力这一狂妄主张的斗争中，却在理论和实践上完全带有中世纪的传统和本质。是中世纪的两种统治权力在交战。[①]

腓力四世与卜尼法斯八世斗争的结局，不像萨利安人*和霍亨斯陶芬朝诸帝们那样有失体面、那样复杂。在此之前，所有基督教会的财产和个人都已经免于世俗纳税——虽然教会有时希望从征税中得到好处，也允许向教职人员征税，如教皇批准的萨拉丁**什一税，就是作为筹集第三次十字军费用的一种手段。而在1293年，英法开战时（这是另一个历史问题），为了支持战争，法王腓力四世和英王爱德华一世都向教会征税。卜尼法斯八世立即猛烈地抗议此举，理由是这种税侵犯了教会的自由。

这一征税问题如此之新又如此具实用性，并不是没有意义的。教皇没有以“圣奥古斯丁***的教会是超国家的”这一教义作为反驳

① 斗争的结果在很大程度上受实际情况的影响，即受封建的和自治城市的反皇帝势力的影响；受到诺曼人和法国人反对“神圣罗马帝国”权力扩大的策略的抗衡力量的影响。但是在这些具体事实背后，是占主导地位的文化思想的巨大影响——即罗马统治集团是宗教的领袖这一信念。教皇们在主张建立基督教世界的统治时，受到德皇的抗争，但圣彼得的继承者获得了最大的胜利。他们在理论上较强，且更善于把理论付诸实践。

“当他们的贪婪野心在对外政策——反伊斯兰教的十字军——的实施中遭明显失败后，坚强的民族国家的国王——法国的美男子腓力和英国的爱德华一世，起而取代霍亨斯陶芬朝的皇帝而与教廷对抗时，形势就对教廷不利了。”——《保罗·维诺格拉多夫论文集》，第2卷，第285～286页。

* 萨利安人，是古法兰克一支，曾居于下莱茵河地区，是墨洛温王朝的祖先，此处代指日耳曼人。——译者

** 萨拉丁（1137～1193年），阿拉伯埃及的苏丹，曾击败十字军人建的耶路撒冷国家；引起西方发动第三次十字军。——译者

*** 圣奥古斯丁是公元4世纪末至5世纪初教父神学家，是欧洲中世纪基督教神学体系的权威人物，《上帝城》的作者。——译者

的根据。他既没有引用格利哥里七世的话，也没有引用英诺森三世的话。只是拖到后来，由于斗争失利，卜尼法斯八世才求助于奥古斯丁的《上帝城》和圣使徒彼得是最高权威的教义。两位国王除了以征税手段为自己提供岁入外，也关心着权力的集中，并企图剥夺教会领地的豁免权和那些据信对国家福利有害的甚至是危险的豁免权，这一事实丝毫也没改变问题的本质。此外，腓力四世所征课的基督教会财产税，是征收由于工商业的发展而产生的新财产税的总政策的一部分。在创设各种新税收、发掘政府新的财富来源、创立新的行政机构去收集新税方面，腓力四世表现出丰富的独创性。因为旧的国家机构是为农业而不是为工商业社会所设立的。

在《关于教士的世俗税务》(1296 年)的教皇训谕里，我们看到卜尼法斯八世在涉及这种新的税收时，所发出的几乎是引人发笑的申诉。在该训谕里，教皇禁止向基督教会人员和各类教会财产征收任何一种世俗规定的税款。这个著名的训谕部分内容是：

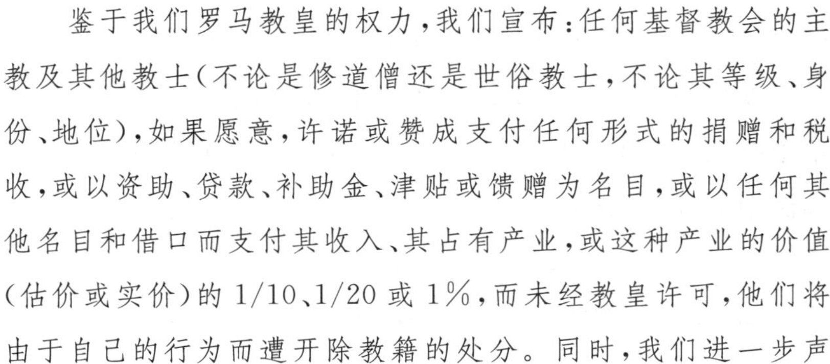

鉴于我们罗马教皇的权力，我们宣布：任何基督教会的主教及其他教士(不论是修道僧还是世俗教士，不论其等级、身份、地位)，如果愿意，许诺或赞成支付任何形式的捐赠和税收，或以资助、贷款、补助金、津贴或馈赠为名目，或以任何其他名目和借口而支付其收入、其占有产业，或这种产业的价值(估价或实价)的 1/10、1/20 或 1%，而未经教皇许可，他们将由于自己的行为而遭开除教籍的处分。同时，我们进一步声

> 明，皇帝、国王、亲王、公爵、伯爵、男爵、市政官*、总督以及城市、要塞和所有其他地方的统治者（不论这些掌权者叫做什么）或任何有权、有势、有地位的其他人，无论谁要求或接受上述税收，或要占有或指使别人占有教会的或教士的财产，或将在这类财产被占用后而接受之，或公开地或秘密地支持、策划或帮助这类政策，将因其行为而遭受开除教籍的判决。

这一训谕的妄自尊大和包罗万象是显而易见的，如果这一法令确实得以实施，欧洲各处教会的成员和财产就是在它所处王国内完全独立的。教士就是一个既庞大而又独立的社会团体；教会就是既大而又独立的政治实体；遍及欧洲的基督教会财产既巨大无比而又普遍免税。甚至身为诸侯的教士们的旧式封建义务也免除了。如果严格实施罗马教皇的训谕，不仅将切断封建主义体系中最古老、最长久的根基之一，而且将会断送在13世纪末新生的民族主义和近代的政府。这个训谕没有一处提到英法两国国王。教皇太精明了，所以不采取这种公开向英法国王挑衅的方法，虽然其用意是路人皆知的。况且，即使教皇的论点确实是针对英法两国，但其原则对欧洲其他国家也是同样有效的。

爱德华一世和腓力四世为了自己的目的，对罗马教皇的禁令给予有效的回击，同时，如果卜尼法斯八世决定不更进一步地推行训谕中的观点，英法国王便有意避免同罗马教廷发生纠纷。在英

* 由德皇红胡子腓特烈任命的伦巴第城市的统治者；或是意大利城市及共和国的首领。——译者

国，爱德华一世宣布所有的教士和教产不受法律保护——这里，他无意中简直完全使用了教皇的话——其结果是基督教会财产在许多地方被泰然地没收，主教们的金银餐具、家具和坐骑被夺走；修道院的土地被侵占、牲畜被赶走。教士的抗议很快变得极为强烈，为了自卫被迫与国王和解。在法国，腓力四世发布了禁止货币和贵金属输出的诏令。这一显然普遍实施的禁令的主要方面，是针对教皇的，因为它断绝了以"就教职首年税"* 和彼得税为名目的教皇岁入来源，而法国是这类岁入来源的重要基地。但是，卜尼法斯八世通过宣布 1300 年为大赦之年，对所有在这一年到罗马朝圣的人给予赦免，从而抵消了教会的损失。结果是罗马挤满了前所未见的朝圣人群，教皇金库满得不能再满。

法王同卜尼法斯八世的对抗年复一年变得越来越激烈，互相之间毫不示弱。无论如何，这完全是政治争端，尽管教皇竭力给争论加上伦理道德的外衣。此后需要说明的只是 1303 年法国军队进入罗马，导致了卜尼法斯八世被废和 1308 年教皇驻地由罗马迁到阿维尼翁。此时，教皇已不可能住在罗马，而阿维尼翁在理论上则成为阿尔卑斯山外的教皇世袭领地，实际上却是法国的领土。这是中世纪罗马教皇统治的衰落，是中世纪后期的结束。

1303 年，罗马教权引人注目的垮台，不仅在法国，而且在整个欧洲，引起了有重大经济意义的余波，这就是圣殿骑士团的衰落。1289 年，腓力四世已确认了由他父亲授予圣殿骑士团的所有特

* 指就教职人员在任职第一年，须把本教区内岁入的全部缴付教廷，亦被译为"初熟之果"(见杨真《基督教史纲》，第 188 页)。——译者

权，那么，是什么改变了他的政策呢？毫无疑问，卜尼法斯八世的失败增强了他的实力。但其他方面也必须加以考虑，如法国军队在佛兰德受挫、金融的危机和法王对金钱的急需。圣殿骑士团本应看到不吉之兆，因为在公众舆论的天平上，他们已毫无重量。但是他们过于自信、目光短浅。1305 年总团长雅克·德莫莱曾傲慢地拒绝圣殿骑士团和医院骑士团联合的建议。如果联合，也许会挽救圣殿骑士团的命运，因为尽管医院骑士团比圣殿骑士团富裕得多(1244 年圣殿骑士团只拥有 9 000 处庄团，而医院骑士团则达到 19 000 处之多)，但医院骑士们已经逃脱了民众的责难。一位名叫皮埃尔·杜布瓦的库坦斯地方的诺曼律师出版了一本名为《论圣地的收复》的小册子，主张要迫使圣殿骑士团住在东方，把其所有土地转为农场，把其辖区和小修道院变为医院和教授科学、艺术、手工课和东方语言的专门学校。这是一种政治家式的见解。

威廉·德诺加雷是法国国王的精明顾问，他曾是反对卜尼法斯八世的活的灵魂，也是取缔圣殿骑士团的主要煽动者。教皇克力门五世既是被说服的，也是被胁迫而默许了这一建议。虽然腓力在原则上是正确的，但采取了不道德的诬告和侮辱性的手段来对待圣殿骑士团，和他对待卜尼法斯八世如出一辙。反对圣殿骑士团的情况已经由现代历史学家总结如下：

> 圣殿骑士团很好地管理了自己的财产，他们都是很有能力的人，他们作为一个有组织的团体也许比他们数量上的优势或他们的财富的意义要大得多。聪明人很早以前便推测到这种有活动能力和稳固的组织团体也许会成为潜在性的危

> 险……问题很清楚，圣殿骑士团是欧洲教会和国家统治者担忧的根源之一……。它是具有一个强大国际组织的职业军人团体，他们传教活动的目的已不可能再实现，他们对所驻国家不是忠诚不贰，又掌握着（即使不是占有着）不寻常的财力物力，且圣殿骑士们又以其胆大妄为而著称——这样的组织势必威胁着欧洲的稳定，首先是威胁着法国的稳定。[①]

圣殿骑士团被指责为十足的道德败坏、实行骗人的妖术和信奉邪说。1307 年 10 月 13 日雅克·德莫莱和所有在巴黎的圣殿骑士都被捕并被带到宗教法庭上。用残酷的折磨逼出了荒谬绝伦的招供。直到 1314 年，总团长才被赦免。在此期间，在 1308 年的训谕中已经污辱圣殿骑士团为异端教徒的教皇，又于 1310 年在维也纳召开了宗教会议，经周密策划的结果是在法国所有基督教会的省份开始反对圣殿骑士团。在这一年的 5 月 10 日，55 名圣殿骑士团团员在巴黎被活活地烧死：4 天以后，有 9 名圣殿骑士团团员在桑利同样遭此厄运。圣殿骑士团的巨大财产被法王没收，颇具讽刺意味的是，法王从而取消了他自己所欠圣殿骑士团的沉重债务。

与此同时，可怕的敌意和贪婪已经在欧洲其他国家蔓延。但在大多数情况下，取缔圣殿骑士团的过程一般实行得较为适度。当腓力四世行动的消息传到英国时，爱德华二世急速写信给葡萄牙、卡斯蒂利亚、阿拉贡、西西里的国王和教皇，询问反对圣殿骑士

① 爱德华·J. 马丁：《对圣殿骑士团的审判》（艾伦和昂温，1929 年）。

团这一主张的有关真相。但是在得到这些统治者的答复之前,他便接到使他消除疑虑的教皇训谕。在英国的圣殿骑士团,除了被指控为异端外,没有像法国圣殿骑士团那样被搞得声名狼藉,也没有受到严刑拷打。但他们的所有财产被没收。在西班牙,两个圣殿骑士团的“省区”分散在五个王国:阿拉贡、卡斯蒂利亚、莱昂、纳瓦拉和葡萄牙。阿拉贡的詹姆斯二世起初犹豫不决,嗣后接到法王和教皇的信件才使他确信无疑。圣殿骑士团奋起反抗,可是最后还是屈服。卡斯蒂利亚仿效阿拉贡的做法。在德国,对圣殿骑士团的镇压没有像其他的地方那样凶狠,其根本原因盖出于德国的主教也是封建诸侯。他们打算从圣殿骑士团的破灭中得到好处;许多嫉恨主教们的贵族支持了圣殿骑士团。关于意大利的情况,我们所知甚少,似乎必须把半岛的南部、北部和中部分为不同的类型。那不勒斯王国的昂儒朝诸王自然依照法国的先例;托斯卡纳和伦巴第的意大利城市共和国较少推行激烈的政策。最有力的原因是圣殿骑士团从来没有对这些地区的商业和金融业进行严格控制。伦巴第和托斯卡纳的银行家们根基十分牢固,以至于没有因圣殿骑士团的竞争而受到严重损害。

不管怎样,欧洲和拉丁东方各处的圣殿骑士团作为军事团体已被取消,财产被充公,许多人转到医院骑士团。在西班牙的卡拉特拉瓦和圣地亚哥两个古老的西班牙军事教团,从圣殿骑士团的失败中得益;各处的主教、圣多明我会的修士们是圣殿骑士团的死敌;国王和大贵族得到大部分赃物。法、英的国王特别慷慨地把非法获得的财产赠送给自己的亲信,这样聪明地建立了一个围绕着王权的顺从的贵族集团。这些幸运儿许多是小贵族,在法国甚至是有影响的资产阶级。因此我们可以从这里看到一个暴发的贵族阶层形成的奇迹。国王巧妙地把这个阶层作为与旧的封建贵族相抗衡的一种力量，逐渐地把旧贵族从王国政府的重要官职里排挤出去。在精神上和实践上取消圣殿骑士团的历史令人惊讶地联想到 200 年后亨利八世取消英国的修道院的历史。

腓力四世消灭圣殿骑士团主要出于经济上的目的。这从类似的灾难事实中得到明证。在法国营业的犹太人和意大利人银行分号，不久便受到腓力四世的突然袭击。后者被称为“伦巴第人”，尽管有些人来自锡耶纳和意大利其他商业城市。犹太人由于拥有流动资本而控制着法国商业的重要部分。但他们在法律上不受保护，不被视为臣民，而被看成他们所居住的领地上封建贵族的奴隶，可以随意被剥削或驱逐。有些犹太人住在王室领地上。在此之前，腓力四世已经容许他们住在他自己的领地上，但需要缴特别税。犹太人在他们自己中间收集这种特别税交给国王，作为受王权保护的代价。

可是，1306 年腓力四世由于迫切需要金钱，颁布了一项有关犹太商人的总的法令。宣布法国的所有犹太商人从属于王权，他们构成王室财产的一部分。（使人想起在我们同南部各州战争期间的本·巴特勒将军的著名宣言，即奴隶是“战时违禁品”*）这个法令表明腓力四世怀有天赋王权的强烈的君主思想。同一天，国王的官员、主教、贵族收到带有掌玺大臣印玺的信件，通知他们必

* 指在美国南北战争期间，许多黑人奴隶从蓄奴州逃奔到联邦军时，联邦军官常常把他们交还给他们从前的主人。本·巴特勒将军反对这种做法，提出奴隶是“战时违禁品”。在这个口号下部分逃亡奴隶实际上得到解放。——译者

须逮捕王国境内的所有犹太人,没收他们的财产,包括动产和不动产,用以充实国库。犹太人被迫在圣约翰节(6 月 24 日)之前,把动产兑换成现金交国王使用,而所有的不动产马上被没收。

1311 年,同样的厄运降临到"伦巴第人"头上。犹太人已被驱逐;圣殿骑士们不是死亡就是被打入囚牢。国王是不可抗拒的,他的贪欲也是无止境的。伦巴第人丧失了财产、金钱,和犹太人一样被赶走。那些负有债券的人被拘留到他们偿清债务为止;那些债权人被迫把应付的账单交给国王。这就赤裸裸地暴露了政策的残暴性。它只能归咎于中世纪的偏执、腓力四世的贪婪和那个时代占着优势的荒谬的经济思想。事实上,犹太人和意大利人是在发展商业的。

腓力四世之残暴和愚蠢的后果很快就显露出来。他死后的 1315 年,路易十世允许犹太人重返法国;禁止教会刁难他们;确定他们能取得的利息比率为每周每镑 2 便士。这是中世纪正式规定利息的最早范例,虽然条件仍是苛刻的。犹太商人必须在其外衣上带有一特殊黄色标记。他们被允许收旧债,但是以其中的 2/3 归国王为条件。他们也被允许买回以前的犹太教会堂和墓地。在腓力五世统治时期,犹太人再一次受到迫害。腓力六世后来再次将他们驱逐出去。在全欧洲,犹太人都受到与此相同的残酷而难以预卜的虐待。而英国爱德华一世则是这一时期反闪米特人*的最坏的国王。

对于腓力四世对圣殿骑士团、犹太人和伦巴第人的政策,人们

* 即犹太人。——译者

几乎是完全持批评态度的。但在制定工业规章这方面则另当别论,因为他的工业政策在政治上和经济上是正确的。为了理解这个问题,我们必须追溯到路易九世的统治。1261 年,商会会长艾蒂安·布瓦洛,确切地说是自巴黎自治城市被大行会统治以来的巴黎市长,编辑了一本巴黎 101 种行业(或职业)的《常规》这一名著,书中记录了各行会的章程。王权一点儿也不干预行会内部的任何活动。对于各种行业的具体业务来说,行会是自由的。他们制定自己的规章、法定的工作时间、工资、学徒的期限、产品价格等等。

无论如何,在腓力四世的统治下,关于王权的新思想是发展了。在王国行政机构里的法学家们使他相信,国王有权过问一切、支配一切。但必须强调,国王在过问这些事时,并不像他在处理圣殿骑士团、犹太人和伦巴第人那样,纯粹按私利行事。有时他确实为了自己的利益而立法,但更确切地说他是为社会总的利益而立法。据我们了解,腓力四世有三项关于行会和其他社团的法令。在第一项法令中,国王对巴黎境内的一些宗教团体做了有关规定。这些宗教团体是一种福利共济的组织,各有一个保护圣使徒;在宗教团体所在地设有供奉献祭的圣坛;在纪念保护圣使徒日,有专门的崇拜仪式。在第二项法令里(1305 年),禁止诸如此类的新宗教社团的组成。这些法令的原文没有被保存下来,但我们从腓力四世的继任者废除这些法令的特许状中间接提到的内容中可以了解到。鉴于这些法令似乎很激进,毫无疑问,它们是治安法,旨在防止这些半宗教性的团体在国王镇压圣殿骑士团期间可能会发动的骚乱。

腓力四世制定的关于巴黎面包师行会的法令，则有完全不同的意义，这一法令在当时表现出了王国政府作为一种社会力量而具有的非凡的洞察力。1305 年是巴黎的“艰难时期”。小麦价格涨到饥荒时的水平。腓力四世迅速采取措施减轻灾情。他命令调查巴黎周围未收割和贮存的谷物，强迫物主除了留足家中所需要的粮食和备足下一次播种的种子外，全部谷物必须投放市场。不过面包师贪得无厌，面包价格仍然很高。因此，他任命了政府特派员监督面包师；察看是否使用上等面粉，一条面包的规定分量是否减少，面包师是不是无正当理由试图强行提价。从而打击了垄断权，即行会主旨的要害。虽然这一措施只是权宜之计，但它是为公众利益而制定的，是反对私人利益的。

在蓬图瓦兹发生了类似的事情。该地的面包师与城市的政府长期不和。邻近的城镇和村庄的面包师每周三次把面包拿到蓬图瓦兹城出售，这久已成为惯例。但蓬图瓦兹城的面包师行会则力图用阻止这些外来的面包师进城的办法，剥夺竞争对手。宣布面包师行会（而不是本城政府）有权控制面包的价格和销售。该城的市政官向巴黎的法务院上诉，即向国王的高级法庭上诉，法庭规定外地面包师有权在蓬图瓦兹城自由出售面包。

由于其广泛的实行而更具重要性的是 1307 年 7 月 7 日的《大法令》。[①] 这项法令只适用于巴黎，是经巴黎市长的提议宣布的，其目的是降低普遍存在的高昂价格。引起这些高价的原因一方面是由于粮食歉收；另一方面是由于新近货币的变动而加重起来。

① G. 法格涅：《工商业历史文献》，第 2 卷，第 9 号。

腓力四世于1306年恢复了路易九世的货币制度。可是许多现存契约却是在他自己发的劣等货币流通时签订的。那些拥有票据和持有他人契约的人，要求用新的货币来偿付。地主们对他们的承租者也提出同样的要求。结果引起了巴黎的租赁者和寄宿阶级的反抗，接着而来的是暴动。腓力四世自己被困扰在街上，然后被封锁在教堂里，一直到巴黎市长菲尔曼·德科克莱尔营救了他。主显节*前夕，暴动者中的28人被绞死（巴黎的四个城门各绞死7人）。可是在1307年整整一年里，骚乱仍接连不断地发生。人们抱怨食品的高价。为了调整上述混乱，腓力四世制定了上述《大法令》。

整个《大法令》都与行会有关，包括有58条款项。法令规定取消10年以上的债务，这沉重地打击了伦巴第人和犹太人。有10项条款（46～56条）规定对大量的手续费实行控制，尤其是公证人和书记员的手续费。许多条款涉及市场管理和固定价格。酒商、酒馆老板、鱼商、面包师和磨坊主被特地列举出来。其中有关鱼的条款特别有趣，因为它表明，在中世纪，鱼在多大的程度上成为穷人的"肉食"。而且鱼类食品的经济价值归因于教会规定的无数斋戒日。面包必须称量出售。且不得增加新鲜肉类、猎物和野味的税收，因为这些是富人的精美菜肴。第44条款论述服装。经营者必须缴纳营业税，一位裁缝裁制3套女装应缴纳3个苏；一套男仆的制服2个苏。在第54条款里，腓力四世的规定同行会的专有章程相冲突。行会限定了行会成员应该做的工作量，禁止夜间劳作。

* 1月6日纪念耶稣显灵的节日。——译者

腓力四世废除了这些规定。此外，在许多行业中他禁止一个主人有一个以上的学徒，那么，那个更有升级把握的必然是主人的儿子。这种措施是反对主人对学徒的剥削并保证给学徒好的技术指导，对学徒期限和工资也做了规定。在这一流动日工司空见惯的时期，许多雇主曾习惯于只雇用法国籍工人。而腓力四世规定，凡进入法国学艺的佛莱芒人、意大利人和德国人，都应该被接纳学徒训练。这一条显示了他的真知灼见。整个1307年法令对于巴黎的现存工业现状是激进的，甚至是革命的。但仅仅是暂时的和地方性的实施。当解除了"艰难时期"，这一法令便开始被废弃，行会又恢复了以往利己和垄断的惯例。

无论如何，在度量衡的法规中，腓力四世的立法更广泛地涉及整个国王的领地，因而把王国的大部分领土包括在内。可以说立法几乎是适应于全国。有一条法令涉及香料商人和食品零售商，禁止香料商和食品商使用药衡锂*，这种量制现仍使用于医药方面。必须使用公平的衡量制，交易不得有欺诈。例如，禁止把牛油和蜡烛相混合；禁止制作烛芯过大的蜡烛，这会使蜡烛过早烧完。第12条款规定："在王国的每个有商人的城镇里将指定4位商人，即一位业主和3位其他的人为生意管理人。这4位官员将监督香料商人，每年至少4次查看他们的仓库，检查度量衡，把违法者传到本地法官面前受审。所有希望成为卖主的人要向业主宣誓。"

---

* 锂，用于量制时，指法国古代的斤，在巴黎相当于现490克，而在各省则为380克或550克不等。药衡锂是医学上的量度单位。而当锂用于币制时，译为镑，也称利佛尔。——译者

不幸的是，腓力四世的理财政策抵消了各项措施的积极作用，这种政策对法国商业是有害的，甚至是灾难性的。腓力四世比同时代的其他统治者都强，是近代政府的创建者。正是在他统治期间，巴黎的最高法院、财务院和国务会议成了三个分别独立的机构。这些机构都源于古老的国王法庭。但是，为了建立这些机构；为了使自己免于因大量开支（对英国和佛兰德所进行的两线战争耗费了巨额资财）而遭受灭顶之灾，腓力四世需要大量的金钱。正如我们所了解到的，这笔钱的一部分取自圣殿骑士团、伦巴第人和犹太人。现在所需要的是找出别的办法以增加王国税收。其办法有四种：1. 封建的军役义务改为付款；2. 实行普遍营业税；3. 征收进出口税；4. 控制铸币制度。

在封建时代，王室的开支一般不大，领地收入足够维持简朴的宫廷生活。而现在，腓力四世统治期间却恰恰相反。国王领地包括了王国领土的大部分，并以国王的名义征收沉重的直接税。国王的人头税成为永久性的赋税。而以前则不同：在普遍征税时，政府总是强调指出征税是由于某种特殊的原因和目的。在 1263 年的法令中，写着："无论什么时候要征税，必须逐章执行国王的上述法令。"在 1268 年的法令中，这种意思表述得更加明确。

1292 年由于"弗朗什孔泰"即"勃艮第自由伯国"问题，腓力四世和皇帝纳索的阿道夫之间爆发了战争。尽管该领地的伯爵是神圣罗马帝国的附庸，但现任伯爵却把此领地让给法国。腓力四世要求贵族们，在亲自带领他的封建队伍服役或者用金钱赎免服役两者之间作出抉择。这种做法并不见得是什么新鲜事物。自亨利二世统治时期用钱雇佣军队服役以来，英国税务署即向贵族和主教征收免役税，或称“盾牌钱”，以取代他们及领有他们采邑的骑士们应负的军役。但对于法国来说，免役税则是新鲜的事物了。此外，腓力四世对一切买卖征收战争税，1镑抽1便士（1镑等于20苏，1苏等于12便士，即1镑等于240便士）。这种税收照理应分摊在卖主、买主身上，而实际上却由消费者来支付。征集战争税是在市场和定期集市进行，或在零售店店主做买卖的地方进行。甚至一个农民在出售他的农产品时，也必定有一个政府公证人在场。战争税非常不得人心，人们称之为“苛捐杂税”或“恶税”。法国的许多城镇以一次性付清一笔巨款的方式，免于个别征收战争税的不便。但是，税收自然没有免除，因为城市总得以这种或那种方式在地方征集税款，以凑足应给国王的那笔款项。巴黎城用了10万镑现金赎得这一特权。一部分贵族也用同样的方法一次付清了税款。与一般记载相反，腓力四世并不是这种不得人心的“人头税”或“末日便士”税的发明者。热那亚早在1141年就征收过这种税；蒙彼利埃在1174年也出现过；阿拉贡在1247年也有同样的记载。

腓力四世统治时期，也对进出口商品征税。这虽然属于战时措施，但在中世纪历史中却可能是保护关税原则的第一次出现。1302年是一个歉收年。腓力四世在11月3日颁布了法令，禁止小麦、酒和其他各种粮食产品出口，而呢绒则未包括在禁令之内。但与敌人：英国人和佛兰德人的商业联系统统被禁止。这项措施并非权宜之计，战争结束后的一项新法令的公布，证实了这一点。1305年2月5日的新法仍禁止小麦、蔬菜、羊毛、毛织品、马匹和武器出口。凡企图通过国境的所有这一类商品连同运载工具和牲畜，均将被没收。总之，法王采用出口关税的形式而不是用进口税

（如同今天的关税）的形式，在法国和其他国家之间树立了一道经济屏障。在上述这项法令颁布5天后，巴黎有一位商人被任命为“港口和通道长官”，手下有两位监督官。他们的下级是地方行政长官、监察官、桥梁渡口管理员和徒步或骑马巡查道路看守渡口的巡使。

如果认为这些关卡仅仅是财政上的权宜手段，而看不到当时特定的经济状况及这一措施的经济目的，就是非历史的。我们看到，在商品各等级中逐渐有了差别。有时，政府也出卖出口特许证，以作为对全面禁令的修正。在这种出口特许中，确立了4便士的从价税*，如对纺织品所做的那样。而对其他的商品则根据重量和质量征收一部分现金。出口商人在边境付税之后，监察官发给特许证或完税证书。这种税叫做“高价自由通行权”。未加工羊毛被绝对禁止出口。这对佛兰德人是一个打击。后来，为了刺激香槟的养羊业发展而修改了法令。在把羊毛制成品送回法国的条件下，羊毛生产者为了将羊毛制成呢绒，可以向瓦朗西安和莫伯日输出原毛。可是这种保护关税措施引起了法国呢绒商的抱怨，他们要求完全的保护贸易制度。在法国南方出现了相同的摩擦，这里的朗格多克是羊毛生产和呢绒加工的重要地区，在阿尔比城和其他城市有数千名织工和织机。正如法国北部的呢绒商和纺织行会进行自我保护避免埃诺的竞争一样，法国南部的呢绒商和纺织行会也采取自卫手段，防止意大利人和西班牙人的竞争，并要求实行保护关税。

* 即依商品价格确定税率，价值1镑的商品抽税4便士。——译者

这样看来，腓力四世的统治引起了中世纪税制的革命转变。其必然结果是，变一块块的封地（正像中世纪早期的法国一样）为紧密相连的国王直辖的领地。以前对贵族、资产者或农民各社会阶级封建地位的划分，变得模糊不清。所有阶级的人民，都逐渐被当作臣民而一视同仁。王权的压力倾向于使当时半独立的封建领地也与国王领地连成一片，并制定了对法国大部分地区的新的、统一的税收，无论是对王室的领地还是对封建领主的领地均一视同仁。因而在1299年为了同佛兰德进行战争征收的1/50和1%的税收，便公平地分摊在国王领地和大封建领主的领地中。除了大贵族在他们的封地上征收的那些税款之外，这些国王税收当然意味着普遍地增加了人民、小贵族、租地人和农奴身上的税收负担。这是为日益加强的民族的或君主专制的政府而付出的额外代价。政体改革使法国得益但同时也有其不利因素——它比法国的旧秩序——或旧的混乱，代价要大得多。

腓力四世由于消灭圣殿骑士团和驱逐犹太人、伦巴第人而声名狼藉，这是有充分事实根据的。但是，对他统治时期铸币史的最近代研究成果，却证实他的“伪币铸造者”的恶名，是不能成立的了。腓力四世的货币政策没有被贪婪所支配，虽然必须承认他的确从中取利。中世纪的货币制度史是非常令人感到头痛的历史，而且从来没有像13世纪后期和14世纪初期这样困难。当此十字军时代的顶峰时期，经济正处于长足进步和综合发展时期，社会亦发生变革。一个新的欧洲，正处于形成过程中。农业经济转变为货币经济、工商业的发展、城市的成长、生活水平的提高、货币购买力的变化；封建主义的衰败和君主政体的形成，对于所有这一切因素都必须充分地加以考虑，才能形成正确的历史认识，作出公正的评价。就法国来说——在这个时期不同于英国——由于对制币厂的实际统计资料欠缺，给研究增加了困难。英国的货币史料揭示了发行货币的确切数量、种类及其重量。而法国没有这种类似的记载。

为了弄清腓力四世的货币制度问题，首先必须记住法国的大封建领主有权发行货币。因此法国五花八门的货币制度同时流行。每一种币制都由若干种硬币构成。①

在法国，仅仅在属于王权和成为国王领地的那些省份的范围内，才能把封建领主和外省的铸币排挤掉。英国正相反，所有的货币都出自国王的造币厂，并且只有国王才拥有铸币权。1263 年路易九世已经给予封建领主的铸币以沉重打击。规定封建主的货币不得超越其领地界限而到处流通；国王的货币应同采邑内的货币有同等地位。由于国王的货币比封建领主的货币更为可靠，结果削弱了后者的流通。但是货币种类繁杂、引人烦恼，货币成色低劣的弊病仍然存在。腓力四世的第一个铸币法令暂时

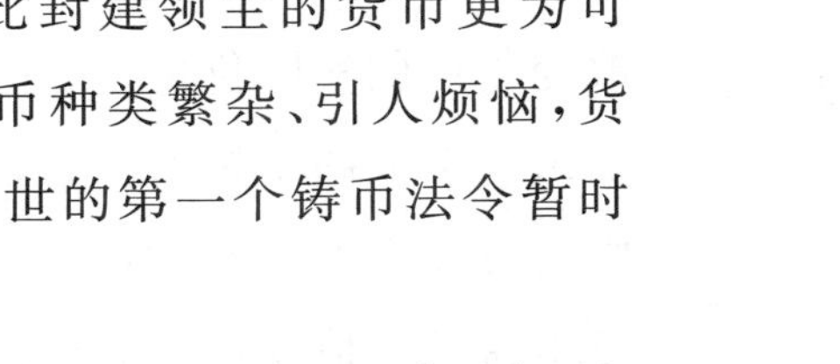

① 自查理大帝时代以来，货币的计算以镑（利佛尔或称锂）、索里达（苏）和但尼尔（便士）来表示。1 镑值合 20 索里达，1 索里达值合 12 便士。但是在流通中，没有被称为“镑”的同值货币。“镑”只是一个货币的计算单位，如今天英国的几尼。索里达是银币，英国称之为先令；在德国和法国通称为马克或银便士。金币——英国称为安琪儿，在法国称为金埃居或金暮通，意大利称都卡特——直到 13 世纪后期才出现。但是，尽管这些货币名称经久不变，其实际价值都在变化。这由两种因素所致：一是货币所含贵金属减少；二是由十字军时期以来货币购买力发生了巨大变化。自 10 世纪起，到拿破仑颁行新币制，欧洲大陆各地 1 镑的预定价值都是 20 个苏，而 1 个苏是 12 便士。但是，到 1300 年，这些货币的价值已大大减少了。——参看《英国史学评论》，第 25 卷，第 768 页。

停止了封建领主铸造金币和银币的权力，限制他们只有铸造一种铜币的权力。

腓力四世的第二个铸币法令是否公正，是悬而未决的问题，他废止了所有通行中的国王货币，代之以一种新发行的货币。金银币的持有者只能收回货币所含的贵金属的内在价值。这种做法不只出现过一次，而是接连地发生。

> 进口金银是梦寐以求的，而出口金银则是法令禁止的。关于节约的法令限制金银用于工艺品……想方设法阻止金银市场的价格高于造币厂的价格，某些时候甚至采用暴力没收金银，用以铸币。①

每次发行货币时，腓力四世为获得更多的金银投入流通领域而不择手段。与此同时，他改变了新货币的面值——他当然无法改变货币的实际价值——并强迫人们接受这些被人为地提了价的货币。例如图尔格罗*在圣路易统治时期价值为 1 个苏，而此时则超过 3 个苏。有时这种变动引起现行通货的暴跌，而有时则不发生这类贬值现象。此外，货币中贵金属的含量大大地减少了，结果物价和租金极度混乱，民众骚乱。在 1277 年至 1309 年间，巴黎的房租金扶摇上升。这种倾向一方面是由于巴黎和较大城市中的工商业蓬勃发展，吸引了边远地区的商人、手工业工人和工匠

① 参看《英国史学评论》。

* 为 13 世纪在法国图尔铸造的硬币。据 1 个图尔格罗价值 1 个苏推算，1 镑（或 1 利佛尔）应相当于 20 个图尔格罗，即 20 苏。——译者

流入城市，而使人口密度增大；另一方面也是由于货币制度的变化和货币购买力的下降。然而，农业地区的土地价格和租金则下跌了，地主和靠租金收益过活的人受到打击，租佃阶级则从中得利。由于各地度量衡五花八门、扑朔迷离，所以无法令人满意地确定当时的食品价格。食物的价格可能是上升了。但必须记住这一点：由于气候反常，天气恶劣，14 世纪的最初 25 年间年景不佳。

无可否认，腓力四世通过对货币的操纵，饱尝甜头。这正是他受到指责的原因。国王的宗主权，即对货币铸造的垄断权本身，就是一项巨大的收益。* 此外，国王还负有巨债。1295 年以前，为偿付 100 图尔锂的债务必须付 2 000 图尔苏的金额。在货币体制改变之后，同样的债务他只用 666 图尔苏便可以付清，从而节省了 2/3。他获利的另一种方法是，课税时强迫人们用旧币即成色较好的货币，或用金银完税，从而又获得暴利。据我们所知，在 1298 年至 1299 年间，造币厂便使他获得 120 万图尔锂，等于该年岁入的 3/5。此外，在新铸劣币与矿产品和商品价格之间的平衡尚未确定之前的波动时期中，腓力四世也一定获得了很大的利益。

1306 年出现了金融危机。6 月 8 日腓力四世宣布，将恢复“圣路易的货币”，并按其原来的价值流通使用。这样货币至少贬值 2/3。物价急剧上升，尤其像租金这样的固定价格。财主们要求用成色较高的货币支付租金，那就是说，他们把租金提高到以前价格

* 由于国王有权规定货币中贵金属的含量，因而时常铸造实际成色低于规定成色的货币，从而从中获利。——译者

的3倍。一件商品在1305年价值3个苏,现在则只值1个苏。腓力四世对货币的操纵使工资实际减少了2/3,工人阶级自然是受害者。结果,巴黎骚乱四起,风雨满城。在其他的城市也爆发了起义。如鲁昂和马恩河畔夏龙。一个锡佗修道院院长对国王的抱怨中生动地反映了这一现实。他写道:“现在我们不得不用优质货币来付雇工的工钱,其数量同我们以前付给他们的劣币一样多。以致使农业入不敷出。”腓力四世仍然坚持他的法令,但试图通过允许业主可以不受数量限制地挑选学徒的方法,降低生产品的价格。这基本上与他以前的工业法规背道而驰。学者们将会注意到:在这件事发生后不久,圣殿骑士团被消灭,犹太人和伦巴第人被驱逐出境。

我们怎样评价这些做法?我们如何根据腓力四世的货币政策作出判断呢?现代作家们一方面承认腓力四世通过这些手段获利甚巨,而且对货币的迫切需求使他贪得无厌;同时也倾向于为他开脱故意降低法国货币成色的指责。他们找到了解释他的方针的理论,即在贵金属本身实际上就构成财富的时代所流行的经济谬论——这种谬论完整地延续下来保留在现代历史中——他们不认为国王改变货币制度是为了私利胡作非为,而认为这是在经济经常剧烈转变的时代致力于建立稳固货币体制的措施。一位评论家在评述一部关于这个难题的最新和最权威的著作时,对作者的结论评论如下:

> 法国诸王千方百计维持他们铸币厂的生产。……他们可采用两种方法刺激生产:改变流通货币的比价,特别是使流通

> 货币贬值。这样即可迫使金银源源不断地供应铸币厂，或者可以想方设法阻止货币在别的地方使用。并运用各种措施使后一方法得到贯彻落实……作者用非常正当的理由拒绝承认法国的国王（这里包括卡佩王朝末期诸王）降低了他们的货币的成色以增加财富积累的价值，或逃避全部付清债务和减少支出。作者指出，这类企图大多是必然归于失败，也有可能（即使不能肯定）减少国王的岁入和支出。作者自己的观点是，货币成色的降低有双重目的：一、给国王的造币厂带来造币所需的金银，以从金银币铸造利差中获得巨大岁入，即使这只是暂时的收益；二、使铸币厂能够根据市场上贵金属的价格比率确定所铸金银币的比率……他拒绝承认通行货币中贵金属的含量的增加是出于欺诈，而认为这种增加一方面是由于确定金银币中贵金属比例的需要，更普遍地是由于人民要求恢复“优质货币”的愿望。至于货币贵金属含量的增加导致流通货币贬值这种情况，他认为铸币者的主要目的是想从新币发行的铸币利差中获益。同样，就降低硬币成色这一点来讲，他从当时经济和金融的需要中寻找真正的原因，而没有归咎于政府的玩世不恭和愚蠢的弄虚作假。[①]

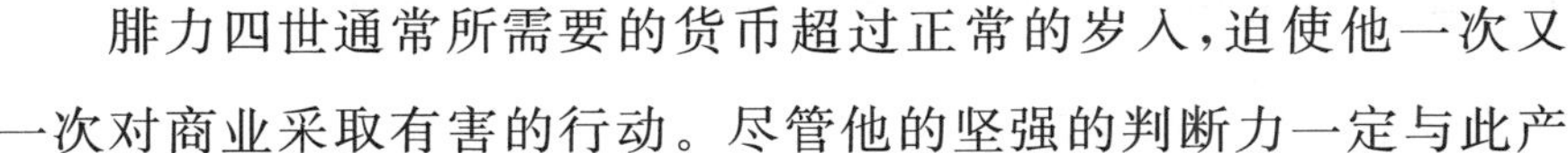

腓力四世通常所需要的货币超过正常的岁入，迫使他一次又一次对商业采取有害的行动。尽管他的坚强的判断力一定与此产

① 《英国史学评论》，第 25 卷，第 768 页。对阿道夫·朗德里的著作《从美男子腓力到查理七世时期古代法国的货币变化的经济评论》（巴黎，1910 年版）的评论。

生抵触。在佛罗伦萨商人比基和穆基兄弟俩的煽动下，腓力四世对旅居法国的佛罗伦萨商人的迫害就是其中一个例子。这两个佛罗伦萨人作为美男子腓力的财务代理人，已经得到极为有利的征集税收的特许权，并且已经竭尽全力地行使他们的这一特权，对法国人和意大利人一概加以榨取。为了避免任何竞争的危险，他们说服腓力四世逮捕在法国的所有佛罗伦萨人，无论是诚实的还是不诚实的，都以高利贷者论处。不幸的商人们不得不用付钱的办法，使自己免受入狱之苦。

但是腓力四世是一个惯常的机会主义者，对私利趋之若鹜，视政策为手中玩物，为所欲为，毫无顾忌。对著名的香槟集市的处理便是这个没有远见的方针的突出事例。[①] 12、13 世纪，香槟是欧洲中部最大的商业区。它处于地中海和北海、伦巴第和佛兰德之间。香槟集市是欧洲商品的主要荟萃地，集中了来自意大利和佛兰德这两个欧洲高度商业化地区的商品。香槟领地上和邻近的河道网——罗纳河、索恩河、塞纳河、马恩河、默兹河、摩泽尔河，对这个地区的繁荣起了不可估量的作用；香槟诸公爵的卓著治理和开明的政策，促进了该地区繁荣发展。香槟集市共有 6 个：1 月在拉尼；大斋期 * 在奥布河畔巴尔；5 月在普罗万；6 月在特鲁瓦；9 月又在普罗万；11 月又在特鲁瓦。因为每个集市连续开放 6 到 8 周，所以整个香槟集市可以说是永久性的集市。来自欧洲各地的商人

① 参看汤普逊：《中世纪经济社会史》，第 589 页。关于这些集市的起源和发展部分。

* 大斋期指复活节前的 40 天。复活节是春分后第一次月圆之后的第一个星期日。——译者

云集于这些集市。意大利人带来手工业品和东方舶来品；西班牙人带来马匹、钢铁、毛织品、皮革制品和伊斯兰教徒的进口货；德国人带来毛皮、亚麻和木制品；佛兰德人带来毛织品和亚麻布。欧洲各类名酒和各种产品在这里均有出售。在香槟诸伯爵的统治下，集市繁荣昌盛。

在腓力四世统治时期，繁荣的香槟集市开始走向衰落。香槟伯爵亨利三世死于1274年，留下一个女儿名叫珍妮。她和法王的第二个儿子腓力王子结婚。1285年腓力在他哥哥死后登上王位。香槟没有并入国王领地，珍妮到去世前一直拥有香槟女伯爵的称号。她把这个著名的省传给她的儿子和女儿。前者是后来的路易十世，后者同埃夫勒伯爵腓力结婚。可是国王的影响在香槟占优势，而且是一种灾难性的影响。腓力四世把香槟集市当成摇钱树，对集市的横征暴敛近乎杀鸡取卵。为了把每一个铜子都抓到手，他增加商品税收；征收新的营业税；增加税务稽查员、公证人和监察人员。结果商业被行政管理的罗网所束缚，被沉重的税收所压垮。加之对伦巴第人和犹太人的迫害，有害地影响了香槟集市。意大利商人显然疏远了，1320年以后便裹足不前。他们不再顺塞纳河进入巴黎，或顺默兹河而下佛兰德；而是向东经由杜河到莱茵河，这样到达佛兰德。给香槟集市造成更大危害的，还是腓力四世的财政政策。同佛兰德的战争断绝了佛兰德和香槟集市之间的商业贸易，各集市受到严重削弱。这种情况直到1305年，根据奥尔热河畔阿西斯条约，将瓦隆佛兰德的一部分——里尔、贝顿和杜埃割让给法国才有所好转。但是这些地方从佛兰德割让出去之时，便是这些地方的繁荣受削弱之日，而且瓦隆各城市没有足够的力

量独自满足香槟集市的需求。所以佛兰德人像意大利人一样,在香槟销声匿迹了。巴波姆的关税所设在从康布雷到亚眠和从兰斯到阿拉斯的原罗马大道的十字街口,来自佛兰德和德国北部各种各样的商品大都从这里经过。这里在1301到1322年间的关税记录,表明了香槟集市商业的波动和衰落。巴波姆征收通行税的包税区价格降低到投标者不敢问津的地步。1330年法王丧失了巴波姆,使之归属佛兰德伯爵,香槟集市的衰落达到顶点。①

腓力力图改正他的所作所为,但是为时过晚。他打算整治塞纳河,使之可以通航到特鲁瓦;想把乌齐这条小河改造成运河,使商品由水路运到普罗万;在1303年3月23日的法令中,他允许遵循"集市的古老惯例"。但这仅仅是空话。他的后代和继任者分别在1315年、1322年、1326年和1327年通过立法企图复活香槟集市,也纯属徒劳。与此关系重大的另一面是,意大利人在这一时期开始从海上到达佛兰德。1317年一艘威尼斯的单层甲板大帆船到达布鲁日。1318年威尼斯与布鲁日签订了商业条约。1325

---

① 巴波姆原属佛兰德诸伯爵辖区,从11世纪起向路经巴波姆十字路口的所有商品货物征收通行税。12世纪末腓力·奥古斯都娶了埃诺的伊莎贝尔为后,巴波姆和整个阿图瓦并入王室领地,1200年根据佩龙纳条约归入法国版图。大约1202年调查了通行税之后,腓力·奥古斯都决定免除商品通过这座城市的通行税。在路易八世统治之后,他将阿图瓦连同巴波姆作为王子封地赐给他的儿子阿图瓦的罗伯特。1237年到1330年该地属于罗伯特的后代。1330年,佛兰德伯爵内韦尔的路易与法王腓力五世之女、阿图瓦的继承人、法国女伯爵玛格丽特结婚,阿图瓦家族遂与佛兰德伯爵家族合并。经由佛兰德诸伯爵之手,巴波姆和阿图瓦转为二等家族勃艮第家所有,直到1640年的征服后才复归法国王室。而巴波姆城直到1688年的埃克斯拉夏佩勒*条约签订后才成为法国城市。

* 亚琛的法文名称。——译者

年以后，每年由15艘船组成的威尼斯船队一部分开往英国，另一部分开往佛兰德。13世纪香槟曾是阿尔卑斯山脉北面的商业中心。14世纪布鲁日同样成为商业中心。意大利人把他们的产品及利凡特和远东的产品带到布鲁日，而从这里带回佛兰德和北欧各国的物产。意大利人越来越热衷于走海路。他们经海路可以把意大利和东方商品直接运到佛兰德，从欧洲北部直接带回呢绒、羊毛和各种金属制品。拉罗歇尔的商人也如此，越来越直接地与佛兰德交往。从埃格莫特到佛兰德的路线，从此以后变成次要的了。

香槟集市濒临灭亡了。到了14世纪，集市作为一种商业制度正在变得陈腐，经营商业的新的方式和方法正在取而代之。商业道路已经变迁或正在变迁。最后，1337年英法百年战争爆发。此后若干年里英国军队多次对法国大规模地入侵，使香槟集市遭到毁灭性的破坏。1349年腓力六世发布了一项关于香槟集市的长篇法令。法令的序言叙述了香槟集市以前的历史，可以看作是香槟集市的“讣告”。到这个时期香槟集市几乎寿终正寝，商业正转向新的路线。

在法国南部，马赛和蒙彼利埃的商业状况与意大利诸城市相似。亚历山大和马赛、埃格莫特和蒙彼利埃之间有直接的交往。尽管这些城市的商人在亚历山大所起的作用远逊于威尼斯商人。里昂则从经由大小圣贝尔纳隘口的商业中得利。

里昂每年有4个集市。纽伦堡商人和德国其他自由城市的商人纷至沓来，人数甚众，为此而建立了永久性的货栈和一个德国公司。他们甚至受到极为优惠的待遇。在集市法定的期限之后，还有15天自由销售商品的权利。

从地中海进入法国的最主要的天然良港是马赛，但在13世纪马赛不属于法国。它由普罗旺斯伯爵和主教兼圣维克多修道院院长两人分而治之。从十字军东征以来，马赛已经繁荣起来，和隔海相望的非洲海岸有着大量的贸易往来。但是，普罗旺斯诸伯爵也是那不勒斯的国王，因此法王无法从马赛的繁荣兴旺中得到好处。阿尔虽然位于罗纳河河口，但它是一个主教管辖区。蒙彼利埃属于马略尔卡王国*。另外一个天然港马格隆纳则属于蒙彼利埃主教。因此，为了直接进入地中海，路易九世在埃格莫特的地中海沿岸沼泽地区修建了人造港，并从这里开凿了一条运河，把人造港与罗纳河三角洲连接起来。上述各个地方都有许多意大利商人。博凯尔的集市是法国南部最大的商业中心。在尼姆有繁盛的意大利人侨居地。1278年腓力三世和一位佛罗伦萨市民富尔奇奥·卡恰签订了一项契约。富尔奇奥自称为“伦巴第和托斯卡纳商人联盟(university)首领”——用universitas这个词来表达这样的团体是饶有趣味的——并且作为热那亚、威尼斯、佛罗伦萨、皮亚琴察、卢卡、波洛尼亚、皮斯托亚和米兰商人们常驻蒙彼利埃的代理人签订了一项契约。根据契约，在蒙彼利埃的意大利侨民同意：如果他们能获得和巴黎商人一样的特权，并能在博凯尔的司法总管辖区内自由经商，就将把他们的总部搬迁到尼姆。博凯尔和尼姆是从埃格莫特或马赛开始的商路的第一站。阿维尼翁是第二站。1309

* 马略尔卡王国，由阿拉贡的詹姆斯一世(1213～1276年)建立。14世纪中叶与阿拉贡联合。——译者

年阿维尼翁城成为教皇统治的驻地*。在教皇约翰二十二世时期**，改革了教廷的财政制度，并把改革了的制度强加给整个教会。教皇开始向整个基督教世界征收什一税。金钱如潮水般源源而来，阿维尼翁成为商业和金融业的积极活动的舞台。教皇在此建了一座壮丽非凡的宫殿。各位枢机主教在城里修建了宅邸，在农村修建了别墅。所以阿维尼翁在艺术史上像它在商业史上一样，在 14 世纪占有独特的地位。从阿维尼翁起，大商路溯罗纳河而上。

毋容置疑，东北诸城吸引了来自布拉邦特和佛兰德的商品。洛林诸城吸引了部分来自低地国家和部分来自莱茵河的商品。意大利商人则与上述各省都有直接的联系。1315 年路易十世的一项法规证实了这一点。这项法规与其说是确定意大利商人的特权，毋宁说是对他们的限制，是以限制已经被他们控制的主要商业为目的。按法规确定的各种特权，意大利商人可以自由出入于香槟、法国北部的布里、南部的尼姆和纳尔榜各个集市，但要付常规的关税。除此之外，只有巴黎、圣奥梅尔和拉罗歇尔对他们开放。这项法规表明意大利商人在这个时期不仅向法国南部，而且也向法国北部（包括巴黎在内）提供商品。

我们已经叙述了意大利商人所循着的主要商路，从而了解了这条商路转移的原因、转移的方式与方法。但有必要强调，这条商路并非绝无仅有的。意大利商人有时宁愿越过阿尔卑斯山，而不

* 1309 年教皇克里门五世自罗马迁到阿维尼翁，直到 1417 年该地教皇被宣布为非法为止，有 9 位教皇在此就任。阿维尼翁旧译阿维农。——译者

** 约翰二十二世（雅克·德兹），1316～1334 年在位。——译者

愿走埃格莫特。他们通常所经过的多半是塞尼斯山口。旅客越过这一山口进入多里亚·里帕里亚峡谷，在横谷的圣米歇尔客店中投宿安身。在塞尼斯山口的最高处，是萨瓦伯爵全力赞助的塞尼斯山客店；历代伯爵们乐于以此吸引商人，因为那里所征赋税极为可观。但是意大利商人有时更乐于越过香浦高地北部的拉让蒂埃山口。*

我们从1312年5月12日的一份详细的文件里获得这一证据。该文件是一位意大利商人和一位名叫吉约姆·加斯孔的巴黎承运人签订的合同。加斯孔负责将价值10 000利佛尔的64箱呢绒运到萨沃纳；每箱收运费10利佛尔；预定路线是：巴黎、马孔、萨瓦、拉让蒂埃山口；旅途规定为35天。加斯孔没有按规定的路线走，改道横越塞尼斯山口。当他到达皮埃蒙特时，该地区正在打仗，遂丢失了所承运的呢绒。意大利商人强行把他拖去见巴黎市长，要求他赔款20 000利佛尔，追加部分则作为补偿费。被告声明他是奉命启程。论证说他实际上是选择了最近的路线，和他同行的原告的仆人也赞同路线的更改，意外事件的发生完全不是他的责任。结果被宣判无罪。

腓力四世对商业的横征暴敛，破坏了促进法国商业发展的每一项计划。鉴于意大利商人抛弃了香槟集市，他于是把意大利人逐出法国南部各城市。在那里他们是博凯尔诸集市的支柱。1292年当他首次对所有上市商品征收令人憎恶的"特税"时，在尼姆的意大利商人拒付税金。他的财政大臣穆基纠正了这种不得人心的

* 这个山口处于意大利北部。——译者

做法。但1315年路易十世重新征收“特税”，甚至由原来的1便士增加到4便士。结果是意大利商人遗弃了尼姆，返回蒙彼利埃，或者到阿维尼翁，使教廷得到极大的好处。法国南部的意大利商人侨居地，在14世纪初期似乎已经销声匿迹了。

与此同时，在南方的另一地区也出现了不利于商业发展的情况。西南部的主要商路以纳尔榜为起点，穿过图卢兹，经加龙河到达波尔多。但在1320年纳尔榜受害严重，由于陡涨陡落变化无常的奥德河决堤，河水在该地区泛滥成灾，纳尔榜港的船坞淤塞。该地的船主们于14世纪初同这种毁灭性的灾难进行斗争。他们整修了萨莱列斯河的堤坝，疏浚了河床。但这一切都是徒劳的。纳尔榜附近的奥德河支流淤塞日益严重，纳尔榜港很快无法使用而变成一片沼泽。绝望的居民打算在留卡特*新建一个港口，取代纳尔榜港。他们进行了测量，并开始动工。但却一事无成。否则留卡特将发展成为地中海和大西洋之间的贸易中心了。

前面我们已经谈到，意大利人已绕过直布罗陀海峡，同佛兰德和英国有了直接的商业往来。但是，如果他们能在地中海的法国港口卸下所运的商品，然后再顺加龙河将商品水运到波尔多，那么他们既能够避开在他们面前的漫长海路，又能够躲开柏柏尔海岸的海盗。可是法国的地方当局鼠目寸光，对建新港的问题一概不管。纳尔榜的民众向国王请愿，主动提出每个居民每年献出10图尔苏援助这项工程，而只要求国王提供在留卡特至拉雷沃尔**之

* 位于纳尔榜港的南部，濒临地中海。——译者

** 拉雷沃尔位于法国西南部的波尔多港口的东南部。——译者

间所征收的通行税的总收入。但是百年战争爆发，法王又另有所虑。到 14 世纪时，纳尔榜便降为地方性的城市。

然而，尽管纳尔榜港已经淤塞，加龙河航路在 14 世纪最初几年仍被使用。它是从地中海到大西洋的最短商道。此外，这条水路穿过工业和农业区。朗格多克没有把它所有的商品都在博凯尔和卡尔卡松各地方集市出售。其中多半运到波尔多，在那里找到英国买主。甚至呢绒生产活跃的鲁西荣的呢绒也取道加龙河；最后，这个地区以葡萄酒生产而盛名。图卢兹和弗瓦的葡萄酒同纪龙德河地区的葡萄酒相竞争。因此商业贸易，至少是经营朗格多克境内产品的商业，持续不断。甚至在纳尔榜港淤塞之后也是如此。

腓力四世的统治能够使法国获得某些实在的商业利益，而摆脱这一逆境，恢复平衡。其中最重要的是获得位于索恩河与罗纳河汇合处的里昂。它俯临罗纳河谷的源头，是越过阿尔卑斯山的道路和来自德国南部道路之汇合处。这是法国在缓慢地并吞勃艮第(自 1032 年起属于神圣罗马帝国)旧时领土中所迈出的第一步。腓力四世采取的有利于法国商业的另一措施是与葡萄牙缔结条约，修建哈弗尔* 作为输入葡萄牙商品的自由港。

诺曼底的鲁昂是一个繁荣的港口。从路易时代起，便允许该城管理塞纳河的各个码头。于是城市不断地疏浚河床，使吃水很深的商船可以驶到鲁昂。市场设置在各个码头上，鲁昂港拥挤不堪。当时哈弗尔尚未修建，阿夫勒港起的作用不大。英国人运到

* 位于法国西北部，濒英吉利海峡。——译者

鲁昂的商品有康沃尔的锡和用于制作呢绒的羊毛。荷兰商人为数也不少。汉萨同盟*诸城镇运到鲁昂的商品是毛皮、木材、鸭绒、短喙燕皮和供贵族先生、贵族女士们打猎用的猎鹰。至于葡萄牙和西班牙的商人,他们则带来甜酒和塞维利亚及科尔多瓦的皮革。庇卡底的几个小港口也相当活跃,尤其是以经营熏制和腌制的鲱鱼及鲸油著称,当时的鲸鱼是在英吉利海峡捕捞的。

大西洋沿岸各省份的商业相当繁荣发达。但加斯科尼和基恩是英国所管辖的省份,并非法国所占有。法国在西部仅仅占有普瓦图和布列塔尼两个沿海省份。拉罗歇尔港原属英国,自 1224 年起转归法王所有。该地是它后方富裕的内陆地区普瓦泰汶产品的出口中心。经由该港输出圣让当格莱和尼奥尔的葡萄酒、圣东日的羊毛和奥尼斯的盐。以上这些商品大多经不同路线运到布鲁日,然后由汉萨同盟的商人从这里运到波罗的海周围各国。佛兰德人扮演了商品中介人的角色。布列塔尼唯一的重要港口是南特,为卢瓦尔河(尤其是都兰和昂儒)商业的天然出口。南特的商人与葡萄牙、卡斯蒂利亚、佛兰德、丹麦和波罗的海的德国诸港口都有商业贸易关系。可是英法之间的敌对行动危害了商业。1337 年百年战争爆发时,南特、圣马洛、瓦恩、坎佩尔和特勒基尔的水手变成了残忍的私掠船船员,**布列塔尼的商业下降为纯粹的国内沿海港口间的贸易。

尽管腓力四世推行高压政策,工商业还是得到迅速发展。历

---

* 14 至 17 世纪北欧诸城市结成的商业、政治同盟,以北德意志诸城为主,见本书第五章。——译者

** 私掠船就是战时特准攻击敌方商船等的武装民船。——译者

史学家们认为，在法国漫长的历史长河中，百年战争之前的若干年，可以算是有史以来最兴旺的时期。人口数量达到一个高峰。根据一些多少有些精确的统计资料估计，当时法国人口在 2 000 万到 2 200 万之间，而当时的法国版图却要比现在小得多。人口的密度大概与现在不相上下。大城市寥寥无几。巴黎的居民不超过 20 万；鲁昂 7 万。这些算是绝无仅有的了。多数城市的居民不超过 10 000 人。村庄人口比现在多得多，尤其有许许多多独立的村庄，它们在百年战争期间才不复存在。田园显示出一派勃勃生机。农奴制的各种痕迹在许多省份里已是消灭殆尽，农民成为自由人。农业获得很大发展，有利可图。新的市镇如雨后春笋处处出现，使流动人口得以安身。而在中世纪，这类流动人口数量总是很多、很危险。

因此，若试图对腓力四世统治的功和过作一权衡，可以说，他对社会治安的改善，对城镇乡村的有效管理及其他开明的施政措施，促进了法国的普通繁荣。这些都是无可否认的事实。然而，甚至在百年战争的祸患几乎把一切事物都搅乱或破坏之前，由于沉重的税收和货币频繁地变更，显然严重地影响了所取得的进步。当时的状况证明，腓力四世的行政改革是正确的。但是政府费用的增加本身却是一严重的经济问题。然而他的主观愿望并不像通常所说那样绝对化。他在许多方面是以他的祖父路易九世为榜样的。如 1303 年 3 月禁止私战的法令，几乎是圣路易在 1258 年制定的法令的再现。他奉行路易九世在 1254 年制定的著名法令，为了防止可能发生的投机取巧者混入地方行政机构的弊病，禁止管家、执行官或地方行政官任人唯亲、封官许愿，“因担心这种人不可能公正、忠诚地履行其职责。”腓力四世对徇私舞弊和贪污者存有戒心，对官吏的监督从不放松，他的要求对大小官员或大小法庭起了促进作用。

腓力四世对法国行政制度的修改比通常所说的要少。他希图获得佛兰德，反而丧失了在基恩取得的初步的胜利成果。这至少使腓力的税收和财经政策变本加厉，即使不是顺理成章。无论如何，人们不应该忘记，繁重的税收和苛刻的财政措施并非新的东西，若干世纪以来，封建贵族和卑劣的城主在本地已是这样做了。对法国说来，新的东西只是，这类苛捐杂税是由王室征收，其规模大至全国范围；且这类税收政策一旦确定，其权威是显而易见的。如果我们对此前地方征税史的了解如同对腓力四世的征税史的了解那样充分，或许会对他有更为稳健公正的评价。我们苛求他，因为对他了解得一清二楚。其实，我们并没有对他进行真正的客观分析，或提出正确的见解。

这一章的结尾将叙述在腓力四世的三个儿子：路易十世（1314～1316 年）、腓力五世（1316～1322 年）和与卡佩王朝一起结束的查理四世（1322～1328 年）统治下所发生的重要的经济和社会事件。1314 年法国人对经济和社会普遍不满。腓力四世贪得无厌的税收激怒了所有的阶级。教士已经被强制征收了巨额税收；中产阶级对征收的工商业税愤激已极；民众由于货币的经常性变动和高昂物价而怒不可遏；富有阶级对提供节俭、禁止挥霍的法令耿耿于怀；农民亦难于驾驭。在各行省组成了包括贵族、教士和第三等级的地方性社团。甚至修道僧团，如著名的锡佗僧团也参加这类组织。国王惊恐万状，火速召集各省三级会议的联席会议，答应纠正人们所不满的问题，严格调查那些对国王官吏的控告，他们已受到人们的普遍反对。授予诺曼底、勃艮第、香槟、庇卡底、朗格多克和奥弗涅的各等级以扩大自由的特许状；发给教士和贵族保证书。可是贵族走得太远了。他们要求恢复决斗裁判和私战的权利。已故国王的权臣昂盖朗·德马里尼被路易十世作为牺牲品，当众绞死。

但路易十世没有采取任何有效措施，以解救普通性的危局。他允许被驱逐的犹太人和伦巴第人在以高价买到特许状后重返法国；以司法总管辖区的岁入作抵押向他们借款；他从巴黎城借到一笔款项；最后又出售"自由特许状"，根据它的条款，国王领地上的农奴可以通过赎买获得自由。19世纪，自由主义的历史家认为，国王的这一行动具有重大意义。1830年基佐断言："俄国的亚历山大皇帝没有胆略颁布类似的敕令。"并指出，在词藻华丽的法规序言里的"人生而自由"的至理名言，是中世纪对于人权的期望。但是"人权"作为一个模糊不清的社会的抽象观念，在整个中世纪是法学家和神职人员的欺人之谈。"自然法则"的说教的实际效果并不比后来18、19世纪社会空想家的闪烁着光芒的一般原则所起的作用大。

腓力五世（1316～1322年）的统治为期过短，这对法国是不幸的。因为在品行和才能方面，他复活了卡佩王朝诸王的最优良的品质。假如他的统治是一个长时期，那么许多稍后几年发生的骇人听闻的苦难得以避免并非不可能。他统治时期，贵族集团的重新抬头是一个不祥之兆，国王成功地处理了此事。这些联盟完全是封建贵族的自私自利的反动，一个世纪以来他们愤愤不平地注视着王权的增强。如果他们得逞，10 世纪和 11 世纪的暴政必将在法国死灰复燃。不管是教士还是民众都是不会赞同的。他们是阶级和地方性的动乱因素、法国公众利益的害群之马，受镇压是咎由自取。私战、决斗和大封建主的“最高审判”已无权向国王法庭提出复审或纠正；地方铸币权也完全是过了时的封建特权，在 14 世纪处于形成中的更加强大、更加巩固和更为民族化的法国，这些特权已无立足之地。

在反对封建反动的斗争中，腓力五世把教士和中产阶级作为依靠对象。由于对贵族的不信任，他启用忠于国王的教士担任政府的文职人员，甚至在镇压各省的封建暴动中也动用了教会的武装。在三级会议中，教士的权利和影响扩大了。作为回报，参加会议的教士们答应国王从教会岁入中自由提取补助金。国王和教士在各个方面都完全一致。在王室领地上以至于在全国范围内的主教和修道院长们逐渐改变了其封建贵族的性质，而越来越成为忠实的臣民，他们不是被阶级意识所驱使，而是被王室对法国民众福利和公众利益的关心所支配。在僧侣中的民族意识比封建贵族们更强。

对待城市公社，腓力五世同时采用了专横和开明两种方法。许多自治城市由于对资金处置失当而濒于破产边缘。腓力五世便派出大量的调查人员调查了这些城市的资金和税收的方式。在其他城市——包括所有较大的城市在内——由于下层工人阶级遭受富裕行东剥削而导致的贵族和人民的分裂，引起了政治骚乱。王权也对之实行干预。于是，国王镇压了桑城、桑利、拉昂和贡比涅的城市公社，迫使它们服从于王权直接控制下的市政官。另一方面，腓力五世进一步确定朗格多克诸城市的民众特权；法属纳瓦拉*的特权和巴黎、加来、特鲁瓦、维特里、莫城、肖蒙、吉索尔、埃夫勒、利西厄、卡昂、奥尔良、布尔日、尼奥尔等城市的特权。处在封建反动的危险和许多城市居民遭受贵族阶级的凌辱的情况下，从整体上看，王权在城市中的扩展对提高人民福利有促进作用。就某些较大的城市来说，贵族阶级统治城市的政治权利就像各省封建领地的暴动一样，对君主制度下的法国的统一构成了巨大威胁。国王的市政官吏管辖的城市虽丧失了其政治特权，但却受益于行政管理的声誉和效率以及经济的繁荣。丧失了独立性的城市公社和改善了条件的王室市政官所辖城市两者间区别极小。前者不再是自由的市政团体，后者不再是属于某一领地的政治团体，两者都成为"国王属城市"。国家权力至高无上的观念战胜了地方政治独立的原则。

腓力五世在治理国家方面精力过人，所订立的法规的数量之多，几乎令人难以置信。他的法规之显著特征是目标明确、措词准确。值得注意的是，大部分的法令仅仅在他同三个等级认真磋商之后便颁布。高个儿腓力的统治是内刚外柔、他所从事的各项改革中，政治上的改进比物质的增长和社会的改良要差得多。与他的前任不同，他没有作出关心奴隶阶级状况的任何姿态，而实际上却为解除奴隶的身份地位作出真正的努力。封建联盟给香槟、庇卡底和阿图瓦造成了极大破坏。村舍和整片村庄被摧毁；葡萄园

---

* 位于伊比利亚半岛的北部，是比利牛斯山区的一个小王国。从 1284 年起为法国的领地。——译者

被毁坏；牲口、羊和耕牛被掠走；农民受到虐待。这些省的农业、商业和工业同样受到毁灭性的破坏。腓力五世为了挽救这种状况而竭尽全力，甚至开始禁止贵族所酷爱而又古老的打猎特权，因为他们为所欲为地横冲直撞，蹂躏农民的田地；禁止继续保留养兔场、饲养鸽子和猎狗，因为所有这些都危害到农民的庄稼和家禽。直到法国大革命把这些陋习弊端扫荡殆尽之前，在法国再没有见到如此严厉的废止封建特权的法规。与此相同，腓力五世下令修缮了道路和桥梁，取消了道路和河流的通行税，使旅行安全有了更大的保证。他还废除了所有法定的和未经授权而设立的通行税。在决定征收通行税的地点，无论是各省之间的关卡，还是边境的海关，所有物品的征税率必须在税务所张贴出来，公之于众；要求收税员保存一本记有所有通过税务所的商人的完整的登记簿，包括他们的名字、所带商品的数量和特性；最后，告诫所有的地方官吏对所有的商人和旅行者必须以礼相待。为了支付地方改良的费用，除了征收以种菜为生的菜农的地租外，有时恢复地方税收。至于城市，国王允许它们出售城市周围的公共土地——为城市提供木材和烧柴来源的地方。他还重新建立若干民众慈善团体（他的父亲曾因害怕这些组织可能成为民众运动的中心，而加以禁止）。而在对待行会上，对其管理虽属温和，但对其控制则是严密的。

这项有关商业的积极而又明智的法令，作用卓著。香槟集市获得了新生，尽管时间很短，但在其延续期间还是保持了繁荣。腓力五世在向香槟的执行官颁布的法令中，告诫他们“无论是本国的或外国的商人以及其他人，都可以携其商品安全往来”。在集市管理上，政府发行安全通行证；派人日夜巡逻道路；提供军人护卫队保护商旅和商品。有关香槟各集市及布里、伦迪和博凯尔集市繁荣兴盛的证据，在腓力五世统治时的档案里比比皆是。许多在国王领地上的城市获得了拥有一个集市的权利。腓力五世对商业发展的关心，比亨利四世以前的任何一位法王显得更为突出、更明智。他一反贵族们视经商为降低社会身份的狭隘偏见，鼓励王国官僚中的富裕市民继续经营那些已使他们致富的商业，而不在意他们已事实上成为政府官员，"就像他们还没进入三级会议也没有为我效力时一样"从事商业。但他没有助长他的臣下所经营的商业损害在法国的外国商人的利益。不管是对德国的汉萨商人、佛兰德人、西班牙人，还是对意大利人，他都采取一视同仁的态度。对意大利人他特别宽待。撤销了他父亲制定的所有禁令。结果"伦巴第人"涌进了法国境内。热那亚、佛罗伦萨和锡耶纳的商人和银行家在尼姆、里昂、特鲁瓦、巴黎和其他许多城市的侨居地重新繁荣起来。所有变成"国王的市民"或加入了法国国籍的外国商人，均被免除了营业税和其他的商品税。在法国的其他外国商人则必须交纳以上税收。

在对犹太人问题上，腓力五世几乎和他的前辈一样狭隘。他的哥哥路易十世在9年以前便允许犹太商人重返法国，但把他们的侨居地限制于巴黎、圣奥梅尔、尼姆和拉罗歇尔；除了向他们强征旧时的每镑2便士的所得税外，还向他们征收不动产和私人财产的人头税。腓力五世对这些规定毫无改动。但他是狭隘而不偏执，他不能容忍对犹太商人的公开虐待，也保护犹太居民和犹太教徒的集会。不过，犹太商人仍必须在衣服上佩有黄色标记。总而言之，他对犹太人的保护是无法否认而又远远不足的；他的严格控制要比狂热的民众的恶毒攻击强得多。

只有对异端邪说和持异端者，腓力五世才是狂热的反对者。14 世纪正是许许多多异端邪说流行的时期，其原因我们在别的章节里将另加论述。

腓力五世计划的最根本的变革过于剧烈，以至于无法实现。这些变革就是在法国建立统一的货币制度和统一的度量衡制度。今天看来，这是工业发展的基本条件。可是当我们想到，尽管公制有着无可辩驳的优越之处，但在美国和英国由于传统和偏见的缘故，公制至今仍未得到公认。因此，当腓力五世试图进行货币和度量衡的改革时，所遇到的反抗力量何等巨大，我们便不难理解了。若干学者对中世纪的货币和度量衡的历史怀有极大的兴趣，潜心致志地探讨这个难以理解而又混乱不堪的问题，所著书籍真是汗牛充栋，种类之多几乎不可胜计。腓力五世的意志是值得称赞的，他的才智令人肃然起敬。当时度量衡因省而异，因城不同。其标准由封建城堡和市政厅掌握，各行其是。有时在同一座城市里，度量衡也各不相同。在巴黎有专门的谷物量具和液体量器。黑麦的色太尔*不同于盐的色太尔。所以由此而产生的种种困难是可想而知的了。每到一处，商人都必须对他的商品按当地量制重新量度；这使商人增加支出从而提高了物价。在巴黎，伦巴第街的通用量度是一块世袭领地，不可侵犯。倘若腓力五世已经成功地统一了度量衡，那么他的贡献是何等地大啊！1321 年他召集教士、贵族和城市代表在普瓦蒂埃开会，向与会者提出统一货币和度量衡

---

* 法国古代的量度单位。约合 150 至 300 升。——译者

问题，征询他们在全法国建立统一的货币和度量衡是否方便。城市代表拒绝出席会议。而被个别征询意见的城市答复道，他们的度量衡制对他们恰到好处。因而，由于受到普遍的冷遇，甚至由于受到某些城市的敌视，这一改革失败了。从而法国大革命承担了此任。

有一点是毋容置疑的：腓力五世是一位聪明能干的君主，在他所辖的属民中享有应得的威望。巴黎的热弗洛瓦是一位诗人，他有时用古法兰西语，有时用拉丁语写诗。他写到腓力五世保护“小鱼”，反对贪婪的“大鱼”，这确实表述了普遍的看法。他尊称腓力五世是“一位牧羊人，而不是一只狼”。他在盛赞这位国王避免不必要的战争时写道：

“当战争来临之时，
国王才戎装上马。”

诗人对于1316年对反叛者的镇压是感到欢欣喜悦的。他们是与祖国作对的“违背天理的恶徒”。君主的统治意味着为社会造福，而不是为社会的特权阶级谋利益。腓力五世是一位真正的君主，人民将竭尽力量以支持之——“人民是你的助佑者”。

然而，尽管腓力五世的才智出类拔萃，勤于政事，法国的苦难还是很少得到减轻。这是一个混乱的时代。在这经济和社会急剧转变的时期，所有道德标准动摇；物价混乱、货币不稳、税收形式新奇；贵族的反叛、市民阶级的骚动和农民的暴动此起彼伏，连绵不绝，成为腓力五世统治时代的特点。而天公又不作美，使这些有害的因素有增无减。1314 年至 1315 年的冬天出现了少有的严寒，而且春天干旱、夏天多雨，结果 1315 年粮食歉收。1316 年年景也没有好转，许多地方春秋两季的秧苗被冻伤，几乎各地的葡萄园都受到严寒的摧残。一群群半饥半饱的农民赤着脚徘徊于受灾的田野，带着圣物，祈求上苍让阳光重新普照大地。法国遭受了两年之久的饥荒的痛苦。直到 1318 年物价才恢复正常。在这几年里，通常只值 10 到 15 个巴黎索尔* 的一色太尔麦子，要卖到 60 至 80 索尔。穷人们用树叶、草根做的面包充饥。据《圣德尼的编年史》记载："许多男子、妇女和可怜的人饿死于巴黎街头。"男人、妇女和小孩在巴黎街头的尸堆上挣扎。许多城市的明暗沟里塞满了腐烂的尸体。迷信增加了贫困者精神上的痛苦，街谈巷议的故事中充斥着恶棍、男巫和女巫。

这一灾祸，导致了 1320 年农民起义的爆发——一次类似 1251 年的新的"牧人起义"**。忍饥挨饿的农民离乡背井，怀着令人难解的激奋心情，带着制作粗糙的十字架和旗帜，成群结队聚集在约定的村庄和城镇。一些人想去圣地；一些人想到贡波斯泰拉*** 的圣詹姆斯陵墓；还有一些人想去向国王请愿。这些可怜的群众像 1096 年和 1251 年的农民十字军一样，是被堕落的领导者所愚弄的民众，而这次是被一个免去圣职的僧侣所煽动。此外，城

* 当时巴黎铸造的硬币。索尔为苏的古称。——译者

** 指 1251 年在北法兰西爆发的农民大起义，起义者自称"牧人"。故称"牧人起义"。——译者

*** 贡波斯泰拉全称圣地亚哥·德贡波斯泰拉，是西班牙中世纪名城，内有一大教堂(建于 1078～1180 年)，据说是筑于圣·詹姆斯的墓上。因此，这里成为中世纪基督教主要朝圣地之一。——译者

镇和农村的地痞流氓，即“无宗教信仰、无法无天的无家可归者”、拦路抢劫者、扒手、偷窃犯、侵入他人地界偷猎或偷渔者、逃亡的农奴、逃亡罪犯也参加了农民的队伍。编年史记载道，这些骚乱的群众“像一阵狂飙”，向巴黎进军，抢劫了巴黎田园街的圣马丁修道院，冲进了沙特莱要塞*，释放了在那里的囚犯，杀死了巴黎市长。国王在卢浮宫里闭门不出；贵族躲进他们的城堡；市民阶级紧闭住宅和店铺的门窗，直至这次暴动结束。后来“牧人”退出巴黎，分裂成若干互不联系的帮伙侵入贝里省、圣东日省和朗格多克省，一路横行无忌，抢劫掳掠。犹太人在这次骚乱中受害尤深，有500名男人、妇女和孩童在加龙河畔凡尔登地方惨遭杀害。在阿尔比，市议员关闭了城门。但城内的民众“为了基督的慈爱而反对信仰的敌人”，大开城门欢迎“牧人”。与此同类的狂热人群，几乎到处都有出现。教皇的强烈谴责和开除教籍的威胁也宣告无效。最后，最大的一伙“牧人”队伍，怀着效法圣路易的狂热信念，到达埃格莫特，打算到东方进攻穆斯林。他们中的大多数人在埃格莫特的难以行走的沼泽地里，被饥饿和热病夺走了生命。其他各自独立的起义队伍，在法国南部继续扰乱了很长一段时间。在别的地方，流窜的队伍也被击败而溃散，死于饥饿和贫困。这次暴动带来的严重余波是对麻风病人的群众性激烈行动。在许多地方，这些可怜的下层民众被集体残杀。即使幸免，也受到新的法律的极度压制，过着活地狱般的生活。

* 法国革命前为民法和刑法的审理和执法机构，并负责治安和公共秩序，管理监狱。——译者

卡佩王朝的结束是在查理四世（1322～1328 年）时期，他的去世是一个时代的完结。瓦洛亚诸王统治时期的主要历史事件是与英国的长期战争，通称为百年战争（1337～1453 年）。但是战争的前兆却应该在腓力四世时期探求，现在让我们把注意力转向法国的国际关系史和腓力四世与英国爱德华一世的关系上来。

第二章　百年战争的背景△。羊毛和酒。法国和英国之间在佛兰德毛织品贸易和加斯科尼葡萄酒生产上的冲突。

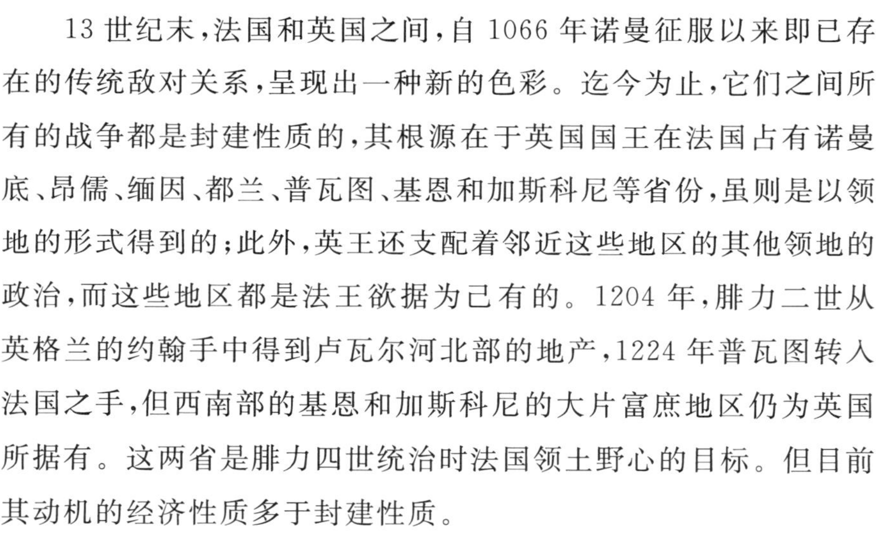

13 世纪末，法国和英国之间，自 1066 年诺曼征服以来即已存在的传统敌对关系，呈现出一种新的色彩。迄今为止，它们之间所有的战争都是封建性质的，其根源在于英国国王在法国占有诺曼底、昂儒、缅因、都兰、普瓦图、基恩和加斯科尼等省份，虽则是以领地的形式得到的；此外，英王还支配着邻近这些地区的其他领地的政治，而这些地区都是法王欲据为己有的。1204 年，腓力二世从英格兰的约翰手中得到卢瓦尔河北部的地产，1224 年普瓦图转入法国之手，但西南部的基恩和加斯科尼的大片富庶地区仍为英国所据有。这两省是腓力四世统治时法国领土野心的目标。但目前其动机的经济性质多于封建性质。

13 世纪末，英法之间整个敌对关系的性质改变了。他们之间曾经是封建的和政治的敌对，现在主要转变为商业上的竞争，竞争的焦点是加斯科尼的葡萄酒贸易和依赖英国原毛的佛兰德毛织

△　地图见 W. R. 谢泼德：《历史地图集》，第 7 版（亨利 · 霍特公司，纽约，1929 年），第 76 页。

业。决定性的因素是在比斯开湾和在那时被称为“狭海”的英吉利海峡的海上势力或海上霸权。一瞥地图即可发现，英国和佛兰德、英国和加斯科尼之间是由海连接着的。保证英格兰东部诸港和佛兰德港口之间、南安普敦或朴次茅斯和波尔多之间的海路畅通，对于英国的商业利益是绝对必要的。

这两个国家之间敌对的另一个原因是在北海、英吉利海峡和中世纪唯一剩下的最大捕鲸基地比斯开湾的渔业。巴荣纳因捕鲸而兴盛起来。勇敢的巴斯克渔民是出色的捕鲸者，至今巴荣纳市的印章上还刻有一头鲸。北海拥有北欧最重要的鱼产地。很久以前，北海的鳕、黑线鳕和鲱鱼业都很著名。北海充其量不过是浅海，但在英格兰东海岸附近，有一个平均深度为 20 呎的低矮的海底高原，构成一个三角形的泥淖，里面充满着可作为幼鱼最好食物的微生物。这就是多格尔沙洲。英国人、弗里斯兰人、佛兰德人、诺曼人和布列塔尼人的捕鱼船在春夏两季往往集中于此。各国船队之间经常发生冲突，海盗行为也屡有发生。这是一种辛苦而剽悍的生涯。多少世纪以来，没有任何官方采取措施审理这些暴力事件，因为每个国家的渔民同样都是罪犯，因而这一海域就被看作一种“无主地”。但到 13 世纪，海上贸易的增长及强有力政府的发展，终于导致了制止罪恶行径（如抢劫遇难船只与海盗行为）的立法。爱德华一世的威斯敏斯特第一项立法（1275 年）重新实行了一项理查一世时期的古老法律，规定当船只搁浅时，倘若有一个人、一条狗或一只猫得以逃生，那么该船不应被认为是失事船而被劫持。

由于当时没有海上警察，因而，除了英国南部“五港联盟”①的总裁能保证的区域外，这类立法在多数情况下，不过是一纸空文。

英法在佛兰德的对抗及法国蚕食加斯科尼的历史，尽管最初是互不相关的个别历史事件，然而到了13世纪末却融合到一起了，或者更应该认为这是法王腓力四世和英王爱德华一世统治时期法国和英格兰之间商业竞争的两个不同侧面。我们将首先追溯佛兰德及其邻近地区的历史，这些地区通常被合称为低地国家，或法语所称“Pays Bas”。

中部欧洲的北海沿岸，有一片由莱茵河、默兹河和斯凯尔德河带来的泥沙冲积而成的低地，这里群集着一些世俗和教会的诸侯领地。在莱茵河南部，这些国家中最重要的是佛兰德伯国和埃诺伯国、布拉邦特公国和康布雷及列日两个主教管区。莱茵河北部有泽兰、荷兰、盖尔德斯、茹特芬诸伯国和乌得勒支主教管区。从历史上看，所有这些地区的居民都属于下德意志语系。但几个世纪以来，在血统上，特别是在语言上发生了很大的变化。莱茵河北部的居民是弗里斯兰人，属纯下德意志（荷兰）的血统和语言。在莱茵河南部的居民是佛来芒人，其语言介于德语和荷兰语之间，而利斯河以西的佛兰德地方的人则操法语。从广义来讲，这里是瓦隆佛兰德*语区，但就更严格的意义而言，瓦隆佛兰德仅指里尔周

① 自诺曼征服以来，由于惟恐他人可能企图夺取这一战绩，英国南部五个沿海城市：桑威奇、多佛、希斯、罗姆尼和黑斯廷斯组成了一个自治城市的联合组织，后来又有拉伊、温切尔西加入之。该组织主要宗旨是保护英格兰免遭外来入侵。五港联盟的船只是每一支英国舰队的核心，联盟总裁就是海军司令。英王爱德华一世的特许状是五港联盟自由的保障。

* 瓦隆为比利时南部一民族，瓦隆语，即法国北部的方言。——译者

围地区。这些低地国家东部渐次伸入德意志，西南部则渐次伸入法国。由于除沿海地区外，低地国家没有地理上的自然边界，故而各诸侯领地的边界不稳定地相互交错着。当今，虽然这些低地国家已形成统一的比利时王国，但在中世纪它们却是相互独立的政治实体。然而不论是在中古还是在近代，在历史和语言两方面，它们始终是变化着的。它们的政治史大部分附属于其他国家，在中世纪附属于法国和德国，近代则属于西班牙和奥地利。罗曼斯瓦隆语介于西部瑞士罗曼斯语和东北部法兰西罗曼斯语之间，而佛兰德语则处于德语与荷兰语之间的一种类似的中间状态。

13 世纪末，在所有这些松散地结合在一起的地区中，佛兰德伯国是最重要的。这个伯国的混杂的构成，极好地说明了整个低地国家的“异体混成”的性质。佛兰德伯国的一部分，叫做“领主地”，在这里，佛兰德伯爵是主人而不是“侍从”，这部分属德意志帝国，伯爵领有的是帝国的采邑；佛兰德“伯爵领”则是法兰西国王的封地；而伯爵治下的领地的第三部分是自主地或称为“佛兰德自由伯国”。即使列举了上述差异也未能尽述佛兰德领土构成的多样性。因为“帝国领地”部分又至少被分为五个地区：(1)斯凯尔德河与当德尔河之间的阿洛斯特伯爵领；(2)斯凯尔德河外的小片地区或者说是穿越斯凯尔德河的土地（埃斯科河外的土地）；(3)斯凯尔德河河口沿翁德河一线，形成了四小片地区，被称为“四个地区”或 De vier Ambachten；(4)瓦尔赫伦的泽兰诸岛及南、北贝弗兰——荷兰伯爵以佛兰德伯爵的附庸身份，领有此地；(5)沃伊斯或沃伊斯兰。

佛兰德之归属帝国的起因及其与帝国相关的契约性质是很模糊的。自然,阿洛斯特伯国是属于帝国的。事实上,它是佛兰德伯爵们于11世纪中叶攫取的布拉邦特的一部分。皇帝曾以履行臣服礼为条件,承认他们对这片地区的领有。同样,位于斯凯尔德河两支脉之间的"外斯凯尔德河"地区,由于太靠近根特而几乎成为根特的一部分,自然也是属于帝国的。至于泽兰及其海岸附近的一些岛屿,尽管佛兰德伯爵们早在1018年已得到这些地区,事实上,自13世纪中叶以来(1253年)它们就被看作是附属于荷兰伯国的帝国的佛兰德的一部分。位于斯凯尔德河口和沃伊斯兰及根特东部的外斯凯尔德河地区之间的四个地区,是加洛林王朝在此地管辖权之奇怪的古老的残余——因此,"帝国的"这一名称才用于这一地区。虽然现在沃伊斯兰每一路得*的土地都已开垦,但在中世纪它却是位于根特和安特卫普之间的约30英里长的广阔贫瘠的荒野。它是法国王室的封地,但德意志皇帝却要以佛兰德伯爵之领主的身份来领有它。

在所有这些错综复杂和被搞得混杂不清的领地中,佛兰德伯国即法兰西佛兰德是至为重要的。这里所云集的市镇,超过了低地国家中的任何其他地区。在操佛来芒语的部分(操佛来芒语的佛兰德),有根特、奥德纳德、库尔特雷、伊普雷、巴耶尔、卡塞尔、波堡、贝尔格、弗内斯等;在操法语的佛兰德,有布鲁日、里尔、杜埃和奥尔齐。这两种方言之间的分界线——后者是庇卡底方言——大

* 英国面积单位,约相当于1/4英亩。——译者

致是利斯河。但是尽管这一分界很重要，却并不与任何政治上的边界相一致。

佛兰德是法国国王的巨大封地之一。在卡佩王朝初期的国王们统治时，伯爵们与法国国王之间的关系是和睦的。鲍德温五世在法王腓力一世（1060～1066 年）冲龄时期曾任法国摄政。此时佛兰德和法国之间的商业关系是密切的。有一份 1066 年的档案叙述了"佛来芒民族的商人和酒商"怎样经常前往法国各省，携带佛兰德的毛织品换回法国的酒；有的档案则记载来自努瓦荣、韦尔曼杜瓦、亚眠和桑德尔的法国商人前往佛兰德去购买佛兰德的呢绒。佛兰德的商人群集于香槟集市。12 世纪至 13 世纪，法国文化在佛兰德广为普及。大批佛兰德学生在兰斯、拉昂和巴黎上学；两国的显贵家族相互通婚；佛兰德高级神职人员的职位往往被法国的牧师们占据；法国的克吕尼和锡佗修道僧团在佛兰德拥有许多修道院；法语的稳定传播，限制了佛来芒语流行的范围。13 世纪末，语言上的分界线实际上与今天的情况相同。在宫廷和十字路口，行吟诗人都用法语吟唱。早在法国国王们放弃拉丁语使用本国语之前，法语就是佛兰德伯爵们的官方语言。除少量的和地方性的贸易之外，法语是普遍通用的语言。

但法国影响的增长受到了诺曼影响的顽强抵制。征服者威廉的王后是佛兰德的玛蒂尔达；许多佛来芒人参与了 1066 年对英格兰的入侵；诺曼诸王统治时期[①]，相当数量的佛来芒殖民者定居于英格兰。英王亨利一世统治时，英法在佛兰德的竞争更为激烈，亨

① 见汤普逊：《中世纪经济社会史》，第 309 页。

利一世是有记录在案的第一个建立“货币封地”* 的国王，低地国家也是如此，在那里一些佛兰德伯爵的附庸，特别是卢万公爵，就接受英国的货币。1127 年，佛兰德伯爵好人查理被谋杀，这一谋杀消息通过佛来芒商人最先传至伦敦。英王亨利一世、法王路易六世和神圣罗马帝国皇帝罗塔尔二世都力图在这个伯爵领地安置自己的候选人，斗争以英国人的胜利而告终。但是，斯蒂芬** 在雇佣佛来芒雇佣兵入侵英国时，却将这些雇佣兵安排在英国民房中。他的这一政策以及在这一无政府时期农业和商业的瘫痪，使英格兰和佛兰德疏远了。佛兰德伯爵支持路易七世反对金雀花王朝的亨利。路易七世死时(1180 年)，佛兰德的腓力在法国国王腓力二世冲龄时期任摄政。但由于年轻的国王与埃诺伯爵的一个女儿、佛兰德伯爵的侄女结婚，而在她死时佛兰德伯爵宣称有权拥有她的地产，随即爆发了战争，结果是法国吞并了阿图瓦和重要的城市阿拉斯。此后，佛兰德的伯爵们有理由感到恐慌，惟恐法国觊觎并取得特鲁恩纳、贝顿、里尔、朗斯、杜埃和邻近法国边境的其他一些城市。这种担忧使佛兰德伯爵们投入英王的怀抱，并且是他们与英王约翰及德意志皇帝不伦瑞克的奥托结盟的原因。这一同盟在布汶战役*** 中被粉碎(1214 年 7 月 27 日)，在这次战役中佛兰德

* 即以授予货币取代授予采邑而换得受封赐者的臣服和效忠。——译者

** 斯蒂芬(1097～1154 年)，英国国王，1135～1154 年在位，英王亨利一世之侄。亨利一世死后(1135 年)，斯蒂芬背信弃义，发兵夺取英国王位，曾引起英国内战(1139～1153 年)。——译者

*** 1214 年 7 月 27 日，法王腓力二世(奥古斯都)在法国城市公社民兵支持下，在布汶打败了德皇奥托四世及其盟友佛兰德伯爵，布洛涅伯爵及英国的联合军队，是为法国争取统一的一次著名战争。——译者

伯爵成为法国人的阶下囚。伯爵夫人若昂在她的丈夫受了12年的囚禁后，为了使之获释，于1226年签署了默伦条约，割让里尔、杜埃、斯吕伊作为赎金的抵押品，佛兰德男爵们宣誓效忠以迫使伯爵履行诺言。

13世纪末，当政的佛兰德伯爵居伊·德当皮埃尔是一个纯粹的法国人，出生于香槟，与法国皇族的旁支波旁家族有亲戚关系。佛来芒宫廷以法国国王的宫廷作为自己的榜样。尽管佛兰德这样渐渐地在政治上和文化上更加法国化，但在商业和工业上却越来越接近英格兰。与此同时，剧烈的社会分化发展了。法国化的佛来芒贵族拥有封建的司法权和征税权，对地方贸易征收通行税和过境税，向庄园“纳税者”征集实物并向非贵族阶级征收货币形式的代役租和什一税。倘若后者主要是农民阶级，那么他们在贵族阶级面前就得忍气吞声、无能为力。然而，事实并非如此。因为除意大利外，佛兰德兴旺的工商业活动比欧洲其他任何地区都发展得更早。同伦巴第一样，佛兰德是一个由城镇构成的国家，城内住着商人、小贩和工匠等市民。这里的文明实质上不是农村文明，而是城市文明占优势。根特、伊普雷、杜埃等城与米兰和伦巴第诸城互争雄长。这里商业和制造业占有比农业更为重要的地位。人口密度超过了阿尔卑斯山以北的欧洲任何其他地区。甚至早在1127年，佛兰德就被描写为“人口稠密”的地区。资本主义制度在这里占了优势。这个国家尽管全部是法国式的，但却拥有与法国很不相同的工业组织，因而皮朗先生可以这样来描述：

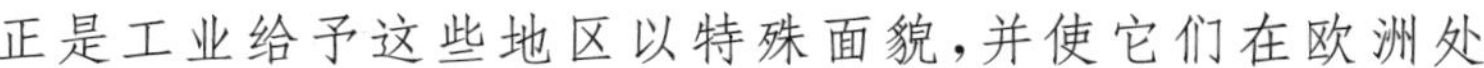

正是工业给予这些地区以特殊面貌，并使它们在欧洲处

于独特的地位。任何地方，甚至在意大利，也不能在这样小的空间内发现这么多的手工业中心。

佛兰德的一些大城市实际上是自由城市，因为伯爵对这些城市仍然保有的政治权力的程度是微弱的。在城市中，富裕的商人和工业家形成了政治和社会的贵族团体，或称商人贵族，它控制了市政府。他们和下层工人之间出现了明显的差别。这些大商人或市民是富裕的、有势力的。就社会地位而言，他们是城市贵族；从经济上看，他们是雇主或资产阶级。他们组成了行会或商业公会——这些组织早已不是工人和匠师的共济组织，而成了大的商业和手工业集团，这个集团完全把下层劳动阶级排除在外。这就是13世纪末佛兰德的状况。

14世纪的历史——直到1382年法国的勃艮第公爵稳固地确立了他在佛兰德的统治之前，是以一系列重大的政治、经济和社会事件为标志的。在欧洲，甚至在意大利，任何地方的经济和社会问题也不像在佛兰德那样的具有如此重要性。1300～1385年之间，爆发了三次大的革命，在这些革命中各派力量都起了很大作用。在第一阶段中，工匠们和伯爵居伊·德当皮埃尔结盟反对商人。行会几乎遭到破坏，工人阶级闯进了市政府。在以雅克·范·阿特维尔德的伟大名字为标志的第二次革命中，工匠和资产阶级联合起来反对伯爵。因为伯爵为了法国的利益而牺牲了他的国家的商业和工业利益，而这是依赖于英国支持的。最后，在1379年至1385年的第三次革命中，工人阶级卷入与资产阶级的暴力斗争，但被法国的军事干涉所镇压。第一次革命中，布鲁日是运动的领导者；在其他两次革命中根特起了领导作用。我们将在适当的地方详细描述佛兰德这些革命中每一次革命的历史。

城市下层工人阶级和商人贵族间的对立，决定了佛兰德内部与外部的历史，法国和英国国王的政策，也受到这种对立的影响。这种商人贵族在各地都是一种思想狭隘的社会等级，他们实行很长的劳动时间，削减工资，漠视群众的物质利益。正因为这样，工人阶级为争取他们在市政府中的代表权而大声疾呼。于是小人物反对大人物；正像在意大利那样，瘦人反对肥人。在13世纪发生了一些人民起义。在很长时间内，这类冲突是孤立的、带有地方性的。但它们却渐渐成为普遍的、绵延不绝的现象。成为整个工匠阶级反抗贵族的活动。

如果可以用一个词来表达佛兰德这一时期的生活的话，那么，这个词就是“呢绒”。

威斯敏斯特的马修告诉我们：“佛兰德人用英格兰羊毛织成的呢绒温暖着世界上的所有民族。”

佛兰德的繁荣依存于它的呢绒制造业和由此而产生的商业。每个佛兰德城市的基础都是它的呢绒工业，而且佛兰德的毛织品以其质地优良、色泽美丽而在各处享有盛名。它们在欧洲无与伦比，而且可以在东方的集市里买到。这种呢绒对于贵族和富裕的资产阶级的衣着来说是不可缺少的。正因为这样，腓力四世在对佛来芒人进行战争期间禁止他们的工业品进入法国境内时，法国宫廷必不可少的佛兰德呢绒依然允许进口。佛兰德的呢绒种类繁多：有黑色和灰色的普通呢绒；有褐色呢绒和黑色透亮的呢绒；有毛麻混纺制品；有变色条纹呢绒。每一城市的产品都可由每匹呢绒的长度及附在呢绒上的铅印加以识别。在伊普雷，每年使用的这种铅印标记将近 80 万个。佛兰德的呢绒销售市场是世界性市场。呢绒制造业变得非常重要，而使其他各种工业倾向于衰落，尽管它们曾是繁荣的。

既然整个佛兰德都以呢绒制造业为生，因而羊毛已成为头等重要的进口商品。一部分羊毛来自阿图瓦；一部分由佛兰德商人从香槟集市购进。但这些羊毛数量不足，质量低劣。最大量的、质量最好的羊毛来自英格兰。富裕的英国土地所有者对他们的羊毛市场满怀信心，便以损害农业的方式扩大绵羊牧场。一些修道院，特别是约克郡的锡佗教派修道院拥有数目众多的羊群。国王本人也在王室领地上大量放牧羊群；国王的羊毛征集人就是征收岁入的重要官吏。王室最丰厚的收入之一就是来自羊毛出口税的征收。因此，我们很早就发现居留于多佛和伦敦的佛兰德采购组，他们是布鲁日商业公会的代理人。最初，佛兰德各城市的行会是分离的、相互独立的。但是，随着时间的推移，他们结合成伦敦商业公会。这个团体的核心是布鲁日的商业公会，因而有时也被称为布鲁日商业公会。这个团体的会长一直是布鲁日人。伊普雷加入这个团体之后，它有了输送公会掌旗者的特权。令人费解的是，根特从来不是这一公会的成员。布鲁日商业公会规模最大时，包括了约 15 个从事英国羊毛贸易的佛兰德城市行会。这一伦敦商业公会即布鲁日商业公会与佛兰德的另一个商业公会截然不同，那是由分布于整个低地国家的 17 个城镇中的 17 个商业行会组成的。因为除了布鲁日、根特及伊普雷等佛兰德城市外，这个公会中还有里尔、瓦朗西安及康布雷等城市。这个“17 市镇商业公会”，

由附属于不同封建领主的若干地区构成，从未有过像前一个商业公会那样牢固的组织。它的主要商务是与香槟集市进行交易；随着香槟集市的衰落，这个商业公会也消亡了。14 世纪中叶以后，它肯定已不复存在了。当香槟集市已失去昔日的重要性时，这个商业公会的商人将他们的活动局限在低地国家的地方性集市，其中最大的是图鲁集市。但由于布鲁日在商业上的重要性不断增强，这个集市衰落了。其他集市是在伊普雷、根特和里尔。里尔被法国王室吞并后，这里的集市也不复存在了。布鲁日适时地吸引了那样多的北方商业，致使低地国家的所有集市全都衰落下去。商业的形势改变了。

低地国家矿产资源的开发也始于这一时期。默兹河流域盛产铁、铜和煤。列日早就以其铁制品而闻名于世，迪南也以铜著名，煤则早在 1198 年就在开采了。

富裕的羊毛商和呢绒商，通过他们对行会和市政府的双重控制，操纵事务以谋取私利，并损害劳动者的利益。一个织工不得同时又从事印染业；他拥有的学徒数也不得超过一人，而一个剪毛工却可以带 7 个学徒；一个（旅店的）老板不允许有 3 名以上学徒身份的“伙计”或助手在他手下工作；小商人在他们所能销售的货物数量和种类方面都受到限制；食品供应也同样是有所区别和受限制的；大行会成员特别控制了原料，并按计件工资的标准向工人发放救济品。对于雇主而言，计件工是比工资制更为有利的一种方式。而工人们则遭受到危机和失业。羊毛不是从大商人之手转给生产者，而要通过中介人“呢绒商”，也属于资本家。他们从大商人手里取得羊毛，将羊毛分给毛织匠师，毛织匠师再把成品出卖给呢绒商。最后，被富裕资产阶级轻蔑地称之为“蓝指甲”的下层劳动居民则被排除在所有地方政府代表席位之外，没有选举权，也没有在政府中任职的权利。这样，正像欧洲其他各城市一样，在佛兰德各城市，也存在着为争取上述民主权利的政治、经济和社会各方面阶级冲突的尖锐对立因素。城市贵族在其全盛时期远未缩小那隔离上等阶级和下层等级之间的鸿沟，反而扩大了他们之间的分裂。年复一年，城市法律和行会章程增加了行会的垄断权，同时减少了劳动者的自由，降低了他们的工资。由于害怕工人骚动，城市规章禁止7名以上的工人聚会；禁止他们结社或携带武器。城市的习惯法汇集证实了贵族阶级的专横。在一些城市中，贵族可以殴打工人而免于受罚，而侮辱贵族的行为则要处以苛重的罚金。关于这种紧张状况，我们发现了几次有案可查的可怕的暴动。1280年至1281年间，在布鲁日、伊普雷、杜埃和图尔内各城都发生了暴动。然而，这些商人贵族也有一些可以称道的地方。他们铺砌街道，疏通淤塞的河道；修建富丽堂皇的市政厅（这类建筑迄今在布鲁日仍可见到）；修建庄严的行会大厦，如伊普雷的宏大的呢绒大厅（它已在世界大战中被毁坏）；他们建立了教堂和医院，并为自己建造了豪华的宅邸，其建筑和装潢至今仍使参观者赏心悦目。

伯爵居伊·德当皮埃尔心怀忧虑地注视着一些大城市中贵族所行使的巨大政治权力。1280年工人阶级暴动时，他利用这种局势拒绝重新颁发在暴动中与市政档案一起烧毁的布鲁日特许状，自1228年以来一直管理着城市的39家贵族因而对他怀有怨恨。

人们也许已经观察到——而且这是下个世纪历史的关

> 键——佛兰德的城市贵族阶级与法国君主的联盟已成为一种传统，贵族们旨在维持他们的权利，以反对伯爵和手工业者；法国君主则企图加强对佛兰德伯国的控制。因此，在以后的几年中，当城市统治阶级表示他们愿接受法国国王的统治时，工匠们起来反对他们，成为伯国独立的当然保卫者和伯爵的坚定支持者。[①]

不满于佛兰德的半独立状态的腓力四世，觊觎佛兰德的领土并非仅仅想扩大法国的领土，而是要达到控制佛兰德岁入的目的。他巧妙地运用了这一地区的离心因素，由于他掌有得力的财政机关，佛兰德的商业和工业或许都会将财富倾入他的囊中。但英格兰的爱德华一世怀着极度的忧虑注视着法国对于佛兰德政治控制的前景，因为这对于英格兰的羊毛贸易必定是不利的。由此，佛兰德内部的分裂影响到法国和英国之间的关系。伯爵和下层阶级倾向英格兰；贵族和城市贵族拥护法国。腓力四世在布鲁日、根特、杜埃和其他佛兰德城市专横地设置监护人，以保证市政长官免遭伯爵的不公正待遇。可以判断，所有这些市政长官都处于城市贵族阶级的控制之下。此举不仅削弱了居伊的政治权力，在经济方面，还减少了他的财政收入。居伊在财政上依靠城市，敏锐地感觉到“监护人”的压力。

佛兰德伯爵对法国不满的另一个原因是瓦朗西安问题。当时，瓦朗西安刚刚驱逐了埃诺伯爵在该地的守备部队，以示其对佛

① 阿施雷：《詹姆斯·范·阿特维尔德和腓力·范·阿特维尔德》，第43页。

兰德伯爵的忠诚。法国国王遂声称他将把瓦朗西安归还给埃诺伯爵，以图迫使居伊反叛其君主，从而使埃诺和佛兰德在阿韦纳家族之下联合起来。德皇纳索的阿道夫宣布他将收复近年来被法国攻占的神圣罗马帝国的领土，特别是瓦朗西安。腓力四世和佛兰德伯爵都清楚，这是一句空话。绝望使伯爵铤而走险。居伊·德当皮埃尔转向英国的爱德华一世，做了他的同盟者。对于法国的政治仇恨使佛兰德伯爵于1294年倒向英王，但是，伯爵和英王也可能都已意识到了英国的羊毛生产和佛兰德的呢绒制造业之间相互的经济联系。对佛兰德伯爵而言，这个同盟只给他带来了暂时的利益，因为法国和英国已交战了。

基恩和加斯科尼是英法之间的另一个争论点。这两个省是一度强大的昂儒帝国*的最后领地，自1152年以来一直为英国王室领有。但英王也不得不因占有这块领地而向法王表示臣服。问题就在这里。腓力四世贪婪地注视着加斯科尼和基恩，策划剥夺英国对该两地的统治权。在扩大领土支配权，将封建法国松散联合的各行省巩固为坚强整体的强大君主政治的自然倾向背后，萌生着的民族意识也开始发挥作用。因为即使在血统、语言和地方习俗等方面基恩和加斯科尼的居民有不同于法国人的特点，但他们毕竟属法兰西民族。尽管居民或许会安居于英国的统治之下，但法国君主却会认为这是在他的国土内的外族统治。在腓力四世时期法国的宣传中，我们找到了这种萌生的民族意识的证据。当时，

---

* 此处指英国金雀花王朝的帝国，该王朝的创立者杰弗里是昂儒伯爵，故此称。——译者

法国宣传其“自然边界”是莱茵河、阿尔卑斯山脉和比利牛斯山脉。这一政治原则的提出者，具有真正的君主才能，当属尤里乌斯·恺撒。因为恺撒若不是说过上述划分是高卢的自然边界，那么，罗马高卢的新名称“法兰西”又是什么呢？

但是，法王企图将基恩和加斯科尼合并于王室的野心，也包含有经济的动机。作为葡萄酒产地，加斯科尼胜过欧洲其他任何地区。加斯科尼起伏的丘陵和肥沃的草原，是饲养牲畜的天然牧场。加斯科尼的马匹是著名的，同时，比斯开湾的渔业及捕鲸业也大可获利。制盐业也是比斯开湾的重要工业。地理和地质条件促成了法国西南部这两个英国人所拥有的行省的繁荣。

> 气候和地形的多样性——高山、草原和富饶的谷地，由比利牛斯山脉的雪水汇合而成的纵横交错遍布全境的无与伦比的河流体系，汇集于浩荡的加龙河，其汇合处是法国海滨城市中的皇后波尔多，还有那哺育了勇敢的航海者的漫长海岸线和可通航海外的河流及适于葡萄生长的土壤条件。①

上述这些因素，使波尔多成为在政治和商业上具有极为重要价值的首府，并特别适于作为沿海居民和一个只能由海路才能到达的属地之间的交通枢纽。它与宽阔的纪龙德河入海口相去不远，即使最大的舰队也可沿“波涛汹涌”的河道安全地破浪而行。而且，由于它具有英国人精心设置的防御工事，因此，该地自然成

---

① 博罗：《博雷佩尔的布罗卡斯》(*Brocas de Beaurepaire*)，第 19 页。

为重大的政治和军事中心。

在法国和英格兰，没有任何商业城市能与波尔多相媲美。伦敦虽富但很肮脏；波尔多则富饶而美丽。在其宽敞的码头上卸下谷类、干酪、奶油、毛皮、鱼类、皮革制品、绳等货物，而最为重要的是锡、羊毛和英格兰的呢绒。同时，大型酒船队亦由波尔多驶往不列颠和佛兰德各港口，它们往往结队航行，以便彼此保护。它们同战船一样，依照法典进行管理。英国人和加斯科尼人之间的自由贸易如几世纪来近代政治经济学课程所估计的那样，给这两个国家带来了商业活动的不可遏止的生命力。波尔多不仅是加斯科尼境内的所有道路的汇集处，而且还处于上述著名河流系统的中心位置。加龙河、多尔多涅河和阿杜尔河以及众多的支流，遍布于这广阔的地区，且成为与邻近各省联系的纽带。因此，它是加斯科尼地区葡萄酒贸易的最重要基地。酒成为整个地区最为重要的商品，并为该地全体居民提供了生计和财富。商人们用自己的船只运载自己的酒。这些酒对于英国具有特别的价值，以致贵族、主教、教士、国王本人和王后都亲自经营此种贸易。这种在英国各港口深受欢迎的加斯科尼厚利贸易，自然会引起法国人的妒羡，因而产生了很多冲突，在这些冲突中，加斯科尼人和英国人在同一条战线上，反对法国北部和西北部海岸的竞争者。[①]

① 博罗:《博雷佩尔的布罗卡斯》(*Brocas de Beaurepaire*)，第21页。

整个中世纪，葡萄栽培技术的专门化，使葡萄园的管理者成为农民中身份最自由的人。在莱茵河和摩泽尔河流域，在勃艮第的科多尔，特别是在广泛实行地产自由领有制的加斯科尼，情况确实如此。在乡间也一样，贵族、小土地所有者以及小农世代相袭，都是自由人。这一点与封建法国的其他行省的经济状况和社会结构极为不同。这种地产的自由领有制受到人们极大的拥护，因之公众舆论盛赞查理大帝的恩德。一部编年史记载着："当伟大的国王查理要准备从撒拉森人手中征服这个地区时，他不得不酬答那些倘若不给予赏赐便不为其服军役的贵族，而普通民众则无偿地为他服役，也不要求任何东西。因此当查理大帝将已征服的土地赏赐给贵族时，要他们服军役或提供其他封建义务以为报偿。但对于下层阶级，出于感激之情，也为了激励民众，查理大帝豁免他们因拥有的财产而需承担的全部封建义务，并宣布他们此后将有土地的自由领有权。"而且，基恩和加斯科尼的封建法律条文在遗嘱、监护、婚姻、继承权和保护被指控者的权力等方面较之其他地方更为自由一些。

该地区的英国统治者通过增强公社体制的方式，对这些难得的自由条款进行了补充。这一点在"新城"* 中体现得尤为明显。这些城市设计为几何图形，人们可以看到，它们的平面图是正方形、六角形或是八角形，笔直的街道在市区内纵横交错，通向各个城门，宽阔的广场位于市区中央。这些新城市与建城较早的中世纪城市不同，市区里没有弯曲的街道和狭窄的里巷，但有较好的卫

* 即设防城市。——译者

生设备。城市条件的改善成为商业发展的动力。阿奎坦地区的新城应比现在更为突出，因为这里的大部分新城都得以保存，其独特的建筑风格令人瞩目。利布恩（位于巴黎至波尔多的铁路之间）是这些地区城市之冠，也是最早产生的城市之一。利布恩现仍有 15 000 居民。1270 年，爱德华出于防御的考虑，选择了多尔多涅河和伊斯尔河*汇合处的有利地形，并以自由特许状所规定的特权招徕居民，修建了一座有中心广场和从广场向四周延伸的八条街道所组成的规划整齐的城市。这座城市较规整但不那么雅致，集中于市中心的公共建筑构成城市的核心。这样的新城市成为农村居民在战争时期的避难所。这一设想在该地城市集团的领袖利布恩城得到考验，在 1370 年和 1451 年，该城像波尔多那样，对法国人进行了最为不屈不挠的抵抗。

遗憾的是，英国在法国境内的领地没有为任何自然边界所限定，边境的贵族们往往因受到诱惑而朝秦暮楚，这种状况极易给予法王进行干涉的机会。对于这些内地的土地所有者们，弗鲁瓦萨尔**是这样记述的：

> 他们从不忠实于任何一方的统治，这就是他们反复无常的天性。英国人不得不对他们实行让步，给他们以赦免权和其他特权，这成为不断引起骚乱的诱因。

---

* 多尔多涅河的支流。——译者

** 让·弗鲁瓦萨尔（1337～1404 年），法国中世纪编年史家、诗人。他曾游历于欧洲大部，并曾居于英、法宫廷。他的编年史生动记录了 1326～1400 年的封建社会生活。——译者波尔多产葡萄酒的巨额贸易如同来自英国港口的出口羊毛一样，都是英王的财源。每桶酒都要征收高额进口税，税额根据酒的质量而定。用粉笔或焦炭写在酒桶上方，曾为当时人们所熟悉的符号×、××、×××流传至近代。每桶*酒，要纳“检量费”**，每条船还要交船只过境税或是入港税。税务清讫以后，船长被授予一根柏枝，并把它悬于桅杆之上，以为标志。还有一种用于维护加龙河入口处灯塔的附加税。但这还不是在葡萄酒贸易中所征收税款的全部。英王有权从税收中抽成。他在每 30 桶酒船货中征收两桶酒，此外，在全船载货中，平均每桶酒征收 2 个苏。葡萄园主在葡萄种植过程中要遵守繁琐的规章。从耕种、剪枝、采摘、酿造、装桶直至从产地运往波尔多的整个过程都受到检查员的监督。酒被运载到英格兰的各港口，有时，佛兰德的船只也时时抵达波尔多。波尔多周围地区的葡萄酒产量相当高，但在英国人的餐桌上较常见的是高地酒、圭尔西酒和阿尔比杰瓦酒，而最著名的是盖拉克酒和拉巴斯坦酒。

除在波尔多和巴荣纳之外，禁止从任何其他港口装载这些酒，但也不允许巴荣纳与波尔多竞争。这也是巴荣纳捐税繁多的原因。而且在 11 月 2 日圣·马丁节前，不许将酒由水路运往加龙河。城市的商人们拥有优先售酒权，即卖酒专利权。在一些年份里，该限期甚至顺延至圣诞节。尽管如此，所有的酒还是由于销路好而全部售完。

---

* 英国液量单位，每桶约合 52.5 加仑。——译者

** 中世纪英国专设有检验液量的官员，在货物进出口时检量，并依此量收费。——译者

除葡萄酒之外，波尔多的出口物品还有朗格多克出产的优质毛织品，染料植物，如大青和茜草，以及武器。14世纪，波尔多的武器制造业享有盛名。在弗鲁瓦萨尔关于一些战役的叙述中，许多处谈及了波尔多刀剑。装载着所有这些货物前往英格兰的船只，从英格兰返回时带回羊毛。后来，当英国人自己也开始制造呢绒时，这些船只则往往载运腌制的鱼、青鱼、鳕鱼和青花鱼而归，其数量甚多，以至在斋戒日接连不断的中世纪时期，英格兰也在供应其大陆属地波尔多的需要。该地的小麦也有一部分来自英国。因为波尔多周围到处是葡萄园，如果不从英国运来食品，当地人也许会坐守其财富而死于饥饿。最后，这些船装载着成千上万前往贡波斯泰拉的圣·詹姆斯圣殿朝圣的香客。

在弗鲁瓦萨尔的著述中，显示出对加斯科尼情况的敏锐判断：

> 对加斯科尼人来说，将加斯科尼置于英国人——它对我们的控制是自由、开放的——控制之下，比归属于法国人更为有利。加斯科尼与英国人进行的酒、羊毛和毛织品的贸易量超过了法国，所以自然会倾向于英国。

加斯科尼的城市在与英国的葡萄酒贸易上的联系使英国能够在丧失了诺曼底的时期里保持对加斯科尼的控制。此前，英国对诺曼底的控制似乎更强。由于英王不可能向加斯科尼派出大批军队，也不可能依靠该地区的封建诸侯，因而只能依靠城市。

尽管英国在加斯科尼的统治似乎深得民心而且得心应手，但党派的或者说是阶级的情绪仍在加斯科尼的城市中增长，从而为法国影响的渗入打开了缺口。我们已经知道，佛兰德诸城市内部的不和怎样导致了它们的分裂，分裂的反作用又怎样影响到这一时期的政治史。这种情形与法国南部十分相似。法国南部的商人组成为贵族党，手工业者则建立平民党。但南部的情况不像北方那样呈现出如此尖锐的对立，因此这些内部的冲突对总体历史发展的反作用，没有达到北方那样的程度。譬如，在波尔多，我们没有发现诸如布鲁日屠杀及库尔特雷战役那样的事件，至少编年史家没有记述过类似事件。

然而，在爱德华时代，波尔多普遍存在的阶级对立不仅足以为法王的干预提供借口，而且甚至保证了他对于法国境内的英国公爵们的领地合法地行使他的君主权。英国历史学家们一致谴责腓力四世在加斯科尼的政策是不正确地滥用了特权。除某些方面外，事实不能完全证实这种观点。

和大多数 13、14 世纪的欧洲城市一样，波尔多也分为贵族阶级和平民集团两大派别。平民党领袖是科洛姆；而贵族党首领则是德尔·索勒尔。这种党派对立使人们想到发生于佛罗伦萨的黑党（或称奎尔夫党）和白党（或称吉伯林党）之间的巨大冲突，党徒们分别围绕在多那蒂和切尔基家族周围。亨利三世统治时期，波尔多的市政政策受此两集团的轮流控制。当西蒙·德蒙福尔成为阿奎坦的统治者时，他带来了大众的倾向，这一倾向在后来的英国诸侯战争*期间表现出来。他积极支持科洛姆党而对德尔·索勒尔党持有偏见。1254年6月28日，波尔多发生了一次武装起义，起义被蒙福尔残酷地镇压下去。为强使敌对的家族和好，在英王的敕令中，劝告此两家族彼此通婚，以消除他们之间的隔阂。

幸存的索勒尔派成员被放逐出波尔多，直至1257年。当他们返回时，发现科洛姆牢固地把持着地方政权。市长由让·科洛姆担任。敌对重又开始，而且达到相当紧张的程度，以致亨利三世在波尔多取消公社，废除市长职位，将城市置于加斯科尼王室管家的管辖之下。由此酿成的争斗在14世纪必然会公开化。

尽管英国人的记载总是将腓力四世的行为描写为专横的暴行，但波尔多长期的骚乱状况本身也许就足以说明腓力四世可作为爱德华一世的君主而进行干预。由于其他地方也发生混乱，爱德华似乎已无力平息波尔多的骚乱。根据这种情况，法国国王向波尔多派出了他的法官。这是波尔多求助于巴黎政府的开端。英国政府在加斯科尼的处境十分窘迫，不仅是由于法国王室坚持维护宗主权，而且也因为英王当时未得到平民集团的支持。因为科洛姆家族和他们的所有追随者都倒向了法国一边，而德尔·索勒尔则转而依附于英格兰。另一个让·科洛姆是腓力四世在波尔多的高级代理人，由于得到下层群众的支持，他以高级代理人的资格成为地方执政者。

以往的形势完全颠倒了。此后，英国政府与波尔多的贵族结

---

* 指1264～1266年间发生于英王亨利三世和以阿奎坦公爵西蒙·德蒙福尔为首的贵族集团间的战争。目的在于限制王权，争取贵族的权利。战争中西蒙召开了第一届英国国会(1265年)。——译者

为一体，而法国王室却与平民联合。佛兰德的情况则完全相反，法王在那里得到城市贵族和佛兰德乡村贵族阶层的支持，工人阶级则依附英格兰。没有比这个能更好地说明英法政策的“实用性”了；两个国王都竭力使地方政治服务于自己的直接目的；两个国王都是那样漠视高尚的道义原则；他们都想在这场搏斗中取胜，但在每一个国王的公开宣言中又是那样愤世嫉俗。

海盗掠夺是法国和英格兰之间的关系恶化的另一原因。两国及其渔民都是很不道德的。我们已经听说过由德国、英格兰、苏格兰、布列塔尼、法国和西班牙的海盗们所制造的罪恶事件。确实，海上捕拿特许状的授予和报复性劫掠的实施使这些海盗们得到了公开的支持。因而，当波尔多商人们的酒因遭佛兰德海盗们的劫掠而受损失时，他们在英格兰取得了对付佛兰德商人的捕拿特许状。这种高压政策的结果是使贸易受到巨大损失。北海、英吉利海峡和爱尔兰海峡都有众多的海盗和私掠船。这些船只上的船员有时是法国人或佛兰德人、苏格兰人和英国人，是由所谓“避难者”和各国的亡命之徒组成的混杂的歹徒集团，这帮人几乎从不顾及他们所劫掠的船只的国籍。从海上能攫取的这一切被认为是极好的战利品。对于海上的掳掠行为几乎没有或完全没有法律加以制裁。被劫商船上的船员和乘客常常被扔出船外，有时被反绑着或是沿着船桁悬挂起来，有时甚至被残酷地杀死在甲板上。陆地上的任何休战条款对海上暴力都没有效力。

从事海盗活动并未给冒险家们带来耻辱，有海盗的名声也并非是一件有辱名誉的事件，我们往往发现有海盗名声的人获得很高的地位，譬如市长或其他官职。在15世纪，甚至坎特伯雷圣·

奥古斯丁修道院的院长也被证实犯有劫掠一艘运酒船的罪行,并被迫向蒙受损失的人们赔偿货物的损失,支付诉讼费用。类似情况在教士中也不乏其例。

不仅是在海上,甚至两国的海岸也因这些海盗而处于持续的紧张状态。私人间的条约只带来了间歇的、朝不保夕的安宁。尽管有条约,有横越港口入口处的栅栏和铁链,有昼夜警戒的监守人和沿海岸峭壁而布的望楼,但一座座城市仍受到掳掠和破坏,城市居民惨遭杀害,庄稼也被这些私掠船的水手们烧毁。在与法国作战期间,沿英格兰南海岸直至布里斯托尔的几乎每一座城市都被焚毁。桑维奇港再也未能从这些海盗们的袭击所造成的破坏中复兴起来。沿海居民逃亡内地,田地荒芜,农庄被烧毁,一些小港口渐渐荒废。由于每一海域都受到侵扰,沿海居住十分危险。劫掠者甚至埋伏在深入内地的河流里。在平时,地方力量往往能够逐退侵略,人们一旦从沿岸峭壁上发现法国人的船队,毗邻的山顶上点燃的烽火就发出警报,迅速集合起由农民和乡绅组成的一队足以拒敌的人马来阻止敌船的登陆。但长期占主导地位的持续紧张状况妨碍了正常、安宁的商业和农业活动的进行,使一些暴露在海盗们面前的地区成为无人居住的荒芜之地。据记载,莱茵河口、加来和圣马洛在不同时期都是海盗的主要出没地。

各个时期的海盗行为之猖獗,使得人们努力去防备它。其中一项措施就是护航制。护航制禁止船只单独出航——即使有些船还是单独出航的——而要在一定的港口会合,结队驰往波尔多,并保持在深水里航行,以防受到袭击。为解决这一问题还进行了其他一些尝试。1320 年,颁布了一项对从事海盗活动的国家的商人之货物进行报复性劫掠的法令;其结果是起到了阻碍贸易的作用。1293年,联合起来的诺曼人、普瓦图人和布列塔尼人的渔船队在布列塔尼海岸附近重创了一支英国商船队,缴获其中大部分船只,杀死船员,然后将被害船员的尸体与死狗间相悬挂于帆桁顶端,在英国港口结队航行示众。此后,海上掠夺行为收敛了。当时爱德华正忙于与苏格兰进行战争,不想再行树敌,所以未采取任何行动。但是英吉利海峡各港口的船员们狂怒了,他们给诺曼人、布列塔尼人送去挑战书,要求与他们一决雌雄。

1293年4月14日,英国南部沿海五港同盟的舰队在爱尔兰、荷兰和加斯科尼的船只支援下,于今瑟堡的圣·马休海角附近与诺曼人、布列塔尼人和佛兰德人的舰队遭遇了,所有沿海居民都卷入了混战。这次战争英国人获得了胜利。然而,爱德华一世却感到恐慌。他深知腓力四世的性格和野心。尽管1279年英格兰最终放弃了1204年就已丧失的诺曼底的所有权,并得到加斯科尼和基恩领地的正式所有权,但爱德华一世十分清楚法国国王觊觎着这些地区的土地所有权,并将会利用无论什么样的似乎有理的借口得到它们。

因此,英国国王召集五港同盟的官员们了解情况。这里必须部分地叙述他们精心策划的回呈。在简要重述了英国船只所遭受的一系列暴行之后,这一回呈接着描述了拥有80艘船只的法国船队袭击巴荣纳和爱尔兰船队的经过。该船队在波尔多乔装为一般的载酒船,一经驶离纪龙德湾便在船头船尾筑起防御工事,升起战旗,装备为战舰。经过这番布置之后,他们迅速出击巴荣纳和爱尔兰的舰队,缴获了其中70艘战船。回呈详叙了英国“五港同盟”的长官禁止报复，因而为了自卫，所有英国船只被迫集中于朴次茅斯港，以保证“安全航行”。而正当他们在圣·马休港抛锚时，受到了法国人的袭击。紧接着是对一场短暂而激烈的交战的描写：

> “圣灵降临节”前的星期五，200 艘战船满载武装士兵，悬挂着饰有红色飘带的旗帜进入了视野，飘带宽 2 埃勒，长 30 埃勒*，法国人称之为 baucans，英国人则称之为“飘带”，这些飘带意味着所有海上的士兵，都不会死于短兵相接的生死决战。诺曼人就是利用这一方式突袭您的人民，并凶恶地对他们进行攻击，破坏了和平。您的人民起而自卫。蒙上帝之恩，他将胜利赐给了您的人民。

这段精心斟酌过的记载掩盖了这样的事实，即这场战斗是有预谋的，而朴次茅斯的集中竟将五港联盟长官排除在外，这一点是耐人寻味的。

主动权操在腓力四世手中。他要求得到赔偿，并暗示要对加斯科尼采取行动。而爱德华在答复中表示，一旦他结束了与威尔士的战争便与法王私人会晤以调解这一问题，或是将这一问题交由大主教团裁决，因为当时教皇的职位空缺。腓力四世的反应是传讯爱德华一世去巴黎(1293 年 12 月)。爱德华一世派遣他的兄弟兰开斯特的爱德蒙代他前往，爱德蒙怯弱地放弃了对加斯科尼

* 古代量度单位，每埃勒等于 45 英寸。——译者

和基恩的边境要塞的控制，以此作为他的国王兄长一经从威尔士战争中抽身出来便去巴黎出庭的担保。法王十分了解爱德华一世在国内的窘迫，接连发出第二次和第三次传票，爱德华一世没有前往，法王于是宣布英国在法国的公爵领地被法国王室没收（1294年5月7日）。战争随之在基恩和加斯科尼的英法边境，在比斯开湾和英吉利海峡爆发了。

我们已经注意到，这场战争与两国君主和教皇卜尼法斯八世在征税问题上的冲突已达到征税史上的顶点有关。现在的重要问题却是战争的起因，特别是那些带有经济性质的原因。

战争在加斯科尼和基恩的边境地区，在英吉利海峡激烈地进行着。当时的记载这样写道："并没有强行征招水手的法令，而且不论何人都可能丧生，但他们都自愿组织起来。"加斯科尼几乎成为法国人的横行之地，法国对于多佛的一次进攻是灾难性的，而爱德蒙亲王抢劫了普瓦图的法国海岸，烧毁瑟堡。

1294年，当居伊的女儿与英王室皇太子订婚的消息传到巴黎时，居伊被传唤到巴黎，在监狱里关押了6个月。尽管居伊后来被允许返回佛兰德，但他的女儿却落到法王手里。他的所有英国仆从都被扣押，他们的财产也被没收。此后一段时间，腓力四世又力图将居伊争取到自己一边来，这种努力在法国与佛兰德于1296年1月签订的条约中有了结果。该条约为佛兰德的商人提供商业特权，对居伊·德当皮埃尔作了许多让步，减少了法王在佛兰德的政治特权，因战争而征收的1/5税则由腓力和伯爵均分。

由于没有触及问题的本质，因而该条约并未产生持久的效果。

居伊个人的强烈敌对情绪为屡屡重现的一些旧有问题所增强。这些问题是:国王经常对佛兰德的城市进行干预;在佛兰德与苏格兰之间由于羊毛而产生的争执中,腓力四世作为苏格兰的盟友偏袒了苏格兰;埃诺和佛兰德之间在瓦朗西安问题上的争议;在有关货币方面的条例的争论。1/50 税的征收也发生了困难,因腓力未经与居伊商议,就豁免了一部分城市规定要缴纳的税款,在该税的分配问题上也存在着摩擦。当居伊被召唤到巴黎最高法院,让他放弃瓦朗西安时,情况就更糟了。

当居伊和腓力四世之间的关系变得越来越紧张时,英格兰的爱德华利用一切可能的机会加强与佛兰德伯爵的联盟。因为基恩的战争进程对他十分不利,希望在北方进行牵制,故投居伊之所好,满足他的野心;他向伯爵提供大量的津贴,向他描绘以牺牲法国王室利益为代价的领土扩张的前景。此外,爱德华一世还限制英国向佛兰德出口羊毛,尽管这一举动也给他的国家带来灾难性后果,但他希望因此赢得佛兰德人民的支持,因为佛兰德人将他们的财产损失归咎于使他们陷入对英格兰的战争的法国国王。

这样,居伊就有一项麻烦的政策尚待决定。如若履行他效忠的诺言,那就意味着他必须服从用侵略战火来毁灭他的国土的冷酷无情的领主法国国王。而与英格兰联合则似乎可能为他的臣民带来大笔金钱和经济的繁荣。他尽可能地拖延,迟迟不作决定。1294 年,他签订了将女儿许配给英王之子的婚约,这个婚约还不是背叛法王的确证。在他被监禁后的数年间,法王尽管有些言辞温和但实际上却步步进逼,而英格兰国王则循循善诱,终于使居伊作出了几乎是不可避免的决定。1296 年末，他将作出何种决定已十分明确了。他力图博得佛兰德各行会的好感，唤起已在他们中间增长着的对于他的王朝的忠诚，这一点在后来是至关重要的。他拒绝前往巴黎最高法院，而要求允许他去贵族法庭出庭，并宣称，除非这些要求得到批准，否则将意味着他所承担的臣属的义务已为法王所解除。

出于反抗，佛兰德伯爵于 1292 年 1 月与爱德华签订了一项条约，条约确定了英格兰和佛兰德之间永久性的政治联盟，佛兰德获得了大笔补助金，并为威尔士亲王小爱德华和伯爵的一位女儿订了婚约。伯爵与英王还签署了一项商业协定，其大致内容规定所有英国和伯爵的船只都能在对方的港口停泊。协定也涉及了双方争端和战利品问题。该协定及其后来增补的特权将使布鲁日成为整个大陆羊毛贸易的中心。爱德华继续奉行这一政策，次年又授予在英格兰的根特商人大量特权。

但在战争开始阶段似乎并没有实现当初曾向居伊许下的诺言。最有意思的是受经济和社会因素所影响的佛兰德各社会集团所采取的立场。除少数贵族作出追随伯爵的选择外，绝大多数贵族都追随法王。高级教士也按照他们的意愿选择了法国，而低级教士则与下层阶级联合，并支持他们。城市按其向背分裂了。根特、伊普雷和其他一些城市在从居伊那里得到极为慷慨的特权之后，支持佛兰德伯爵。布鲁日和里尔由于居伊在 1280 年起义中采取的态度而依然对他怀有怨恨，所以依附了法国。已达到极为紧张程度的阶级斗争还未表面化。如我们所了解的那样，没有任何迹象表明，这些集团中的任何一个是出于爱国之心来决定自己所采取的行动的。

1297 年夏，一支法国军队侵入了佛兰德，里尔城的守军在贝顿的罗伯特的激励下进行了顽强的战斗，但法国人在布尔斯贡的胜利（8 月 20 日）平息了所有佛兰德人对法国的抵抗。两天后（8 月 22 日），爱德华在没有获悉这一事件的情况下乘船前往斯吕伊。而英国船队内部士兵之间的争执加上法国人在布尔斯贡的胜利给英王带来了烦恼。海明堡的瓦尔特这样记载了英国军队登陆期间的情况：

> 国王的船队刚在斯韦港抛锚，"五港同盟"的水手们为对于亚茅斯人的已属过去时代的仇恨所驱使，迅速拿起武器，猛烈地进行了进攻，烧毁了他们的 20 艘船只，并将他们所能俘获的船员全部杀掉。尽管国王下令制止，但他在这疯狂的暴行面前也无能为力。

这次暴动即著名的"亚茅斯世仇之争"。另一些骚动也随之发生。屯驻于斯吕伊的英国士兵蓄意挑起与市民的争执，抢劫了他们的住宅和仓库，杀死 200 多名居民。在根特，威尔士的弓箭手们也与当地居民发生了一场恶斗。爱德华一世因被法国人的胜利及自己军队的不驯服而束缚，对 10 月份与法国达成的休战两年的协议感到极为高兴；腓力四世则由于当时与教皇之间的冲突十分严重，对这一协议的渴望也不亚于爱德华一世。

被英王抛弃的佛兰德伯爵只得自寻出路。他已预见到将要发生的事情，并试图从腓力四世组织的同盟集团的包围中摆脱出来，但未成功。1300 年，腓力四世再次成功地侵入佛兰德。佛兰德伯爵和他的两个大儿子投降了法王，佛兰德被置于王室的管辖之下。

整个佛兰德与王室的领土合并起来了。1301 年，腓力四世和他的王后巡视了这片新征服的地区，根特城富裕市民的妻子们的服饰显示出的富有给这位王后留下了深刻的印象。但是，法国派遣的总督雅克·德夏蒂荣经验不足，激怒了行会。在一位名叫彼得·贡宁克的织工领导下，一场可怕的起义爆发了。1302 年 5 月 18 日，法国驻军遭到愤怒的起义群众的屠杀。这一事件即“布鲁日晨祷”。除根特依附法国外，佛兰德大部分地区迅速掀起起义。许多小城市受布鲁日胁迫，被迫向起义者提供民兵、金钱及给养。外国雇佣兵是从泽兰、林堡、布拉邦特和德国的一些地方招募来的。1302 年 7 月 11 日法军在库尔特雷发生的被称为金踢马刺之战的战役中遭到失败，这是由于胜利的工匠剥下被打败的法国骑士的金踢马刺作为战利品悬挂于当地的教堂而得名。该战役的战场上，灌溉和排水渠道纵横交错，使法国骑兵队难以施展。所以，与其说他们是勇猛的敌人的手下败将，倒不如说是特定地形的牺牲品。

在库尔特雷之役中，佛兰德贵族的失败要比法国更惨。这是一场社会战争，手工业者战胜了行会。获胜的手工业者迅速掌握了城市政治和商业的统治权，贵族的财产被没收；在布鲁日、伊普雷、弗内斯甚至包括根特，手工业者的长者成为市政府的首脑。各地的手工业者都摆脱了行会的权力和控制。

获胜的手工业者极为自信，他们的武装部队进犯了阿图瓦，但蒙桑贝拉战役*(1304年8月)与库尔特雷战役的成功相反,佛兰德军队溃散了。

> 国王几乎成为整个佛兰德法语地区的统治者。……从格拉夫林到蒙桑贝拉佛兰德人一再遭到失败,他们在库尔特雷战役中所产生的自信丧失了。在齐里克泽,他们耗费巨资装备起来的战舰也被摧毁。所有外国同盟者相继抛弃了佛兰德。在佛兰德当地,工匠们不再做工。曾经繁荣昌盛的佛兰德陷入凋零、凄凉的困境之中。商人们离弃家园。军队的过境使农民遭到破产。在这个人口稠密、居民只能靠商人、工匠和体力劳动者的持续劳动来维持生存的地区,人们只能看到荒芜的耕地、关闭的商店和废弃的市场。[①]

巴波姆的税务记录表明,1303年至1305年间,税收减少了2/3。

在一些城市,特别是在根特,抵制布鲁日独裁的活动也随之发生。其原因之一是出于对布鲁日的妒羡。因为布鲁日坚持认为它拥有在佛兰德全境自由贸易并使其贸易免缴所有地方税务的权力。在奥尔热河畔阿西斯条约(1305年6月23日)中,佛兰德被迫将里尔、杜埃和奥尔齐割让给法国。

但是,工匠并未取得多少实质性胜利。事实上,经济状况并无大的改观。工人阶级虽然在地方政府中取得了一席之地,但他们

---

* 佛兰德地区的一个城市。1304年,法王在此地打败佛兰德人。——译者

① 芳克—布兰塔诺,前引书,第482页。

是贫穷的。尽管大行会据信已被废除，但富裕的行会外成员仍然拥有羊毛进口的控制权。已失去昔日特权的商人阶级成为零售商或小雇主。工匠仍依靠资本家。尽管从表面上看这批人已不再享有政治特权或是法定的垄断权，但“金钱是万能的”。这些富有的羊毛进口商人从国外购进大批羊毛，把羊毛销售给织工们，再从他们手中购买呢绒。然后，成品经布商或其他小呢绒商在市场上售出。他们未作出任何恢复以往行会的努力，但他们形成了一个管理和控制商业的非正式联合体，从而始终控制着佛兰德的商业和工业。若认为这一时期佛兰德的资本主义与现代的资本主义之间具有相似之处的看法并非是牵强附会的。这些狡猾的投机商巧妙地垄断着货物进口、市场及价格、用货币去使资本增值。简言之，曾希望发生一场经济革命的工匠只完成了一场政治革命。

战争在佛兰德也引起了其他变化。商业和工业渐渐地集中于根特、布鲁日和伊普雷，以致一些较小城市人口日趋减少，重要性也日渐丧失。这三座傲然的城市构成了佛兰德的基础。它们竭力垄断贸易和制造业，使小城市和郊区成为小农作区和菜园。此后，城乡间的分裂更为明显。在三个大城市中，我们发现了靠富裕雇主的日工资为生的、人数众多的无产阶级。在萧条季节，他们常遭罹工资削减和失业的灾难，对经济上的不满和社会的不安定，常导致他们进行罢工。

没有必要详细追溯 1305 年至 1314 年间法国和佛兰德之间的关系。问题并未通过阿西斯条约得到解决，尤其是经济和社会问题。总的说来，这些年佛兰德人一直试图取消或至少是放宽条约规定的严格条件，腓力四世则或多或少仁慈地作出某些让步。其中最大的问题之一是征收付给法国的战争赔款。罗伯特伯爵将征收款项的任务交给一位意大利银行家，他建立了令佛兰德人反感的官僚政治组织。

腓力四世得到了居伊·德当皮埃尔的儿子们的支持，贝顿的罗伯特则试图限制由他的兄长给予公社的特权。他倒向贵族和法国的支持者。由于和他父亲统治时的同样原因，佛兰德和法国之间的紧张关系又发展了。国王没有放弃控制佛兰德的想法。由于布鲁日迫使佛兰德境内的其他城市替自己承担部分"布鲁日晨祷"事件的特别罚金，这些城市就此事向法王上诉。类似的事件在继续发生。腓力四世在位的最后的几年间，问题一直悬而未决。1312 年，他赢得了重大胜利，由于佛兰德伯爵的财政困难，使他能够获得瓦隆佛兰德地区。

尽管存在动乱，但 1305 年后的这段时间，如巴波姆登记簿所表明的那样，是以"工业的惊人活力"为其特征的。与法国的贸易渐渐恢复起来。在阿西斯条约签订之后，腓力四世要求英王恢复英王的臣民和佛兰德以往存在的商业联系。爱德华一世以禁止苏格兰的货物运进佛兰德港口为条件，答应了法王的要求。佛兰德伯爵对此表示反对，因为他的港口历来向所有国家的商人敞开。爱德华一世未固执己见，总的看来，佛兰德和英格兰之间的关系是良好的。

法王急于与佛兰德重修旧好的原因之一是因为佛兰德的骚乱影响到他的王国最北部省份。阿图瓦和香槟是曾经组织反叛同盟以反抗王室的极端保守的贵族的主要活动地区，叛乱起到激励佛兰德人抵抗法国入侵的作用。佛兰德伯爵贝顿的罗伯特在 1305

年签订阿西斯条约时，私下并不准备履行通过该条约强加于他的某些条款。他已将里尔、杜埃和贝顿交奉法国，但仍怀有收复这些地区的希望；他拒绝毁掉边境要塞，拒绝交出卡塞尔和库尔特雷，并且拒绝缴纳条约规定的贡物、拒绝派送 600 名布鲁日人参加一支十字军以补偿此城 1302 年大屠杀的罪过。1314 年至 1315 年，法国和佛兰德之间的一场新的战争看来已经迫近。与埃诺伯爵和布拉邦特公爵结盟的路易十世着手使佛兰德伯爵接受谈判，但没有成功。国王的去世和腓力五世继位前短期摄政时的混乱，给尚未受到阿图瓦和香槟地区的领主同盟衰落之威胁的伯爵增添了勇气。他拥有人力、财力和舰只；他可以仰赖根特、布鲁日、伊普雷、弗内斯、贝尔盖、库尔特雷、奥登纳德、尼乌波特、第斯穆得、斯吕伊和阿尔登堡等城市公社的支持。从 1316 年夏始，战争就沿法国和佛兰德边境激烈地进行着，直至佛兰德伯爵求和方告结束。与此同时，与佛来芒人结盟的巴荣纳人在比斯开湾袭击了诺曼商船队，烧毁了四艘船只。法国十分侥幸，由于苏格兰在班诺克伯恩战役中(1314 年)对英国的决定性胜利，以及英国—苏格兰边境的紧张状态，使英国受到牵制，因而无力插手法国与佛兰德之间的战争而使之扩大。佛兰德付出了 20 万利佛尔的战争赔款，并答应毁掉布鲁日、根特和伊普雷的边境要塞。尽管法国在这场战争中未能从佛兰德吞并新的地区，但佛兰德地区三个大城市周围要塞的拆除却为法国今后的侵略扫清了障碍。法国在低地国家所处的优势地位及其对英国在该地羊毛贸易的威胁，明显地使英法之间即将爆发的战争更为迫近。佛兰德的边界退到利斯河一线；阿拉斯、阿图瓦及里尔、杜埃、奥尔齐等各地的法语地区(瓦隆佛兰德)已为法国

占领;佛兰德还失去了臣属于它的布洛涅伯爵领。但腓力五世对城市寡头政治的支持招致城市里群众的一致强烈反对。与此同时,法英两国之间这种一触即发的危机关系也由于腓力五世和爱德华二世之间关于英王领有基恩和加斯科尼地区而需向法王表示效忠的问题上所发生的冲突,以及巴荣纳人、拉罗歇尔人及布列塔尼人的海盗行为而更加恶化。1320 年爱德华二世渡海前往法国,为其在法国领有的领地向法王行臣服礼,并且创设了一个英—法委员会以裁决两国商人要求赔偿损失的要求。这是一个毫无意义的行动。因为英吉利海峡和比斯开湾私掠船的活动和海盗行为已达到了骇人听闻的程度,英法两国由此而产生的彼此敌对的怨恨情绪成为挑起百年战争的原因之一。

1323 年,由于法国被指责非法入侵加斯科尼,新的紧张局势又出现了。查理四世只是在法国发出一张传票,命令爱德华二世再次为领有法王的领地而行臣服礼。但爱德华很晚才得到这一通知。没有得到答复的法王宣布没收加斯科尼和蓬蒂厄(爱德华二世母亲的嫁妆)。战争似乎迫在眉睫了。法国军队横行于蓬蒂厄、阿让诺瓦和奥列龙岛。英国海岸对法国的入侵已严阵以待。所有沿海小修道院的法国修士都迁往内地。王后伊莎贝尔背弃了她的丈夫,越过海峡回到法国,且拒绝返回英格兰。当查理四世鉴于一项新的停战协定而命令她离开法国时,她却得到埃诺伯爵的庇护。埃诺伯爵的女儿菲利帕已许配威尔士亲王小爱德华(即后来的爱德华三世),尽管菲利帕的父亲已和法国查理四世的一个女儿结婚。

在佛兰德,更加依赖于法国的伯爵同那些为了他们的政治权力和佛兰德的独立而战的手工业者之间的分裂继续扩大着。1320年，贝顿的罗伯特在他所签订的一项条约中表示他绝不再要求对里尔、杜埃和贝顿的所有权。此后不久路易·德内韦尔的长子路易·德克莱西和腓力五世的长女法国的玛格丽特结婚。两年后，伯爵罗伯特和其子路易·德内韦尔都死去(1322年)。路易·德内韦尔的儿子继任佛兰德伯爵。他没有起用佛兰德人进行统治，而是选择了一位法国大臣。他将腓力四世的财政机构引进佛兰德。结果，在布鲁日的弗兰科发生了一场农民起义，这场起义迅速地扩及西部即佛兰德沿海地区。布鲁日的手工业者与起义的农民阶级相结合，几乎使整个佛兰德地区迅速地处于骚乱中。唯独根特站在伯爵一边。随后布鲁日和根特的民兵在丹兹交战(1325年)。此间，伯爵逃到巴黎。但查理四世对英王的大胆干预实在难以应付，于1326年匆忙拼凑了一种暂时的解决方法。

法英之间是这样一种状况：法国对于干涉佛兰德或是侵犯加斯科尼存有顾虑，担心战争会使佛兰德人转而支持英国，而英国也担心失去加斯科尼而不敢在佛兰德进行干预。

尔后，情况突然发生变化。1327年爱德华二世遭谋杀，其子爱德华三世继位。由于王后伊莎贝尔被监禁，王后的情夫莫尔蒂默被处死，以王后和他的情夫为首的亲法势力的影响也随之告终。次年(1328年)查理四世在法国死去，他的堂弟、瓦洛亚的腓力六世继承了王位，历史又揭开新的一页。

第三章　百年战争的第一阶段（1337～1380年）△

1328年，英格兰和法国之间在政治和经济利益方面进行竞争的紧张局势几乎达到了剑拔弩张的程度，其主要焦点是他们对低地国家和加斯科尼的争夺。

教皇约翰十二拒绝授予爱德华三世和埃诺伯爵之女菲利帕结婚的特许，因为他们是第二代表亲。这一借口背后隐匿着两股对立的势力。新继位的法王腓力六世企图阻挠英国、佛兰德和埃诺的政治联盟。教皇的目的与之不同。他狂热地反对神圣罗马帝国皇帝巴伐利亚的路德维希在意大利的政策，那里，传统的教皇党和皇帝党之间的敌对一直在继续。因为皇帝已与埃诺伯爵的另一个女儿结婚，这样就存在着皇帝加入反法联盟的可能性。教皇担心爱德华三世和埃诺的菲利帕的结合"会在低地国家安置一切工业和商业的势力。几年来，在该地力量最为强大的佛来芒人站在被开除教籍的神圣罗马帝国皇帝一边，一直在举行起义，反对他们的君主法国国王"。①然而，第二种判断使他确信授予爱德华三世和菲利帕结婚特许的做法是明智的，他希望以这种方式离间爱德华

△　地图见詹姆斯·威斯特福尔·汤普逊：《中世纪经济社会史》，二卷本（艾尔弗雷德·A.诺夫，纽约，1931年），第2卷，第910页。

①　卢卡斯：《低地国家与百年战争》，第62页。

三世和神圣罗马帝国皇帝,并恢复英法关系。1328年夏,爱德华三世打算援助佛来芒人的传闻四起。确实,爱德华尽了最大努力赔偿佛来芒商人因英国的海盗行为所蒙受的损失,以建立与布鲁日、伊普雷的友好关系。一些起义的佛来芒领导人甚至进一步提出由爱德华三世充当佛兰德的君主。法国货币也被禁止在佛兰德流通。

在佛兰德的第二次革命中,伯爵和以往不同,没有与手工业者结盟。相反,是工匠和一部分市民联合起来反对伯爵。尽管如此,伯爵也并未打算求助于法国来镇压起义,他知道,此举的代价对他来说将是昂贵的。但他却无力阻止法国对佛兰德的干预。卡塞尔战役(1328年8月23日)迫使起义的佛来芒人再次屈服。拥护起义的布鲁日和伊普雷未经抵抗就打开了城门。

法国在低地国家军事和外交的成功使腓力六世增添了勇气,他对英国的政策强硬起来。1331年7月,法王以爱德华三世对法王的臣属义务是臣下对于君主的效忠为由,命他前往巴黎最高法院。这是有意识地激化两国关系。爱德华三世转而寻求低地国家的支持,特别是主动向埃诺伯爵作出友好的表示。埃诺伯爵对于瓦洛亚王朝在默兹河河湾北部地区势力的增长越来越感到担忧。法国国王十分清楚,布拉邦特和埃诺之间并不相互仇视,故努力加强对布拉邦特公爵的支持,以对英国的这一政策进行反击。布拉邦特西邻佛兰德、东接列日的战略位置,使它可以将这些地区与那慕尔伯爵领相连接,从而在低地国家组成一个处于法国势力影响下的牢固的地域性阵营。“拥有城市和工业的布拉邦特公爵领地存在着许多与佛兰德类似的社会和经济问题。布拉邦特公爵曾十

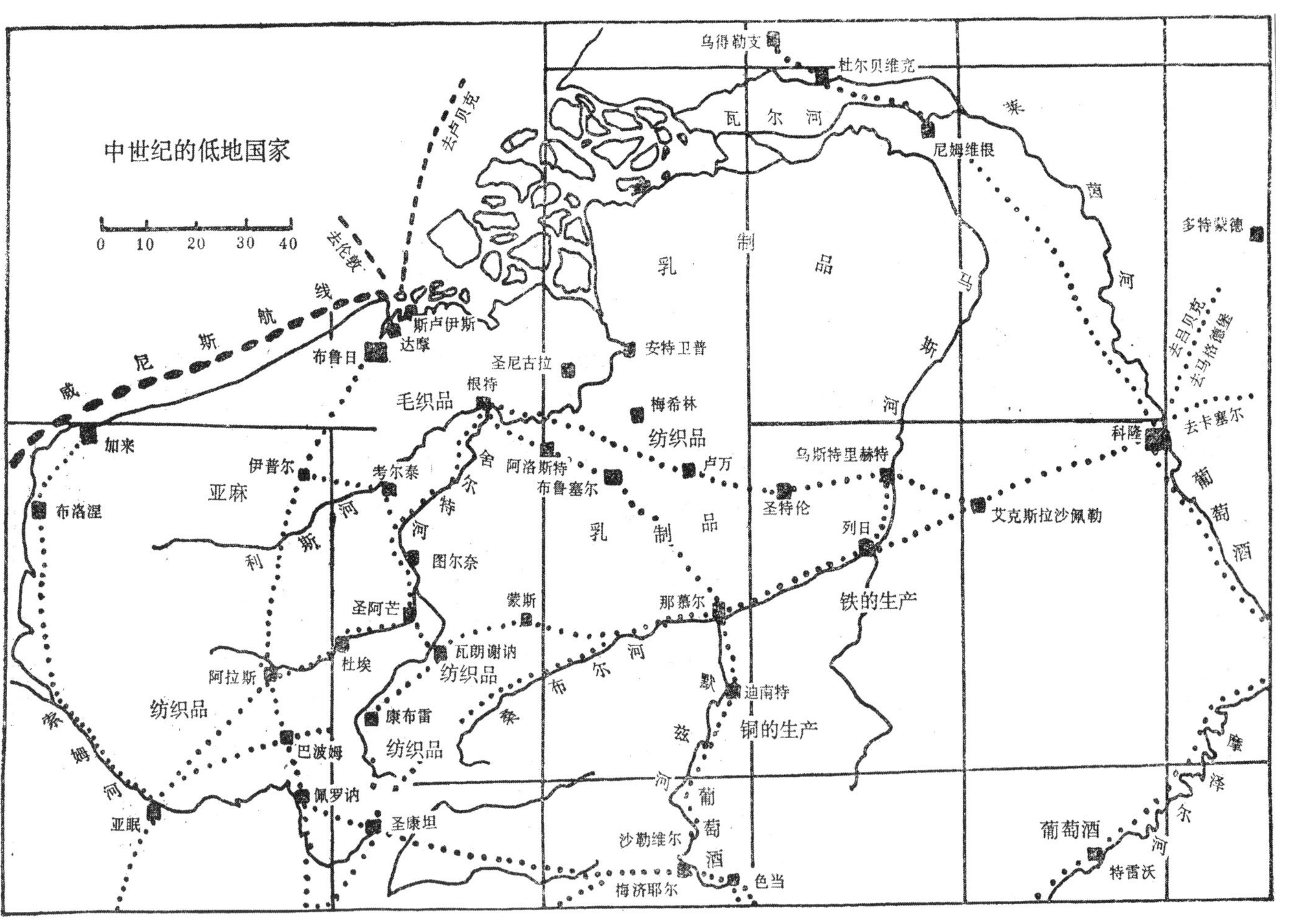
中世纪的低地国家
0 10 20 30 40
去卢贝克
去伦敦
威尼斯航线
斯卢伊斯
达摩
布鲁日
加来
布洛涅
亚麻
伊普尔
考尔泰
毛织品
根特
圣尼古拉
安特卫普
乌得勒支
杜尔贝维克
瓦尔河
尼姆维根
莱茵河
多特蒙德
去吕贝克
去马格德堡
去卡塞尔
科隆
乳制品
马斯河
梅希林
纺织品
卢万
阿洛斯特
布鲁塞尔
舍尔特河
利斯河
图尔奈
圣阿芒
蒙斯
那慕尔
乌斯特里赫特
圣特伦
艾克斯拉沙佩勒
列日
铁的生产
瓦朗谢纳
纺织品
杜埃
阿拉斯
纺织品
桑布尔河
默兹河
迪南特
铜的生产
康布雷
纺织品
巴波姆
佩罗讷
索姆河
亚眠
圣康坦
沙勒维尔
梅济耶尔
色当
葡萄酒
葡萄酒
摩泽尔河
葡萄酒
特雷沃

分戒备地压抑手工业者们的热望。故可以依靠他来帮助制止今后佛来芒人的民主运动。……与英格兰的经济联系使他对于爱德华三世的暗示并非不予理睬。”[①]但最终是法国的外交获胜了。布拉邦特和卢森堡与法国的联盟在低地国家组成了一个牢固的亲法公国集团。由于埃诺伯爵几乎完全被法国势力所包围,慎重地保持中立,因而法国在这一地区的势力较为强大。在这场交锋中,法国旗开得胜。

进而,法国的入侵也随之发生。佛兰德伯爵不满于将他的国土置于埃诺的图尔内主教辖区管辖之下,而更愿意让梅克伦的主教取而代之。这一野心得到法王和教皇的支持。但其目的具有一种潜在的商业上的考虑。梅克伦虽然靠近佛兰德东部边境,但仍然完全在布拉邦特境内。佛兰德的政策也包含有商业的动机。但布拉邦特公爵

> 认为梅克伦的转让是对他的全部政治政策的严肃挑战。……梅克伦位于第勒河西岸,邻近鲁帕尔河口*,控制着布拉邦特众多城市通往较大商业中心的道路。佛兰德伯爵可以试图扼制安特卫普的发展,切断安特卫普与其经济贸易区的联系,进而使安特卫普不断增长着的贸易大部分转向佛兰德地区诸城市。……如果考虑到公爵的广泛经济联系,特别是与英格兰的经济联系,人们对该政策就看得更深刻了。英格兰

---

① 卢卡斯,前引书,第112页。

* 第勒河与维希河汇合于鲁帕尔河,鲁帕尔河是埃斯科河的支流。——译者

在布鲁日的羊毛和毛皮市场于1326年5月被取消。①

由于英国在布鲁日的固定市场不复存在，布拉邦特公爵决定为他的领地寻求这一有利的商业条件。英国政府自然赞同这一方针。1329年，英国给予迪斯特城以商业特权，卢万的商人也得到英国的保护；1331年，又给予布拉邦特其他城市的商人以同样特权；1333年，布拉邦特公爵邀请英国商人前往安特卫普经商以为回报。对于英国在低地国家商业影响的扩大，法国的反应是用私掠船对英吉利海峡和爱尔兰海加以控制。显然，英法之间的战争不久将揭开帷幕。于是，爱德华三世越过海峡前往德国，在科布伦茨与神圣罗马帝国皇帝会晤，结成英德反法联盟。对英国而言，代价是极大的。路德维希将分四期收取英国40万弗罗林；特里尔大主教则弄到10万。英王以其作为神圣罗马帝国代理人的新的资格，能够支配所有在帝国境内领有土地的低地国家的封建诸侯，甚至包括佛兰德的路易。

爱德华三世所处地位的美中不足是财经问题。因为这些代价昂贵的同盟者使英国的羊毛贸易承受重负。为获得现金以维持他在国外的同盟，爱德华三世向在英格兰的意大利银行家，特别是向佛罗伦萨的两个著名的银行家族，巴尔迪和佩卢齐家族，商量贷款，并提出以羊毛作为抵押。因此，所有装载羊毛运往国外的船只都受到禁止。赫尔河畔金斯敦*、纽卡斯尔、奇切斯特、布里斯托

① 卢卡斯，前引书，第136页。

* 英国东部港市，在亨伯河北岸，原是小村庄，英王爱德华一世将它辟为特权城市。——译者

尔、亚茅斯、林恩、波士顿*、伊普斯威奇、哈特尔普尔、伦敦等港口及英国南部五港城市被指定作为囤积羊毛的"寄存港"。英格兰的五大宗出口货物或者说是"主要的"出口货物是羊毛、羊毛皮(或称羊皮)、皮革、铅和锡。这些货物只能由那些被称为"主要商品经营商"的领有执照的商人集团经营出口。该集团有自己的法律和官员,并可以不受地方官吏管辖。"这一'英国商团'的历史,是英国商人集团企图控制羊毛税收、巧妙地操纵羊毛贸易而使他们自己和国王获利的早期(即使不是最早的)历史。"①除了指定的港口外,法律严禁将上述商品运出国外。而且除被授予特权的商人外,经营上述商品者要严加惩处。这种将羊毛贸易置于王室控制之下的专横做法,激怒了羊毛生产者,而最大的羊毛生产者是修道院长和主教。大批量的羊毛通过走私方式出口。同时,获得特许的托送人因英吉利海峡有法国私掠船,将羊毛转运出海也有困难。许多英国海港因惟恐遭到这些海盗船的袭击而处于惊慌不安的状态中,他们确实不无担忧的理由,因为他们经常遭到袭击。甚至伦敦都为之震动。沿海各郡的郡长们奉命设置警钟和烽火,以便将法国人入侵的消息告知当地居民。

内韦尔的路易曾在法国宫廷受教育,并与一位法国公主,即腓力五世的女儿玛格丽特结婚。新伯爵不同于他的前辈们,是著名的"百合花派"**,也就是说,他认为自己是百合花的领主。即法国王朝的封臣。换言之,路易在感情上和政策上都是亲法的。这是

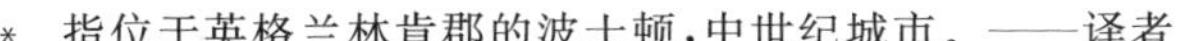

* 指位于英格兰林肯郡的波士顿,中世纪城市。——译者

① 乔治·塞利斯:《1343 年的英国商团》,见《史鉴》,1931 年 4 月号,第 179 页。

** 百合花是法国王族的标志。——译者

佛兰德历史上的一个转折点，同样也是法英关系的转折点。1336年，新伯爵正式宣布他支持法王，下令停止佛兰德和英格兰之间的贸易往来，并逮捕在佛兰德的英国商人。爱德华三世也施行报复，逮捕了在英格兰的佛兰德商人，并没收他们的货物。已临近的战争至此又向前推进了一步。爱德华三世意识到战争即将爆发，图谋在佛兰德煽动一场可使他从中渔利的起义。这是一个大胆的决策。尽管有伯爵的禁令，但英国羊毛仍有可能以走私的方式运进佛兰德，佛兰德的工人阶级也因此可以免于挨饿。但爱德华三世决心以饥饿来促使佛兰德人服从英国的政策，对法国进行抵制。结果，除了预定给布拉邦特和德国汉萨同盟诸城市的羊毛外，所有的英国羊毛都禁止出口。佛来芒籍织工被允许定居于英格兰（II爱德华三世 C. i. 1337）。此举也期望佛兰德的邻居布位邦特的繁荣会使佛兰德人明了，接受英国的主张是合乎他们的需要的。

佛兰德的艰难时期来临了。由于得不到英国的羊毛供应，许多行会都停止了工作；以日工资为生的呢绒店雇工处于饥饿状态，流落到农村，他们在农村的劫掠激怒了乡村的农民；小店主也同样受到沉重打击，依靠向工人阶级出售少量商品维持生活的小零售商被迫关闭了店铺。佛兰德民怨沸腾。受委派的代表进谒伯爵，请求乃至要求伯爵恢复与英格兰的贸易关系。但内韦尔的路易宣称，他忠于法王的愿望将因此而实现。他和许多法国人都认为英国会被迫作出让步，因为英国不可能承受因失去与佛兰德进行大可获利的羊毛贸易所带来的损失。

1337 年 10 月 7 日，爱德华以他比腓力六世在血统上更有权继承王位为由，要求得到法国的王位。这只不过是挑起战争的托词。英格兰的宗教机构向英王提供宝石和金银祭品作为支持英国与法国进行战争的贷款。北海、英吉利海峡、泽兰及佛兰德诸海湾聚满了法国人的船队,无疑也有佛兰德的海盗船,英国的海上力量无力与之较量。第二年(1338年),法国人于6月烧毁朴次茅斯,10月又对南安普敦岛进行了一次袭击。在这期间(7月),爱德华曾前往佛兰德,希望利用当地的不满情绪从中渔利。因为英国孤立佛兰德人的政策已导致社会和工业的危机。当布鲁日和伊普雷因佛兰德沿海地区的起义而遭到破坏时,根特成为佛兰德地区最重要的城市。

把1338年1月发生的一系列事件与后来发生的贵族和平民之间的冲突等同视之的传统说法肯定是不可信的。根特革命政府的成员有贵族也有下层阶级的代表。没有迹象表明继之发生的运动是平民反对贵族的运动。至少,在当时的情况下,各阶级的团结一致似乎一直是事实。佛兰德亲英运动的领导者、著名的雅克·范·阿特维尔德,被人们拥戴为根特的首脑。但他并非如编年史家让勒拜尔和弗鲁瓦萨尔所断言,是一个酿酒人。19世纪的空想民主主义者又错误地称他为“人民自由的保护人”。“民主”和“大众权力”等现代术语用于中世纪时应该慎重。实际上,阿特维尔德是一个富有的呢绒商,而且是多少有些地产的土地所有者。换言之,他出身于佛兰德的市民贵族而非下层阶级。

阿特维尔德无疑是中世纪晚期最伟大的政治家之一。他的政策最初并非是革命的。我们可以根据其政策的发展划分出几个阶段。最初(1338年冬至夏),他主张保持佛兰德的中立。甚至腓力六世也主张佛兰德与英格兰达成协议,以解除佛兰德的经济压力。

除贵族之外，仅有少数人对他的这一政策持反对态度，而伯爵是反对者之一。阿特维尔德率领着由城市民兵、织工、漂布工、染工等临时组成的少量军队竭尽全力“抚国安邦，恢复佛兰德的和平、秩序、自由及工业，以维护伯爵的尊严”。尽管这种勤勉的努力并未触犯伯爵，但阿特维尔德的权力却使他事实上成为伯爵的敌人。较之佛兰德伯爵，法王则明智得多。他意识到，“如果发生冲突，他将面对英格兰的敌视和佛兰德充满敌意的恐惧”，故较聪明的办法是让阿特维尔德自行其是。在究竟使佛兰德在即将爆发的战争中持敌对立场还是保持中立的问题上，他谨慎地选择了后者。

联合一致的佛兰德贵族和各大城市贵族对阿特维尔德的顽固反对使法王的方针归于失败。结果事与愿违，这却促使阿特维尔德更接近行会和无产阶级。几个月后，佛兰德能否免于卷入政治漩涡变得更加难以确定。从法国吹来的风向也变了。英格兰在与法国开战问题上的谨慎或者是拖延，也可能是寄希望于佛兰德贵族和城市贵族的效忠，使腓力六世改变了主意。

在困境中，阿特维尔德费尽心机地努力争取伯爵对他的支持，建议伯爵要求收回被腓力四世吞并的领土阿图瓦、里尔、杜埃、图尔内、贝顿及奥尔齐。这样，即可恢复佛兰德的传统边界。阿特维尔德希望腓力六世会作出让步。但该计划没有成功。阿特维尔德意识到，此后要保持佛兰德的中立已不可能，而与英格兰结盟是必要的。布拉邦特已声明支持英格兰。阿特维尔德在佛兰德的窘困迫使他表态。当曾在1337年要求法国王位的爱德华三世于1339年又擅用法王头衔时——“这是他期望赢得这场战争而被迫打出的一张牌”——最后的遁词也消除了。一场大战——百年战争——在英法之间展开。佛兰德和加斯科尼也被卷入战争的漩涡。1340年1月26日,英王在根特市场接受了根特、布鲁日、伊普雷的市政长官的效忠宣誓;英王则郑重保证维护佛兰德人的权力并为他们提供商业上的便利,以此作为他们效忠的报偿。他甚至许诺将阿图瓦、里尔、杜埃和奥尔齐,即瓦隆佛兰德归还给佛兰德。

百年战争是法国和英格兰为了争夺西欧的霸权而发动的一场王朝和政治的冲突,也是商业和工业上的竞争。就此意义而言,这场战争与后来发生于16、17、18世纪直至滑铁卢战役方告结束的一系列大战没有原则上的不同。

除了为叙述经济和社会史而提供政治和军事史的大致情况所必需的材料外,关于政治和军事史的叙述不属于本书的范围。但正如近来人们已充分了解的那样,战争往往归因于商业上的竞争,以及重要的经济立法和经济社会的变化。百年战争亦不例外。百年战争的爆发也有部分商业上的原因。英格兰在领土上的统治区域包括不列颠(苏格兰除外)以及在法国境内的加斯科尼和基恩;但英格兰在商业上的控制范围则包括低地国家。

战争初期英格兰的两个行动证实了它发动战争是“以商业利益为上”这一理论是正确的。这两个行动就是在佛兰德发行用于流通的特种金币和发布英国的“海上主权”的著名宣言。海盗行为无疑是更加猖獗了,以致维护公海治安对于贸易的进行是必不可少的。海上主权几乎是强制性的英国政策,由于英国在英格兰、佛兰德、加斯科尼之间进行三角贸易,因而只有海上的霸权能将三者间的贸易联合成一个整体,并对之进行保护。如果去推测一下,若不是法国的那些行省与英国的经济联系超过了与自己母国的联系，若英格兰曾经完全只是一个孤立的岛国，那么欧洲的历史将会有怎样的不同，是没有意义的，尽管也许是有趣的。

海上主权的理论并非是凭空臆造的一种理论，而是如同所有伟大的政治学说一样，是从实际中发展起来的。它是根据历史条件而提出的一种系统的原则的表述。虽然没有明确的记载，但事实上这一理论的起源至少应追溯到英国诺曼底朝和金雀花朝诸王统治时期。英国南部沿海“五港联盟”的总督被正式称为“海洋保卫者”。因为金雀花朝帝国的领土位于英吉利海峡西岸，为维护领土的完整也要求英国拥有海上统治权。在 12、13 世纪，由于当时英格兰还没有大量的海外贸易，这一学说只具有政治上的意义。但在 14 世纪时，英格兰在海外的领土较之以前有所缩小，而贸易却有很大增长。此后，海上主权理论的主要意义则在于为贸易提供保护和有利条件。1297 年爱德华一世与布鲁日签订的条约是正式宣布这一理论的最早文件。三个叫爱德华的国王关于所有运往英国各港口的货物要用英国船只装载的立法证实了该理论的意义在当时主要在于商业。早在 1300 年，我们已可见到 1651 年伟大的航海法的轮廓。但这是一项专横的政策。对于 14 世纪的这一英国政策，一位现代的法国历史家曾讥讽地说：

英国政治的习惯手法有许多实例可以引证，其中之一就是懂得如何将客观情况与偶然事件结合起来，从而使英国能摆上一副正义、文明与仁慈事业拥护者的姿态，并以此为幌子促进它的商业利益，扩展它的殖民统治和压制那些对它的真

> 诚性表示怀疑的人。……14世纪,英国正是在镇压海盗的借口下隐藏着破坏法国、西班牙和佛兰德的海上贸易的欲望和不可告人的目的。①

这种谴责含有真实的成分。英国皇家海军的现代历史学家坦率地承认说:

> 英国主权的实施范围是从菲尼斯太尔延伸至挪威海岸的海域。但是,直到路易十四统治时期一直没有出现对这一主权要求的严重抵制。……佛来芒人通常是我们的同盟者,北方的势力与此无关。②

必须肯定,当丹麦国王在斯卡格拉克海峡和卡特加特海峡对船只征税时,英国的国王们并没有向经过英吉利海峡的船只征税。但他们高兴时,也可以并确实扣押有竞争力的贸易物品。

如果我们详细地考察当时海上贸易的性质,特别是与佛兰德有关的贸易,并将布鲁日和根特看作国际性的商业中心的话,与英格兰海上主权的建立相伴随的贸易上的可能性将更为明显。佛兰德是北方的伦巴第和威尼斯。如同所有地中海地区的贸易集中于意大利一样,整个北欧的贸易集中于佛兰德。那里有来自英格兰的羊毛、羊毛皮、铅和锡;有从斯堪的纳维亚运来的鱼和毛皮;德国

---

① 菲诺:《法国和佛兰德的商业关系》,第112页。

② 戴维·汉内:《皇家海军简史》(1929年版),第17页。

汉萨同盟的商人们从俄国和波罗的海沿岸带来的兽皮、油松、造船原料、大麻、蜂蜡和弓料;有冰岛运出的干鱼和熏鱼;格陵兰生产的鲸油和海象牙。同时,中欧内地的产品——其中重要的是德国的铁和铜——找到了经由莱茵河、默兹河和斯凯尔德河出口的道路。这三条河的河口都到达佛兰德。而且,在地域上由于欧洲的贸易变得更具国际性,大量的、各色各样的来自地中海沿岸国家和利凡特的产品,东方的丝织品、染料、香料、调味品、香水、药膏、药品等,都找到了它们通往佛兰德的途径。威尼斯和伦巴第的城市与布鲁日有密切的经济联系。热那亚最先用船装载它从叙利亚、埃及、拜占庭和非洲的进口货物,经由罗纳河、索恩河、香槟集市和默兹河抵达佛兰德。当香槟集市开始衰落时,1317 年,热那亚开辟了冒险的"佛兰德桨帆船航线"。整个航线是通过直布罗陀海峡,经由比斯开湾海域上行,过英吉利海峡到达布鲁日。这是一个有历史意义的开端,威尼斯很快就仿效了。同时,西班牙和葡萄牙的贸易——主要是葡萄酒、橄榄油、皮革制品、卡斯蒂利亚的羊毛、干果和坚果——也从加的斯、塞维利亚、里斯本、波尔图运出,经由同样的航线进入布鲁日和根特。在巴黎、伦敦、布鲁日和几乎所有贸易兴盛的地方,都可见到无孔不入的意大利商人和高利贷者,他们被统称为"伦巴第人"。海上的军队不仅可以保护加斯科尼与英国的葡萄酒贸易和英国与佛兰德的羊毛贸易;而且可以被利用来阻止竞争,如西班牙的羊毛和葡萄酒的竞争;也可用作将法国的贸易从海上逐出去的战争手段。早在 1336 年 12 月,卡斯蒂利亚由于预见到英法之间的战争即将爆发,并为英国在公海上实施的高压手段——英国试图阻止西班牙羊毛运往佛兰德,以保护本国的羊毛贸易——所激怒,而与法国结为联盟,把卡斯蒂利亚的舰队置于法国指挥之下。

自圣路易以来,法国卡佩王朝的国王们所建立的社会环境并不一定是美好的,但早在与英格兰的大战开始前的百年间,法国的所有地区几乎都是安全的。无疑,在王国的边远地区,山区的行省如奥弗涅及其他一些地区如塞文山脉,仍有一些从事抢劫的贵族。但在农业高度发达的平原地区,像塞纳河谷地、博斯、都兰、普瓦图、香槟、勃艮第及朗格多克平原都享有普遍的平静。

当英国的入侵开始时,这些富饶地区的一切都改变了。在1346年的第一次入侵之前,法国是欧洲最和平、最繁荣的国家。灾难突然降临到对战争的恐怖一无所知的人们头上,这些灾难令人回想起封建时代最可怕的时期。此后,直至1380年前,灾难没有停止——这是一场间歇进行的全面战争。内战和社会革命助长了外国的入侵。甚至在1360年的布雷蒂尼和约之后,灾祸也未消除。因为当时在双方军队中服役的外国雇佣兵离队时未领到薪俸,于是无情地抢劫了这个国家。除去遥远的南部,整个法国没有一个省,甚至难得有一个城市在1346年至1380年的漫长时期内能免遭抢劫和破坏。分析这一时期重大事件,可把战争划分为三个时期,或者说是三个阶段:(1)大规模入侵阶段,1345～1356年,这一时期的重大事件是克雷西战役和普瓦蒂埃战役。(2)内战、社会革命和英国的一次新的入侵同时发生。在艾蒂安·马塞尔领导下的巴黎起义、扎克农民起义、1359年的入侵及布雷蒂尼和约的签订都发生于这一阶段。(3)查理五世先是与自由支队*、其后是与英国人的长期冲突。

战争由北方开始,英法舰队在斯吕伊的海战(1340年)[1]揭开了帷幕。法国拥有20 000名士兵和202艘船只,其中的160艘由17个诺曼港口提供。整个舰队都被击毁,仅有30艘船幸免。这场灾难破坏了法国的商业。此后英吉利海峡不再有法国的舰队了。斯吕伊战役之后,爱德华三世扩大了英国海军大臣的司法权,此前,海军大臣一直主要是负责“训练和管理”,此后,他能在海盗掠夺和其他海上诉讼事件中掌握独立的法庭和负责进行全权审判。

6年后,1346年,一次大规模的英国入侵发生了。爱德华三世在科唐坦登陆,随后有计划地劫掠了诺曼底,英国人烧毁了圣洛,那里受到让勒拜尔赞赏的呢绒工业也遭到破坏。卡昂城进行了抵抗,尽管该城是一个仅有一个城堡防护的未设防的城市。英国人在那里寻获40 000块呢绒和斜纹哔叽,运回了英国。克雷西战役

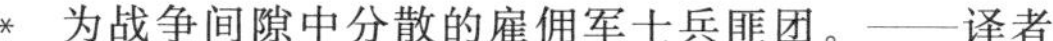

* 为战争间隙中分散的雇佣军士兵匪团。——译者

① 无论是英格兰还是法国都不拥有一支海军。习惯上是征募商船和渔船为政府服役,并用军事知识武装他们。在政府中没有作为独立服役的“海军”或“舰队”而存在。法国的船只较英格兰更为缺乏,不足部分则租借热那亚人、巴斯克人、卡斯蒂利亚人、加泰罗尼亚人及普罗旺斯人的船只和船员以为补充。当时法国海岸是不设防的,因而需要的防御力量比近代的法国少得多。加斯科尼和基恩附属于英格兰,地中海沿岸从未受到过英国舰队的威胁。庇卡底的港口有布洛涅、蒙特勒伊、阿布维尔、圣瓦莱里和加来(1347年丧失);在诺曼底的港口有迪埃普、哈佛尔、鲁昂、蓬奥德梅尔、阿夫勒、图各斯、卡昂、巴夫勒尔和瑟堡;布列塔尼表明它无力防御,特别是在一个受到法国支持的集团与另一个受到英格兰支持的集团间争夺继承权的战争爆发之后。在普瓦图、奥尼斯、圣东日仅有四个港口:拉罗歇尔、圣让当格莱、东内和圣萨文伊安。

发生在 1346 年 8 月 26 日。[①] 加来被围攻一年后，于 1347 年 8 月 4 日投降。几乎所有的居民都逃散了。漂亮的住宅都留给了英国商人，并派来了英国殖民者。加来成为英格兰在大陆的商业中心，而且从那时起拥有了一个靠近佛兰德的港口。占领加来以后，爱德华三世返回了英格兰。

“他看到国家处于空前繁荣的状况中，收成一直很好。”写下上述记载的近代历史学家忽略了当时的英国历史学家沃尔辛厄姆根据其亲眼所见而记录下来的材料：当 1346～1347 年的战役结束后，英格兰的每一所住宅甚至是农民的茅屋都用从法国抢来的物品装饰得华丽起来；用从诺曼底的遭到洗劫的城市里弄来的姑娘们的嫁妆装扮起来的时髦妇女变得华贵起来；食橱里，来自法国的修道院和城堡内的餐具发着亮光；衣橱里塞满了法国生产的毛皮、丝和绸缎。

但英格兰攻占加来的主要动机是想得到一个距英格兰最近的地点作为进入法国的入口，特别是在 1345 年范·阿特维尔德被杀害之后，英国人利用佛兰德作为军事行动的根据地变得困难了。这次对加来的攻占也有商业利益上的考虑。在 12 世纪，加来一直是一个小而无足轻重的海峡港口。其繁荣开始于 1196 年，即当布拉邦特公爵、卢万的亨利建造一个新港的时候。尽管加来并不属

① 在历史上，百年战争以其最早将火药用于战争而著名，但它只在攻城中有效，且极少使用。直到 16 世纪后半叶，火药才引起阵地战的革命。最早使用火药的证据是在 1338 年。那年，袭击南安普敦的法国舰队在船上携带了一些射石炮。1339 年，10 门装好的大炮守护着康布雷。此后，经常在记载中进一步谈及大炮和火药的使用，但它们一直是用于攻城或是保卫有墙防的城市。火药在 1346 年的克雷西之战中已被应用于阵地上的大炮的说法，似乎是误传。

于理查一世，但在他统治期间，却授予加来保护特许状，免除加来商人在诺曼底的“设摊税”。1196 年，建立了一座市政厅。此后，加来成为重要的鲱鱼业中心，英国的羊毛船和西班牙、葡萄牙的葡萄酒船都会集到那里。1328 年到 1340 年间，每年有 5 000 到 6 000包羊毛通过加来进入大陆。

> 英国的老百姓以为英王占有或获得重要的海外统治权将会减轻因国王对金钱的迫切需要而要他们承受的负担。海外帝国的鼓吹者指出对这样一个地区的占领，即该地产品的供给对英格兰是必不可少的，而这个地区的人民又能成为英国产品的购买者，将会促进贸易的发展。无论如何，具有伟大军事意义的是，占领这一地区本身又是进入法国的手段。因而，加来对于英格兰具有极为重要的价值。英国对加来的守备是极其谨慎的。维持加来的费用是英国国库的沉重负担。加来成为英国产品的主要市场，或是用当时的措辞：商业中心被固定在那儿了。[①]

而且，对加来的占领给爱德华三世带来了在英吉利海峡上的几乎是无可争议的霸权。一位近代的不列颠历史学家自得地陈述道：“这使他能够随意遏止南方和北方之间的贸易。”[②]西班牙和巴斯克的商船队过去往往在春季来到这里，在布鲁日或安特卫普进

---

① J. E. 索罗尔德·罗杰斯：《劳动和工资》，第 196 页。

② 汉内，第 16 页。

行装卸;来自北欧和南欧的货物在那里进行交换,近秋天时才返回原地。这时,此种贸易可能已停止了。

1347年至1355年间虽然未实现和平,但交战双方长时期休战。海盗行为和英国人偶然介入的布列塔尼的战争继续着,这是一场王位继承战,法国支持一个王位要求者,英格兰支持另一个。战争间歇的原因是,两国都因黑死病而衰竭。

对于研究商业史的学者来说,这一时期最有影响的事件是1350年在海上对西班牙人的战争。法国由于海上势力的丧失,分别与卡斯蒂利亚和丹麦的沃迪马三世结盟,后者幻想,要像公元1000年在斯韦恩领导下的丹麦人所曾做过的那样,征服英格兰。1295年,腓力四世曾设想建立一个这样的法国—丹麦联盟。这一计划旨在利用卡斯蒂利亚、丹麦和汉萨同盟诸城市的海上力量以挫败英格兰。早在前一年(1349年)一支西班牙的舰队已曾远航至波罗的海,对爱沙尼亚海岸进行了一次袭击,回国途中,曾袭击了英吉利海峡的英国船只。1350年8月28日,一支英国舰队在离温切尔西*不远的地方堵截并击毁了有护航的一支西班牙商船队,该船队曾于春天载着西班牙的羊毛来到佛兰德,这时正载着北方出产的货物回国。巴斯克水手们曾受到警告,但他们对自己的船只在吨位上的优势颇感自信。此外,他们还采取了预防措施,在安特卫普雇用了一些勇猛好斗的人作为船员,当时,这种人在欧洲的每一个港口都容易找到。因而发生了著名的对西班牙人的海战。即使没有上述情况,爱德华三世也可能寻找某个人为的借口

* 英国“五港联盟”城市之一。——译者

来发动这场战争。但在这一借口之背后，隐含着英格兰不容许在它同佛兰德的羊毛贸易中间有任何竞争者这一坚定信念。英格兰完全相信这样一句格言：国旗所到之处，贸易随之而来。

当战争于1355年恢复时，形势对法国越来越不利。这一年，战争转移到法国南部，黑太子* 攻入朗格多克远至纳尔榜。在那里没有遇到有组织的抵抗，英国人在战争间歇时抢劫了南方的城市。第二年，也就是1356年，英国的入侵推进到王国的心脏，进入佩里戈尔、利穆赞和奥弗涅。1356年9月18日，好人约翰在普瓦蒂埃战役中被击败，英国人占领了整个地区。普瓦图是一个天然资源丰富的省份，有兴盛的制造业，如呢绒贸易和金属制造。所有这些活动都衰落下去，这一地区遭到毁坏。战争迅速遍及各地。1356年普瓦蒂埃的可怕溃败使法国濒于灭亡的边缘，在这次溃败中，国王约翰的三个王子和数百名贵族都成为囚犯。

国王约翰的被俘，使法国的统治权落到王子查理的身上，他是一位早熟的18岁的青年。当普瓦蒂埃的噩耗迅速传开后，巴黎由恐怖转变为对王室和贵族的愤怒。资产阶级非但没有聚集在太子周围，挽回颓势以保卫国家，反而发动了反对政府的阶级冲突。人们对于瓦洛亚王朝政府的奢侈和腐败的不满，被克雷西的败北和加来的失败后突如其来的大灾难所煽动起来。与此情绪交织在一起的是对于贵族的憎恨。在普瓦蒂埃，贵族声名扫地，死去多人。极荒诞的谣言由于蜂拥进入首都的惶恐的避难者、逃犯和逃亡者的添油加醋在流传着。

* 英王爱德华三世之子的绰号。——译者

查理王子的职责是明确的,这就是组织一支新军开赴战场抵抗侵略者,以营救国王。但很清楚,没有法国方面承担繁重义务的和平,对约翰的囚禁不会解除;没有钱,任何新的战争方式都是不可能的。这就意味着应该迅速地召集北方朗格多埃尔的等级会议。

等级会议权力的最高峰是在1355年至1360年间,即与英国的战争处于最黑暗的时期,当时,法国处在财政和经济枯竭的边缘。在1356年10月17日召开的等级会议上,有800多名代表,会议很快通过从三个等级中选出由80名成员组成的委员会,以审查政府过去的政策。在正常情况下,一般认为委员会中的教士和贵族的代表也许不会表现出对于政府的敌意。但是,情况是特殊的,许多教士和贵族都是野心勃勃的无耻的纳瓦拉王子[①]查理的党羽,并密谋使他成为摄政。尽管王室太子未受伤害,但纳瓦拉王子拥护者的演说辛辣地抨击了国王的大臣,以及政府的无所事事、奢侈、腐败。激烈的措辞犹如火上浇油。等级会议要求将政府交给由4名高级教士、12名贵族和12名市民阶级代表组成的委员会管理。这是政治上的革命,因为它意味着太子权力的终止和政

① 恶人查理是法国王子,路易·勒于坦的外孙,声称他的母亲,也包括他本人于1328年被剥夺了法国王位继承权。因此,他成为叛徒,与爱德华三世达成默契,进攻自己的祖国。他认为他继承法国王位的权力比爱德华三世更有根据(应该记住,两人都是从母系方面要求继承王位的人),即便如此,他还是愿意与爱德华三世瓜分国土。我们掌握了这一叛变活动的充分材料,这一活动在英国方面由兰开斯特公爵和伦敦主教在1355年至1356年间经手。首先是在离查理和埃诺伯爵都较近的布鲁日进行。后来极秘密地在阿维尼翁的阿拉斯红衣主教或是布洛涅红衣主教的私人住宅进行,此二人在战争中都是英王的党羽。教皇对这些谈判一无所知。秘密外交在历史上并不新鲜。

府的君主政体的废除。年轻的查理是坚定的。他的答复是他将与被推荐的委员会仔细商议，但他不会免去他父亲的大臣们的职务，也不会解散合法组成的王国的议会。然而，太子怎样才能进行抵抗呢？只有等级会议能够为战争的进行提供资金，可他们拒绝这样做，除非设立由他们提议的委员会。

法国皇太子解散了等级会议，求助于巴黎商会会长艾蒂安·马塞尔，也就是求助于巴黎市的市长和城市自治体，希望弄到资金。这就揭开了法国历史上由最著名的人物和最重要的事件所组成的新的一幕。和根特的范·阿特维尔德一样，马塞尔是一个富裕的呢绒商人，由他担任首领的巴黎商会从法律上讲不是商业团体，而是一个控制着塞纳河的贸易和在城市里执行贸易治安条例的治安组织。然而，由于该组织的成员是商人，始终享有民事和刑事的审判权的商会能够而且在实际上控制了巴黎的商业和贸易。该组织很快成为市政府、治安组织和城市商会，拥有巨大的权力。

佛兰德呢绒商在巴黎有相当大的侨居地，马塞尔是知道的，而且，他的商务也要求他经常前往佛兰德。这些事实是有意义的。毫无疑问，马塞尔是被一种野心所激励，即他希望成为另一个范·阿特维尔德或者说是另一个里恩齐*；他要通过支配巴黎而同时支配法国其他的大城市；他要在巴黎创立一个市民团体，使之不仅能指挥政府，而且将使政府屈居于该团体之下；总之，马塞尔打算立即进行一场巨大的政治、经济和社会的资产阶级革命。这是1789年革命的一次大胆的演习。他期望利用政府的窘迫、普遍的

* (1313～1354年)，于1347年领导了罗马市民起义，建立罗马共和国。——译者

不安定和不满、经济的不景气以及那一时期的社会阶级对立来实现他的企图。货币的危机和由于国王约翰曾发行的“疲软”的货币的流通而产生的困难给了他一个冠冕堂皇的借口，使他将自己装扮成人民的朋友、民众权力的鼓吹者。但马塞尔自己的行动证明他在这些宣言中表现的真诚是虚假的。无论是从他的成功或是性格来看，他最终与恶人查理的结盟是不可避免的。他是一个狡猾的、不拘小节的蛊惑家，尽管在法国大革命期间他仍被作为偶像受人崇拜，而且自那以后在1830年、1848年、1871年的历次革命中他都一直是英雄。①

太子迫于形势，顺应了潮流。1357年春，他再次召开了等级会议。如果这三个等级仅只是将注意力局限在财政上的话，那么他们希望将财政管理权集中于他们手中的政策也许是无咎的。但是，在纳瓦拉的查理和马塞尔的操纵下，他们使国家的安危从属于他们的政治野心。在“保护人民权力”的幌子下，马塞尔大胆而毫无顾忌地耍了一个花招。他可以胆大妄为，因为巴黎在他的掌心之中；而且，在过去的一年里，巴黎已经牢固地筑起城墙，并修建了防御工事。等级会议除了仅仅答应承担时常需要更改的短期税款外，拒绝承担任何普通税务，除非政府屈服于等级会议提出的审查和控制税务的要求。巴黎处于一触即发的风暴的前夕，政治形势极为紧张，以至法国皇太子不再能安全地停留在那里，宫廷迁往贡

① 法国历史学家亨利·马丁在19世纪中叶提议为艾蒂安·马塞尔竖立一座雕像，“因为他曾第一次努力在法国建立议会政体”。在市政大厦广场前，马塞尔的一尊骑马雕像被珍视为法国民主的象征。每年的五一节，他的雕像都被激进党员、马克思主义者、第三国际的成员和苏维埃的支持者们所献的鲜花装饰起来。

比涅。除了来自王室领地上的不稳定收入外，没有可以利用的资金。王室不敢征税，因为只有等级会议有权征收永久捐税，而且政府统治必须以被统治者的拥护为基础这一说法已传播出去，并且不可思议地在群众中流行着。这对于封建时代来说是一个新的革命学说，如果可以说，14 世纪一直是封建时代的话。

当 1358 年 2 月再次召集等级会议时，情况几乎是险恶的——“国家受到外国侵略者的蹂躏，巴黎市即将发生暴动，政府分为主战和主和两派，由于贵族的退出，法国皇太子和议会代表们的不和，等级会议本身也分裂了。……民众领袖的要求使人们回忆起，恰在 100 年前英格兰的贵族党所提出的那些在某些方面相似的要求，这些要求后来实际上不时被重新提起。”[①]但在亨利三世劣政下的 13 世纪的英国，与法国 14 世纪中叶的情况有很大的不同。当时，贵族、乡绅和市民们受到积极改革思想的激励，团结起来。在法国，各阶级之间存在着阶级对立的鸿沟，最无统治经验的阶级控制了政府的要害部门。而且，马塞尔及其同伙主要是为权力而斗争，而并非是为了政治的改革。“改革”是他们掩饰自己的烟幕。

另一个危险的事实是巴黎的不容忽视的权威。这个革命的大城市在这一时期开始表示出它统治整个法国的要求。皇太子被迫同意召集 20 到 30 个城市的代表集会于巴黎。由该等级会议以一项法律形式通过的著名条款之一是规定废除整个法国各省的议会，建立“每年在巴黎召开的等级议会”，皇太子因不能作出其他选择而被迫承认。这种早期的民主和集权之间的关系，预示着巴黎

① 《英国史学评论》，第 11 卷，第 567 页。

在以后的年代里发生的革命中所具有的姿态。

在这一时期的诸多政治事件中考察一下巴黎行会所扮演的角色是有价值的。巴黎市将自己直接置于运动的领导地位。这一运动不是针对王室,而是反对国王约翰控制下的政府的无能和挥霍。当等级会议正在要求监督和控制王室统治、建立新的财政机构时,行会则时刻试图组织对英国的抵抗。这是马塞尔所鼓动的一场运动,他争取到了行会对他的支持。我们已经注意到这些行会维持着巴黎的武装守卫。因此,匠师拥有武器。普瓦蒂埃战役之后,在马塞尔的命令下,这些民兵站出来保卫首都,并组成真正的军队。

然而,三级会议采取了一项措施,这是有其实在目的的。这就是要求摧毁小型防寨的法令。除朗格多克以外,全国各地都有这种小型防寨。其中许多防寨是为了保证地方安全而修建的,但这种措施事实上比人们打算由此而减轻的无政府状态的祸患更糟。一些防寨落到英国人的手中,另一部分被从事盗匪活动的雇佣军散兵占领;还有一部分防寨则因为时势的动乱不安和政府统治的无能,而显现出封建性领地的复活。这些防寨体系犹如敌人一样危险,对商业和农业有更大的危害。因为它们是盗匪活动的祸根。在战争间歇时期,尽管还未出现和平,但交战双方都遣散了军队中数以千计的雇佣兵,这些兵士天生是歹徒和拦路抢劫犯。他们是以掠夺为生的英国人、法国人、布列塔尼人、佛兰德人、布拉邦特人和西班牙人的混杂群伙。

然而,在马塞尔支配下的等级会议不是采取直接而有效的措施来解除国家正在承受的苦难,却在玩弄权术。巴黎地方自治的旗帜,即红蓝两色旗帜在商店的橱窗里和街道上四处悬挂着;议员

们尽管不情愿，也被暴民胁迫而悬挂之。法国皇太子这时表现出了他的勇气。他前往巴黎，在对平民的一次讲演中试图平息正在兴起的革命潮流。马塞尔的一名亲信、巴黎市政官无礼地回答皇太子道："法兰西王国里为害众生的莠草太多了，已抑制了益草的生长。"第一次革命的恐怖统治为期不远了。巴黎市长马塞尔此时已取得了巴黎工人阶级的好感，他打着爱国的幌子来组织工人，已拥有了在他统帅下的数千名武装兵士，其中并不全是真正的工匠和手工业者，还有一部分是从巴黎社会的最下层中吸收来的社会渣滓。马塞尔凭借这支与巴黎的真正国民军相去甚远的临时拼凑的民兵队伍对政府和人民进行胁迫。等级会议是顺从、怯懦的；真正守法的市民、商人和工匠则感到恐惧。1358 年 2 月的最后一个星期，马塞尔一马当先，率领着他的武装队伍，在城市下层市民的追随下向王宫进军。在穿越街道的进军中，暴民杀死了一个可怜的面包匠，饮了他的血，然后蜂拥而入王宫。查理面对带来不祥预兆的人群，毫无惧色。马塞尔要求罢免国王的大臣，并要求国王接受等级会议通过的革命法令。太子的两名随从担心他们会对太子施以暴力，打断了马塞尔的长篇演说，保护马塞尔的狂怒的队伍遂冲向这两位随从，砍倒他们，将他们的尸体拖到院子里，在那里暴民们正处在令人发指的狂欢之中。

几天后，纳瓦拉的查理到达巴黎。他控制着局势。他的雇佣军（其中许多是原英军的成员）控制了诺曼底和法兰西岛，西部直至夏尔特尔。他颁发的通行证比太子的更为有效。他企图对他的表弟进行恐吓，使其将香槟或是诺曼底割让给他，外加一笔巨款，因此，他与马塞尔合作。马塞尔正处在一种近乎陶醉的野心勃勃的状态。他向根特和伊普雷发出报捷书,向他们报告在巴黎已取得革命的成功,并希望佛兰德的各大自治城市能与他和巴黎互相提携。民主——愿上帝拯救这一名词!——已喊到了无法无天的地步。与此同时,他还写信给王国的各优秀城市,要求他们加入革命,并让他们的人民佩戴巴黎的红蓝两色标志。马塞尔在他写给伊普雷市政官的书信中为所有的红色革命者辩解:“就国王的廷臣们的所作所为和其他罪恶而言,横遭杀害者极少,他们中只有少数人被公正地处死。”人们还记得,在 1792 年 9 月巴黎的大屠杀期间,当许多有高贵血统的无辜人遭到疯狂的暴民的杀害时,巴那夫*曾讥讽地说:“他们的血是这样纯吗?”

与巴黎发生这些事件的同时,一场农民起义也在瓦兹河流域发生。对法国而言,幸运的是这只是地方性事件,而且在它蔓延到其他省份之前,运动就被镇压下去。这一插曲是农民阶级的愤怒和或轻或重地在全国普遍发生的经济贫困的可怕朕兆。这场起义就是扎克起义,因扎克——通常用来称呼农民——而得名。巴黎的革命者和邻近的城市如桑利、亚眠、莫城对这次农村的起义并不是漠不关心的。

促发扎克起义的原因与巴黎起义的原因并不相同,但如果成功的话,这两个运动的共同不满和同一目的足可以使他们联合起来。农民对于贵族的仇恨情绪早已存在于法国。在普瓦蒂埃战役中数千名贵族被杀或被俘,因而使乡下的住宅、庄园和城堡没有任何防护。该战役之后,农民仇恨贵族的情绪在博韦周围爆发出来。

* 法国革命者和政治家。——译者

而且,农民的愤怒因盗匪和流窜强盗的劫掠而增强。加之被俘的贵族不能期待政府会设法营救他们,只能自己筹款赎身,法国各地的庄园农民因而承受着更加沉重的苛捐杂税负担。

起义的直接原因是摄政太子为攻陷巴黎而企图切断巴黎的供应。为达到切断巴黎供应的目的,查理试图用他所指挥的少量军队驻守巴黎四周各要塞,阻止粮食转运进巴黎。其中一支在农村征集补给品(他们必须依靠农村生活)的分队遭到愤怒的农民的猛烈攻击。这就是导致燎原大火的火种。农民们愚昧、不守纪律、不惯于使用武器,除去随手可得的东西外,一无所有。许多人穿上用煮过的皮革临时制成的甲胄,扛着用大镰刀和钩刀铸成的剑。他们的领袖是威廉·卡尔。人们能想象到扎克焚烧住宅、杀害百姓、折磨无以自卫的男女以至儿童的残酷蛮横的行为。至少,有一名贵族被穿在铁叉上,在他的妻儿面前被置于火上炙烤。瓦兹河畔很快成为火炉和屠场。卡尔比他的同伙们机智,他意识到除非得到外界的支持并努力争取周围城市的援助,否则起义是没有价值的。如果他的求助引起了注意,如果市民和农民达成一致,最重要的是如果巴黎曾给他们以支持,那么,一场可怕而广泛的社会革命或许已经发生了。但是,除去巴黎,各城市没有理会这一请求。马塞尔对于摄政者欲通过饥饿使巴黎屈服的政策越来越惊恐,领悟到与扎克结盟是击退其阴谋的一种方式。

但纳瓦拉的查理作为一名贵族,作为一名确实具有王族血统的王子,对这一计划是反感的。马塞尔的计划导致了他与查理之间的分裂,巴黎的革命潮流开始衰落下去。尽管农民起义被镇压本身是可怕的插曲,但并未导致马塞尔的失败,而是他的政策给他带来了危害,从而使他的失败不可避免。他的过分奢侈使他与自己的同伴疏远了,巴黎的正直的人们由于这一朕兆而鼓起了勇气。摄政者比谁都清楚地看到事件发展的趋势,并且了解到如果纳瓦拉的要求得到满足,他的土匪队伍,“一个投机者的集团”,就会从巴黎周围撤离。那时,马塞尔及由他酿成的革命也将会失败。那么,巴黎也将会为饥饿所屈服。但迄今为止还存在一些势力妨碍摄政者实行其计划,但并非是马塞尔的势力。

为了达到使纳瓦拉与马塞尔疏远的目的,太子查理在与声名狼藉的纳瓦拉王子的一次会谈中,奉送给他一份私礼,总计有出自王室领地的 10 000 利佛尔的收入,另外还有 40 万利佛尔分期支付,每年 5 万,由战争捐款中支出。尽管背叛的王子被拒绝参加隆重的缔结契约的仪式,但他还是接受了建议,并自解自嘲地说,他“不饿”。使用这样亵渎神明的言词也反映出他性格的一方面。

现在,对巴黎的封锁更严密了。老百姓也开始感到饥饿的危机。由马塞尔煽动起来的暴民对于皇太子的愤怒,现在转向了马塞尔自己。马塞尔冒险给佛兰德城市的市政长官送信,恳求他们为了“人民的自由”而进行调停,但没有结果。7 月,勤王者和保王党军队包围了巴黎,并由纳瓦拉查理的匪兵——其中有许多英国人——增援。巴黎的民兵步兵队进行了几次损失重大的冲击,试图逃脱重围。当马塞尔和他军队中的残存者从一次失败惨重的突围中返回时,在街上受到嘲骂和责备。现在,马塞尔唯一的希望就是离间纳瓦拉的王子和他的同盟者皇太子的关系,而且,他打算使巴黎向纳瓦拉的王子投降,以实现他的计划。纳瓦拉如占有了在塞纳河畔的伟大首都巴黎,也许会梦想推翻瓦洛亚王朝,使自己成为国王。这是马塞尔的最后一张牌。这个计划引起了马塞尔手下官员的怀疑。在大革命时期的巴黎最珍爱的一个月——7月的31日夜晚，当马塞尔正准备将巴黎城圣安托万门的钥匙交给已被秘密引进城的纳瓦拉王子的司库若斯朗·德马孔时，他被自己的部下砍倒。一小时之内，反革命者由于被一直因恐惧而潜伏着的一种力量和情绪所激发，迅速地发泄他们的狂怒。如暴民们通常所为，巴黎的暴民改变了态度。一场血腥的反扑开始了，直到事件发生的第二天（8月2日），摄政太子进入城市之前一直没有停止。太子控制了局势。

但是，对于法国来讲，这次成功不过是午夜里依稀可见的晨光。整个法国北部几乎处在无政府状态之中。纳瓦拉的查理拥有诺曼底，并与英国敌人达成默契，要他们支持他取得法国王位。11月（1359年），爱德华三世率领着一支新组成的军队在加来登陆。他敢于在冬天进行出征，并且想当然地把他的军队驻扎在一片几乎完全荒芜的地区，这一事实反映了他在军事上的无能。入侵者避开了筑有新城墙而便于防御的巴黎城，而对兰斯至夏尔特尔的巴黎周围的地区进行破坏以炫耀武力。法国没有军队进行抵抗，但寒冷的天气却使法国完成了其军队所未能完成的使命。1360年4月13日，初春的一场可怕的大风雪毁灭了数以千计的人和马匹。这一"黑色的礼拜一"* 长期地保存在英国人的记忆中。在一部编年史中这样忧伤地记载着："那是漆黑的、险恶的天气，阴霾漫天、风雪盖地、天气奇冷。许多人死于寒冷。因此，后来许多人称

* 指复活节后第一个礼拜。——译者

这一天为‘黑色的礼拜一’”。

摄政太子抓紧时间进行谈判，以缔结和约，和约于1360年5月8日在昂儒的布雷蒂尼缔结。根据和约的规定，法国放弃了因英国国王领有加斯科尼和基恩的地产而对该两地区所拥有的君主权，此两地后来一直为英王的自由领有地。此外，法国还割让了普瓦图、佩里戈尔、圭尔西、[①]圣东日、鲁埃格、阿让诺瓦、利穆赞及比戈尔给英国王室。反之，爱德华放弃了他对于法国王位的要求。和约的另一个重要内容是安排释放被俘的法王约翰。约翰在英格兰一直生活在王室的豪华之中，他以河滨大街的萨沃伊宫*作为公馆，并领有2 000镑旅居年金。在那段日子里，路易九世获释的情景常清晰地再现在人们的记忆中，约翰本人在写给他的国家的信中也回忆起此事。但过去时代的国王是那样无知，以至圣路易一直被说成是在突尼斯被俘的。事实上，他于1248年被俘于埃及的曼苏拉，1270年死于突尼斯附近的沙漠。同时，被大肆渲染的财务报告书说，由于大量贵金属从法国流出用以缴付路易的赎金，以至皮革制货币成为代用品。法国再次体会到，赎取国王这类要人们是需耗费巨资的。释放国王约翰的赎金定为300万金埃居。但这笔巨款仅相当于从法国强征赎款的一部分。因为除数以千计的贵族外，尚有被俘的法国诸侯和军事官员们仍被囚禁着以待赎救。国王赎金的缴纳是采用分期付款的方式，但其中60万金埃居

① 当英王要求圭尔西诸城履行布雷蒂尼和约，放弃他们与法王的臣属关系时，它们的确表现出爱国主义精神，虽然是无望的。

* 位于伦敦河滨大街和泰晤士河之间的地区。1246年，英王亨利三世把这一地区赐予萨沃伊的彼得，彼得遂修此宫，故而得名。——译者

却几乎要立即付清。

征收约翰赎金的历史极为重要，它给法国的税收打下了深刻的烙印，所以现在要对这一征税史进行详细考察。在此之前，大致回顾一下1360年以前法国的征税情况是必要的。

众所周知，腓力四世时代，国库收入有两个来源：王室领地①（即国王地产）的收入及来自法庭罚款、国玺津贴、通行税及铸币费或铸币税的收入。这些收入维持着宫廷的开支，支付政府官员的薪俸。至瓦洛亚的腓力时期，由于浪费和疏忽，来自王室领地的正常收入虽有行政封地和商业管理税的补充，但已不能满足王室的需要。国王没有权力在王室领地以外的地区征税，甚至在诺曼底和朗格多克这样的省份，不经地方议会审议也不能征税。这些通常的收入不能满足腓力六世奢侈的口味，特别是不足以维持与英国的战争。因而，王室被迫一再向其臣民征收附加税。在此情况下，国王不得不小心从事。因为大贵族和享有许多特权的高级教士、拥有特许权的城市是会小心翼翼地保护他们的权利的。他们经常要求王室削减甚至放弃对部分贵族和城市所征的在计划内的一种附加税。

然而，这些附加税较之其他税收具有更普遍的性质，征收方式根据国王、贵族和城市三方一致同意的办法而改变。对教士征收

① 1328年，由国王直接管理的王室领地或者说领土包括法兰西岛、诺曼底、香槟、阿图瓦、奥尔良内、都兰、昂儒及贝里的一部分。在南方，国王拥有朗格多克、奥弗涅、里奥内。为便于管理，这些地区被分为36个市管区和司法总管辖区，后者是在南方的称呼。法国的其他地区是王室的采邑，由王室的代理人、各封建陪臣直接统辖，其中最大的是勃艮第公国、佛兰德和布列塔尼伯国。在这些地区中，还应包括英国在法国的领地，特别是加斯科尼公国和基恩。

的附加税始终是特殊的什一税形式。腓力六世时第一次附加税是于1328年为征伐佛兰德而征收的,此次出征以卡塞尔战役为结束。为此,国王从22个市管区和王室领地的司法总管辖区征收了231 078利佛尔。记录着这一数字的文件上列举了各市管区的征收数量及方法。有些地方是根据炉灶数量征税,即按户征税。在桑城,每百户人家每4个月付4个苏。在特鲁瓦,是按人头征税的,该税有最低限度的免税,按人们财产比率渐次提高;对那些占有财产价值达500利佛尔以上的人,征4利佛尔10个苏。在鲁昂,税收总额分摊到每一教区,居民根据各自的财产数量纳税;一些教区采取分期缴纳的方式,另一些教区则一次付清。总之,不存在统一的税收制度。国王将地方上采用何种征税方式和方法的决定权交由地方官吏掌握。大多数城市确定了某种特定方式后,由它们自己的机构来征收税款。在许多情况下,城市利用国王对金钱的需要,要求王室确认它们的特权。王室领地以外各省的半独立的贵族也要求保证他们的特权。

战争税是不得人心的,但毕竟事出有因。但是,当腓力六世决定征收一种新的附加税以支付王子诸侯们封授爵位时的奢华花费和为他的女儿准备嫁妆时,遇到了极大的反抗。尽管如此,他在征收这些税款时,仍取得了相当的成功,这是君主政体权力增长的明显证据。

最终,与英格兰的战争,要求法国极大地增加它的收入。不动产和私人财产,为使地产增值所进行的改建、实物和货币形式的收入,家庭、教区、城市、王室所有地、商业和工业全都成为征税对象。腓力四世时即存在的每价值"一镑征一便士"

的商品售出税（人民通常称之为“特税”），这时已增加至每出售价值一镑的货物征收四便士，卖方付两便士，买方付另外两便士。种植葡萄的省份尤其要负担这项税收。这里应详细说明的是，沿海省份税收额的提高是为了用于海岸的防卫，而不是为了通常的战争目的。应征服兵役的贵族如缴纳其岁入的1/5即可免除服役义务；同样，这一规定也适用于自由持有农；城市必须交出其海关年收入的1/5。这是对整个王国征收的格外沉重的税收，而实际上并不可能征齐。各处都有调整税额或征收额定税款之一部分的现象发生，在那些王室领地之外的省份更是如此。这就是说此类税收在各省、各城市和各领地之间并不是统一的，而是形式各异的。巴黎为使其面包、酒、干酪、青鱼和一般的毛织品能够免税，交纳了18 000图尔锂。因为在巴黎，始终存在着对于骚乱的恐惧，而物价昂贵或时世艰难是导致骚乱的原因。除贵族、教士、教育部门、学院、巴黎大学的教授及政府的官员得以免税外，其他形式的税收固定不变。这些从1337年开始征集的五花八门的普遍税收几乎每年都以这种或那种形式被重新征收。由于战争的继续，各省都遭到破坏，收入减少了。地方上对于税收的抵制时有发生，接连公布的法令就是政府在经济上极为窘困的明证。在王室领地以外的各省，又存在与大诸侯的摩擦。因而需要设立一项能够提供可靠收入而又容易征收的普通税。种种需要考虑的事实促使了两项特别税，即炉灶税（fouage）和盐税的设立，它们势必成为永久性的税收。

如前所述,炉灶税[①]是一种由户主承担的税。依照规定,该税税额为 10 个苏,每 5 年征收一次,以炉灶数为征收单位,而炉灶数量则以每五口之家用一炉灶来估计。于是,家庭的炉灶数就不可能与应纳税的炉灶数相一致,因为后者是一种假定,是为征税目的而设立的单位。一个大的家族可能会按两个或更多的炉灶数征税。炉灶税是一项有利可图但很不受欢迎的税收。盐税就更是如此。这种盐税源于西班牙,后为瓦洛亚政府所采用。在盐税被古代西班牙采用之前,就已经具有悠久的传统。征收盐税似乎开始于亚历山大大帝时代,罗马帝国时期沿续下来。后来,直到圣路易把它作为一种特别税来征收之前,该税销声匿迹已近千年。由于盐税极不得人心,以至于贪得无厌的美男子腓力也不敢予以恢复。但该税似乎以不太明显的方式,在受罗马传统影响较强的西班牙保持下来。法国的国王们无疑是在法—西政治关系密切的时候了解到这种税收方式的。该税可能源于阿拉贡,而不是卡斯蒂利亚。[②]

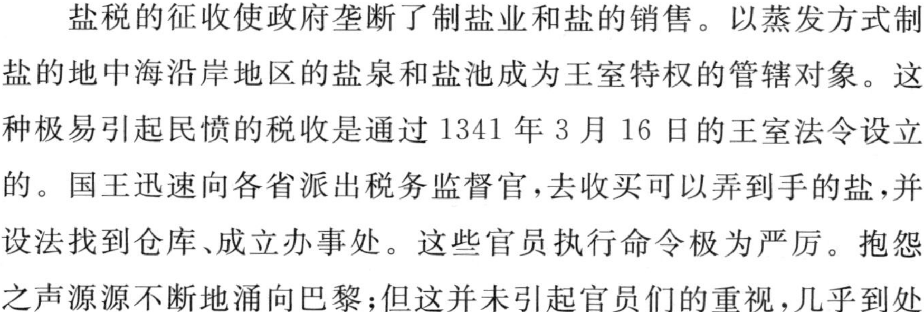

盐税的征收使政府垄断了制盐业和盐的销售。以蒸发方式制盐的地中海沿岸地区的盐泉和盐池成为王室特权的管辖对象。这种极易引起民愤的税收是通过 1341 年 3 月 16 日的王室法令设立的。国王迅速向各省派出税务监督官,去收买可以弄到手的盐,并设法找到仓库、成立办事处。这些官员执行命令极为严厉。抱怨之声源源不断地涌向巴黎;但这并未引起官员们的重视,几乎到处

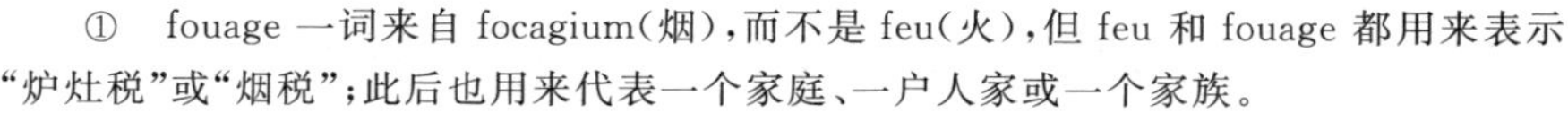

① fouage 一词来自 focagium(烟),而不是 feu(火),但 feu 和 fouage 都用来表示"炉灶税"或"烟税";此后也用来代表一个家庭、一户人家或一个家族。

② 菲诺:《关于盐税起源的历史问题》,1866 年。

都在征收盐税。人们的不满变得更为强烈。因而在1346年召开等级会议时，腓力六世温和地表示，他无意使盐税成为一项永久性的税收，它不过是一种“战争税”。议会听信了他的话而休会。但该税却被保留下来。法国国会不同于英国国会，后者极力要求得到王室的特许权和限制王室的权力，以此作为王室征税、征收补助金的回报，因而在英国奠定了议会政府的基础；法国则不然，它的等级会议恭顺地屈服于国王的要求，因此丧失了由战争所带来的在法国建立立宪政府的机会。

由于战争的形势越来越糟，这些税的征收也愈益困难，而战争经费又持续地增加。货币制度的混乱，使情况更为严重。1328年至1355年间，政府制定了22项财政法以修改币制。1343年，腓力六世宣布政府恢复“圣路易时期的优质货币”。这不过是一个无耻的借口，甚至在腓力四世统治时也未曾有过这种诡计。这不过是给政府提供一个以劣币支付其债务、以优质币收税的机会。而且，为了维持战争，腓力六世也曾依靠其他权宜手段，如出卖特权、给予私生子以合法权利（以收取一笔手续费），以及永远管业的转让手续，根据传统程序，人们只有缴纳一笔高额手续费后才可把遗产馈赠教会。

1346年初，即克雷西战役的那年，在王室公告的前言中提到，国王听说盐税和四便士特税的征收“在朕的臣民中间极其不受欢迎，以至于市民、农民、大多数官员及钦差专员们一致不满于此，且闻朕之臣民已觉负重不堪”，故召集“朕之王国的僧侣、诸侯、僧团和优秀城市以修正所有这些问题”。这一时期有两个等级会议：法国北部（朗格多埃尔）的等级议会在巴黎召开，国王出席之；法国南

部(朗格多克)的等级会议在图卢兹召开。两个议会再次宣称,盐税和四便士商品销售税仅是暂时性税收。值得注意的是在这两个议会中各省分别投票,即每个省都是一个拥有一张选票的选举单位。每一省各阶级的代表,即教士、贵族和市民都作为统一的整体进行选举。根据这种制度,小省和大省具有相等的权利。但由于两个特权等级之间的关系比这两个等级中的任何一个等级与第三等级间的关系都更为紧密,在各省的议会中,教士和贵族通常在选举中占优势。而且,由于国王是贵族之首,故他与特权等级的关系较之他与平民间的关系要缓和一些。

克雷西灾难之后,在加来受围困期间(1346～1347 年),国难当头,这使腓力六世能采取增加国家收入、平息人民怨愤的非常措施。1347 年,国王在蓬图瓦兹召集一个省议会时只能说:“我们现在处于一个无法描述的困境之中。”克雷西战役已经表现出贵族在军事上的无能,法国政府打算以雇佣兵来代替之。所以,1347 年,我们发现了一种提高贵族的代役金的方法。加来战败之后,为装备一支舰队进攻英国(也许是以此为借口?),新的勒索又在进行,但以此为借口而得到的收入并未用于这一目的。

无能、浪费、贪污等所有与这些财政手段密不可分的现象极为严重,以至于腓力六世若不能仰赖于教会什一税和教皇借贷,在财政上将会更拮据。幸运的是,自腓力四世统治时期以来,政府就可以指望什一税成为永久性财源。他们年年征收什一税。从原则上讲,阿维尼翁的教皇们对这一做法始终是赞同的。因为教会征收什一税时,范围很广,而且显然比政府的税收更公正。这里,可举一例子说明上缴国库的什一税的大致数目。1330 年,什一税提供的金额为 278 832 利佛尔 10 苏 5 但尼尔(图尔铸币);税金的支出为 12 841 利佛尔 15 苏 9 但尼尔,给予国王的余额是 265 990 利佛尔 14 苏 8 但尼尔。修道僧们企图享有教区教士们未享有的免税权,猛烈地攻击这项为政府目的服务的什一税。锡佗修道院长写信给国家财务大臣道:"锡佗诸修道院即锡佗教团千辛万苦地依靠他们的领地、葡萄园、羊群和畜群生活。经营农业在一些年份里入不敷出,尤其是新的货币流通以来更是如此,因此我们不得不向我们的工人和雇工支付新货币以代替旧货币。"然而,在腓力六世统治初期,他竟将什一税用于举行庆典和赏赐宠臣。这一极恶劣的浪费行为激怒了教皇。1336 年,教皇停止了政府对于什一税的使用权,直到与英格兰的战争恢复之后,这一特权方才重获。而且,瓦洛亚的腓力以向许多城市,特别是向庇卡底城市出售王室"保护特许状"的方法,得到经济上的好处。该特许状保证对于城市的特权和自由予以特别保护,以此作为对城市提供财政援助的回报。所谓保护是迷惑人的,但却收到了确认城市自治的实际效果,因此,这有助于资产阶级的成长。

腓力六世也求助于向意大利银行家借贷、并向自己的臣民强行借贷的手段。前者的利率非常之高,后者则常常是事实上的专横征用。然而,国王的最大银行家还是教皇。罗马教皇从全体基督教徒那里得来的收入是一笔巨款,由于教皇是法国人,故慷慨地给予法王贷款。在大战初期的 1345 年至 1355 年间,教皇预付了 339.2 万金弗罗林的巨款。这笔款项是法国君主最充足、最现成的财源。当英国政府还未获得关于这些借款的证据时,已敏锐地猜测到教皇的财富正在供给法国国王。因为同在其他国家一样,教皇也从英格兰获得大笔收入。英国人民对于他们自己正在支持其敌人法国来抵抗他们自己这一事实的愤怒情绪是无法安抚的。

1360年布雷蒂尼和约之后,由于法王室的部分最富庶的省份之丧失以及建立王子封地的灾难性政策导致岁入的转让,政府的岁入比任何时候都更少。既然战争似乎已经结束,人民纷纷要求恢复美男子腓力时期的自由的古法国并要求废止瓦洛亚朝国王们曾征收过的特别税。与这个要求交织在一起的,是行会的垄断所引起的、存在于下层工人阶级中的经济和社会的不满,以及存在于农民阶级中的模糊造反意识——在农民中,对扎克雷起义的记忆还未消失。我们很快就会了解到,如果法国能够避免一场像1381年发生于英格兰那样的农民起义,它也必将与佛兰德和佛罗伦萨一样,经历一场在主要的城市里发生的广泛的行会起义,即一场具有真正革命性质的、体现一定的反社会倾向的起义。

为了解释人民对于这一时期政府对他们所征苛税的愤怒,必须记住,最使人反感的税收,如盐税、炉灶税及贸易中的四便士商品税,都是新设置的。国民们怀着愤怒和恐惧注视着这些税收成为固定税收的前景,结果确实如此。赎救国王约翰所需要的大笔款项使腓力六世恢复的种种征税的权宜手段成为永久和固定的了。1360年12月5日的一项法令在“为救赎国王的附加税”的名义下设置了上述三种税;它们因以前曾偶然被征收过而为人们所熟悉,但此时,这些税已成为法国税收的永久特征。

炉灶税对于经济史家具有特殊的意义,因为炉灶税的金额可为他提供以其他方式所无法得到的统计学的情报。法国于1360年和约中宣布放弃了已分离的省份之后,除拒不服从这一税收制度的勃艮第和多菲纳之外，估计法国约有一半的相当于现在的县的行政区都征收了炉灶税。被征税的炉灶数在200万至230万之间，税收总额达400万～500万美元。如前所述，由于炉灶税始终不是按人口来评定税额的，因此，上述数字不可能达到更精确的程度。例如，在朗格多克，有时是根据不动产征税，有时则是以炉灶或住房的价值为单位对商品进行估价征税，但仍被称为炉灶税。此外，有亲属关系的几个家庭的财产可能会被合在一起进行估价，再进而确定应按多少炉灶征税。换一句话说，炉灶税只是一种估价税收的虚构单位，收税人借助于这种单位决定地方上各种不同财源的可征税数量。这样确定的税收无疑会经常得以豁免，而且税收也肯定是不规则的。在遭到战争破坏的省份里，炉灶税必然会征收得少一些，而从未遭到英国人入侵的朗格多克又享有一些特权。据推算，炉灶税的总数和其他税收的比值一直是8∶25。

这些因筹集国王赎金的需要而设置的税收，在法国后来的历史上有重要影响。这是建立一种定期的、永久性税收体系的尝试。但它们在各地的征收情况是不同的。在法兰西岛和诺曼底，这些税的征收基本上遵循着法律文件的规定。在那里，一个有效的财政机构得以发展。该机构的主要经理人是总收税官和司库。在他们之下，还有被称为"当选者"的地方收税员和"主教管区收税员"。后者负责向教士征集贡品。除去托钵僧团，各派修士都要纳税。但在一些省，特别是在享有一定程度自治权的朗格多克，税收由地方官员而不是王室官员管理，在一些较大的城市里也采取这种方式。

一位谨慎的法国历史学家估计，在查理五世统治时期，法国所承担的战争税的总额为 3 300 万法郎，若按世界大战前 1 法郎合 19.25 美分计算大约值 650 万美元。这个总数似乎不大，除非人们知道 14 世纪货币的购买力至少相当于现在的 4 倍甚至 6 倍之多。因此，王室在 1369 年至 1380 年间的解放战争中的全部税收至少是 2 500 万美元，也许将近 4 000 万美元。但这并不是税收总额的顶点。因为我们须记住，除去这些王室税收之外，法国各阶级的人们都要缴纳教会什一税；贵族有义务纳“补助金”，并被强制完税；没有人身自由的农民要为领主服劳役或是缴纳货币地租、向领主纳税。这样，税收总额是多少，就只能猜测了。

于是，就提出这样的问题：瓦洛亚朝时期法国的人口数是多少呢？根据 1328 年征收炉灶税的登记册所反映的炉灶数(该统计数来自 48 个县，超过近代法国人口的一半以上)，并与 1851 年的人口普查数作一比较(使用这一数字较之使用最近的法国人口数据为好，因为 1851 年近代大都市还没有大规模发展，法国也还没有发生农村人口向城市的大规模转移)，由此发现与 1328 年的 2 465 948 个炉灶相应的地区，1851 年的人口数为 18 767 000。考虑到 1328 年的每一炉灶代表 5 人，那么，将炉灶数乘以 5，我们就得出当时的人口数为 12 329 740；享有教会特权的教士、大学教授和学生不包括在内，贫民和赤贫者亦除外。因此，1328 年法国的人口数比 19 世纪中叶的人口数少 1/3。但是，这一比例差与一些省的资料提供的数据不一致。例如，1328 年勃艮第有炉灶 3.2 万个，即 16 万居民(估计数)，而该地区现在的人口数则在 40 万以上。但是，由于近代人口的增长主要是在城镇，因而可正确推断，法国农村的人口自14世纪以来一直没有明显的增长，在一些地区甚至还减少了。

但查理五世不同于1328年的腓力六世，能够拥有那样多的可征税地区和人口。1360年的布雷蒂尼和约已将普瓦图、佩里戈尔、圭尔西、圣东日、鲁埃格、阿让诺瓦、利穆赞、比戈尔割让给英国。这些行省之割让给爱德华三世，对于法国来说是数千个炉灶的损失，否则这些"炉灶"是可提供炉灶税的。不能征收炉灶税的地区还应包括属于恶人查理的法属纳瓦拉和诺曼底，以及爱德华三世之母嫁奁的一部分蓬蒂厄（该地事实上是处于法国包围之中的英国领土）和加来地区。而且，一些遭受英国人严重破坏的地区被免除了炉灶税。这些地区大部分在法兰西岛，它们是在1359年的战役中遭破坏的。将这些地区合在一起给查理五世造成的损失就是巨大的了。他拥有的炉灶数只达腓力六世时期的一半多，能纳税提供岁入的人口也只有一半。

然而与英国这一时期的财富加以对比，如果法国各行省都一直处于正常状况，无一受到破坏，那么，法国几乎比英国富3倍。因为1360年以后，英国只拥有不超过8 600个教区，而法国则有22 000个。对动产征税是在理查三世统治的第二年（1378年），其中2/10征自城市，2/15征自农村，估计比法国的同类税负担要重。结论是不可回避的，即腓力六世和约翰二世统治时期军事上的失败和悲惨境况应归咎于这几个国王的疏忽和浪费。法国这几个祸国殃民的君主是前无仅有的。

当时，为筹集国王的赎金而征收的额外税款对法国来说是极为沉重的负担，以至于一些省份一再处于起义的边缘。这些情况因查理五世公正和有力的统治而得以扭转。由于和平和繁荣的出现,这一沉重负担逐渐得以解除。1370 年,在卡尔卡松司法总管辖区,炉灶税的征收数目由 90 000 炉灶减至 35 623 炉灶;在博凯尔由 70 000 减至 23 478 炉灶;在图卢兹由 50 000 减至 24 830 炉灶,也就是说,炉灶总数由 210 000 减少至 83 000。到 1378 年,“炉灶”数已减至 30 000 个。

在征税史的考察上,我们走得太远了,现在有必要回到 1360 年。

布雷蒂尼和约之后,英国人的入侵让位给一场新的灾难,对于法国,这场灾难依然是可怕的。一些武装的匪帮以蛮横的抢劫为职业,并向心绪烦乱的居民勒索赎金,从中获得很大收益。这些匪帮被称为“自由支队”,是英法正规部队的残余。甚至城市也遭到抢劫,阿维尼翁的教皇亦未幸免于被这些强盗敲诈。“自由支队”由具有各种不同国籍的冒险者组成,这些人曾被法国、英格兰及背叛者纳瓦拉的查理所雇用。他们从未有过共同的首领,但几个团体之间存在亲密的同盟。他们行动的迅速以及法国的衰弱状况使他们容易集合而采取坚决的行动。1360 年,他们野心的主要目标是截取由朗格多克送往圣奥梅尔的圣伯尔丁修道院的赎金,和约规定此处为赎金存放地。幸运的是,这笔财产被保全下来。但恶棍们立即转向阿维尼翁的教皇,据说他的财产数量惊人。这伙人为了讹诈一笔巨款扣押了乌尔班五世。教皇们之所以用围墙和塔楼将阿维尼翁牢固地设防起来,也就是由此得到的经验,这些塔楼和围墙至今仍被保存下来。

查理五世发现了一个能够对付这些歹徒的布列塔尼名将,此

人名贝特朗·迪盖克兰,曾任法军元帅,即司令员。经过7年的不懈努力,法国摆脱了这些游击队的骚扰。他们中的一些人被逐出法国,在意大利寻找新的活动区域;一些人转入德国,那里,德国城市的强大市民义勇军消灭了他们;剩下的一部分越过比利牛斯山脉,流窜到卡斯蒂利亚,那里,残忍者彼得和他的异母兄弟亨利·特拉斯塔马拉之间进行的王位继承战为这些匪团提供了加入冲突中任何一方的机会。在普瓦蒂埃战役之后曾被爱德华三世授予加斯科尼和基恩总督职务的黑太子,怀着获得更大军事声望的愚蠢野心,加入彼得一方介入了这场冲突,并且由于在他所统治的省份征收新奇的法国炉灶税而极大地触犯了他的臣民。

英国人在西班牙的干预给加斯科尼和基恩带来了新的沉重的税务负担。被黑太子轻率地勒索的炉灶税的刺激并不仅在于它的新奇,而是由于它的分量。因为该税比法国征收此税的惯例要重,在这块土地面积不大于今日法国的9个县的地区,税收总额达到了120万利佛尔。一些因个人的原因怀有不满情绪、并为法国的金钱和贿赂所诱惑的贵族发起了一场叛乱。城市也追随他们,以逃避特别补助金,城市宣称他们有免缴此税的特权。他们也为查理五世提供的更大的特许权所诱惑。

与此同时,在查理五世贤明的统治下,法国正缓慢地修复战争的创伤。1369年,加斯科尼贵族委派代表到巴黎向国王抱怨黑太子的不公正,查理五世欣然倾听。当战争再起时,形势倒转过来。每一重要的法国城市都筑起了城墙、囤积了粮食并派兵员驻守,以抵御进攻;迪盖克兰已经重组了军队;法国的农业和商业已日渐繁荣;国库殷实了。当黑太子的军队入侵法国的省份时,农民们带着他们的家畜和财产逃进筑防的城市。村庄、小村落、农舍和庄稼有可能被烧毁,但居民是安全的。除利摩日之外,筑防的城市抵抗住了进攻。入侵者很快陷入饥饿状态,这是他们自己实行的破坏性政策带来的结果。而迪盖克兰则避开正面对阵,采用拖住英军后卫伺机袭击的方法,切断落伍兵士和粮草征发队与主力队伍的联系,不断对英国人进行骚扰,他自己的军队则未受损失。英国人最终放弃了进攻,开始退却。法国军队随之转入了攻势,侵入英国人领有的省份,那里的许多居民首次表现出一种真正的法兰西民族的民族意识,和法国士兵携手抗敌,支持他们的征服。几年内,查理五世占领了英国人在海峡对岸的全部行省,法国成为一个领土完整的国家。法国实现了它的梦想,把领土扩展到比利牛斯山脉。英国残留的全部法国领土仅有波尔多莱——波尔多的城市及其周围地区——和加来地区,法国还不具备足以获得这些地区的海上势力。1380年,当查理五世和他的英雄将领迪盖克兰都死去后,百年战争的第一阶段真正结束了。布雷蒂尼和约不过是一个休战和约,尽管它被正式地称为和约。该和约为法国提供了养精蓄锐的9年时间。

现在,有必要考察在查理五世的开明统治时期法国的内政情况,因为除去与战争史有关的征税问题,这一课题尚未被考察过。

讨论首先涉及查理五世恢复货币体制的问题。操纵货币是瓦洛亚朝的国王们使用的最可鄙的诡计之一。王室因而至少逃避了它的一部分债务的支付。好人约翰是比他父亲更糟的劣质货币制造者。查理五世清楚地认识到,稳定而可靠的交换媒介是经济基础得以稳固的福音。圣路易创设一种稳定的优质货币时，已经提供了一个王室的先例，但他的继承者愚蠢地忽视了对该先例的遵循。腓力六世统治之初，他的确在努力恢复“一种圣路易时代那样的稳定的优质货币”，但在1337年到1350年间，由于战争的急需，迫使国家的货币制度至少有24次明显的改变。甚至查理五世在普瓦蒂埃战败之后，作为摄政皇太子，也曾被迫使用同样的权宜手段。1360年12月5日的一项法令，宣布实行一种新币制，该币制使用纯金银铸币，其价值由金、银之间的比价确定，比当时流通的货币更有信用、更加稳定。这种新货币体系的建立是尼古拉·奥兰思想的胜利。尼古拉·奥兰是当时伟大的经济著作家，他启发和指导了查理五世确立他的货币政策。这个杰出人物一直是巴黎大学纳瓦拉学院的院长，并出任利西厄的主教。他是14世纪法国知识人士的光荣。他的著作包括神学、自然科学、医学、政治学、政治经济学和为查理五世翻译的亚里士多德的《政治学》，但他的最重要的著作是著名的《论货币的起源》，这是中世纪经济学方面的最重要的系统论著。该书最初用拉丁文写成，很快译为法文，书中反映出作者受到亚里士多德的强烈影响。实际上奥兰的译著《政治学》和他的《论货币》于1372年同时出版。后者阐述了他对货币的起源及用途的一些看法，揭示了使用货币的必要性源于古代而流传到中世纪。奥兰在这部论著中反对人们通常所强调的、货币是君主的财产的理论。他认为，货币是其拥有者的财产，是以薪俸或工资的形式代表他的劳动和世袭财产。他承认金银货币铸造税或者说君主为将贵金属制成货币投入流通而征收的费用是正当的，但他反对这种特权在中世纪的滥用，如滥发货币、降低贵金属的成色、改变铸币重量等弊端。他认为,君主改变金银之间的自然比率,或发行“疲软”的货币都是不合法的、残酷的。因为,劣币会把优质币排除于流通之外,如果没有维持适当的比率,会造成优质货币的囤积。“坚挺”的货币应该保持贵金属间的正当平衡,应该是稳定的流通货币。与路易十一分享着瓦洛亚朝最有才干的国王这一荣誉的查理五世,是奥兰思想的信奉者,他禁止发行他的前任国王铸造的劣币,使法国处于一个稳定的货币体系的基础之上,至少在他统治时期是这样。

1364 年,铸币厂在图尔建立,以后的一些年中出现了许多铸币法令。1379 年,国王禁止外国货币在王国领域内流通,禁止使用以往发行的旧币,并为建立一稳定的货币体系作出了其他一些规定,并禁止金银手工艺品加工,但教会除外。

查理五世的政策是加强王权,在王国境内树立国王的一统权威。由于城市实际上是封建制度下的法人,其权力和义务都为特许状所规定,国王非难和限制城市,同对封建主的态度相同。在他还是皇太子和摄政者时,他声称有权设置“市政官和公社”。继承王位以后,他则承认了大批原有的特许状,但只建立了一个新的城市公社。他更经常地通过对公社组织进行压制的方式,行使其对于城市的权力,在城市无力缴纳税务时,他给予一定的恩惠,在城市对国王有不忠实的表现时,他给予适当的处理,公社因此而被强制变为王室领地的一部分,只能由王室的权力重建。但城市所受的严酷的课税勒索,通过王室的让步,即把税收总数中,每 12 但尼尔的 1/6、1/4,甚至 1/3 的款项,用于城防工事和护城开支,而得到了某种程度的补偿。国王的严格统治给城市带来了安全和和平，在此条件下工业繁盛起来。总的来讲，在查理五世统治时期，城市是效忠于他的。

此外，查理五世对王室领地的管理进行了一次最彻底的改革。在1372年的一项敕令中，我们找到了涉及王室领地管理规章被严格实施的证据。此项敕令免除了一个叫爱德华·塔德兰的人的王室管家的职位。因为他触犯了一项规章，这一规章要求把王室领地上全部收益先上缴巴黎国库，然后才能扣除作为管家的服务而应得的报酬。许多批准人们去王属树林搜集木柴的特许状表明，王室领地受到了足够的监护。

14世纪，王室竭力维护对于每周一次在巴黎的市场进行商品销售的垄断，并加强其控制。市场出租商品陈列柜台，由巴黎的行会收取年租。这些行会必须支付必要的修缮和扩建所需费用，如果遇到火灾还要重建市场设施。这类设施是很常见的，而且很快地，几乎所有的职业团体都建立了独立的市场。国王尽量增加集市日的数量，以增加他的岁入。1368年10月3日的一项法令规定每星期三、五、日为王室市场日。这引起了激烈的反对。一些行会除星期天外可免予使用市场；其他行会必须每星期使用两天，星期五和星期天。这样，国王出于财政上的原因控制了市场。开始，商人们愿到市场去，因为在那里一定能找到买主，但在百年战争期间买主们舍弃了市场。商人们付了租金却又不能售出任何货物，也舍弃了市场。王室开始与他们有了新的冲突。

其他大城市的情况与巴黎大致相同。商业活动退出了市场，改变商业关系性质的时代到来了。开始，贸易的主要物品是呢绒商品、毛皮、宝石。但在14世纪食品亦单设了销售场所，不久，市场也预定给外国商人。查理五世仍然保有王室特权,规定唯有国王有权对所有市场和集市进行管辖和征税。

然而,虽然原则已定,但该原则并非始终奏效。国王在强迫大封建诸侯如佛兰德伯爵、勃艮第和布列塔尼公爵承认他的特权时,并非总是成功的。当14世纪市场开始衰落时,除了在定期集市和重要的市场内,国王无法使他的要求实现。在规定的日期里开放的市场被置于自治城市的权力之下。我们发现市政机关拥有了设置市场、改变市场和管理市场的权力。这表明市场已失去了以往的重要性,正走向衰落。

人们自然会从市场和集市的讨论,过渡到对于商业的考察。首先应该注意到法国在14世纪获得了两块重要的领土,其中至少一块给商业带来很大好处。两次获得领土都是在1349年发生的。所得到的地区是蒙彼利埃和多菲纳。蒙彼利埃属于马略尔卡王国。在得到这一地区之前,法国的国王们甚至试图通过武力拦截到马格隆纳和蒙彼利埃入港的船只,当监视人远远看到在海上的帆船时,便吹响他们的号角,一只随时准备进行拦截的船只听到信号后即刻驶出,迫使对方进入埃格莫特,缴纳航海税,税额为每值1镑的船货交1便士。船长们往往力图避开监视人的警戒,有时在夜间航行,这与中世纪的习惯是绝对矛盾的。倘若被迫交纳了入港税,那么在埃格莫特卸下他们的货物就要便宜一些。早年间,人们已开凿了一条运河,以便将埃格莫特和罗纳河的主要支流联系起来。后来,另一条运河沟通了与蒙彼利埃的交通。这样一来,所有的进口货物都被集中于埃格莫特;许多出口的货物也只能经由这个港口运出,如羊毛和所有属于应纳“高额过境税”的商品。

但埃格莫特是一个人工建造的港口，易于淤塞。1336年一度需要准许船只经由朗格多克的其他运河进入法国。

1293年，美男子腓力从马格隆纳大主教手中得到了蒙彼利埃旧城以及对该城市的其余部分的宗主权和拉特要塞(这是属于马略尔卡国王的)，从而，为吞并蒙彼利埃铺平了道路。这一事件引起了许多政治上的摩擦。1341年，由于阿拉贡的彼得四世的挑唆，马略尔卡国王借口马格隆纳主教的行动未得到教皇的许可，拒绝承认法国对于蒙彼利埃的君主权。但在1349年，马略尔卡被阿拉贡占领，被驱逐的马略尔卡国王詹姆斯三世因为希望收回他在海岛上的国土，以12万金埃居的价格将蒙彼利埃卖给了法国。这对法国是有利的交易。因为蒙彼利埃可由一条运河通向地中海。1349年，当蒙彼利埃成为国王的城市时，埃格莫特的特权终止了。

由于多菲纳处于罗纳河与阿尔卑斯山之间的法国领地包围之中，因而，1349年法王从无子嗣的多菲纳伯爵于贝尔二世手中购买这块领土时，其政治利益远大于经济利益。但获得多菲纳也使法国得以控制从格勒诺布尔及尚贝里通往意大利的皮埃蒙特(摩德纳和都灵)的圣让德莫利昂纳小山口的西端，因而也得到了经济利益。然而，与第一次兼并相比，这次获得土地的代价是昂贵的。

由于急需货币，迫使国王加重消费税的征收，如盐税和入城的商品税，这就使他卷入麻烦的商业税务中。在这方面，查理五世的统治制定了一项新的错误的政策，并和盐税一样成为永久性政策，与君主政体一样长久地维持下去。由于王室领地已逐渐增多，连成一片，于是国王废除了以往封建领地对商业征收的古老的、使人恼火的各省份之间的通行税，只对国内商业征收桥梁税和浅滩税及几种古代的通行税、市场税和后来的入城税。查理五世恢复了旧有的省际间的商业税，这是在关卡税的新名目下征收的旧有税收。对普通商品征关卡税已够不幸的，但将这种税收用于法国的主要谷物小麦和酒时实际上就绝对是一种祸害。令人遗憾的是，这种极坏的先例居然能够确立。因为在古法统治时，关卡税的沉重和滥征是引起民众极大抱怨的原因之一。直至1789年革命之前，这种税一直没被废除。

法国在查理五世统治时期的经济恢复并不像人们所曾期望的那样完好。由于1360年至1380年间一些税收改变成永久性税收而导致了国内危机；加之英国人从1369年至1373年对法国的有计划的掠夺，使国家的部分地区遭到毁坏。然而，工业和商业还是得到极大的发展。由于和平的实现，工人从一个城市迁往另一个城市，这些工人传播他们所拥有的关于生产方法的知识。查理五世颁布了一系列与工业有关的法令，但都带有加强国王对于行会控制权的特点，而且查理五世还支持一些生产奢侈品的工业。

查理五世还颁布了大量干预商业的法令。1364年9月，他承认了绸布商团体和他们的行会规章；1367年，他批准了巴黎帽商行会的规章；1371年，批准了理发师行会规章。其规定在某些方面非常宽大，在另一些方面则十分严格。管理家禽贩的条例规定，凡在巴黎的家禽商可以按照自己的意愿雇佣他所需要的学徒，人数不限。相反，对帽商则规定任何一名匠师都不得雇佣超过一人以上的学徒，而且不准学徒为其他匠师工作。学徒期规定为五年。查理五世有时不仅限制学徒的数量，且限制匠师的数量，因而导致了有利于匠师的固定垄断权。但国王始终注意扩大他对于行会的控制权,因为这是使他的市长能在巴黎监督管理所有贸易者的一种简便方式。

城市的理发师们由国王的理发师控制,他在王室家族中相当于近侍身份,国王的理发师是处理触犯或违背行会规章的裁判员;但只是在预审的情况下是这样。经过他的裁决后可以向巴黎的市长起诉。同样的诉讼程序流行于其他行业的诉讼中。国王的面包师拥有对于巴黎面包匠们的审判权,国王的御马官对于铁匠也有同样权力,但上诉则属于国王的市长的职权。市长的权力因而大为增强,在起草管理商业的法令和关于罚款的问题上都要与之磋商;他发布适用于这种或那种商业的法令,这些法令要在整个城市施行。他任命司法监督并接受来自他们的报告。

人们可以设想到,查理五世依靠市长对于巴黎的贸易和工业进行全面的管理。关于这个问题的法令公布于1371年、1372年及他死后的1382年。第一和最后一个法令失落了,但我们还保存有1372年9月25日颁布的一个法令。在这个文件中,查理五世规定只有巴黎市长拥有在全城范围内和城郊督查贸易、城市供给和商品贸易的权力,并监督法令和惯例的执行,提出必要的改革建议,废止不适当的法规。

查理五世极为重视行会应负的义务。巴黎的织工们承担了警戒任务。但由于该行会很富裕,织工们已向国王缴纳了一笔钱,从而免除了他们的义务。但是,由于战争的消耗和因疾病引起的人口大量死亡,织工们再也缴不起这笔钱了。于是,他们将自己的作坊建造在享有免税权的教会地产上,以逃避这种课税。以前王室领地上的 3 000 户织工只余 16 户。1372 年 4 月,查理五世宣布在他直接管辖下的织工都应该出资以免除这项警戒义务,除非他们能像其他行会一样亲自担任警戒,方可免缴这笔钱。每个行会每年要有 3 周担任警戒;如果有人玩忽职守,看守长则指定他人代替而要求该玩忽职守者承担这笔费用。此外,除了行会需维持的警戒外,每晚都有一支由 20 名骑兵和 26 名步兵组成的卫队巡夜,由一名骑士指挥。1368 年 2 月,国王对此进行了修改,规定由 20 名骑兵和 40 名步兵而不是原来的 26 名步兵担任王室的警戒。这些士兵无其他职业,他们的报酬是固定的。国王也强迫一些迄今为止一直免于担任警戒的行会来担任警戒。但理发师们得到特别的豁免,因为他们常在夜间被召唤来代替医生和外科医生陪伴病人。

查理五世还批准了大量的巴黎自治团体的章程,并扩大了王室对贸易的权力。他还对王室领地上的大批城市进行干预。1375 年 6 月,他承认了桑城车床工行会的规章;1376 年 5 月 16 日,他为翁弗勒的呢绒制造行业颁布了规章;1356 年 7 月,他在马弗茹尔颁发了规定呢绒布匹的长度和宽度以及亚麻制品的各种型号的许可证。因而,正如埃伯施塔特已经证实的那样,我们看到国王越来越多地干涉着行会的事务,这些事务过去一直是由行会自己管理的。

起初,每个工匠团体都有一个商标。例如,织工们在他们织成的呢绒布边上织上一个特殊的标记。这一标记是商品产地及制作合格的证明。呢绒经检查合格后,行会的师傅予以承认,并加盖火漆印或做上记号,以证明其质地优良并标明其产地。国王查理开始为部分产品的商标做保证人。因此，1365 年 1 月，他授予一个名叫埃弗拉尔·德伯塞的刀匠和他的从事本行的继承人以一种特权，即他们可在其制作的刀身上烙下一只鹿角。这个标记以前曾属于一个叫让·德圣德尼的制刀匠，此人曾为上文提及的埃弗拉尔工作，但他死后未留下合法继承人。查理五世禁止所有其他制造者使用这个标记。他甚至为这一行会的商标做保证人。

但国王并不限于只为这些商标做保证人。他之所以需要这样做是为了公众的利益。他在他所批准的织工的法规中，颁布了这一自治团体的标记。后来，他声称这种标记是一种王室的特权，是王室为其自身利益而并非是为自治团体的利益而发明的。这样，授予商标变为一种王室的垄断，要得到这样一个商标，则要缴纳一种"商标税"。

查理五世制定了如此繁多的工业管理规章，因而当然被称为具有了真正工业政策的人。但最重要的是他赞助了一些满足奢侈享乐的工业。他还是一个伟大的建设者。在巴黎东面、腓力二世的围墙之外，他购置了许多相邻的地产，并将它们连接为一个富丽堂皇的整体，那里有小教堂、长廊、精心设计的花园、樱桃园以及收养了狮子和其他动物、野鸟的动物园。而且，他还雇用了大批工匠在万森修建了城堡和教堂，并在巴黎修建了巴士底狱。教堂和城堡至今仍矗立着，巴士底狱则于 1789 年被捣毁。他修建了塞莱斯丹修道院，在该修道院的入口，人们至今仍可见到他和他妻子的塑像。在马恩河畔，他建造了美丽的乡村别墅。事实上，他是一位精力如此旺盛的建筑者,正如克里斯蒂娜·德彼珊*所说:“他长于建筑。”

作为他过细控制贸易的部分补偿,查理五世努力恢复在法国的一些大河上,特别是塞纳河上进行贸易的自由,但未成功。1315年,鲁昂商业公会的垄断曾遭到路易十世的压制,在下塞纳河地区,贸易自由建立起来。但在芒特和维尔纳夫·圣乔治之间的河道上,巴黎商业公会仍拥有垄断权。任何人若不把自己置于巴黎商业公会的某个成员保护之下或是不通过巴黎的商会,就不得使用这段河流。这显然极不合理,制止这些特权是必要的。但政府无力这样去做,路易十世的法令只是一纸空文。鲁昂商业公会也要求这样的垄断权,并达到了目的。1378年,查理五世承认鲁昂人有权在塞纳河下游阻止船只航行,并有权没收不由他们转运的商品。巴黎人对此决定表示抗议,并向国王请愿。于是,国王又恢复了他1367年的决定,承认路易十世的法令。其后,鲁昂人又提出他们有权自由地经由芒特到巴黎。巴黎人则拦截从鲁昂驶进他们辖区的船只。这样,就产生了一桩法律诉讼案,并诉诸巴黎最高法院。该案一直拖延至1450年,是年,查理七世废除了诺曼人和巴黎商会的特权,宣布河流的全程都可自由通航。1462年1月11日,路易十一确认了这个决议,此后,整个塞纳河都畅行无阻了。

查理五世也是另外一系列政策的制定者,对这些政策加以注意是重要的。查理五世发现了犹太人在维持货币流通中的作用,

* 法国中世纪文学家、诗人、史学家。生于威尼斯(1364～1430年),著有历史著作《国王查理五世的功绩和德行》。——译者

故将他们召唤回来。1349 年黑死病后，由于人们的普遍仇视，曾再次从王国中把犹太人驱逐出去。查理五世那时还只是一个孩子。1359 年他摄政时，允许犹太人返回。他授予他们特权，并任命埃当普伯爵为这些特权的保护人。在朗格多克也有类似的保护人。犹太人被分为三个等级：(1)那些定居于法国者要缴纳一笔定期税款；(2)那些仅仅出于商业的目的来到法国者，每人要缴纳 4 个金弗罗林入境税；(3)最后，那些为享乐来到法国者，免予纳税。但 1360 年的和约签订后不久，当约翰二世从英格兰返回，不得不为自己的赎金征收大笔款项时，对犹太人的这些税收提高了。每个要进入王国境内的犹太人必须为他本人及其妻子交纳 14 个金弗罗林，并为他的每个孩子交纳 2 个图尔格罗，居住在王国境内者每年交纳 7 个弗罗林的税款，但他们免缴所有其他赋税。

犹太人订立借贷契约不得索取每星期多于每利佛尔 4 便士的利息。这样，年息就是 86%。在交易中他们得到了一些大的特权，这是确实无疑的。他们有自己的住宅，并且有他们自己的墓地；在刑事和民事诉讼中，他们不受普通法官的审判，而是由国王或是他们的保护人进行裁决，除非他们自愿接受其他人的裁决。他们有权经商、有权从事任何贸易。除了上述掌管利息的条件外，他们还可以抵押物品为条件借款给别人，条件是，这些抵押物不包括用于宗教活动的物品、劳动工具及器械。除非能提出充足的相反的证据，犹太人宣誓立下的证书是收债的明证。犹太人的保护人受权在他们收债时给予他们帮助。具有相同国籍的犹太人可以结为一个整体，并为公共的支出募捐，即为他们的礼拜堂、墓地以及王室税收募捐。但查理后来取消了曾为他们提供的一些物质上的便利,并强迫他们在衣服上带上有一条黄边的标记(1368 年 12 月 29 日)。

1367 年,当与英国人的战争又将开始之时,发生了新的排犹运动。甚至为这一行动拟定了法令,但国王认为这样一来他的信誉将受到损坏,故拒绝签署这一法令。1369 年,朗格多克的居民以同样方式吵闹着排挤犹太人,但查理五世保护了犹太人,因为他们是国家繁荣的一个因素。1410 年查理六世统治时期,犹太人再次受到驱逐。

1380 年 6 月 2 日,查理五世允许五个德国商人出于商业的目的在特鲁瓦居住 15 年,并在此进行借贷。这些商人为此向国王交纳了 1 200 法郎入境税,此后每年再交 200 法郎。其他德国人也很快获得同样的特权。卢森堡家族的神圣罗马帝国皇帝查理四世是查理五世的朋友,1375 年 1 月,他本人也极其堂皇地来到巴黎。

一些西班牙和葡萄牙人在查理五世统治初期,也得到了类似的支持。1364 年 4 月,查理五世曾授予卡斯蒂利亚王国的商人们普通安全通行证,执有此通行证可以随时要求进入法兰西王国境内,特别是将他们的商品带到阿夫勒和勒尔。无论法国和卡斯蒂利亚之间可能出现任何冲突或者是战争,都不累及这些卡斯蒂利亚人。在未接受审判之前,他们不得被投入监狱,他们还可以被保释。卡斯蒂利亚人之间的所有诉讼只能由卡斯蒂利亚王国的 2 至 3 个商人或者是水手进行裁决,或是由争执的双方选择的当事人进行裁决。如果诉讼发生于法国人和卡斯蒂利亚人之间,就得由阿夫勒的修道院长、两名阿夫勒居民及两名卡斯蒂利亚人组合在一起行使法庭的审判权。而对这一法庭裁决的申诉,则提到鲁昂,由教堂执事、城市长官及子爵受理。因而，那里就出现了一个为这些商人设立的特别的司法部门，如同为犹太人所设立的一样。而且，卡斯蒂利亚人还得到使用仓库和在阿夫勒，勒尔入港的特权。他们可以免税进入法国的任何港口，在他们之中有人死亡时，则免于将其财产充公*以利于他们的继承人。他们租借仓库的租金由公证人确定。1364 年 6 月，查理五世进一步确认了一些葡萄牙商人的特权。

这样，犹太人和外国商人就形成了享有特权的商人和银行家侨民团体，其特权往往非常之大。这些商人为法王承受重负的国库带来了金钱；他们开创或发展了与外国的联系并挟持着国家的工业。大量的商业显然掌握在他们手中。查理五世想要恢复法国的商业，而且由于受到战争和税务破坏的法国正需要资金，故他必须求助于这些外国侨民。

我们没有看到查理五世在商业上的一般性法令，但是我们能在许多被保存下来的特殊法令中了解到，查理五世是支持商业的。国王也重视道路和港口。他着手对埃格莫特港口进行改建，当时该港口业已淤塞，实际上处于弃置状态，而转用马赛或蒙彼利埃。这些改建的预算达 56 000 利佛尔。其中 1/3 由王室金库提供，1/3由博凯尔商人提供，还有 1/3 由克拉维利提供，即由埃格莫特要塞征税处来提供。1364 年 11 月 2 日，他恢复了一项古法，规定所有在海上能够看见埃格莫待大灯塔信号灯的船只都必须在那里靠

* 即古法规定的无继承人财产没收归公权，这里指外侨财产归公权。——译者

岸，并交纳旧有的港口税。尽管有王室的法令，但港口的生命力已不存在了，这种情况与法国在地中海的其他港口一样。蒙彼利埃和纳尔榜的居民户数减少到令人不安的程度。以至重新提出在洛卡特建立一个新港口以取代纳尔榜的方案。

另一方面，大西洋岸的港口是繁荣的。拉罗歇尔直接接纳来自尼姆的意大利殖民地的香料。在陆地上进行这趟旅行要花费17天的时间，但商人们除了交纳过境(称重)税外，没有其他税务负担。这一时期的商船往往结队航行以抵御海盗。我们发现船主请求布列塔尼公爵给他们派出布列塔尼人领航员，引导他们沿半岛危险的海岸航行。他们还要求得到保护特许状和在此补充食品储备的许可。前者使他们摆脱了难船财物占有权*，后者给他们以在这一地区获取食品和水的权力。

因为查理五世征收沉重的赋税，法国没有以它应有的速度迅速恢复起来。查理五世政策的弱点是在对英国人的战争中采取了保守的军事战术，这一点应该记住。这一战术尽管在政治上取得成功，但对农村是可怕的。法国人避开阵地战，让英国人在国土上到处乱窜，在这块土地上生活、抢劫，使之消耗殆尽。1369年至1373年间，法国数以千计的房屋、城镇和村庄被烧毁；农村地区人口锐减；而在设防的城镇之外，工商业也消失了。

此外，甚至在较小的城镇中，城市人口也减少了。人们只需阅读一下查理五世的法令即可确信这一点。由于炉灶税是根据炉灶

* 即所谓“船只遇难权”，为中世纪关于遇难商旅财物的一项习惯法：船只在海上失事，当地领海的领主有权打捞一切浮物据为己有；商人行车掉落地上的货物，当地领主也有权占有。后此项权利被逐渐取消。——译者

数征收的,城市必须申报这些调查数字,但炉灶数在持续地减少。除了一些最大的城市,任何地区的人口都没有增加。因而,很显然,工业没有大的恢复而商业也萧条了。

然而,在查理五世统治时期,一切还都未衰落。在工业和商业上甚至还取得了一些进步。首先,在工业方面,出现了工匠的扩散,这些人将先进的工作方法带到新的地区;其次,政府批准了一些贸易法规,强制采用更为自由的政策。政府干预商业组织,有时在极其细微的方面都是如此。最后,政府还资助那些从事奢侈商品生产的工业部门。在没有设防的农村地区,小城镇工匠受英国人或普遍灾难的驱逐,到筑防的城镇中寻找工作,在那里,他们并不总是受到当地工人的欢迎,而是被当作竞争者而受到提防。

已成为永久性的新税务体制沉重地压在人民身上,并且妨碍了王国的恢复。查理五世意识到这一点,在他临终之时,为自己对人民的虐待而受到良心的谴责,如编年史《瓦洛亚朝的前四个国王》中所说:“他实施的炉灶税加重了他的国家中贫穷人民的负担,因此,人民激烈地反抗。”

历史学家们始终不清楚百年战争的军费是由谁支付和怎样支付的。编年史家的印象是极其模糊的。弗鲁瓦萨尔写出的仅仅是想象。圣德尼编年史模仿传统的说法。只有档案中的文件能使我们证实战争的费用是怎样和用什么手段压在社会各阶级身上的。在所有的原始资料中,罗马教皇的档案是最丰富的。

虽然教士蒙受了许多财产的损失,但他们的贫困与全体人民所忍受的痛苦比较起来,就是小巫见大巫了。然而,这并不是说他们的损失不大。14 世纪的教堂和修道院只是稍加设防。圣路易和美男子腓力统治时期的长期和平已使得围墙成为不必要。战争开始时,原有的围墙已很腐朽了。在任何地方,两方作战的士兵都住在教堂和修道院里,并对这些地方进行彻底的掠夺。贵族有自己的城堡,但其中多数都抵挡不住掠夺者,但教士和修道士还是成群地聚集在里面避难。至于农民,可能时他们就逃进森林深处或是沼泽地。绝大部分城市都遭到洗劫,甚至最大的城市也不能幸免,其中许多城镇所遭洗劫不止一次。

农民几乎不拥有财产;资产阶级上层是富裕的;城镇的下层阶级是贫穷的。实际上教会蒙受了巨大的损失,因它拥有最多的财产;其次是贵族。在可能的范围内,国王和教皇仍然试图从教会挤出钱来。教皇政府创立并完善了教会税收的复杂制度,它吸收了教士的大部分收入。一般税款由教皇和国王征收,如著名的什一税。然而,应该记住上层教士的绝大多数是封建领主,即国王的臣属,这样,上层教士就不得不为地方或国家的防务缴付双倍的税款。

货币的波动和贬值也造成了教士的贫困,尽管法国社会的各阶级在这方面都要遭受损失。几乎各地的教会都是大土地所有者,在入侵者达到的每一个省,战争毁坏了农业,驱散了在教会地产上耕作的农民。从持续的时间来看,百年战争比历史上的所有战争都更糟。除了短期的间断外,战争在一些地区持续了112年,在受影响最小的地区,战争也持续了不少于80年或100年的时间,这场战争在历史上得到的名称就是很好的证明。这是一场无休止的、可怕的、单调的大屠杀、战火、掠夺和敲诈,与之相伴随的是农作物和家畜的毁灭、暴行和各式各样的灾难。百年战争期间,纵火是每个将军、每个首领和每个士兵的权宜手段。尽管道路状况不好、运输工具不足，但在当时造成更可怕后果的是士兵活动的神速。最残忍的头目们快速地从一处窜到另一处！人民几乎无一刻安宁，即使在他们暂时未受骚扰时，也是生活在危险、持续的骚动和恐惧之中。

百年战争造成了瘟疫和其他流行病的频繁出现，灾祸一个接着一个，屠杀了大批居民。歉收和沉重的赋税使贫穷更加普遍；物价上升和饥荒是不可避免的。战争最残酷的时期是在 14 世纪的 1355 年至 1370 年间。尤其在 1355 年到 1364 年间的破坏更为可怕。

百年战争对大教堂和修道院的破坏比宗教战争更为严重。14 世纪时，大教堂和修道院还掌握着属地和相当多的财产，包括了法国的一大部分。但在百年战争中，为数众多的修道院被迫放弃了它们的许多财产和收入；其他部分则被贵族没收；而战争中幸存的那一部分往往被推荐来的修道院长所攫取。16 世纪，当宗教战争爆发时，修道院已丧失了它们原有的许多产业；它们已经被分割和肢解了。在这方面，百年战争开创了中世纪封建制度史的新纪元。但一种事物的消亡往往意味着另一事物的诞生。所以，封建制度的衰落带来了公社、城市和从前只属于农民的私人个体的繁荣。

从修道院遭受破坏的程度来看，托钵僧团所受损失并不比普通修道院小。由于这些修道院绝大部分位于城市的边缘或是在郊区，百年战争开始后，市民们拆毁了这些修道院以修筑防御工事，也是为了防止敌人利用这些修道院作为据点。在战争期间，是不可能给所有的托钵僧提供迁居地的。他们的住院团体被敌人驱散了。但是,托钵僧们除了其修道院本身外别无他物,* 故而他们的损失自然比一般修道院要小得多。

* 此处主要指芳济各会派修道团体,该派提倡安贫、节欲,反对积敛财产。其中一部分以乞食为生,四处流浪;也有一部分为“住院”修士。当时法国还有多明我会派托钵僧团,该派提倡学术,是繁荣经院哲学的智者。——译者

第四章　德意志的城市同盟

最享盛誉的德意志中世纪经济史学家印那马·斯特涅格在其最后一卷书的序言中这样写道："一千多年已经过去了，这个漫长而确实重要的时期足以使我们能够明了德意志是如何发展成一个极其富有、率先开化的欧洲民族。"

在13、14和15世纪，德意志是欧洲"最杰出的"市民国度。它既不像法国，也不像意大利，而是自由城市的国家。有很长一段时间，莱茵河上游和中游河谷地区的城市只建于河的左岸。直到15世纪，大量特许状的颁布才使莱茵河右岸地区日益重要。直到此时，主教们一直小心地维持他们的权力，而在领主辖地内城市生活却缓慢地发展起来。

有些城市公社是由农村公社演变而来，但不能说所有大城市都起源于农村社会。我们应该注意严格意义上的商业城市和设防城市之间的区别，设防城市特别是以围绕它们的城墙为特征的。它们拥有的豁免权使之与周围的农村相区别，此类聚集起初是为了适应军事需要，但在平时，居民们则从事农耕。

另一方面，商业城市即使不是起源于市场，也基本上受市场精神的影响；其内部组织几乎全部依据管理市场的"特别法"而建立。这种特别法不是自发形成的，而是王室特许的结果。事实上，如果没有正式的批准，商人就不能从事贸易，因为古老的严格的民众法形式已在社会事务中产生了一种狭隘的排他意识。最初，它应用于严格限定的环境，但最终变成了习惯法。我们必须看到由原来的年度市场演变为每周市场的重要性。起初给予行商们的特许地位，终于也给了坐商们，他们得到的法律特权遂成为城市法的基础。最初以解决开市期间的商业纠纷为目的的法庭逐渐僭取了随时审理“城郊”以内任何地方有关财产诉讼的审判权。这样，商人阶级就促进了城市居民中共同的市民精神的发展和新的市政保障的形成。

虽然，德意志城市的兴旺发展的开端可回溯到11世纪晚期，但其发展最快的时期则在13世纪。1231年，腓特烈二世为了买得主教和大贵族的支持，批准了诸侯会议通过的反城市立法。但这只是一个空的姿态，因为无论皇帝还是教俗诸侯都不能遏制德意志城市的发展。

1250年，霍亨斯陶芬王朝的灿烂历程结束了，它抱有的美梦归于破灭。德意志政治上分解为一大群半独立的诸侯国，包括：公国、侯国、伯国、巴拉丁伯爵领地、封建化的主教和修道院管区以及居住着顽强的市民的自由城市。但是此种政治上的分解并未造成社会分解或经济衰退。相反，全德生活中的这种极端分裂局面却使当时的经济和社会生活更趋活跃。1279年，哈布斯堡王朝的鲁道夫曾自负地试图征收商人“1/30便士税”以此保持君主对商人的古老权利。但是，德意志城市以起义相威胁，迫使鲁道夫放弃了这一打算。200年后，由于同样的原因，马克西米利安一世推行“通行芬尼”也没成功。

在欧洲没有任何国家像德意志那样拥有如此众多的自由城市

和如此活跃的市民人口。这些德意志城市，不同于法国的城市，而同沦入地方僭主统治之前的意大利城市一样，是一些联合起来的拥有自主权的政治实体。

从地理上看，德意志城市可分为三个集团。(1)莱茵河流域的城市：如美因茨、科隆、法兰克福、沃姆斯、斯特拉斯堡、巴塞尔等；(2)北德意志诸城：如不来梅、汉堡、律贝克、什切青、但泽等，这些城市位于北海和波罗的海沿岸，或位于德意志各条河流出海口附近；位于这些流域的某些内地城市必然要与那些城市发生密切联系，而这些内地沿河城市是其周围地区的贸易中心，同时也是东西南北间商路的中转站，如：布伦瑞克、苏斯特、戈斯拉尔、哈雷、马格德堡、勃兰登堡、莱比锡和奥得河畔的法兰克福；(3)南德多瑙河流域的城市：如乌尔姆、奥格斯堡、慕尼黑、纽伦堡、雷根斯堡、帕绍、维也纳等。

尽管所有德国城市大都具有基本相同的政治形式和社会结构，但从历史上看，却有不同起源。有的兴起于主教领地，有的兴起于修道院领地，另一些则兴起于采邑领地，最后，还有的兴起于王室领地。各类城市的市议会，都是主权实体；每个城市都是一个自治的市民社会，各自制定法律、自行征税、自管司法、自行铸币，甚至根据各自需要结成政治联盟、自行宣战或媾和。

主教领地上的城市最先兴起，它们很早就摆脱了主教的控制，迫使其承认它们享有诸如铸币、审判、征税等项庄严权利。这或是通过起义，或是通过主教主动让步实现的。在这种冲突中，城市得到皇帝的支持，而皇帝则在圣职授予权之争中，在圭尔夫和吉伯林两派斗争中*，得到城市的支持。莱茵河城市斯特拉斯堡、巴塞尔、施佩耶尔、沃姆斯、美因茨、科隆和易北河畔的马格德堡等城市的历史就是如此。它们都经历过动乱的历史，如果能详细探讨，就会涉及许多富有戏剧性的情景。但是，主教们几乎从不愿意承认城市的特权，并且总是伺机恢复对城市的控制。特里尔和维尔茨堡就重新落入了主教的统治之下。1462 年，美因茨屈服于大主教，1486 年，马格德堡也有同样的经历。

与这些主教城市同时存在的，是另一种城市，它们不属于个别领主，而是帝国的直辖部分。这些城市原先是帝国领地的一部分，恰如在英国"诺曼征服"后，征服者威廉一世保留一些城市为他所有一样。但是，腓特烈二世死后，德意志便陷入无政府状态。帝国领地上的这些城市轻而易举地获得完全独立，这便是德意志自由帝国城市——即皇帝特许状中的"朕即帝国所属城市"的起源。这类实例有皇帝们加冕地亚琛城，举行帝国选举的美因河畔的法兰克福，以及纽伦堡。

再次，就是在贵族采邑上兴起的城市。巴伐利亚、波希米亚和奥地利存在大量此类城市。

帝国城市和主教城市都达到同样的独立程度，因而很快就被混为一谈。人们通常把它们都称为"自由市"而不考虑它们的历史区别。主教城市甚至抛弃了对主教的最后一点忠诚的外观，但帝国城市则在其徽章中始终保留着帝国的鹰徽。

* 中世纪意大利的两大敌对政治派别。在教廷同神圣罗马帝国之间的争夺中，支持教皇一方被称为圭尔夫派；支持皇帝一方称为吉伯林派。——译者

中世纪城市既使当其发展初期亦非孤立的社会，而德意志城市经济在中世纪城市中又是最不“封闭”的。它们远不满足于从周围地区得到必需品，很早便热心于向外与其他城市建立联系。城市间的商业联系是德意志城市的突出特点。这一政策的产生，部分是由于王权衰落和掠夺成性的诸侯的发迹，都是极其有损贸易活动的，因而城市需要自卫；部分地则归因于几乎所有城市扩大贸易和建立与其他城市互惠关系的欲望。即使世俗和教会的封建贵族实际上并没有以武力劫掠贸易，他们强行征收通行捐税，对贸易造成的压制，也无异于剥夺。

中世纪帝国兴盛时期征收河流通行税是为了改善和保护航运。帝国税收站设在特定地点，一般是航行有困难的地点。特别是亨利四世(1056～1106 年)极为重视王室凭借王家特权调节莱茵河的商业和航运。1104～1209 年的税册表明，河流通行税是以实物形式交纳的，如一桶酒，若干蒲式耳的小麦等等。这些税是从船货中提取的。商人不允许用自己的船运输自己的货物，而必须雇用那些组成行会的职业船主或运输业者。此类团体是垄断团体，遍布于中世纪每条通航的河流。我们看到，早在《蛮族法典》中就提到了它们，不过，这些中古航运行会和古罗马水手团体(或“河上联盟”)是否有联系，还是一个悬而未决的问题。法兰克帝国分裂以后，这些团体数量大增，而且对立集团之间经常发生纷争。结果，一条河流被划分为若干个“河段”，其他团体的船只不许越段航行。于是，塞纳河分为上游和下游两个河段，巴黎下游的芒特是巴黎和鲁昂水手活动区的分界点。同样，莱茵河也以美因茨为界被划分为上、下两段。这些航运团体有时与沿河设置堡垒并以掠夺为生的强盗诸侯发生纠葛，有时则与他们分享收益。有时，某一航运团体也打败诸侯，使整条河或一长段河流仅由他们控制。13世纪德国霍亨斯陶芬王朝势力衰弱的时候，这些麻烦大为增加，大空位时期（1250～1273年）的无政府状态使这种情况进一步恶化。莱茵河上的通行税卡从19处增加到62处。通行税的征收成为极为苛重的盘剥，以至一船货物的60％被征为捐税。随着商业贸易的发展，掠夺成性的贵族们便从敲诈地主和农民转为勒索商人和市民。而且，强盗也群踞于河上。

于是，德意志城市于13世纪开始组成同盟或联盟，以作为自卫和互利的手段。这一做法使德意志的历史与同时代的法国历史有明显区别。法国城市从来没有铸造过货币，没有行使过高级审判权，也从来没有发展出在德意志出现过的那种组织和联合精神。1358年艾蒂安·马塞尔曾朦胧地设想过这种联合，但却毫无结果。

1226年，美因茨、沃姆斯、施佩耶尔、斯特拉斯堡和巴塞尔结为同盟，以共同保护它们在莱茵河上的商业。美因茨大主教因此上诉帝国议会。皇太子亨利作为他父亲、皇帝腓特烈二世的代表，下令解散同盟，因为皇帝担心得罪主教和大贵族们。但是，诸城市拒绝服从该项敕令，恰如前一世纪伦巴第城市拒不服从腓特烈一世那样，因为1236年的一项记载表明，这个同盟继续存在。1239年皇帝被教皇处以破门律，才使该同盟最终瓦解。那时，沃姆斯、斯佩耶尔和奥彭海姆等所有法兰克尼亚老城，在亨利四世皇帝同格利哥里七世斗争中都忠实于皇帝，因为有这一段历史，所以站到腓特烈二世一边；而美因茨则走上相反的道路，与皇帝的敌人结为同盟。尽管这个最早的莱茵同盟如此短命，但它给德意志历史带来了一个新的原则。到处出现了类似的同盟，或至少是由两个或两个以上城市结为联盟。例如，1246 年，巴塞尔和米尔豪森联合；1248 年，布伦瑞克和施塔德联合；1252 年，科隆和博帕德联合；1253 年，博帕德和科布伦茨联合。

大空位时期的无政府状态使这些城市同盟的数量大为增加，规模也大为扩大。1253 年，闵斯特、多特蒙德、苏斯特和利普施塔特结成威斯特伐利亚同盟。

次年(1254 年)，美因茨、沃姆斯和奥彭海姆恢复了它们以前的联合，由此产生了中世纪德意志第一个最大的商业同盟——莱茵同盟。该同盟发展极快，以致在几年内即包括了中莱茵地区的 70 个城市，它们沿摩泽尔河发展到特里尔，沿美因河发展到班贝格。同盟在小河道和莱茵河两岸建立巡河队，为维持巡河队而征收同盟关税以支付共同开销。次年(1255 年)，作为帝国皇位众多觊觎者之一的荷兰的威廉，因急于发展自己国家的商业，在一个“正式协议”中承认了莱茵同盟。在该协议中，莱茵城市被称为“城市同盟”。一个颇有历史依据的传说，将莱茵同盟的组成归功于一个名叫阿尔诺德·沃帕多的美因茨市民的天才。莱茵同盟的宣言是一份饶有兴味的文件：

其前言宣称：“此前很长时间以来，我们许多市民由于暴力和邪恶而遭到完全破产，这些暴力和邪恶是在农村和沿路中强加给他们的。而且由于他们的破产，其他人亦遭破产，以至于无辜的人民并非由于自己的过错而蒙受了巨大的损失。

> 寻求某种方法以阻止此类暴力，并以公正之方式在我们全境实现和平的真正时机已经到了。有鉴于此，我们宣誓相互联合，恪守自圣玛格丽特节以后十年的普遍和平（1254 年 7 月 12 日）。”

在该同盟成员中被提到的有：美因茨、科隆、沃姆斯、斯佩耶尔、斯特拉斯堡、巴塞尔和其他城市的法官、执政官和所有市民，包括受人尊敬的大主教们：如美因茨的格哈德、科隆的康拉德、特里尔的阿尔诺德以及沃姆斯主教理查德、斯特拉斯堡主教亨利、梅斯主教雅各布、巴塞尔主教伯瑟尔德以及许多伯爵和贵族。该协定的第一条就是成员们自己同意放弃“我们曾一直征收的那些不公正的陆路和水路通行税，我们将不再征收这些税款”。而且，协定的受益人包括所有阶层——“从上层到下层、世俗教士、各僧团的僧侣、俗人和犹太人。”同盟成员间的争端将由一个仲裁委员会调解。9 月 29 日，在沃姆斯举行的“城市节”上，进一步制定了一些条款，以完善新的联盟制度。为处理同盟的事务，选择了两个中心：美因茨作为下莱茵中心，沃姆斯作为上莱茵中心。每一城市或领主各派四名代表参加解决同盟事务的各次会议。在确立一些普遍和平条款的同时，又规定同盟每个成员必须做好战争准备；科布伦茨到巴塞尔之间的城市须装备 100 艘战船，科布伦茨下游的那些城市须装备 500 艘战船。

第二年，同盟体制又有进一步发展。1255 年 10 月 14 日，同盟会议决定每年按季度举行会议。1 月 6 日在科隆举行，复活节后八天在美因茨举行，6 月 29 日在沃姆斯举行，9 月 8 日在施特拉斯堡举行。在这些会议上，所有代表都应具有全权代表资格。同时，同盟开始吸收新成员。这样，到 1255 年，它已包括整个莱茵河流域的城市。除已经提到的成员外，还包括：科隆、图尔高、弗赖堡、布雷沙奇、科尔马、施莱斯塔特、哈格诺、魏森堡、诺伊施塔特、温普芬、海德尔堡、劳特堡、法兰克福、弗雷贝格、韦茨拉尔、格尔豪森、马尔堡、阿尔斯费尔德、格林贝格、赫斯费尔德、沃尔达、米尔豪森、阿沙芬堡、塞利根斯塔特、迪巴赫、巴卡拉赫、韦塞尔、博帕德、安德纳赫、波恩、诺伊斯、亚琛；威斯特伐利亚的闵斯特和其他 60 多个城市，以及不来梅。次年 10 月，同盟接纳了雷根斯堡。许多领主和教职人员也加入同盟。

莱茵同盟之所以成立，主要是由于河流通行税的压迫，且也有必要防卫掠夺成性的骑士与诸侯袭击。因此同盟第一项工作便是取消河流上的非法通行税，第二步工作自然是约束不愿服从协定、难以控制的成员。同盟最早的成员之一，美因茨的格哈德大主教就是因为非法提高了通行税，引起 3 个城市的最初组织的建立。在这方面最重要的是同盟制定的第一个协定第 15 款——“我们坚决保证，如果同盟的任何成员破坏这一协定，我们将视之为非同盟成员而立即反对他，并迫使其作出适当的赔偿。”

联合对外的最早一批行动之一是沃姆斯市民采取的，他们联合霍恩费尔斯城的菲利普、阿尔蔡城的领主高级管事沃纳以及美因茨和奥彭海姆的市民，反对施特拉伦堡男爵，焚毁其在什里塞伊姆的村庄，捣毁其葡萄园。

另一次征伐是美因茨和其他城市共同进攻因盖尔海姆城附近波伦的沃纳的城堡，这是多种敲诈勒索的中心。城堡被摧毁。一旦与城市友好的伯爵和领主同城市联合起来，城市就得以推行自己的政策。许多领主被迫放弃了他们的不合理惯例和通行税。

1255年，发生了两桩对同盟极为重要的事件。圣米迦勒节时在斯特拉斯堡举行城市庆典。美因茨城派出司库和市长前往参加，沃姆斯城派了两名议员。当他们来到美因茨附近的哈迪时，突然遭到利宁根的埃米乔的袭击，并被俘虏，押往兰德克堡。但这位伯爵又改变了主意，十天以后把他们释放了。另一件事是荷兰的威廉，*12月初偕妻到达沃姆斯。一天，当王后由沃尔蒂克伯爵相伴骑马到特里菲尔斯帝国城堡时，里特堡的赫尔曼扣押了她和她的护卫，抢走她的首饰，并将她押在里特堡城堡。但当美因茨、奥彭海姆和其他城市的市民兵临城下时，这位劫掠者的勇气便丧失殆尽，不仅释放了被俘人员，而且无条件投降。

次年，我们又了解到同盟在强施法律和秩序。1257年，同盟征讨巴登的鲁道夫，并在塞尔茨包围了他。但是鲁道夫侯爵获得胜利，且俘敌85人。这些人后来由于斯特拉斯堡从中调停而得到救赎，使各城市都能付赎金去赎回他们。我们掌握的史料表明，同盟取得的最后一项成就是在1260年。早在1258年，似乎即已形成了一个强盗和滋扰和平者的团伙，沃姆斯尤受其患。7月份，沃姆斯城市军队和当地许多领主终于包围了强盗的巢穴——阿尔蔡城堡，摧毁了城垣和城垛。阿尔蔡人被迫放弃他们以前的所有劫掠行径，保证今后在任何时候若有一个阿尔蔡人伤害包围城堡的

* 荷兰的威廉在德国大空位时期（1254～1275年）于1255～1258年任德意志国王。——译者

人们,全城人都将受惩罚。

由于同盟实施和平并在战时表现了强大的实力而成为帝国内部举足轻重的团体,因此,在其他事务中,同盟自然也敢于运用其实力。由于荷兰的威廉被弗里斯兰人击毙,一次新的帝国选举开始了。各城市两度开会讨论此事,一次在 3 月 12 日,另一次在 5 月 26 日。会议决定同盟将不支持任何一个未经一致同意选出的君主,并将发动战争反对任何一个未经一致同意选出的君主。

他们不仅如此决定,而且派出代表团参加在法兰克福举行的帝国选举,向诸侯们保证要维持和平并表达其促进帝国繁荣的愿望。有几位诸侯答应并保证在即将开始的选举中考虑他们关于促进帝国繁荣的要求。但选举中无一人获全票通过,结果又进行分头选举,从政治上讲,同盟的权力结束了。1257 年 8 月斯佩耶尔,沃姆斯和奥彭海姆拒不同意理查德继承帝位。此后,奥彭海姆被美因茨和斯特拉斯堡主教说服。最后,在 1258 年 1 月 16 日斯佩耶尔和沃姆斯达成谅解,支持卡斯蒂利亚的阿方索为帝,而阿方索根本不在德国。

在德意志历史上,莱茵同盟是第三等级(即市民等级)在德意志历史上发挥作用的第一个事例。进一步说,它不仅是下个世纪士瓦本同盟之先例,而且成为巨大的汉萨同盟组织和瑞士邦联形成的先例。

士瓦本同盟的来源自然应上溯到 1254 年的莱茵同盟,产生后者的力量和条件也产生了前者。粗略看一下当时的地图,就很容易看出联合和互助自卫运动的基本原因。可以清楚地看出其演进的各个阶段。早在 1285 年,上莱茵的斯特拉斯堡、巴塞尔和弗赖堡之间，便出现了一个同盟，这个同盟多次重建。1307 年时，上莱茵的城市和贵族之间亦建立同盟。1312 年康斯坦茨、苏黎世、圣加尔和沙夫豪森联合起来。1327 年 5 月 20 日康斯坦茨、苏黎世、林道、于伯林根和圣加尔，与中莱茵城市沃姆斯、美因茨和斯佩耶尔，上莱茵城市斯特拉斯堡、巴塞尔、弗赖堡和伯尔尼组成同盟，该同盟存在到 1329 年 4 月 23 日。1327 年 6 月 5 日瑞士的乌里州、施维茨州、下沃尔登州加入同盟。

士瓦本同盟通过皇帝路德维希四世制定的“国家和议”而进入它的下一个发展阶段。当时，皇帝因为与教廷交恶而处于难堪的地位，感到城市能够在需要的时候帮助他。因此，他多次优待城市以赢得城市的支持。他经常要求财政资助，从不限制城市的自由，以各种可能的方式扩大城市的特权，以必要的权力保护城市不受贵族的侵害，1331 年 6 月 29 日，在皇帝的赞助下（“以良好之意愿、理智和尊敬的心情”），埃斯林根、罗伊特林根、罗特维尔、海尔布隆、哈尔、格蒙德、魏尔和魏斯贝格等城市组成了促进和平的同盟。11 月 20 日，有 22 个城市，包括上述那些城市及奥格斯堡、乌尔姆、比贝拉赫、梅明根、肯普腾、考夫博伊伦、拉文斯堡、弗伦多福、于伯林根、林道、康斯坦茨、圣加尔、苏黎世和温普芬与皇帝的儿子们：勃兰登堡的路德维希侯爵、斯蒂芬公爵、路德维希公爵和奥格斯堡的乌尔利希主教结为同盟。

该同盟的宪章（如果可以这样称呼的话）是莱茵同盟的再版，也是 1376 年更大的士瓦本同盟的前兆。同盟预定延续到皇帝死后两年。它的组成是为确保帝国选举。除奥格斯堡外，每个城市向同盟总议会派一名代表，而奥格斯堡主教和巴伐利亚公爵则向总议会派出使节。

上述城市分为3个集团,每一集团都有权接受新的成员,但是这些新成员不能向总议会派出代表。同盟要求以奥格斯堡为中心的集团与公爵和主教商讨事务,而未要求阿尔卑斯集团和以康斯坦茨为中心的集团这样做。

这是第一个包括所有士瓦本地区城市的同盟,因而同盟使这些城市的重要性大大增加。有关同盟维护和平的几项事实饶有兴趣。皇帝在联盟条款中曾保证,如果任何成员遭抢劫,则全体成员共同惩罚犯罪一方,这既是他的意愿,也是他的命令。此后,1340年春天,同盟摧毁了行劫的布伦茨和斯塔金根城堡。然而同盟势力也引起贵族方面的恐惧和仇恨。这导致同盟内部的分裂,由于这一分裂是不可挽救的,同年6月皇帝重新组建同盟,使士瓦本22个帝国城市受制于他的儿子们及奥格斯堡主教,还有后来的符腾堡、格廷根、霍恩贝格、韦尔登堡的伯爵们和其他领主们。他任命9个人负责仲裁成员间的争端。这避免了使士瓦本地区分裂为两个对立的集团,因为同盟并不是一个完善的联合体。

皇帝路德维希四世死后,这个较广泛的同盟便瓦解了,但是有19个城市(康斯坦茨、苏黎世和圣加尔已退出)组成另一个同盟,约定互相保护,并在承认新皇帝时维护共同利益。当这些城市互相承诺在承认一位新皇帝问题上保持一致时,同盟便已濒于瓦解。1340年,新皇帝查理四世批准了同盟,他对城市的自傲感到有些不快,只是为了巩固王位,不得不承认这些城市。但一当他立足牢靠便不再想允许任何此类强大的城市组织存在。他希望以一个由他直接控制的“国家和平”同盟取代这一同盟。

那种与其他等级同样在帝国中占据一定地位并保护其自由的防卫性同盟与由皇帝权力支持的同盟极不相同。像路德维希四世这样曾与异常强大的势力进行过斗争的皇帝，完全可能以异乎寻常的方式实现其目的，而此种行为在通常情况下则是不容许的。查理四世一感到能行动时便开始了行动。1350 年 5 月他解散了城市同盟，并代之以城市和贵族的同盟。1356 年的金玺诏书清楚地表明了他的态度。在诏书中，他不仅不承认市民成分，而且禁止建立任何城市间的联盟和同盟；禁止个人间或个人与城市间的联盟，除非是在他权力直接控制下组织的“国家和平同盟”。

但是，因为皇帝的权力并非十分强大，所以此政策很难推行。1351 年 9 月，他曾被迫批准纽伦堡、乌尔姆、奥格斯堡与士瓦本城市组成联盟，这便使士瓦本同盟重建其组织，并存在了 3 年。1351 年 5 月沙夫豪森按照纽伦堡的榜样也加入同盟。同年 12 月，这些城市已能迫使奥廷根伯爵实行和平，废除其不公平的关卡税。

1352 年 9 月查理四世亲往乌尔姆，制定我们上面已提到的那个总和约，颁布了一项处理城市间纠纷案件的帝国法令，规定在这类事件中最邻近骚乱地点的三个城市充当仲裁人，如果仍未能解决，则在奥格斯堡召集全体会议以处理该事件。

1359 年，查理四世制定了第三个全面和约。这一和约使同盟处于帝国法庭的直接管辖之下。取消了所有的通行税，同时城市得到保证，不许教会或世俗的地方领主干涉城市之自由。同一年查理终于使许多贵族，包括奥格斯堡主教、维特尔斯巴克斯家族和奥廷根伯爵们加入由 29 个城市组成的同盟。11 人总议会作为同盟的执行机构——其中 5 人来自城市，5 人来自贵族，1 人是帝国代表。该同盟预定存在到1361年11月11日。而直到1370年皇帝与士瓦本城市尚未建立其他联系。然而,1362年2月瑞士城市康斯坦茨、苏黎世、圣加尔、林道、拉文斯堡、于伯林根、旺根和布奇霍恩结为联盟。查理在世期间,直到他死后两年,该同盟一直存在。由于同盟稳定持续地存在着,因而查理四世承认其组织。

1370年,皇帝又领导了一次制定和议的活动。12月6日,皇帝通过其代表,利森堡的沃利茨组织了士瓦本全地区的"国家和平同盟"。其终期为1375年4月23日。该同盟成员有31个城市,赫尔芬斯泰因的乌尔利希伯爵成为盟主。他直接控制同盟的所有事务,但凡请求援助、召集各种会议皆需经他批准。上士瓦本集团在乌尔姆集会,下士瓦本集团在埃星根集会,同时,每半年在乌尔姆和圣加尔举行例会。制定了有关破坏协定,对受害者补偿损失的严格规定。同盟并非单纯的城市同盟,它允许教会和世俗领主拥有入盟权利,领主们作为成员保有其一般特权、习惯法和自由,也分担联合团体的共同事务。

然而,贵族们认为同盟之目标是针对他们的。确实,在大多数情况下,破坏协定的都是那些抢掠城市货车的贵族。大贵族将城市的财产视为肉中刺。另一方面,受到诸侯威胁的贫困贵族则感谢同盟。结果,1372年1月6日在魏森堡成立了一个与城市对抗的贵族同盟,反映了贵族方面的情绪。一个星期以后,城市同盟盟主乌尔利希伯爵从普法尔茨伯爵鲁普雷希特的宫廷回城途中,受到一些贵族的袭击,且被俘擒;起初被押往扎伯格的奈波尔堡垒,后来被扣在黑森林的法尔肯施泰因。城市拿起武器,但它们尚未做好充分准备的时候,符腾堡的爱伯哈德伯爵——此人名叫好斗者，是反对城市的核心人物——于 1372 年 4 月 7 日在乌尔姆附近的阿尔特海姆向一些同盟的军队进攻，击毙 100 多名市民，连同他们的指挥官、许多人被俘。这次惨败使诸城市元气大伤。在乌尔姆，人们传说着怕有大祸临头，许多人离开城市，以逃避支付战费。奥格斯堡市民付给伯爵 4 000 弗罗林金币，使之不向该地进兵。

赫尔芬斯泰因伯爵的逝世，以及贵族对城市同盟军队的攻击使城市和贵族之间的关系大大恶化。然而，同盟并不比其首领存在的时间更长。此时皇帝既禁止贵族组织，也禁止城市组织。1373 年 5 月 27 日，颁布了新的“国家和议”盟约，该盟约拟存在到 1376 年 6 月 24 日，盟首便是城市的死敌符腾堡的爱伯哈德伯爵，有 16 个城市加入了这一新盟约。

看来，毫无疑问，查理四世既利用了贵族，也利用了城市，以实现他的策略，使其子在他死前即可当选为皇帝。他先利用城市，后利用贵族使两者对立，以便让诸侯处于有利地位，使其子在选举中稳操胜券。为了征收贿赂选侯所必需的金钱，他开始敲诈勒索。符腾堡伯爵作为他的代理人是颇为能干的。1373 年贿赂勃兰登堡选侯的钱就是从城市榨取的，相当于城市战时支出的两倍。此后，开始征收用于帝国选举的苛捐杂税。为了弄钱，皇帝竟至将一些城市抵押出去。

1376 年 6 月 10 日，温策尔当选为帝国皇帝，如众所知，这是其父以重金贿赂诸侯之结果。6 月 27 日查理四世将多瑙维茨城抵押给巴伐利亚的奥托公爵。此前，在 4 月，他曾把福伊希特旺根典押给纽伦堡的腓特烈。城市方面认为其他城市不久将遭此厄运。如果他们想要维护自由，就必须迅速行动。1376 年 7 月 4

日，在乌尔姆一个英明的市长建议下，一个称为士瓦本同盟的新组织建立了。它包括下列城市：乌尔姆、康斯坦茨、于伯林根、拉文斯堡、林道、圣加尔、旺根、布奇霍恩、罗伊特林根、罗泰尔、梅明根、比贝拉赫、伊斯尼和勒特科奇。该同盟预定持续到 1380 年 4 月 23 日。

就协议条款的真正性质而言，组织同盟是为了战争而不是为了和平。这是一个旨在保持其在帝国内部的完整和统一的城市同盟。在与查理四世和与路德维希四世的交往中，他们懂得了如何有效地组织起来。他们与“金玺诏书”直接对立，组织起不经皇帝批准的同盟。显然，其目的是为维持和平，保护商业安全与稳定；但亦为保护城市不受皇帝本人的压榨，对此，历史家们似乎未存疑问。

接着，反对贵族和诸侯 12 年战争开始了。在大部分战争中同盟不与大领主交战，而只反对小一些的贵族。没有大规模的战斗和长时期的围城。双方之目的是尽可能进行破坏、捣毁庄稼田地、葡萄园，抢走牲畜，掠夺焚毁村庄，偶尔亦俘虏几个士兵。周围的城市不久便对同盟大感兴趣。魏尔和埃斯林根由于被抵押给符腾堡伯爵而加入同盟。这场运动简直就是反对皇帝的运动，爱伯哈德伯爵为反对这一运动决定威胁城市，特别是威胁罗伊特林根和阿赫尔姆。一天，他的儿子乌尔利希伯爵带着 200 名长矛手和枪手攻入罗伊特林根城与市民发生了冲突。在这次冲突中符腾堡损员 73 人，而罗伊特林根市民仅失去 3 人，且俘虏多人。

皇帝无可奈何，只得签订休战条款。城市摆脱了束缚，并得到保证，不再以出卖和抵押方式使他们脱离帝国。然而，此次休战并未确立和平。可以说，皇帝的政策表明，他根本不理解城市按照近代国家理想所从事的争取自由的斗争，而只“把城市视为产乳的奶牛，年年从它们身上收取捐税；或将其抵押以获得金钱”。对于主教控制下的城市，他不能征收捐税。然而他的确乐于向这些城市出售铸币特权，因为查理四世的财政大臣善于以狡猾的合法手段增加收入，在此门艺术中堪称老手。

这一协议对城市产生的直接影响是同盟权力的增强。同盟吸收了新成员，总数达到 27 个城市，包括奥格斯堡、海尔布隆和阿彭策尔。由于 1377 年 12 月建立了一个新的组织（它将延续到 1385 年 4 月 23 日）。这种本是为应付迫在眉睫的危险而建立的组织，具有了捍卫城市利益的永久性机构的性质。眼见城市势力的发展，许多贵族也渴望加入同盟。这样，我们就看到奥地利的利奥波德公爵和公爵阿伯利希三世都希望成为同盟成员。到 1378 年，成员总数达到 84 个城市。

士瓦本同盟势力之增长，促使封建主建立了与之对立的联合组织。其中最重要的是 1379 年 10 月 13 日建立的“狮子同盟”，因其成员均佩戴金银狮子徽，故名。其他类似的贵族联合亦于此期建立，例如圣威廉协会。

这些团体存在的时间通常都不很长。事实上，城市面临的最大威胁在于诸侯雇佣这些团体去反对市民。不久就出现了麻烦。1380 年，法兰克福市俘虏了一些从事掠夺的狮子同盟成员。狮子同盟遂包围该城，强迫法兰克福释放被俘者。城市由于害怕这些匪徒，便在莱茵河中游的斯佩耶尔组织了一个新的城市同盟，而其下一步将与士瓦本同盟联合就毫不奇怪了。双方都有共同的目的和共同的敌人。1381 年 7 月 17 日，联合终于完成。他们互相宣誓尊崇帝国、提供所需，以利国土，并以任何手段援助反击掠夺者和贵族进攻的行动。必要时，士瓦本城市要派出 200 名长矛手，莱茵城市则相应地派出 100 人。若未经另一方了解或同意，任何一方都不能单独缔结涉及同盟的协议。同样，未经全体同意也不能接纳任何人加入同盟。该盟约预定维持到 1391 年圣诞节。士瓦本同盟将其存在的时间延长到 1395 年 4 月 23 日，其成员数亦有增加，到 1385 年时已包括 40 个城市。

当然，皇帝与诸选侯一样反对这类强大的组织。尽管他们反对，同盟还是获得了成功。为了进行对抗，温策尔和选侯们建立了他们自己的同盟，其目的在于阻止其领地上的城市同盟组织之进一步发展，并联合起来互相保护。1381 年 9 月，在法兰克福帝国议会上起草了一项“普遍和平提案”，根据该法案，城市势力应该摧毁，城市的士兵应该遣散到帝国各地去。此项提案难于实现，于是采取了新步骤。通过奥地利的利奥波德公爵从中调停，实现了自第二年 1 月到复活节的暂时休战。利奥波德提出，城市同盟应全体合并到帝国同盟中。1382 年 4 月 9 日在埃欣根通过的协议使这一提议完善化，协议中规定：联合的同盟、三个骑士团利奥波德公爵和爱伯哈德伯爵联合为一个和平同盟，直到 1384 年 1 月 6 日。但是，不同集团之不同利益，不久便使他们分裂了。在利奥波德公爵陷入对巴伐利亚公爵的斗争之前，该同盟几乎未能形成。符腾堡伯爵和三个骑士团不久就退出同盟。到次年 10 月，由于利奥波德被任命为士瓦本地区的帝国课税官而与城市彻底疏远了。

皇帝的政策再次遭到失败，但在他组织普遍和平协定的政策方面却是较为成功的，他希望通过这些协定能够达到两个目的。第一，减少其他同盟存在之必要，无论是贵族的还是城市的；第二，从城市同盟中分化出那些尚未公开表示反对他的城市，以此削弱城市组织。早在1377年，他已经在法兰克尼亚和巴伐利亚制定了一个类似的协议。我们已提到过1381年的“国家和平同盟”。在第二年法兰克福帝国议会上，他命令韦茨拉尔、弗雷贝格和格尔豪森三个城市加入该同盟。但反抗迎面而来，更多的城市加入城市同盟以示公开对立。次年，又做了更大努力。此时，皇帝极力使城市和诸侯都联合到他领导的“大同盟”中。如果整个德意志都自愿地组织为一个大同盟，那么皇帝将会是多余的，可能这是他担忧的一个原因。该方案包括整个帝国，将存续12年之久。规定任何成员未经皇帝同意不得加入其他同盟。然而，城市被排斥在外，整个安排有利于他们的对手，他们若加入该同盟将意味着城市同盟的解体。新的计划是由一批诸侯草拟的，此时这些诸侯公开声言要废黜皇帝和解散城市同盟。

然而，一个四年协议（即所谓“海德尔堡协定”）还是匆匆拼凑起来了。这是诸侯和士瓦本——莱茵同盟的协议议定书。新同盟和先前的组织的区别主要在于，先前的组织是城市与诸侯及贵族分别作为个体组成的同盟，而这一新同盟是贵族同盟和城市同盟本身的组合。美因茨的阿道夫大主教、鲁普雷希特选侯（年迈者）、维尔茨堡的格哈德主教、奥地利的利奥波德公爵、纽伦堡的鲍格利夫·腓特烈和符腾堡的爱伯哈德伯爵都是诸侯的代表。城市以美因茨、斯特拉斯堡和法兰克福作为莱茵同盟的代表；奥格斯堡、纽伦堡和乌尔姆作为士瓦本同盟的代表。城市终于满意地看到他们的同盟得到诸侯的承认。这是城市的胜利。德意志的市民阶层从来没有像 1384 年那样发挥重大影响。

皇帝得知诸侯废黜他的计划后,便倒向城市。城市主要对征收河流通行税一直不满,于是皇帝便取消其一直课收的通行税。沃姆斯特别得到恩准在美因河流域法兰克福到美因茨之间征收水陆运输的每桶酒和其他货物的通行税的特权,作为他贷给皇帝6 000弗罗林债款的补偿。同盟不能限制拖船行会的活动,但是它的反对却削弱了该行会最恶劣的垄断权力,并强制推行了一项较为公正的规则。

1384 年 6 月,纽伦堡像巴塞尔一样加入了士瓦本城市同盟。该同盟试图与瑞士邦联联合,但是邦联中农村因素的狭隘心理使瑞士城市未能作为整体与同盟联合,然而在康斯坦茨一次会议上(1385 年 2 月 21 日),同盟与苏黎世、伯尔尼、索洛图恩和楚格结成为期 9 年的联合。

利奥波德公爵认为这是一种宣战,于是准备对付它。为了取得必需的钱财,士瓦本城市在皇帝的建议下,开始掠夺犹太人。纽伦堡用这种无耻的手段得到 6 万多弗罗林,其中 4 万送给皇帝。莱茵城市没有参加这次对犹太人的掠夺,并非出于基督精神和人道主义考虑,而是由于犹太人尚未从上次遭到的灾难中恢复元气。

康斯坦茨条约订立以后不久,局面变得很危险。士瓦本城市主张采取进攻性政策,而莱茵城市和纽伦堡则敦促言和。卢塞恩市因不堪忍受沉重的过境税,于 1385 年 12 月 29 日进攻奥地利领土,发动了对利奥波德公爵的战争。一场全面大战的爆发似乎不可避免。但是在士瓦本同盟制定出宣战文告之前，已经与公爵达成一项和议。瑞士不得不靠自己的实力。事实证明他们的实力足以使他们赢得1386年7月9日森巴赫战役的胜利。

这场战争之后不久，美因茨大主教、普法尔茨伯爵和巴伐利亚公爵、班贝格和维尔茨堡主教、纽伦堡男爵和符腾堡的爱伯哈德伯爵将莱茵城市代表召集到摩根塞姆开会，派出50名长矛手援助奥地利对瑞士人的反击。听到这一消息，皇帝立即赶到维尔茨堡召集亲善的贵族，又从这儿前往纽伦堡。1387年3月皇帝在纽伦堡与士瓦本同盟订立攻守同盟。接着，11月5日又订立所谓摩根塞姆协定。该协定基本上是海德堡协定的再版，新协定与旧协定之区别在于严格规定所有案件均须仲裁解决。士瓦本同盟接受该协定，而莱茵同盟则加以拒绝。

摩根塞姆协定订立三周之后，巴伐利亚的三位公爵兄弟破坏了协定。一直友好的萨尔茨堡大主教庇尔格利姆于7月25日与纽伦堡同盟成员订立防卫同盟，以对付难于相处的近邻巴伐利亚公爵们。联盟结成后，三兄弟邀请大主教前去参加会谈，趁机将他逮捕。不仅如此，三兄弟还攻击了许多奥格斯堡市民，抢劫雷根斯堡市民的一车酒和纽伦堡市民9辆满载商品的货车。于是，同盟对之宣战。同盟军队增加了兵员，选举蒙福尔的亨利伯爵为指挥官。1月17日将宣战书送交公爵们，同月19日市民军队开始在奥格斯堡集结。

然后，双方开始了劫掠性战争。皇帝似乎既无勇气亦无能力尽其职责，而只充当中立的旁观者，听任城市的战争继续进行。此时，所有城市之敌都联合起来。整个夏季期间，同盟军队斜穿符腾堡领地向黑森林地区边缘的魏尔城进行了一次掠夺性远征。在这里，8 月 23 日，同盟军队在设防的多芬根教堂墓地遭到爱伯哈德伯爵的袭击，伯爵人数虽少却获全胜。

这时，战争的特点发生变化。战役不再发生，却成为一场袭击和报复的战争。双方最大的军事行动是雷根斯堡市民击退围城之敌的战斗。战争持续到 1389 年春季，未能达成任何协议便结束了。战争引起的破坏十分严重。据估计，士瓦本地区 200 多个村庄被焚毁，有许多长达 10～12 英里的地段完全毁于战火。战争不只限于士瓦本城市，莱茵城市从一开始便提供了援助，而后期的战火也蔓延到莱茵地区。

1389 年春天，皇帝采取了寻求和平的步骤。5 月 5 日在埃格尔，他颁布了全帝国的普遍和平盟约。各地区集团（为数 8 个）应选派代表，与皇帝一起解决对抢劫、屠杀、纵火、俘虏和不公正行为的一切指控，并执行惩处。为此目的，这些代表每年将会晤四次。所有其他同盟则被禁止。

士瓦本同盟崩溃了。它在战争中没有获胜，各城市间又相互误解，缺乏联合的军队，加之城市各怀不同目标，所有这一切使同盟趋于分裂。皇帝的禁令，使士瓦本同盟完全崩溃。他宣布，士瓦本同盟的建立是“反对上帝、反对皇帝、反对帝国、反对法律的”。而城市各自与他们的对手和解，一个接一个地参加了总同盟。埃斯林根是第一个加入的，乌尔姆是最后一个。然而康斯坦茨湖畔的 7 个城市仍联合在一起，它们是：康斯坦茨、于伯林根、林道、拉文斯堡、圣加尔、旺根和布奇霍恩。

城市为参与控制帝国政治所做的努力，再次遭到失败。如果说士瓦本同盟曾获得成功，那么也很难过高估计其重要性；既然它失败了，其重要性就主要在于，它是13、14世纪遍布欧洲的新的民主精神的又一个标志。

莱茵同盟和士瓦本同盟最初是旨在保护城市间贸易的联合，后来便将政治抱负置于商业目的之前，并致力于使他们在德意志议会中的地位和代表权得到宪法上的承认。就这方面的目的而言，帝国城市是成功的；而其他所有城市则被排斥。皇帝的这种狡猾的让步引起城市同盟的分裂，同时也使留在帝国议会中的城市为数无几，以致他们的影响微不足道。

从历史上看，瑞士国家的起源和形成与莱茵同盟和士瓦本同盟形成的历史是一致的。所不同的一点是，瑞士是农村各州和各城市的联合体，而莱茵同盟或士瓦本同盟则仅仅是城市的联合体。瑞士邦联是13世纪形成的同盟，它逐渐永久化，延至今日。这里的山民吃苦耐劳，其基本要求为政治自由，而他们的各种经济利益则促进了此种要求。瑞士要求独立，以便使穿越阿尔卑斯山口的交通由他们自己掌握，并取得收益，而使自中世纪初期便得到特许权的地方主教和修道院长们不再享受此种利益。这些主教和住持主要有：丘尔、苏黎世、卢塞恩和巴塞尔的主教，以及圣加尔修道院长。瑞士有一处出名的谷地，它的名称使人们回忆起曾经过往于此地的厚利的东方贸易，这就是提契诺河谷的瓦尔泰林内。中世纪时，该地因为从威尼斯输入并经此转运越过阿尔卑斯山的利凡特货物（由利凡特谷地运来的货物）而著名，被称为利凡特河谷。

阿尔卑斯山的隘口可分为两个体系，一个是辛普龙体系，另一个是圣哥塔德体系。这两个体系之间的对立，长期阻碍着瑞士邦

联的发展，也是瑞士历史的一桩重大事件。此种对立是来自中欧、北欧的莱茵河、多瑙河之影响与来自西方的罗纳河、索恩河和波河上游之影响的相互对抗。圣哥塔德在这场竞争中占优势。因为，瑞士自由之摇篮——森林地区各州，决意与各市场保持紧密的联系，这些市场维持着瑞士这一最大隘口的贸易。

颇为值得注意的是，瑞士争取自由的运动，也许甚至其思想均发端于这些森林州。这里是圣哥塔德之天然屏障。同时，该隘口开放的年代（1237 年）处于邦联形成史上两个肇始年代（即 1231 年承认乌里州独立和 1291 年承认施维茨州独立）之间。“森林地区各州……热衷于保持与市场的紧密联系，这些市场维持着圣哥塔德隘口的过境贸易，对这一隘口的监护，是各州维持其自由权利的主要的和根本的原因。”[①]在阿尔卑斯山意大利一侧的米兰市特别希望有一条直接穿过阿尔卑斯山中段的商路。

无论是在罗马时代还是在中世纪初期，圣哥塔德隘口都不为人知，直到 13 世纪，舍伦恩隘口被确认难于通行时，方闻名于世。1125 年到 1237 年间，人们首次知道圣哥塔德时，我们已得知在此期间 87 次穿越阿尔卑斯山的详细情况。1125 年到 1170 年间有 34 次，其中 4 次经过塞尼斯山，1 次经过鲁克曼尼尔，7 次经过大圣贝尔纳，3 次经过塞普提摩，12 次经过布伦内罗。其他几次尚不能十分确定。1171～1200（或 1201）年间有 23 次通过日内夫利山，2 次通过塞尼斯山，1 次经过鲁克曼尼尔，6 次经过塞普提摩，3 次经过布伦内罗。但我们还不了解这一时期的其他路线。1201～

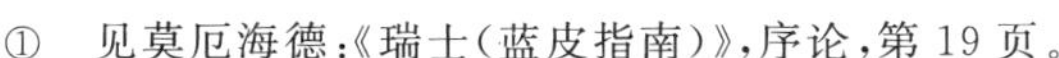

① 见莫厄海德：《瑞士（蓝皮指南）》，序论，第 19 页。

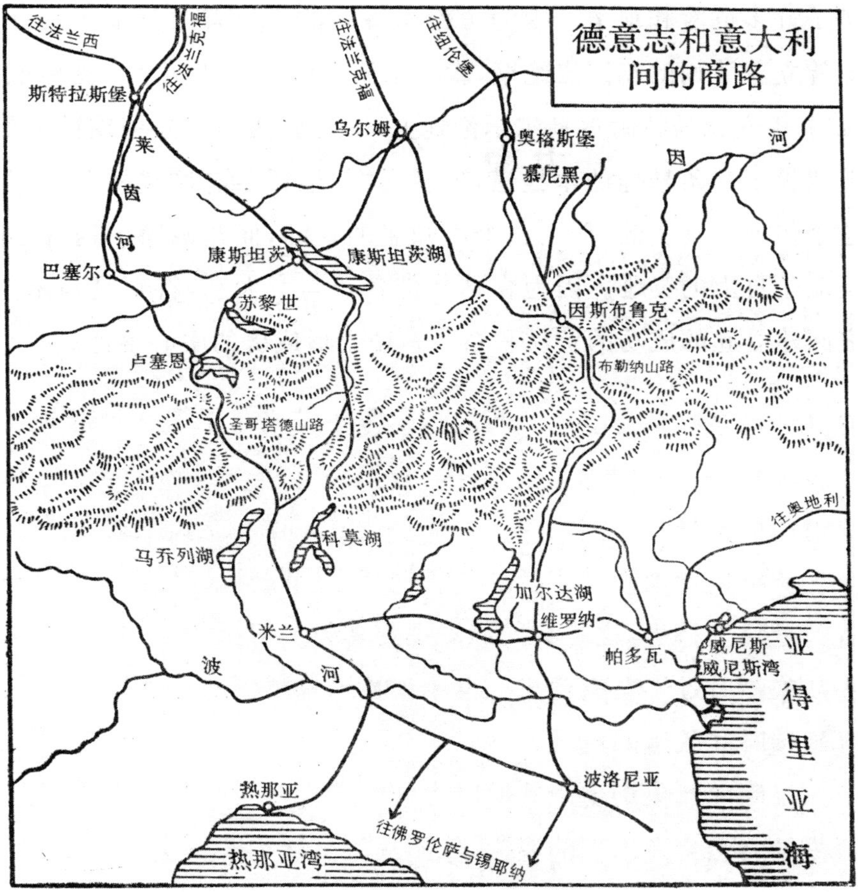

德意志和意大利间的商路

1237年间，我们知道有30条路线；其中我们了解较详细的有：2次通过塞尼斯山，10次经过布伦内罗。1237年以前，可能有2次穿过圣哥塔德山口。一次是1212年弗洛里杜斯·霍尔图斯修道院的埃莫修道院长在赴罗马的归途中经过此山口，他曾经过塞尼斯山进入意大利。另一次是1226年，波图红衣主教、乌拉赫地方的康拉德从德意志经过圣哥塔德到意大利。其中每一次旅途肯定充

满了许多危险和艰辛。因为舍伦恩昏暗的隘口有两英里半长，两侧耸立着陡峭的花岗岩绝壁，崖下是湍急的罗伊斯河水。据传说，1237年安德马特附近乌尔瑟伦地方，一位聪明的铁匠用铁链沿峭壁架设了一条悬挂的木栈道，这就是“怒浪桥”或“魔鬼桥”。如果这个传说是真实的，那么这个不知名的铁匠，而非威廉·退耳，才是瑞士自由的英雄。因为森林地带各州与意大利，特别是与米兰之间建立起的成功的贸易联系乃是瑞士形成史的中心事件。

第五章　汉萨同盟[△]

莱茵同盟和士瓦本同盟的历史表现出德意志城市为保卫其商业而组织城市同盟的明显倾向和能力，但其最突出的表现却是北德的汉萨同盟。前章所述两个同盟存在的时间远不到100年，而且其活动范围是有限的。而汉萨同盟不仅遍布于整个北德地区，还将其势力扩展到佛兰德、英国、丹麦、斯堪的纳维亚半岛、波罗的海沿岸的条顿骑士团国家——普鲁士、库尔兰、立窝尼亚和爱沙尼亚，甚至远达俄国和芬兰。其活动具有国际性。其海上势力甚至远超过陆上势力，这是其优势的主要动力。像汉萨这样的团体，过去从来没有过；在商业史上也不曾见过像汉萨这样取得影响广阔且延续时间久远的成就。

汉萨同盟像历史上其他庞大的组织机构一样，虽然表面上看似乎是突然自发出现的现象，然而却深深植根于历史中，其产生背景是巨大的商业活动传统，[①]在此，我们仅需考察汉萨同盟形成前的几个最重要的事实。这些事实与北德四个城市有关，即科隆、汉堡、不来梅和律贝克。甚至在1066年诺曼人征服英国以前，科隆——这里指整个莱茵河下游地区——的商人们，就与英国有着密切的贸易关系。诺曼征服加强了英国和欧洲大陆的联系，极大

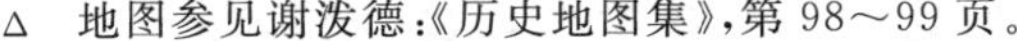

△　地图参见谢泼德：《历史地图集》，第98～99页。

①　见汤普逊：《中世纪经济社会史》，第527～531页。

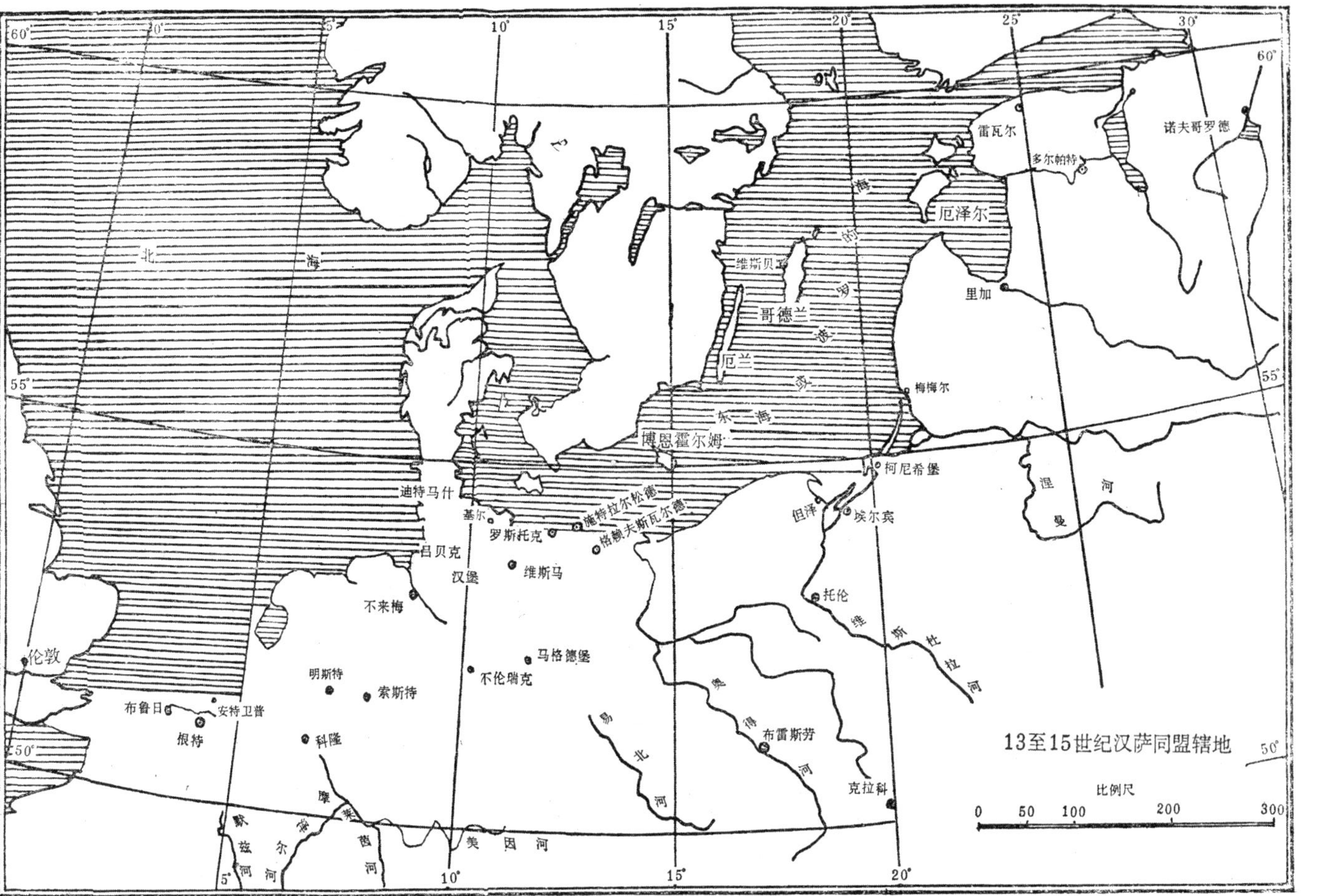

13至15世纪汉萨同盟辖地

地刺激了这类贸易活动，以致在 1157 年，亨利二世即批准了科隆商人在伦敦的一个侨居地的特许权，以后许多英王又重新加以确认。狮心理查铭记着这些商人曾慷慨地为他捐赠赎身金，因而授予他的“亲爱的科隆市民”以自由特许状，使他们在伦敦的行会大厦免缴年租，并免除应交给国王的各项捐税。此后继位的国王相继加强并扩大了律贝克商人们的此类自由特权。1267 年，居住在伦敦的汉堡、律贝克和科隆商人联合起来了。

1158 年萨克森公爵狮子亨利占领了律贝克，此城原由荷尔斯泰因的阿道夫伯爵于 1143 年建立。这就为繁荣的萨克森城市打开了波罗的海通道，很快，通过下德意志商人们的活动即变波罗的海为德意志的内湖。这些下德意志商人在哥得兰岛之威斯比建立了侨居区，并已向外探险，远达芬兰和诺夫哥罗德。这块居住地在科隆人与英国人进行贸易时即为德意志商人与波罗的海沿岸国家贸易往来的老殖民区。这些探险者，最初来自上律贝克，他们的组织则可上溯到律贝克奠城之日。

威斯比似乎已继承了早期日耳曼商人与波罗的海的斯拉夫人进行贸易的海上商业中相当可观的一份遗产，他们似乎也是尤斯顿岛上的威尼特人之继承者。1043 年此岛曾遭破坏。哥得兰岛以威斯比为首府，其居民最初由瑞典人和德意志人组成。然而他们之间的不和，招致皇帝罗塔尔二世的干涉。12 世纪后期，萨克森大公狮子亨利占领律贝克后，于 1163 年批准了同时保护威斯比和律贝克两地商人之特许状。以图努力实现两地间的友好联系。历史资料表明，早在 13 世纪初，威斯比的瑞典和德意志商人联合体便在诺夫哥罗德设立商站。当律贝克占据了波罗的海商业优势时，威斯比和诺夫哥罗德事实上就成了律贝克在这些地区的附属部分。威斯比早已掌有对里加的商业优势——因为1200年最早的宪章表明，商人们在里加的贸易活动必须遵守哥得兰商人使用的法律——随后到1299年，律贝克也控制了里加的商业。

威斯比是俄国——波罗的海贸易与北海各港口贸易联系链条中之主要环节。诺夫哥罗德与西方的商业联系比汉萨同盟的存在早一些。早在12世纪，来自威斯比的哥得兰商人肯定已在那里立足，并以圣奥拉夫教堂为活动中心。同时，在威斯比亦可能有一所诺夫哥罗德的（希腊正教）教堂。记载此种联系的现存最早协定与后来的另一个协定誊写于同一羊皮纸文书上。第二个协定已残损不全，有些部分，包括时间已看不清了。内中出现的一些相应名称提供了内在的证据，证明这两个文件产生在1189～1195年间和1257～1263年间。第三个类似的商业协定仍保持完整，它是1270年用低地德语写成的。12、13世纪，威斯比的德意志商人建立了一个有公共基金贮备的联合组织，由4名成员掌管钥匙；该联合组织称为"神圣罗马帝国到哥得兰岛的航海家联合会"。如今威斯比城墙依然耸立，曾环绕该城的48座塔楼尚存38座，现代城市位于其城防设施范围之内。旧城则要大得多。当威斯比城兴盛时，此处有18座教堂，其中的条顿圣玛丽亚教堂至今仍在使用，另外两座，圣卡塞琳教堂和圣尼古拉教堂已经成为优美的古迹。

哥得兰岛上的德意志商人是东西欧贸易的中介人。他们将佛兰德的布匹、盐、啤酒等运往波罗的海周围的斯拉夫各民族。归来时则运回毛皮、皮革、蜂蜡和琥珀。德意志人沿涅瓦河进入拉多加湖；经此到达伏尔加河，诺夫哥罗德城便位于伊尔门湖畔。在诺夫哥罗德，威斯比商人建立了他们最著名的商站，即毗邻圣彼得教堂的彼得赫夫商站。

律贝克对波罗的海商业的作用如同汉堡和不来梅对于北海和北大西洋商业的作用一样。两者都继承了昔日海盗时代和卡纽特大帝（1000～1035 年）统治下的盎格鲁—丹麦帝国对英国、挪威、冰岛和爱尔兰的贸易关系。佛兰德成了北欧所有陆路、河流、海上商业的集中点，横向与纵向的两条贸易轴线在这里相交。此地的布鲁日，是穿越阿尔卑斯山—莱茵河的贸易路线，逆罗纳何、索恩河而上经香槟集市顺默兹河而下到佛兰德的另一条地中海贸易路线，俄国—拜占庭贸易路线，威尼斯、热那亚和西班牙帆船的贸易路线，以及波罗的海、北海、英伦三岛和冰岛等各条贸易路线的荟萃点。

因此，对于富有进取精神的科隆商人来说，自然要像他们在伦敦时一样，在布鲁日也建立商业殖民点。我们尚不掌握布鲁日集团建立的精确时间，但可以肯定的是，其建立的时间大致与伦敦集团获得批准的时间相当。因为我们有一份 1173 年皇帝红胡子腓特烈授予佛兰德人的特许状，给予他们在亚琛城和杜伊斯堡的集市特权以及在莱茵河上的自由航行权；1178 年科隆主教腓力“由于该城一致同意”而准许根特商人享有在科隆的批发贸易权和科隆以下（而非以上）莱茵河自由航行权；1209～1215 年皇帝奥托四世将此种特权扩大到“佛兰德的所有商人”；13 世纪，我们看到不伦瑞克、戈斯拉尔、哈尔伯施塔特、希尔德斯海姆、汉诺威、吕内堡、奎德林堡和韦尼格罗德等萨克森城市与不来梅和汉堡联合向根特递交了相互贸易的请求书。这个“德意志商人之汉萨同盟”首先在

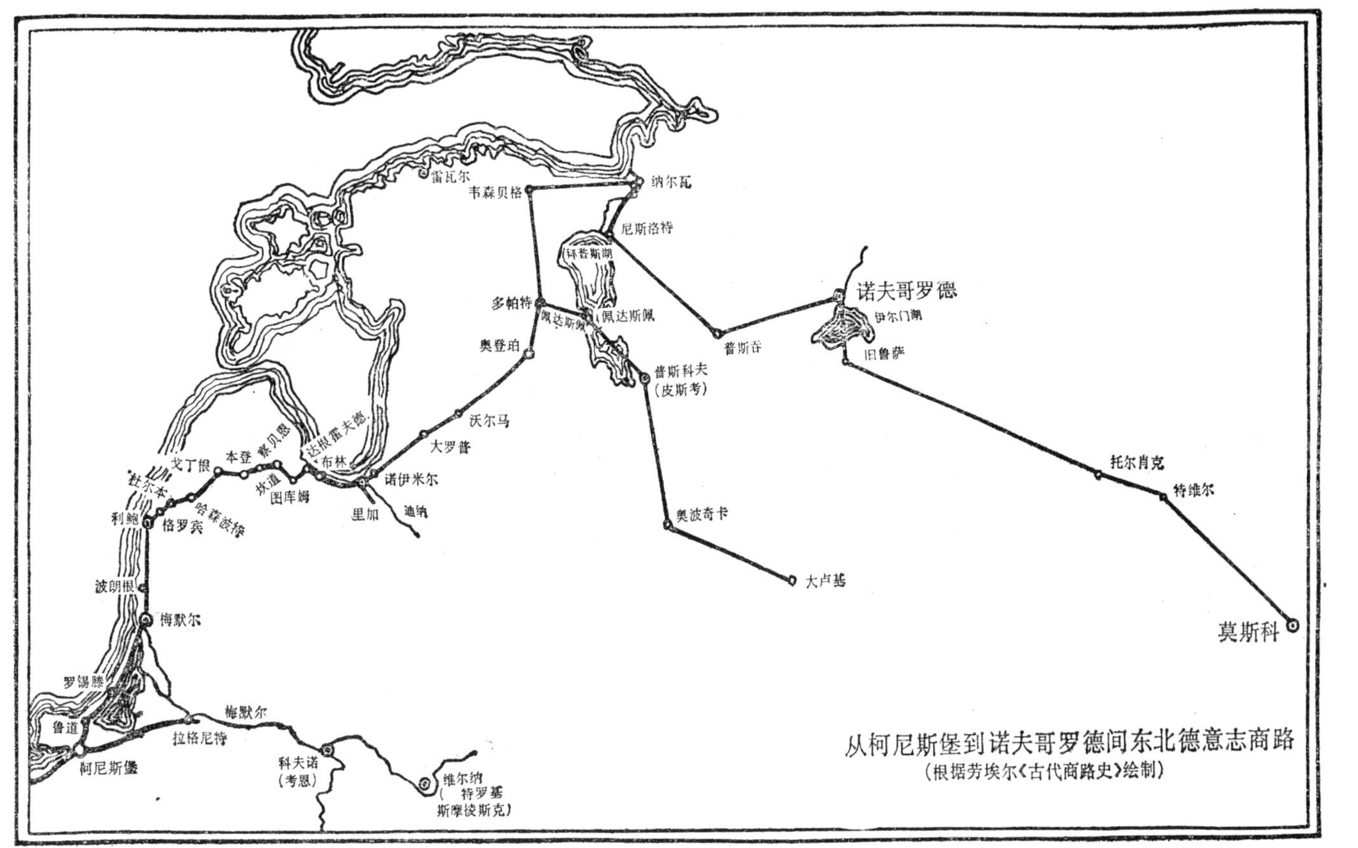

从柯尼斯堡到诺夫哥罗德间东北德意志商路
(根据劳埃尔《古代商路史》绘制)

根特建立了；但是，由于在达米拥有港口的布鲁日很快获得商业中心优势，而根特却转向单纯的羊毛加工业，于是这个汉萨便迅速迁往布鲁日。在此，它成为著名的伦敦商业公会①——一个佛兰德和法国商人在英国从事羊毛进口业的类似联合组织——的竞争者。

这样，我们看到在13世纪，北德意志商业活动有5个重要的中心：(1)律贝克—汉堡—不来梅，(2)科隆，(3)伦敦，(4)诺夫哥罗德，(5)布鲁日，而那些处于战略要地的萨克森城市则成为科隆和波罗的海—北海集团之间，以及佛兰德和德意志各条河流入海口处3个港口城市之间的联系环节。

互相接近和共同利益使德意志商人在国内外已组织起来的此类集团自然地趋向于联合，形成更为紧密的联盟，以提供保护并减少竞争。律贝克和汉堡之间的亲密关系可以上溯到1210年，当时他们一致同意在某些事务中采用一种共同的民法和刑法。1226年律贝克由皇帝腓特烈二世特许，获得自由城市之特权。1232年汉堡亦获同样特权。此后它们之间上述关系更加密切。我们看到，约当1230年，律贝克即向汉堡提议，“因此，无论何时贵城市民携带无争执货物(即不存在争执或悬而未决的法律诉讼的货物)而进入我城，他们都可以同我城市民一样，平安地拥有这些物品而不

① 汉萨一词是古日耳曼语。字面上原义指“一撮”、一个集团、联合或组合的事物，并以此义保留于英语中，即我们所说的“一撮”，后来，当行会在北欧兴起时，就用它表示“行会”。但在商业意义上，汉萨一词最初并非指商人之联合团体，而是指贸易权和为此缴纳的捐税。于是，当狮子亨利想要鼓励律贝克商业时，他便允许外国商人离开此城时，“absque the loneo et absque hansa”也就是说，不缴纳通行税，也不缴纳商品税〔见绍伯：《历史季刊》，1912年第2期〕。

受损害。”11 年以后，即 1241 年我们发现律贝克和汉堡“为保护两个城市之市民(商人)抵抗从特拉夫河口到汉堡或易北河任何地区的抢劫者或其他掠夺者”而组成了正式的联盟。1259 年律贝克、罗斯托克和维斯马联合镇压海盗，并宣布“凡在教堂中、墓地里[①]或水上、陆上抢掠商人者将被所有城市和商人剥夺法律保护并驱逐……任何接纳强盗及其赃物之城市将被认为与之同罪，亦为所有城市和商人所排斥”。1252 年律贝克和汉堡两城与布鲁日订立协议，该协议有时被认为是汉萨同盟的起点。

可以说，到 1265 年时，至少就同盟中涉及的德意志城市而言，汉萨同盟已经形成。我们掌握 1260～1265 年北德意志联合起来的城市的主要立法，“其中有律贝克法规”——最明显地证明律贝克在整个结盟运动中的首倡作用——旨在保护其商人生命财产，“抵抗掠夺者、土匪、海盗和封建战争”，同时还规定“每年召开一次会议以制定有关城市事务的立法”。尽管在一个世纪内还未用“汉萨”一词专指北德意志各城市旨在保护其贸易而组织的这一联盟，但是，到 1260～1265 年间，汉萨同盟却已大半形成。至少同盟内部的德意志因素已经构成。

然而，如前所述，汉萨同盟不同于德国其他城市同盟，它是一个国际范围的组织。为了理解汉萨同盟的实质，我们还要了解其国外的来源。因为汉萨同盟具有双重性质。“汉萨同盟是在国外(如在伦敦、布鲁日)的德意志商人所组织之各个联合体与国内组

① 有趣的是，迟至此时，旅途中之商人为了更安全起见，仍寻求教会建筑的庇护。在封建时代，因为这里享有较大的安全保障，故以教堂作市场是很普遍的。

织之类似联合体的结合”。国内外这两种因素相结合，产生了称为汉萨同盟的新的联合体。最终建成的完整的汉萨同盟囊括了在布鲁日、伦敦、威斯比和诺夫哥罗德等地的德意志国外商人团体。

爱德华一世统治时，律贝克、汉堡、不来梅仿照科隆之范例，在英国东部海岸的其他城市，如林恩、纽卡斯尔、波士顿等城，各自设立自己的汉萨，这些城市是向欧洲大陆输送英国羊毛的重要港口城市。但是律贝克决心打破科隆商人在伦敦的垄断，因为只有当其他德意志商人付出大笔费用后，科隆人才允许他们分享其特权。结果，该科隆汉萨进一步允许来自莱茵河流域和威斯特伐利亚的大部分商人享有特权，而从德意志其他地区来的商人仍难得其利。1282年，所有在英国的各德意志汉萨联合成为一个组织。这一合并使莱茵商人与波罗的海—北海商人紧密联合在一起。此时，身居国外的德意志商人为实现他们在异乡土地的共同目的已经联合起来了。由于缺少文件，我们不了解是什么时候，是哪一集团建议成立这一广泛的联盟，但我们有根据认为，约当此时，律贝克和汉堡正在实现与布鲁日的联合；而伦敦的汉萨和布鲁日的汉萨已结合为单一的合作团体；1282年以后不久，德意志商人的此等分散的联合体——那些在国内和国外的联合体——便结合在一起了。只是到了这时，人们才可以说，汉萨同盟已经完全形成。

“汉萨”一词最初用来称呼德意志商人在伦敦和布鲁日的团体，这一事实似乎证明了下列推测：是伦敦—布鲁日集团提出了将德意志国内外这两类联合团体统一起来的建议；而另一方面，律贝克已经打破科隆商人在伦敦的垄断地位。因而毫无疑问，汉萨同盟最初的产生和形成应归功于律贝克。正是律贝克努力实现了国内外商人最初的联合；律贝克又是汉萨同盟盟都所在地；同盟一经形成，律贝克法律便是同盟之共同法律。1293 年为了响应律贝克的一再要求，来自梅克伦堡和波美拉尼亚的商人在罗斯托克召集代表大会，决定今后凡与他们有关的案件都按照律贝克法律解决。重要的是，有 26 个城市投票同意这一决议。

此时，汉萨同盟的宗旨已经发生明显变化。起初，汉萨同盟是那些位于丹麦地峡（穿过此地峡有一条从波罗的海到北海的最短通道）上或附近城市间的联合，它以打击海盗、镇压掠夺行为和取消不合理的通行税等方式保护商业活动。但它很快地变得野心勃勃，为了垄断商业利益，不仅压制北德意志的竞争，而且压制英国、佛兰德和俄国的竞争。毫无疑问，有些城市曾经希望保持自由，但由于受到丧失经商权乃至使其商业毁灭的威胁而不得不加入同盟。因为汉萨同盟有时并不反对使用暴力乃至采取海盗式抢劫行为，作为一种比实际战争略为隐蔽一些的强迫手段。在早期，同盟显然没有保留任何记载，或者是很谨慎地将记载销毁了，因此，只是从 1361 年才开始有连续记载。要得到垄断控制权就必须建立波罗的海和北海制海权——海上霸权。保持海上霸权和对两海沿岸国家的商业控制权就结合成为一项单一的政策了。

有些岛屿正好位于维斯杜拉河和涅曼河河口处；威斯比，由于其具有优良的港口，此时遍布着庭院*，似乎天然适合于作为穿越波罗的海的歇脚地，而在其城垣内集聚着诺夫哥罗

* 指贸易商站。——译者

> 德与布鲁日之间的大部分贸易……同盟强行进入挪威和瑞典，在当时尚处于丹麦宗主权控制下的斯堪尼亚半岛上，建立起许多捕鱼中心，并从各国君主那里取得特权，那些特权具有极为广泛的特征，以致当地居民不久即发现他们竟不能再在自己国家的水域中捕鱼了。[①]

汉萨同盟在斯堪的纳维亚的历史中发挥了重要作用，德意志城市的经济统治很快便沉重地落到北方。以前北欧各民族冒险的扩张时代已经被一个惰性的时代所代替。汉萨同盟逐步地控制了整个丹麦、挪威和瑞典的商业。它在所有重要的城市中居统治地位，在这里组织起适合自己商业利益的都市生活。

取得这般成就并非一朝之举，而需要许多年才能完成，直到1370年才最终实现这一目标。因为丹麦、挪威和瑞典进行了顽强抵抗。这三个王国都是独立的国家，但统治集团之间相互联姻，结果，王朝之争和领土争端削弱了其反抗同盟的力量。挪威的地位最为软弱，1285年，当国王埃利克·普利斯塔特为其母丹麦公主英盖伯格的嫁妆而与丹麦交战时，汉萨同盟乘机强迫国王批准它在挪威，特别是在卑尔根的商业特权。1293年，同盟又威胁瑞典。尽管威斯比事实上是独立的，但是哥得兰岛在名义上属于瑞典。早在1280年，律贝克与威斯比即为反击海盗而结为联盟。二年后，里加亦加入。但此时，律贝克却要求将哥得兰商人合并到汉萨同盟之中。它决意像曾经打破科隆在英国的垄断权那样，打破威

① 参见《伦敦泰晤士报文学副刊》中E.吉·纳什的《汉萨同盟》一书书评。

斯比在俄国的垄断权,像过去合并科隆一样合并威斯比。当威斯比反对此种专横时,律贝克的舰队便占领了该岛,强制吞并了东方的贸易(1293 年)。

从英国到俄国,汉萨同盟成为古代北欧人的继承者。它占据了诺曼人在俄国的古老城市赫尔姆加德(诺夫哥罗德),占据了伦敦和英国东部各郡古代丹法区的各重要港口。同盟还通过汉堡和不来梅继承了其祖先与冰岛、爱尔兰和格陵兰岛的交往。到 1300 年,汉萨同盟实际上囊括了从威悉河口的不来梅到维斯杜拉河口的但泽之间、沿北海和波罗的海海岸的所有德意志港口城市。条顿骑士团所属普鲁士的和立窝尼亚的城镇不久也加入同盟。在梅克伦堡、威斯特伐利亚和萨克森等内陆地区,同盟进展稍慢,因为它们必须更加小心地发展,免得引起封建诸侯的反对。但是,到 1360 年,我们所掌握的一份加入同盟的城市名单表明,那时同盟已包括 52 个城市。

14 世纪初,汉萨同盟的扩张因遭到两方面的反对而放慢了速度。北边的丹麦、南边的勃兰登堡重新致力于扩张。其中,在能干的埃利克·曼夫德统治下的丹麦最具危险性。1300 年,罗斯托克城担心受到埃利克的进攻而承认其君主地位。律贝克不敢反抗,于 1307 年亦表示臣服。后来埃利克将罗斯托克并入丹麦。反抗是徒劳的。其他城市和许多诸侯也屈从于他。野心勃勃的荷尔斯泰因的格哈德伯爵在丹麦取得统治权。1339 年,丹麦和荷尔斯泰因的联合舰队占领了西波罗的海地区。此种联合对于汉萨同盟来说,远比丹麦一国曾构成的威胁严重得多,因此,律贝克和文德人各城市支持丹麦王位的合法继承人沃迪马四世*。此人极为勇敢，具有外交天赋。1340 年，他在汉萨同盟的援助下，赶走了来自德意志大陆的篡位者们。但是，沃迪马很快便恢复了丹麦危险的扩张政策。与此同时，查理四世寻求着对勃兰登堡的控制权。假若他得手，那就无疑会采取范围广泛的波罗的海政策。为了反对查理四世的扩张，1349 年，沃迪马进军勃兰登堡，迫使查理四世放弃其波罗的海政策，同时丹麦国王从此确信南下征服政策将是十分困难和危险的。沃迪马于是转向北方。1359～1361 年，他夺取了瑞典的舍内恩、厄兰德和哥得兰，这样，他便再次与汉萨同盟发生接触。

汉萨同盟若要使其垄断的梦想成为现实就必须击溃丹麦势力。丹麦的地位对同盟来说具有双重威胁。它据有丹麦地峡上的石勒苏益格，从而使丹麦接近从律贝克经荷尔斯泰因到汉堡的贸易通道，引起同盟不安；它还占有以前属于瑞典的斯堪尼亚、舍内恩、哈兰德、布莱金格。丹麦由此绝对控制了丹麦和斯堪的纳维亚半岛之间狭窄的尚德海峡两岸地区。政治和地理因素使丹麦有权向所有过往于海峡的船只征收通行税。然而，强征这些海峡税尚不是引起汉萨同盟不满的主要原因。抱怨的真正缘由在于，舍内恩是青鱼捕捞业的主要场所。

我们在前一章已经叙述了北海多格尔沙洲渔业基地是何等重

* 原文中为沃迪马三世，有误。据美国哥伦比亚百科全书（第 2919 页）及其他有关史料，1340～1375 年的丹麦国王为沃迪马四世。他继位于 1340 年，1361 年统一丹麦王国，并一度打败了汉萨同盟、占领了哥得兰岛，但 1370 年败于汉萨同盟，缔结了屈辱的施特拉尔松条约。——译者

要，叙述了关于捕鱼权的争吵如何成为法国、佛兰德和英国纷争不合的根源之一。与青鱼相比，鳕鱼、鳕狗和比目鱼都是不太重要的鱼类食物。一位现代历史学家曾诙谐地说："在中世纪，青鱼是一位历史人物。"宗教改革运动*在整个北欧地区取代了罗马天主教并废除了罗马教会的斋戒日，因而有损于波罗的海和北海的青鱼捕捞业。在宗教改革运动减少北欧地区对青鱼的需求以前，大量的青鱼远销于欧洲各地。晒干和腌制的青鱼甚至出口到地中海国家。中世纪时，穷苦人以青鱼为其肉食；战场上的军队和海上的水手也以青鱼为食。

尚德海峡是全世界最著名的青鱼产地。每年这里都可获得一次海上大丰收。每年夏天，8～10 月，大量青鱼鱼群游过海峡。14 世纪的一位最著名的旅行家菲利普·德梅齐埃尔为我们留下了对此种动物学现象所作的最为有趣的描述。他曾在青鱼旺季途经尚德海峡去普鲁士。他看到这里约有 4 万只平底船，每只船上有6～10 个船员，还看到约 5000 艘较大的船只，正在进行捕捞、腌制、包装青鱼的工作。他估算约有 30 万人被雇用。沿舍内恩半岛近 50 英里的海岸上都有供人居住的木棚，除住着渔民外，还有一群群的绳匠、鞋匠、防止超载的监督人、制作青鱼桶的桶匠、木匠、盐工、包装工、铁匠等等。为供应这数十万之众，许多船只不停地往返于斯卡诺、马尔莫和法尔斯特伯各市场之间，运送葡萄酒、啤酒、面粉和蔬菜。每个城市都在沿岸设立指定的渔站。青鱼群相当稠密，以

* 这里的宗教改革是指 14、15 世纪在中、北欧出现的宗教改革活动，它成为 16 世纪新兴资产阶级宗教改革运动之先声。——译者

致“你能用刀剑砍中青鱼。为捕捉此等小鱼，竟出现了这么大规模的人群会战”。

丹麦的沃迪马四世（1340～1375 年）统治时期，汉萨同盟面对着一个可怕的对手。沃迪马野心勃勃，像同盟一样，企图控制波罗的海，并看中了威斯比。要想侵略，借口是很容易找到的。瑞典王储哈孔与沃迪马之女玛格丽特结婚，这样瑞典事实上已经是丹麦的一块属地。而哥得兰岛在政治上是瑞典王国的一部分，因此沃迪马就似乎有理地宣布瑞典是哥得兰岛的合法统治者，而威斯比商人均为瑞典王国的臣民。1361 年北欧人惊讶地得悉丹麦已经占领了威斯比。哥得兰人装备落后，配有长柄战斧和刀剑，但无铠甲，因此他们虽然进行了英勇的抵抗，却根本无法保护威斯比城。现代考古发掘展示了这场战斗是何等酷烈。在过去一年中，威斯比城外就发掘出 1 800 个在此次围城战斗中丧生者的坟墓。死者分葬于两个不同的地域内。从以下事实可以区分出战斗者的身份：丹麦人死于对头部的打击，而哥得兰人则主要死于身躯的创伤。还发掘出大量已经溃烂的铠甲和兵器，以及腐朽的矛杆和箭头。

汉萨同盟立即召开了一次议事会，筹建舰队、准备军需，并与挪威和瑞典结盟反对共同之敌。次年 5 月，同盟进攻并抢掠了哥本哈根。恰当此时，舰队指挥官约翰·维滕伯格希望这两个北方强国将派兵援助他，但它们却没有那样做。因而他被迫带着少量给养离开舰队，到陆上进行战斗。但在第 16 天时，沃迪马和他的舰队忽然出现在斯堪尼亚海域，抢走 12 条最好的战船及大部分给养。汉萨同盟在遭到此次失败以后曾经谈判休战。但是，沃迪马再次食言，袭击在斯堪尼亚捕捞青鱼的渔民。不久，他又顺利地将其女嫁给挪威和瑞典的王位继承人，从而使这两个强国不可能与汉萨同盟达到进一步的联盟。

汉萨城市看出，其安全唯有依靠自己的力量，于是在1367年9月19日举行了著名的科隆会议。参加会议的有来自律贝克、罗斯托克、维斯马、库尔姆、托伦、埃尔平、坎彭、埃尔伯格、哈德维伊克、施特拉尔松、阿姆斯特丹和布里尔的代表团。反对丹麦和挪威国王的真正的同盟形成了，在1368年春的军事远征中，这一同盟的活动达到顶点。此次会议是汉萨同盟组织的基础，也是我们所知作为公认的同盟整体所举行的第一次会议。他们使自己联合起来，装备军舰和给养。地处偏远的城市则须提供资金，任何拒绝入盟的城市均不许与汉萨同盟的任何城市进行贸易。

同时，梅克伦堡与荷尔斯泰因及石勒苏益格结盟反对沃迪马，沃迪马则徒劳地寻机破坏联盟。当沃迪马为此亲往德意志时，其对手们袭击了日德兰半岛。汉萨同盟的舰队攻克了哥本哈根，并在瑞典帮助下占领舍内恩，只有赫尔辛堡抵抗至次年。接着，同盟舰队进军丹麦各岛，很快便占领丹麦全境。同时，汉萨同盟的另一支舰队进攻挪威，掠夺焚毁卑尔根城。丹麦和挪威溃败于胜利者脚下。沃迪马潜逃了，王国遭受着德意志人的蹂躏，除赫尔辛堡外，全国每座堡垒均落入同盟之手。

长期动乱使丹麦国力耗乏，资源枯竭。1370年王国国会上院和下院强迫沃迪马签署施特拉尔松协定，并宣布，如果他拒绝执行，他们将自行实施这些条款。协定降低了国王的尊严。汉萨同盟要求在此后15年内收取斯堪尼亚岁入的2/3，占据其军事据点，自由航行于尚德海峡；在 15 年内有权否决对丹麦统治者的推举，并要求大量其他特权和优惠权。这场成功的战争立刻引起欧洲对汉萨同盟势力的关注。它已从一个单纯的商业组织发展成为具有强大实力的政治联盟。为了捍卫 1370 年协定的条款，同盟必须时刻保持军事力量，并为此继续征集捐税。汉萨同盟从该协定中得到的权力意味着它具有完全的海陆贸易自由。各城市认识到，只是通过共同的行动才取得了这一胜利成果，因而不再抱有听任同盟陷于分裂的想法。相反，同盟由于允许其他城市的加入而进一步扩大了。1370 年标志着汉萨同盟权力达到顶峰，皇帝查理四世于 1375 年访问律贝克时所做的演讲，公开承认了这一现实。

此时，汉萨同盟的范围十分广大，东起诺夫哥罗德，西至伦敦、布鲁日，其南北轴线则从科隆延伸到卑尔根。在这广大的地域里，包括了德意志北部、条顿骑士团国家各省份、俄国北部、芬兰、斯堪的纳维亚各王国、丹麦、佛兰德和尼德兰以及英国。在波罗的海和北海，或以汉萨同盟常用之语称为“东海”和“西海”，同盟之海上势力几乎是至高无上地居于主宰地位。但是，在组成汉萨同盟的这些成分之中，仍可从历史角度看到一种明显的区别，而且在行政管理中仍保持着突出的差异。汉萨同盟所占地区大致像一个具有内外两层的平行四边形，或者像椭圆形中的椭圆形。内部为北德意志，外部则由那些汉萨同盟在那里拥有“商站”的国家组成，它们像画框一样围绕着北德意志。但是，我们不能过分用几何学眼光来强调此种格局，因为其核心部分除北德外，还包括丹麦、哥得兰岛和毗连的条顿骑士团的领地。

在德意志的汉萨同盟领地从行政上可分为 3 个活动圈（后来

是 4 个)：(1)文德活动圈。以律贝克为首府，包括梅克伦堡和波美拉尼亚，还包括诸如汉堡、维斯马、罗斯托克、格赖夫斯瓦尔德、基尔、哈迪比、施特拉尔松和什切青这等城市。(2)普鲁士或立窝尼亚活动圈。但泽为此圈中心城市，包括条顿骑士团的领地和哥得兰岛。主要城市有威斯比、埃尔平、柯尼斯堡、托伦、里堡、里加、勒维尔、普斯科夫和多帕特。(3)萨克森活动圈。不伦瑞克为首府，其中除了古老的教会都市，如不来梅、马格德堡、哈尔伯施塔特、明登、希尔德斯海姆外，还有许多繁荣的城市，如戈斯拉尔、汉诺威、诺德豪森、诺德海姆、哈默尔恩、哈雷等。这类城市的兴起主要归功于狮子亨利的业绩。萨克森活动圈向东扩展到"新东部"，这是 12 世纪时德意志人进行东部殖民扩张活动时所开辟的地区，其中有柏林、勃兰登堡、莱比锡、奥得河畔的法兰克福、布雷斯劳，从而具有一种独特的历史共性。这一地区兼有老萨克森和新萨克森特征。(4)威斯特伐利亚活动圈。科隆为主要的活动中心，该活动圈直到 1367 年危机时才形成。包括威斯特伐利亚、下莱茵流域和尼德兰。作为汉萨同盟统治范围内的唯一的德意志部分，其历史可追溯到罗马帝国和其后的加洛林王朝时代。这一活动圈中自然有许多重要的商业地区，老城有闵斯特、奥斯纳布吕克、多特蒙德、苏斯特、帕德博恩、科布伦茨、威斯巴登、亚琛、尼姆维根和乌得勒支；在低地国家，沿伊斯尔河和韦赫特河地区，或沿海湾周围，有茹特芬、阿纳姆、德文特、兹沃勒、文罗、格罗宁根、斯塔万恩、米德尔堡、多德雷赫特、杜伊斯堡、布里尔、韦塞尔和阿姆斯特丹等城。多拉特湾城市埃姆登是威斯特伐利亚活动圈最远的一个港口。

汉萨同盟在德意志内陆商业中，使用水路较多，而使用陆路较少。中世纪的德意志，其内河航运贸易比今日还要发达，甚至每条小河道都被利用起来。人们疏通河道，用标杆标出航道，并开凿运河。最著名的运河是特拉夫河与易北河之间的格拉登运河，此河凿于1390～1398年间，最初是为从吕内堡向律贝克运送食盐，但以后用来航运各类货物。汉堡到律贝克之间也计划修一条运河，但到1448年，谈判以毫无结果而告终。1459年，不伦瑞克为了与不来梅建立航运交通，不顾吕内堡和马格德堡的反对，对奥克耳河进行了大量疏导工作。

我们很难说清汉萨同盟到底包括多少城市，因为其数字总是变动。但当同盟鼎盛之时，约有70～80个城市。统治当局从不透露任何时期的精确数字，[①]但通常的流行说法是77个，这一数字比较便于记忆。有时，有的城市认为保证付例金并为派代表参加议会所付花费不能换得足够多的利益，于是自愿退出。另一些城市，拒绝履行常规的盟员义务，或者违背某些通常严厉实行的既定同盟法规或惯例，则被开除出同盟，而要重新恢复良好地位是极为困难的事情。汉萨城市组织只是一个松散的联盟，它与当今联邦的概念毫无相似之处。它主要是为贸易而组织起来的，随着商业的波动，其控制权力也发生变化。依靠这些各自独立的团体组成的这一同盟，能够要求更大的特权，也更能保证贸易安全。为防止海盗和掠夺者抢劫，有些城市组织了临时联盟，如律贝克和汉堡所做的那样。当时，较大的城市常常以商业活动和私人战争的方式

① 在汉萨同盟整个历史的这个时期或那个时期中，其包括的城市总数已被确定为96个。见《汉萨同盟历史资料》，第7章，第31页。

援助较小的城市。“不存在能够证明所有城市都曾出席的汉萨同盟全体会议,没制定过一项对所有通常被认为是汉萨成员的城市有约束力的决议,没有为收集各方面定期捐纳所依据的成员花名册,更没有普遍公认的法规,没有共同防御方针,也没有全体成员都参加的战争。总之,所谓汉萨同盟只是一个城市同盟,在各方面都类似称为神圣罗马帝国的德意志国家。”①

能否加入同盟要受一定条件的制约。凡不位于沿海地带、河口地区和通航河流两岸之城市,或没有自主权的城市,都不会被接纳入盟。任何城市未得邻近 4 个城市之同意不得进行战争。同盟议会只能决定同盟作为整体是否参加此类战争。新城市可随时加入同盟,其入盟申请通常寄给律贝克,并总是由同盟议会加以考虑,在议会中决定拒绝或接受其入盟。同盟极为谨慎地审查任何要求入盟的城市之要求、资财等等。同盟从不反对增加自己的实力或分担花费,因此,入盟申请一般可得一致同意。然而批准入盟条件却依据该城市拥有的财富、所处的位置以及一般的重要性,而有很大差异。此种不平等是一些重大纠纷和误解的根源,它导致同盟内部经常的冲突和争端。此种现象在宣战问题上特别突出,因为要从事战争,必须有普遍的战争拨款。自身利益是推动各城市加入同盟的动力,它们随时准备在感到不能从为公共利益所做的牺牲中得到好处时退出同盟。各自的利益是将各个城市团结在一起的唯一因素;因此,伴随着近代商业发展而来的新的贸易和工业国际环境的出现,引起了汉萨同盟的许多城市在城市利益和城市生活方面

① 海尔莫尔特:《世界历史》,第 7 章,第 26 页。

的变化，此时，同盟的权力亦因内部迅速出现的纠纷而结束了。

汉萨同盟灵活的性质还允许那些居住在同盟本身势力范围以外的城市中的个别的或联合起来的商人得到特权。因此，西班牙、法国、爱尔兰、冰岛和英国某些地区的商人在当地条件对他们和同盟有利时，都享有成员资格。

汉萨同盟的行政管理问题，是研究汉萨同盟时最有趣的方面。同盟由一个议会统辖。从理论上讲，议会每三年在律贝克举行一次，该日期被称为“汉萨节”。1363～1550 年期间，共举行了 53 次大会。第一次是于 1363 年召开的，从此直到 14 世纪末的 37 年，举行了 34 次。1400～1460 年间，仅举行了 12 次，1461～1550 年间，只举行了 7 次。会议次数的减少很能说明问题。

同盟议会召开的次数不断减少是因为总议会的立法权力越来越被律贝克的执行权力所取代。地方性大会处理了大量问题，而这些问题都是同律贝克直接交涉的。14 世纪末以前的 43 次会议中，有 35 次是在律贝克举行的，这证实了它在同盟中的优势地位。律贝克成为各代表团集会之必然地点和最合适的中心城市。议会可以在任何季节举行，但更为经常的是在复活节前后举行。并非所有城市都出席议会，比较大的和比较重要的城市直接出席；小城市和比较穷的城市认为自己无力支付单独派遣代表所需费用，便通过与它们有联系的那些强大的城市参与会议。这样，罗斯托克实际上是所有勃兰登堡城市的代言人，虽然它们都有资格同样受到同盟的保护，同样享有共同权利和特权。当城市派不出合适的代表出席一届议会时，它需事先就不能派出代表一事提出理由，若议会认为理由根本不充分，则要被课以很重的罚款。如果 3 次不能派出代表，则将被开除盟籍。而且，如果会议开幕时，代表没能如期到会，他必须按延误天数每天付出一个金马克。此项罚款从不豁免，除非经过认真调查证明耽搁的理由充足而且合理。1447年，共有39个城市派代表到会，这是史料记载的最高纪录。30个以上城市派出代表出席的会议很少见，一般平均只有10～20个城市派出代表。

自然，这些会议中存在着争夺领导权的斗争。科隆试图取代律贝克坐第一把交椅，但没有成功。汉堡要求处于第三位。律贝克至少要提前三个月发出开会通知，指明将要讨论的问题。代表们抵达之后，将受到当地议会成员的会见，而后陪送到行会大厅，接受洗尘酒。会议每天早上七八点钟开始，直到下午三点休会。由律贝克市长担任会议主席。会议首先审查一些城市送达的不到会辩解书，确定适当的罚金。然后讨论国外商站问题；解决有关钱财问题；听取私人案件的申诉。会议秘密记录要存档。随着汉萨同盟的寡头统治机构的完善，议会不常召开，故律贝克权势越来越大。

但是，汉萨同盟的法规并非总是能够顺利地贯彻。有时，某些代表团提前离开会议，以便使他们自己的城市有借口不服从已经通过的决议。代表一般都是各自所在城市市政机构成员。决议须经与会城市多数通过，所有的汉萨城市都必须遵从。许多城市借口其代表未受权接受某类条款，以此规避对决议的服从。这样，各城市的自私利益常常损害同盟的全体利益。同盟可将不履行义务的城市开除出盟，作为一种强制措施。而这些城市的商人就丧失其各项特权，他们在每个汉萨城市中都会遭到逮捕，货物会被没收。科隆曾一度被排斥于同盟之外达5年之久，直到屈服为止。

然而，汉萨同盟多用较软的措施处理此类违抗，因为它担心内部的分裂，害怕封建诸侯找到干涉的借口。汉萨同盟掌握着那些不服从同盟法规的城市缴纳的罚金和外国人偿付的赔款，最后还有各类捐税。这些岁入的第一部分（罚金）拨到律贝克以支付管理费用；第二部分（外国人赔款）拨给专门司局；第三部分，即捐税，只在特殊情况下才征收。汉萨同盟有能力借款给破产的诸侯，以换取巨大的政治权利。假如一项特权可得批准，同盟就永不索还债款，并随时准备购买一项新的开禁令。同盟议会的所有决议都誊写在羊皮纸上，并细心保存在市政档案中。许多此类城市中都搜集了这方面的资料，故使大量资料得以保存下来。律贝克市的档案自1361 年起实际上没有间断；施特拉尔松的档案始自 1363 年。

同盟议会审议之议题涉及最为广泛：为保护货物所应采取的措施；宣战；缔约；保护道路和海洋的方法与手段；保证从外国人那里取得更广泛的特权问题；水路、陆路交通新路线的开辟；确立货币和度量衡统一规则问题；滞销货物之处理；以及解决纠纷之方法。会议还决定战争与媾和问题；向外国君主、诸侯发送公函；威吓、警告和劝诫那些不履行条约义务的人们。

同盟议会的目标是维持城市秩序，支持贵族寡头的市政府。对正在兴起的工匠阶级，同盟表现出明显的敌意；它是旧寡头政治的坚定捍卫者。[①] 汉萨同盟远非民主机构，它的一些最重要的官

① 1374 年，不伦瑞克爆发了一次反对城市议会的起义，结果议会中几个成员被处死，另一些成员被流放。汉萨同盟进行报复，将不伦瑞克开除盟籍，将该城商人从同盟控制下的所有市场驱逐出去，直到不伦瑞克完全恢复了原有秩序后，才能重新恢复盟籍。（见洛奇：《中世纪的结束》，第 440 页。）

职都注定由某些名门望族担任，他们或因极为富有，或因特殊勋绩而显赫于人。在此种体制下，必定经常产生纠葛，特别是在沿海城市和内地城市之间。令人惊奇的是，事情竟然循其本身进程而顺理成章。因为我们必须牢记，汉萨同盟毕竟是从不同城市的财富和它们的合作中才汲取了巨大的力量。

将同盟不同成员联合在一起的唯一真正纽带是互利的原则。在13世纪末、14世纪初使同盟的组织产生这一原则的原因就是渴望得到受保护的贸易通路，进而渴望得到广泛的国外贸易特权，并维护之。但它也是削弱同盟的一个因素，特别是由于同盟的成员散布于如此广袤的地区，并非所有城市都有相同利益。所以在沿海城市和内地城市之间，在东部城市和西部城市之间便产生了对立。

就其严格的特定含义而言，汉萨同盟没有军队，只是靠各城市的陆军和海军从事战争。而且不是所有城市都参加战争，只是那些最有直接利害关系的城市参加。城市民兵是一支战斗力很强的军队。为了航海目的各海港驻满了水手。正像各城市有其特别的法庭、像在国外的德意志人只能由专门的法官审判一样，汉萨同盟宣布有权审理一切发生在汉萨城市中的案件。1381年的议会决定，当城市之间发生争执时，有关诉讼应服从邻近几个汉萨城市的仲裁。不许以任何借口向封建诸侯上诉。如果毗连城市仍不能使当事者达成谅解，则提交同盟议会或常务议事会。许多法令反复强调了这一法规，这说明该项法规并不总是被遵守的。然而明显的是，同盟审理的讼案越来越多，甚至诸侯也将其分歧提交汉萨同盟议会。审判根据地方惯例进行，没有统一的法律，但是“律贝克习惯法”渐渐普及到整个波罗的海沿岸，而“多特蒙德法”则为马格德堡和易北河下游地区的城市所采用。因此,在这些习惯法中有一种共性,而且即使存在差异,一种统一审判的形式也最终建立起来了。“威斯比法”是最完备的法律。后来,律贝克则编纂了自己的法典。

汉萨同盟的法规极为严厉。任何逮捕同盟成员者均不得与同盟城市进行贸易。一个城市的市民可在其他城市得到公正审判。同盟成员若遭到骚扰可向任一个城市请求援助。对一个城市失信者将遭到所有城市的抵制。任何购买赃物者都被认为犯有同样的盗窃罪。无论谁与盟外人通婚即丧失其在同盟中的各项权利。同盟成员不仅禁止与盟外人通婚,亦不许可与盟外人结成商业伙伴关系。在同盟的集市上,禁止两个非同盟成员之商人进行交易。汉萨同盟靠这种手段充当中间人。外国商人请求获准在汉萨同盟的城市中定居,总是枉费心机。在科隆,只允许外国商人在一年内留住 3 次,每次 6 个星期,其他城市亦有类似的限制。汉萨成员始终极为小心地戒备着竞争,并使用一切手段,尽可能保护独占的和专有的商业控制权。为此颁布了一系列法令,禁止任何德意志人与俄国人、英国人或佛兰德人结为伙伴关系,因为他们都是德意志人在波罗的海贸易中的劲敌。

通过分析 1364 年汉萨各城市缴纳之税款估征额(单位塔勒*),可看出它们各自在经济上的相对重要性。每个名字前面括号中的数字是指该城市所处的“活动圈”。

(1)律贝克……………………100
(2)科隆……………………100
(1)科尔贝格…………………95
(1)什切青……………………40
(2)坎彭……………………40
(2)闵斯特……………………40

* 古代德意志银币,一塔勒相当 3 马克。——译者

(1)汉堡……………………………80
(4)但泽……………………………80
(3)不来梅…………………………60
(1)吕内堡…………………………60
(4)柯尼斯堡………………………60
(1)罗斯托克………………………50
(1)施特拉尔松……………………50
(3)不伦瑞克………………………50
(4)勒维尔…………………………50
(2)德文特…………………………50
(4)里加……………………………50
(3)马格德堡………………………40
(3)希尔德斯海姆…………………30
(3)戈斯拉尔………………………30
(2)韦塞尔…………………………30
(3)明登……………………………30
(1)维斯马…………………………25
(1)格赖夫斯瓦尔德………………25
(3)汉诺威…………………………25
(1)施塔尔加德……………………25
(2)鲁雷蒙德………………………25
(2)哈姆……………………………25
(2)兹沃勒…………………………25
(3)哈默尔恩………………………20
(3)施塔德…………………………20
(3)巴克斯蒂乌迪…………………20
(4)托伦……………………………20
(4)埃尔平…………………………20
(4)不伦斯贝格……………………20
(2)尼姆冈…………………………35
(2)斯塔万…………………………35
(2)格罗宁根………………………35
(2)苏斯特…………………………35
(3)哥廷根…………………………30
(2)茹特芬…………………………30
(2)阿纳姆…………………………30
(2)哈德威克………………………30
(2)博尔斯沃德……………………30
(2)埃米利克………………………30
(2)奥斯纳堡………………………30
(2)多特蒙德………………………30
(4)多帕特…………………………20
(4)佩尔瑙…………………………20
(2)杜伊斯堡………………………20
(2)文罗……………………………20
(2)帕德博恩………………………20
(2)乌纳……………………………20
(1)安克拉姆………………………18
(2)埃沃尔登………………………15
(2)伦格……………………………15
(2)瓦堡……………………………15
(4)库尔姆…………………………11
(4)邦迈尔…………………………10
(2)泰尔……………………………10
(2)利普施塔特……………………10
(2)比勒费尔德……………………10
(3)艾姆贝克………………………10
(1)戈尔诺…………………………8

进一步分析便得出下列对比性结果：

威斯特伐利亚活动圈 29 个城市……838 塔勒……平均每个城市 28.9 塔勒；

文德活动圈 12 个城市……576 塔勒……平均每个城市 48 塔勒；

萨克森活动圈 12 个城市……365 塔勒……平均每个城市

30.4塔勒；

立窝尼亚活动圈11个城市……361塔勒……平均每个城市32.8塔勒。

这样，从表面上看，威斯特伐利亚和萨克森两活动圈似乎不如其他两个富有。但这是错误的推断。因为这时尚为汉萨同盟历史上的初期，萨克森和威斯特伐里亚活动圈这时刚入盟不久。在贸易总量中，更多的是来自俄国、立窝尼亚、斯堪的纳维亚和英国的原料产品：羊毛、皮毛、油松、大麻、弓料、桶板和鱼等，而不是进一步精制或加工过的商品。15世纪，这两大类贸易比以前较为平衡。

汉萨同盟的四大"商站"，[①]像我们以前已经谈到的，都是在13世纪建立的，其建立日期十分接近：伦敦商站建于1267年；布鲁日站约建于1252年；诺夫哥罗德站建于1272年；卑尔根站建于1278年。除布鲁日商站外，每个商站都是原料产品集散地。每一商站又是一块外国人租借地，这种商业侨居地在其建立的国家中享有司法豁免权，因而亦为母邦领土在国外之延伸部分，在其商人中实行德意志法律。汉萨同盟并没有为此类特权付出任何代价，在同盟的观念中，不存在互惠关系。

最著名的商站当属伦敦的"钢院商站"[②]，其重要性至少可与

① "商站"一词在此处按最初之意："贸易据点"来使用。晚到19世纪时，英国东印度公司的贸易据点也这样称呼，还有加拿大哈德逊湾公司的皮货站也称为商站。

② 关于此名起源尚有争论。之所以如此称呼可能是德意志的主要进口物是钢锭和钢坯，但也可能得自所用的手提秤这一名词。或者是Stapelhof（德语"货栈"）即the House of the staple（英语"货栈"）之讹传。某些历史学家认为此种派生的可能性更大，而不太可能是由于德意志钢材在那里出售而得名。"钢院商站"即在今日坎农街车站位置上。此商站被弃许久之后，附近仍有小客店，在那里出售莱茵的葡萄酒、鱼子酱、熏牛舌和熏鱼等。它被称为stilliard，伊丽莎白时代的戏剧中常常提到它。

布鲁日商站相匹敌，此商站存在到1579年英国政府取消汉萨同盟在英国的特权之时。“钢院商站”位于泰晤士河两岸，正好在伦敦桥上游，因而商人们有自己的码头。商站的房屋由一道高墙防护着，防范森严，因为尽管国王赐予他们各项特权，但这绝不意味着对他们加以保护，个人或团体还必须自己保护自己。商站大厦最值得注意，这是一幢三角形屋顶的多层高大建筑。北面正对泰晤士街，有3个用铁皮包裹的圆形大门，只有中间一个偶尔开放。这座建筑既用作餐厅，也用作商人开会的会场。文件存放于大院一端的一个坚固塔楼内。站长住在河附近的第二座石头建筑中。这里也是厨房。两座建筑中间是庭院，栽种着葡萄藤、果树和很少的鲜花。该庭院十分出名，商人们在这里喝喝酒，玩玩滚木球，以得消遣。但是，在这里能够见到的并不只是他们。伦敦人也常来此，花3个便士买一瓶莱茵葡萄酒。这里也是当时最显赫的人物——主教、市长、政治家、将军和海军军官们云集聚会的地方。

除了这些建筑和庭园外，还有许多房屋密集地簇拥着、护卫着。“钢院商站”外面毗连的房屋皆由汉萨同盟租赁并控制。居住在这里的职员侍者像在修道院里生活一样。被雇的工作人员分编为叫作“家庭”的单位，每个单位有一名首领，称为“管家”，他对那里的每个成员的行为负责。各“家”有自己的餐桌和寝室。纪律严明，对于违章、酗酒、熬夜和越轨行为都处以极重的罚款。任何情况下都不许妇女进入院内。已婚的成员则必须把妻子留在家中。除经商站站长同意，任何外人不得进入。站长像中世纪的男爵一样，掌握着院内的法庭，随时审理争端，向违背法规的人课收罚金。站内的武器和铠甲足以装备这里每个人，平时放置于武器库里。

由于在伦敦的汉萨人不多，所以骚乱者经常袭击此类地方。在伦敦的街道上，汉萨人的生命没有保障，因为英国的劳动人民对他们中间的日耳曼人和佛兰德人抱着仇恨态度。每逢周日、圣日，无事可做，人们从沉重的劳动压榨的极度疲劳中脱身，在庭院中的集市广场上从事粗俗的游戏。

"钢院商站"中至少集聚着60个汉萨同盟城市的代表，伦敦人对他们有多种不同的称呼，如"东方商人"（Osterlingi）[①]、"汉萨人"、"普鲁士人"、"阿尔曼的条顿人"等。当伦敦作为汉萨同盟在英国的总部时，"钢院商站"在英格兰、威尔士和爱尔兰设有45个营业所或账房，其中最重要的设在波士顿、林恩、亚茅斯和赫尔。苏格兰的营业所通过布鲁日商站做交易。羊毛无疑是最重要的出口物。

英国和波罗的海城市之间的贸易活动范围可从下面的事实加以说明。

1392年有300艘船只在但泽办完出港手续后，满载粮食、蜂蜜、盐、钾碱，俄国的水獭皮、野兔皮、鼬鼠皮、貂皮以及但泽的啤酒离港。此外还有原木（特别是制作出名的英国弓背的紫杉树）、针叶树脂、沥青、琥珀、锡、瑞典铁矿砂、匈牙利铜等项日益扩大的大宗贸易。反之，英国向汉萨同盟提供来自伦敦、贝弗利、赫尔、科尔切斯特、都柏林和闵斯特的羊毛原

① 货币中使用的Sterling一词来自这个名词，表明汉萨贸易对英国财政金融影响之重大。

料、毛线、床罩和粗绒，然后运到诺夫哥罗德，再分配到俄国各地。①

下表说明波罗的海贸易，为麦克弗逊和吉宾斯所列：

进口	出口
羊毛、布匹、亚麻、纱布、金属制品、针、盐、莱茵葡萄酒、运往西方的过境啤酒	蜂蜡、牛脂、兽皮、谷物、皮革

挪威		瑞典		丹麦		卑尔根	
出口	进口	出口	进口	出口	进口	出口	进口
原木	谷物	树脂	谷物	青鱼	亚麻	黄油	麻布
松香	葡萄酒	草木灰	麦片	腌鱼	蜂蜡	鲑鱼	呢绒
树脂	金属制品	铁	葡萄酒	马匹	蜂蜜	干鳕	淡啤酒
毛皮	啤酒	大麻	亚麻	牲畜	啤酒	鱼脂	谷物
鱼	盐	铜	呢绒	谷物	葡萄酒	精制毛皮	麦芽
鲸脂	香料	原木	金属制品		呢绒	原木	饼干
	水果	腌鱼					面粉
		肉					葡萄酒
							酒精
							铜、银

爱德华三世在位期间，汉萨商人的势力和威望在英国有了大发展。这位英王急需经费以便继续进行对法战争。当时英王拒绝偿还意大利银行家巴尔迪、佩卢齐的一大笔王室欠款；使这些银行在1345年宣告破产。以前凡为意大利人享有之种种利益都为德意志人取而代之，他们急忙前来帮助英王，他们乐于向国王提供

① 参见维利：《亨利四世统治史》。

大笔金钱，仅为了换得国王给予其宝贵的出口特权。德意志商人甚至一度在一些港口中控制了出口税的管理，有一家公司掌握价值连城的康沃尔锡矿达数年之久。爱德华三世所受的缺乏金钱的压力如此之大，以至有一次在科隆，他典押掉王冠上的宝石。因此，英王在他与法国的战争中感到了汉萨同盟商人的宝贵作用。

对英国关税作一考察，可以说明商品经销状况。下面是麦克弗逊绘制的 1354 年进出口一览表：

1354 年英国进出口表

		关　税
出口：		
羊毛——$31651\frac{1}{2}$包羊毛，@ £6…	£189909　0　0	
3036 担(120 磅)羊毛，@40_s	6072　0　0	
65 张羊皮……………………	1　1　8	
	£195982　1　8	£81624　1　1
皮革………………………	89　5　0	
呢绒——$4774\frac{1}{2}$匹………@40_s	9549　0　0	61 7　6
$8061\frac{1}{2}$匹(粗线)　@16_s8…	67171　8　4	2151 3　7
	£212338　5　0	£818461 2　2
进口：		
细呢绒 1831 匹……………@ £6	£10986　0　0	£971 2　0
蜂蜡 397$\frac{1}{4}$担 …………@40_s	7951　0　0	191 7　5
葡萄酒 1829$\frac{1}{4}$桶…………@40_s	3659　0　0	1821 9　0
亚麻、绸布、食品、杂货等………	229436　1　0	2851 8　3
	£3838316　1　0	£586 6　8
盈余—£173954　8　2		

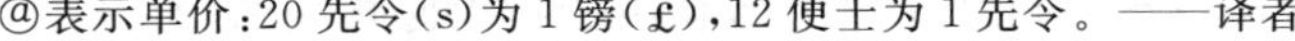

@表示单价：20 先令(s)为 1 镑(£)，12 便士为 1 先令。——译者

此表反映英国商业的大宗贸易，还有许多稍小的项目。其中经常出现的几项如下(按提到的年代列举)：

1284——威尔士的铅。
1291——苏格兰煤矿的煤。
从非洲海岸运抵英国的杏仁、葡萄干、无花果。
从爱尔兰运抵英国的小麦、燕麦、啤酒、淡色啤酒。
1325——从纽卡斯尔运抵法国的煤。
1338——康沃尔和德文的锡。
1348——加来的大宗锡、铅、羽饰货物，英国羊毛呢绒、毛线原料。
1350——波尔多葡萄酒 13429 桶。
1355——运抵法国的苏格兰珍珠。
1357——阿维斯布利(一当代人)估计每年羊毛出口 10 万包。
1463——由“东方人”(即汉萨人)进口到英国的货物表中列有：小麦、黑麦、大麦、绳索、大麻、麻布、树脂、沥青、桅杆、制管道用的纤维灰浆、钢、铁、蜂蜡、护壁板、亚麻、呢绒。

汉萨同盟实际上处于对王室的支配地位，这对英国商人说来大为不幸。这种情况在 15 世纪后半期表现得尤为明显。1470 年，爱德华四世被兰开斯特家族驱逐，汉萨同盟向他提供资金，使之卷土重来。为此英王付出了极大的代价，给予了汉萨同盟极为慷慨的条件。

汉萨同盟在布鲁日的商站与伦敦的“钢院商站”大不相同。布鲁日主要是一个国际商业活动场所，几乎是欧洲所有重要商路的汇合点。它不位于海滨，距海岸尚有几英里之远——这使它免遭海盗的洗劫——通过已凿通的兹维恩运河联系着港口达米。在达米，高大的堤坝和潮闸，构成了一个欧洲著名的港口。但丁(在《地狱篇》第 15 章第 4～7 行中)曾把分隔泪河和地狱罚界之堤坝与此相比。汉萨同盟的成员在布鲁日用北欧的原料产品换取南方和利凡特的产品。[1] 布鲁日是地中海以外欧洲最大的商业中心。同盟在此地主要充当代理商和经纪人，他们虽未建立袭断权，却与其他商业集团进行强有力的竞争。汉萨同盟鼎盛时，它在布鲁日的商行拥有 300 名在册商人。这里到处笼罩着国际性气氛，完全不需要筑墙的院落。汉萨商人的货栈沿水边朝向城市。在布鲁日，一项附属于贸易并充当中间人的业务是经营范围极广的银行业务，这在其他地方的汉萨人中未曾有过。有关这方面的细节我们在后面还要谈到。

汉萨同盟在挪威卑尔根的"商站"确如人们所能想象到的那样，与布鲁日的商站相比大不相同。14、15 世纪时，挪威还是一个文化落后的国家，可以说，它是基督教欧洲之边缘国家。因此，这个"商站"既为货栈，亦为整个北欧地区原料产品集散地。格陵兰岛、冰岛、奥克尼、法罗群岛和设得兰群岛的贸易都集中于卑尔根。几乎一切东西都有"古朴的、鱼腥的气味"。主要贸易项目有青鱼、鳕鱼、狗鳕、鱼脂、鲸脂、鲸鱼骨、海象皮和海象牙、鸭绒、各种兽皮、油松和松香。大量海盐由比斯开湾和西班牙海岸运到这里，用于腌制鱼类。在捕鱼季节，晒鱼架沿卑尔根海岸延伸几英里之远。这里的商站包括 22 个独立的院落，称为"庭院"。每"庭院"分为若干有着 9～13 座建筑的区，容纳着 15 个"家庭"。来自 48 个汉萨城市的商人在此地设了 48 个会馆。同丹麦一样，汉萨同盟紧紧地钳制着挪威。同盟的剥削政策将挪威人民压迫到一种奴隶境地，

① 从热那亚开往布鲁日的一艘加泰罗尼亚人货船曾在达米附近的卡德尚德岛遇难。船上装有硫磺(产于西西里)、生姜、柠檬、干梅、葡萄干、稻米、木材、埃及亚麻、肉桂、砂糖和阿拉伯人统治下之西班牙(制作的)纸张。

他们强迫这个捕鱼、狩猎的民族以最低的价格向他们出售猎获物；并强施之以洗鱼、鞣皮的苦役。汉萨同盟还以带有强烈海盗气味的报复手段压制英国、苏格兰、荷兰和冰岛人在北方贸易中的竞争。挪威人对他们既惧怕又仇恨，却又无力反抗他们。一位挪威小国君的牢骚很能反映此种不满情绪：

> 我衷心感谢那些为我们带来小麦、肉类、呢绒、亚麻和麻布的商人，因为这些东西我们不能生产，且于我国有利。但是这些日耳曼人乘巨轮而来，掠走了黄油和干鱼，使我国贫困。为此他们又运来烈酒，作为交换，使我国人民身心沉醉、精神堕落。随此种贸易而来的邪恶极多，毫无裨益。许多人因醉酒争吵不休；许多人竟以武力相伤；有的甚而丧生；所行皆为蠢事。因之，我毫不感谢这些日耳曼人。

1293年律贝克征服威斯比以后，汉萨同盟便继承了威斯比与俄国的贸易。这是一个幸运的获利时刻，因为1293年鞑靼人洗劫了基辅，并占领了俄国南部，将来自亚洲的东方贸易向北驱移，使之远离该贸易之习惯路线。这样，诺夫哥罗德便成为俄国各地之主要商业中心，德意志、波兰、匈牙利、希腊、亚美尼亚和鞑靼商人皆集聚于此，而俄国令人羡慕的河流系统又为使此地成为集中地提供了有利条件。当时，诺夫哥罗德为自由城市，该城市民给予汉萨人自由特权。他们成员甚至有权获取放牧地，他们在诺夫哥罗德的住区称为“大诺夫哥罗德之德意志人庭院”或由住区内的圣彼得教堂得名，称为“圣彼得庭院”。商站由一道高大的厚木板栅栏围护，配有木质的棱堡塔楼。德意志人住区的法规称为“斯克拉”，它被保存下来，反映出汉萨人在俄国的生动的生活图景。

圣彼得庭院内，除有住房、仓库和其他建筑外，还有一所医院、一个酿酒厂、一个烘炉等等。主要建筑为教堂。神甫们不仅主持教堂仪式，而且帮助商人们书写、算账。此外，由于教堂修建得比其他建筑坚固得多，就成为保存度量衡仪具和文件、钱财的地方。该庭院的入口被极为严密地防护着。夜间整个庭院上锁，由更夫和猎狗护卫。庭院每一成员均有义务轮流保护住区。这些防务似乎都是必要的，因为俄国人仇恨这些外国商人。他们既是外国人，又是不同宗教的信徒，甚至是不信教者，在俄国人民群众看来，信异教和不信教几无差别。

有两类客商常来俄国造访：即“夏季客商和冬季客商”。前者一般初春时节到，秋季离去；后者则在俄国过冬。“夏季客商和冬季客商”在他们的成员中间选出圣彼得庭院的主事人，作为该住区之首脑和最高要人。他在其他四人协助下，审理私人纠纷和商务争端。

“大厅”是所有成员的共同场所。规章是严厉的，但却允许“冬季客商”享有一些专门的特权。因为在漫长的北极夜晚，他们与全世界隔离了。这里的生活总的说来是单调无味的，只是到了春天和秋天，新来的人带来丰富的货物，才打破了此种寂寞。商人们在公共房间里喝着啤酒，听着各种奇闻轶事和传说，消磨时光。陪伴主人的侍从也有一定程度的安全保证，因为在主人把他们带回祖国以前，不能将他们解雇。当侍从得病时，主人有义务照料他们。主人也不能单凭自己的权势任意专横地处罚他们。

如果俄国人和德意志人之间发生争吵,双方都要在城市法庭上接受审判;但是,德意志人总是异常小心地避免发生这类争吵。他们轻视俄国人,如果没有两名见证人在场,从不与俄国人进行商业交易。总的说来,对付俄国人的法规极为严厉和咄咄逼人。汉萨人在各方面都享有最高的特权,例如,如果一个俄国人破产,那么他就要在偿还俄国债权人债务之前,首先向德意志商人偿还所欠债务。总之,德意志人的态度傲慢专横,因此反对他们的起义经常发生。

在维利卡亚河畔的普斯科夫城可能还曾有一个次一级的"商站",通过诺夫哥罗德进行贸易。莫斯科可能也有一个仓库,但诺夫哥罗德始终是汉萨同盟对俄贸易的据点。

对俄贸易使用的通货主要是金属货币,但是,由于俄国下层阶级使用皮革货币,所以德意志人也采用此种货币作为支付手段。

俄国出口的产品有蜂蜡、蜂蜜、麻布、大麻、蛇麻子、皮革、木材和毛皮。在特别好的年成,汉萨商人也出口粮食,但俄国农业很不发达,所以有时要进口粮食。进口产品包括来自佛兰德、英国、德意志的物资;诸如亚麻、手套、彩线、针、羊皮纸、腌鱼、金属和葡萄酒等货物构成了小宗贸易。红葡萄酒很受欢迎,而白葡萄酒和啤酒则在市场上整桶出售。最重要的金属是铁、铜、锡、银和金。另一项重要的贸易项目是盐。

当条顿骑士们在维利卡亚河与涅曼河之间的狭长地带上建起科夫诺城时,汉萨同盟在诺夫哥罗德行驶的垄断权便开始被打破了。这使处于汉萨商人专制压迫下忍无可忍的俄国商人有了新的出路,他们还获得了条顿骑士团强有力的保护。此种激烈的竞争有时使波罗的海像北海一样危险，因为对立双方都进行着报复性暴力行为——没有更确切的词汇来说明此种行为了。如同13世纪时威尼斯人和热那亚人在地中海上相互残杀一样，14世纪的汉萨人与条顿骑士们亦常为控制波罗的海沿岸国家的商业而处于敌对状态。1438年，一名俄国译员在诺夫哥罗德被暗杀，引起该城反对汉萨同盟的暴乱。结果，在1478年，近代俄国的真正缔造者，莫斯科大公伊凡三世攻克了诺夫哥罗德。该城的光辉从此消失。

虽然汉萨同盟最大的商业活动范围局限于波罗的海、北海和两海周围国家，其船只却远达法国的拉罗歇尔、波尔多和巴荣纳，葡萄牙的里斯本和波尔图及西班牙的加的斯和塞维利亚。他们由西班牙满载水果干、西班牙羊毛、橄榄油、各种酒和盐返航。史料中首次提到在西班牙的汉萨商人，是在1372年，他带来了一船铁。

当英法交战时，汉萨同盟以中立者的身份，将法国的纪龙德酒运销英国。最重要的货物是盐。沿着下比斯开湾海岸的盐泽地带，特别是在普瓦图的卢瓦尔河口正南方之布莱伊和布尔哥努夫湾，生产大量的晒盐。此海湾属于布列塔尼人，但他们从来没有想到要亲自贩运这些盐，而是卖给他人。运盐船只定期编队航行，因为有时英国拦截船队，有一次竟掠走50只船。“海湾航队”——人们这样称呼它——的出航和归航，是汉萨同盟编年史中的重大事件。布尔哥努夫的制盐业可追溯到9世纪，可能是由一些僧侣开始的。12世纪有了最早的海盐贸易记载。此处大部分海盐运抵卑尔根腌制咸鱼，而律贝克则由吕内堡的盐矿供应。里斯本海盐贸易与法国西海岸的海盐贸易相匹敌。而且，1450年，汉萨同盟在此建立一侨居区。然而，汉萨同盟的船只从不试图驶入地中海，或者与热那亚、威尼斯建立航海联系。他们担心会与威尼斯和热那亚之单层大帆船进行竞争,并激怒这两个城市的政府。然而,那些享有汉萨成员资格的个别德意志商人或商业集团与上述两地仍有直接之商业联系。我们掌握着15世纪头25年内,某商站的汉萨商人的信件。他们中有一个住在威尼斯,另一个住在布鲁日,第三个住在科隆,第四个住在律贝克。同时,另有3人为该商行从事商旅活动。1420年,施特拉尔松试图使它在威尼斯的商人得到特权,但这些努力成果甚微,因为纽伦堡、奥格斯堡和雷根斯堡等南德城市的商人非常嫉妒汉萨商人,并觊觎对威尼斯的商业贸易垄断权。其中纽伦堡尤为突出。1411年,皇帝西吉斯蒙德禁止北德意志对威尼斯通商,只是海路除外。

汉萨同盟大部分贸易为水运商业,甚至可代之以陆路交通的内陆城市间也使用河上的驳船运输。因为陆路交通易受土匪侵扰,而且几乎总是税卡林立,难于通行。尽管所有商人或商站都打着汉萨同盟的旗号,但他们却各自拥有船只。他们常建造船只且共同分摊盈亏——此为汉萨同盟各城市投资的共同方式。有时,股份分割多达62股。船长和几乎所有船员都必定占有该船之股份,只有如此,他们才能在风暴和海盗袭击时,拼命保护船只。在当时没有保险业务的岁月里,全体船员的此种责任感是一笔宝贵的财富。雇佣的船只数量一定很多。我们曾叙述过,在一年中,即有392艘船在但泽卸货离港去英国。船只大小不等,从进行沿海贸易的40吨位小船到1500～2000吨位的航海大船都有。1474年,一艘商船彼得·冯·但泽号,载重2250吨。因为各港口码头较浅,所以吃水很深的大船并不合算。但泽为主要的造船地。这些船虽然是为和平使用而造，但都建造了船首堡和船尾堡，可改装为战舰，以便抵抗袭击，进行自卫。每只船带有小型武器，如果局势特别险恶，船只就编队航行。船上纪律森严。

像汉萨同盟这样的联合组织的出现，完全是由于自卫的需要。在陆上：道路条件恶劣(如果不缺少道路的话)，捐税繁重，不堪负担，且有受劫威胁；在海上，连续不断的事故，未标明的海岸线，收藏财富的原则，大群的海盗，浮动不定的货币，履行合同的困难——所有这一切都需要商人同盟。汉萨同盟使贸易状况，特别是海上贸易发生了许多变化。同盟在重要港口建立灯塔、标明水道、在礁石和岩石附近设立浮标，设置专职的领航员。15世纪时编成了一部《航海手册》，其中叙述了从勒维尔到加的斯的海峡、港口、灯塔甚至潮汐情况。对于海盗，汉萨同盟则玩弄两面手段，假如容忍甚至帮助海盗能够摧毁竞争对手的话，那么汉萨同盟就会毫不犹豫地这样做。例如：

> 英国贸易者，主要是来自林恩的商人，曾在卑尔根组织了一个商站，但常受到袭击。其房门被撞开；购来准备向英国出口的库存鱼类被夺走；他们自身也受到抢掠和殴打。在夫利开佛尔德河口的海蒂罗伊岛附近，96名克罗米人和布拉坎尼人在自己的渔船上被汉萨人捕获。他们的手脚被绑在一起，跪着被溺死在6呜深的文迪菲尔德河水中。[1]

① 参见维利，前引书，第4章，第11页。

挪威人眼看其贸易衰落下去，而且当1428年海盗抢掠卑尔根时，他们没有得到他们的压迫者的任何援助，却无可奈何地眼见海盗的掠夺物在汉堡的大街上公开出售。此后，卑尔根事实上成为德意志的一个城市。除非是在同盟的侨居区内，任何挪威人不得在卑尔根买鱼。那座通往汉萨同盟港口的桥梁被人蔑称为“虱子桥”。甚至像布鲁日这样巨大的独立中心，联合禁运的威胁通常也足以使市民们屈服。汉萨商人寡廉鲜耻，牟求私利，凶残蛮横，但是，他们却深知内地和出口贸易之全部奥秘；欧洲的其他部分正是在汉萨的严酷“学校”中获得了教益。

另一方面，汉萨同盟极力捣毁那些侵害沿海地区的海盗巢穴。然而，必须明了，在那些岁月，海盗被视为一种海上骑士游侠。如果从事的是危险的冒险活动而不是犯罪行为，那就是一种光荣。最为著名的海盗叫克劳斯·斯托尔泰比克，至今仍在北欧中世纪传说中出现。1394年，当挪威人包围斯德哥尔摩时（当时，瑞典和丹麦已联合），克劳斯和他的同伙曾向该城提供粮援，因之曾以“生死弟兄”闻名。他威胁波罗的海和北海达7年之久，直到在赫尔戈兰附近被俘，后被押往汉堡，并在那里被绞死。

中世纪晚期，汉萨同盟对北欧国际法的形成与发展产生过巨大影响。这一变革使早在十字军东征期间及其后的地中海国家中获得的进步得到了补充。《哥得兰海洋法》或《威斯比法典》均为《罗得法典》、《阿马尔菲法》、《奥列龙法》*、《海务领事职权》等地

* 奥列龙是位于比斯开湾内的法国西部岛屿；奥列龙法是法国国王路易九世公布的航海法。——译者

中海国际法和海洋法法典在北欧的仿制品。中世纪海洋法在理论和实践上都具有地方性，只对有限地区具有治辖权。海洋被视为毗邻陆地之一部分。威尼斯宣布对亚得里亚海具有领主权，将此海看作威尼斯的领海。汉萨同盟兴起前，北欧地区几乎没有海洋法；甚至英国所要求的海洋主权也依靠一批不完备的法律来支持。英国五港联盟的总监督和海事法庭常对法律作出不利于外国人的说明。如同汉萨同盟所施行的那样，海洋法由两类法律构成。其一，包括汉萨同盟个别城市的立法。威斯比城颁布的地方法典称为《威斯比法典》；条顿骑士团的称为《条顿骑士海洋法》；北海城市的称为《东方商业航海法》；但泽的称为《但泽海洋法》；律贝克的称为《律贝克船舶法》。其二是对汉萨商人有影响或受汉萨商人影响的外国法典，有丹麦的、俄国的、瑞典的、挪威的、英国的《海事法典黑皮书》、《布鲁日紫皮书》、《佛兰德海洋法》和其他法律汇编。

汉萨同盟的航海活动和航海法之所以饶有趣味，一方面因为其条款指出了经营航海活动的条件，另一方面因为此类法律总的倾向是发展国际法。为便于考察其内容，可将规定条款分为三类：即涉及从事商业活动的一切人的一般条款，仅涉及船主与商人的条款，以及仅涉及船主与船员的条款。

在一般条款中，一个明显的趋向是保护商人们的财产。为加强货船的安全，不提倡冬季航海；要求有专家们监管营造海船；毁掉不能航行的船只；没有适当数量人力配备的船只不能获准出航；假如船主们事先签订了类似的合同，则在此次航海完成前必须把他们强制地集中一处，以为人质。为促进船主之间的合作，某船水手要在另一条船处于危险或困境时，帮助他们，保护其货物。为保护汉萨商人对抗外国人，所有船只必须在本国港口注册登记。外国人不得占有处于汉萨同盟保护下的商船股份，也不得在同盟的船只上充当水手。不许任何船只在任何宗教节假日里启航。禁止各城市对来访客商无端征税，以便保护外来的船员和船长不受城市居民的勒索。

商人们受到各种方式的保护，以防因船主所为造成的损害。船主应负责赔偿船只负载过重、驶离预定航程以及未停靠受托港口而停靠其他港口造成的各项损失；若因船主违约而延误航期，当处以罚金。在紧急情况下投弃货物时，船主必须立即向货主报告，并调动其全体船员在不可避免的灾难中保护货物。商人必须为半程或不到半程的旅途支付一半运费，其余的旅程费用也得由他在所完成的总量中按比例支付。在承担因各种原因所造成损失的风险方面，显然没有像《奥列龙法典》那样，建立了一定的规则；而在《奥列龙法典》中则规定：一切损失应根据各人损失货物在损失总量中的比例来承担。

海员与船主一旦订立合同，即在许多方面隶属于船主。支付工资的一般定则是：在启航前由船主先向船员支付其应得工资总数的1/3；船员无论因何理由未能完成航行，都必须将钱退还船主。如果因工资问题发生争执，船主就必须在下一港口请法官解决。允许海员多劳多得，例如干一些额外的装船或卸船工作，就应额外付酬。海员在海上时，有责任在困难时刻帮助船主保护货物，在船主发出号召时参加战斗。他处于船主经常的监督之下；未经船主同意，船员不得离开船只；凡不服从船长者将被解雇、受审或遭到拷打。如果海员开小差则将遭受严厉的处罚；如果案件涉及工资争端，海员将受审讯，若为犯罪行为则被判处监禁；假如在危险情况下犯了过失，他还将被处以枷刑，并受鞭笞。除经主人同意外，海员不能使用或携带武器。当海员因食物问题提出抗议，而要求不甚合理时，则将被解雇。如果水手被捕而叛变，则将被处以死刑；若海员杀死他人，亦将被处死。

考察这些法律的内容，可看到两种明显趋向：首先，此等法律之目的在于保护商业；各类海洋船舶法规和对人的纪律约束之主要目的亦为保证货船安全航运；全体船员遵行的严厉纪律是达到此目的的手段。其次，汉萨同盟成员的首脑官员看到急需扩大海洋法之范围，因而努力进行改进。但这一发展过程十分缓慢，此类法律远不够用；下面这一事实清楚地表明了上述情况：汉萨同盟首都律贝克未经同盟议会允许，便批准将该城自己的几项法律作为同盟法典一部分，并付诸执行。

汉萨同盟和英国之间的关系提供了关于这两个国家海上活动之良好范例。由于一方臣民的违法行为造成的一些案件，常引起另一方政府的关注。此类事例的存在表明相互关联利益和相互作用。虽然海洋自由航行原则尚未确立，但汉萨商人在如此众多的外国港口上的出现就已经说明，特权商人们拥有的贸易自由权得到了极其广泛的承认。“钢院商站”中汉萨商人的独立性是近代治外法权理论的萌芽。英国人不得不处理其国内之外国侨民问题，并开始确定了管理此类事务的总原则。汉萨同盟与英国有如此广泛的关系是一件幸事，因为英国即将获得海上霸权，并在建立国际法方面居领导地位。而在海洋法中有关丧生于国外的公民之财产问题上——他们的财产被视为无继承人财产而充公——和中立权问题上,则是发展最为迟缓的。

总之,汉萨同盟对国际法做了重要贡献。特别引起各国法律史学者兴趣的有三点:第一,汉萨同盟使得各国承认了加强保护北欧商业的重要性。第二,汉萨同盟影响着对侨居国外商人保护措施的发展。第三,在尊重中立航运贸易的发展方面开了先河;同盟强调保护商业,并施用其影响达到这一目的。英国航海法基本上是昔日汉萨同盟的海洋法。

汉萨同盟的衰落远比其兴起要缓慢得多,此种衰落是由许多不同力量促成的,有内部的,也有外部的。首先,同盟是一个国际性团体,其行政机构在律贝克。鉴于14、15世纪政治动向朝着民族主义方面发展,而处于中世纪末期的欧洲各国又互相猜忌,甚而互为仇敌。因此,当时普遍的情绪日益助长着对那些在当地人民中经商的外国商人团体的仇恨,特别是对一个具有如此强大的势力,享有如此广泛的自由权和豁免权,对当地国家法律如此不服从的集团,更其如是。律贝克最初的商业活动是通过易北河和特拉夫河之间的运河,用船装运佛兰德的呢绒和吕内堡的盐,运到波罗的海各港口。反之,他们运回小麦、干鱼和熏鱼以及毛皮。很长一段时间内,律贝克控制着这条通道。但是,律贝克毕竟开始衰落了。英国和荷兰的商人不顾汉萨同盟的极力阻挠,穿过了尚德海峡。日趋独立的丹麦人促进了这一过程的发展。该航路的开辟,使地峡商路失去了原有地位。因为尽管尚德海峡路程更长,但运费却较为便宜。特别是法国海盐经此海路,与长期享有北德盐业生产垄断权的吕内堡盐泉生产进行激烈的竞争。除了尚德航线的自由通航外,还必须提到诺夫哥罗德市场的关闭,这些因素都促使

汉萨同盟衰落。

1363 年瑞典国王阿尔伯特收回曾被瑞典和丹麦轮番治理的哥得兰岛，使汉萨同盟因之受到打击。然而，瑞典由于长期遭受战乱，国力衰疲，所以阿尔伯特几乎立即又将该岛抵押给条顿骑士团的团长和僧众们。他们一直保持对该岛的领有权，直至 1408 年玛格丽特一世女王统一北方三王国之后，才将它赎回。条顿骑士们控制哥得兰岛时，正是著名的老团长康拉德·冯·琼金根统治时期，他使但泽的海洋法庭因其公正的审判而极负盛名，以至于东波罗的海的商人们常愿意到该法庭解决问题。

1397 年，丹麦女王玛格丽特在卡尔马成功地将丹麦、挪威和瑞典合并起来，从而严重地削弱了汉萨同盟的努力。女王强迫同盟放弃对丹麦的直接政治控制，交出同盟占据的堡垒，废除同盟实行的税收。同盟商人不得不接受其在丹麦水域的巨大损失。当同盟向她找麻烦时，女王便暗中支持海盗袭击他们，报以双倍之骚扰。这个"老亚马逊女兵*"被丹麦人视为圣哲。但是，"瑞典人却要将她打入地狱最底层"，因为丹麦人残酷地剥削瑞典。即使到 1412 年，老女王逝世时，也没有减缓对汉萨同盟的排挤。丹麦认为，从地理和历史两方面看，它都应该领属尚德海峡两岸地区，因而它也应得到向所有过往船只征税的无与伦比的良机。1423 年，它已有足够勇气强征这笔过境税。汉萨同盟以战争相威胁，却又不敢发动正式战争。丹麦的"国际准河"引起其他所有君主们的羡慕。

* 希腊神话中亚马逊族女战士，以英勇著称。——译者

甚至长期蒙受压榨的卑尔根也变得如此胆大，竟敢削减当地汉萨商站的各项特权。在绝望中，汉萨同盟援助瑞典摆脱丹麦强加于他们的统治，并援助古斯塔夫·瓦沙领导的1520～1523年反对丹麦王克里斯田二世的贵族叛乱。但是，一当古斯塔夫·瓦沙登上王位，便与曾经帮助过他的律贝克人断绝关系，宣称“瑞典王权作为汉萨人经商对象的时间太久了”。

条顿骑士们在普鲁士和立窝尼亚的衰败对汉萨同盟亦大为不利。而在俄国，首先是饥荒，随后是莫斯科与普斯科夫的战争，都使汉萨同盟的利益受到损害。最后，1478年时，伊凡三世占领了诺夫哥罗德以后，便把汉萨商人从俄国驱逐出去。

甚至大自然似乎也与汉萨同盟作对。约当1417年，波罗的海的青鱼群明显变得稀少了，到1425年，由于某些莫明其妙的原因，青鱼便完全离开了波罗的海，反而汇聚于北海。此种生态现象给律贝克造成了巨大损失。另一方面，这一变化却使荷兰、特别是阿姆斯特丹大大致富。据说，这里的大街都以青鱼骨铺地。荷兰城市也摈弃了汉萨同盟。

连续的挫折使所有汉萨商人更紧地依附于佛兰德和英国。但是，1451年，德意志商人便从布鲁日撤走，迁居到安特卫普，以逃避淫逸骄奢的勃艮第公爵课收的不堪忍受的重税。次年，反对好人腓力的根特叛乱失败了，从而削弱了所有佛兰德城市的特权，也使同盟商人前此一年威胁性的迁移持久化了。然而，1477年，大胆查理被杀，勃艮第公国因而解体。由于英国在法国所进行的战争旷日持久，以致双方都迫切需要汉萨人。而当1453年“百年战争”结束时，他们的立场就变得反复无常了。英国玫瑰战争的爆发又使同盟苟延了一个时期。1485 年，亨利七世继承英国王位，建立了“商人探险者公司”与汉萨同盟竞争。汉萨同盟已近寿终。虽然汉萨同盟仍被“容忍”达百年以上，但在英国，外国商人已不多见。虽然 15 世纪末地理大发现使商路发生革命性变革以前，汉萨同盟已被压缩到只剩一点点影子，但其种种特权直到 1579 年才被取消。英国驻德公使报告说：“它的大部分牙齿已经脱落，其他的牙齿也松动了。”归根到底，可以说，汉萨同盟的衰亡，归因于近代商业世界的环境及其需要；同盟不可能理解这一近代商业世界，也不可能使自己适应它。

第六章　条顿骑士团在普鲁士和波罗的海各国△

条顿骑士团在13、14世纪中所征服并几乎灭绝的波罗—罗斯人，或称为普鲁士人，是与芬兰人同宗的列特人种的一支，他们居住在波罗的海沿岸维斯杜拉河与普来格尔河之间的地区。偏僻的地域和特殊的自然环境使他们千百年来与世隔绝。在江河入海的必经之路上，盐碱地、咸水湖和沙丘阻塞了海岸。在内地，广袤的平原、森林和沼泽像万顷碧波。高低起伏。在波兰和普鲁士之间，曾经覆盖过这个地区的巨大冰川的尾碛，形成了延绵一线的低矮山丘，除此之外，空空如也。

不过，欧洲的这个地区之所以如此长久地与世隔绝，历史原因比地理原因重要得多。不论普鲁士人、列特人，还是立窝尼亚人，都是凶残的异教徒，他们抵制任何异乡来客。9世纪时，石勒苏益格地区哈迪比的勇敢商人扬帆航行7天7夜，来到这个不友好的异邦，并把对这些民族的生活方式的最初了解带回了西方。他们以渔猎为生，而且像所有斯拉夫人一样，养蜂采蜜。他们住在环形村庄中，或者叫做“圆村”。村庄都有围栏，以保护家畜过夜。除了一点可怜的农业和家畜饲养外，他们唯一的手工业就是亚麻纺织，

△　地图见谢泼德：《历史地图集》，第77页。

在这方面，他们很内行。除了丹麦国王卡纽特大王（1000～1035年）征服的爱沙尼亚外，从维斯杜拉河口到涅瓦河口，各波罗的海斯拉夫民族直到12世纪末，仍然保持异教和相互独立。

普鲁士人分为11个独立的部落，每个部落都有自己的首领。尽管内部残酷的部落战争分裂了他们，但一个共同的宗教又把他们团结起来，至少是一致对外的。祭司的权势极大。他们有一个大祭司，称为“克里沃”，被视为异教的教皇。他们的神殿筑在某些神圣的丛林之中。

12世纪末，德国人新的向外殖民的浪潮，首先席卷了立窝尼亚，而不是普鲁士。1158年，狮子亨利再次建立律贝克城，直接引起了这场殖民运动，而德国人的通商宿愿也发挥了首要作用。因为早在9、10世纪，甚至更早些，就有一条古代商路从第聂伯河上游，经过波洛茨克和斯摩棱斯克，通到德威那河流域。德国商人在波罗的海地区垂涎已久的目标，就是勘查并开辟这条从俄罗斯到拜占庭的商路。

一如既往，商人和传教士齐心协力，双管齐下。律贝克的阿尔诺德是这块殖民地上的一位历史学家，他的《斯拉夫编年史》中的一段文字，把这个过程描绘得活灵活现：

> 在耶稣基督化体的1186年，立窝尼亚主教教座建立于叫做里加的地方。这个地区土质肥沃，因而物产丰富。基督教居民和新教会的奠基者们在这里一帆风顺。因为这块土地谷物丰登，牧场茵茵，林海莽莽，肥鱼盈岸的河流纵横灌溉……。在修道院长罗库姆的伯瑟尔德讲道的感召下，许许多多富人和贵

> 族，为了粉碎异教的力量，建立基督的王国，踏上了移民的征途……。他们浩浩荡荡，有撒克逊人、威斯特伐利亚人、弗里西亚人；有高级和普通教士、士兵、商人、富人和穷人。他们直抵律贝克，登上满载武器和给养的船只，向立窝尼亚进发。

1187 年，主教迈因哈德在维克斯库尔建筑了一座教堂和一座城堡，他获得了立窝尼亚的使徒的称号。但是，在这个偏僻的波罗的海国家中真正建立起德国统治的，是主教布克斯霍夫顿的阿尔伯特(1198～1229 年)。1201 年，他在里加河与德威那河的汇合处建立了里加城，并且建筑了城墙以围护云集在那里的教士、士兵和商人团体。今天，此地区被划为里加的内城或叫老城。奴隶般的土著立陶宛百姓聚居在内城周围。然而，不久以后，在城墙外已出现了郊区，那是由莫斯科的商人们建成的，他们已在当地找到了生财之道。

当地法律沿用《汉堡法规》，它表明了多数居民的来源。1282 年，里加参加了汉萨同盟。从 13 世纪后半期起，这里的商人公会以“大行会”或“圣母行会”而著称，它与莫斯科和诺夫哥罗德都有商业来往。

但是整个地区，立窝尼亚、爱沙尼亚和库尔兰，仍有待于征服。以此为目标，1202 年，主教阿尔伯特创立了“圣剑兄弟骑士团”，或叫“佩剑骑士团”。1204 年，教皇诺森三世予以确认。由于这是在十字军东征时期内，基督教世界的公众舆论对于欧洲还存在异教忍无可忍。乘当地列特人中部落纷争之机，依仗武器装备上的明显优势，自称为圣母玛丽娅的忠臣勇将的佩剑骑士团，一举征服了立窝尼亚、库尔兰和爱沙尼亚。他们的座右铭是：

> 以我手中之剑，
> 保卫上帝与圣母的领地。

在里加殖民地建立后的20年间，德国人的设防城镇在整个波罗的海沿岸星罗棋布。诸如德威那河流域的迪那蒙德、霍尔姆、维克斯库尔、伦内瓦尔登、科肯豪森，阿河畔的文登，费林和1224年建立的多帕特。勒维尔是从丹麦人手中买来的。

实际上，德威那河与维斯杜拉河之间的异教国家普鲁士比立窝尼亚事实上离德国更近。不过，由于人民的凶暴本性，它也比立窝尼亚更加难于征服。但是，普鲁士已势如作茧自缚了：西有日耳曼化了的波美拉尼亚，它是好战成性的勃兰登堡的属地；南有波兰，东北两面是圣剑骑士团的地盘。德国征服普鲁士已如箭在弦上。

在普鲁士领土上扎根的第一块德国和基督教的殖民地，是但泽附近的奥利瓦修道院，它是1170年由波美拉尼亚的索比斯劳公爵建立的。在54年之中，它一直平安无事。但是到了1224年，被日甚一日的基督教威胁所惊醒的普鲁士人劫掠了这个地方，随后以剑与火开路，侵入波兰。而在那时，波兰人比德国人更怕普鲁士人。当时，国王卡西米尔尸骨未寒，他的两个儿子就瓜分了波兰。其中一个儿子康拉德公爵的马索维亚公国毗邻普鲁士，在这次入侵中首先受害。过去，里加主教曾向圣剑骑士团求援。这是东北欧历史上的一个转折点，而且行将可见，对波兰来说，这也是个儿乎亡国灭族之举。

尽管条顿骑士团是为了与伊斯兰教徒争夺圣地而于1190年创立的一个军事团体，但是早在13世纪条顿骑士团就离开了圣地，在东南欧开辟了新的活动空间。在那里，来自俄罗斯南部的蛮族库曼人正在围攻匈牙利人的城堡。特兰西瓦尼亚的布尔森地区居住的不是匈牙利人而是德国殖民者。1211年，当此地被库曼人威胁时，匈牙利国王安德雷斯二世召来了条顿骑士团。但是转眼之间条顿骑士团就凶相毕露，实行了妄自尊大、独立不羁的政策：他们攫夺土地和特权的贪婪野心昭然若揭。于是1225年，国王把他们逐出境外。那时，条顿骑士团总团长是赫尔曼·冯·萨尔扎，他是13世纪中最强有力的人物之一。在当时那个困境中，他看出马索维亚的康拉德之邀请，无异于给他们提供了一个"洞开之门"。在匈牙利的经历给了他教益，他在出兵之前就要求明确无误的犒赏。为了使这些割让双倍地保险，赫尔曼·冯·萨尔扎争得了帝国对此的确认。随后，为了排除帝国对其领地的任何干涉，他又提出，将来条顿骑士团在普鲁士征服的一切土地，都将以教皇为自己的宗主。这个高明手腕使骑士团获益匪浅，因为这样一来就减少了教权和大领主的反对。

1231年，高墙屏护的托伦城及其要塞，在维斯杜拉河右岸拔地而起。1232年，库尔姆城竣工。1233年马林威德尔城巍然矗立。随后，几乎延绵不绝达53年之久的战争爆发了。这场战争是德国向东方殖民扩张史上的最后一章，在德意志编年史和传奇文学中，它也是一段弥漫着浪漫主义气息的英雄史时期。在整个中世纪史中，除了西班牙半岛上反击伊斯兰入侵时，卡斯蒂利亚人坚韧不拔豪气凌云的进军之外，这场战争是无与伦比的。杜伊斯堡的彼得鲁斯在事后很久写下的《编年史》，虽然是散文体，却堪与史诗《熙德编年史》[*]相媲美。两者都是以连续不断的战争行动展示出边境上的戏剧性事件，而其中每一次行动都经年累月。书中字里行间透露出艾达斯[**]的暗淡光辉，恰似北国严冬的太阳，有气无力朦胧失色。书中，宗教神秘主义、种族优越感、对斯拉夫蛮族的蔑视、勇武及叛逆等等都混杂在一起。读着它，人们犹如身临其境：冬日的苍空映托着枞树那尖角形的剪影，骑士们一字纵队，在冰封雪冻的沼泽地上鱼贯而行，马蹄落处，冰层踏破，噼啪作响，声声入耳。150 年之后，在杜伊斯堡的彼得鲁斯著书立传时，虽然时过境迁已久，但回首往事，他对东日尔曼殖民地史上的这一章却洞若观火：

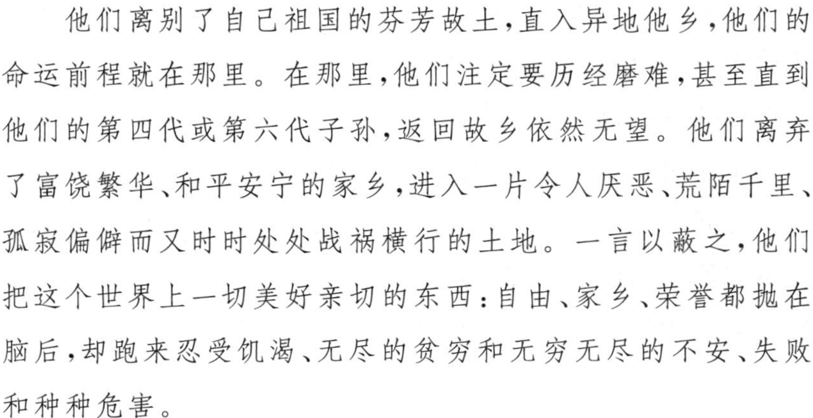

他们离别了自己祖国的芬芳故土，直入异地他乡，他们的命运前程就在那里。在那里，他们注定要历经磨难，甚至直到他们的第四代或第六代子孙，返回故乡依然无望。他们离弃了富饶繁华、和平安宁的家乡，进入一片令人厌恶、荒陌千里、孤寂偏僻而又时时处处战祸横行的土地。一言以蔽之，他们把这个世界上一切美好亲切的东西：自由、家乡、荣誉都抛在脑后，却跑来忍受饥渴、无尽的贫穷和无穷无尽的不安、失败和种种危害。

* 描写 11 世纪西班牙的基督徒对阿拉伯之战的编年史，带有传奇色彩。——译者

** 为古代北方及冰岛一带的神话诗集，约出现于 13 世纪。——译者

条顿骑士团的征服手段是历史的再版。两个世纪之前，梅克伦堡、勃兰登堡和东部各王公们征服易北河地区的斯拉夫人时，就是如此行事的：他们把城堡和设防城镇连成一系列战线，划地为界，然后在这些线内的安全地区广泛移民，就这样一环接一环，蚕食了整个地区，而普鲁士人不是被征服就是被驱逐。这种方法如此奏效，真令人惊讶不已。因为在骑士团建立的早期，条顿骑士团的人数并不多。《骑士团编年史》成书早于杜伊斯堡的彼得鲁斯的书，浪漫气息也少些，这本书记述了征服开始后第10年，库尔姆城受到威胁，守城部队3次派人去雷登求援，他们所要求的仅仅是一名骑士，而当10名骑士带着30匹战马来到时，城中的人大喜之余万分惊讶。即使在1400年，当骑士团的力量登峰造极之时，普鲁士全境内的骑士也不超过1000名。征服的效率不在于人数多寡，而在于骑士们的勇气、武器、铠甲和战术。这些戴盔挂甲跃马扬鞭的武士，每人都是一座活动堡垒，而城镇又都壁垒森严。与这样的敌人作战，武器低劣、身无片甲的普鲁士人几乎毫无取胜希望。

条顿骑士团在维斯杜拉河的两条支流德雷文斯河和俄萨河两河口之间的三角地带，最先建立了最强大的根据地，托伦、库尔姆、马林威德尔和埃尔平都坐落于此。托伦于15世纪毁于火灾，它的城堡的废墟规模庞大。这些大型建筑都是砖砌的，因为普鲁士是一块无石之地。

条顿骑士团通过埃尔平与西面的祖国保持海路交通，这是因为斯拉夫的波美拉尼亚横亘在条顿骑士团和德国本土之间——波美拉尼亚虽已基督教化，但却是不可靠的邻邦。波美拉尼亚的斯拉夫人大公，对沿着自己东部边境兴起的这个新的骑士团国家心怀疑惧，侧目而视。1241 年，他对骑士团的进攻成为普鲁士人第一次大起义的信号。那一年是个动荡不安的年头。因为蒙古人已经侵入了西里西亚，而德国与波兰的联军在瓦尔斯塔特*被蒙古人打得一败涂地。在这千钧一发之际，幸亏波希米亚的奥托卡尔向骑士团提供了援助。罗莫沃密林第一次被突破。唯一残留下来的异教民族，是波兰东邻那些身强力壮好战成性的立陶宛人。

波希米亚和波兰都对德国在普鲁士的统治之扩张心怀不满，因为他们各自都抱着扩张到波罗的海的野心。但在当时的形势下，他们不仅被迫忍痛默认条顿骑士团的征服，甚至还竟相助长之。这是因为蒙古人统治的俄罗斯就在邻近，他们走投无路，唯此一策。因此，1254 年，当教皇发布敕令，号召条顿骑士团十字军进攻普鲁士，并命令波兰人和波希米亚人支持骑士团时，他们都俯首听令。同年，由于这次征伐战绩辉煌，波希米亚国王建造了柯尼斯堡。至此，所谓"波希米亚海岸"有史以来第一次，也是最后一次，不再是字面上的自吹自擂，而成为历史的现实。不久之后，默麦尔也矗立于世了。

但是普鲁士人还未降服：1261 年，第二次更难于扑灭的叛乱爆发了，而且不久又激起了立窝尼亚人反叛圣剑骑士团，骑士团被立陶宛人击败。由于波美拉尼亚大公背后插刀，向普鲁士人提供援助，库尔兰得以解放。历史逆转达 10 年之久。最后，普鲁士人在这场漫无休止的战争中损失惨重，致使条顿骑士团转败为胜。在下一个 10 年中，条顿骑士团恢复了他们一度失去的一切。最

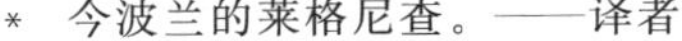

* 今波兰的莱格尼查。——译者

后，居住在林木稀疏的沼泽地带的一个小民族苏达维人拒不顺从征服者，在他们凶猛的首领斯塔多率领下，移居到立陶宛去了。至此，整个战争即告结束。

条顿骑士团的英雄时代也随之结束了。分散的大军的成员，在其被围攻时曾多次落魄到杀马食肉的地步，甚至煮食皮袄和羊皮纸；但他们显示了高风亮节，坚信圣母会拯救他们，而也正是由于这一信仰使他们得到护佑。杜伊斯堡的彼得鲁斯所写的书中极其鲜明地反映了这种12世纪而非14世纪的感情。然而，尽管全欧洲为骑士团的胜利而欢呼，但也不乏对他们的残暴无情的行为的谴责。而在此类谴责中，最为严厉者是罗杰·巴康。

被征服的普鲁士人中，那些幸免于难的人沦于奴役，他们的地位比欧洲其他较早被征服地区的人更低劣更困苦。12世纪时，德国人在梅克伦堡和西里西亚的所作所为，又在普鲁士重演。征服史中，杜伊斯堡焕发着浪漫的色彩，而在严酷的农奴制下，杜伊斯堡的普鲁士人所受灾难就罄竹难书了。多年之后，条顿骑士团力尽途穷，被置于波兰统辖下，总团长保罗·冯·鲁斯多尔夫对普鲁士盛行的积重难返的社会腐化状况做了调查并予以公布，结果人们看到了一幅祸患横行的可怕景象。条顿骑士团在被征服的普鲁士人中推行基督教，但效果不佳，结果，异教仍以种种支离破碎的形式处处残存着。什一税是厉行征收了，但福音书却无人问津。骑士团苦心经营、备受磨难，终于使普鲁士人日耳曼化。16世纪时，普鲁士语言被根除，而普鲁士也彻头彻尾地成为德国的一个省。

马林堡是普鲁士的首府，也是条顿骑士团总团长的驻地。它的统治范围，加上 1237 年合并进来的圣剑骑士团的领土，已扩展到立窝尼亚、库尔兰、爱沙尼亚。此外，1295 年波美拉尼亚大公死后，骑士团购买了波美拉尼亚和但泽；1308 年，为了直抵奥得河而从勃兰登堡侯爵处购得纽马克；这样，骑士团就使自己的领土与普鲁士和德国本土接壤。1290 年，随着塞姆加伦的被征服，整个征服时期就结束了。从此，从佛兰德的斯凯尔德河口到罗斯的涅瓦河口这一广阔地区，处处都在讲低地德语。

条顿骑士团的国家体制在欧洲是独树一帜，统治国家的既不是国王又不是主教；它也不是一个共和国。这个国家的统治者是一个联合体（即一个由骑士贵族组成的寡头集团）的首脑。德国历史学家利奥波德·冯·朗克比较了条顿骑士团与威尼斯的政治制度，认为两者的区别就在于：威尼斯政府是商人贵族的政体，而不是军人贵族的政体。骑士团的国家划分成许多司令辖区，下面又分成许多管区。这些管区中的低级官吏称为“林业团长”或“渔业团长”，以表明该骑士团的经济来源。骑士们的军事训练严酷紧张，他们的生活方式简朴严格。他们半是僧侣半是士兵。他们的生活，战时姑且不论，仅就在骑士团辖区而言，与修道院生活别无二致。按照教规规定，骑士团首领是总团长，他执掌着相当于骑士团总政府的几乎无限的权力。同时，他又是土地的主人，他作为上级领主巡行各地，视察各管区，驾临之处，拥有至高的权威。由五人组成的行政议事会是由总团长和骑士会议挑选的，其中每人又都是一个行政部门的长官：大总管掌管土地，大将军是军队的指挥官，掌财官是财政首脑，慈惠院监察官管理宗教事务，内务官负责军粮供应，后来又监管贸易往来。骑士会议位居总团长和行政议

事会之上，具有无限权力；它由芬兰和德意志的骑士首领们，以及各辖区的司令组成，后来又加上了各省总督。行政议事会每年只开一次例会，或者在特别情况下临时召集。

条顿骑士团统治着普鲁士人、波兰人和日耳曼人。日耳曼人举足轻重，这不是因为他们人多，而是因为他们财多势大。日耳曼人来自德意志的每一个地区，因而任何一种德语方言都在普鲁士流行：但泽讲低地德语，而托伦则说高地德语。这些移民把古代日耳曼各部落之间的仇隙也带了进来。北德的萨克森人对巴伐利亚人和士瓦本人百般挑剔，而士瓦本人和巴伐利亚人对莱茵兰人又不屑一顾。这是法兰克尼亚民族的传统态度。15 世纪时，这些积怨与不和变得危险起来，在某种程度上损害了骑士团对敌人的抗击。

从理论上讲，教皇拥有普鲁士的宗主权，但他只满足于提取部分岁收。不过，教徒交给教皇的年金（彼得便士税）却不在普鲁士征收。对神圣罗马帝国皇帝来说，普鲁士并不属于德意志王国，当然也就不包括在帝国之内。教会统治和“死手权”* 在欧洲其他地区极为沉重，而在普鲁士却很轻。全普鲁士只有 3 个主教，立窝尼亚也只有 3 个，他们所获资助甚丰，但他们都忠于职守，并不涉足政治。至于修道院，维斯杜拉河以东仅有奥利瓦修道院和派林修道院，而且两者都在波美勒利亚，在普鲁士则只有托钵僧随意往来，四处化缘。

普鲁士的城市享有极大的自治权，几乎就是自由民的共和国，

---

* 一种封建义务，即领主有权先支配附臣的遗产。——译者

这是历史使然。正是由于兴建了居住着自由市民的高墙壁垒的城市，才有最大的可能征服普鲁士；为了向这些地方移民，才授予那些愿意迁居到此的人广泛的自治权；因此，那些最重要的城市，例如：但泽、库尔姆、柯尼斯堡、埃尔平、不伦斯贝格等等，自然也就享有最大的特权。这些移民来自汉萨同盟的那些成员城市，因此，不久之后，所有这些普鲁士城市都进入汉萨同盟，并向同盟议会派遣代表。这些城市中通用律贝克或马格德堡的法律。起初只征收实物税，但是到 14 世纪，骑士团已经发展了一种基于货币经济的税收制度。货币收入估计达 275 000 英镑。

城市建立时，曾授予它们自治特许状，骑士团的官吏就按照其条款中规定的限额，在每个地区征收土地税。城市自治政府对矿山、河流、森林、狩猎业、渔业等等拥有主权，从中所获岁收极大。14 世纪是骑士团繁荣鼎盛时期，它对臣民的统治并不严酷，税收和兵役都不苛重。作为对经济至关紧要的一个因素，它的通货可靠而坚挺，绝不像法国币制那样朝设夕改变化无常。而条顿骑士团对水陆交通的严格政策则是确保繁荣的另一因素。

除去立窝尼亚、爱沙尼亚、库尔兰外，仅在普鲁士本土就有 85 个自治城市，而其中有 72 个建于 14 世纪。诸如铺路、排干沼泽、筑堤一类的内政事务的进步，促进了农业的发展。《登记簿》表明，除了主要的谷物产品和蔬菜之外，条顿骑士团还引进、种植了番红花和蛇麻草。他们甚至还引进了葡萄和桑树，但 1392 年的风雪严冬证明，这类植物不宜种植。他们从英格兰进口绵羊，从佛兰德和德意志进口马匹，而一望无际的橡树林供养着成千上万的猪群。《登记簿》表明，14 世纪初，骑士团拥有 16 000 匹马、10 500 头耕牛、61 000 只绵羊、19 000 头猪。骑士团禁止出口羊毛，以便在境内发展独立的毛料制造业。但大量出口谷物和木材，另外还出口皮毛、钾碱、造肥皂用的草木灰、蜂蜡、牛脂、蜂蜜和木器。丰富的水力资源促进了碾磨工业的发展，锯床和磨坊有极大的重要性。《登记簿》也表明，骑士团拥有 390 座磨坊，能磨制 240 万蒲式耳谷物，生产的面粉足够 50 万以上的人口食用。其中有一些磨坊建造得坚固无比，耗资 2 万～3 万塔勒。面包师们组成了一重要行会，其次是酿造者、鞋匠、毛皮工人、屠户组成的行会。仅在但泽一地，就有 376 个行会、其中有一个是医生行会，他们甚至能治疗白内障和膀胱结石。建筑教堂和城堡促进了艺术的发展。文献中记载了付给画家、雕塑家、玻璃工匠、管风琴匠人的报酬。马林堡的一位画家就收到了 2880 塔勒。文献中还提到过各种娱乐及其表演者，例如歌手、杂耍演员、耍熊人、小丑、变戏法的人等。

在进行征服的那些英雄岁月里，全欧洲追求冒险的王公贵族们倾巢而出，云集普鲁士，为圣母而挺矛一战，也为自己博取盖世功名，这恰如同样的冒险家们在 11 世纪涌向西班牙，在 12 世纪涌向圣地一样。在这类参战者中，有波希米亚的约翰、匈牙利的路易、青春时期的皇帝查理四世、施瓦岑贝格的京特尔、巴拉丁伯爵领的鲁普雷希特、波希米亚的两个国王、奥地利的两个公爵、荷兰的两个伯爵、法国著名统帅、典型的冒险家、流氓布希考尔、苏格兰的道格拉斯伯爵、英格兰的博林布鲁克伯爵、后来还有兰开斯特王朝的第一代国王亨利四世。

这一地区的有效组织和军事行动的暂歇，使骑士团得以参加当时世界上的各种运动。由于骑士们已经决定了德意志东方殖民地的性质，因而他们开始在当时经济发展中颇具影响。他们的属地物产丰富，又处于对俄罗斯贸易的战略位置上，这就使他们成为一个举世瞩目的因素。骑士团总团长迅速地理解了这一点，为了发展贸易，他制定了法令，授予许多城市自治权。

条顿骑士团几乎是在原材料生产中所获的丰厚岁入的推动下投入贸易活动的，但是骑士团必须祈求教皇准许进行贸易。1263年，教皇乌尔班四世授权他们，允许出卖产品以购回所需，但是禁止获利性经营(……只要其动机不是为了经商)。时至14世纪，当骑士团的繁荣登峰造极时，这种限制看来极不得人心。此外，这一时期的法兰西教皇们不喜欢条顿骑士团，实际上也不喜欢任何从属于德意志的东西。万般无奈，条顿骑士团就求助于伪造文件，他们伪造了一份据说是亚历山大四世于1257年发布的圣谕，该文件声称，“由于他们的贫穷”，特允许骑士们从事贸易。这份伪圣喻目前仍保存在柯尼斯堡档案馆中。它出自总团长沃内尔·冯·奥塞尔姆(1324～1330年)之手，此人据信曾首次制定了条顿骑士团的贸易政策。

骑士团的贸易代办商称为“经纪人”。有两位最高经纪人，或称贸易总长，一个在马林堡由总团长和掌财官管辖，另一位在柯尼斯堡，由大将军管辖。琥珀和谷物贸易获利最丰。维斯杜拉河下游，如同当今一样，是个大粮仓，那里的小麦装船出海，运到苏格兰、英格兰、佛兰德，甚至运到西班牙。萨姆兰海岸是琥珀产区的中心，而骑士团对琥珀的生产严加垄断。大部分琥珀装船运到律贝克和佛兰德，然后再分散到各地。

在最高经纪人之下是下级经纪人，每个重要城市都驻有一个。

在他们之下，最低一级的是各式各样的雇员，称为“雇工”，雇工又分成许多性质不同的等级，例如，骑士团境外的地方代办商或代理人称为“里格尔”，行商叫做“仆人”。1379年，条顿骑士团加入了汉萨同盟。

为了与出口品相交换，经纪人接受北方各国以及西班牙的产品，但与法国的贸易往来则微乎其微。但泽、托伦、埃尔平是普鲁士最重要的商业中心。通过里加与雷维尔*各通商口岸，与俄罗斯的贸易源源不断。科夫诺城**的创建对诺夫哥罗德损害尤甚。与波兰的贸易，通过埃尔平和但泽在波罗的海找到出海口。西里西亚和波希米亚的船只满载商品，沿着维斯杜拉河直抵但泽，而该城是普鲁士首屈一指的商业中心。维斯杜拉河的船员们组成了一个强有力的行会。条顿骑士团的船舶总吨位堪与整个汉萨同盟相媲美。当青鱼回游通过尚德海峡时节，骑士团的捕鱼船队竟达百艘之多。

尽管普鲁士和立窝尼亚的城市都是汉萨同盟的成员，但条顿骑士团总团长经常推行一种独立的贸易政策，这种政策与汉萨同盟竞争甚烈，以致有时导致了双方的怨恨。例如，普斯科夫和诺夫哥罗德一样，是个共和国，早在蒙古人入侵时期就取得了独立。它是俄—德贸易的重要商业中心，也是汉萨同盟成员之一。德意志的商站坐落在维利卡亚河左岸，河上有座浮桥连接左岸与城市，但市政当局却禁止德意志商人过桥。条顿骑士团对普斯科夫垂涎三

* 今苏联的塔林。——译者

** 今苏联的考那斯城。——译者

尺、虎视眈眈，总想吞并此城以彻底控制除诺夫哥罗德而外的、来自俄罗斯的全部内地贸易。但是历代立陶宛大公一再挫败了这种企图。

骑士们与律贝克人一样专横跋扈。1404 年，总团长把英格兰商人驱逐出但泽，并在但泽、埃尔平、托伦、库尔姆、柯尼斯堡或任何普鲁士的城市中，禁止任何英格兰人与任何普鲁士女人结婚。亨利四世以牙还牙，下令禁止普鲁士货物进出英格兰港口。但是，“但泽人智胜一筹，他们用木材压舱，把钾碱装在啤酒桶里，把沥青和柏油伪装成包裹，而其他货物藏在船内的谷物下边瞒天过海。”①

14 世纪后期，正值贸易兴盛之时，柯尼斯堡的“最高经纪人”拥有价值 3 万马克的资产。② 这在当时是一笔巨大财富。同那个时代其他一切教俗机构一样，条顿骑士团不顾宗教禁律，也经营起了银行业。1402～1404 年间的柯尼斯堡“大经纪人”迈克尔·库西梅斯特公开按 8%～10%的利率放贷。毫无疑问，骑士团的苛捐杂税和财政及贸易代理人的贪得无厌，是 15 世纪骑士团覆亡的部分原因。

波兰和波希米亚对普鲁士横眉冷对，视之为闯进东欧斯拉夫人世界的入侵者。两国领土都被骑士团隔断而达不到波罗的海岸边，波兰在但泽被隔断，波希米亚在柯尼斯堡被隔断。两国也都被迫向条顿骑士团缴纳商业贡品，两国对此耿耿于怀，而波兰更是极

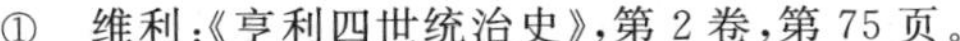

① 维利:《亨利四世统治史》，第 2 卷，第 75 页。

② 一个普鲁士马克等于 6 先令 8 便士。（见维利，同上书，第 4 卷，第 19 页注释和第 307 页。）

其自然地惧怕骑士团肚里包藏着征服自己的祸心。1343 年，卡西米尔三世迫不得已，把他的先辈极力保存下来的，对库尔姆、米切兰和波美勒利亚的领有权让给条顿骑士团。[①] 实际上，在 14 世纪中叶，当卢森堡家族的两个日耳曼公爵——西吉斯蒙德和温策尔分别统治匈牙利和波希米亚，而勃兰登堡是温策尔的一个属地之时，他们确实是打算分割波兰的。1378 年，西里西亚大公来访，在托伦会见总团长并说道："我的总团长阁下，我和匈牙利国王、摩拉维亚侯爵、科尔利兹公爵，奥地利大公已经一致同意攻打波兰国王，而波希米亚国王将提供帮助。您是否参与这项拟议中的事业呢？"总团长犹豫不定，并进一步询问确切情况，回答是："卡利什这边的一切包括马索维亚，将划归普鲁士；卡利什另一边的一切将划归匈牙利，瓦尔塔的全部领土将由勃兰登堡侯爵和波希米亚国王分割。"

虽然波兰是基督教国家，立陶宛仍是异教王国，但他们都害怕被条顿骑士团征服，这就促使两国携手并肩共赴危难。

1386 年，政治天平晃动了。局势开始对条顿骑士团不利。出于巧合，波兰和匈牙利的统治王族都在该世纪中叶灭亡。在波兰是 1370 年，在匈牙利是 1382 年。1370～1382 年间，在匈牙利的路易大帝统治期间，波兰和匈牙利曾有过短暂的联合。1382 年路易死后，匈牙利落入卢森堡家族的西吉斯蒙德之手。但是已故国王的女儿海德维希于 1386 年嫁给了立陶宛大公亚盖洛，即符拉迪

① 条顿骑士团衰亡之后，波兰夺取了波美勒利亚和但泽，但是 1772 年在波兰第一次被瓜分时，这个地区被腓特烈大帝"收复"了。自 1918 年起，"但泽走廊"的历史是这个多灾多难地区的历史的最后一章。

斯拉夫二世。立陶宛终于接受了基督教，波兰和立陶宛因此而联合。接着条顿骑士团进入立陶宛的理由不复存在了。只有普鲁士仍在条顿骑士团手中，而联合起来的波兰人和立陶宛人对条顿骑士团已是怒目而视了。

这一事件之更深的意义在于它改变了骑士团的状况，使它处于守势。波兰能够积极进取以抵抗骑士团的侵略行为。而在此之前，骑士团几乎使波兰窒息而死。除了外部危机之外，条顿骑士团内部固有的虚弱也暴露出来了，预示着它的衰亡。由于骑士团根本就不是一个国家，甚至也不是一个政府，只不过是一个联合体。它是一个为发展贸易和殖民而组织起来的共同体，一个人为制造的产物，而不是一种传统的制度。它甚至没有一个延续性的王朝来体现它的愿望和意志，而在中世纪，国家是由国王造就的。而公国由公爵造就。

如果普鲁士还可以叫做“国家”的话，那么这个“国家”是由土地贵族和军事贵族组成的，统治着黎民百姓，即自治城市的自由民和农民。他们在国事政务中毫无发言权，每个阶层都对骑士团极为不满。条顿骑士团的法律身份之一是庞大的贸易同盟集团，它与商人激烈竞争，引起商人们忿忿不平；它用来管理贸易的规则，使商人们焦躁不安；它对进出口和市场的控制更叫人怒火中烧。至于农民，他们也积怨沸沸，因为他们不能拥有自己的土地，而是一律作为骑士团的长年佃户。在他们看来，骑士团就是个庞大的土地公司。此外，对于市民和农民来说，骑士团构成了一个令人生厌的等级。理所当然地，条顿骑士团不可能唤起献身精神，在普鲁士当时的情况下，也不可能发展爱国主义意识。终于，条顿骑士团的安身立命之本——骑士制度和修道的概念，在15世纪变成了为人不齿的理想。甚至连杜伊斯堡的彼得鲁斯也嘲笑条顿骑士们自吹自擂的贞洁，他写道："除非上帝赋予神力，否则没有一个男子能固守贞洁。"所谓贞洁是特别对教士和僧侣提出的十全十美的要求，是企图为他们提供天祐神助，而在骑士和贵族中，贞洁的观念只不过是笑谈。骑士们毫无掩饰的奢侈放荡，他们汲汲于名利的尘世生活，他们那藏污纳垢的繁荣，都足以证明以上论断。对骑士团的另一点不满是，在欧洲各地都在觉醒，开始一种崭新的精神生活的岁月中，骑士团仍然对教育置若罔闻。普鲁士的修道院或主教区少得可怜，而其中没有一个附设任何学校。在一个处处兴办大学的时代里，普鲁士居然连一所大学都没有，有志奋发的青年不得不跑到布拉格或海德尔堡或克拉科夫去求学，而这些城市都在波兰。遥想当年，条顿骑士团那缀着鲜红十字架的白斗篷，曾是一个斗志昂扬、英雄辈出的基督教世界的旗帜，是社会保护者的象征；但曾几何时，它们都似乎成了耻辱的标志。在15世纪，条顿骑士团是基督教欧洲中的一支异己力量，而它所自命不凡的十字军远征，不过是一种拙劣的模仿。信奉异教的普鲁士人已不复存在，他们已被斩草除根，立陶宛人也改宗了基督教。

但条顿骑士团鼠目寸光，看不到时代已经变了，他们也没有顺应时势洗心革面。他们生活在一个傻瓜的乐园中，一旦走出那个小天地，他们才猛然醒悟。早在1410年，波兰国王符拉迪斯拉夫·亚盖洛就派出一位密使，周游欧洲各个宫廷，滔滔不绝地控诉条顿骑士团。在每一位君主面前，他都摊开用德文写成的一纸诉状，里边包括12条控诉。虽然就预期获得的支持而言，此行一事无成，但西方的无动于衷并没有使符拉迪斯拉夫垂头丧气。同年7月，他率领一支由波兰人、罗塞尼亚人、列特人、立陶宛人和鞑靼人组成的鱼龙混杂的军队侵入了普鲁士，其中鞑靼人曾被皇帝西吉斯蒙德不无道理地描述为"疯狂的异教徒"。1410年7月15日上午9时到下午5时，双方在坦农堡大战一场。条顿骑士团出动的700名骑士仅有15人幸免于死，骑士团的6万其他部队据说被一举全歼。这是对骑士的一种骇人听闻的屠杀，足以同1396年尼科堡战役中的屠杀相比，差别仅在于土耳其人是异教徒，而波兰人却是基督徒。这一事件是对中世纪骑士制度的致命一击。坦农堡传来的消息使欧洲大惊失色，流言蜚语不胫而走，无所不至。

这场大战之后，英勇善战的普劳恩的亨利继承了阵亡于坦农堡的总团长。在他率领下，奇大无比的马林堡要塞抗击围攻长达8个星期之久。马林堡最终投降之后，条顿骑士团就土崩瓦解了。紧接着，自由市民奋起反抗，向城市领主或辖区司令开战，骑士团的大部分领地、大批城市以及贵族阶层都归降了波兰人，但仍保留了他们得到特许的自治权。"但泽市平毁了毗连阿尔特施泰特的条顿骑士团的城堡之后，把自己置于波兰国王的保护之下。它的地位奇特，作为在波兰的最高权力之下的一个独立的实体享有广泛的特权，它承担了几乎全部波兰贸易。"[①]1411年2月1日签订的托伦和约规定，条顿骑士团必须付给波兰一笔数达600万格罗申的惊人巨款。骑士团为了至少能凑集起这笔巨款的一部分，极力在佛兰德和英格兰催讨债务，但却枉费心机。勃艮第的腓力和

① 白德凯尔：《北德意志》，第239页。

英格兰的亨利四世对骑士团的苦苦哀求装聋作哑，拒绝偿还骑士团的贷款，而此时此刻骑士团也无力强索。祸不单行。“普鲁士实际上已陷入绝境。田地荒废了；青鱼离开波罗的海向西迁移；维斯杜拉河洪水泛滥；鼠害猖獗肆虐全境；币制崩溃；维塔利安人在海上横行……；圣体匣、圣餐杯和其他银制器皿都熔毁或变卖了，但是无论多少东西也填不满征服者的胃口。”①

条顿骑士团几乎完全瓦解了，1466 年，它所残存的领土又被宰割。波兰割走了西普鲁士和艾尔梅兰，骑士团仅仅保住东普鲁士，还得作为波兰的一块封地。条顿骑士团奋力挣扎，徒然地想把它残存下来的领土尽可能紧密地组织成一个联合体。但传统和他们自己的地位使这种政策付诸东流。他们还尽心竭力想建立一个议会，以便安抚臣民中的自由市民阶层，但法律禁止骑士团组建任何世俗政权。他们的军事政策已经丧失了昔日卓越的骑士制度的性质，更加依赖外国雇佣兵而不依靠骑士。这样，金钱发挥了重要作用。士兵们常常会因为没有收到军饷而向敌人洞开城门。为了给这种军事服务付饷而征的税，激起了最强烈的抗议。时至此日，在骑士团控制的地区，居民已经失去了对骑士团的同情；而且，贵族阶层和各个城市逐渐背离了与骑士团的联盟而与波兰结盟。

在这最后时期中，著名人物是勃兰登堡的阿尔伯特，他于 1512 年成为总团长。他使出了浑身解数以求获得增强骑士团反抗波兰的同盟者。波兰坚持必须全部承认 1466 年的第二次托伦条约。在随之而来的内战中，外国几乎没有提供任何帮助。因为

① 维利，前引书，第 9 卷，第 8 页。

欧洲正在为更重要的运动而担心：这是查理五世与法兰西斯一世争斗*的时代；德国马丁·路德和宗教改革的时代。总团长在宗教改革中看到了解决他的困难的办法。他拥护新教，并因此解除了他对教皇的臣服，把条顿骑士团世俗化，他自己转化为一个世俗王公，即在波兰最高权力之下的普鲁士公爵。

* 此处指德皇查理五世（1519～1556年）与法王法兰西斯一世（1515～1547年）为争夺欧洲霸权在意大利进行的长期战争。——译者

第七章　14～15 世纪南德的工商业

中世纪的晚期，南北德国的工业发展速度极为悬殊。这个差异，主要是由于不同的地理条件所致。多瑙河上游的走廊地带，形成一条天然大道横亘南德，中游航路由西向东，穿越匈牙利平原直跨瓦拉几亚平原，流经巴尔干半岛注入黑海。而且，从多瑙河流域到北部德国是容易的。由南德横过标志南北德国分界线的多瑙河流域垂直北上，即可抵达萨勒河和威悉河流域，因此，运输并不困难。广阔的马尔赫平原一直延伸到奥得河和维斯杜拉河源头的低地边缘。由于丘陵和森林限制，易北河上游不利于航运。地理方面的第二个因素，是迂回曲折的亚得里亚海岸线，这个有利条件，使德国能够途经威尼斯获得一条到达利凡特繁华市场的最佳捷径。再者，南德镇守着翻越阿尔卑斯山脉的要冲——布伦内罗山口、斯普卢根山口和塞普提默山口（1237 年以后，还加上圣哥塔德山口），与伦巴第和托斯卡纳巨大的商业、制造业城市有了短途的直接联系。德国与意大利的联系，远比它与法国的联系密切。

意大利的工业是最先兴盛起来的，在它的刺激下，立即在德国引起反响。不久，德国城市相继生产出供国内消费绰绰有余的产品。于是，既要进口外国货物，也要寻找剩余产品的销路。意大利城市是德国近在咫尺的市场，德国对意大利用兵很可能像法尔克指出的那样，不仅仅是为了征服和满足个人野心，而且还企图保障与东方贸易的利益，只是这个动机隐而不露，人们不能一目了然而已。由于南德城市与意大利城市的贸易财源硕大，故雷根斯堡、奥格斯堡和纽伦堡先后成为与意大利通商的主要城市。到了16世纪，这种状况依然顺利地保持着。早在15世纪，纽伦堡就发展了它的玩具工业，这类产品在出口商品中占了很大的比重。

当我们把注意力从地理方面转向历史方面来的时候，又会发现支配南德的历史条件非常特殊，与北德大相径庭。在长达两个世纪的时间内，汉萨同盟使北德在很大程度上实行了商业联合。在南德正如我们在前面章节所看到的那样，除了最远的西南部出现了士瓦本同盟以外，整个地区没有形成商业同盟。事实本身可以解释其原因，汉萨同盟的主旨在于建立海上霸权，而南德附近没有像波罗的海和北海那样辽阔的水域。南德的商业是陆运商业，北德则以海运为主。南德没有形成商业同盟，这一事实造成了在商业政策上与北德的极大差异。在西部和北部德国，莱茵同盟和汉萨同盟在一定程度上综合了城市之间互相扼杀的政策，建立了彼此间的和睦往来和互转互惠的城市关系。而南德大城市的情况恰恰相反。那里缺乏任何共同的商业联合，再加上盛行的封建性的地方分裂状态，这就给城市之间残酷的有时甚至是报复性的竞争提供了机会。雷根斯堡、纽伦堡、奥格斯堡、乌尔姆、慕尼黑和其他城市以促进它们自己的地方工商业为目的，对非本市商人输入的或非本地技工生产的商品一律课以高额关税。在商业方面，它们的政策是极端保护性的；在工业方面，原则上实行“只雇用本行会会员的制度”。

按照这一时期广泛申述的理论(尽管它经常是实践的依据而非书面理论),城市认为它的经商权如同领地使用权一样得自皇帝,而皇帝的权力来自上帝。市政府或市议会把这种使用权,即贸易权在行会或市民团体之间加以分配。每个行会只有它的技艺乃至其附属技艺经过市政府审核认可后,方能享有这种权利。最后,行会对它的不同的成员个人,又以各种规章和非常明确的限制为条件授予经商权。在市议会管辖和皇帝统治下,同业行会有权掌管本行会要求的特别技能的任何细则。行会有权决定何人在何时何地以及如何从事这门技艺。行会决定可以购买何种原料、备料多少,师傅能够招雇多少徒工,以及他们在怎样的条件下开业行工。行会还决定任何工场中熟练工人的数量和他们应得的报酬。行会有权对生产的方法和工艺标准做出决定,而且常常做出这种决定。行会还规定成品的价格和缜密地管理市场,难以设想的是自由经营的原则在任何一点上都不能容忍。很显然,这种制度如果不是社会主义的,那就是家长制的……行会检查原料的规格和重量,并规定每个生产者分配多少,行会还指定必须在什么地方购买原料。它们偏爱国内市场,对他们来说,不存在开放市场或自由贸易。它们也同样以度、量、衡计算,检验成品,不允许不合格的商品和弄虚作假的制品在市场上诈骗买主,或降低其价格出售……贱买贵卖,是《纽伦堡商业法》[1]所不容许的。

① 布利斯:《纽伦堡,实行行会内雇佣制的城市》,见《展望》,1906 年 3 月 17 日。

从 1204 年第四次十字军远征的时候起，多瑙河航路开始了与往返于君士坦丁堡、东方和南德城市之间重要的贸易干线——威尼斯控制的海路的竞争。直到 14 世纪下半叶土耳其人侵入欧洲之初，多瑙河航路沿线的许多税卡所征之通行税簿，证明了东方产品曾通过此路运往欧洲。多瑙河畔的施泰因修道院受利奥波德公爵恩准而征收通行税的税簿，可作为这种通行税之一例。在这些通行税的记录中，特别地提到了胡椒、生姜、番红花、烛煤、丁香、生丝和经过加工的丝绸。位于多瑙河沿岸的南德城市变成了重要的商业基地。繁荣的基因归于这些城市幸运的地理位置，而维也纳和雷根斯堡就居于最有利的地理位置。通过奥地利公爵授给维也纳的特权，我们看到维也纳是如何依靠地理优势富裕起来的。1320 年美男子腓特烈的授权更是遐迩皆知，雷根斯堡一时成为南德主要的商业地区，甚至在 12 世纪末叶以前就已经被称为德国富有城市之首。维也纳和雷根斯堡还与南德的其他城市不同，他们在基辅沟通了和俄国人的贸易，这种通商关系一直保持到 1240 年蒙古人摧毁基辅城。

随着威尼斯与利凡特通商贸易的增强，威尼斯成了转运全部东方产品的“综合仓库”，南德城市感到从威尼斯转输东方商品比通过博斯普鲁斯海峡和多瑙河更有利可图。因此，多瑙河中游的德国城市，为了获得来自利凡特的商品和诸如香料、华美的丝绸、艳丽的棉制品等奢侈物，被吸引着向威尼斯靠拢。另一方面，他们向伦巴第诸城市寻求手工业制品，主要是米兰城及托斯卡纳和佛罗伦萨。除维罗纳掌握的布伦内罗山口以外，米兰控制着阿尔卑斯山通往德国的每一个要隘，它的这一优越地理位置，使得占有这些要隘之北方入口之优势地位的奥格斯堡和纽伦堡，也须退避三舍。奥格斯堡和纽伦堡因此而成为意大利商品的中转站，北运的商品经过这里运销莱茵河和美因河沿岸城市以及威斯特伐利亚、萨克森和整个北部德国。这样，意大利商品一直触及汉萨同盟的势力范围。许多伦巴第城市的档案馆，特别是米兰城的档案里就有许多关于意大利君主授予德国商人特殊待遇的记载。

1256 年，雷根斯堡变成了自由城市。大空位时代（1250～1273 年）* 德国皇位虚悬，雷根斯堡与其他众多德国城市一样，在此期间得到了好处。它是德国最早与意大利建立直接商业联系的城市，早在 1038 年，这里就有伦巴第商人的殖民地迹象。雷根斯堡似乎也是第一个与威尼斯发生贸易关系的德国城市，虽然其起始时间，我们尚不知道。关于这方面的资料，来自 14 世纪关于雷根斯堡和纽伦堡之间就谁应在威尼斯获商业最优惠待遇的一次争论。这个讼案被提交到威尼斯元老院，最后明断，雷根斯堡商人是“威尼斯地区商路的开拓者”。这条路溯因河而上，翻过布伦内罗山口，沿阿迪杰河而下，穿过维罗纳抵达威尼斯。威尼斯档案馆的一份文件提到 1330～1331 年，两个在威尼斯的雷根斯堡商人利奥加德·冯·兰斯博格和海因里希·冯·米南。而一个保存至今的雷根斯堡商人于 1383～1407 年间用的账簿，披露了雷根斯堡与威尼斯密切交往的情况。在威尼斯，雷根斯堡商人主要以羊毛织品，特别是毛皮一类的物品换取东方商品。这些毛皮来自波西米亚、

* 大空位时代应从 1254 年霍亨斯陶芬王朝灭亡算起，到哈布斯堡家族的鲁道夫一世 1273 年当选为皇帝止。这里划定 1250 年是因为原作者不承认未经教皇批准的康拉德四世的继位（1250～1254 年）。——译者

普鲁士和波兰，因为雷根斯堡坐落在纳布河口对岸，这使它便于同易北河与奥得河下游接触。在这项贸易中，维也纳是雷根斯堡的劲敌。它控制着马尔赫河流域，同雷根斯堡所控制的纳布河流域具有同样的意义。

14 世纪，奥格斯堡和纽伦堡步雷根斯堡之后尘，与威尼斯建立了贸易关系。早在 1308 年，我们看到威尼斯为运往奥格斯堡的商品在富森被扣而不满，这些商品的不幸主人，无疑是前往奥格斯堡的威尼斯商人。此后，威尼斯很快关闭了向德国派遣自己商人的大门，迫使德国商人自行找上门来。

奥格斯堡周围的富庶之乡，加之位于莱希河畔的有利地理位置——这使它能够北上多瑙河，南下蒂罗尔直到意大利——显然给它带来繁荣昌盛。亚麻制品、毛制品、金属加工品和番红花是奥格斯堡重要的产品。根据奥格斯堡的莱希河桥上关税统计推测，奥格斯堡的贸易史几乎与雷根斯堡一样悠久。而且，在威尼斯抱怨的信中用了这样的措辞："源远流长的友谊。"奥格斯堡商人的行商路线，沿着莱希河溯源而上进入蒂罗尔境内的富森，[①]再到因斯布鲁克，这里从 1329 年起就享有货栈权，然后翻越布伦内罗山口，经过布里克森和博岑，顺阿迪杰河而下到特兰托和维罗纳，最后抵达威尼斯。走布伦塔有一条捷径，但从特兰托越岭到阿迪杰河上游要经过陡峭的山路。1368 年奥格斯堡自治市政府建立，并与士瓦本同盟联合，以后就迅速发展起来，15 世纪即成为南德最大的金融中心。富格尔家族和韦尔瑟家族的总部均设于此地。15 世

① 根据 fauces 而得名，又称为险关。

纪，大量的食糖和纸张从阿拉贡输入。我们掌握了一个生活在16世纪早期名叫卢卡斯·雷姆的奥格斯堡商人的日记，作为韦尔瑟大家族的一个代理人，他记叙了经商意大利、葡萄牙、佛兰德、亚速尔群岛、佛得角群岛和马德拉群岛的旅行。

"乌尔姆"(ulm)一词的词源(出自"olima"，一个沼泽般的地方)给研究本地最重要的工业：亚麻栽培和麻布制造业的发展提供了一条线索。像纽伦堡一样，乌尔姆最初是帝国的一个辖区，那里的居民凭赖王权摆脱了他们对庄园的依赖，获得了城市自治。其次，与纽伦堡相同，这个城市没有经过与主教和男爵的斗争，"大空位时代"也没有国王的压迫，城市自治得来比较便利。15世纪期间，乌尔姆新增了棉纺业，这样，促使它与主要输入埃及棉花的威尼斯交往。乌尔姆属于士瓦本同盟城市，它既不像纽伦堡那样成为工业广泛发展的基地，也不像奥格斯堡那样发展成为金融中心。乌尔姆的历史比奥格斯堡简单，它的亚麻布商品在德国诸城中首屈一指，并且还生产各种类型的金属制品。1431年帝国允许了乌尔姆的金属制品商进入德国的任何定期市场，不久，他们就控制了市场。15世纪晚期，哈布斯堡在蒂罗尔、奥地利和波希米亚的许多矿山成为富格尔家族的领地之后，乌尔姆大获其利。

在历史上，纽伦堡的出现远比雷根斯堡或奥格斯堡晚，这方面，它倒像维也纳。史籍上最早提到纽伦堡不是1062年帝国皇帝亨利四世授予它对市场的管理权。那时，它还不是一个自由城市，还在王室领地的共同体内。不过，到1163年纽伦堡无疑已经是一个非常重要的城市了。这一年，它得到了与班贝格同样的贸易安全和自由。到1219年，纽伦堡被允准使用金银铸币作为支付手段。这些铸币在内德林根和多瑙维茨使用。纽伦堡作为一个巨大的工业中心,其与众不同的重要地位,也体现在该城商人被免除了往返于帕绍到雷根斯堡的通行税。在沃姆斯,只要求纽伦堡商人每年缴付一磅胡椒和一双手套。在纽伦堡,工业的发展先于商业。一份文献这样载道:“我们的城市坐落在贫瘠、坚硬而含沙质的土地上。”对纽伦堡人来说,大自然的吝啬,只有靠辛勤的劳动来弥补。木材和金属工业使纽伦堡富裕起来,以制造各种类型的武器遐迩闻名。武器制造者的技术在市内各业中是首屈一指的。1348年城市暴动以后,领导这次起义的武器制造业工匠被逐出纽伦堡,散居于整个德国。纽伦堡制造的各种兵器和射击武器被认为居世界之冠,要求之量极大。不仅德国和意大利的需要量很大,而且在西班牙、英格兰和波兰也是一样。此外,纽伦堡还制造各种金属制品,如铜制水盆、炉栅、锁、香炉、烛台、烛架、铁或黄铜铸像以及木雕像。

1219 年纽伦堡和雷根斯堡、施佩耶尔,1264 年和美因茨先后缔结了关税协定,中欧再没有别的城市像纽伦堡那样位居贸易的中枢地位。地中海东部和北欧的商品荟萃于此,佛兰德的呢绒、波罗的海的青鱼、法国的葡萄酒和意大利的手工业品也经过纽伦堡转销各地。14 世纪,一个名叫厄尔曼·斯特罗默的纽伦堡商人在波兰的克拉科夫、黑海诸港市、热那亚、布鲁日和巴塞罗那等地贸易。15 世纪,另一个纽伦堡商人马修·埃布纳在法国、西班牙、匈牙利经商;同一时代,贝海姆家族与葡萄牙贸易,著名的地理学家马丁·贝海姆还得到葡萄牙君主的宠信,他和一个叫英霍夫、另一个叫赫希沃格尔的其他两个纽伦堡商人参加葡萄牙对印度的航海探险。1472年在米兰建立德国商馆的也是纽伦堡商人。

在威尼斯,纽伦堡商人的殖民地是非常大的,以致两城之间的贸易通道,有时被称为“纽伦堡的炼金炉”。来自独立国家或德国自治市的商人在威尼斯是受欢迎的,那里泰代斯基商馆对他们殷勤款待。威尼斯档案里保存的至少821份有关这一商馆历史的文献,使我们对这个著名的机构有了充分了解。最早的档案记载是1225年,然而,商馆本身也许早在1200年就已存在了。

> 威尼斯政府为接待德国商人准备了商馆,指派官员照看在这里进行的交易,还附有房屋管理人、酒窖管理人、厨师等,随时照料旅客所需。房租因住房而定,1497年据说商馆的年收入是每周平均100个金都卡特*……商馆是一个客店,但比一般客店经营范围更广,它既是交易场所,也是栈房。威尼斯政府迫使全部德国商人住在商馆里,在商馆满员的情况下,即住在专门指定作商馆用的房子里,商馆以外处理的一切商业交易都属非法的。其理由十分明显,德国商人进出威尼斯买卖商品均需上税,他们携来的商品在商馆内由威尼斯政府的官员估价征税,如果听任这些商人在他们自己选择的地方留宿,就有走私之嫌。因此,政府指令客商们带着自己的货物寄居商馆,将货物储藏在地下室或存放在走廊上。
>
> 商馆内外的事物,由威尼斯政府控制着,它的领导机构是由三人贵族组成的委员会,称为“执委会”,政府授权他们管理

* 威尼斯铸制的金币。——译者

商馆的一切事物，并有权处罚违犯规定的房客。德国商人可以请求他们的领事来反对“执委会”的判决，如果“执委会”对领事的判决不满，他们还可以将讼案递交市政府的总务长。在三人执委会之下，有隶属于商馆的若干文职官员受雇办理各种商业手续和征税业务。这些职员中有经纪人或称代理人，如果不经他们之手，任何商人都休想擅自处理商务，此外，还有船工、搬运工、过磅员、打印人等。包装工自行组成了颇具规模的行会，行会设有自己的祭坛、公共墓地，会员在圣乔瓦尼—保罗教堂里做专门的弥撒。

商馆的内部秩序和管理由馆长负责，馆长对“执委会”负责。当商人们进入商馆的时候，他有义务监督客商解下武器；日落时分关上商馆的大门，为客商准备由商人付款的床位、被单，保管各类房间的钥匙，监管厨房和厨师、酒窖和酒窖管理人。总的看来，德国商人是遵规守法的，他们在商馆给威尼斯政府添的麻烦比土耳其人要少得多。商馆内部严重的纠纷是罕见的。有一次帝国城市的商人拒绝与诸侯领地上的商人同桌共餐，而科隆商人则要求给他们准备单独的房间和餐桌。另一次，商人们执意要求商馆的酒窖通宵供应，否则，他们要撬开酒窖的门。但是，一般情况下，德国商人的言谈举止是非常文雅的。[①]

① 摘自H.西蒙斯费尔德题为“威尼斯泰代斯基商馆和德国与威尼斯的商务关系”的一篇评论（1887年），载《英国史学评论》，第3卷，第563～566页。

德国各城市与意大利城市经商的条件,取决于他们为了取得租借地所施展的外交手腕。除了对威尼斯以外,德国几乎没有一定的政策,但无论什么样的规定,都只是为应付一时需要而采取的。此状况一直延续到1500年威尼斯明显地对德国全部商人削减某些物品的通行税为止。威尼斯骤降税款,无疑是由欧洲西北海岸商业竞争者的兴起所引起的。到了16世纪,其他许多物品的通行税也降了下来。1462年奥格斯堡曾夸耀自“远古以来”就持有租借地。但另一方面,他们在意大利的贸易也是常常受到限制的,德国人不能携带任何非本国制造的商品进入威尼斯,而威尼斯人保留了买卖其他国家商品的权利,并且常常进出德境运转这些商品。为了避免与本国制铜业竞争,1449年威尼斯只允许德国人携带生铜入境。德国则禁止意大利人亲自来德国购买商品,以遏制威尼斯的竞争,增强本国作为“中介人”的实力。贸易中没有留下任何已成交商品价值的可靠记录。1472年一份威尼斯文件记载说,威尼斯与德国商人每年的商品贸易额为100万都卡特,另一份文件叙述他们的通行税年收入为2万都卡特,还有一份文件说他们每日的通行税收入达100都卡特。这些文件的估计,可能提供了关于当时贸易数量的一些概念。更可靠的是个体商人的贸易报告,我们获悉1449年富格尔家族在威尼斯的铜器价值6万都卡特;1358年一个威尼斯商人买了45000件亚麻制品;1426年一个纽伦堡商人运送了425张牛皮到威尼斯。另一个反映当时商业规模宏大的证据,是在15世纪信贷业务尚不发达时,破产欠债的数额竟高达25000都卡特。

在德国的西南部,巴塞尔是最重要的城市。巴塞尔原是一个主教城堡。后来通过和平赎买，而不是通过和教会封建主发生冲突而得到豁免权成为自由城市。晚于德国大多数城市，巴塞尔直到 1360 年才有权选举市议会，征课本市的租税、管理财政、维持治安、行使司法权以及根据自己的利益决定结盟和宣战。但是，主教仍然保有领土最高主权，并执掌着“中级司法权”，而“高级司法权”仍属于可以任命城主的德国皇帝。主教仍然对输入巴塞尔城的商品征收通行税并铸制通用的货币。城市如果不征得主教的同意，也不能决定新的税收。主教虽然保留了许多权力，但市民和主教的冲突并没有升级，这是值得注意的。值得庆幸的是巴塞尔主教是喜欢自由的，他极为关心城市的利益，能和市民们协调共处治理城市。巴塞尔有利的地理位置，赢得了城市的繁荣，它扼莱茵河流域的源头，位于通往侏罗山口和阿尔卑斯山口的通衢大路，给了这座城市过境贸易的良机。早在 1216 年就有关于巴塞尔商人在热那亚的记录。图恩的主教亨利在莱茵河上架起那座古桥之后，自然环境对商业的促进更加显而易见。1274 年巴塞尔参加了士瓦本同盟，1501 年以前又与瑞士联邦结盟。

最后应当提到的是德国西南部具有重要商业意义的城市——斯特拉斯堡。这座城市在历史方面和具体情节方面与巴塞尔十分相似，甚至它的位置也禁不住使人联想到巴塞尔。它也在莱茵河流域的上游（虽然在莱茵河的一条支流上），坐落在翻越阿尔卑斯山脉，侏罗山脉和孚日山脉诸条大道的枢纽点上。此外，斯特拉斯堡比巴塞尔更接近多瑙河上游。

德国西南部的城市，自然加入士瓦本同盟，其贸易主要沿莱茵河流域而下并与法国贸易。里昂的定期集市有很大的诱惑力。对于日内瓦，我们也会有相同的看法。因为日内瓦的定期集市，也同样吸引他们去光顾。从法国、意大利和上德意志到日内瓦距离相等，它位于萨瓦公爵的属地内。萨瓦公爵统辖着西部阿尔卑斯山的两侧，控制着大、小圣伯尔纳山口和塞尼斯山口要隘的两端。日内瓦是国际客商荟萃之地。

如果人们把奥地利及其附属地施蒂里亚和卡尔尼奥拉公国看作德国行省，这种用语应当是有条件的。因为奥地利人在血统、制度和文化上是德意志、斯拉夫和拉丁影响的巧妙的混合物。这些影响在与拜占庭、意大利、德意志的长期商业关系中日益增强。封建时代聪颖能干的巴本贝格公爵奠定了奥地利政治和经济的基础。利奥波德五世（1177～1194 年）于 1184 年获得了施蒂里亚，给公国带来了盛名和兴隆。利奥波德六世（1198～1230 年）授予维也纳第一个城市法典，在短暂的时期内，使它成为德意志国家最辉煌的首府。在他的儿子野蛮愚蠢的战争中和“大空位时代”的无政府状态中，人们怀念他的统治，像英国人怀念“忏悔者爱德华”的统治一样。1264 年巴本贝格王朝灭亡之时，奥地利动乱不已的时期即接踵而至。1278 年哈布斯堡的鲁道夫在马尔赫平原战役对波希米亚的奥托卡尔（他侵吞了奥地利领土）侥幸的胜利，结束了混乱的局面。为了援助鲁道夫的远征，教皇尼古拉三世于 1277 年从佛罗伦萨和皮斯托亚银行借款 20 万金弗罗林，为了这笔奖赏，这一胜利是值得的。

整个中世纪的奥地利商业史最灿烂夺目的时期是在 14 世纪。这时进出口贸易进一步发展了，手工制品的商业扩大了。虽然食盐的进口因哈尔斯塔特和奥泽的盐业资源的开发而衰落，但纺织品的输入却大幅度地增加。每年仅从北方运来的毛织物不下于8500 件，其中的大部分是为了与匈牙利人交易而预定的。毛织物贸易量比其他任何布料都大，但所有其他纺织品交易也都很活跃。出口贸易最显著的特征是葡萄酒输出量的剧增。奥地利葡萄种植者发现葡萄酒在销售中是如此有利可图，以至使这个国家的任何其他产品都相形失色。维也纳人在与匈牙利的贸易中获利最多，而葡萄酒贸易更有助于充实全国的工业。从这个世纪商业条件的变化，即在奥地利和上德意志之间的贸易平衡方面大大有利于奥方这一事实，可以洞察到葡萄酒的重要性。而且维也纳的手工业制品驱逐了除呢绒以外的一切国外商品。将近 13 世纪末，佛兰德的粗斜纹布织工被输送到了维也纳，到 14 世纪中叶，国外的成衣工、织工、刀具匠、马鞍匠、金饰工、皮毛工、制袋工、锻剑工均在维也纳发展了各自的行业。通过这些手段，维也纳获得了奥地利和匈牙利在手工业品贸易方面的专利权。因为维也纳本地工匠的技艺是不能与国外工匠相匹敌的。于是，奥地利的商业在这方面扩大和繁荣起来了。每年数百艘商船溯多瑙河而上至帕绍，或沿多瑙河而下抵达匈牙利。这条河运线上的商品价值十分惊人，竟使同一时期莱茵河中游的运载物望尘莫及。在 15 世纪，史料比较丰富的时候，我们发现维也纳商人渗透到狭小村庄的记载。维也纳商人不仅在自己的国土上，而且也在施蒂里亚、卡林西亚和萨尔茨堡发展贸易。这就使他们与其他城市例如纽伦堡商人展开了竞争。其他城市对维也纳也是一样，外商开始与这些维也纳人争夺本地的商品市场。维也纳在匈牙利和威尼斯贸易中的特殊有利位置，足以使它成为商业上遭受妒忌的目标。为了减轻这种情绪，哈

布斯堡朝阿尔伯特一世慷慨地答应了雷根斯堡商人的自由贸易特权，但是到了阿尔伯特二世时期，维也纳不仅恢复了从前的专利权，还夺得了卡林西亚，从而扩大了与威尼斯的贸易。1390年建于阿魁利亚的巨大的番红花市场，后来迁移到了奥地利的克雷姆斯。

波希米亚人对奥地利商业扩张的无比愤怒，促使他们开辟了一条从波希米亚经由德国到匈牙利的新商路。1236年波希米亚国王约翰允准了纽伦堡商人在波希米亚的商业特权，保证过境贸易时得到庇护，因为国王与哈布斯堡家族的关系一度是不太友好的。当然，给奥地利人带来的更大影响是他们邻国在14世纪下半叶已开始掀起的对抗性限制运动。1387年波希米亚国王温策尔通过了一个立法，禁止维也纳商人和其他奥地利城市与波希米亚贸易，直到奥地利向布雷斯劳和布拉格市民开放由波希米亚南下威尼斯的道路时为止。这个积极有利的防御，给了维也纳沉重的一击。很显然，波希米亚的统治者力图使布尔诺变成像维也纳那样的贸易中心城市。但是，未能如愿以偿。因为正在这时，胡斯战争爆发了，波希米亚的过境贸易被完全切断。以后，差不多整整一个世纪，它的商业毫无进展。的确，对维也纳来说，波希米亚不可能产生更大的影响，因为从来也没有发现关于维也纳人抱怨波希米亚人的记载。

虽然1400年奥地利的贸易还是一派繁华的盛况，但阴影密布的前景已大量显露。维也纳行会群起而抗议专利权受到侵害一事，表明外国人已侵扰了他们安宁的生活。在众多的抗议者中，刀具制造业行会可作为一个范例。刀具匠人控诉漏税走私的刀具已由外地的陌生人带入了这座城市，并作为维也纳商品售给匈牙利和其他国家的游客，这些质量低劣的货物，使维也纳商品丧失信誉。行会要求以颁布限制性法律的形式补偏救弊。这些申诉揭示了外商的活动是特别针对破坏旧有的贸易专利权，而且，他们的活动也已获得成功。维也纳人真正的不幸是他们的生计全仰赖城市的有利位置，而不是发挥自己的特长以适应新的形势，只要他们努力，就能保持现状，这一点，从晚到 1433 年与威尼斯贸易仍未衰落的事实得到了验证。

市民们要拒外国商贾于境外的困难，是农村人民需要他们进来，因而，很难办到。好几次，当上德意志谷物供应短缺的时候，奥地利农民正好在那里找到了一个有利的粮食销售市场。然而，这样的输出品，对城市只能产生不利的影响，因为所有的剩余谷物这样消耗殆尽，国内市民就要遭受饥荒。奥地利的葡萄种植者也喜欢把收获物销售给德国商人。

1390 年奥地利生产者和德意志人之间的直接贸易中断了。这是由于帕绍城得到了大宗经营葡萄酒的特权，这势必使帕绍城的市民在奥地利葡萄酒贸易中扮演中介人的角色。正如维也纳经营的大宗贸易使维也纳市民充当了全部德国商品运销匈牙利的中间人一样。倘若没有对立，自然不会形成垄断。帕绍的关税档案表明，在 1430 年以前，它的垄断是相当完整的。由此，奥地利的经济状况受到了很大损害，因为奥地利葡萄酒的贸易兴隆是奥地利人经济生活发展的基本条件。

帕绍的档案也反映出维也纳人与上德意志的贸易不再活跃了。显然，在同一时期，维也纳人也失去了与匈牙利人直接贸易的机会。外国商人向维也纳派出了驻市的代理人，他们叫货栈管理人或代理商。尽管有人无力地企图阻止他们发展，但他们终究成了颇有影响的实业界人士，甚至哈布斯堡家族也不得不向他们举债。

在奥地利，外国人的商业组织形式可以从三个人的经历中得到说明。每年的定期集市期间，一个名叫朗廷杰（1383～1407年）的商人总是在雷根斯堡配备一艘船，装载着各类商品，特别是呢绒驶入奥地利进行贸易。他是以古老的贸易方式在零售市场售货的。该项贸易只限于进口商品，因为颇令人费解的是，朗廷杰从不向雷根斯堡运回船货。有时朗廷杰或其代理人长驻维也纳，他的生意常以赊账的方式进行，这种情况，多少要使他的利润蒙受一些损失。

与朗廷杰不同，纽伦堡的乌尔利希·斯塔克（1426～1436年）最初不是一个商人，而是一个收入可观、坐食租税的封建主。偶尔，乌尔利希·斯塔克给从事商业的朋友一些现钱，或者供给他们远销南部广大地区的贸易商品。他们常常带回其他的物品在纽伦堡出售，有时也冒险到奥地利从事葡萄酒贸易，甚至横穿奥地利到匈牙利贩卖呢绒和珠宝。有一点是清楚的，他们没有为维也纳的大宗贸易权利而烦恼。乌尔姆的奥托·鲁兰（1444～1464年）是资产阶级企业家的最初代表，他和技工们签约，承包他们在指定期限内能够完成的全部产品，然后把这些物品转手卖掉。这些人的经营方式有一个共同的特征：他们已不完全局限于一个城市和国家贸易，并且能动用的资本数额都比较大。

新近发现的普雷斯堡"三十分之一税"收据簿，披露了一些奥地利与匈牙利贸易的有关情况,“三十分之一税”是在普雷斯堡对全部进出口物品征课的一种关税,最初抽取的税率是商品价格的三十分之一,这一价格是通过检测后估价的,收据簿上也记下了商贩的住址和姓名。

从奥地利经由普雷斯堡到匈牙利贸易总值达13万匈牙利福林,而从匈牙利折回奥地利,贸易总值只相当于它的1/10。贸易差额对奥地利人十分有利。在价值3万匈牙利福林的货物中,像胡椒、南部的水果、生姜、番红花、无花果、坚果、柠檬等类物品被带进,但是,匈牙利输入量最大的商品是织品和铁器。

羊毛织品占整个进口量的75%,亚麻布织品占11%,通常这些都是优质布匹,起初都得从意大利、英格兰、尼德兰、德国和亚琛、科隆、艾施塔特、美因茨、纽伦堡等地输入,而这个时期,直接就可以从维也纳得到。这些货物的价格是不同的,意大利和英国的产品价格最高。对金属制品要征收相当可观的关税。譬如:各种类型的链子、小刀、厨房器物和农业工具。皮革和毛皮的贸易量很小,如果奥地利公爵没有把木制品列为出口禁运物资的话,木制品的贸易量也许会略大一些。

同上述日渐增大的输入贸易相对的是牛、绵羊、马、鲜鱼、铜、皮革、蜂蜜等以家畜为主的小型输出贸易。但是,在整个中世纪,最重要的输出物是贵金属,匈牙利那时还没有金属制造业。

毋庸置疑,从事这种贸易的商人数量是众多的。普雷斯堡、奥芬、拉包的匈牙利商人将商品带到南部奥地利。奥地利人,主要是维也纳人进入每年五月和八月的普雷斯堡定期集市,但没有德国人光顾这些集市。这些商人往往四五人以上结伴贩运货物。普雷斯堡定期集市的贸易完全是零售，这里的集市与帕绍和维也纳一样，批发贸易是在一年一度的市场上独自发展的。生产规模和范围的不断扩大，要求在生产者和消费者之间建立必要的运输业，这样批发商比零售商赢利更多。15 世纪，资本企业家就是依靠转运批发商品发展起来的。经由多瑙河运输的最早的批发贸易，是布匹、小刀一类物品。这一事实说明，批发贸易是在小商人没有足够的资本获得必需的运输条件的地方首先发展起来的。有些葡萄种植者也从事批发贸易，他们不是拥有资本的承运商人，而是坐地商，在普雷斯堡就有 4 个这样的商号。从市场贸易到批发贸易的变化，是 15 世纪商业的一个进步，它表明随着贸易的演进，旧日市场的垄断权被破除了。

15 世纪中叶，奥地利商业的衰落发展成为危机，当时大量的史料证明了这一事实。危机的原因，一方面是因为维也纳人使用陈腐的方式，而国外竞争者采取的是有力的政策、有效的策略；另一方面，神圣罗马皇帝腓特烈三世与其弟阿尔伯特为了遗腹子拉迪斯劳斯*的继承权问题而进行的战争，加之日益严重的货币成色的降低。

从当时奥地利人反对外国商人的申诉，以及对不受欢迎的竞争者应以法规限制的要求可以清楚地看出，外国商人已经成功地

---

* 即匈牙利王拉迪斯劳斯五世(1444～1457 年在位)，波希米亚王拉迪斯劳斯一世(1453～1457 年)，为哈布斯堡家的阿尔伯特之遗腹子，故继承了奥地利大公、德国国王的爵位。后被波希米亚国会任命为国王(1453 年加冕)，1444 年又被选为匈牙利王。但他从未亲自到任，而一直被软禁在其监护人、德皇腓特烈三世的宫中。用这种手段，德皇得到对波希米亚和匈牙利的实际统治权，因而，与其弟发生冲突。——译者

获得了奥地利贸易的最大比例。这些情况的出现并不使人感到惊骇，因为在上面的叙述中我们已经注意到了他们的能量较大，而且富于独创精神。然而，他们之得以破坏奥地利人的主权也是逐渐进行的。遗腹子拉迪斯劳斯对维也纳人颁发的一个布告规定，经营威尼斯商品的零售贸易全部自由开放。这就为纷至沓来的国外商人大开了方便之门。外国商人摆脱了令人不快的专利制以后，便不再尊重维也纳市民的权利。维也纳市民对外国人逾越法定行商范围是常有怨言的，从市民对外国人在市场以外销售商品的抗议中，表明外商与乡民已建立了联系。越来越多的外商充当了奥地利葡萄酒生产者和德国消费者之间的中间人。奥地利人渐渐全部停止了向德国转运商品，越来越依靠于葡萄酒生产。这样，旧日维也纳人的专利权有了臆测不到的结果，那就是使奥地利人仰承外商鼻息，国民的主动性丧失殆尽。

商业衰败的另一个原因是不利的政治局势，根据对几个统计资料如维也纳租税簿的调查，表明这个世纪中叶开始的衰落，到1481～1488年间达到了极限。农业的歉收与兵燹直接相关。奥地利农业最严重的衰落是在匈牙利国王马赛厄斯*占领时期。由于上德意志商人不可能在奥地利再得到匈牙利商品，他们寻找了一条新路。有材料证明他们日渐频繁地穿过波希米亚和摩拉维亚。这就动摇了奥地利城市繁盛的根基。奥地利的农民也在战争中受到了伤害，不仅他们的收成遭到损失，而且同时，为了支付战

* 马赛厄斯·科尔瓦伊纳斯（正直者），匈牙利（1458～1490年）与波希米亚（1470～1490年）王，一生致力于统一中欧，以抵抗土耳其人。1470年征服波希米亚，后征服西里西亚、摩拉维亚和下奥地利，建都于维也纳（1485年）。——译者

争开销，交纳的租税也较往常增加了。

奥地利衰落的另一个重要原因，应归咎于通货条件的恶化。货币成色的降低是15世纪一个普遍的趋势，劣币流行和战乱频仍总是直接关联的。贵族有铸币权，于是，他们就通过铸制劣币，借以为战争筹措经费。奥地利的情况正是这样，它的货币接连不断地贬值，直至本国银币完全信誉扫地。这一弊害，在国内贸易中还不十分显著，但在国外贸易中，奥地利银芬尼被完全废弃了，匈牙利的金盾取而代之，成了国际贸易中标准值的货币。

奥地利不仅铸制劣币自食其果，而且还蒙受了国外货币贬值的灾难。前面我们已得知，奥地利在国外销售的商品比购买的多，因此，由"出超"余额兑换成的货币，总是流入国内。而且由于奥地利的葡萄酒完全依赖外商投放市场，它就不得不按外国人所要求的任何货币进行交易。由于当时人人都企图获得足够值的良币而摈弃劣币，所以当我们看到外国人销售商品要求奥地利人缴纳金币，而他们则向奥地利人倾泻粗制滥造的铸币时，就不足为奇了。至于奥地利工业衰落的迹象，其史料更是比比皆是。

如果不稍稍浏览一下价格的情况，那么我们的观察是不完全的。从维也纳国库管理局的材料中，我们发现1430～1460年葡萄酒的价格是稳定未变的，但是在那段时期计算物价的芬尼的实际价值却贬低了50%，谷物也有同样的情况。我们有绝好的史料将布匹的价格作一番比较。维也纳每年一度的与定期集市有关的赛马会，以一匹维罗纳的绯红色布料作为奖品。根据这种奖品价格的逐年记录得知，布匹的价格在缓慢地下跌，直到1460年才基本稳定下来。以后，再没有看到对于布匹价格上涨的抱怨。1438年以后，粗斜纹布和亚麻布的价格一直保持不变，15 世纪期间，意大利的葡萄酒价格普遍腾涨。南部运来的胡椒、生姜、番红花、坚果、无花果、葡萄、稻米、肉桂和其他商品的价格上下波动也很大，但这些物品对平时人们的生活影响并不显著。

总的看来，奥地利生产的物品，特别是葡萄酒，虽然价格未曾变动，却因奥地利银币贬值而降低到原来价值的 1/2。与此同时，进口商品则普遍保持着原来的价值，或是在市场上价格微微上涨。国外商品的价值通常是以匈牙利“盾”来衡量的。上述的全部引证旨在说明一点：奥地利人的生活条件已经每况愈下了。

让我们对中世纪德国城市生活作个一般观察来结束此章罢。某些德国城市有一个特别的法律叫货栈法，过往的商客倘若不将商品卸在需要经过的城市，便不得通过，只有等到这座城市的居民已经从他所携带商品中购足所需物，才能继续前行。甚至城市周围的土地也属于货栈法的范围。例如，沿瓦尔塔河而下的商船，前往奥得河上的库斯特林时，必须溯流而上到法兰克福，在那里登陆卸货，然后才能驶往波罗的海。法兰克福城市周围划定的区域内常常禁止某些种类的商品贸易。在这一区域内不准酿制啤酒，以确保市内的啤酒酿造者更好地销售其产品，这是一种名副其实的专利权。该城的市议会监督市场，管理度量衡。通常，标准的度量衡器存放在市政厅内。市场是城市税收的来源，为此，城市利用市场出租商品陈列摊床，并对出售的商品征收各种杂税。

市场一般是每周开放一次，农民在市场上出卖鸡蛋、奶油、水果等产品。乌尔姆的亚麻布制品遐迩闻名；康斯坦茨以大麻闻名；埃尔富特的菘蓝染料用于染色而享有盛誉。市场有严厉的规则，在集市那天，市场以外禁止出卖东西。市政厅的大钟敲响以前，任何人不得出售物品。城市保持着高度的警惕，维护市场贸易的顺利进行。买主不得先于商人离开城市，本地市民只能购置自己必需的消费品。此外，零售商人只有待消费者买足了所需品以后，才能登市选购。1415 年康斯坦茨宗教会议期间，神职人员和娼妓等大量的流动人口进入这座城市，因此，必须开设特别市场，出售蛋类，从而无论贫富均可在市场上购得所需。集市开市那天，是一派生机盎然的景况。城市的人口虽比今天少，但交易范围比今天更大，市内设有粮食、牛、马、干草、蛇麻*子等专业市场。最后一种商品，对于以啤酒构成主要饮料的国家是非常重要的。还经常设有一个菘蓝市场，菘蓝这种植物普遍用于印染，在靛蓝没有引进欧洲以前，它是十分珍贵的。专业市场不是每周必设，只是在每年春、秋定期集市之间选定日期，一般安排在特定的建筑物中进行交易，15 世纪的德国城市就常常设有粮食交易大厅，而且市政厅和商站的底层也常常作为专门市场使用。

关于商站必须说明几句，因为除了城市的市议会或市政厅以外，每个城市均拥有一个商站。众所周知，美因茨的商站是最古老的，它始建于 1314 年，毁于 1813 年。商站遍及德国各地，迄今知道的有 1355 年建于科隆，1358 年建于斯特拉斯堡的。有时，所有这些商站被习惯地称为“Die Gred”，无疑出自“grad”（程度、官阶）一词，因为市场沿着河堤修建。外商只能够在商站卸下他的商品。那里，他批发给地方商人，并在此向城市交纳通行税，以至市场的

* 使啤酒带苦味的原料，一般用于啤酒酿造中调味。——译者

街道有时被叫成“税街”。德意志人占领前的斯特拉斯堡称之为“关税街”。城市指派公务员管理商站，体积庞大的物品在一楼销售，较为珍贵的商品集中在楼上。商站的地下室一般都很宽敞，建筑高大。例如，1418 年在康斯坦茨的商站就曾举行过红衣主教选举教皇的秘密会议，最后选出了教皇马丁五世。

德国城市给外国人留下了难忘的印象，俄国首都的大主教伊西多在 1430 年去参加佛罗伦萨会议*路经德国的时候，见到像纽伦堡、奥格斯堡这样的城市竟使他惊讶万分。但他是从经济较为落后的俄国来的。还不足以为凭。同一时期，一位意大利人艾尼厄斯·西尔维厄·皮科洛米尼给我们提供了另外的证据。他声称德国从未有过如此的繁荣，他赞美了科伦令人钦仰的大教堂，赞美了它的市政厅和纪念碑。他羡慕斯特拉斯堡许多碧波粼粼的运河，这使他联想到了威尼斯，但却是优雅的威尼斯，因为这里没有令人作呕的咸水湖的恶臭。斯特拉斯堡有许多教堂、女修道院和教会宅邸，富商豪侈的邸殿，足可与王宫媲美。慕尼黑和纽伦堡同样使他流连忘返。最后，他这样作结道：“德国城市的美丽和舒适是欧洲任何国家难与伦比的。它们的清新悦目和明媚多姿，仿佛昨天刚落成似的。”马基雅维里**在他的《论李维》一书中对德国市民的忠厚和成效卓著的市政管理大加赞许，他将德意志人的美德

* 此次会议是东正教和天主教双方教会协议联合的会议，拜占庭皇帝企图通过这一手段而得到西方支持，以对抗土耳其人。——译者

** 意大利政治思想家和历史学家，曾历任佛罗伦萨共和国要职。对古罗马史家李维《自建城以来》历史巨著有过专门研究，主要著作有：《君主论》、《罗马史论》、《佛罗伦萨史》等。——译者

归于“未受到意大利人、法国人和西班牙人的‘腐蚀’。”而且，德国城市是不容忍他们中间有贵族或仿效正统贵族的市民们的。

德国中世纪的自由城市，必须承担实施对外政策以及从事防范自卫的战争的全部费用。因此，城市不得不忍受现代城市不会遇到的环境和研究现代城市无须研究的问题。1387～1388 年仅 14 个月中，纽伦堡为战争就耗损了 8 万哈雷镑，此数额相当于每年其他费用的 3 倍。此外，城市还常常乘毗邻贵族政治和财政上窘迫之机扩充领地；或者从仍享有残存的对城市征税权的贵族手中赎买征税权。1427 年纽伦堡与勃兰登堡的阿尔伯特从事这类交易的一次花费，不算当时和现在货币购买力的差别，仅贵金属的重量就达 137000 磅。这时纽伦堡的居民或许还不及 15000 人，后来 1449 年户口调查时，它的人口总计为 25000 人。

政治的动荡，自治市市民对于城市管理经验的不足，使得他们不能做预算。城市的经济开支完全仰赖对市民征税和贷款，有一点用一点。当委实拮据之极，则采取没收和褫夺犹太人财产的手段。1385 年的一天，属于士瓦本同盟的 36 个城市同时拘禁了犹太人，直到这些犹太人为获释而作出了“满意的安排”方才罢休。纽伦堡正是在这个时期依靠本地犹太人 7000 镑的贷款，勾销了以前的债务。皇帝温策尔是全德国的犹太人官方保护人，因为犹太人是在哈布斯堡皇室徽章下的德国公民之一部分，但他在事先接受了 40000 弗罗林的贿赂，故而批准了这次掠夺。纽伦堡为这笔贿赂付出了 15000 弗罗林。

德国城市早就借助于两类税收：直接税和间接税。对入城的食品征收直接税，这种税收被称为“额外税”，相当于法国的市场税，这个名词正如法语“苛捐杂税”一样，有力地表达了人民对它的厌恶。市政关税簿大多保存了下来，最为古老的一个是奥格斯堡 1276 年制定的。我们掌握着一个按照重量和量度标准抽税的长长的物品目录，这些目录对当时商品的性质和范围给予了有趣的说明。

我们发现“额外税”的征课对象有葡萄酒、干酪、谷物、盐、金属制品和纺织品，然而，对葡萄酒和啤酒的抽税是最常见的。尽管事实上“额外税”始终为人们深恶痛绝，并且常常可以看到这样的描述：像“额外税”那样不公平的苛税等等，但是税收筹集的资金很大一部分用于修葺城墙，这是任何地方都毫无例外和绝对必需的开支。中世纪城市市民在论及“额外税”的时候常常使用粗野的但又是惟妙惟肖的讪骂，以疏心中之怨气。税率细微的变化或征课范围的扩大都会激起风暴般的狂怒。生活在 15 世纪末叶的奥格斯堡忠厚的编年史家伯纳德·津克，提到了他如何发现了一本记载 1397 年大骚动的“旧书”。织工、面包师傅、桶匠和铁匠联合起来，强迫废除由城市长老征收的“额外税”。1466 年，津克目睹了同样的一次起义，记述了暴动的群众领袖长时间的讲演。人民的反抗，不仅仅是因为沉重的“额外税”负担，也是城市的下层群众对经常借征税而从中贪污受贿的抗议。“额外税”也是经常引起教士们不满的原因之一，他们提出销售自己葡萄园生产的葡萄酒应免除税收。

有时“额外税”并不征收货币，而是直接抽调商品，但这种方式并不普遍，因为货币经济在城市已非常盛行。南部德国直到 15 世纪晚期对葡萄酒征税的岁人都多于啤酒。1478 年，乌尔姆对葡萄酒征集的税款为 722 镑，而对啤酒只征收了 5 镑；在北部德国则恰恰相反，那里不适宜葡萄生长，啤酒的税收无疑大于葡萄酒。尽管人们对“额外税”深恶痛绝，但它却是市政税收的主要源泉。14 世纪的纽伦堡“额外税”占了城市岁入的 1/3；1404 年在美因河畔的法兰克福占岁入的 1/5，50 年以后在巴塞尔占了整个城市收益的一半，而在奥格斯堡较这个比例还要大。

在德国城市，间接税和直接税的相对重要性，因地理位置和人口而大有差异。科隆、美因茨和斯特拉斯堡经过选择而倾向于征收间接税。但几乎各地的普遍倾向是保留对消费品征税。1376～1405 年间，律贝克的房、地产税急遽下降，到了 1462 年，这项税收已经无足轻重，下列图表显示了财产税的下降：

年　代	总 收 入	财产税收入	占总收入的百分比
1407～1408	14704	7900	54%
1421～1422	19384	8132	42%
1430～1431	22810	8149	36%
1445～1446	33586	3210	10%
1470～1471	42819	2975	7%
1500～1501	21422	1888	9%
1520～1521	52753	1380	25%

直接的财产税被广泛地称为 Bede（源于“bitten”一词即“请求”），在纽伦堡被称为 Lösung（解脱），斯特拉斯堡、弗赖堡和康斯坦茨叫作 Gewerf（付出），而在莱茵河诸城则叫作 Schatzung（估价），波罗的海沿岸，如律贝克，被称作 Schoss（税）。显而易见，承担税金的是上等阶层和富裕者。至于已出租给他人的房、地产租税，自然以增加租金的形式转嫁给那些房客佃户。

在一些城市，市立锯木厂和高耸于城垣上的城市管理的风车，也如干涸城壕上的花园用地或者城郭下面的屋基一样向外租赁。

中世纪德国城市的犯罪问题，也许比欧洲其他地方更为严重。这是因为德国被肢解成了若干的封建公国、教会领地和独立的城市国家，一个触犯了法律的亡命徒可以规避当局的追捕，匿入其中任何一个国家，逍遥法外。在纽伦堡偷盗的某些物品，会在拜罗伊特侯国疆域内的富尔特售出，而且差不多就在城市墙垣上目光所及的地方活动。高度繁荣的德国城市招诱了各种犯罪分子。《纽伦堡犯罪分子手册》[①]对此问题有详尽的记载。

> 这里来了若干技艺高超的穿窬之盗，这批人大概在正规的“学校”（我们如此称呼它）中学会了自己的行道。他们是一些打牌作弊者、盗窃珠宝者及各类骗子。纽伦堡的富裕吸引各地冒险家麇集于此，使它成为他们的一个集中之所。这些人机巧而变幻多端。……他们万无一失的绝招，是装出一副对看不见的世界颇为熟悉的样子。不少罪犯用符咒、用占卜宝藏的手法来玩弄他们的熟人。纽伦堡城的社会下层也从本地培养的骗子中得到了补充。合法的技艺转变为非法的职业是容易的，而纽伦堡传授合法技艺是其他地方望尘莫及的。……我们曾读到过锁匠蜕化为撬锁者；金首饰匠堕落为造伪币者的资料。纽伦堡市富裕而有精湛技艺，无论本地还是外

① 马尔科姆·莱茨翻译的西奥多·汉普的著述《德国的犯罪和惩罚》（伦敦，1930年）曾对《纽伦堡犯罪分子手册》做了批注和说明。

> 地的歹徒在这里都能得到绝好的训练和绝好的作案机会。当然，那时还不可能有现代意义的警察。……这无疑是使法典十分野蛮的原因之一。这种法典不加区别地对重罪和轻罪一律处以死刑、滥用刑讯来处罚全部囚犯。在纽伦堡，凡是亲临“城堡”和看过了各种刑具的人，都会形成一些朦胧的感觉，即：审讯过程和死刑意味着什么。人们易于忘却，他们不得不反对的是一个怎样的暴力和技巧纯熟的世界。①

关于犹太人问题，他们的法律地位依照教会法、皇帝敕令的规定及他们和邻人具体交往的实际情况是迥然不同的。暴力骚扰不是正常情况而是例外。在 1241 年蒙古人入侵和黑死病之后的鞭身教*徒暴动期间，他们受难最为严重。为了保证课税人口的数量，以利城市，甚至鼓励犹太人入境。虽然犹太人处于王室特权统治下，从来没有完全摆脱帝国的租税，但事实上，每个城市的犹太人都是受地方上反对他们或宽容他们的立法管束。从整体来看，15 世纪以前，他们的命运并不是很悲惨的。14 世纪初叶，我们发现法兰克福的犹太人向城市金库借款，到了这一世纪的末叶，市政府反倒向犹太人借款了。晚至 1458 年为止，法兰克福的犹太人还留居于市内条件较好的地区。最早的犹太区建立于 1462 年，被犹太人忿忿地称为“新埃及”。15 世纪末，从对犹太人适当的宽容到

① 引自《伦敦时报文学副刊》，1930 年 1 月 2 日的一篇评论。

* 即鞭笞派。天主教内一苦行派别，13 世纪中叶出现于意大利北部，后传入英、法、德、荷兰等地，14、15 世纪盛行于欧洲。鞭身教徒常在乡间游行集会，以皮鞭自笞直至流血，认为是最高的“圣德”，故得名。——译者

不能容忍的转变，根本的原因或许是出于经济上的妒忌，正如反教权主义也是由于经济上的偏见一样。

第八章　东欧——波希米亚、波兰、匈牙利、瓦拉几亚、摩尔达维亚

波希米亚、波兰和匈牙利在中欧东部形成了一个小国集团，它们的历史和文化主要是与德国相联系的，但是它们也保持了自己民族的生活与文化，而且由于所处的地理位置，它们自然与俄罗斯和拜占庭有着贸易关系。在这三国中，波希米亚与德国的联系最为密切，因为易北河使它与德国直接沟通。波希米亚的自然物产，尤其是谷物、木材和举足轻重的金属，都能自给自足。但是食盐依赖进口，且大部分由威尼斯供应，威尼斯人的大队骡帮驮着威尼斯咸水湖盐田中晒制出来的食盐，年复一年络绎不绝地来到波希米亚，使此业一派繁荣。波希米亚的手工业主要是亚麻织造、皮毛加工、尤为突出的是制作手套以及15世纪发展起来的造纸业。

移居波希米亚的德国人掌握着当地大部分手工业和商业。德国移民采伐林木，开采矿藏，从事技术工作。德语深深地浸透了波希米亚的社会生活和商业活动，致使本地捷克语仅在下层社会和乡村中通用。早在13世纪，德国商人就在布拉格拥有一块重要的殖民地。14世纪中期，蜂拥而来的威尼斯商人如此之多，波希米亚只好在伏尔塔瓦河大桥旁边为他们建造了一座房舍或者称之为

旅店。这座旅店命名为“瓦尔汉宫”(Walhenhof)[①],类似威尼斯的德国人商站。在查理四世时代(1348～1376年),波希米亚与威尼斯的贸易格外兴盛。这些威尼斯商人前往波希米亚的路线之一,是经由维也纳,那里有一个货栈。另一条路线是取道纽伦堡和雷根斯堡。查理四世乐于住在布拉格,因此对这座波希米亚的首要城市大加装点。他渴望使布拉格成为中欧东部的最大商业中心,为此他梦想用运河把伏尔塔瓦河上游与多瑙河沟通。威尼斯商人在布拉格用东方物产和意大利手工业产品换取来自俄国和波罗的海沿岸地区的皮毛和琥珀。查理四世收入颇丰,足以为勃兰登堡马尔克提供50万都卡特的资金,而该地是他于1373年从巴伐利亚末任侯爵懒汉奥托手中购得的。

波希米亚财富的主要源泉是其矿产:铁、铜、锡,尤其是银。中世纪之末,波希米亚是欧洲的内华达州。最大的银矿是1237年起开采的库腾堡银矿,14世纪初其年产量为5万磅。这笔贵金属财富造就了奥托卡尔二世(1253～1278年)和查理四世(1347～1378年)两朝的辉煌显赫,查理四世和他的无能弱子温策尔居然也能当选皇帝,全赖他有此财富可供行贿。国王、廷臣、高级教士和大贵族都是这座银矿的股东。库腾堡、德意志布罗德、易格劳和其他矿区城市是德国人的天下,德国矿工潮水般涌进波希米亚。但是好景不长,事实日益证明,波希米亚的这笔财富华而不实。在它提供黄金和促进移民的同时,源源的银流带来了通货膨胀,引发了价格

① 厄曼斯多菲的著作第33页上说,在斯拉夫语中“Voloh”或“Vloh”(woloh 或 wloh),意为“意大利人”。

革命，如同16世纪西班牙美洲殖民地的银条以更大的规模涌入欧洲时发生的情况一样。

其结果是在受到宗教社会主义或共产主义思想感染的工人阶级，尤其是纺织工人中间引起了经济方面和社会方面的不满，并在15世纪的胡斯战争中(1419～1436年)达到顶点。这次战争使人口锐减，波希米亚商业毁于一旦，工业衰竭、农业凋敝，国家濒于崩溃。在这次灾难之前，波希米亚将近2/3的土地已属于小所有者和自由农民，但他们在战争中破产，他们的土地落入大土地所有者手中，从而发展出一种新的农奴制。成千上万的波希米亚人逃亡国外，在德国甚至法国四处漂泊，寻觅新的家园。此时正值吉卜赛人出现于中欧和西欧之际，在公众意识中，常把这些波希米亚流亡者与吉卜赛人混为一谈。实际上时至今日，法语中“波希米”一词仍指一个像吉卜赛人那样生活的人。

14、15世纪的波兰政治史杂乱无章，正是其商业史的真实反映。在皮亚斯特王朝最后一个国王的统治下，王国即使算不上被肢解，也不过是一个省与省间的松散联盟，唯有教会组织在维系着江山一统。卡西米尔大王1370年死后，在路易大王治下，波兰与匈牙利短暂合并，最后，1386年路易之女海德维希与立陶宛大公亚盖洛·拉迪斯拉斯二世结婚。以前互为宿敌的两个民族与国家合并后，在一位强有力统治者的手下复兴了波兰。

波兰没有天然国界，又被妒忌的甚至敌意的邻居所包围，这是它的两大不幸。这些邻居中为首的是普鲁士的条顿骑士团和波美拉尼亚公爵，它们切断了波兰进入波罗的海的通路。因此波兰进出口贸易几乎全靠邻国的怜悯恩赐。托伦、但泽，尤其是布雷斯劳，与波兰最重要的城市克拉科夫和伦贝格激烈竞争。波兰进出口被外人握在手中，例如汉萨同盟和威尼斯人，他们从布拉格直抵克拉科夫或来自远处布雷斯劳。另一些在波兰经商的显贵外人是亚美尼亚商人，他们来自君士坦丁堡和黑海地区，经由红鲁特尼亚（加利西亚）*，抵达德涅斯特河或普鲁特河流域。1240 年蒙古人毁灭基辅之前，它是这些先进的东方商人足迹所至的最北端。这个大市场丧失之后，亚美尼亚人推进到克拉科夫，尤其是进抵伦贝格，逐步建立了一个庞大的殖民地，而他们的后裔在那里至今可见。即使土耳其占领东南欧也没有阻止这些亚美尼亚人的兴盛。

同波西米亚城市一样，波兰城市中的市民社会主要由德国人构成。乡村农民与波兰达官显贵之间存在着一条巨大的鸿沟。德国中产阶级进入波兰主要是由于鞑靼人的入侵毁灭了许许多多波兰城镇和村庄，因此虔诚者波列斯拉夫随后就容纳德国居民入城，以再次复兴波兰的商业和工业。波兰的出口物几乎全是天然物产，如皮毛、兽皮、动物脂肪、羊毛以及亚麻织成的粗布之类。

路易大王**为实现其政治宏图不得不安抚波兰大贵族，他不顾城市的抗议和农民的不满，授予他们许多特权。卡西米尔大王发觉耗费波兰的力量去抗击条顿骑士团和波美拉尼亚公爵徒劳无益，于是把自己的精力转向东方，以期使波兰与黑海贸易更紧密地结合起来。他在波兰历史上第一次把国界向东推进到桑河东岸，

* 此处加利西亚指东欧的一个地区，12 世纪成为一个独立公国。现其东部属乌克兰共和国，西部归波兰。——译者

** 即匈牙利王路易一世（1342～1382 年在位），在波兰王卡西米尔死后被指定为波兰王位继承人（1370 年）。——译者

并获得了德涅斯特河与普鲁特河的上游地区的领土，这一推进路线不久就以“亚美尼亚人之路”而著称于世了。

在波兰，除了上述东方人外，意大利人也出乎意料地多。15世纪，博赫尼亚和维耶利奇卡的盐矿被作为一项专利割让给一家总部设在克拉科夫的热那亚人公司。在拉迪斯拉斯·亚盖洛时代，这些盐矿的所有者之一法蒂那蒂是波兰最大的资本家。1393年左右他在科罗梅亚拥有一座堆满商品货物，尤其是丝绸的仓库。热那亚人在布鲁日有一个银行支行，14世纪热那亚金融家从那里乘汉萨同盟的船来到波兰；15世纪威尼斯人和佛罗伦萨人也来了，后者是对采盐特权很感兴趣的美第奇银行业家族派来的代理人。富有进取心的热那亚商人也和亚美尼亚商人一道，从黑海的卡法穿过红俄罗斯进入波兰。这些商人——其中两人名为菲利波和雅各布——从莫里亚*带来了丝绸和果酒，特别是白葡萄酒，他们不但很快就获得了采矿和采盐特权，而且逐渐取代了波兰的犹太人，成为税收官。经由纽伦堡和布拉格来到波兰的威尼斯商人，无法与热那亚人竞争，因为后者据有卡法，使之获益匪浅。

15世纪，条顿骑士团在坦农堡战役(1410年)中一败涂地，随后(1446年)把西普鲁士和埃尔梅兰割让给波兰，波兰终于通过但泽在波罗的海岸打开了门户。但泽虽然在法律上是个自由城市，但在商业意义上它成为波兰的一个港口。在卡西米尔·亚盖洛时代(1447～1492年)，不计其数的谷物、木材、船用补给品和兽皮经由但泽出口到佛兰德和英格兰。1471年，卡西米尔的儿子符拉迪

* 伯罗奔尼撒半岛的别称。——译者

斯拉夫成为波希米亚国王，波希米亚、匈牙利与波兰的合并似乎指日可待。如果这个三国同盟真能建立，那么德国、土耳其和俄国都将被钳制，而且一个大国将诞生，它可能会打入并分享波罗的海、黑海和亚得里亚海的贸易。但是这一天并没有到来，因为其内部的混乱因素实在太强大了。

匈牙利王国不同于几乎全国皆山的波希米亚，也不同于几乎布满平原、森林和沼泽的波兰，它的平原与山地截然分开，界限分明。匈牙利的这种双重地理环境给它的经济史打上了鲜明印迹。在多瑙河和蒂萨河流域的广阔平原上，畜牧业和遍布各处的手工业，诸如皮革制造、牛脂加工之类，生机勃勃一派兴旺。这里的土地被贵族归入大型农牧场，他们都是官爵显赫的权贵，而聚居在村庄里的是农奴身份的牧民和牧羊少年。每周一次或每月一次开市的市场，多是牲畜市场，且都在农牧场周围便利之处开设。当地的市集日可能规定为星期四或星期三，也可能是星期五或星期六。随着时间的推移，一个永久性的村庄就在这样的地点建立起来，并带来一个奇特的结果：集市在星期几举行，村庄就被命名为星期几。在匈牙利有 14 个村庄叫苏巴特(Szombat 星期四)、19 个叫塞尔塔(Szerda 星期三)，7 个叫芬泰克(Pentek 星期五)。

在特兰西瓦尼亚也有此类例子，但特兰西瓦尼亚是山区，以采矿为主要工业。波希米亚发现银矿之后不久，在塔特拉和西普斯也发现了银矿。结果，特兰西瓦尼亚地区的居民绝大多数是德国(或萨克森)的矿工。绝大多数特兰西瓦尼亚的地名也是用德语命名的。从中世纪直到如今，荷尔曼斯塔特始终是这一地区最重要的城市。曾经有人猜测，在特兰西瓦尼亚的这些德国人是君士坦丁堡和中欧与该地区贸易转运的主要中间人，但现在证实此说是错误的。因为在中世纪初期，多瑙河下游一带并不存在值得一提的贸易。阿瓦尔人、斯拉夫人和保加尔人在 6～11 世纪侵入这一地区，毁之殆尽，直至 1018 年，瓦西里二世* 摧毁了保加利亚帝国之后，上述商路才得以开通。不过多瑙河下游的商路从未达到足以与威尼斯竞争的地步，甚至在国王安德鲁二世** 于 1222 年发布的黄金诏书中，匈牙利人和特兰西瓦尼亚人的商业贸易也仍然很少提及。从外国进口商品主要靠威尼斯商人经由扎拉带来。威尼斯人 1204 年夺取了扎拉***，这就使匈牙利丧失了其唯一的出海口。西吉斯蒙德 1385 年起就任匈牙利国王，1411 年起当上皇帝。他对威尼斯人切断了匈牙利与达尔马提亚海岸的联系无比痛恨，为了削弱威尼斯人，他转而求助于热那亚人。他的勃勃雄心是打开经由多瑙河下游地区的商路，努力把匈牙利与热那亚在克里米亚拥有的黑海港口，尤其是塔纳和卡法，以及君士坦丁堡的佩拉港沟通起来。1418 年他派了两个钦差前往卡法和佩拉，但是这一计划一开始就被金帐汗国的鞑靼人的故意以及土耳其人的推进破坏了，土耳其人迅雷不及掩耳地席卷了西南欧各国，切断了他们与西方的联系。

---

* 又译巴西尔二世，拜占庭帝国皇帝，963～1025 年在位。他在对保加利亚帝国的长期战争中(986～1018 年)，取得重要胜利。——译者

** 匈牙利王，1205～1235 年在位。因对外征战失利，造成国内混乱，在大贵族逼迫下颁发了限制皇权的黄金诏书。——译者

*** 第四次十字军期间，十字军因经济拮据，付不起渡海去埃及的运费，被威尼斯人胁迫，夺取了亚得里亚海上要港扎拉。——译者

从13世纪起，拜占庭帝国就处于日益瓦解之中，结果他在欧洲的边疆分省接二连三地分裂出去。这样，由两位当地诸侯统辖的号称“沃依沃戴斯”或“沃依瓦德斯”的两个公国就在东南欧出现了，此即瓦拉几亚和摩尔达维亚，而他们命中注定将在19世纪被融入罗马尼亚王国之中。在这两国中，瓦拉几亚是1290年左右由匈牙利国王的一个属臣首先创立的，其后几年中，它日甚一日地向黑海方向开疆拓土，占领了多瑙河三角洲（多布罗加）的所有地域和比萨拉比亚的一部分。该国首要城市是西里斯特里亚。约与此同时，摩尔达维亚在特兰西瓦尼亚的山区建立了，但它的巩固却远比瓦拉几亚艰辛得多。像瓦拉几亚一样，它不得不轮番向波兰、向匈牙利，最终在15世纪向土耳其缴纳贡物。畜牧业几乎是其唯一产业，财富是按马和牛的数目来计算的。在土耳其人征服之前，热那亚商人活跃于此，经销天鹅绒和丝绸，因为罗马尼亚贵族对这类奢侈品爱不释手。罗马尼亚城市久尔久的名称，就是从热那亚的守护圣徒圣乔治派生而来的。这两个公国的首都逐步由西向东迁移，瓦拉几亚的首都最终确定在布加勒斯特，摩尔达维亚则是雅西。布加勒斯特位于热那亚的黑海贸易港口卡法与德国化了加利西亚的诸城之间的通商要道上，在15世纪逐渐成为颇为重要的商业要地。而雅西除了作为商旅的歇脚处而外，一无所长。过路商人主要是德国人或亚美尼亚人，因为当地弗拉其人纯粹是一个牧业民族。瓦拉几亚和摩尔达维亚物产颇丰，但商业原始，工业甚微。土耳其人的入侵几乎把这两个公国的繁荣扫荡一空。1396年土耳其人在尼科堡战役中大获全胜，从此瓦拉几亚、摩尔达维亚和多瑙河下游右岸的所有地区，皆成为苏丹属国。匈牙利的灾难

日从瓦尔纳惨败(1444 年)开始,到莫哈奇战役(1526 年)*时,匈牙利王国近于湮灭。

* 为匈牙利同奥斯曼土耳其人的两次战役。前者为匈牙利人及瓦拉几亚人联合十字军同奥斯曼土耳其人对垒,十字军败,匈牙利王符拉迪斯拉夫被杀;后者为匈牙利王路易同土耳其苏丹苏莱曼一世(1520～1566 年在位)的战斗,匈军被彻底击败。从此匈牙利王国一蹶不振。——译者

第九章　14～15世纪的意大利

13世纪末，意大利只是在名义上附属于神圣罗马帝国。1273年，哈布斯堡家族的鲁道夫当选皇帝，从此结束了帝国的"大空位时期"。1278年，新皇帝与昂儒家族的查理讲和，次年，放弃了对罗马尼阿*的所有权要求。这样意大利中部和南部的丧失就被帝国认为是"既成事实"。当然在北意大利，皇帝至少还在名义上保持着权利，诸如：任命帝国的代理人，授予官职、爵位、索取古代的特权，但1183年康斯坦茨和约所剥夺的那部分权力除外。罗马远征的传统虽然失去了作用，但仍然被保留下来。当皇帝进入意大利时，各城市还是打开城门，许多贵族前去效劳。但这只限于皇帝礼节性的巡游之时。而且时常有亨利七世、路德维希四世这样轻率鲁莽的统治者，企图冒险干涉意大利各城市内部及各城市之间的党派斗争。

中世纪晚期，意大利城市蓬勃向上的活力，使其在政治、经济上都占有优势。由于意大利是在没有统治者的情况下，形成了城市国家，这一点类似于德国。可是应该注意，两国有一点重要的不同之处，即德国的贵族是排除在城市之外，而意大利的贵族在城里有像城堡那样庞大的防范森严的城内宅邸，所以他们与市民阶级

* 指教皇国控制的意大利北部。——译者

之间的区别不太明显。

市民阶级在意大利各城市中都占据社会的优势。12～13世纪旧的封建贵族在这里早已失去了政治势力，而被市民阶级所取代。几个世纪以来，封建势力都是建筑在自然经济的基础之上，由于农业衰落、自然经济瓦解，以及工商业的兴起，引起了经济革命，封建势力遭到摧毁。而经济革命和政治革命是紧密相连的。旧的大贵族在乡下居住不下去的时候，便移居到城里，他们的子女就与城里的富有市民联姻。1267年，佛罗伦萨的圭尔夫派取得胜利后，贵族的头衔就自由地赠与市民阶级了，从而使那些成为暴发户的市民阶级借机跻身于贵族阶层。意大利历史学家萨尔韦米尼写道："追究一个贵族的根底，你就会发现原是一个商人。"由于忠实于党派的成员可以因此得到这一党派所授予的头衔，这就使原骑士称号的贬值现象愈益严重。

"1330年以后，在佛罗伦萨，如同洪水冲开了闸门一样——许多市民都成了骑士，他们手无断草之力，更提不到使枪弄矛；用薄伽丘的话说，当人们谈论到这些骑士时说，骑士爵位落到他们身上，好似马鞍放在猪身上一样不相称，他们像魔鬼对十字架一样来对待骑士精神。"

市政当局包括一个城市议会，少数被经常称作执政官的专管战争、司法、税收的行政官员，和地方商会，这是一个由地方上主要商人组成的，称为商人理事的联合组织。

我们发现，有的城市中，各种派别机构同时并存或互相对抗。米兰就是一典型例证。1198年，出现了神圣者议会，在这之前就有两个党派：平民派和贵族派。平民派分裂为两个组织，而手工业者独立地组成一个集团，即上面提到的神圣者议会。从1215年以后，米兰的市长就插手干涉上层市民（或叫肥人）和神圣者议会之间的斗争，这样米兰就出现了三政派争权夺利的纷争。

城市不能统治所有的领土，因而在各城市之间还存在着封建贵族、自由业主、自由村社等地方势力，这种情况在皮埃蒙特和阿尔卑斯地区比在伦巴第和托斯卡纳更为多见。意大利的自由城市，在其生存过程中未曾具有过如此强盛的生命力，以至于只有小的边远山镇才没有打上商业的痕迹。南部意大利就缺乏独立的城市生活，昂儒王朝*的君主专制制度，除了曾向大封建领主妥协以外，是地地道道的专制统治。那不勒斯是一个公国，政治专制制度在这里比工商业更为突出，所以这是意大利最落后、最具有中世纪残余的部分。

由于连绵不断的内战，使意大利发生了上述政治状况的变化，很难说清这些变化究竟是到处都有党派分裂的原因还是其结果。这些党派的敌对是由于他们以前就互相敌对？还是内部纷争导致或影响到它们的形成……都很难断言。可是有一点很清楚，即每个城邦都有两个激烈斗争的家族或家族集团。这两个集团起初就像圭尔夫派或吉伯林派一样，在教皇与皇帝彼此倾轧中取利于自己，可是当教皇和皇帝斗争停止时，他们之间的斗争仍然继续。到此时为止，旧的党派的名称早已全部失去了其原来的意义。例如，在佛罗伦萨，当吉伯林派——但丁是吉伯林派中最大的受害

* 这里指统治西西里和南意大利的法国昂儒伯爵家族。——译者

者——被圭尔夫派驱逐的时候，圭尔夫派内部又一次分裂为两派，他们以下层民众为靠山又进行了两派决一雌雄的斗争。

这一混战的局面提高了市政官的统治地位。“市政官”这一职位源于神圣罗马帝国。12 世纪时，红胡子腓特烈一世（1152～1190 年）加封了一大批市政官。13 世纪时，这一官职有了一个新的特征，许多城市任用的市政官都是一个无党派的统治者，以便凌驾于派争之上。精通罗马法的法律学家和法理学家之城——波洛尼亚城可能就是这样的新典型。市政官的任期一般不超过一年，通常只有 6 个月。执政期间由市政官亲自挑选行政官员，作为自己的统治支柱，这些人就职时要宣誓：绝不偏袒、惧怕城区内的任何一个人。皮亚琴察的市政统治机构是由 22 人组成，其中 7 人是法官、3 人是爵士，此外还有一个 25 人组成的武装支队。13 世纪晚期，除罗马、威尼斯和热那亚而外，几乎每个意大利城市在这一时期或那一时期都有市政官。

14 世纪出现了一个新的势力，即雇佣兵或称授产士兵，在这以前，各城市已组织民兵和本城的爵士从事战争。但是，从 1309 年亨利七世的意大利远征以后，才开始使用整连整营的训练有素的雇佣军队。这些雇佣军大部分是由德国的长矛兵、瑞士的长枪兵、离开法国的英国或法国冒险家们所组成。直到后期才有意大利人补充进来。可以说，这一时期雇佣兵的使用遍于整个欧洲，而在意大利就更有其特殊意义。由于意大利各城市之间经常发生战争，对雇佣军队的需求量日益增多，结果大多数的雇佣兵首领成为意大利的诸侯。贡扎加和斯福尔扎王朝就是例证。一些雇佣兵首领把全部生命都花费到大量的冒险活动上，就像在威尼斯市场广场上的雕像——卡尔马尼奥拉一样。另外一些人如弗朗切斯科·斯福尔扎，也是在这股潮流中抓住了幸运之神。

所有专制政府几乎都倾向于一种形式，但在意大利却不全是这样。共和国就是与专制国家明显不同的另外一种类型，其中最著名的共和国是两个航海城市共和国威尼斯、热那亚，以及佛罗伦萨共和国，此外还有一些较小的城市共和国，例如锡耶纳、卢卡等，因此可以说，由于地理条件的不同，使它们具备了各自的特点。威尼斯、热那亚与利凡特进行贸易；佛罗伦萨处于内陆所以首先发展工业，其次是商业，最后发展了银行业。

同那些趋向于一种模式的专制国家不同，共和国都各有其独特的形式和结构。威尼斯政体形式是纯粹的寡头政治，热那亚和佛罗伦萨则是民主政体形式，而非贵族政体。但是这种民主形式却完全是与寡头政治相对而言的，大部分居民在市政管理上没有发言权，公民权仅限于少数世袭家族的代表。例如，在佛罗伦萨，每个市民都必须附属于某个大行会或大工匠团体。文艺复兴时的社会趋势是：一方面富有的上层市民与没落贵族融合，另一方面平民阶层出现了贫富两极分化。新贵族是由富商、银行家、劳动力雇佣者或大承包商所构成，而平民则是由一些地位较低下的零售商、手工业者阶层、工资劳动者、临时工以及社会最下层的劳动阶级所构成。平民的分化只是由于经济方面的原因，而不是政治条件。各地的手工业者都聚集在行会里或者工匠团体行业内。但“大行会”和“小行会”之间的一个明显区别是其地位不同。前者包括布商、绸缎商、香料商和药商等等，而这些人不是体力劳动者。后者是指织布工、漂洗工、染色工、制革工和细木工等等。两者的区别

在于技术和等级。佛罗伦萨的历史学家瓦尔基准确地列举了这一划分的标准：

> 佛罗伦萨所有的自由民必须掌握21种手艺中的一种；不管他本人或者他的祖先是否操持这种手艺，或者熟悉这一手艺，都必须是被这一同行业工团所接纳或批准入会，否则他就不能成为佛罗伦萨的自由民……这些手艺如下：1. 审判官和公证人、2. 卡里马拉或叫呢绒商、3. 银行商、4. 羊毛商、5. 丝绸商、6. 医生和药商、7. 皮货商、8. 制鞋工人、9. 铁匠、10. 屠夫、11. 麻布商和服装商、12. 石匠和石雕工、13. 葡萄酒商、14. 小客店主、15. 油商和制绳匠、16. 袜商、17. 兵器、盔甲商、18. 锁匠、19. 鞍工、20. 木匠、21. 面包师傅。

后14种称之为小手艺(或小行会)。各地的大行会认为他们自己与城里有权势的家族和统治党平起平坐，所以也跻身于政府中，而舍弃了平民百姓。开始由于经济地位的不同而出现的分化，现在就成为社会分化，最后发展为地方贵族或寡头政治与地方民主政派之间的斗争。这一状况在佛罗伦萨最为突出，在1379年佛罗伦萨下层阶级或叫“褴褛汉”的起义，使这一斗争达到了高潮。但是这一现象并非意大利和佛罗伦萨所特有，在欧洲各地我们都发现了这种经济—社会—政治混为一体的现象。由于这一点很重要，本书的后面专有一章加以论述。

在每一个城市中，等级之间的对抗是激烈的。每个等级都为夺得绝对的政府管理权而斗争。例如，贵族与“肥人”或富裕的市民长期不和;“瘦人”与“肥人”经常争斗。在冲突中,骄横而又常常陷入困境的贵族就与富有的中等阶级家庭联姻,而成为其家庭的成员,于是就形成了一个政治、经济上都占有重要地位的“贵族社会”。比较大的行会控制城市的行政管理。他们极其注意为自己和本阶级提供特权,并向老百姓征税。“瘦人”被剥夺了政治权利;他们的行会只不过是附属于大行会或称“arti maggiori”的工人团体,他们的工资、劳动时间都受控于大行会。总之,人们所熟知的劳资之间、雇主或企业主与工人之间的斗争,到14世纪时,已逐渐显现出来了。14世纪末,贵族化的资产阶级不仅在伦巴第和托斯卡纳,而且在整个欧洲都普遍取得了优势。但在极少数平民党派获胜的城市里,贵族资产阶级被剥夺了公民权和担任公职的权利,甚至遭到流放。1285年,在皮斯托亚获胜的小行会剥夺了大行会所有成员及贵族的公民权。1284年帕尔马的上层中产阶级被剥夺了公民权。

然而,这种斗争在政治上严重地摧毁了贵族统治,因为它给托斯卡纳·伦巴第和罗马尼阿地区的许多城市,如佛罗伦萨、米兰、弗拉拉和乌尔比诺等城市建立专制政府统治铺平了道路。这些专制君主有的是本地的世袭君主,例如,弗拉拉的女侯爵,乌尔比诺的诸侯,里米尼的马拉泰斯塔;有的是从前帝国的代理人,依靠自己的官职建立起非法的政权,例如,曼图亚的德拉·斯卡拉和米兰的维斯孔蒂;有的是某个市政官利用手中权力成为一个专制统治者;有的是一个雇佣兵,例如,马基雅维里骑士故事中的一个英雄人物卡斯特鲁奇·卡斯特拉切内和取代了维斯孔蒂的弗朗切斯科·斯福尔扎;有的是一个教士的私生子,硬

挤进统治阶层，例如，弗里的里亚里奥和帕尔马的法尔内塞；有的是在某个城市中由于财富而地位显赫的市民，获得专制统治地位，例如，佛罗伦萨的美第奇，波洛尼亚的本托沃利，佩鲁贾的巴廖尼等等。

在大多数情况下，大宗财富是专制统治的根源。当时，购买城市，连同城市的领地已成风气。于是1333年罗西用35 000弗罗林买下了帕尔马；阿皮亚尼卖了比萨；1337年阿斯托雷·曼弗雷迪卖了法恩扎和伊莫拉；1444年加莱亚佐·马拉泰斯塔把佩扎罗卖给亚历山德罗·斯福尔扎，把乌尔比诺卖给福松布罗内；1461年切尔维亚也被同一个家族卖给了威尼斯……最后城市形成了自身的市场价值。我们已知，波洛尼亚价值20万弗罗林，帕尔马价值6万弗罗林，阿雷佐价值4万弗罗林，卢卡价值3万……这些市民阶级的专制君主的历史，证明了15世纪的意大利正处于确立君主专制的自然阶段。这是顺应社会发展规律的，正是由于这一规律的支配，在那些激烈内讧和由于嫉妒而引起的耗尽财力、物力的战争之后，王公贵族的特权取代了自治市的统治，于是结束了中世纪的历史……社会等级对于市民阶级的权利完全无关。出身低贱的下等人，例如，像美第奇这样的商人，像弗朗切斯科·斯福尔扎那样的农夫的儿子或一个富有的高利贷者……几乎都可以和埃斯特、维斯孔蒂或者马拉泰斯塔这样的古代名门望族一样有同等的机缘……意大利的专制制度同古希腊一样，是民主政体形式的。即由各阶层的代表中补充其统治阶

层，把王位建立在对人民的压迫和至高无上的统治之上。[①]

不能不相信，这些篡权者是受到混乱的城市中的大多数居民一致拥护的。他们对商业、工业和银行业十分关注，而对内部的长期不和感到厌烦、精疲力竭，他们希望的是和平和一个稳定持久的政府，而不希望圭尔夫和吉伯林派之间，贵族和平民之间的长期斗争。对他们来说，专制还是意味着安全，即使要征收沉重的税款也行。从政治上看，文艺复兴时期专制制度的兴起，明显地证实了各城市内部党派纷争已经达到极点和人们反对寡头政治的这种倾向。

历史上反对寡头政治的政治斗争几乎总是采取经济斗争的形式。古希腊和文艺复兴时期的君主都同样地使用税制来作为控制民众中的有钱有势者的一个棍棒。因此全部的所得税都由维斯孔蒂和美第奇征收。这个惯例还有一个优越性，即为征税人提供大量的财富，这对一个没有合法的贵族头衔，而用暴力和阴谋篡权的贵族来说也是必不可少的手段。同时，这些钱财还经常被用于哄骗那些不满的民众。意大利的王公贵族们修建豪华的宫殿和各种公共建筑，促进了公共事业的发展。例如，修建道路和运河——在某种程度上为失业者提供就业的机会。政府提供劳动机会，用以作为社会救济手段和社会安全阀这一策略，在历史上并不罕见，也许可以追溯到古代亚洲的君主政体。这种政策至今对我们仍有意义，至少对失业者来说比现在欧洲各国普遍流行的救济制度更有实际意义。救济制度只能像古罗马的"panem et circenses——面

① J. A. 西蒙斯：《专制的时代》，第89、90页。

包和竞技场”一样产生出一大批无所事事的流氓无产者。

在意大利只有两个城市国家没有实行专制制度，即两个沿海国家——威尼斯和热那亚城市共和国，但是无论哪一个国家都没有维持住自由。紧张的贸易、工业竞争使这两个城市国家在文艺复兴时期发生了频繁的战争，这是继承了十字军时代的传统。

> 中古战争中最后一课——即商业战争——是与十字军密切联系的，并且在某种意义上也是十字军的继续。意大利人当时把征服东方看作是商业冒险；威尼斯人利用第四次十字军东侵在君士坦丁堡建立了商业垄断权。从此以后，就出现了长期的残酷的战争，特别是热那亚和威尼斯之间的斗争更加激烈，他们的目的都是想通过消灭危险的竞争者来发展自己的商业贸易……任何人阅读马基雅维里的《佛罗伦萨史》或者任何一部中世纪城市早期编年史，都能体会到，城市的全部政策都体现了商业竞争……比萨和佛罗伦萨之间错综复杂和连绵不断的战争史……仅仅是在整个欧洲，特别是在商业利益冲突最强烈的意大利、德国和低地国家所发生的那些战争的一幅插图。11～15世纪商业城市的历史实际上是15～19世纪商业国家历史的一个缩影。但有一个重要的不同之处，就是由于更广泛的社会分工和中央政府更大范围的活动，经济单位已从城市国家逐渐发展为民族国家。[1]

① 《政治科学季刊》，第15卷，第603页。

佛罗伦萨的历史已明确地体现了这一商业政策，13 世纪，是预示着佛罗伦萨工商业发展前景的过渡时期和准备时期。最初佛罗伦萨对其他国家的态度是调合、抑制各城间的报复行为。1250 年以后，随着民众政府的建立，提出了一个通过战胜各邻国的竞争、夺取商业霸权的远景设想，于是爆发了连绵不断的战争。中世纪还没有关于"公法"，即我们今天称之为国际法的知识。所以封锁通往邻国的所有通路，或者利用通路征收高额保护关税，似乎是最合法的。由此而产生了无休止的敌对和争吵，只有最强者的权利得以保障时争吵才能平息。在锡耶纳、沃尔特拉和比萨经常处于敌对状态时，阿雷佐为什么要在佛罗伦萨和锡耶纳之间摇摆不定呢？因为它与这两个城市距离相等。为什么最后它又宣告反对佛罗伦萨呢？因为它能够阻止锡耶纳与南部的通路，同时它也以重税控制了佛罗伦萨商人进入南部，因为这些商人除非通过阿雷佐，否则就不能回避锡耶纳。发动战争与巩固联盟的动机是相同的。卢卡太注意提防比萨而不与佛罗伦萨人结盟。热那亚由于在海上有大笔产业，而嫉恨比萨，因为比萨与他们争夺领海权。当佛罗伦萨已经战胜比萨到达海上时，热那亚就中断了同佛罗伦萨之间的友谊。波洛尼亚是热那亚的一个忠实同盟国，但由于亚平宁山脉把它同阿尔诺河分开，它不得不为佛罗伦萨的商品打开门户，于是佛罗伦萨经由波洛尼亚和卢卡寻找通往北方的道路；取道比萨向海上发展；并且经由锡耶纳或者阿雷佐到达南方。即使这些国家断然拒绝，并发兵反抗时，佛罗伦萨还是一直希望那些吉伯林城市爆发革命，因为它与城里的圭尔夫党一直保持联系，那些地方的圭尔夫派在取得胜利之前，终归要收买佛罗伦萨的支持。这一

政策最著名的例子，就是1405～1406年佛罗伦萨与比萨的战争，这次战争为佛罗伦萨进入地中海打开大门，激起了它获得海上霸权的野心，因为只有建立海上霸权，才能改变其用外国船只运送货物的不利状况。

14世纪初，由于商业竞争，政治上的敌对日益加深，佛罗伦萨进入比萨的道路已经关闭，佛罗伦萨不得不作出一个通过锡耶纳领土上的塔拉莫内港口的海运计划。“这一计划对锡耶纳城来说是一笔飞来的横财，于是它热心地承担了港口和通往港口道路的修建工作。”1311年佛罗伦萨的巴尔杜奇·佩戈洛蒂为他的同胞向锡耶纳政府要求批准他们的货物从海上或陆地运往这个港口。1356年又重新签订了条约。这样，尽管比萨企图对佛罗伦萨人封闭港口，但佛罗伦萨人还是脱离比萨而独立了。但是塔拉莫内港口既不方便，设备又不好。佛罗伦萨决定获得比萨的港口，1406年比萨在突如其来的可怕的战争灾难之后，被迫屈服于佛罗伦萨。由于佛罗伦萨射石炮和石弩的猛掷，几乎比萨的每一所房屋都被打得千疮百孔，甚至被摧毁。2000多较重要的市民被驱逐到佛罗伦萨。在那里，他们在死亡的威胁下，必须一天两次在指定地点示众。佛罗伦萨的军队蜂拥而入，驻扎在比萨城内，到处镇压不满者，迅速进行重建工作。然而只要里窝那被热那亚人控制着，佛罗伦萨的来往船只就很不安全，于是，在长期的讨价还价之后，1421年，佛罗伦萨用10万金弗罗林买下了这一港口。

上面已经介绍了14～15世纪意大利4个国家即米兰、威尼斯、热那亚和卢卡的经济和社会历史特点，这些国家的历史相当有

意思，但也十分重要。而佛罗伦萨的社会经济史则更为重要，因而专用一章单独加以介绍。

14～15世纪的意大利文化相当多样化，地方条件、形式和外表的不断变化使人们几乎不可能从整体上了解文艺复兴。必须选择类型，进行局部的研究。佛罗伦萨是一个典型的手工业、工业城市，尤其在羊毛纺织业上更为突出；威尼斯和热那亚是典型的商业城市，专事海上贸易并从利凡特进口大量奢侈品；米兰曾经是典型的工商业联合体，但它的主要作用还是充当了通过阿尔卑斯山各隘口到德国转运商品的中介人；教皇统治的罗马由于积聚了罗马教会的巨额收入和受到教廷的惠顾，成为一重要的财政中心。但是，银行业在意大利的每个大的商业中心——罗马、佛罗伦萨、热那亚特别在威尼斯都普遍存在；卢卡所加工的丝织品、布雷西亚生产的铁制品都负有盛名。

历史的经济解释已经深刻地修正了过去史学家对于意大利文艺复兴起源和性质的看法。意大利的社会和经济结构，在13世纪后半叶发生了深刻的变化；具有资本主义特征的文化开始出现，在这块沃土上孕育出文艺复兴文学和艺术的强大生命力。新的经济和新的社会不仅同新的知识和艺术生命显然处于同一时代，而且在它们之间有着直接的联系。新兴的、富有的资产阶级创造了意大利文艺复兴时期的物质和精神文明。文艺复兴无论在政治、商业贸易，还是在艺术或文学中都被打上了新兴资本主义的烙印。这一点可以说是意大利各地存在的共同现象。

距离阿尔卑斯山脉一隘口最近的城市是维罗纳。进入德意之间一最低隘口布伦内罗的意大利入口处在基乌萨，此地距维罗纳城不过10英里，阿迪杰河穿过一峡谷从这儿进入平原；因而这条通路沿阿迪杰河上行至博岑，由此再沿艾萨卡河到达波河和多瑙河流域之间的布伦内罗湖。另一侧的下山路则经由锡尔到达因斯布鲁克。除了控制这一优势以外，维罗纳还占有里窝那，这是唯一能渡过阿迪杰河的地方。这就使维罗纳控制了阿迪杰河的大部分水路，这条水路是威尼斯和维罗纳之间贸易的主要干线。维罗纳还通过位于加尔达湖出口的佩斯基拉控制了明乔河上游。尽管维罗纳的工业获得相当发展，特别是羊毛织品的加工更是突出，但她的繁荣却归于其本身所处的商业中介人的地位。早在1228年就有一部限定商业行会的法规，然而关于维罗纳的商业有更早的证据。最早的一部法规是与威尼斯一起制定的(1107年)，规定了一个城市的商人进入另一个城市所付的关税。1274、1306、1310年等各年法典内容又有所增加。12世纪商人公会(或叫行会)系统规定了所有的进出口税。德国商人所交税较少，“因为他们旅途很远”。威尼斯商人受到更慷慨的待遇并且是最受欢迎的信贷者。除了威尼斯，维罗纳与曼图亚商业交往最密切，曼图亚商人毫无疑问的享有穿过较低的布伦内罗隘口北行的通行权。维罗纳同维琴察之间，签订了保护两城之间贸易通路的通用协定。

> 也许可以大胆地假设，与威尼斯和曼图亚的这些条约不是偶然出现的……这一时期，意大利各城市国家的通常关系只是消极的、敌对的，这就是说，若不以某种方式明确地表达和解，两个城市之间就不能认为处于相互和平的阶段。因此，从12世纪后期至13世纪初期，出现了大量的和约、协会、协

定、同盟、合同及其他各种形式的盟约。[1]

佛罗伦萨在意大利托斯卡纳地区居统治地位，使托斯卡纳的其他城市，如锡耶纳和比萨相形见绌。伦巴第的情况也是如此，1183年以后，米兰就在全省范围内称王称霸。帕维亚、皮亚琴察、克雷莫纳、布雷西亚以及伦巴第平原上其他城市的工商业都只有地方意义。确切地说，14～15世纪米兰就是伦巴第，而伦巴第就是米兰。

我们必须追溯到13世纪，不是追忆这一状况的起源，而是它的发展变化。1183年康斯坦茨和约之后，伦巴第公社建立了自由的自治的市民共同体。贸易控制了政治。商人和货币兑换商的强大联盟——商人、交易者、钱商——通过他们选举的行政官员，叫作理事，特别控制了每个城市的地方行政管理权。由于伦巴第城市的商业和工业繁荣给商务理事[2]带来了极大的权势，特别是由于与红胡子腓特烈进行的长期的毁灭性的战争，使城市财力消耗殆尽，在这一时期开始采用的直接税，没有能弥补财政赤字，而间接税的征用还处于其初级阶段。结果各城市都面向富裕商人，以求他们提供贷款救济，或者卖给他们包税权，或者委托他们从通行税和入市税等税收中提取国家税收。甚至教堂的捐款盘也被拿来作抵押。这些自治城市的票据可以作为有价证券流通，于是，我们

① A. M. 艾伦：《维罗纳的历史》，第42页。

② 13世纪时，在伦巴第城市米兰、摩德纳、卢卡、皮斯托亚、弗拉拉、波洛尼亚、曼图亚、皮亚琴察、阿斯蒂、托斯卡纳城市佛罗伦萨、锡耶纳、佩鲁贾和比萨；在利古里亚的热那亚和卢卡；甚至在罗马，都有这种商务理事。

得知，发行城市公债的方法至少在意大利早已于12世纪就开始了。每当地方政府打算筹借一笔贷款时，总是适当的与商务理事进行协商。

这些工商业行会在伦巴第每个城市都有，其数量之多是令人吃惊的，充分证明了这个国家的繁荣，当然中世纪已经出现的手工业的细致分工，也对行会数字的增加有一定关系。在13世纪，导致后来严重的经济、社会对立的“大行会”与“小行会”间的差别，还没有发展。帕维亚有25个行会；贝加莫有18个，波洛尼亚1228年有21个，到1386年就增加到26个。在波洛尼亚的行会中，我们发现生产的专门化，例如有加工外国羊毛的工人、加工本国羊毛的工人、丝绸织工、棉织工和亚麻织工。

康斯坦茨和约平息了伦巴第公社和皇帝之间的斗争，但是和约对城市的安宁却没有任何作用。于是，随着时间的推移，伦巴第就逐渐地陷入维斯孔蒂家族*的专制制度的统治之下，维斯孔蒂家族把他们的权势发展到伦巴第的大部分领地上，并且把这些领土变为米兰公爵的领地。

米兰和伦巴第平原的其他城市的地理位置比佛罗伦萨更有利于商业，波河通向亚得里亚海和利凡特。由于它接近阿尔卑斯山脉的隘口，从而通向中欧，再由此延伸到阿尔卑斯山外侧的法、德以远的几乎整个欧洲的通路，向米兰商人敞开，他们就作为中介人而大发其财。我们在两个文献中已经发现了明显的证据。1278年佩鲁贾的福尔科·卡奇，“伦巴第和托斯卡纳商人联盟”的首领，

---

* 1277～1447年统治米兰的贵族世家。——译者

以罗马、热那亚、威尼斯、皮亚琴察、卢卡、波洛尼亚、皮斯托亚、阿斯蒂、佛罗伦萨、锡耶纳和米兰诸“商务理事”的名义，与法国国王路易九世缔结的一个条约，保障上述城市商人在普罗旺斯的商业特权。10年以后，一个法学博士卡萨切的罗杰尔，他也是“在法兰西王国和香槟市集上经商的‘阿尔卑斯山外’* 米兰商业公司的首领和管事”，要求萨瓦伯爵阿马迪厄斯五世赔偿在他领地内该公司所受的伤害和损失。有关意大利在阿尔卑斯山以远、包括佛兰德和中欧以及利凡特的经商范围的某些情况，可以从1313年在热那亚完成的著名的“Imposicio Officii Gazarie”一书中得以知晓。

米兰的道路上塞满了车辆，水路和运河上的船只也络绎不绝。米兰越过阿尔卑斯山的主要路线是辛普龙隘口，但是我们发现了1341年的申请越过圣哥塔德隘口的安全通行证的文件，米兰与奥格斯堡、苏黎世、乌尔姆、纽伦堡、康斯坦茨、卢塞恩、巴塞尔和日内瓦保持经常往来。莫罗西尼家族在巴塞尔设立一个商业机构的分所，布斯蒂家也在科隆设立了一个，它至今尚为那儿的梅兰人所传说。菲利波·马里亚对德国商人做了让步，德国商人可以免于在他们的大小货包中“抽样检查”，这一举动是为了检查出偷运的应缴税的商品，对德国商人的这一让步证明德国商人是最诚实的。最大的德国商家，如奥格斯堡的富格尔家族和韦尔瑟家族以及巴塞尔的埃尔马商行等，都有进行两年贸易的许可证，而这个许可证还屡次更新。这一时期米兰和大多数欧洲国家一样有自己的保护

* 西欧对意大利的习惯称呼。——译者

关税制。与德国的贸易往来规模很大，因而在1498年，一本专门的“德国—意大利词汇表”出版了。羊毛制品，尤其是英国——佛兰德和佛罗伦萨的织品的进口税是主要的税收。科莫的塞加佐尼商行是一个大羊毛经营商。到1442年丝绸工业有了很大发展，在这一行业里已有了15000名雇佣工人。

14世纪在维斯孔蒂的统治下，伦巴第多数城市统一成一个国家，从此消除了13世纪政治分裂状况和各城市间残忍的商业竞争。① 尽管维斯孔蒂在各地的税收是沉重的，但由于和平以及普遍的良好秩序、交通的改善，使人们的安宁有了保障，同时维斯孔蒂家族的公爵们没有疯狂地强迫统一，各城市仍可以保留着他们的地方政府，这一点与米兰不同。每个城市都保持自己的地方制度和地方行政体制，这种地方体制依据传统的不同而各有特点。“政体不同的伦巴第、托斯卡纳和罗马尼阿的公社都在维斯孔蒂的统治下而统一起来，但他们互相之间却没有联系。”②

维斯孔蒂家族是精明的财政家和征税能手。他们扩大了税收范围，取消了特权，把税款金额分成多次征收，从而减轻人们每次纳税的负担。数量大的税款分几年付清。公爵自己的官员也不例外，他们要支付其薪金的12.5%作为税款。为了简化征税过程，这笔钱一开始既行扣除，就像我们现在交所得税那样。教士和贵

① 这些城市包括米兰、洛迪、科莫、亚历山大里亚、维切利、诺瓦拉、贝加莫、帕维亚、克雷莫纳、克雷马、皮亚琴察、布雷西亚、阿斯蒂、瓜斯塔拉、托尔托纳、雷焦、维琴察、维罗纳、费尔特雷、贝卢诺和帕多瓦。

② 多罗西·米尔：《维斯孔蒂家族统治下的米兰》。

族无一例外，詹加莱亚佐规定一条原则，即每人必须付清自己的份额。1387年，对于特许状权限范围颁行记录进行了一次调查，以便查出逃避纳税的借口和托辞。当他看到城市对其周围农村地区征收的租税太重的时候，就把税额拉平。雷焦市就是一个典型。公爵可能考虑得很周到，但进行的却从来不顺利。1388年他写信给雷焦市："我已经不能再等了，如果可能，我是愿意进一步让你缓期的。但这是不可能的，因为我自己也已经到了必须全部付清的时刻了。"詹加莱亚佐所表现出的想法和做法之先进是惊人的。焦维奥写道："我曾看到，在他的档案柜里用羊皮纸写的账册，其中年复一年地记载着首领、雇佣兵队长和老士兵的名字以及所得的报酬，还有骑兵和步兵的名册。"西蒙斯评论这一事件时写道：

> 他的条理是如此清楚，可以说，他对国家的管理是采取一个银行家管理事务所的办法。他通过增加一个特殊的阶层即各部门的付薪金的职员和秘书而造就了一个官僚主义阶层。他们的责任是把他私人支出的最详细款项以及公共资金的开销列入总账和分类账中；他们还要记录几种租税的详细情况，以便能够揭示国家全部税收的概况；还要记录他的将军、首要人物和行政人员的名字、地位、所有权。他还有一个专门为他通信服务的独立部门，他保留所有来往信件的准确抄本。当时国民经济在整个欧洲还没有被完全理解的时代，詹加莱亚佐就使用了这一商业性的机构管理着他的广阔领土，从而使他的财富远远超出了他的邻国。据说他的年收入达到120万

金弗罗林,另外还有特别下令征收的税款8万金弗罗林。[1]

除了特殊的补助金以外,主要的税收是盐税、所得税以及财产税、酒税、面粉税、亚麻税和牲畜税。15世纪委托一个税收委员会每隔5年进行一次动产与不动产的重新估价。这一方法是合理完善的。掌管财产估价的人共分5个组,每个组由6个估价人组成,各组都是独立行动的。然后到预算的时候,各组互相检查,在最高和最低的预算数中找出平均额。

1396年,詹加莱亚佐公布了一个法律规则,包括调整重量和计量单位的条款[2]、食品条款、关税、捐税的准则,以及一条商品法规和一条羊毛制品商法规。公爵处理公众的健康问题,以及对于传染病的隔离问题上,超越了他的时代。1447年乔瓦尼·德尔托尔焦这个官方的"米兰和公爵领地上健康的保护者",宣布了处理鼠疫的严格规定。规定凡在40天内与传染病有接触者,必须如实报告。所有病例都要以书面形式向教区长报告,并由他交给保护公众健康的官员。可疑的病例一旦被发现就要上报并加以隔离。每个被请去照顾病人的医生和理发师都要立即向该健康长官报告情况,绝不允许为病人服用未经许可使用的药物。米兰铺设的街道和干净的用水必然使她比意大利大多数城市更有益于预防疾病、保持健康。

那种认为我们现在面临的极度都市化所带来的问题,是属于

① 《专制的时代》,第111页。

② 早在1228年,即有关于校正度量衡的记录。

现代的观点是错误的。文艺复兴时期意大利各城市都受到人口猛烈增长的袭击,这是由于工商业的迅速发展超过了农业的发展,结果使农村人口进入城市。

> 列奥纳多·达·芬奇提出了一个合理重建伦巴第诸城的详细计划,能够把那些像“一头紧挨一头的羊群一样”拥挤的人们分散开来……列奥纳多有关建筑和卫生设备的许多建议被公认为具有本世纪的特点。他的关于光、空气、开阔的空间和宽敞的街道的坚决主张可以出自现代的改革者,同时他对于交通管理的建议比今天已经达到的还要先进。在列奥纳多理想的城市中应该有两种街道,马车和重型运输车辆应被限制在一条较低的道路上行驶,它与房屋地基处于同一平面上。而另一条精心装饰过的悬空街道供行人和轻便运输使用。[①]

精神病患者由政府精心监护。家族间的仇争、决斗以及党派冲突被严厉禁止。使用古代圭尔夫和吉伯林这两个古代党派的名字是违法的。甚至还建立了邮政系统,一遇紧急情况,信件就由专差日夜兼程及时送达。较慢的邮发信件只在白天传递。发出或收到的每一封信都必须在邮局盖章;除非可疑情况,邮政局长绝不允许随便拆阅信件。到1425年驿站已遍布整个伦巴第,并有一百多匹马用于邮政业务。伦巴第的邮政业务甚至发展到阿尔卑斯山北侧。除了官方公函以外,大多数是零售商和商人的信函。私人信

① 艾迪:《斯福尔扎统治下的米兰》,第167页。

件很少。在1398年詹加莱亚佐把公债制度完善化，以10%的利率向臣民们发行政府公债。所以活支汇信很流行。

伦巴第在12～13世纪建成的水运体系很突出，[①]在以后几个世纪中不断地得以维修和完善。米兰虽然幸运地位于阿尔卑斯山脉的要道上，但却不利于利用伦巴第的水道系统。但是由于在它的城墙下开凿了一条新水道，与提契诺、阿达河和波河相通，这个非常发达的城市就补偿了自然条件的不利。米兰公爵维斯孔蒂·詹加莱亚佐在征服帕维亚以后，从1359年开始修建从米兰到帕维亚的运河。这条运河到15世纪初一定还没有完工，因为在1411年的一个文件中提到："一条通向帕维亚的新运河。"这条运河可能只用于灌溉，因为在修建这条运河时，水闸门还没被发明使用。1473～1475年之间，运河通航。1372年修建了克雷莫纳的内航运河，此河的水源在卡尔西奥。1376年还是这个詹加莱亚佐徒劳地试图重新组织与大运河相通的整个灌溉体系，但是这些努力却遭到了已经得到今后航行许可证的城市各阶层、各等级的强有力的市民们的坚决反对；当时即便是维斯孔蒂的专制也无能为力。[②]我们发现弗朗切斯科·斯福尔扎，这个维斯孔蒂公爵的继承者在1472年也同样地受到挫折。

弗朗切斯科·斯福尔扎和他的儿子卢多维科·伊尔·莫罗都是意大利15世纪明智的专制君主，他们是卓越的有才华的统治者。马尔泰萨那运河是弗朗切斯科一世于1457年开凿的，仅用了

① 见汤普逊：《中世纪经济社会史》，第445～446页。

② 拜尔德·史密斯：《意大利灌溉系统》，Ⅰ，第207页。

几年时间就完工了。尽管它还不是发明闸门的先例，但也是向这方面努力的了不起的工程。据说，这个设计是列奥纳多·达·芬奇发明和安装的，但这种传说是不可靠的，因为列奥纳多·达·芬奇在1496年才担任卢多维科·伊尔·莫罗的总工程师。而最早的闸门范例是1439年在维亚雷那的圣玛丽娅闸门，它设在大运河与连接渠的交接处。这是公爵菲利波·维斯孔蒂修建的，以便利于修建米兰大教堂时运输大理石，这些大理石就是从马乔列湖畔的采石场上，经由提契诺和大运河而运回来的。1445年这条运河仍然被称为“新运河”。1452年莱翁·巴蒂斯塔在一部著作中详细地从工艺技术上描述了这一闸门，这本题名为《关于建筑学》的著作，是献给梵蒂冈图书馆的创建者教皇尼古拉五世的。1439年的一个文献中所描写的大运河各闸门，可能就是这项发明的第一个实例。值得研究的是，闸门的设计理论早在200年以前就提出来了。因为菲利波·维斯孔蒂(1265～1273年)的《传记》中就提到了“要使用一种叫作闸门的机械”，在阿比亚特格拉索这个地方把大运河和提契诺对岸的维杰瓦诺连接起来的方案。

弗朗切斯科·斯福尔扎于1460～1470年间修建了贝雷瓜尔多运河，同时修建了连接运河，由于这条运河的开凿，城内的交通状况有了改善。贝雷瓜尔多运河是一杰出的工艺成就。有5.5英里长的运河河床沿着阿达河岸延伸着，它高出水平面50英尺，在沿河的有些部分要凿穿坚硬的岩石，也有些部分泥土过于松软，必须用混凝土筑河床。不仅如此，运河还要在戈尔贡佐拉附近，横跨莫尔戈拉急流，在急流中建立一个三拱的高架渠，每孔跨度64英尺。

卢多维科·伊尔·莫罗是米兰公爵斯福尔扎家族中最后的、也是最不幸的成员,他被法国国王路易十二打败,并于1501年起被终身关押在洛什的城堡里。然而卢多维科·伊尔·莫罗与他的工程师列奥纳多·达·芬奇的交往却是不朽的。达·芬奇的关于《水力学》的九卷本著作就是其多才多艺的里程碑。维斯孔蒂的公爵们都长期抱有一个梦想,即连接提契诺河和阿达河。1471年在马尔泰萨那运河上戈拉和卡西纳·迪波米两处修建的两个闸门为通过马尔泰萨那运河进入米兰打通了航线。剩下的工作就是利用联结运河把马尔泰萨那运河同大运河相连接。然而,工程中的困难直到列奥纳多·达·芬奇接手时才得以解决,并于1496年完工。要解决大运河与马尔泰萨那运河连接问题,就需要设立五个闸门,每两个闸门间相距3.25英里,落差25英尺,这个巨大工程的竣工实现了斯福尔扎公爵们的长期幻想,使米兰西接马乔列湖,东连科莫湖。列奥纳多还发明了像今天使用的那种以钝角相连的双层闸门,从而改善了航海事业。这项工程告捷的三年后,法国就占领了米兰。

这些国内的改善措施促进了通过伦巴第平原与所有国家的商业交流。尤其是同威尼斯和热那亚加强了贸易往来。与热那亚的贸易是免除通行税的。修建这一巨大灌溉和运输系统的另一个益处是水稻的栽培。水稻被引进伦巴第,不是像人们所料想的那样从威尼斯引进的,而是由巴塞尔的埃尔马商站从摩尔人的西班牙最先带来了稻种。在伦巴第普遍推广水稻的栽培技术,应归功于卢多维科·斯福尔扎。他在维杰瓦诺大面积的领地就是一个典型的农场和农业实验研究所,被称为牧场或农场,在那里无论是牛羊的繁殖饲养还是水稻、桑树和葡萄的种植都是研究的题目。

> 法国编年史家罗伯特·加居安充分描写了公爵领地上的这个农场。他对于自己在那里看到的难以令人相信的大量牲畜和管理各个农场的令人佩服的制度而赞叹不已。在农场的肥沃草地上奔流着“33条清泉”。按规定每个部门的工头住房坐落在农场的中央部位，外面的一排住所是劳动者及他们的家室。干草、牛奶、奶酪和黄油都经过仔细的过秤，农场按照严格的科学原则所组织。卢多维科的各种实验引起了列奥纳多·达·芬奇的注意，他把访问维杰瓦诺期间的强烈印象都写在笔记上，因而介绍了农场的一些详细情况。[①]

1425年，米兰和威尼斯的商业战争爆发了，在这之前它们之间的关系是和睦的，而且两者的贸易交往也是广泛的。1420年当战争即将爆发时，威尼斯总督托马索·莫切尼戈就提出下述事实作为制止战争的理由，但结果是徒劳的，他列举到：“每年我们从米兰收到90万金都卡特，而呢绒的价值也达20万都卡特。我们回还给伦巴第人棉织品、羊毛织品、金丝织品、胡椒、药材、糖、肥皂、香料。这些商品的运输雇佣了世界各地的大批船只，而威尼斯就能在水运中得到2.5%的利润。”这个建议遭到以福斯卡里为首的威尼斯主战派的强烈反对，他们主张实行所谓大陆帝国主义的新政策。因为威尼斯并不满足于在利凡特建立庞大的帝国，而是要

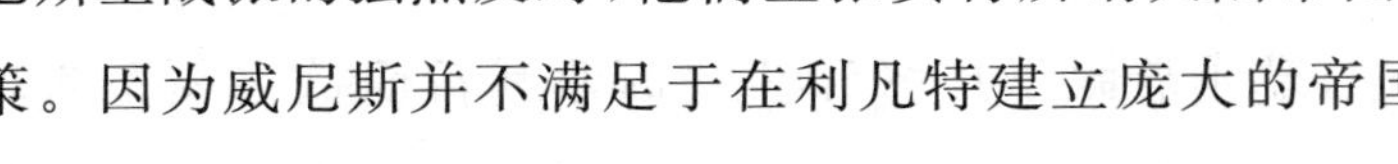

① C. M. 艾迪：《斯福尔扎统治下的米兰》，第166页。

野心勃勃地成为意大利半岛的统治者。这一变革就违背了它过去的一贯政策,即摆脱半岛上各联盟的困扰,而实行"光荣的孤立"政策。而这一对以往政策的背离是由威尼斯控制了帕多瓦·维琴察和维罗纳作为开端的。这次战争给维斯孔蒂家族最后10年的统治带来了麻烦。佛罗伦萨、萨瓦、弗拉拉、蒙费拉和曼图亚都加入反对米兰的共同联盟。战争于1423年开始;断断续续直到1450年。这次战争的历史是那些为金钱而战的雇佣兵在其队长领导下进行多次残忍战争的历史,也是当时典型的居心叵测、欺骗性的秘密外交的历史。威尼斯的陆军和舰队穿过波河向克雷莫纳进攻,在那里交战的胜利使其继续进军附近的帕维亚。与此同时,萨瓦公爵向米兰西部边境进攻。使菲利波·马利亚被迫割让维切利而解救了萨瓦,作为屈服的条件,又把布雷西亚、贝加莫让于威尼斯。而佛罗伦萨则一无所获,既为自己在战争中消耗了350万弗罗林而恼火,又对威尼斯的帝国主义扩张而嫉妒。1430年爆发了第二次战争。萨瓦通过一桩婚姻联盟而得救;蒙费拉就要求获得阿斯蒂和亚历山大里亚。在威尼斯煽动下,波南特海岸发生了叛乱,而热那亚又以声言要加入蒙费拉相威胁。威尼斯于是说服佛罗伦萨参加它反对米兰的同盟,并共同向蒙费拉保证,如后者参加这一同盟将不受损害。但是米兰人在比纳海战中,大大战胜威尼斯船队。这使佛罗伦萨和蒙费拉在结盟问题上止步不前,而其他意大利半岛国家,也均以疑惧的眼光注视威尼斯的大陆政策。在这些事件发生过程中,瑞士着眼于扩张和获得商业利益而欲占领圣哥塔德隘口的意大利一端,于是利用米兰陷入困境的有利时机侵入伦巴第,但在瓦尔泰林内却遭到毁灭性的失败。萨瓦则在热那亚同威尼斯和佛罗伦萨联合反对米兰时，成为米兰维斯孔蒂公爵的可靠同盟。然而，这只是一个脆弱的联盟。因为以前在威尼斯获得贝加莫、布雷西亚时，佛罗伦萨则一无所得。贡扎加侯爵吉安—弗朗切斯科本来已经是威尼斯的一个盟友，现在却背叛了威尼斯，而加入了维斯孔蒂联盟。1439年有这样的记载："威尼斯已面临没顶之灾，几乎要毁灭了。"然而，威尼斯仍然经过拼死搏斗获得了克雷莫纳，从而控制了威尼斯与米兰领土边界之间水路系统的钥匙。菲利波·马利亚想当然地迈出了重要的一步，他向那不勒斯的阿方索和法国的查理七世呼吁求援。菲利波如此丧失理智，是很令人遗憾的，因为这时美第奇家的科西莫由于畏惧威尼斯的野心而改变了自己的政策。他的理论，也是许多意大利政治家的理论即"保持势力均衡"。他担心威尼斯一旦获得伦巴第，就会在北意大利形成一个势不可挡的强有力国家。由于商业目的而进行的长期战争的一个主要直接的后果就是弗朗切斯科·斯福尔扎在1450年继最后一个维斯孔蒂公爵成为米兰的最高统帅。更重要的则是——我们将要在后面看到的——已经向法国发出的呼吁，因为这一呼吁更加刺激了法国想获得米兰，以恢复它对瓦伦丁·维斯孔蒂的继承权，如果威尼斯兼并了伦巴第，成为意大利半岛的一个大国，就有可能在16世纪阻止法国的侵略。

现在我们从意大利较大的内陆国家伦巴第同盟史转向威尼斯和热那亚的历史，这是两个坐落在海滨上的航海国家，也是两个激烈竞争的对手。意大利这两个海上共和国——热那亚和威尼斯与托斯卡纳的佛罗伦萨及米兰两个内陆国家大不相同。佛罗伦萨主要是一个大的工业城市，米兰是中介商，它们都居住在陆地。而热那亚和威尼斯则生活在海边。尽管它们都是海上国家，并在利凡特占据着广泛的商业帝国，但它们之间也有明显的区别。这是由于其地理位置不同，各自在大陆上的地位也不同。

> “由于热那亚各邻国圭尔夫、吉伯林派政治斗争所导致的分裂，就使它不可避免地卷入到这场斗争的漩涡……热那亚的大贵族们不仅是商业巨头；同时还是土地的拥有者……意大利的政治影响到热那亚生活，大贵族之间的敌视使城市陷入内讧。而威尼斯的地理位置却与热那亚大不相同。它被潟湖隔开……圭尔夫、吉伯林斗争之风很难在它平静的港湾里掀起波澜；没有一个任意分割社会的封建体系能破坏威尼斯人民坚强的机体，也没有强有力的土地贵族为大众所瞩目。威尼斯奇迹般地统一起来。商业贵族、会计室里的职员、商船船长，以及一切为他们工作的人，都是在合股基础上的合作者和股东。威尼斯与热那亚的斗争是极其残酷的，由于长期的倾轧，双方都耗尽了人力、物力，而结局是很清楚的。”①

威尼斯和热那亚之间巨大的商业竞争的目的，都是想获得黑海和爱琴海的贸易控制权，双方在1261年拜占庭复国之后，以拜占庭为背景在东方水域进行了决战。把这一历史与后期拜占庭的历史相联系，就会简单多了。因这里只需注意到热那亚在意大利的事务联系。热那亚的内部争斗是它失败的根源。初期热那亚政

① 《英国史学评论》，第12卷，第348页，卡罗的评论。

府是控制在某些豪绅显贵的手中，他们的权力并不依赖于土地的占有，而是依赖于对他们十分有利的海运贸易。这一贵族寡头统治政府的两个最著名的代表是格里马尔迪和菲耶斯基家族。热那亚的广大人民则期待着这两家的竞争对手多里亚和斯皮诺拉家族的领导。当这些派系斗争最激烈的时候，每一派都按照意大利的惯例去求助于外部的干预。于是热那亚轮番把自己置于蒙费拉侯爵、米兰的维斯孔蒂公爵，最后在1396年又置于法国国王的控制下，使法王在这里建立了持久的法国统治领地。只是在与威尼斯的战争中，热那亚各派之间的新仇旧恨才暂时被忘却了。由于在热那亚没有一个强有力的党派能支配另一个派别，因而与威尼斯的战争一旦平息，内部的争吵就马上恢复。从1350年到1355年与威尼斯的战争连绵不断。一直拖到1381萨瓦公爵从中调停，双方才缔结了都灵和约。从此以后，热那亚在意大利和海上都丧失了绝对优势，1396年法国占领了热那亚，使热那亚成为名副其实的法国属地。文艺复兴期间没有一个意大利城市共和国像热那亚那样唯利是图，对于它的衰落，不值得惋惜。热那亚同它的最大竞争对手，例如佛罗伦萨、威尼斯、米兰都不一样，它对较高的文化从来没有显露出一丝一毫的兴趣，文学和艺术对它也是毫不相干的。它唯一的兴趣是贸易，唯一的才能也只是经商。

威尼斯曾被描述为“历史上著名的、具有经营能力和有效行动的最有说服力的典型”。威尼斯商业重要意义的最大奥妙，及其成为东西方商品交流的市场的原因，就在于它优越的地理位置。在地图上我们一眼就可以看到威尼斯是通往中欧的最近海港；德国商人在那里可最先到达海口，地中海东部的各国商人把货物运到这里也比运到其他市场都近。

威尼斯是历史上最早的商业殖民帝国。它位于亚得里亚群岛之巅，就像都铎王朝时期以来的大不列颠群岛一样。在十字军东侵时，威尼斯远离大陆而保持了独立。它把触角伸向东地中海、爱琴海和黑海，并且在巴尔干半岛、小亚细亚、叙利亚、巴勒斯坦和埃及都建立了商站。1261 年君士坦丁堡拉丁帝国的覆灭，1291 年巴勒斯坦和叙利亚的大部分地区的丧失，对威尼斯十分不利，但是面对这些不幸，这一共和国加强了其统治，丝毫没有受到这些灾难的影响。

威尼斯从其历史一开始就是一个商人国家。在它的社会结构中始终不存在一个封建的阶级。威尼斯旧的政体形式就像一个由总督、选举人团、元老院及大议会组成的金字塔。总督是政府的最高行政长官，到了 11～12 世纪时，就成为一个纯粹的君主，但却是一个立宪政体的君主，因为他的权力受到选举人团的监督。选举人团是一种没有司法和立法作用的内阁或执行委员会，但它有权向元老院提出法规。这一团体是由几名公爵的顾问和其他 20 名各大行政部门的官员所组成。元老院（Pregradi——特邀者）可称为上议院；这显然是一个立法机关。它由 246 名成员组成，决定战争与和平的问题，制定条约、布置税收、管理财政并批准一切法令。大议会或叫下议院是由世袭的贵族组成。由它选举总督、选举人团和元老院。从 1172 年起最富有的商业贵族已经有目的地在下议院或大议会中加强自己的政治势力，他们的目的在于削弱总督的势力，使之成为傀儡，同时压制人民。13 世纪，下议院的委员们都分别地从属于新旧贵族家庭，又增加了许多富有的人们（1275

年占1/3)。从1275年到1321年通过了一系列的措施，其中最重要的是在1297年通过的所谓“关闭法”或“大议会终结”。这些措施的意义就在于稳定了形势。这一法律正式确立了一个世袭的商业贵族阶层，威尼斯政府开始转变成贵族寡头统治。1300年的一次人民起义，以及更难对付的1310年的蒂耶波洛阴谋集团造成了著名的“10人委员会”的创立，这个委员会最初是由17人组成：总督、6名公爵的顾问和10名选任的成员。开始这只是一个遇到紧急情况而召开的安全议会，在蒂耶波洛叛乱时期被临时授予专断权，而这一专断权再没有取消，而是逐渐地承担了政府大部分重要权力，以至于最后排挤了总督和6名议员，独揽一切。

像蒂耶波洛这样的叛乱是由于家族之间的世仇和个人野心的结果，而不是瘦人中间的民主运动的结果，而且统治阶级的政策是制止党争的形成和阻止某个家族或某个人获得优势。

蒂耶波洛一死，作为国家统治党的旧贵族也随之覆灭。他和他的党派都被新贵族取缔。蒂耶波洛的目的就是要维护威尼斯的旧政体，由于长时期以来的出身和统治的特权，他和他的阶层在这个政体中是很有势力的。但是这个党派却没有制定出一个与平民一致的共同目标，并且忽略了取得平民的信任，所以他们在那些新兴的、强有力的阶层面前彻底垮台了。如果蒂耶波洛成功，威尼斯很可能发展成一个由王公、贵族和平民组成的三个等级为基础的立宪政府，但是威尼斯同整个意大利一样，不可能摆脱专制寡头个人家族的统治。[①]

上面关于威尼斯政府形式的简述，并不是有意地阐述政治科学。为了清楚地理解文艺复兴时期威尼斯如何苦心经营了专制制度，及这一制度以自己独特的方式所反映的整个意大利向专制制度过渡的趋势，必须了解威尼斯政体的变化。毫无疑问，这一世袭的商人贵族阶层为威尼斯经济繁荣作出了重大的贡献。正如有人说过，"这一商业贵族阶层对其臣民是宽容的，在公共事业中是奢侈的，在财政管理上是节俭的，在司法处理上是公正无私、不偏不倚的，它懂得怎样使艺术、农业和商业繁荣；它受到了服从于它的人民的爱戴"。

威尼斯政府的稳定对于它的商业政策十分有利。威尼斯希望继续保持它经久不衰的商业霸权，并以坚定不移的信心和旺盛的精力来实现这一目标。尽管热那亚事实上处境很不利，但如果它有一个更为稳定有力的政府，就可能不屈服于威尼斯并与之相抗衡。

威尼斯人被指责为文艺复兴时期最唯利是图、最贪婪的实利主义者。但是这一断言即便不是捏造，也有些言过其实。尽管它对文学毫不关心，又不能以伟大的彼特拉克或薄伽丘的名字而自豪，但在艺术上它是能够与佛罗伦萨相媲美的。

除了与热那亚为争夺东方海域霸权的古代贸易仇争以外，直到 14 世纪，威尼斯还十分谨慎地避免自己卷入意大利半岛政治纠

① 布朗·霍雷肖：《威尼斯研究》。

纷之中。1284～1381年间威尼斯与热那亚为争夺霸权进行了长达一个世纪的战争。1284年热那亚在梅洛里亚战败了威尼斯，1298年在库尔佐拉又一次获胜，直到14世纪末，双方的战争时起时伏。1379年热那亚人在波拉不远的地方击败了威尼斯舰队，并且占领了威尼斯共和国主要岛屿之一基奥贾岛。但是在第二年（1380年）威尼斯就彻底打败了热那亚，挽救了自己，严重地削弱了热那亚的实力，以致使热那亚在1396年被迫屈服于法国的征服。由于威尼斯诸岛位于意大利的东北部，又拥有独一无二的海上霸权，有着广泛而雄厚的商业，因而直到1396年法国获得热那亚时，它除了特雷维索那一长条地带以外，在内陆上没有任何实际利益。热那亚从前是威尼斯最大的竞争对手，而现在威尼斯所担忧的是法国—热那亚的政策联合的可能及北意大利的利益。因而，威尼斯以欣慰的心情注视着阿让库尔*之后法国的虚弱，法国第二次占领热那亚（1458～1461年）时，它的对抗情绪又复苏了。接着威尼斯就以一个突然的、意外的成员出现在路易十一和大胆查理的斗争之中。不久威尼斯成为意大利内陆北部最强大的势力，其地位使米兰和佛罗伦萨两个内陆城市都黯然失色。

威尼斯与西欧的商业往来几乎全靠著名的佛兰德大舰队来维持。佛兰德大舰队是由威尼斯派遣的最大国家贸易船队。这些船只由国家筹建，每年都由投标最高者带队远航。每只船都由一名船长指挥，其成员包括两名笛手，两名小号手，一名公证人，一名医生，一名领航员和几名记录员及各种各样的工匠。还有30名弓箭

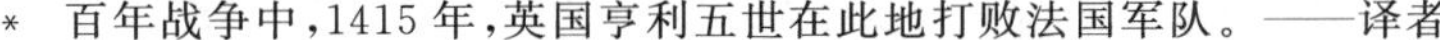

* 百年战争中，1415年，英国亨利五世在此地打败法国军队。——译者

手担任防卫，180 名划桨手。弓箭手和桨手们由 4 个年轻的贵族指挥，这些贵族被派出来了解世界，经历风险和磨难，准备为威尼斯献出他们的生命。划桨手主要是来自威尼斯属地上的斯拉夫人。关于威尼斯船队出于商业目的何时首航佛兰德一事，尚有一些争议。阿·巴切特认定日期早在 1273 年；另一些人则认为一年一度的船队出航始于 1317 年；阿道夫·绍伯则找到雄辩的理由，证实 1314 年是这类航行的开端。航行的路线是穿过亚得里亚海到达卡波迪斯特里亚，由此取道科孚、奥特朗托、锡拉丘兹、墨西拿、那不勒斯、马略尔卡岛和西班牙、摩洛哥的一些重要港口，最后到达里斯本。一部分船队从里斯本去英国，在桑威奇群岛、南安普敦岛和伦敦登陆；其余的船只则开往布鲁日、斯吕伊、米德尔堡和安特卫普。在返航时，整个船队在南安普敦岛或桑威奇群岛汇合。一次往返航行，精确地讲是贸易航行，大约需要一年左右的时间。

了解贸易的品种是相当有趣的，它可以使人们对于欧洲商业和文化状况一目了然。从阿勒颇、大马士革、希腊搜集的丝绸在威尼斯染成黄色、淡蓝色和绿色。这些商品在英格兰都是畅销品，尤其是生丝的需要量更大。香料来自亚历山大、大马士革、阿勒颇和君士坦丁堡，除了有固定的香料和胡椒外，还有洋艾、硼砂、樟脑、阿拉伯树胶、麝香、小粒珍珠和象牙。棉纱和原棉都是在大马士革和塞浦路斯集中。帕特雷则是无核葡萄干的仓库，上述这些商品都是极为重要的贸易种类。1317 年这些商品第一次运到英格兰的时候，就受到人们的喜爱，而成为畅销品。船队在威尼斯满载加工染制的丝织品、玻璃和陶器。在墨西拿又带上了糖、蜜、腌渍果品、糖果、丝线、棉纱、硝石、大珊瑚珠（或叫念珠，因为极像天主教会的念珠而得名)，制弓用的木料也是船上的重要货物。

船队返航时，在英国满载木材、锡、锡镴制的大浅盘和单柄金属浅杯，鞣制过的小牛皮和牛皮。小牛皮和牛皮在比萨、西西里是畅销货。英国的呢绒也被运到威尼斯染色，由威尼斯商人在德国、意大利和地中海港口的大定期集市上销售。

在布鲁日，船队卸掉丝绸、靛蓝、柏柏尔人的蜂蜡，来自君士坦丁堡的明矾矿石和鸵鸟羽毛，再装上呢绒、黄铜和马口铁器皿，刀叉餐具、弓弦、白线、窗帘。安特卫普则购买船队在西西里装来的硫磺、用作梳子的象牙、珍珠、金刚石、红宝石和绿松石，然后输出呢绒手套、金属器具、刀叉餐具。

“佛兰德大舰队”去英格兰和佛兰德的最后一次航行时间是1532年。

除了热那亚，与威尼斯发生战争的西方国家只有匈牙利。因为威尼斯决心要把亚得里亚海变成自己的内湖，为此目的长期、顽强地控制着亚得里亚东部海岸。早在1203年就占领了扎拉，夺得了匈牙利唯一的港口。当1345年威尼斯又夺得阜姆时，匈牙利和威尼斯为争夺拉古萨展开了一场殊死搏斗。

现在的拉古萨是通过一条堤道与大陆连接在一起，而中世纪的拉古萨却是一个岩石岛屿。尽管名义上它屈于拜占庭帝国，但实际上拉古萨是独立的。866～867年，拉古萨顶住了撒拉森人15个月的围攻，一直到拜占庭皇帝瓦西里一世来解围为止。即使在那时拉古萨的舰队还能够为帝国军队去阿普利亚的远征提供运输。在这次远征中，拉古萨舰队结束了阿拉伯对意大利“脚跟”的统治，从而使伦巴第行省诞生。在威尼斯与皇帝曼纽尔的战争中，拉古萨卷入了与威尼斯的斗争中，被威尼斯占领。1221 年，依照威尼斯要把亚得里亚海变为其内湖的政策，拉古萨成为威尼斯的一个保护国。拉古萨分享了 13、14 世纪威尼斯的繁荣。在拉古萨建立了各种各样的贸易行会，拉古萨商人的殖民点深入巴尔干半岛内部。拉古萨主要的输出品是生活资料，例如兽皮、乳酪和蜂蜡，然后运回来盐、酒、油，并从意大利运进纺织品。塞尔维亚的皇帝斯蒂芬·杜尚给予拉古萨商人自由进入他的国家的特惠权。1358 年威尼斯把拉古萨转让给匈牙利，使匈牙利终于获得了打开蓝色大海的一个门户。拉古萨人精明地预见到被土耳其征服的严重性，很早就与土耳其人表示友好。15 世纪时，许多人为躲避土耳其人的进军，从巴尔干半岛逃难到拉古萨，使拉古萨成了避难所。由于其中许多人带来了大量的财富而从事贸易，使拉古萨逐步繁荣起来。它在地中海沿岸的主要港口上建立了商栈，并于 1494 年与西班牙签订了贸易协定，1508 年与法国、1510 年与埃及都签订了贸易协定，与埃及的协定终于为拉古萨打开了通往印度的航路。在英语“大舰队（argosy）”这个词中，至今还保留着外来语拉古萨（Ragosa）谐音的痕迹，虽然 argosy 只是对 Ragusa 一词的讹用。

由于亚得里亚海上海盗横行，冬季、雨季又无法通行，为了找到另一条商路以补充海路的这一缺陷，威尼斯人就试图为商人们穿过保加利亚和塞尔维亚到达君士坦丁堡经商开辟一条安全的陆地通路。塞尔维亚位于迪纳拉阿尔卑斯山脉、喀尔巴阡山脉、罗多皮山脉会聚处，在这山重水叠之中，塞尔维亚人事实上早已获得了独立。13 世纪，君士坦丁堡的拉丁帝国就没有控制过塞尔维亚，恢复后的拜占庭帝国巴利奥略王朝也没有在塞尔维亚建立帝国的统治。塞尔维亚人民是勇敢的山区人民，主要从事牲畜饲养和家庭工艺。他们擅长于皮革、金属制造。因为塞尔维亚矿源丰富。但是采矿者们却是来自特兰西瓦尼亚的德国人。塞尔维亚人过着带有原始生活特点的、自给自足的简朴生活，所以他们的进出口物资极少。然而绝不能为此而忽视了这个国家商业的重要意义。因为塞尔维亚的主要部分被流向尼什平原的多瑙河支流摩拉瓦河流域断开，而尼什平原是巴尔干内地两条大的天然通路汇合处；这两条道路，一条是从尼什平原出发沿着马里查河流域穿过皮罗特和索菲亚直接到达君士坦丁堡。这是一条十字军东侵时的旧路。另一条路在尼什平原几乎与上述那条路直角相交，沿着瓦尔达尔河经由萨洛尼卡进入爱琴海。于是这条X形的路线就使得尼什平原成为东南欧国家通向东方的大门。而这一贸易通路就掌握在威尼斯和拉古萨人的手中。

威尼斯与巴尔干半岛的最早条约签订于1352年。这是在尼科堡与保加利亚国王亚历山大签订的条约。条约规定威尼斯商人可以自由、安全地通行于这个国家，只需交付商品总价值(估价)的3%作为通行税，这些商人还有权开设工厂、建立教堂，并在尼科堡享有土地所有权。12年以后，威尼斯又与塞尔维亚国王斯蒂芬签订了条约，这一条约允许他们通过塞尔维亚去君士坦丁堡。但是由于土耳其人在欧洲的长驱直入，特别是1396年尼科堡的灾祸后，欧洲经由巴尔干半岛与东方的商业往来停止了。1395年，帖木儿占领了塔纳，使威尼斯在上述损失之外又进而失去了黑海的贸易——或者说，是热那亚留给它的那一部分黑海贸易。

尽管如此，威尼斯在意大利的大肆扩张还是部分地补偿了这些损失。它统治了从阿尔卑斯山到特拉尼的整个亚得里亚东岸及所有的岛屿，当然还仍然占领着莫里亚和克里特。

威尼斯最负有盛名的工业是玻璃制造工艺。威尼斯玻璃工人的足迹可追溯到德国、法国和佛兰德。意大利的玻璃制造工业取得了前所未有的辉煌成就。莫梅蒂引用了一个1090年的文献，文献中提到一个威尼斯的玻璃工人彼得鲁·弗拉比亚诺。习惯上把意大利玻璃业在拉尔塔勒的起始日期定在11世纪，尽管在13世纪之前还没有提到有关玻璃制造业的实例。有相当多的证据证实了在13世纪一个玻璃制造行会的存在，于是莫梅蒂认为这个行会甚至早于13世纪。文献也提到，这一时期的玻璃业的经营规则以及在穆拉诺、特雷维索、弗拉拉、帕多瓦和波洛尼亚所建立的许多熔炉。毫无疑义，威尼斯玻璃制品的技艺同其他技术工业一样是因君士坦丁堡的被征服而受到极大推动。尽管在1278年很多玻璃工人在圣多纳托的保护下定居在穆拉诺，然而威尼斯大议会1291年11月8日的法令表明，威尼斯城里此时已有相当数量的玻璃工人。为了使威尼斯城摆脱所有有损人民健康的工业污染，“下令将卡斯特洛的玻璃熔炉移至穆拉诺，尽管在第二年允许在威尼斯生产某种玻璃，但只能在居民住房五步以外的小熔炉中生产。”①

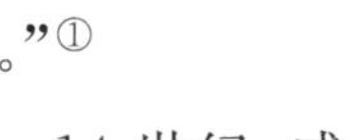

14世纪，威尼斯的玻璃工人行会已经相当普遍。许多行会已有细致分工——玻璃珠制造工人、制镜工人等等。显然，政府鼓励

① 莫梅蒂，第67页。

和支持各部门的细致分工，以避免工人各自到外国去开办玻璃工厂。然而，在特雷维索、贝卢诺和沿着整个皮亚韦河上游建立的工厂都是坐落在通向德国的商路上，有助于意大利玻璃工人投身于阿尔卑斯山脉以北的国家工业中。然而，意大利对于德国的影响在 16 世纪中叶以前是很小的。

14～15 世纪，威尼斯的玻璃制品有三种：(1)玻璃珠；(2)经常使用的空心器皿；(3)镜子、透镜等等。他们还试图仿造出东方光彩夺目的搪瓷漆，但是"要想成功地掌握这些颜色并不是一件容易学会的事情，此时还没有一本书传授各种颜色的调配技术，在瓷漆被成功地运用于玻璃表面之前，也没有提到应该掌握的各种方法和技艺。"[①]然而到 16 世纪，威尼斯终于生产出三种彩饰玻璃：(1)由有色玻璃镶饰的相当厚的纯白玻璃。(2)类似于威尼斯釉铜器的玻璃，是用一种不透明的稠釉不断地涂到一种透明的有色玻璃上而制成的。最著名的例子就是在威尼斯市博物馆珍藏的穆齐阿尔杯。这一珍品是委派安杰洛·贝罗黎利来完成的，他是 15 世纪一最杰出的玻璃工匠，人们都认为他是引进或至少最后完成玻璃着色的创始人。(3)第三种彩色玻璃是在薄薄的无色玻璃上刷着一层不透明的铜色，现在英国博物馆陈列的一对这种彩色玻璃制的高脚杯，就是我们后来所熟悉的成套的这类酒杯的一个典型。

玻璃珠无论在制造和输出上都在威尼斯玻璃工业中占有极其重要的地位。直到 14 世纪，玻璃珠仍是那些一年一度驶往黑海、泰晤士和佛兰德的船队所装载的主要货物之一。早在 13 世纪玻

① 狄龙：《玻璃制造业历史》，第 178～179 页。

璃珠的加工制作就有了相当高的发展，并引起了生产天主教念珠的玻璃念珠厂的嫉妒。它迫使政府阻止玻璃工人生产仿制品，可是在1510年由于德国的竞争又撤销了禁令。根据莫梅蒂的看法，玻璃珠的制造是从13世纪眼镜制造业中产生的。眼镜开始是用水晶和黄色的石英制作，后来就开始使用玻璃仿照。

如果说威尼斯为研究玻璃制作史提供了空间，那么卢卡[①]则为中世纪的丝绸加工史增添了光辉的一页。丝绸加工在佛罗伦萨从未占有重要地位，而在卢卡，丝绸工艺领先于整个欧洲。但是锦缎、金线织品、精致华丽的呢绒等等，却是在佛罗伦萨加工的。韦卢蒂家族垄断了天鹅绒加工的专利权。早在8世纪阿拉伯人就把丝织、养蚕技术引进西班牙，9世纪又传入西西里。1147年西西里罗杰尔二世把希腊丝织工引入巴勒莫作坊，又促进和推动了这一工业的发展。诺曼人在阿普利亚和卡拉布里亚引进和改良了丝织技术。在12世纪后半叶和13世纪意大利的中部和北部已经普遍掌握了丝织工艺。12世纪末以前，佛罗伦萨丝织业的规模还很小；而到了13世纪在热那亚、威尼斯和米兰都有了丝织业。在13世纪时，法国的巴黎及南部的一些地区以及德国的科隆等地都出现了丝织业发展的迹象。

早在11世纪初，卢卡就加工出各种小巧而廉价的丝织品。我们的根据是一首题为“罗得里布”的拉丁诗，此诗大约于1030年，在特格尔西的一所德国修道院写成，诗中在描写节日服装时，提到

① 这些段落引自我的一个学生佛罗伦斯·埃德勒的学位论文《论卢卡的丝绸工业》。

了卢卡加工的丝绸吊袜带。关于卢卡丝织业起始的大致时间和其引进情况的原始资料，现在仍是悬而未决的问题。

11 世纪末以前，卢卡是一个重要的商业中心。商人们从北意大利和阿尔卑斯山以远来到这里经商。许多虔诚的信徒前来卢卡瞻仰巧夺天工的耶稣受难像，称之为“圣容”。卢卡的商人经常出入意大利的各个市场和定期集市。12 世纪他们到达了香槟市集。根据 1153 年的一个贸易协定，热那亚获得了卢卡到法国集市的商品运输控制权。

卢卡的工商业急需一个与自己紧密联系的港口。所以卢卡和比萨经常发生争夺港口的斗争。在 1159 年比萨取胜，夺得了卢卡的小港口莫托龙，一直占领到 1356 年。从此以后，卢卡就使用热那亚的港口，直到今天。1166 年热那亚正式批准卢卡商人同自己的市民有同等权利参与海上贸易。

卢卡的丝绸业的原料是由里海地区、黑海沿岸、土耳其斯坦、波斯内地、小亚细亚、叙利亚、希腊和西班牙等地输入。据热那亚公证人的记载证明，其中大部分的原料是在热那亚买到的。还有一些是卢卡商人到小亚细亚和叙利亚购买的，在十字军东侵时这些商人经常出入于拉贾索和阿克。这一时期，养蚕业也逐渐地传入意大利和法国南部地区，但是那里的生丝供给却是非常有限的。

卢卡所加工的每一种丝绸在中世纪都很闻名，但她更擅长于生产用金银线织成的华丽贵重的丝织品。卢卡的华盖、锦缎、卡穆纱提花织锦、锦绣、天鹅绒和泽塔诺的需要量都很大。最流行的一种轻薄丝绸叫作“绢”，用来制作旗帜、服装、帘帷、靠垫和衬料。

卢卡丝织业的组织机构具有资本主义特征，丝绸商或者中间商把原料分配给缫丝工、染色工、纺织工等等。各道工序完成之，后由工匠把织品交给中间商。工人们有的住在城里，有的住在乡下。大多数的劳动者拥有自己的生产工具，并且靠劳动获得工资，即根据产品的件数和重量获得相应的报酬。染色工和织工被组织在行会中。手艺人所组成的各个行会里的师傅和卢卡所有的商人一样，都是大的商人组织的成员，其组织称为商团，其领导机构是由一名官员和一个议会组成的商会。商会对商业和与商业有关的工业、例如丝织业等进行控制并行使仲裁权。从现存的最早的1376年商会规章中，我们可以清楚地看到，商会确实在组织和控制工商业中起到了重要作用。

卢卡的大多数商人组成的公司，最初带有明显的家族特征，公司雇佣代理商或推销商代替他们到国外经商，每年由商会保留这些商人及他们的代理人、合股人及学徒的名单。这些名单有少数保留到今天。

同中世纪大多数出口商品一样，卢卡的丝织品最大的市场是定期集市，特别是香槟和佛兰德的定期集市。商人亲自赴集或派代理人出席集市。合股人和代理商也代表丝绸商行到西欧各重要的贸易中心去。很多卢卡商人都是国王和大贵族的资助者，甚至是教皇的资助者。

在热那亚、那不勒斯、罗马、阿维尼翁、蒙彼利埃、巴黎、布鲁日和伦敦等城市里——卢卡居民的人数之多足以建立一“国中之国”，即拥有一个合作组织和仅能对其成员实行司法权的侨居地。每个侨居地都有一条法规，但是只有布鲁日侨居地的法规保存了下来。各侨居地的成员都由他们每年选举的领事和辅助官员们管理。在布鲁日有一个侨居地所属的总领事馆，在此居住着领事，举行会谈和经营贸易。侨居在任何一个外国城市的卢卡人，即使是暂时的，也要参加当地自己同胞组成的“侨居地”，否则就受排挤。每个侨居地都有一个小礼拜堂或一个教堂供奉着“圣容”，并有一个崇拜圣十字架的宗教团体。布鲁日侨居地的法规既是一个市民组织的法规，又是一个宗教团体的法规。布鲁日“侨居地”征收的侨民全部所得税和罚金都用于维持教堂。

侨居地的成员如果有人违反侨居地法规或者彼此间发生争吵、冒犯商会的福利事业等，各地的领事对此都有司法裁判权。各项决议的副本由一个侨居地送到其他侨居地和卢卡本土，这样从一个城市里犯法而逃脱审判的卢卡人，无论逃到哪里都得不到他的同胞们的庇护，而将被所有的卢卡侨居地所排斥，在侨居地官员的要求下，卢卡本地也依法没收罪犯在本土的财产。

除建立贸易侨居地以外，卢卡人在14世纪又开始建立工业侨居地。波洛尼亚、佛罗伦萨和威尼斯都相继接纳了大批的卢卡丝织工匠和商人，这些人在1300年开始的内战和内部纷争中及外国统治的两个阶段，1314～1317年和1329～1369年，有的被流放，有的则是自愿离开卢卡共和国而移居的。吉伯林党占优势的比萨在1314～1317年和1342～1369年两次统治了圭尔夫党的卢卡。

卢卡的工匠和商人所到之处都受到了热烈欢迎。波洛尼亚批准他们享有各种特权，因为他们给这个城市带来了新的财源。佛罗伦萨欢迎他们，把卢卡人作为他们圭尔夫派的同胞和给佛罗伦萨弱小的丝绸业带来了织、染新技术的能工巧匠。佛罗伦萨还同意卢卡人组成一个共同团体，它可以作为丝织业行会“圣玛丽娅港行会”的一个“成员”或“分会”。在圣马克教堂他们还有一个小礼拜堂专门供奉“圣容”。

丝织工匠和商人组成的最大移民团体定居在威尼斯。威尼斯大议会允许卢卡人组成丝织行会叫作“Corte della Seta”。起初容许威尼斯的丝织工和商人入会，后来就强迫他们加入。威尼斯的丝绸业在13世纪时就是出口工业，到14世纪时居住在威尼斯的卢卡人不断引进丝织、染色的先进技术改变了威尼斯工业的经济体制使其出现了资本主义萌芽。以前，这里的丝织工买线，自己加工成织品，再卖给商人。卢卡人改变了这一做法，引进了他们由中间商分发原料，收购成品的做法，中间商自己拥有原料，分发给工人为他们加工，并给予工资报酬。

卢卡侨居地的商人在威尼斯获得了极大的成功。他们建立了一个供奉“圣容”的宗教团体，并资助建立了一个礼拜堂，一个会议厅和一个为那些贫穷的卢卡人提供免费食宿的旅店。

卢卡人在威尼斯居住了至少15年，这期间，威尼斯允许卢卡人享有城市公民权以为酬答，从而使他们享有威尼斯人在国内外的一切商业特权。然而卢卡侨民每月都给卢卡长老会写信以便保留他们的国籍。

卢卡侨民虽然客居国外，但从未失掉过对故乡的热爱。在威尼斯侨居的卢卡人，为使卢卡摆脱比萨的控制做出了不懈的努力。当卢卡重新获得自由以后，一些商人回到卢卡，另一些人由于在各地建立的企业太稳固，为免遭巨大损失，不能返回故乡。

同意大利其他城市国家一样，卢卡对它侨居国外的市民，不管是个人或是团体都给予密切的注意。无论卢卡的市民本身还是他们的财产受到侵犯时，卢卡就出面干涉，并给予支持。如果有一点理由，它就企图在外国法庭尚未引渡讼案时，要求引渡自理。它设法从所在国家的统治者手中为卢卡市民们搞到安全通行证，并代表整个侨居地的利益向教、俗统治者求情。作为提供这种保护的条件，卢卡要求那些正住在国外的臣民必须向国家提交一份服从卢卡的文件。每个侨居地必须承认其本国的司法权。他们的一切法令、条例、议案也必须送交卢卡得到批准通过。

整个 14 世纪，由于卢卡共和国的独立遭到破坏，导致商人和工匠大批移居国外，使卢卡的丝织业遭受到严重的衰落。卢卡重新获得独立后，卢卡政府和商人协会共同努力复兴工业和恢复往日的市场。经过整整一个半世纪的努力，卢卡才渐渐地振兴起来，可是由于佛罗伦萨、威尼斯和其他城市的成功的竞争，往日卢卡丝织业在市场上的霸权地位已一去不复返了。复兴时期后，一直到 16 世纪初丝织业才达到其发展的顶峰，但好景不长，很快又衰落下去。16～17 世纪，一家又一家丝绸公司先后倒闭了。1785 年，最后的一家丝绸公司也关上了大门。

日内瓦
里昂
坎伯里
格勒诺布尔
都灵
维切利
科摩
米兰
帕维亚
维罗纳
帕多瓦
威尼斯
菲拉赫
的里雅斯特
波拉
托尔托那
皮亚琴察
帕尔马
摩德那
波洛尼亚
热那亚
昂布伦
尼姆
亚威农
蒙彼利埃
纳尔榜
马赛
都隆
卢卡
比萨
佛罗伦萨
锡耶纳
罗马
科西嘉
亚得里亚海
北意大利的商路
（简图）

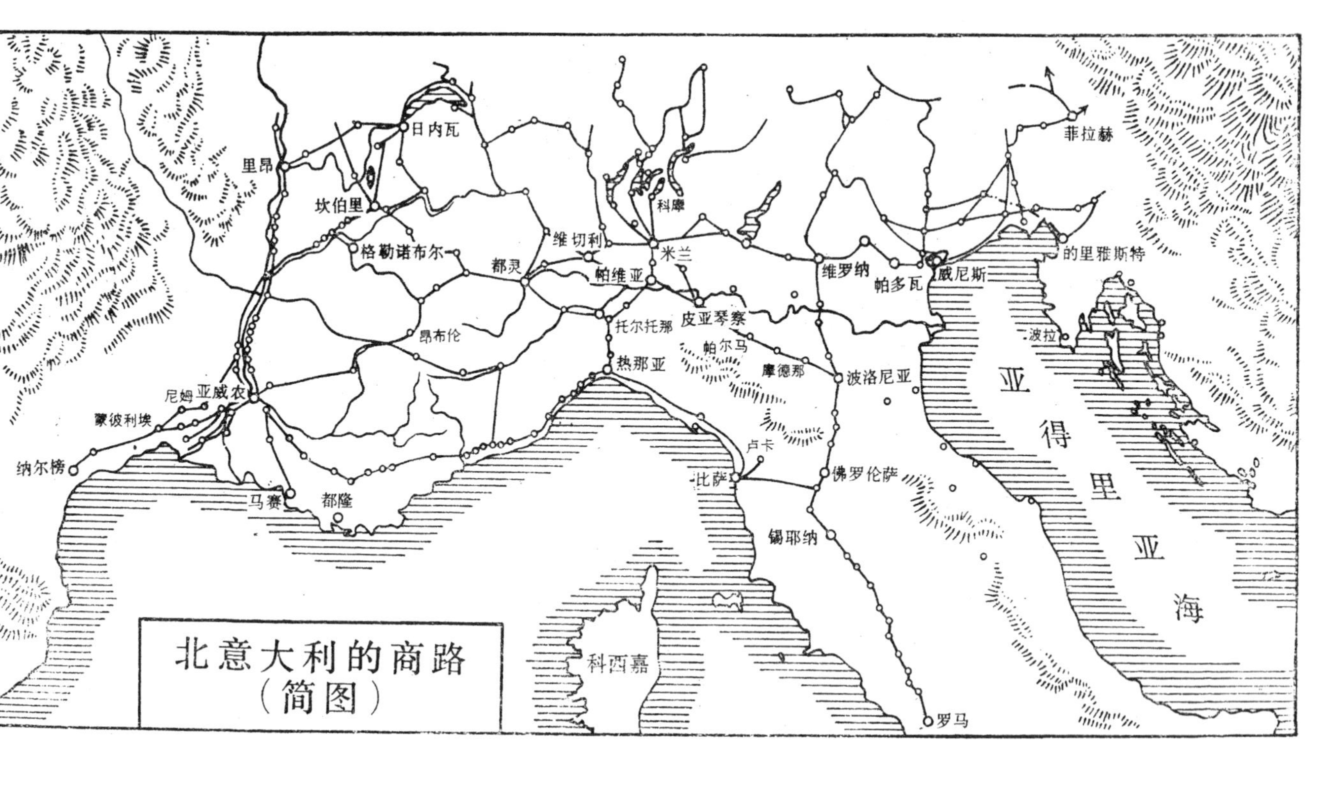

第十章　14～15世纪
佛罗伦萨的羊毛工业

在一般人的心目中，佛罗伦萨通常被认为是各种艺术居首要地位的城市，在这里，诗人和作家、画家和雕刻师争奇斗胜。而事实上，在文艺复兴时期它主要是个工业城镇。那里有些街道是整个地从事某种工业的，如丝绸街、织长袜街、染匠街和织工街等。

中世纪佛罗伦萨的贸易史，首先是它的呢绒贸易史，它自然地扩展为佛罗伦萨的全部贸易史。仅商业本身并不能使佛罗伦萨在圭尔夫党的城市公社中赢得首要地位，不能建成宏伟的建筑，不能以艺术品美化自己，也不能滋养出如此繁荣的城市生活和商业贵族阶层。佛罗伦萨的繁荣在于既有商业，也有工业和银行业；既有原材料市场，也有向远近各国推销产品的贸易活动。远溯到13世纪，佛罗伦萨的银行家们就确立了与教廷有关的财政垄断。在当时世界上所有国家中，教俗封建主都是他们的债户。佛罗伦萨的羊毛业行会是英国羊毛的最大买主并左右了欧洲的呢绒贸易。

佛罗伦萨发展了国内工业，特别是发展了呢绒制造业这一事实，是它强盛的首要原因。作为一个内陆城市，佛罗伦萨在进入其晚期历史以前，一直没有港口，不具备发展商业的自然条件。它的国内工业弥补了这一缺陷，保证了它免于流血竞争。这种流血竞争存在于意大利其他城市国家，如热那亚同比萨，比萨同威尼斯之间；在这些国家中，转运贸易居首要地位。在战乱盛行、市场萧条的最灾难时刻，佛罗伦萨却是繁荣的，至少比它的邻国繁荣。例如，美男子腓力在对英国和佛兰德战争中，对佛兰德诸城关闭了香槟集市，尔后又为了国内工业的利益，通过 1307 年和 1311 年的法令，把意大利商人驱逐出法国，以他们破坏了反对高利贷的法令为托辞。细呢绒行会*于是被剥夺了它最重要的呢绒市场。另一方面，羊毛业行会**则开始从英国和其他地区获取原毛；国内工业仍旧繁荣，国家呢绒贸易也以其不断增长的速度发展起来。

如果我们承认著名的佛罗伦萨史学家戴维逊的论断，那么，阿尔诺***城就是欧洲第一座既不濒临海岸，或坐落于通航河畔，也不位于重要隘口往来处而成为大商业中心的欧洲重镇。同时，佛罗伦萨亦并不缺乏优势。它处于过往重要商路的中心位置。从很早以前起，佛罗伦萨人就从国内贸易的立场理解了他们的战略地位，并力图使他们自己成为周围世界的当然主宰。而征服阿尔诺河口则是他们为摆脱自己作为内陆城市之不幸的最高志向之一。他们所遇到的困难，使他们锻炼成为睿勇有为、精明果断和富有民族自豪感的人民。

除上述事实外，似乎还应加上如下原因：即它高度发达的工业技术和经验，它所购买和转运之原材料和染料的质量，在分配、经营

---

* 亦称卡里马拉，佛罗伦萨一重要行会。从 12 世纪起专营与英国、佛兰德的呢绒贸易，13 世纪末以前，在佛罗伦萨的政治和经济生活中占重要地位。——译者

** 亦称兰那，专门从事羊毛加工业，与细呢绒行会同等重要。——译者

*** 佛罗伦萨的别名，因靠近阿尔诺河而得名。——译者

和使用劳动力方面的生产组织能力、成品的利润，对当时支配世界贸易的全部条件的精湛知识和灵活运用，以及为了发展它的工商业所制定的公社的经济政策，即“不择任何手段，甚至不惜发动战争”。

在印染工业方面，佛罗伦萨居世界首位。5 世纪蛮族的入侵曾造成西欧一切技艺的停滞，直到 12 和 13 世纪，染料仍完全由东方进口。只是在北意大利的威尼斯、佛罗伦萨和热那亚，人们才看到了西方印染技艺的新生。1300 年，一位德国出生的佛罗伦萨人费代里戈·奥利切拉里从利凡特带来了他发现的从地衣植物中提取染料的秘密。这一发现使佛罗伦萨财运亨通。1340 年，佛罗伦萨的 200 多家手工工场，每年生产染色呢绒 7 万至 8 万匹。到 1249 年，威尼斯有人写出了第一篇关于印染技术的论文。后来，美洲的发现又引进了洋红的使用，给印染业以新的推动。这一技术虽古已有之，但却在欧洲失传了若干世纪。同时，印度航路的发现，又引进了其他染料，如靛青、洋苏木、红木等，最后，染料植物，特别是大青的种植，刺激了印染工业的发展。

意大利的羊毛工业可追溯到罗马早期，据蒙森讲，当时意大利的毛织品几乎供应了整个罗马世界。但到帝国晚期，自产呢绒再不能满足善于挑剔的、较富裕的罗马人的口味了。因而，城市平民和农民继续使用本地产的手工织造呢绒，而上层阶级则使用精细的、色彩丰富的东方呢绒。

无论在蛮族入侵时期还是在伦巴第和加洛林时期，意大利半岛上的毛织技艺从未衰亡。而且，尽管书面资料非常贫乏，穆拉托里对整个意大利的研究及罗伯特·戴维逊对佛罗伦萨的专门研究，都证实了罗马时代以来，意大利羊毛工业的从未中断的连续性。

就佛罗伦萨来讲，根据史料记载，毛织工业的萌芽最早出现于9世纪的圣·安德利亚修女院。这里的修女们必须每年向佛罗伦萨的大主教进贡“一件用山羊毛织造的法衣”。这一技艺看来已被圣·米歇尔修女院的修女们进一步发展了。她们须每年向诺南托拉修道院住持贡献“5匹质地优良的呢绒”，因该住持是修女院的领主。由于修女院住持手下只有6名修女，很显然，纺毛和织造工作一定是由女佣们完成的，而修女们只充做监工。除这5匹呢绒外，修女们还须从摩德纳修女院招来12名女工，在她们监督下织造羊毛和亚麻的法衣。这些法衣也须上交诺南托拉修道院，但在这种情况下，此修道院必须提供原料。戴维逊认为，我们可由此推论，佛罗伦萨的修女院比其邻近地带的修女院更好地了解和熟练地掌握了羊毛加工的技艺。

无论在羊毛工业和贸易方面，还是在整个佛罗伦萨历史方面，史料记载一直是很贫乏的。直到公元10世纪以后，我们才得到一些有关这一城市内部生活和城市发展的资料；而且直到13世纪，这时羊毛业行会和细呢绒行会已经建立，我们才得到有关羊毛贸易和毛纺工业的充分材料。

13世纪，羊毛工业有了大幅度上升，但毫无疑问，在11和12世纪，它就已经十分重要了。这一工业从修女静室的织机和纱锭开始，通过以妇女为主的雏形的家庭手工业阶段，发展到实质上是资本主义性质的企业，在这里，复杂的生产程序中的每一细节，从原毛纺纱到织布、浆洗、印染、抛光和呢绒切割，都由不同的工艺来完成。在最初几世纪，毛纺工业更多地是在佛罗伦萨周围的农村进行，而不是在市内。在佛罗伦萨城本身，我们最早知道的浆洗厂出现于 1062 年；到 12 世纪初，每一条河上都建立了浆洗厂。那个时期纺织工业中主要的手工业是长袜的织造，早在 1132 年即有关于这一生产的史料记载，而在当时，这一工业无疑已相当发达了。

11 和 12 世纪的佛罗伦萨商人主要是经营羊毛产品的那些人。他们在佛罗伦萨最早得到政治权势。据此，可以进一步断言，他们的工业最先达到了高度发展的程度。戴维逊曾给我们讲了一个非常有趣的故事，说到佛罗伦萨的资本家如何贷款给土地贵族、修道院住持和大主教。然后，在他们事实上无力偿债时，取消他们的赎取权，并逐渐侵吞贵族和教会的大部分地产，以增加他们自己的财富，以致他们最后控制了教会的财源，从而征服了整个教会的金融市场。带着这笔资金，佛罗伦萨进入了佛兰德市场，购买原色呢绒，带回国内印染。然后，他们把买到的呢绒进一步加工，并以购买和加工北方粗呢绒为业。通过他们改良的生产流程而制出的呢绒，在整个西方世界的呢绒贸易中，事实上也在东方的呢绒贸易中堪称魁首。

关于这几个世纪中佛罗伦萨羊毛工业和贸易的重要性，可根据它的邻国为阻止它的竞争和发展所采取的多种手段来估价。1080 年，亨利四世为取悦于在他与格利高里七世斗争中忠实地支持他的卢卡商人，禁止佛罗伦萨商人到帕尔马和卢卡的市场，当时这两处的工业也有了早期萌芽。由于当时的佛罗伦萨仍属内陆贸易城市，并不经营奢侈品，因此，唯一可能的结论是当时它的国内工业已相当繁荣。1116 年，亨利五世在波洛尼亚的唆使下，命令托斯卡纳商人每年不得通过波洛尼亚领地两次以上。在整个 12

世纪期间，德国皇帝还持续不断地颁行歧视佛罗伦萨人和其他托斯卡纳商人的法令以取悦于威尼斯。

羊毛业行会是佛罗伦萨的第一个合作社团或贸易联合体，而且早在佛罗伦萨的羊毛和呢绒商开始在全欧畅行经销之前就已存在。关于兰那（羊毛加工业行会）和卡里马拉（细呢绒商人行会）的起源问题，仍是悬案，但前者显然到1138年就已经以团体形式出现，而后者到1212年才出现。然而，尽管“在确切意义上说，羊毛加工业行会是细呢绒行会的前身”，但随着时间的推移，“后者取得的利润越大，市民被吸收为其行会成员的数量也越多。于是，细呢绒行会的商人们在财富和地位上占据了首位，而地方手工业者则不得不安于次要的地位。”[①]

在这些文件中出现的著名人士中，有乔瓦尼·维拉尼和第诺·孔帕尼，他们是佛罗伦萨的两位编年史家，都对商务有极大的兴趣；还有长者薄伽丘，他是巴尔迪[*]家族的忠实代理人；艺术家乔托，则表现出一种少见的接受能力，在1312年9月——他名声的顶峰时期，把一台英制织机租给一个名叫巴尔塔洛·里努奇的佛罗伦萨人，租期6个月。[②]

意大利人属于最先出现于香槟集市上的商人，他们在集市上购买北法兰西、佛兰德、英国和西班牙在此出售的羊毛产品。这一经营外国羊毛和法国呢绒的时间可回溯多久，尚不确知；但毫无疑

① 斯塔里：《佛罗伦萨的行会》，第142页。P. 埃米利亚尼—圭迪奇在其《意大利城市史》及G. 菲利彼的《佛罗伦萨的细呢绒商行会及其古法》中都证实了这一事实。

* 佛罗伦萨一大金融商业家族，1250～1350年间在欧洲颇具影响。——译者

② 见多伦：《佛罗伦萨经济史研究》，第1卷，第68页。

问，它早于 12 世纪中期以前，或更早些时候。历史记载中最早的日期是 1138 年。然后呢绒就被运回国内，通过精制加工，大大增加了它的精细度和价值，然后再次出售。

1138 年以后，佛罗伦萨的贸易不再局限于托斯卡纳地区，而是扩展到它在意大利半岛的邻国、欧洲大部，乃至于地中海沿岸；1171 年佛罗伦萨与比萨的协议，使它得到在海运出口方面与当地公民同样的特权，使其商业进而发展到国外。到 1193 年，佛罗伦萨已在墨西拿占据了一大块贸易殖民地，并有一条街道以它命名。

至 1300 年，“不论在中部、东部或南部意大利，还是在利古里亚，几乎没有一个大城市，没有不断来自阿尔诺的船只在途中航行；没有一个大城市，没有佛罗伦萨人在发挥重要作用；在热那亚和那不勒斯尤其如此。”[①]那一时期，在西西里、撒丁、科西嘉、比萨、卢卡、萨尔察纳、热那亚、波洛尼亚、弗拉拉、帕多瓦、威尼斯、维琴察、巴萨诺、贝卢诺和特雷维索、弗留利和维罗纳、布雷西亚、维罗纳和曼图亚；帕尔马和皮亚琴察；米兰、罗马尼阿、安科纳和佩鲁贾、翁布里亚和罗马，到处都可看到佛罗伦萨人在经商。

所有的佛罗伦萨大家族都在意大利城市中设有商栈，主要为羊毛贸易服务，同时兼营其他行业，特别是银行业。1245 年，法尔克涅里家族在波洛尼亚建一商栈；到 1303 年，斯皮尼、普尔奇、卡尼贾尼各家族都在阿纳尼设有商栈，当时正值卜尼法斯八世在此建立宫廷；德拉·斯卡拉家族在威尼斯设了一处商栈，此商栈至少存在到 1326 年这一家族的衰落；巴尔迪家族于 1329 年在佩鲁贾

① 戴维逊，前引书，第 4 卷，第 247 页。

也有一处商栈。13 世纪中期韦卢蒂家族在波洛尼亚、米兰、比萨、热那亚和罗马以及在巴黎、法国其他地区和英国都设有商栈;1322 年,有 26 家佛罗伦萨商号在比萨建立了商栈。

在那不勒斯王国,巴尔迪家族和佩卢齐家族是最重要的商家,其次是阿奇阿茹里家族。这里的所有这些大集团都同时从事商业和金融业。除了经营谷物出口外,毛呢是最重要的贸易项目。关于大批呢绒由海路运往这一南方王国的最早记录,见于 1267 年,这时佛罗伦萨的阿西尼—卡拉佩萨商行取道热那亚海运呢绒至此。

佛罗伦萨商人在法国和香槟集市上出现的最早记录是 1152 年,但 1211 年以前数量一直不大。这一年,佛罗伦萨商人向法国市场输送着相当数量的呢绒,并已直接从西班牙的阿尔加维省进口著名的加尔博呢绒。* 到 13 世纪中期,佛罗伦萨各商行与法国的金融、商业交流正处于兴旺时期。

起初,佛罗伦萨商人在法国经商不得不克服许多困难和障碍。法国封建主和商人忌妒外国人并企图排斥他们。许多负债累累的人极力否认他们的债务。格利哥里九世(1227～1241 年)则把佛罗伦萨置于自己的保护之下。这一时期,十字军的鼓吹者设法使教皇颁布诏令,允许十字军人延期 4 年偿还所欠债务,在诏令上,格利哥里发表了一条声明,说“这只适用于不信主的犹太人,但对于忠实于主的佛罗伦萨人,债务人必须履行契约”。① 路易九世统

* 一种优质西班牙羊毛。——译者

① 戴维逊,前引书,第 4 卷,第 321 页。

治时期(1226～1270 年),对佛罗伦萨人和其他意大利人的待遇一直不稳定。由于他们以金钱支持了第六次十字军,也由于意大利银行家的伟大保护者英诺森四世(1243～1254 年)的登位,他们的股票价格上涨。但是,到路易九世后期,这位国王又良心发现,于 1269 年批准了一项反对放高利贷和开设典当业的法令,这沉重地打击了意大利的通盘商业金融活动。

佛罗伦萨同法国贸易往来的真正兴旺时期,始于美男子腓力(1285～1314 年)继位时。这时,阿尔诺商人和银行家能够利用法王与佛兰德诸城作战而金融吃紧之机,为他们自己在这一王国中赢得重要地位。这就是弗兰泽西兄弟好运的开端,而且"由他们开始,形成了强有力的意大利金融家阶层,这一阶层由马扎兰统治时期一直延续到德梅里督政时期"。[①] 但即使是弗兰泽西兄弟也不单纯经营银行业。他们的一个分行巴尔多菲尼兄弟公司从 14 世纪初就在羊毛出口方面充当了相当重要的角色。同一时期,佛罗伦萨人在法国 43 个城市中定居。

在佛罗伦萨发现的普罗旺斯硬币表明,早在 1211 年,佛罗伦萨人就进入香槟集市。这些集市在整个 13 世纪已具有了全欧洲的重要性,而在用东方产品换取北欧和南欧产品方面尤为重要。在这些集市上,一方是普罗旺斯人、意大利人和西班牙人;另一方是北法兰西人、英国人和德国人。早在 1209 年,腓力·奥古斯都就已把来到集市的意大利人置于自己的保护之下,他的继承者们也继承了这一政策。在法国几代国王批准的特许证书中,最经常

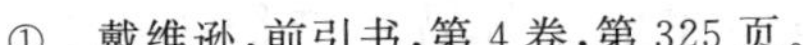

① 戴维逊,前引书,第 4 卷,第 325 页。

提及的就是佛罗伦萨人。

托斯卡纳和伦巴第人之所以在集市上最为重要，有两个主要原因：毛织品的大宗交易和银行业，而佛罗伦萨人在所有这些活动中，居于最领先的地位。贝尔托·弗雷斯科巴尔迪贸易行于1295年借给英王爱德华一世20万金弗罗林，其中一部分取自佛罗伦萨，一部分来自香槟集市。佛兰德的诸侯们可以经常在集市上偿还阿尔诺银行家的贷款。

从美男子腓力时代（1285～1314年）起，集市进入衰落，腓力以重税和徭役，禁止佛兰德人进入集市的命令，以放逐伦巴第人的行动，破坏了意大利商人和北方商人联系的纽带。然而，应该记住，尽管腓力的上述行动和其他行动使佛罗伦萨的羊毛贸易蒙受了损失，但这只是暂时的挫折。总的来说，如我们所见，腓力四世时代是意大利的商业和银行业发展的时期。继香槟集市衰败以后，德国人就把他们的商品运往布鲁日和佛兰德其他市场；意大利人也开始利用海路直接到佛兰德和英国。英法百年战争摧毁了集市。尽管法国国王，主要是查理七世在1445和1455年采取了一些措施来恢复这些集市，但它们却未能复兴。

从1248年起，佛罗伦萨人到达马赛；10年以后，菲奥·莱奥尼活跃在这里；1292年，巴尔迪家族也进入这一城市。许多较富裕的商人，如西莫内·德尔贝夫克和马斯提诺·德巴尔迪在马赛城内外都拥有自己的领地和属民。大约13世纪中期，布鲁内莱斯基在尼姆建立了商业机关；1277年，美第奇家在此地十分活跃——“美第奇家族的成员和王国的首次接触，就控制了该王国的王位。”佛罗伦萨人迅速战胜了他们在全面贸易和借贷业务上的竞争者，他们的羊毛和呢绒在此城海运输出的货物中占有极大的比例。

到14世纪后半期，意大利人开始经由朗格多克地区的许多港口向英国开航，甚至连大西洋沿岸的拉罗歇尔也不常使用了。这一变化的另一原因是香槟集市的衰落。运往香槟集市的东方商品曾大部分经由南方港口。尽管如此，商品交易仍在继续，只不过商埠和商路有了变化。蒙彼利埃的重要地位被马赛取代了；教廷驻地阿维尼翁开始在黄金和贸易市场方面发挥重要作用；博凯尔集市开始取代了香槟集市的地位。在所有这些地方，佛罗伦萨人都占有相当规模的商业份额。

在巴黎，大多数佛罗伦萨的中等商行和大商行在一定时期内分别设有商馆。其中也有细呢绒商人行会派驻法国的总部。在此地经商的托斯卡纳较小城市的商人冒称自己为佛罗伦萨人，正如佛罗伦萨人在东方冒称自己为比萨人一样。有些佛罗伦萨商人和银行家在巴黎城内还占有土地和财产。

同在其他地区一样，佛罗伦萨人很早就在佛兰德和布拉邦特经商，贸易中心是布鲁日和安特卫普。1315年，巴尔迪家族在安特卫普的代理人是弗朗切斯科·佩戈洛蒂。关于佛罗伦萨与德国之间的羊毛贸易情况，资料惊人的贫乏。戴维逊和多伦一点儿也没有提到两地间任何直接的联系；而舒尔特*清楚地指出，佛罗伦萨人，包括巴尔迪、佩卢齐、斯皮尼和切尔基诸家族，都与德国有银

* 阿洛瓦·舒尔特(1857～1941年)，德国史学家，主要著作有《中世纪西德与意大利贸易交通史》。——译者

行业务往来。而这一业务起始于征收教廷税。同时，舒尔特指出，有相当数量的德国工匠迁居佛罗伦萨从事羊毛加工业，并列出中世纪晚期住在德国的一些佛罗伦萨人的姓名。但是，他也没能说明这两个国家之间有任何活跃的、经常的羊毛产品的交易。两国商人显然在香槟集市和佛兰德诸城市相遇，也很难置信在这些地方会没有羊毛和呢绒产品的交易。但是，对这一现象的确切解释很可能是德国人认为，购买本国工业产品呢绒或附近的佛兰德呢绒要简单、便宜得多；在德国，毛纺织技艺有古老的传统，而佛兰德的织机数量和产品质量则只有阿尔诺人堪与匹敌。

如珊兹*所指出，英国和意大利诸城之间的商业联系就其起源、基础、结构以及政治的和其他的关系来讲，同英国和低地国家之间的关系不同。意大利诸城和英国的商业关系，不是以意大利在当时主要经营的奢侈品为开端，而是以征集教会税为开端的，因为不列颠诸岛的粗野居民尚未意识到对于奢侈品的需求。教皇先把征税权转让给锡耶纳的市民，后来又给了佛罗伦萨人和卢卡人。这对意大利人早已形成的货币体系的发展起了促进作用。不久，他们就控制了英国的全部外币兑换业务，而且在1290年，爱德华一世统治时期，犹太人被驱逐之后，他们又控制了英国本土的银行业。早在11世纪，就有意大利人在英国定居。货币交流后，紧接着是商品的交流；到13世纪中期，意大利人控制了与海关和货币有关的大多数机关，反对他们的呼声也越来越高。

* 德国史学家、经济学家（1853～1931年），写过德国工匠工会的历史和法兰克尼亚（巴伐利亚）工业史的各个阶段，以及最重要的英国都铎王朝的商业政策的发展。——译者

传统上，佛罗伦萨货币仅在城内流通，1183年，巴尔迪家族一反这一传统，与英国王室开始了货币交易，而如戴维逊所说，佛罗伦萨与英国的最早贸易关系直到1223年才出现。在1223年，有关文献提到了亨利三世（1216～1272年）在位时期注册的商号圭多·斯帕达商行和西莫内托商行，而后者很可能是乌戈利尼家的商号。据史料记载，1226年多佛有两位佛罗伦萨商人；而到1243年，佛罗伦萨在这一王国内的贸易已相当发展，以至于王室允准所有佛罗伦萨商人（而不是某些个人），都享有在英国旅行和经商两年的普遍权利。在教皇格利哥里九世任期（1227～1241年），教皇与德皇腓特烈二世（1212～1250年）战争期间，佛罗伦萨放债者与教廷进行了成功的交易。到爱德华一世（1272～1307年）统治早期，佛罗伦萨人已战胜了他们在英国银行业中最危险的竞争者——锡耶纳人和卢卡人。在这一时期，许多佛罗伦萨的大商行在英国建立了分行：其中有德拉·斯卡拉、吉诺·弗雷斯科巴尔迪、切尔基、法尔克涅里及巴尔迪各商家。

与英国的羊毛贸易迅速成为仅次于银行业的实业。利润是巨大的。据说，里科曼尼家族的两兄弟乔瓦尼和多纳托，在1273年前后带了3000古磅货币到英国。12年后，他们已分别签订了33个有关待剪羊毛的交货合同，其中25个是与修道院签订的。1273年的一个文件提到，当年羊毛的出口总数为32 743包，其中35%由英国人经手，21.75%由法国人经手，11%由布拉邦特人经手，4.5%由德国人经手，1%由西班牙人经手，2.5%由列日的商人经手，24.5%是意大利人经手，其中3 960包，即12%是佛罗伦萨人经手的，而皮亚琴察和卢卡商人经营商品的比例大致相同。这里没有提到威尼斯、热那亚和比萨。佛罗伦萨人经营的出口商品总额约达 183 万金里拉。在这一年参加这一贸易的佛罗伦萨主要商家有弗雷斯科巴尔迪家，居第二位的是巴尔迪、切尔基、马奇、法尔克涅里、德尔帕帕—多纳蒂和古列尔米。为了保证自己的工业原料羊毛的连续供应不受干扰，佛罗伦萨人就与英国生产者提前订立若干年的合同，而不像他们的佛兰德、德国和意大利的竞争对手那样，通常只签订一年合同。这也表明阿尔诺商人的精明练达，有助于解释佛罗伦萨人为什么建立了这样大规模的商业。

佛罗伦萨与英国的羊毛贸易何时达到极盛，何时开始衰落，是一个难以确定的问题。如果按照珊兹的研究思路，那么，在爱德华三世(1327～1377 年)统治末期，佛罗伦萨就已完全丧失了它在对英贸易中占有的优势，热那亚和威尼斯代之而起，然而佛罗伦萨人在银行业务上仍旧领先。爱德华拒付自己所欠债款，对巴尔迪和佩卢齐家族及大量小商行是一沉重打击，结果，"佛罗伦萨与英国和其他欧洲国家的贸易繁荣就被彻底破坏了，同时，佛罗伦萨内部的社会和政治状况也发生了极大的变化。"多伦认为，巴尔迪和佩卢齐商家的破产，只对羊毛贸易本身有轻微影响，因为直到 15 世纪，工业并没有经历严重的衰落。尽管佛罗伦萨与英国的商业关系在逐步衰退，然而直到都铎时期以前，佛罗伦萨商人却一直是英国宫廷的宠臣。从 15 世纪最初几年起，英国的经济史就分为两个方面，一方面是英国民族工业的兴起史，另一方面是从内部和外部驱逐外国竞争者的斗争史。英国手工业者的嫉妒在兰开斯特王朝的立法中逐渐明朗化。到 15 世纪中期，曾继佛罗伦萨人之后而成为对岛国英格兰主要贸易者的热那亚人屈服于英国的敌视外商立

法，让位于威尼斯。于是威尼斯成为被攻击的目标。英国的保护民族工业敌视外商政策始于兰开斯特王朝（1399～1461 年），在约克王朝（1461～1485 年）和都铎王朝（1485～1603 年）时期得到进一步发展，并最终达到了目的。

莫齐、斯皮尼、切尔基、阿巴蒂—巴卡雷利和弗雷斯科巴尔迪等商家，于 1282 年到达苏格兰，最初是从事与教皇岁收有关的征税业务，但很快把他们的兴趣扩展到包括普遍贷款和羊毛贸易方面。以后若干年中，大批商人从英国和香槟集市来到苏格兰购买羊毛。

佛罗伦萨与爱尔兰的关系比它与苏格兰的关系发展得更早，规模更大。阿尔玛主教从 1263 年起就欠下吉尔伯提—贝林多提家的债款，图马主教从 1263 年起因欠教廷年贡而负债于达尔博尔戈家，都柏林主教从 1266 年起负债于普尔奇—林贝蒂尼家。1275 年，爱德华一世指定巴那西奥·博诺蒂及其合股人在诸海港征集羊毛关税。许多小商号，如西莫内蒂—雅科比、提纳基、马鲁利、奎托尼等家不仅在爱尔兰从事贷款业务，而且从事灵活的非常有利可图的贸易。到 13 世纪末 14 世纪初，佛罗伦萨的商家不仅在都柏林，而且在科克、利默里克和蒂珀雷里都有代表。

佛罗伦萨与伊比利亚半岛的贸易关系始于英诺森四世（1243～1254 年）居留里昂时期。1263 年，达尔博尔戈商家贷款给帕伦西亚的主教，以主教区此后的岁入为抵押。1264 年，佛罗伦萨商人已居于巴塞罗那最重要的商人之中。1327 年，巴尔迪家在塞维利亚从事着活跃的金融业和商业。

佛罗伦萨从西班牙进口的主要商品是羊毛，这就是著名的美利奴羊毛。这种羊毛因其色泽纯净织品柔软而具有很高的声誉。任何一种其他羊毛都不如这种纯净洁白的羊毛而更适用于细呢绒的生产;这种毛通常也叫作加尔博羊毛。另一种进口商品是加尔博细呢绒,这是当时最好的呢绒。众所周知,这种呢绒来自阿尔加维的苏丹领地。在13世纪初,佛罗伦萨人经营此种商品的规模极大,以至于佛罗伦萨的一条街道,由于大多数经营加尔博呢绒的商人居住于此而被称为“加尔博”街;这条街道直至近代犹存。除了羊毛和呢绒外,佛罗伦萨人也从西班牙贩来卡斯蒂利亚的明矾,加泰罗尼亚的番红花、染料、稻米和芥末。这些物品多数通过比萨和热那亚港口。

关于佛罗伦萨人同葡萄牙人的贸易关系,材料记载甚少。我们只知道1325年前后,佛罗伦萨的多尼家族与葡萄牙有贸易往来,此外一无所知。然而,到15世纪末,已有相当数量的佛罗伦萨人定居于里斯本。究其原因,一方面由于里斯本港是驶往佛兰德的船队之可靠停泊点;另一方面是由于人们认识到了同这一国家贸易的可能性。1501年,继瓦斯科·达·伽马航行之后,在卡布拉尔率领的远航印度船队中,有一艘船是佛罗伦萨人巴尔托洛梅奥的。

与马略尔卡岛的贸易比对葡萄牙贸易活跃些。1332年,巴尔迪家在此地设了一个最大的商栈。商品部分取道热那亚,部分通过比萨进口;其中绝大部分商品是毛织品和羊毛。14世纪,这个岛屿成为著名的加尔博羊毛的重要集散地。由于它的地理位置,马略尔卡岛不仅成为来自伊比利亚的商品集散中心,而且成为北非产品的集散中心。除了羊毛和呢绒外,佛罗伦萨人还经营卡斯蒂利亚的明矾、各种染料、番红花、草药、糖、纸张、葡萄酒、油、蜂蜜、西班牙的兽皮和柏柏尔人的马、皮革，各种丝织品、象牙、豹皮、狼皮和各种装饰物。

佛罗伦萨人同突尼斯人的羊毛贸易和全面贸易，可上溯到13世纪中期以前。1253年，由于比萨发生了圭尔夫—吉伯林党争，佛罗伦萨人就取道热那亚与北非国家从事呢绒、麻布和头巾交易。从1230年起，比萨不仅在首都(突尼斯)，而且在加贝斯、博纳和特里波利斯都拥有了商栈。由比萨驶出的船队定期驶往拉古莱特，佛罗伦萨人也常常参加这些远航，分担航行费用并分享利润。但是，1280年，他们却开始自己独立经营，并开始为自己赢得比萨人先前已享有的类似特权。这时，佛罗伦萨人与非洲国家的贸易额已赶上了他们的托斯卡纳竞争者。1271年，一些大的银行家在突尼斯建立了分行。莫齐家经由那不勒斯与突尼斯进行葡萄酒、水果和各种商品的贸易；到14世纪20年代，佩卢齐家族在这里建立了企业；同一世纪30年代，文献中提及阿奇阿茹里家在突尼斯建立的分行。据说巴尔迪家也在这一时期取道热那亚运进突尼斯的羊毛。突尼斯向佛罗伦萨出口的主要商品是羊毛、生丝、棉花、亚麻、皮革、蜡。进口则以粮油为主，这些粮油产品很可能都产于南意大利。

鉴于佛罗伦萨与西欧和西北欧的贸易关系，其主要目的是寻找可供呢绒加工的原料，因此，我们必然会认为它与东方国家的联系是为其工业产品寻找最重要的市场。而多伦本人审慎地指出，这一划分不是绝对的。原毛从突尼斯、小亚细亚、希腊和佛兰德进口；染料、特别是明矾来自东方；佛罗伦萨呢绒则在布鲁日和安特卫普、伦敦和巴黎出售。多伦认为，正如来自英国和西班牙的优质羊毛决定了其产品的整个特色，没有这些优质羊毛，佛罗伦萨工业的强大就是不可想象的那样；东方对色彩明快、优雅的呢绒的热爱，亦决定了佛罗伦萨国内工业中贵重呢绒的织造和色彩的选择。价格昂贵、色彩鲜艳的佛罗伦萨织造的呢绒在东方找到了它最重要的市场；佛罗伦萨用这些呢绒换取东方的香料、草药、染料及其他无数产品，再把这些产品运往北方，用来换取金钱。

到14世纪，大约是细呢绒行会会章的第一个手抄本出现时，这一行会达到其兴旺的顶点。此前细呢绒行会的成员一直活跃在法国、佛兰德和英国——总称“(阿尔卑斯)山外”，及西班牙各地。它向国外选派了自己的代办；在特殊情况下，它选派大使和代表到法国去，或是由佛罗伦萨市政府为它选派这些人；这一组织与香槟集市有定期信使联系；并通过它的代办们监督法国的整个商馆和商馆管理者系统，以维护客商们的利益。

通过这独一无二的方式，细呢绒行会成了巨大的实业体系。到了它的鼎盛时期——1338年，细呢绒行会在佛罗伦萨已拥有20个大的货栈，每年容纳10 000多匹呢绒，价值30万弗罗林。在英国和佛兰德的手工业作坊，集市和修道院里，这一行会的经纪人不断收买粗呢绒，而另一些经纪人则在东方通过威尼斯、热那亚和比萨的商站，出售他们加工后的成品。细呢绒行会的商人通过其散布于整个北欧和西班牙的代理人，收购当地的粗织呢绒，把这些呢绒以散装形式运回佛罗伦萨，在那里梳理、刮削、修整和剪裁，去掉所有的布粃，减少粗糙感。佛罗伦萨人运用只有他们自己知道的、极为谨慎地保守着秘密的工艺流程，把修整过的呢绒染上美丽的东方染料，仔细地熨烫、修平、折叠，准备运往东方市场，这里，呢绒的售价相当可观。有时，这些细呢绒也运回佛兰德和英国，用以交换粗呢绒。由于从这一垄断事业中增殖了巨额利润，细呢绒行会的商人把他们的过剩资金投入银行系统。

行会成员的身份并不平等，有居于领导地位的师傅，也有刚满徒出师的工匠。这一行会的成员不能像一般行会那样，由学徒升至帮工再到师傅。相反，它是由一些地位固定的上层和下层阶级构成，上下之间被不可逾越的屏障所隔离。一小群主人监督和支配着所属的下层工人。染匠和修整匠构成了下层工人，他们被严格的规章所制约，被低工资所困扰，并被禁止结社。他们也不能随意背弃原雇主，到细呢绒行会组织中的其他雇主那里寻找工作。而那些资本家却是这一行会的真正主宰。

> 行会本身就是一个政府：它的理事们指挥着一支武装军队；他们通过议会表决来批准法令，他们掌握着法庭以压制其成员的不满并惩罚其罪过。维持行会成员对这一政府的绝对服从并非难事，不服从行会就意味着被剥夺经商权利和彻底的毁灭。在意大利内外，行会的议会推动着它的贸易，保护着它的成员，为其成员提供食宿，并不断地向外国政府施加压力。如上所述，在这一“政府”内，理事们召集会议，增进行会利益。此外，这一行会与其下属各行会有盟约关系，因为各团体合并起来形成了行会总部，其首领为理事长。
>
> 这一政体结构的后果是……一个普及的政治和工业教育。每一位商人对管理重要产业，讨论法规和商业诉讼都很

> 在行;他与当时已知世界的各处都有联系,为了维护公共利益,他本身就有义务担负外交使命……佛罗伦萨各种势力的全面发展必然归功于这种政治和工业的素养,其中,个人是强有力的因素,因而兴起于贸易者集体中的文学艺术财富并没有因国家政体的经常动乱而中止。①

细呢绒行会这一组织是1212年由脱离羊毛业行会的商人组成的,他们直接由原毛生产呢绒而不是加工从北方和西方进口的粗呢绒。直到将近13世纪中期,他们采取了一种改良的纺织方式以前,发展一直是缓慢的。到13世纪中期,他们生产出了欧洲最精细的织品。1239年,他们在佛罗伦萨邻近地区建立了一座工场。粗糙的托斯卡纳原毛被质地纯洁的英国和香槟集市的羊毛所代替,这些羊毛通过偏僻的道路,花费了昂贵的运费,以500英镑一卷的包装运至此地。因而,他们的原料价格增加了100%。它派出代办和鉴定人去英国购买羊毛。有时,英国羊毛早在几年前已成交,羊毛运抵佛罗伦萨时,已染上了油污,要在大工场中漂洗、弹松、梳通、理顺及净化,这种大工场通常需要大批工人和昂贵的设备。只有纺织这道工序是在工人家中完成的,而其他各道工序都在行会所属的工场中完成。

羊毛业行会在最初几世纪是落后于细呢绒行会的,到14世纪初则赶上了它的竞争者,与之并驾齐驱了,以后它又兴旺发展;而与此同时,细呢绒行会则开始衰落。我们先前已经看到国际上的

① 《英国史学评论》第9卷,第358页。

形势，诸如腓力四世的歧视法令等等，是怎样给细呢绒行会以沉重的打击。它的商人虽然继续进行批发贸易——这是他们的实际工作领域——但是，它的加工精制外国呢绒的工业活动，却随着国外工业的竞争力不断加强而越来越衰落。佛罗伦萨的家庭工业不仅开始与细呢绒行会出产的光洁精美的再加工呢绒产品相竞争，而且在质地和纯度上超过了它。家庭手工业的成功使佛罗伦萨作为当时世界上第一个工业城市而兴起——这是近代资本主义植根于其上的沃土。

在羊毛业行会这一精心组织的体系中，产品成本降低了，它生产的呢绒质量超过了细呢绒行会的产品。在羊毛业行会最繁荣时期，即 1338 年，它已拥有 200 家商行，生产了 7 万至 8 万匹呢绒，其中还有华丽到令人难以置信的金银线浮花织锦。小亚细亚弗格利亚银矿的矿工每年为这些手工业品提供价值 10 万弗罗林的银子。在引进了高级原毛以后，每匹呢绒的价格增加了约 300%。随着财富的增加，羊毛业行会取代了细呢绒行会，控制了市政。商栈也由细呢绒行会的控制下转到羊毛业行会手中。最后，由于佛罗伦萨通过了一项制止外国成品进口的法令，细呢绒行会也就彻底瘫痪了。

与细呢绒行会同样，羊毛业行会也是由一些团体组成的资本主义企业联合，居于上层的是少数统治者，支配并指挥着与呢绒织品有关的各行业较贫穷的工人。它比细呢绒行会表现出更为彻底的联合性。两个世纪之后作为一个整体的羊毛业行会成为英国呢绒商型的经纪人。在其商人和工场主首领的指导下，这个组织统一进口油料、梳毛刀、原毛、洋红、明矾及其他呢绒生产中必备的原料，并通过管理委员会按需要分配给其成员和社团，所需各项开支也按比例分摊。羊毛业行会拥有自己的货栈、店铺和烘干工场。行会也时常统一吸收新的工人，开辟新的经营领域，安装新设备。在这些商业巨头统治之下——在其繁荣时期，这一组织约有 2000 名巨富者——手工业生产由他们亲自选出的代理人监督进行。这些代理人把原料分发给工人和每个分担着某项专门职能的社团。羊毛业行会大约有 25 个这样的社团，它们都由巨头们直接指挥并对巨头们负责。工资、工作时间和雇佣期的长短都由首领们决定。然而，有些工人则比其他工人享有更多的特权：染匠的工资是固定的，不得减少，至少在若干年内，他们甚至成了一个事实上独立的行会；而洗毛工、弹毛工、漂布工和梳毛工却都挤在一个大车间内，受着工头的严格监视，并被禁止组织我们今天所称呼的工会。下面可以看到他们的契约条件确是令人同情的。

14 世纪和 15 世纪前半期是佛罗伦萨羊毛工业和贸易的繁荣时期。早在 14 世纪早期，佛罗伦萨的大部分地区就已由羊毛纺织业所占据。许多街道依各种与羊毛加工有关的技艺和职业命名，如剪毛人街、大锅街和染匠街等。

由于对巨额资本的需求，许多小企业合并为大公司，从而使 14 世纪初的 300 个小商行发展为 1338 年的 200 个大企业。同时，尽管这一年呢绒的产量从本世纪初的 10 万匹降到 8 万至 7 万匹，呢绒的总产值还是翻了一番。维兰尼估计到，这些呢绒价值 120 万弗罗林，并推算出，其中 1/3 以工资形式分配给工人以供养 3 万人口的生活。除此以外，还必须加上细呢绒行会的 20 家大货栈所进口的 10 000 多匹呢绒，其价值达 3 万弗罗林。这只是佛罗伦萨本身所用的，不包括那些经过精制、印染和加工而出口，特别是投入东方市场的那部分呢绒。

> 佛罗伦萨的呢绒工业历史得到了广泛的各种不同解释，因为那些企图为他们的自由贸易优越及资本主义兴起理论而寻找证据的人们，写过这些东西。为了证实他们的论点，他们从若干个世纪中抽出数据和事实，拼凑在一起，却忽视了贸易演变的因素；而对于那些不利于说明他们观点的当代史料则提出质疑。这种混乱之可能出现，多是因为下述事实没有得到公认：即，工业的黄金时代仅限于相当短的时期内，随之而来的是迅速的衰落。因此，人们没有必要对那些表明14世纪初期出现了工商业繁荣的当代统计资料提出质疑。由城墙的扩大和人口数量的统计显示出的城市规模、呢绒制造业行会所享有的政治特权，以及这一时期贸易对共和国进步所给予的支持，都证实了这些统计资料的可靠性。但随之而来的是一连串灾祸——瘟疫、黑死病、战争及贸易中的纠纷、人民暴乱。与此同时，邻近城镇培植了自己的工业，于是，佛罗伦萨再不能恢复它一度占有的优越地位了。[1]

14世纪40年代，贸易经历了由多种原因引起的衰落。其中可提到的原因有：意大利商人在法国商业中心不断遭迫害、被驱

① M.L.汉森，对罗伯特·戴维逊：《佛罗伦萨毛纺织业的兴衰》一文评论，见《国家学说大全》，第85卷，第2册，1928年，第225～256页。

逐；1340年的饥荒和瘟疫——8年以后发生的黑死病的前兆；为占领卢卡而与比萨进行的不幸战争；雅典公爵阿奇阿茹里*的短期却是难以忍受的暴政；巴尔迪家族和佩卢齐家族的破产——它影响到许多大小商号，给佛罗伦萨带来了贫穷和灾难；1347～1348年的黑死病——它影响了佛罗伦萨的所有工业，特别是毛纺业：因为工人死亡导致工资增加，小商号亦被大商号吞并。

此后20年间，包括对比萨战争期间（1360～1364年），工业虽然得以恢复，但却经历了严重的倒退。比萨战争把佛罗伦萨阻于比萨港之外，迫使它使用锡耶纳的塔拉莫内港口。整个70年代，佛罗伦萨都经受着工人的骚乱，这种骚乱在1379年的“褴褛汉”起义中达到顶点。这次起义破坏了生产、分配和信贷的正常秩序，使工人们赢得了许多特权。

在1380～1390年这10年间，由于城市内部的安定，毛纺织业又趋于上升，到1393年，羊毛业行会已有能力取消工人们在革命时期取得的特权。由于行会本身施加了压力，市政府于1393年10月25日通过了一项法令，使行会受益匪浅。这一法令是“为了防止行会的财政枯竭”，试图以一种几乎是完全禁止性的保护关税，排斥外埠呢绒；但非佛罗伦萨生产的粗纺呢绒和浅色呢绒及佛兰德和布拉邦特的呢绒不包括在内，因为细呢绒行会的商人主要与这些地方的产品有联系。这一措施是针对意大利其他城市的竞争的，因为除了法国、佛兰德、布拉邦特和德国，只有意大利诸城市

---

* 佛罗伦萨银行家和政治家族，其重要成员尼柯罗（1310～1365年）曾控制西西里和那不勒斯，并于1358年承袭希腊雅典公爵称号。——译者

可能向佛罗伦萨提供“外埠”呢绒。

佛罗伦萨占领比萨(1406年)和里窝那(1421年)之后，最后的大障碍被排除了，佛罗佛萨的羊毛贸易又征服了世界。

在东方市场上，佛罗伦萨丝毫不逊于它的意大利竞争者。早在12世纪，佛罗伦萨商人就出现在巴勒斯坦；约13世纪中期，他们在阿克定居开业；到13世纪末，他们事实上几乎进入地中海、黑海、爱琴海和亚得里亚海地区的每一座重要城市。十字军曾开辟了中世纪商业扩张的新时期，也加速了佛罗伦萨及其他意大利城市的商业生涯。最后，在亚平宁半岛上，没有一座内陆城市，能在东方贸易的规模上与佛罗伦萨相比。在奥斯曼土耳其征服拜占庭帝国之前，佛罗伦萨与利凡特的商业是通过威尼斯人进行的。威尼斯总督托马索·莫森尼戈*在临终前(1423年)，注意到了威尼斯的这一财源，对环绕病榻的众显贵们谈话时，探讨了这一问题，他说：

> 列位知道，佛罗伦萨人每年给我们16 000匹呢绒，由我们分别在柏柏尔人地区、埃及、叙利亚、拜占庭帝国、塞浦路斯、坎迪亚、莫里亚和伊斯特里亚代为经销；此外，佛罗伦萨人每月运来价值7万都卡特的各种其他货物(于是，每年达84万都卡特)，在这里出售以购买法国和加泰罗尼亚的羊毛、红色呢绒、梳理好的羊毛、金银丝线和宝石。

* 威尼斯贵族，于1414年起任威尼斯总督，以其临终演说著称于世。——译者

在巴尔迪家族破产时(1345 年),佩戈洛蒂出版了他的著作《商人必晓的国情、经营方式和其他说明》。他一生的大部分时间是为巴尔迪公司充当代理商。为了这一商家的利润,他曾游历波斯北部。1324 年,他在塞浦路斯;1325 年,他从小亚美尼亚国王处得到在拉贾索经商的特权。1315 年在安特卫普、1317 年在伦敦,他也都获得了商业特权。于是,这个佛罗伦萨人为我们刻画了沿若干最大的国际商路旅行经商的概貌。他是第一个注意到商业的重要性并详细记载黑海到卡塞商路情况的欧洲人——"克维诺山曾向商旅们提供的这条道路是比较近而且安全的。"[①]佩戈洛蒂的著作是我们了解意大利在利凡特经商情况的最主要资料之一;并且,从他对自己的活动的详细记载,我们亦可以全面评价佛罗伦萨人。除了在外国诸城市建立商行之外,佛罗伦萨还每年派出 300 多人,直接把货物运至外国,佛罗伦萨人甚至到达过中国北部。不屈不挠的佛罗伦萨人在他们还根本没有船只时,就已在东方所有主要港口建立了商栈、银行并推销他们的产品了。据佩戈洛蒂讲,他们穿过阿斯特拉汗国到达伏尔加河上的萨拉卡诺,然后穿过亚洲大陆到达中国。

在阿达利亚,主要的贸易商品是色彩鲜艳的呢绒,这一贸易自然很早就吸引了佛罗伦萨人。13 世纪 30 年代,巴尔迪家族取得了进口过境税减至过境货物价格的 2%、出口免税的特权,而塞浦路斯附近的商人却不得不缴纳 2.5%的进口税。

13 世纪时,佛罗伦萨人在小亚美尼亚经营着优质呢绒和许多

① 比兹雷:《近代地理之曙光》,第 3 卷,第 326 页。

其他商品。在教廷的指令下，阿尔诺银行与这一王国保持着经常不断的联系。教廷希望通过向塞浦路斯国王提供津贴的方式，使之成为反抗日益逼近圣地的穆斯林的最后堡垒。1307 年，弗兰泽西商行被教皇委以此任，后来巴尔迪家族也受此委托。1356 年，巴尔迪家族通过其在塞浦路斯的代表弗朗切斯科·佩戈洛蒂，成功地取得了自由进出口的权利，这使佛罗伦萨人与威尼斯人、热那亚人和西西里人处于平等地位。同时，佩卢齐家族也得到了一定的优惠。

至于布鲁萨、特拉布松帝国、塔纳（亚速）和瑟瓦斯（塞瓦斯泰亚）等地，在一些描述佛罗伦萨人在这些地区活动的一重要资料中，没有特别提到羊毛或毛织品贸易。但是，人们没有忘记在上述地区的近邻城市和地区，如君士坦丁堡、阿克和小亚美尼亚，毛纺织品是阿尔诺商人的主要经销品，因而，在上述地区也有这类贸易就是难以置疑的了。佛罗伦萨人在所有重要商埠都有殖民地，在塔纳和特拉布松，他们都建立了商栈和领事馆。

关于佛罗伦萨与埃及的羊毛贸易之唯一幸存的最早参考资料出现于 1220 年；后来在 1245 年再度出现。在一位比萨人 1278 年的笔记和巴尔杜奇·佩戈洛蒂的著作中，提到了 13、14 世纪，佛罗伦萨与马木路克国家经商的一些主要项目。从亚历山大城向意大利出口的主要商品是生姜、大黄、香料、明矾、硝石、虫胶、阿拉伯树脂、玫瑰香水、草药——如沉香、各种植物根、染料，特别是靛青、椰枣、砂糖等；还有蜂蜡、金条、金块和金线；羊毛、生丝、金银线织锦、挂毯、驼绒、麻布和棉花；而埃及则从阿普利亚进口粮食、油料、从那不勒斯和萨莱诺输入坚果和撒丁的锡等。佛罗伦萨呢绒也是一项经常进口的商品。

欧洲大多数船只都停泊于亚历山大港。在这一世界性的贸易中心，有许多商业殖民地和最重要的市场。达米埃塔也很重要，主要是由于在这里比在亚历山大港更易获得尼罗河三角洲的产品，如蔗糖等。圣约翰骑士团在这里有一领事馆，威尼斯和热那亚也在此建立殖民地，威尼斯的领事馆一直维持到16世纪晚期。对埃及的航运业务开始得很晚，而且在一个长时期内是不定期的。佛罗伦萨市议会在1444年前后开始注意到在欧非两大陆间建立定期航运业务的重要性，它一方面可以使国家舰队承担贸易任务，一方面可以保证它的羊毛产品同丝织品相交换，另一方面也可以从利凡特取得香料调味品和无数种其他产品。就在这一年，议会命令它负责海运的理事(1444年8月18日)每年春天派两支贸易舰队驶往亚历山大和邻近区域。这只舰队通常沿下述路线航行：由意大利海岸至锡拉丘兹，随后取道莫顿和罗得岛到亚历山大、贝鲁特和雅法。在归途中，沿路停靠塞浦路斯、克里特岛或罗得岛。1460年，驶往突尼斯的船队被指令在航行中停靠亚历山大港和罗得岛。

然而，直到1465年前后，我们似乎才可以谈到，佛罗伦萨和埃及间有了不间断的联系。在这一年，马里奥托·斯夸尔恰卢皮被指定为佛罗伦萨驻亚历山大领事，为了给阿尔诺商人争取特惠，他做了一系列努力。谈判持续了几十年，直到1496年，佛罗伦萨才从苏丹凯特拜那里取得了一张“特许状”，得到了与威尼斯商人同等的优惠权。这时候的埃及，正面临着奥斯曼人的威胁，企图与西方国家结盟，因而更愿意缓和。上述文件代表了这两个国家最后一个详细的贸易协定。以后的这类文件，只是讲些一般原则或重复上述协议中的要点。

同其他国家的经历相比，佛罗伦萨—埃及关系大体说来，发展得很顺利。尽管如此，人们仍能发现阿尔诺商人和埃及官员之间时有摩擦这一事实。前者累次要求建立商栈；这一点似乎常得到口头允许，却显然从未兑现，尽管亚历山大还有一位佛罗伦萨的领事。

巴尔杜奇·佩戈洛蒂的著名作品对于了解佛罗伦萨与塞浦路斯的贸易情况特别重要；作为巴尔迪家族的代理商，他对这一岛上的商业生活有着最深的洞察力，他的记载看来是完全可信的。佛罗伦萨与塞浦路斯的贸易曾达到相当的规模。这一事业的主要竞争者照例是威尼斯人、热那亚人和比萨人。塞浦路斯的地理位置使它成为近东的商埠和东西方贸易的汇集点，首都法马古斯塔是这一贸易事业的集中地。至于佛罗伦萨与比萨贸易的开端，出现在办理教皇事务的过程中。1275年前后，普尔奇—林贝蒂尼商团显然在教廷授意下，答应给尼科西亚大主教一笔贷款；法马古斯塔城的大主教圭多就是在教皇卜尼法斯八世的殿堂上与巴尔迪家族签了一笔贷款契约。

1299年，巴尔迪家族从那不勒斯发运了大批粮食到塞浦路斯，此后，这家商号在经营银行业的同时，开始兼营大宗谷物和其他商品；1298年起，佩卢齐家也参加了此岛的贸易活动。由巴尔迪家的账册和其他资料中，我们得知，从本岛出口的主要产品是生丝、埃及羊毛、用金线织就的贵重丝织品、宝石、珍珠、珊瑚、松鼠皮、玻璃器皿、染料、纸张、糖、枣子和生姜。其中大部分运往意大利，主要取道于安科纳，也有一部分通过比萨和那不勒斯。

除了巴尔迪家和佩卢齐家之外，直到 1324 年，住在塞浦路斯的佛罗伦萨人还谎称他们是比萨人。但从 1324 年以后，由于佩戈洛蒂的周旋调解，所有的佛罗伦萨人都得到了与威尼斯人、热那亚人、比萨人、普罗旺斯人、纳尔榜人和加泰罗尼亚人等外国商人及佛罗伦萨两个大家族所享有的同等特权。

在塞浦路斯的两个国王雅各布一世（1382～1398 年）和雅各布二世，巴斯塔尔（1460～1473 年）统治时，佛罗伦萨得到了诚挚的欢迎和各种特权。从此以后，至少在一个短时期内，贸易的繁荣似乎更普遍了。文献资料中至少提到了佛罗伦萨派往塞浦路斯的一位领事马里奥托·斯夸尔恰卢皮。

1317 年，佩卢齐家在克里特岛经营了一家商栈，很可能是在坎迪亚，但这一点尚难确定。此岛的领主威尼斯人，自然从事着主要的贸易，但是佛罗伦萨以金融业跻身其中，其呢绒的销售也占有重要地位。

罗得岛不是像塞浦路斯那样的重要商业中心；它的重要性仅在于它是圣约翰骑士团的基地。在塞浦路斯，巴尔迪家居于首要位置，但在罗得岛，它却屈居于它的竞争对手佩卢齐家之下。两个商家在最初进岛时，都借给骑士团一笔必要的款项，用来修建房屋和堡砦；而且，骑士团一直负债于这两商家。自然，商品交换随之开始。在 13 世纪主要商品是果酱，它被制成罐头从黑海运来；还有麻布和橄榄油制的肥皂，后来，贸易的品种和规模都发展了。

13 世纪末，已有大量佛罗伦萨商人在君士坦丁堡定居，他们有自己的居民区，并被视为一独立的贸易国家——而这时，佛罗伦萨还没有自己的港口或舰队。1416年，佛罗伦萨人贝蒂洛·巴尔托利与曼纽尔皇帝签订了一项协定，通过它，佛罗伦萨得到了原属于比萨的全部特权，并得到了教堂和街廊，而比萨之星此时已完全陨落了。有了自己的港口之后，佛罗伦萨人与拜占庭帝国的贸易大大增加了；1436年，佛罗伦萨人驾驶着自己的船首航君士坦丁堡。但是，直到1439年《八月黄金诏书》颁布之后，许给佛罗伦萨的特权才得以全部兑现。这一诏书是由拜占庭皇帝约翰·坎塔库津颁布的，以对阿尔诺商人在“联合会议”* 期间给予他的恰如其分的接待表示感谢。

同住在君士坦丁堡的其他外国人一样，佛罗伦萨人在土耳其人洗劫此城时(1453年)损失是惨重的。但他们的运气好一些，因为他们在那儿被掠夺的财产少于他们的商业同行们。威尼斯的损失大约达4万都卡特，安科纳人2万，佛罗伦萨人的损失也达2万都卡特，热那亚人大部分住在佩拉，当时受的损失相对较少，但最后由于土耳其人的征服而比其他任何国家的人们受难更深。同样的命运事实上也降临于其他国家的商业上，只有佛罗伦萨人是个例外，他们相当灵活，不仅恢复了贸易而且扩大了规模——尽管这只在一个短时期内。君士坦丁堡陷落后，他们把商业管理中心移至佩拉。这里则成为他们在土耳其帝国内活动的中心。

佛罗伦萨使用贿赂和外交的灵活策略，迅速在土耳其帝国内赢得了首要地位。1488年，羊毛业行会决定从它自己的资金中拿

* 此处史实有误，约翰·坎塔库津即约翰六世，在位年代是1347～1354年，他也没有出席佛罗伦萨“联合会议”(东西方教会谈判联合的会议，1439年举行)，此处颁布诏书者应是约翰八世(1425～1448年)。——译者

出950弗罗林给苏丹送礼，来后佛罗伦萨市政府参与了行会的这一贿赂行为。给苏丹的“礼品”竟成为如此之沉重的负担，以至于佛罗伦萨统治者看到，他们必须征收新的捐税，不仅要向出口商人和羊毛业行会的成员们，而且要向那些仅仅与利凡特有进口贸易业务的商人们征收这些捐税。但所有的这些活动都是有益处的。到1469年，在土耳其帝国注册的佛罗伦萨商家和银行已不下50家。1481年巴耶塞特二世继承其父穆罕默德二世的皇位后，派出使节赴佛罗伦萨，在协议中除别项外答应每年购买佛罗伦萨呢绒5000匹。直到15世纪末，佛罗伦萨与土耳其的商业一直维持着相当的规模；此后，便迅速衰落了。15世纪末，佛罗伦萨的国家船队已不再进入土耳其港口；到1520年，私人的船只也停航了。

14世纪末，佛罗伦萨商人在亚得里亚堡占有一块殖民地，而这一城市在君士坦丁堡陷落前，是奥斯曼帝国在欧洲境内的主要城市；开俄斯岛在1447年以后，是佛罗伦萨商船队驶往拜占庭、埃及和叙利亚途中的集结停泊港，但毫无疑问，佛罗伦萨人此前就已在这里经商。在15世纪，雅典公爵安东尼奥·阿奇阿茹里统治时期，佛罗伦萨开始了与雅典公爵领地间的贸易活动，其间，佛罗伦萨人获得了与威尼斯人、热那亚人和加泰罗尼亚人同样的特权和优惠。同莫里亚建立贸易关系的谈判始于1446年，即亲王君士坦提努斯*统治时期；他的继承人底米特里继续了这一谈判，并于

* 当时拜占庭帝国已被土耳其肢解为相互分割的部分，皇帝遂派自己的近支兄弟或伯叔分别管理，称despot（僭主，专制君主）。每一亲王领有一定的独立自主权。——译者

1450 年允准了一定的优惠。这些特权是否实际上生效，还不确定。因为在 1460 年，土耳其人已结束了希腊在莫里亚的统治，并把底米特里劫持到君士坦丁堡。1301 年，巴尔迪家就与科孚经商；到 1319 年，至少有三大集团：巴尔迪、佩卢齐和阿奇阿茹里家，在阿尔巴尼亚的发罗拉城从事贸易活动。在拉古萨，早在 1252 年就有佛罗伦萨呢绒出售。德拉·斯卡拉家于 1303 年在此建立企业，不久以后，巴尔迪家也在此建一家商行代办处。与达尔马提亚的贸易史更为久远，但佛罗伦萨与扎拉频繁进行呢绒贸易的最早记载却出现于 1345 年。

呢绒贸易是佛罗伦萨商业的核心，一切其他商业都围绕它展开。但是这一贸易是怎样产生的？它以什么形式发展？它是否首先为满足其国内消费者对细呢绒的需求而产生？是否从一开始就主要作为东西方商品交换的媒介？这种细呢绒加工业是怎样发展到这样的程度以至于世界上没有可与它匹敌者？——上述问题，史料没有记载。但能够肯定的是，佛罗伦萨呢绒贸易兴起后不久就达到全盛，原因在于佛罗伦萨人成功地运用了一系列改革方法——特别在印染和抛光工艺上——从而把粗糙的北方呢绒改造得能够满足东西方人们变幻莫测的鉴赏口味；并减少了过高的运输费用，因为在当时，这种运输费用是使商品价格上涨的主要因素。

佛罗伦萨的工商业政策，是严格保护国家工业的，而且是这类保护政策中最先进最显著的典范。在 14、15 世纪，它成为整个欧洲十分普遍的政策。这一政策显然是在 15 世纪中期起草的一个政治文件中提出来的。此文件由利波·布兰多利尼执笔，标题为

《关于国家关系》，他说：

> 鉴于我们以如此巨大的规模投入贸易生涯，并且专门为他人大量提供各种服装，因而，倘若我们允许外人在我们的城市内从事我们所经营的行业，那么，我们似乎肯定会使自己受到损害。……如果我们容许外国的此类商品进口，那么，我们不仅会降低自产商品的价格，而且还会降低我们的声誉。……我们认为，在任何情况下，外埠毛织品都不得进口。……由于我们的商人都是国家公民，他们都支持这一法令。①

在佛罗伦萨，人们谨慎地保守着工艺的秘密。随着纺织工业的发展，印染业开始在欧洲复兴。染料植物，尤其是茜草和番红花的种植、重要行会的形成、印染工业由南欧向北欧和中欧的逐步发展等，都是印染工匠在14和15世纪活跃的标志。

如前所述，佛罗伦萨在毛纺织业上的成功，部分归功于它的引人注目而又高效率的印染流程。为了最大限度地提高产品质量，佛罗伦萨人一丝不苟地严格管理印染工业。一旦出现印染质量低劣的呢绒，都要"返工重染，剪断卖给小贩，或烧掉"。结果，佛罗伦萨的呢绒达到了真正完美的质量标准，其染料的精美程度超过了所有其他欧洲人的产品。

作为一条原则，佛罗伦萨人只使用植物染料，而这些植物染料

① 桑戴克：《15世纪的科学和思想》，第13章，第252～253页。

处处都可以找到。

> 大多数地位显赫的公民毫不吝惜时间和精力，努力去寻找新的染料植物，并将其出口运至佛罗伦萨。取得某种新染料，同取得媒染剂和其他印染工业原料一样，是一个国策问题。[①]

织工所使用的颜色主要是黑、蓝、红、金、棕色和白色，但史料中所提的要多得多。各种颜色是怎样产生的，人们并不确知，但史料中记载了某些所用染料的种类。在意大利和德国，黑色和蓝色染料主要从大青中提取。

为了使色彩耐久，佛罗伦萨人施行了严格的规章。只有最贵重的染料才可用于印染最精细的呢绒。保存至今的15世纪佛罗伦萨织品，其色彩仍艳丽如新。各种染料的主要成分和媒染剂，都从当时已知世界各地进口，它们构成了佛罗伦萨与东方商业联系的主要商品项目。

鉴于明矾是印染工业中的必备原料，且具有极大的经济价值，因此简单描述一下明矾矿的开采情况也是必要的。直到15世纪，欧洲首次发现明矾矿之前，意大利毛织品加工者一直完全依赖于从国外进口明矾，而且这些明矾矿都在穆斯林控制之下。1255年，芳济各会派修士卢布鲁克奉圣路易之命访问蒙古大汗，在归途中于伊科纽姆地方遇到两位商人：一个生于阿克的热那亚人尼古

① 斯塔里：《佛罗伦萨行会》，第124页。

拉·德圣西罗和一个威尼斯人卜尼法斯·德莫伦第诺。此两人享有在小亚细亚贩运明矾的垄断权。通常价值15个拜占庭金币的明矾被他们卖至50个金币。这种产品由希腊和亚美尼亚的商人经销,而这些中介商人很可能同生产者一样获取重利。据此,人们可以对意大利的明矾价格了解一斑。小亚细亚另一个明矾产地在库台耶,这是克尔米安公国的首都。叙利亚内陆的阿勒颇是向西方出口明矾的另一个地方。埃及人的明矾出口受到威尼斯人的严密防范。事实上,这是威尼斯人与热那亚人之间争端最严酷的一个领域。而且,直到十字军时期热那亚人被威尼斯人成功地驱逐出亚历山大港之前,明矾一直是热那亚人贸易的重要项目。1261年,热那亚人开始报复,在这年颠覆了威尼斯人在博斯普鲁斯的统治*,接收了威尼斯人在黑海和小亚细亚的商业。后来,靠贩糖发了财的扎克利亚兄弟,又靠贩卖弗西亚的明矾而发了一笔横财。

14世纪,威尼斯以喜悦的心情观察着土耳其人在小亚细亚长驱直入,它希望看到自己憎恶的竞争者热那亚失去其商业优势,这一商业优势的取得,是由于巴列奥略朝诸皇帝对利古里亚共和国的恩宠政策**。1368年,一位威尼斯大使被派往苏丹穆拉德处,希望威尼斯人能在优惠条件下得到购买明矾的许可。但是,热那亚人设法保持了土耳其人对他们的特惠。而且我们看到,在1415

---

* 此处指拜占庭流亡政府尼西亚帝国在热那亚人帮助下,结束拉丁帝国在君士坦丁堡几十年的统治,恢复拜占庭帝国。——译者

** 拜占庭复国后,当朝巴列奥略诸帝因依赖于热那亚人的海军势力而许给热那亚一系列在黑海和小亚细亚地区经商的特权,从而使热那亚成为威尼斯在东方的商业劲敌。——译者

年，一位叫乔瓦尼·阿多尔诺的热那亚人还享有在弗西亚经营明矾矿的特权。1437年，苏丹穆拉德二世赐予一个完全由热那亚人组成的公司以垄断小亚细亚全部明矾矿的权利，但不包括威尼斯人已得到优惠的莱斯博斯和弗西亚。1455年的大灾难毁了这一热那亚公司：在君士坦丁堡沦陷之后，曾一直容许热那亚人在利凡特的活动并把开俄斯岛让给他们的土耳其人突然改变了策略，企图亲自控制这一富庶岛屿。土耳其人没能攻取开俄斯——直到1566年，该岛才沦陷——但威尼斯人和热那亚人却同时被剥夺了他们一直享有的明矾专利权。这一结局对于威尼斯和热那亚是一个"不幸的礼拜五"*。在威尼斯，两位明矾商人损失了约15万都卡特。这一至关重要的矿产供应的丧失，在很大程度上是佛罗伦萨呢绒工业最后凋敝的极其重要的因素。

在这类毛织工业中，男女工人是共同工作的，特别是由于意大利的织机必须两人同时操作。因此，夫妻同机，母女共做就是很自然的了。但是，随着这一企业的发展，妇女们必须用越来越多的时间为工人们准备食品，于是她们被排挤出这一行业。德国工人补上了这一空缺，取代了妇女在织机上的地位，尤其是在1349年的黑死病夺去了大批劳动人口之后，这种现象更为普遍。

当银行家们开始投资于呢绒业时，毛纺织业还是一种纯粹的家庭手工业。但随着这一企业的发展，这种经营方式之费时和无组织的弊病也就越明显，因而它不可能与组织得更好的国家相竞争。结果，他们制定了一套改良的工场体系。大部分工作仍然在

* 此处据基督教传说：星期五是耶稣受难日这一典故。——译者

家庭里完成;一种定期的企业信使机构开始活动,通过这一机构向工人分发原料,并在加工完成之后,由信使们收集成品。至于有些商家,则建立了固定的中心工场。在工场里受雇的最下层工人在工头监督下劳动,其管理规则类似于现代工厂的厂规。在这些工场中进行一部分较粗笨的工作:梳毛和印染;然后,把原料从这些工场发至工人家中,到下道工序时返回,然后再送出,直到可以出售为止。在家庭作坊中,拥有织机的人也可以多装置一些织机,雇佣一些日工为他工作,于是这些织机的主人开始自己经营企业并成为作坊主。

细呢绒行会的规章为我们提供了许多有关佛罗伦萨合作团体机构的重要资料。每隔 6 个月,货栈和商行的头目们都要集会选举理事会。每一货栈可投 2 票,每一商行可投 1 票;当选者必须上任。4 个理事会中要选其中之一为首,还有一个普通理事会及一个特别理事会加以辅助。理事们照料着行会的利益并监督行会成员的活动。每月要举行一次各行业理事全体会议。为了进入细呢绒行会组织,人们必须努力经营某项工商业达一年之久,而一旦符合条件,就成为这一行会的世袭成员。除了由阿尔卑斯山北进口的呢绒外,任何呢绒不得在此地出售。车间内不准赌博,学徒们夜间不得外出,必须宿于车间内,学徒的生活受到严格的管制。这一严厉的规则使这个行会具备相当完善的组织机构。外国呢绒进口后,要经专人检查后再分至各个行会,如修剪工、染匠、漂洗工、梳毛工等各行会。成品呢绒的规格、光洁度、细密度在当时都有特别规定。行会指定专职官员为呢绒定价,每匹呢绒必须系上标签,标明所定价格、作坊字号,甚至加工工匠的名字。

艾尔弗雷德·多伦教授[①]在对佛罗伦萨羊毛贸易史从事研究的过程中，注意到在有关佛罗伦萨呢绒工人的记载中，时常反复出现德国工人的名字。于是人们发现，14、15 世纪，有成千上万的德国工人流入意大利，来学习更新更好的工业技术。一位评论家在评多伦这部著作时，谈道：

> 探讨和调查那些来自阿尔卑斯山以北的外国人在中世纪意大利的工业和工艺的突出发展中起到了多大作用，是一件很有趣的事情……从 14 世纪后半期起，在全意大利处处可看到德国人，他们从事几乎每一种可能的职业和技艺。早期，他们似乎实际上垄断了客栈业。他们也从事以下职业，如：织工、染工、裁缝、皮毛匠、鞋匠、面包师、磨坊主、杂货商、肥皂匠、粮食商，也有不少肉商、理发匠、药剂师、铁匠、旋工、木匠、铜匠、陶工、制革匠、马具匠、石匠、木雕师、玻璃绘画师、金匠、银匠、书记员、书画裱糊匠、书商、公证人、音乐家、医师，而且有一名德国人当了校长。他们也常担任厨师，特别在修道院内。[②]

德国工人大批迁居意大利似乎开始于 1370 年左右，而且是因以下两个事实而发生的。一方面德国的手工业似乎在此时达到极盛，因而市场上充满了大量商品；另一方面，进取心很强的德国工

① 见《中世纪意大利的德国工匠和德国工匠兄弟会》(柏林：普拉格尔，1903 年版)。

② 见《英国史学评论》，第 19 卷，第 153 页(对上引书的一篇评论)。

人渴望学习意大利许多行业的先进技术。无论这些移民在哪里成批定居，他们都建立了地方兄弟会组织，这种组织与近代的“秘密社团”没有什么不同。这些兄弟会一方面是社会组织，另一方面也是保险团体，为其成员提供疾病时的照顾，困难时的保护和死亡者的葬仪。这些社会团体不能与工业行会相混淆，新入境者很快就成为兄弟会成员。这些德国工人中，有的携家眷同来，有的则找到立足点后派人去接家眷。但是，大多数德国工人是未婚的短工，他们很快娶了意大利女人，因此在两代以内这些移民阶层就意大利化了。如果可能的话，弄清这些移民来自德国的哪些特定地区，将是很有意义的。但文献中没有这方面的确切例证。这些移民工人都无例外地一律被称为“条顿人”。然而，可以很自然地推断出，而且也有理由相信，他们大多数来自南德城市，诸如纽伦堡、奥格斯堡、乌尔姆等。但是显然也有相当一些北德意志人，他们来自法兰克福、科隆、汉堡、不来梅等。这类人中也一定包括佛兰德和荷兰的工人。

第十一章　14 和 15 世纪教皇的财经政策

在前面各章中我们已经看到，在 13 世纪以来欧洲各国，商业、贸易和工业的规模和品种如何增长；这些活动带来的剩余利润如何投资于发展经济的新方法；国际信贷活动如何增加；每一个重要商业中心如何繁荣，成为国库税收与银行活动的中心。

教廷与教皇也不可避免地受到这些变化的影响并反映出这些状况。这是因为，教廷固然首先是一个精神组织，但它也是由一个国际社会组成的国际性国家，它的最高执政者是教士，也是君主。主教们和修道院院长们也是政治统治者，因为他们享有类似世俗王公们所行使的那些统治权。此外，教廷也拥有巨大的财富，表现为捐赠的土地、市场特权、铸币权以及由主教团或修道院的居民经营的商店。教廷向修道院、领地和教士们征收的岁收如此之大，使它成为全欧洲最大最富的收税者，最大的财政机构和最富有的银行家。

有鉴于此，1309 年教皇从罗马迁到阿维尼翁之举对教皇颇有裨益。因为在中世纪，罗马从来不是重要的商业城市，它不处于任何一条主要商路上，而且，当意大利所有其他地区几乎都已变成巨大的贸易市场并因工业而生机勃勃时，教皇国却仍然停留在落后的中世纪式耕作经济。反之，阿维尼翁则位于罗纳河上，这条河从古代起就是欧洲最重要的贸易干线之一，加上联接北意大利与普罗旺斯地区的山口，都极大地促进了阿维尼翁的商业繁荣。大小圣贝尔纳山口、圣让德莫利昂纳山口、塞尼斯山都把皮埃蒙特地区与伊泽尔河流域、罗纳河流域联接起来。所有这些通道中最重要的是日内夫利山，它是意大利和法国南部之间古老的历史通道。今天，它是法国最大的公路之一，即 94 号国际公路。翻山过境的通行税的“包税额”，在 14 世纪中是教皇收入的来源之一。

对阿维尼翁商业的主要危害是罗纳河的急流、无数沙洲、在阿尔和塔拉斯孔征收的通行税、阿尔人索取的苛重的领港费。14 世纪期间，为了避开这些困难，东地中海诸国商人，尤其是热那亚人，从罗纳河三角洲一支流上的布克城开辟了穿越克吕平原到阿维尼翁的商路。布克很快就成为一个对于意大利商人和东地中海贸易相当重要的港口。阿尔和塔拉斯孔答应降低其通行税，但于事无补，他们输局已定。此外，还有一条道路从里维埃拉通到阿维尼翁，即从尼斯经过格拉斯、德拉吉尼安、埃克斯、佩尔蒂到迪朗斯河，并在阿维尼翁到达罗纳河。

当教皇前来占据阿维尼翁时，这个城区，或者说该城及其所辖地区，正由于阿尔比战争造成的浩劫而满目凄凉。教皇的光临带来了繁荣。作为基督教世界的首都，阿维尼翁充塞着公职官员——红衣主教、财务官、秘书、教士、公证人、掮客、信使、警察、士兵；更不必说来访的主教和修道院长、扈从成群的返回述职的教皇使节、大使、领地诸侯。教皇有近 300 个高级神职官员作为随从，他们每人又都有自己的一批随员。此外，由于阿维尼翁是宜居之地，许多人从全欧各地迁到这里成为居民。其中以科隆纳和奥尔西尼这样的罗马豪族尤为突出。当然，法国乡下人为数最多，其中许多人移居阿维尼翁是为了逃避英国人在法国的劫掠蹂躏。城内的英国人并不多，但有一些居民来自伦敦、利奇菲尔德、林肯。城内有一条“德意志街”，但是德国人并不多。意大利人几乎与法国人一样多。佛罗伦萨和卢卡的货币兑换商和银行家们在圣母院教区中立足，那里有成群结队的意大利人，来自贝加莫、皮亚琴察、都灵、热那亚、比萨、帕维亚、波洛尼亚、切泽纳、米兰、阿雷佐、维特尔博、萨沃纳、罗马、那不勒斯、西西里。阿维尼翁的犹太人很多，而且比欧洲任何其他地方都更受保护。教皇赏识他们名扬四海的理财能力。由于人口膨胀和需求增加，阿维尼翁的工商业勃然兴起，几乎没有一项行业不在这里经营。诗人彼得拉克当时是一位教皇的拉丁文秘书，他在一封信中告诉我们，在阿维尼翁有众多的小客栈主、香料商人、鱼商、皮货商、面包师、绸布商、肥皂制造商、毛皮工人、梳羊毛工、丝织工、园林工以及一般劳动者。

阿维尼翁最繁荣的行业是银行业，它几乎完全操在意大利人手中。佛罗伦萨的各大银行在阿维尼翁都有自己的代表，他们在14 世纪里仍像在 13 世纪那样继续充当教皇的首要银行家。巴尔迪和佩卢齐家族于 1435 年在佛罗伦萨破产时，教皇也大受其害。由于形形色色的商人和五花八门的货币潮水般涌向阿维尼翁，兑换教皇的钱币就成为当务之急。仅在 1327 年的一份教皇专门文件中，就列举了 40 多个货币兑换商。来自几乎全欧每一个国家的外国商人，在阿维尼翁设立了他们的代办处和商品仓库。这些商人前往香槟和博凯尔的定期集市；他们从蒙彼利埃买回染料、服装、礼服、武器;从贝齐埃尔、阿尔比、卡尔卡松买回纺织品;从西班牙买回挂毯;从佛兰德买回呢绒和毛线;从布鲁日买回世界各地的货物。阿维尼翁的沿河地区到处堆放着从迪朗斯河与伊泽尔河漂放下来的木材以及砖瓦。长长的骡子队从四周的丛山中驮回木炭。所有这些工商业的发展带来了巨大财富,14 世纪阿维尼翁以三大富商而夸耀于天下。其中一个富商的账本保存了下来。从阿维尼翁的富丽堂皇巍峨宏大的教皇宫殿、教堂、红衣主教的和城市富商们的略小些的宫殿遗迹,以及至今依然环绕城市的中世纪庞大城垣中,我们依稀可辨当年的繁荣。

但是,如果认为阿维尼翁的主要财富来自工商业,那就大错特错了。工商业的繁荣只不过是结果。教皇驻在地的繁荣兴盛来自教皇的金钱收入,它就像一条金河,从每一个天主教国家源源流入阿维尼翁。哪里有黄金,商人就云集在哪里。充足的金钱不仅把阿维尼翁造就成信贷业和银行业的中心,而且使它成为无所不包的商品,尤其是奢侈品的买卖市场。

14 世纪教皇财政的惊人兴旺,既有一般原因又有特殊原因。自从十字军东征以来,资本主义的意识形态和实践,在欧洲飞速发展起来。圣方济各和圣多米尼克曾极力反对资本主义,但他们已一败涂地,固然,这是因为圣方济各的无法实现的经济上的理想主义终归失败说服了不少人,但最主要的是由于激进的"属灵派"的传道权被否认。[①] 教廷和历代教皇不可避免地,更准确地说是必然地要参与这一经济活动。以加征新税来开辟新财源是那个时代

① "属灵派"否认教会拥有财产的权利,约翰二十二世宣布他们为异端。

的特色。整个欧洲，无论是腓力四世统治下的法国还是爱德华一世时代的英国，都对此怨声载道。法兰西教皇们像国王们一样，在变迁的时势下，不得不加征种种新税，以便为自己提供岁收；而每一个主教和修道院长也都上行下效。教廷地产丰饶，但是伟大的经济革命已经使工商业广泛地取代农业成为基本财源，因而地产的价值在此影响下锐减。昔日教廷领地收入像巨川般滚滚而来，此时都已干涸成一涓细水了。英法的国王、意大利和德国的诸侯与城市，都已要求把税收权作为一种政治主权收归己有。教廷被迫寻求国家无法染指的新税收领域，而这就必须创立新的税收制度。这是教皇扭亏为盈的唯一途径。

这种增加教皇税收的政策并非 14 世纪的枢机主教团首创。“早在 12 世纪末年，罗马教廷已发现自己古老的既定税收远不能满足急剧扩大的活动的花销。开辟新财源势在必行。”① 英诺森三世之前的历任教皇满足于教士们自愿供奉的赞助金或贷款，但英诺森三世却不甘于此。十字军东征期间，教皇就为支持那些远征而征过各种新税；而此时，十字军已成如烟往事时，教皇手中既有了理论上的先例，又有了征税的执行机构。近一个世纪以来，历任教皇曾不择手段地豢养十字军，那么现在为什么不能用同样方法来供养教皇呢？“首次尝试是对教士们的收入征税，据推断，第一次征税是在 1199 年，在整个 13 世纪厉行不辍，日益频繁。”② 按年代顺序排列一下，就可以对教士收入税的增加过程一目了然。在这个世纪中，对教会的财产和收入分别做过6次估定，即：1216年、

①② 伦特：《英国史学评论》，第 30 卷，第 398 页。

1226年、1229年、1256年、1275年;最著名的一次则是1291年尼古拉四世所行的那次估定。这种估产活动的增加,不但给同时代的统治者们敲起了警钟,也给那些享有受圣职权的有关世俗贵族们带来了烦恼不安。

1274年的宗教会议最终完善了教会的征税机构。拉丁教会的全部领地都划分为年贡区,每区都派去收税官。这些收税官根据主教和教区教士团的两个成员的建议,在每个主教区中任命两名收税代理人。税款分两次缴清,一次在圣约翰日(6月24日),一次在圣诞节。过去的估产作废了,进行了一次新的彻底估产,它显然超过以往的数额。由于确定税款的标准含糊不清,这次行动搞得一塌糊涂,民怨沸腾,而且秽行百出。征收来的金钱装在加锡封的口袋里,由圣殿骑士团,有时也由当地意大利银行家保管于教区大教堂或修道院里,听候教皇调用。尽管这笔新税款被宣布为组织十字军之用,但教皇并非总是如此支用此款。1250年之前,历任教皇把大部分资金用于他们与腓特烈二世的战争,此后又用来支持昂儒的查理征服那不勒斯王国和西西里王国。正是由于西西里战争中战费不足,才导致卜尼法斯八世于1300年改变了征收什一税的程序。

所有这些征税行动和敛财所必需的机构,都传给了身在阿维尼翁的历任法兰西教皇们。其中早期的一位,教皇约翰二十二世(1316～1343年),是14世纪名噪一时的生财有道的奇才。他就像清楚地了解各国君王一样,清楚地理解他那个时代的世界,确切地说,对此更胜一筹。

在教皇宫廷中分设的各种指导财政并处理由此而来的岁收的

官僚机构被统称为使徒署。这个机构的两名首长，一个叫做财务官，另一个叫司库员。前者是教皇的财政大臣，通常由大主教或主教担任，但红衣主教不能担此任。他不仅领导所有在阿维尼翁的财政与财务官员，而且遍布整个基督教世界的全部教皇收税官都在他管辖之下。他最重要的职责之一就是审核这些收税官的账目。司库员管理教皇每年的贡赋收入。这些官员每人都配属一群公证人和书记员。

教皇的税收可以分为两大类：(1) 直接缴付给罗马教廷的，(2)在各个主教区中征收并汇到阿维尼翁的。第一类包括：经教皇任命或批准的主教和修道院长付给使徒署的钱；每个接受教皇训令的人交纳的手续费；各主教按规定每隔一段时间来教廷参观时交的晋见费；以及每个当上大主教的人交的任命费。大主教的任命费之高，从下几例可见一斑：14 世纪，美因茨大主教任命费为 5 000金弗罗林，特里夫斯大主教为 7 000，科隆大主教为 10 000 金弗罗林。这种任命费时时随着对该职位的重新估价而变化波动。1326 年，布雷斯劳大主教任命费由 4 000 弗罗林减到 1 785 弗罗林。1420 年，马丁五世把美因茨和特里夫斯大主教的任命费提高到 10 000 弗罗林那一级。教皇长期以来在授予大主教披肩时收费；新主教就职时也收费；从教皇保护下的修道院中收取免役税；对大主教和修道院长的岁收征收什一税，当然，它最终分摊为对全体基督教徒征收的什一税。这些不过是古已有之的教会税。随着欧洲财富的增加，教皇极大地扩大了征税的种类和数量。许多主教因此而债台高筑，或倾其家产，或典当基业以缴此税。

第二类教皇税收需要详细予以考察。(1)额外什一税：这种什

一税单独计算，不与日常的什一税混淆。对神职人员的收入强征这种税起源于十字军时期。为了查明教士的财富的概数，使徒署向每个主教区派遣视察员或估价员，纵览每个主教的财源。这种什一税是纯收入而不是毛收入的1/10。除红衣主教外，一切神职人员都得交纳这种什一税。十字军团可以豁免。正如我们所知，在法国的腓力六世（1328～1350年）时代，这种什一税的大部分都用来支付与英国作战的战费，而此举并未在英吉利海峡对岸提高教皇的威望。（2）“初熟之果”。即一个新上任的主教在自己的主教区内第一年的收入，理论上是全部收入，实际上不超过一半。人们一直怀疑是约翰二十二世炮制出这种税的，但现在搞清了，第一个阿维尼翁教皇克列门五世就已经祭起了这个法宝。而约翰二十二世把一个先例普遍化和制度化。（3）巡游费。这本来是指教皇在出巡时有权要求受到盛大款待，由于阿维尼翁的历任教皇从未出巡过，他们就力图把这种权利变成一项金钱收入，但收效甚微。1414年的康斯坦茨宗教会议最终禁止了收钱的办法。（4）赠礼。这种税的性质变化多端，理论上是主动提供的，实际上是强制索取。（5）教产税。它有两类，“大地产税”是从隶属于罗马教廷的土地上征收的。“小产业税”是某个人或某项产业为报答教皇所赐予的保护而缴的钱。它不是定期征收的，从中所取岁入不大。（6）空额费。即领取教会年俸者因死亡或罢免而没有补缺者时，从所余下的年俸中抽取的款额。这是教皇把古老的封建原则应用于教会的职位，该原则即封主有权利要求因封臣之死而空缺的封地的收入。15世纪教会的一个经常性弊端就是空额费相沿成习。

此外，在任教皇，从各大主教法庭向他上诉的各类宗教案件中抽取了大量的收入。在今天看来，这些案件并不都是宗教性的，但必须记住，在中世纪，婚姻、分居、继承——因为遗嘱必须在一个教会的律师或公证人面前执行，否则无效——等问题都在教会司法权之内。教皇法庭的收入如此之大，促使阿维尼翁的历任教皇都把大批案件宣布为教皇保留赦免权的案件，对这种案件教皇拥有直接审判权，并且一旦起诉就自动转交阿维尼翁处理。主教们对此深恶痛绝，因为如此做法使他们不能在上诉前审理此类案件，也就剥夺了他们因此而获得的收费。敲诈勒索、贪污受贿的种种罪恶是与教皇的这种政策分不开的。

但是必须理解，教皇的这些杂税只不过是教会管理体系的本性所决定的，并且是在教会统治的实践中完全合法地发展起来的。人们可以批评征收这些税的方法常常过于极端，也可以抱怨行政当局在强制征税时的腐败——对这一切，教皇是不负什么责任的；但是从根本上来说，这些杂税都是合乎教会法规的，而且对于控制和支撑整个基督教会也是不可或缺的。

但是，当我们研究教皇收入的其他部分，即那些由于教皇拥有作为整个教会体系的精神领袖的特权而产生的收入时，问题就不那么清楚了。在前面提及的范畴里，我们都要考虑精神的价值。在所有这些劣迹中，最可恶的就是出售赎罪券，而它可能也是教皇最能获利的手段了。就其教义教理来说，赎罪行为本身没有什么可指责的，但是任何一个人老老实实查阅那个时代的文献记载后，几乎都不可避免地得出以下结论：由于滥用忏悔制度以及纵容赎罪行为堕落为一种交易，致使赎罪行为的精神目的在实践中被庸俗不堪的和唯利是图的性质所掩盖。这种利用精神权威来赚钱的举动其铜臭味令人掩鼻。正是这种把"上帝的赦罪"商业化以行财政剥削之实的行为,剧烈地动摇了14世纪人们的宗教感情,而宗教改革者们和异端教派集中火力痛斥的也是这一点。

教皇的另一个能生财敛钱的特权,就是他的"施恩赦罪权",这也是教廷的一个职能。依据这项特权,教皇可以"豁免"或暂停教会法规,而教皇们也随时准备着一旦需要就不择手段地运用之。教会有许多禁律,例如:禁止血亲结婚,禁止圣方济各会修道士领取教会薪俸,禁止兼领教会薪俸或一人身兼数种教职,禁止任命数人同任一职而使其中一人实际任职他人徒具虚名。但所有这些禁律都可以由教皇"豁免"。而这类"豁免"永远要勒索重金。靠着受理上诉案件和实施"豁免",教皇大发其财。

如前所述,1274年教会的领土划分为年贡区,即所谓 collečtoria,它们极少与既有的主教管区和大主教区的边界相吻合,但是直到14世纪这种制度才最终形成和固定化。一般是由教廷财政长官任命征税官,但有时也由教皇亲自任命,每个征税官都有一大批下属征税员并带着一帮书记员和公证人。为了勒索税款,不时使用开除教籍、褫夺教权的手段。

把这些巨额进款转送到阿维尼翁颇费周折,困难重重。虽然不常用实物交税,但一旦交来实物,就必须当场兑换成钱币,因此,一个称职的收税官就必须了解市场情况和各类商品的行情。而以现金交纳时,收税官又必须忠于职守,以防收进残币或伪币。当时流通的铸币五花八门千奇百怪,这就需要有一个货币兑换商来把那一堆堆杂七杂八的钱币兑换成一笔可供运输的款项。圣殿骑士团衰落之后，此项业务就由伦巴第和佛罗伦萨的银行家们来经营了，而且正如我们所知，他们之中的巨富者的分支机构遍布海外。一旦有可能，他们就避免实际运输现金而使用汇票。

在教廷迁居阿维尼翁期间，罗马与教皇国的情况怎么样呢？正当阿维尼翁奢侈风行之日，罗马却一贫如洗，14 世纪再也没有比这种鲜明对照更加令人震惊的事了。14 世纪，意大利全境工业兴旺，机声遍野；商业繁荣，生机勃勃；唯独罗马死气沉沉，像一个蹒跚无路的异乡浪儿。

> 当时在罗马有一种愿望，不仅要求稳定的权威，而且也要求具有其他意大利城市所具有的那种社会稳定因素。在伦巴第和托斯卡纳那些较大的共和国里，大多数人民是手工业工人和终日辛劳的人们。在他们之上盘踞着兴旺发达的中产阶级，他们从商业中大发其财，并拥有一套既坚不可摧，又手腕灵活的商业行会体系。对外贸易使热那亚、威尼斯和比萨日益兴旺；同样，手工制造业带来的财富，使米兰和佛罗伦萨得以战胜并同化了包围着他们的地方贵族。[①]

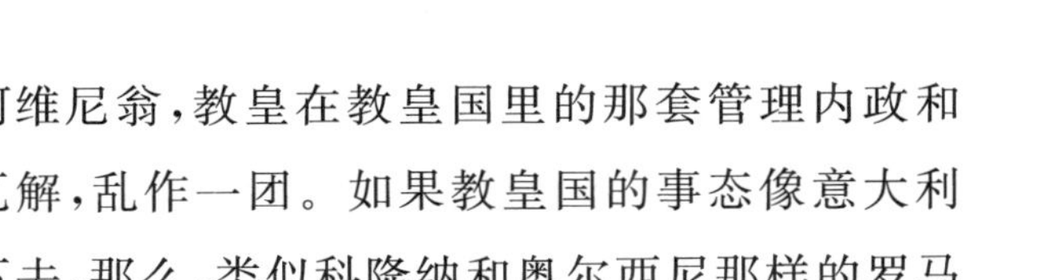

随着教皇迁居阿维尼翁，教皇在教皇国里的那套管理内政和教产的体制也土崩瓦解，乱作一团。如果教皇国的事态像意大利其他各地那样发展下去，那么，类似科隆纳和奥尔西尼那样的罗马大家族就应该兴起，压倒一切竞争者并在意大利中部建立一个像

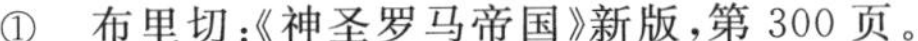

① 布里切：《神圣罗马帝国》新版，第 300 页。

米兰那样的公国。但是舞台太窄了,而参加竞争的家族又如此之多,以至于其中没有一个家族能达到这个目标。因而城内那些世代为仇的放纵的贵族们危害罗马数十年。他们那些令人生厌的城堡不仅林立乡间,而且在罗马城内也是栉比鳞次,其中有一些是在古罗马建筑物上临时拼凑而成,就这样,弗兰吉帕尼家族把圆形剧场改建成了一个大城堡。帕勒泰因丘上的“七景区”、马尔塞勒斯大剧院、泰特斯和塞普蒂米乌斯·奥沃乌斯及君士坦丁的凯旋门都变成了高耸的棱堡。每个家族都豢养着亡命之徒和外国雇佣军,他们与其他类似的雇佣匪帮之间一旦休战,就骚扰道路,拦路抢劫朝圣者和旅人,搜抢教堂、掠劫农民的田庄。14 世纪罗马那种暗无天日的无政府状态,真是罄竹难书。[①]

里恩齐策划的共和革命(1347～1353 年),在一定程度上,暂时把罗马从这种水深火热之中拯救出来了。如果我们不相信某些作者所说的,里恩齐一开始就是个江湖骗子的话,那么应该说,他所信守不渝并为之奋斗的理想太不着边际,太异想天开,而且到他晚年简直变得如癫似狂了。但不管怎么说,他努力把法律和秩序引进教皇国并有所成就,似乎使教皇克列门六世也因此而燃起了希望之火——重整教皇的故土基业毕竟还是可以有所作为的。

于是,1353 年教皇派著名的勇士,红衣主教阿尔博诺去罗马,委以重任。当时教皇国全境内,几乎只有蒙特菲斯孔一地仍然承认外迁的教皇为自己的领主。多股外国雇佣军在整个意大利中部

① 这方面最著名的记载见布韦尔·利顿所著《里恩齐》一书。

出没滋事，他们纯属有组织的盗匪集团。

> 这些家伙因他们戴的头盔而被人们称为 barbuti（头盔），他们的头子们全身披挂，身边有由4个队长组成的顾问班子统率骑兵部队，另外四个队长的班子率领步兵。此外，匪伙们也按照共和国的习惯，重要事宜都由全体伍长组成的议事会议决定。在这个军事集团内，各分团又分成营队或称 bandiere 并据此把军官们分为总司令、司令、伍长几个等级。军中有法官和公证人，还有财务官，负责分配掠获品和薪金并管理财政……。他们那错综复杂的营地就是一个大市场，成群结队的商人麇集于此，贩卖那些从各修道院和各城市掠夺的战利品，而意大利的大银行都和队长们建立了商务关系，队长们则把他们的赃物存入银行生息。[①]

这些雇佣军支队中有两个被走运的英国兵所控制，而且主要是由来自法国的骑兵组成，队长是约翰·霍克沃德爵士和休·莫尔蒂默。而最为臭名昭著的要数阿尔巴诺的弗拉·蒙雷亚莱。他是普罗旺斯人，是圣约翰骑士团的一个叛教的头目，他比同时代的任何人都更接近于在罗马建立一个公国的目标。他从被他敲诈的城市中勒索来的巨额财富，都存在佩鲁贾的银行里。甚至连佛罗伦萨、锡耶纳、阿雷佐和比萨也重金购买豁免权，以求免遭围攻和掠夺。1354年，他把自己军队的使用权卖给威尼斯人，在他的主

① 格利哥罗维斯:《中世纪的罗马城》,第6卷,第2册,第415页。

将、德国冒险家兰道指挥下对维斯孔蒂家族作战，从而得到15万金弗罗林的收入。当阿尔博诺遣使前去，要求他和平地撤出教皇国时，这位雇佣兵队长答复道：

> 尊敬的大人，我们在意大利的生活方式是家喻户晓尽人皆知的，谁抵抗我们，我们就抢他、劫他、杀他，这就是我们的规矩。各乡各地，我们开到哪里，哪里就是我们的抵押品，这就是我们的生财之道。凡是想留条活命的人都得不惜重金，购买和平安宁。因此，如果您，特使先生，希望安居乐业，希望教皇陛下的城市平安无事，那好说，世界上别人怎么办，就请他老人家也怎么办，干脆说吧，给钱！给钱！给钱！[①]

但是，阿尔博诺干戈未动，凭着外交手腕就把他的对手置于死地。1354年，弗尔·蒙雷亚莱被送上了绞刑架。阿尔博诺把那位圣约翰骑士团骑士随身携带的和以前存在罗马城内的财宝夺到手中，总计10万金弗罗林，其中6万是刚刚从比萨敲诈来的。但是阿尔博诺慢了一步，没能夺到弗拉·蒙雷亚莱存在佩鲁贾的财宝，在他能够到达锡耶纳之前，佛罗伦萨就把它们没收了。

意大利的某些地区翘首以待，希望蒙雷亚莱的败亡将会给其他流窜的雇佣兵匪帮敲响丧钟。早在1349年，佛罗伦萨就曾打算建立联盟来对抗他们。当皇帝查理四世来到意大利时，阿尔博诺又为同一目标而奋斗，但是那些恶棍队长们嘲笑皇帝囊中空空，对

① 引自格利哥罗维斯：《中世纪的罗马城》，第6卷，第2册，第416页。

他的反对一笑置之。1366 年由佛罗伦萨、那不勒斯和罗马组成一个意大利联盟已指日可待，但是圭尔夫党控制的佛罗伦萨反对皇帝与该联盟有任何关系，于是雄图大略也就烟消云散了。但是，尽管一时受挫，英勇的红衣主教阿尔博诺反而加紧了推行解放教皇国的计划。这是一项狡猾的威逼利诱政策。里米尼的马拉泰斯塔家族和安科纳女侯爵首先降服。1355 年，作为臣服教廷并交付租金的报酬，他们获得统治里米尼、法诺、佩扎罗和福松布罗内等教区 10 年的权利。不久之后，在类似条件下，乌尔比诺和费尔摩的蒙特费尔特里、法恩扎的曼夫雷蒂也归降。这种安排减轻了他们过去强占教皇领地的罪责。作为把这些领地的所有权让给教皇的报酬，他们以教皇的代理人的身份又收回了这些领地。在萨比纳地区和斯波莱托与内拉河之间的山区，地方封建家族也被任命为教皇代理人。教皇领地的其余部分则被置于教区长管辖之下。教区长同地方议会相结合共同管理地方事务，教会、修道院、女修道院、贵族和该地区的城市在议会中都有代表。每个教区长都有自己的司礼官、法官、收税官等助理人员。

红衣主教阿尔博诺同当时的诸侯们和诸自由市一样，完全受到 14 世纪流行的系统的理财思想的影响。当时教廷的《外交法典》包括大量有趣的文件，这些文件使得教廷管理教产的情况得以重视。这样，我们就能对 1356 年的安科纳地区，及 1371 年建的罗马尼阿边区的情况作一概括的统计。当时罗马尼阿地区的居民达 346 444 户，其岁入达 10 万弗罗林。

1375 年发生的一个事件可以最好地证明，经过阿尔博诺的努力，教皇国的经济已经部分地恢复了。1373～1375年间，正值整个南欧由于谷物歉收和鼠疫横行而陷于水深火热的艰难岁月之中。北欧似乎没有遭此灾祸。倾盆大雨与旷日大旱轮番肆虐，从1372年圣诞节到1373年复活节滴雨未见，但4、5、6三个月又连降暴雨，几乎日日不断。1375年6月，比萨一蒲式耳小麦的价格上涨到4里拉，10月涨到8里拉，次年2月又涨到16里拉。葡萄酒和橄榄油的价格也按相应的级数上涨。在伦巴第，人们放弃了农耕。成群结队的农村居民蜂拥到城市中觅食。全意大利都渴望着面包。从情况稍好一些的科西嘉和撒丁岛成船地进口粮食。在这次大灾大难中，教皇国拥有的小麦比意大利其他任何地区都多。法国的马赛、蒙彼利埃；热那亚、比萨、卢卡和佛罗伦萨都向教皇请求供应。教皇格利哥里六世答复说，他自己的臣民也刚刚够吃，再无余粮。但佛罗伦萨大声疾呼，严重抗议，一场小规模的“小麦战争”随之而起。战争中，佛罗伦萨人强夺了教皇领地上的粮食。有人严厉谴责教皇故意拒绝救济灾区，以便靠谷物投机来大饱私囊，而且大多数饥肠辘辘的意大利人都对此确信不疑。

在教皇权分裂时期(1378～1415年)，罗马再次堕入近乎先前的无政府状态。尽管教会史上的这次大分裂在宗教事务和政治上的重要意义大于在经济上的意义，但它也有其经济的一面。欧洲被两个宗教辖区所瓜分，而每一个宗教辖区的教会岁收和赞助金都对争斗的旷日持久发挥了不小的影响。

倘若教皇与对立的教皇们得以为所欲为，那么就会不允

> 许任何基督徒助邻人以柴米，死者就会暴尸旷野，战争恶魔就会暴虐之极弹冠相庆，城市和国家之间的贸易与交往就会一扫而光。①

万幸的是，所有这些蛇蝎心肠对现实世界的秩序为害甚微，而真正的祸根看来在于：互争短长的教皇们哪一个也不会放弃正规的岁收、赞助金、官员的薪水。教皇亚历山大五世时代一团乱麻般的状况。我们已略见一斑。他被当选时，属灵派方济各会信徒欣喜若狂。因为，这位新教皇的出身如此下贱，他竟然不知道自己的生身父母是谁，因而也就没有子侄或其他需要照应的亲戚。但为时不久，求官寻爵者就挤满了他的教廷。

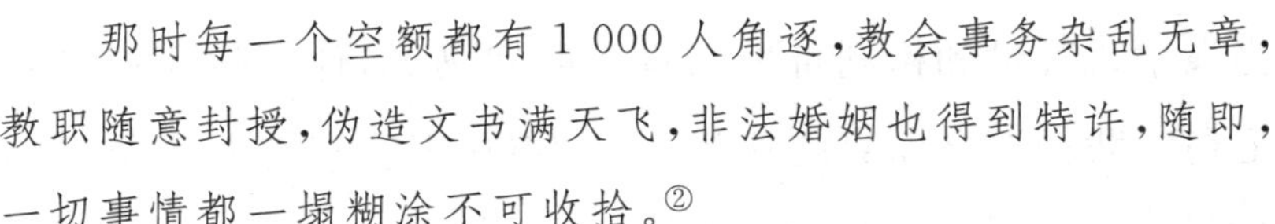

> 那时每一个空额都有 1 000 人角逐，教会事务杂乱无章，教职随意封授，伪造文书满天飞，非法婚姻也得到特许，随即，一切事情都一塌糊涂不可收拾。②

大分裂结束，教皇返回罗马后，至少消除了两个为患甚久的祸害：到 15 世纪时，意大利的“雇佣兵时代”已一去不复返了，而在罗马，旧贵族元气大伤，不可能东山再起了。但不幸的是，与欧洲各地不同，这里不存在一个可赖以建立一套政治制度的中产阶级的因素。要说统治的话，那么罗马城是被各种行会统治着。至于坎

① 维利：《亨利四世统治史》，第 3 卷，第 4 页。

② 维利：同前书，第 3 卷，第 391 页。

帕尼亚，以及罗马周围的其他地区，都由小贵族们统治着，而其中许多人先前是割据一方，世代相袭的教区首领和教皇代理人，但现在每况愈下，衰微破败了。坎帕尼亚的农业几乎荡然无存，一则由于无政府状态为害甚久，二则由于羊毛生产获利丰厚，精于理财的土地所有者们就弃农从牧。像在西班牙一样，牧人们顺应季节。冬天从阿尔班丛山和阿布鲁齐山上把羊群赶到坎帕尼亚放牧，夏日来临之际，又赶着羊群返回山中。15 世纪后期的教皇们企图力挽颓局，希克斯图斯四世制定法律，要求必须耕种全部土地的1/3；重新采用阿尔博诺的制度；改革币制；疏浚河流，构筑河堤，还徒然地试图排干福利尼奥和马里蒂莫周围传播瘟疫的沼泽；他甚至还梦想排干蓬蒂内沼泽。但是罗马城区直到 1871 年教皇的世俗权力崩溃、现代国家主权建立之时，仍保留着它 15 世纪的惨状未变。当乌尔班五世和格利哥里六世访问罗马时，他们被吓得逃回阿维尼翁。我们有乌斯克的亚当写于 1400 年左右的一篇著名的关于"不朽之城"罗马的栩栩如生的记述，他是一位英国主教，在卜尼法斯九世和英诺森七世在位期间，在罗马城里居住过一些时候。这是一幅惨不忍睹的图画：人口锐减，贫苦不堪，盗匪横行，害虫肆虐，狼群出没。他写道：夜间，狼群和野狗在大街上互相撕咬，吵得全城不得入梦；强盗们剥光了圣彼得大教堂的大理石和斑岩的外壳，大教堂里一贫如洗，以至于 1414 年的圣彼得与圣保罗节那天，只剩下一盏孤灯闪亮。梵蒂冈的宫墙已成碎砖烂瓦，狼群长驱直入，横行内苑。

马丁五世 1420 年进入罗马，使教廷复归其真正首都时，罗马就是这么一副惨状。随着 15 世纪教皇权力的恢复，罗马不但再次进入意大利的生活，而且进入欧洲的生活。历任教皇成为意大利的王公，与美第奇家族和维斯孔蒂家族争夺权力和荣耀；教皇国变成了一个与佛罗伦萨公爵领地和米兰公爵领地同样广袤的公国。由于再次把全部拉丁教会的统辖权集于掌中，罗马人口剧增。在阿维尼翁盛极一时的物质生活和道德生活现在又风行于罗马。不多时，罗马就堪与意大利的其他各个公国夸富争荣了。整个中欧和西欧的黄金源源流入圣彼得的钱柜。数不胜数的金钱、蜂拥而来的朝圣者和游客、从各国君主处来往如梭的特使、他们每人携带的华服似锦的随从、云集于此经办教会合法买卖或营钻晋身之阶的主教和修道院长及其他神职人员，[①]所有这一切都使罗马的商业繁荣起来。建筑房屋的狂潮和不动产投机的巨浪随之汹涌而起。另一现象是小麦上的高利贷剥削。尽管不可否认，教廷下级官员中贪污受贿和滥用职权的行为比比皆是，但是教皇希克斯图斯四世或许可以免于从此类行为中受惠的指控。所有罗马的常住人口税额负担很轻，因为教皇财源茂盛，足以对自己的臣民开恩免税。一位精明而坦率的法国历史学家科曼尼说过，教皇的臣民可谓世间最幸福之人，因为他们既不用交人头税，又几乎没有任何其他税。他这种说法是有某些条件限制的，不应该无条件接受。但

① 有一套具有最大历史价值的书，提供了教皇的枢密会议中的程序规则；管理教皇有俸圣职的保留、任职和空缺的现存文件；还有在教皇法庭上的诉讼程序和如何获得教皇所保留的豁免；此书即《保罗二世（1464～1471 年）的教廷法规、训戒及律令》，1476 年印刷于奥格斯堡。以上所有规则，书中都提供得完完全全，并附有应付给教皇财库的现金费用的精确数目。在第 139 对开纸上，有一份长长的免罪价目表。

真实的情况确实是“就平均水平而言，再也没有什么地方的税能像教皇国这么低了”。[①] 如果把教皇的财富与其他意大利公国相比较，那么，1464 年发动的对土耳其人的十字军讨伐，就是一个极好的衡量尺度。教皇和威尼斯各为这次出征提供 10 万都卡特；那不勒斯 8 万；米兰 7 万；佛罗伦萨 5 万；摩德纳 2 万；锡耶纳 1.5 万；曼图亚 1 万；卢卡 8 千；蒙费拉特 5 000。[②]

15 世纪教皇的最珍奇的也是一项获利最大的财源，是从 1462 年发现的托尔法明矾矿上的年收入。在前一章中我们已经知道，明矾由于它的聚敛作用可以用来着色，成为染坊业必不可少的辅助原料。但是欧洲几乎没有明矾矿藏，这就迫使意大利纺织业不得不依赖威尼斯和热那亚商人转手，从小亚细亚以惊人的高价进口明矾。这种状况使佛罗伦萨受害尤甚，因为它是意大利最大的纺织品制造地区。但是，1458 年由于一个偶然机遇，在沃尔特拉发现了一个小明矾矿床，佛罗伦萨立即对这个小城宣战，并吞并了它的领土。尽管如此，夺来的矿产仍不能满足佛罗伦萨的需要，明矾价格仍如以前一样高昂。新的振奋人心的发现接踵而来。帕多瓦人乔瓦尼·达·卡斯特罗是一个德高望重的法官的儿子，1453 年之前，他一直在君士坦丁堡经营一个大染坊。1462 年，他在教皇国的托尔法发现了明矾矿，此事可算是商业史上的一个传奇故事。卡斯特罗把经过透露给教皇庇护二世，庇护二世把它记载在自己的回忆录中。当卡斯特罗徒步跋涉，经过契维塔韦基亚附近

① 雷蒙特，第 2 卷，第 279 页，见帕斯特的《教皇史》，第 4 卷，第 425 页。

② 见十字军账册。同前书，第 3 卷，第 336～337 页。

的小山时，一种草本植物引起了他的注意，因为他知道，在小亚细亚的明矾山也生长着这种草。接着，他又在附近发现了一块有些发白的，有点食盐滋味的矿石，他用火一烧，证明那就是明矾。于是卡斯特罗赶紧跑到教皇那里，说道："今天，我给您带来了对土耳其人的胜利，因为他们每年因明矾从基督教世界得到 30 万都卡特。我已经发现了 7 座埋满明矾的山丘，足够供应 7/8 的世界，而且近旁地区水量充沛。这些，加上宜于扬帆的大海近在咫尺，都将使开矿易如反掌。这样一来，土耳其人的利润将被剥夺，而继续进行神圣的反土耳其战争的新财源将茂盛无比。"实验表明，80 磅新发现的明矾抵得上 100 磅土耳其明矾。其质量极佳。下一年，这项产业雇佣了 8 千人。乔瓦尼·达·卡斯特罗为开矿组建了一个公司，其股东是热那亚人和比萨人，教皇则是入股的一方。教皇的年收入数达 10 万都卡特。

第十二章　百年战争的第二阶段（1380～1453年）

现在我们必须继续介绍1380年以后的法国历史。这一年正好是查理五世逝世。法国的经济状况毫无疑问地跟不上他统治时期的政治形势的发展。人们希望看到一个繁荣的时代能够很快来临。可是，这种希望很快就宣告破灭。新的国王竟是一个11岁的孩童，查理五世的3个兄弟昂儒、贝里和勃艮第的公爵与他的内弟波旁公爵为着各自的私利而正在争权夺利。为了反对这些放荡不羁、游手好闲的贵族，各地人民纷纷起来反抗斗争。巴黎的政权落到一个王子手里。他是一位精明能干的统治者，对王叔们的蛮横要求置之不理。在他死后的一个短时期内，查理六世的摄政者在民众压力的影响下，不仅被迫废除了炉灶税，而且废除了盐务税和“补助金”，王室及其混乱的统治机构只能依靠王室领地的收入来维持。每种新税都被废除了，法学家们以此作为其高谈阔论的课题，曰“新的国王、新的法律和新的风习”。而且，在农村组织了扎克起义的农民推动了城镇的居民，许多城镇接着发生了流血的暴动（1382年）。这种民众暴动在当时的欧洲是一种普遍现象。1379年根特起义反对路易·德马尔伯爵；1381年英国的农民在瓦特·泰勒领导下起义；1379～1382年佛罗伦萨发生人民起义。

大约从1380年持续到1415年，法国进入了长时期的动荡。

频繁的动乱给工商业带来了灾难。在查理六世统治初期，虽然没有与英国发生战争，但值得注意的是，即使从1380年至1415年间没有全面的战争，局部战争仍在大部分的省区进行，偶尔因休战条款而间歇。布列塔尼、诺曼底和普瓦图极为不安全。英国人在这些省份搞突然袭击，掠夺这里的城市。1412年在下诺曼底他们想出了砍倒苹果园里的果树这一野蛮办法，而这些苹果园是该省经济收入的最主要的来源之一。

查理六世时代的法国贵族阶层表现出无耻的豪华奢侈。奢华的宫廷宴会前所未闻，国王的入城仪式空前壮观。贵族衣着华丽，追求享受的风气导致奢侈品工业异常繁荣。贵族为了保持奢侈的生活，加倍征收土地税，加重对人民的压迫。而且他们还承担着无法偿清的沉重的债务。这一时期的愚蠢的奢侈，使贵族和劳动阶级同归破产。

国王与行会之间时而敌视时而友好的关系构成了查理六世统治时期的工业史。在这一时期，法国工业处于完全衰败的状态之中。工人在1382年的起义*中起了最主要的作用。在1383年镇压期间，他们受害最重，丧失了在市政选举方面的权利，他们的组织时常被解散。在幸免于被镇压的地方，他们被迫屈从于王国的官吏。然而，政府的苛政逐渐地被松动了。巴黎再次允许行会存在，并归还它们被没收的财产。随着国王的叔父们权势的下降，它们越来越受到较优惠的待遇。1388～1390年期间，行会恢复到了

* 1382年巴黎手工业者和帮工约4 000人举行起义，用铅锤武装自己，称为“执铅锤者”起义。——译者

原来的地位。其中一个行会——屠宰公会的地位最为显赫，在标志查理六世统治结束的各种大事中，在政治上起着显著的作用。

在1383年的1月大赦令颁布之前，屠夫已经形成不同的团体，分散在巴黎各商业区中。首先"大屠夫"行会的屠夫是在国王的管区内。他们居住在塞纳河的右岸，即肉店的圣雅克教堂与塞纳河之间。在那里可以看到明显冠以行业名称的街道，如特里佩里(下水店)、塔内里(鞣革店)及牛市等。* 还有一座在圣热纳维埃夫山上的圣热纳维埃夫肉店。14世纪末该组织的成员只能在城外屠宰牲畜，为此在圣马塞尔修建了屠宰场。除此之外，在各个领地也有专门的屠宰场。如在巴黎主教领地上的圣母院广场上和圣日耳曼·德普雷修道院长的领地上的屠宰场等。

这些屠夫们享有极大的特权，且作为一个组织，势力甚大。其成员的数量是有限制的，在"大屠夫"行会中，其成员资格是父子相传的。在圣日耳曼·德普雷镇，屠宰业为那些出生于该城的人或与该城某一女子结婚的人所垄断。

屠宰业是一种最为获利的行业，领导巴黎屠宰业的是富豪大户。如西蒙·卡博希、托马·勒格瓦、肖蒙的德尼(皮货商)，还有盖兰、圣约恩及德—埃皮(Deux-Epées，即双剑)三大名门望族的头面人物。托马·勒格瓦在圣热纳维埃夫山旁边有一座筑有三层山墙的富丽堂皇的房舍。而死于1830年的威廉·圣约恩身后留下了一大笔财产，由于他的去世，在巴黎最高法院(即国王最高法

* 特里佩里为出售牲畜肠、肚等下水的店铺；塔内里为鞣革店；牛市似应是出售小牛的市场。——译者

庭上)出现了一次有名的诉讼案,裁决他的遗孀和他的两个姐妹之间的财产纠纷。从这次诉讼中我们了解到威廉·圣约恩在圣詹姆斯屠宰场有3个肉摊。在那里,他每星期售出价值200利佛尔的肉类(920美元以上)。每周的利润至少达100美元至140美元。除了城里的房产之外,他在农村还拥有3间别墅。他的银制餐具同他妻子的衣橱都很闻名。他妻子拥有的珠宝价值9 000美元之多。除了不动产之外,圣约恩还留下了300张兽皮、800小桶牛脂、一个有800头羊的羊群——因为每一个大肉商也同时是畜牧场主,在巴黎近郊拥有农场,在市区拥有畜栏——和超过3万美元的现金。他的遗孀被指控在他立遗嘱时,对她的丈夫使用了威胁手段。我们不知道此讼案的起因,但保留至今的讼案的一部分却揭示了中世纪巴黎屠夫的有趣的一页。

一个屠夫死时,儿子便继承父业。行会章程第23条规定:除巴黎"大屠夫行会"的会员之子,任何人不得成为该行会的成员。如果儿子已成年,必须设盛宴招待行会其他成员;如果儿子处于幼龄,他的监护人要付两次宴会及其附加费用,并保证承担这一责任。在这些宴会上,向巴黎的市长或在沙特莱要塞中的国王的收税官献酒、糕点和野味。还必须送同样的礼品给师傅和师母、巴黎街道监督人、负责主教司法的大教堂的教长、管地窖的人和最高法院的看门人。另一些规章严禁修建新的屠宰场,以此确保行会的某些垄断。

尽管如此,在铅锤党人起义之后,根据1383年1月27日的法令,屠宰行会虽有万贯财富,仍被解散,直到1388年才得以恢复。由于它是几个有不动产的行会之一,所以棚店被没收,并入国王的领地,收入则装进了国王的腰包。

尽管屠宰行会所受的损失要比许多别的行会小,但是巴黎的屠夫们对国王的怨恨长期不消，数年之后，他们进行了报复。当查理六世成为大众失望的疯子*时，他的王后，巴伐利亚的伊莎贝拉和他的情夫、国王的兄弟奥尔良公爵路易，用极为可耻的办法，控制政府而营私自肥。但是路易遇到势力强大的勃艮第公爵的激烈竞争。1407年，奥尔良公爵被勃艮第公爵雇佣的奸细所刺杀。一个以勃艮第公爵为首，另一个以阿曼涅克伯爵为首的两大党派形成了。内战首先在巴黎展开，最后几乎使法国各省也都卷进去。**这时，英国国王亨利五世重新挑起了前一世纪在法国所进行的战争，从而使形势更为复杂。

1413年，正是亨利五世赢得著名的阿让库尔战役***前二年，英军包围塞纳河口的哈弗尔（勒阿弗尔）时，巴黎的党争事件达到高潮****。屠宰行会一方面出于对王国政府的积怨，另一方面由于不相信王室会进行任何政治改革，早在1411年便已同勃艮第公爵建立了秘密联系。虽然屠夫们似乎首先发难，但要求改革的愿望却是广泛存在的。三级会议从2月一直开到5月，却没有完成任何议案。在这次危机中，巴黎大学提出了一个行政改革的综合议案，屠宰行会用武装力量强行支持。卡博希、勒格瓦和小圣约恩带着一大群党徒游行通过巴黎市区，向民众发表长篇演说，谴斥王权

* 此处指查理六世后来患了精神病。——译者

** 1407年勃艮第公爵无畏者约翰下令刺杀路易，由此出现法国两大党派。以阿曼涅克伯爵为首的阿曼涅克派反对勃艮第派的内战爆发。阿曼涅克派的势力来自法国的南部和东南部。勃艮第派在北部和东北部的势力较大。——译者

*** 或译阿金库尔战役，为英法百年战争中一著名战例。1415年，亨利五世以一万人击败了3倍于此的法军，俘奥尔良公爵路易，占领诺曼底。——译者

**** 指1413年巴黎手工业者和小商人因对重税和三级会议的无能不满，在卡博希领导下发动的起义，亦称卡博希起义。——译者

和三级会议玩忽职守，对他们漠不关心。4 月 28 日，群众集合在巴士底狱前[*]——在法国大革命早期，人们再一次这样做，并取得预期后果。他们向皇太子[**]居住的宫殿进发，因查理六世精神失常，皇太子任代理国王。

巴黎处在骚乱之中，屠夫成了该城的主宰。他们的小分队在街上巡逻，守护桥梁和主要的建筑物。他们穿着长长的皮制工作服从脖颈拖至脚跟，看来一定令人望而生畏，长皮袍被屠宰物里的血块染成紫红色，在早春的冷风吹拂下，散发出一股难闻的臭味。他们个个带着屠宰刀——他们是使用这种屠刀的行家里手。人们远远就可看见他们的皮帽——这被当成真正军人的钢盔或铁壳帽。他们的皮带装饰比骑士和贵族要逊色，但外观却像是军用皮带。他们的腰间没有挂剑鞘，屠刀是操在手中的。

1413 年 5 月 26 日，王国政府接受了“大赦令”中所提出的条件[***]。但不幸的是，已经尝到权力甜头的屠宰行会不愿意放弃它的影响，卡博希起义者一开始是正当地要求实行改革，此时却使这场运动成为暴政。作为激进的勃艮第党人的同伙，他们反对调解两党关系的任何尝试。于是，巴黎的工商业阶级逐渐地改变了态度，把屠夫党看成是一个煽动闹事的宗派，重新与王权结合。勃艮第党开始失去影响。最后，勃艮第公爵成为叛国者，开始同英国的亨利五世进行秘密勾结。这一行为把卡博希党人置于死地。因为勃艮第公爵的叛国行为，使他们一个个落进法国的民族敌人的怀

[*] 巴士底狱是 14 至 18 世纪法国的巴黎城堡和国家监狱。——译者

[**] 法国皇太子的称号用于 1349 至 1830 年间。——译者

[***] 即颁布卡博希法令(1413 年)，也叫“三月大赦令”，规定成立三个委员会，处理公共事务，并规定一项总的改革细则。——译者

抱之中。

王国政府和阿曼涅克伯爵领导下的上层阶级逐渐得势，在1413年9月1日重新控制了巴黎，废除了卡博希法令。得胜的阿曼涅克派自然严厉处置了支持过勃艮第公爵的巴黎各社团组织，因为勃艮第公爵曾在下层阶级中招募新兵。接踵而来的是新的恐怖统治；并且公布了被放逐者的长长的名单和许多死刑令状。

1416年5月13日，政府下令驱除“大屠宰业行会”，“以便更好地装潢修饰巴黎的街道，消除各种传染病和腐化物对公共卫生的危害”。屠宰场被搬迁到远离巴黎市区的地方。遍布于巴黎狭窄的、弯弯曲曲的大街小巷中的屠宰场被拆除。毫无疑问，这一变化是有利于巴黎人的。屠宰行会的政治势力结束了。在巴黎后来的历次著名人民起义中，包括1588年的巴立卡特起义*和法国大革命，屠夫们都没起过引人注目的作用。

上面所提到的法国工业状况，也可以用于商业。14世纪末，法国的商业似乎接近于新的繁荣。法国在意大利的企业是重要的。根据那不勒斯王后珍妮一世的遗嘱，那不勒斯王国的统治权转让给第二昂儒家族**的路易一世和他的儿子路易二世。而奥尔

---

* 此指发生在法国胡格诺战争时期的重大事件。1588年法国国王亨利三世与介斯公爵亨利之间进行着残酷的战争，引起巴黎人民的大起义。同年5月12日，国王在巴黎人民欢呼介斯公爵万岁声中，看到大势已去，不得不率领朝臣仓皇逃出巴黎，到达南部罗亚尔河上游的布尔瓦城避难。——译者

** 即昂儒伯爵家族。第一昂儒家族为英国金雀花王朝的创建者。法国于13世纪收回昂儒伯爵领，路易九世把它赐予弟弟查理，是为第二昂儒家族，因姻亲关系，查理继承了意大利西西里王位（1268年），建西西里和那不勒斯的昂儒王朝。“西西里晚祷起义”（1282年）后，该王朝退居那不勒斯，直到15世纪末。其势力最大时，远达巴尔干半岛和中欧。——译者

良公爵已娶了米兰公爵的女儿瓦伦丁·维斯孔蒂,并接受了阿斯蒂伯爵领*作为嫁妆。未按教规遴选的法国教皇克力门七世则梦想把教皇国置于法国的宗主权之下,成为"亚得里亚王国"。1396年法国势力在热那亚占优势,法国元帅布西考尔在那里为法国夺取了萨沃纳**、摩纳哥***和厄尔巴岛****,甚至企图占领比萨和来亨。这似乎为法国的商业在地中海打开了广阔的前景。现在法国可以做着与威尼斯争夺地中海霸权的美梦,然而纯系一枕黄粱。昂儒公爵在下意大利被挫败,仅仅保住了普罗旺斯省的统治权。奥尔良公爵打算从罗马教皇手中夺取教皇国的企图也归于失败。1400年,在布西考尔将军不在热那亚坐镇期间,该地爆发了人民起义,推翻了法国统治。奥尔良公爵只能在意大利维持对阿斯蒂伯爵领的控制。尽管法国在意大利做了各种尝试,它的商业却没能得利。所以法国在1380年至1415年之间虽貌似强大,工商业却是严重衰退。从1415至1422年,甚至一直到1430年,当法国开始战胜英国时,这种衰退仍在继续。

1407年后,奥尔良公爵被暗杀时,法国北部处于内战状态,1415年英国再次侵略法国。阿夫勒向亨利五世投降。阿让库尔战役以后,整个英吉利海峡沿岸的法国领土落入英国人的手中。在塞纳河口,卡斯蒂利亚的商人从英国取得了重要特权。1417年

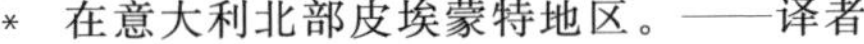

* 在意大利北部皮埃蒙特地区。——译者

** 意大利西北部港市,濒临利瓦里亚海。——译者

*** 该城筑于滨海阿尔卑斯山脉伸入海中的崖顶。现为摩纳哥公国首都。——译者

**** 第勒尼安海中岛屿,位于亚平宁半岛西岸近海10公里处。1814年拿破仑曾放逐于此,现属意大利。——译者

亨利五世攻克下诺曼底，占领了卡昂、贝叶、阿尔让当、法莱兹。鲁昂遭受长期围攻之后，也于1419年1月14日投降。除了布列塔尼半岛海滨地区的圣米歇尔山始终没有被英国占领之外，法国丧失了整个诺曼底。而在法兰西王国所有的省份中，诺曼底是最为富庶的。卡昂以呢绒和哔叽闻名；鲁昂在生产的重要性方面，堪与巴黎相媲美，纺织行业非常著名，普通商品的输出也从意大利扩展到斯堪的那维亚。

英国人有计划地建立征服地的统治，那些归顺的人受到保护，那些拒绝承认英国统治的人被驱逐。许多纺织工人因此而被迫离开诺曼底，进入布列塔尼。在此之前，布列塔尼除了生产亚麻布之外，几乎不生产呢绒，但现在则很快地开始大量加工外来的呢绒。这种状况在富热尔尤为突出。来自圣洛的纺织工人在这里定居下来，使富热尔成为一个重要的工业中心。

当英国完全征服诺曼底时，勃艮第公爵于1419年9月10日在蒙特罗的桥上被刺杀。这一谋杀破坏了国王领与各公爵行省的一切联系。从此以后，佛兰德与法兰西岛的一切联系停止了。法国丧失了索姆河流域。然而，这还不是勃艮第公爵被谋杀的最糟糕的后果，最糟糕的是好人腓力全心全意地投到英国人的怀抱里。

1420年5月24日的特鲁瓦条约*把法国的王位给了亨利五世和法王查理六世的女儿、法国的卡特琳的后代。法兰西岛各城市投降了英国，9月1日亨利五世进入巴黎。若根据他所受到的

* 该条约剥夺法国太子的继承权，亨利五世为法国的摄政、查理六世的继承人，亨利五世后，年仅10个月的亨利六世于1422年继位。——译者

巴黎市民的欢迎来判断，可能会认为巴黎仍然是一派繁荣。市民阶级身着奢华的红袍，宫殿前演出着奇迹剧*。但是透过表面现象，巴黎实际上处于惨风苦雨之中。1418年到1426年间，伦迪市集停止使用，外国商人不再到法国来。在1410年已经被驱逐的犹太人移居到阿尔萨斯、德国的其他地方和阿维尼翁。伦巴第人也离开巴黎，把他们的银行业迁移到安特卫普、布鲁塞尔和日内瓦。而且，英国的侵略继续在扩大。“法兰西”的领土除了卢瓦尔河以外，只限于东南和西部，首都在布尔日**。法国唯一靠大西洋的港口只有普瓦图、奥尼斯—拉罗歇尔、尼奥尔和圣让当格莱，可是这些港口很少看到葡萄牙人和卡斯蒂利亚人的船只。而自从法国人愚蠢地停止同汉萨同盟的贸易(因为汉萨同盟也同时与英国进行贸易)后，汉萨同盟的船只也停止到上述的法国港口。法国唯一有利可图的港口是在地中海的埃格莫特、纳尔榜和蒙彼利埃。在这些港口，法国船只运载着本国产品航行到埃及和叙利亚的东部港口。但是即使是这些港口，也由于淤塞日益严重，难于同地中海保持联系。里昂诸集市开始衰落，或者更确切地说是转移到日内瓦。蒙彼利埃和博凯尔的集市也消失了。这是法国历史上最黑暗时刻，一直到贞德***的出现，法国政府的恢复，并且处于查理七世及

* 中世纪表演基督教《圣经》故事的戏剧。——译者

** 位于法国中部。1422年英王亨利六世即位，兼任法国国王。同年查理七世在法国南部称王，法国便有了两个国王。查理七世以布尔日为首都。——译者

*** 贞德(1412～1431年)，一译冉·达克。英法百年战争末期抗击英国侵略军的法国爱国女英雄。1429年她率军解了奥尔良城之围。被誉为“奥尔良姑娘”，后又从英国人手中夺取许多城市。当年，在兰斯城为查理七世加冕，使百年战争进入法国胜利的起点。——译者

其著名的顾问雅克·科尔*的统治之下这一时期才告结束。

1422 年 8 月 21 日，阿让库尔的英雄**在万森去世，遗下了一位年满 10 个月的儿子作为他的继承人。这一幼童是查理五世同法国卡特琳公主的后嗣，他继承了英国王位，称亨利六世。几个星期之后，法王查理六世逝世。根据特鲁瓦条款(1420 年)，婴儿亨利六世继承了法国的王位。

亨利五世在临终时，已任命他的弟弟贝德福公爵约翰为诺曼底的摄政者，任命他的小弟格洛斯特公爵汉弗莱为英国摄政王。人们指责这届政府没有同法国讲和，而法国甚至不肯使亨利六世占有诺曼底。

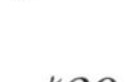

至于在英国，法律没有给予垂死的君王以任命摄政的权力，因而国家拒绝受遗嘱的严格约束。11 月国会宣布一项法令，任命贝德福公爵为“王国摄政”和“国王的保护人”，汉弗莱则作为他哥哥缺席时的代理人。但对于亨利五世指定法国和诺曼底的摄政一事，似乎未曾有过疑义。

虽然亨利五世的弟弟贝德福公爵约翰在 1422～1435 年间统治法国的历史，是中世纪历史的短暂插曲。但是在 15 世纪的历史中却是极为重要的一页。从贝德福统治伊始，交给他的便是一个“无望的事业”。然而，他竭力使法国顺从英国统治的历史，依然是可敬的和杰出的艰难尝试。他是一位被忽略了的英国的伟人。

按名望和经验而论，这个摄政者是很称职的。他是亨利四世

---

* 当时法国的大商人、包税巨头和企业家。——译者

** 指英王亨利五世。——译者

的第三子,生于 1389 年。他担任的第一个政府官职是当英国王室总管,受命就职时年方 14 岁。此后,他就任政府工作从未间断过。1404 年和 1405 年在军队司令部服役;1408 年和 1411 年代表他的父亲与苏格兰进行谈判。在仕途生涯的其余时候,他一直在英国北部居统治地位。

到了亨利五世即位时,约翰成为他的得力助手。1415 年亨利五世的远征队到法国期间,他是英王的海军副官。第二年夏天,他亲自指挥海军远征队援救阿夫勒打败了法国和热那亚的联合舰队,取得了巨大的胜利。从 1417 年 7 月到 1419 年 12 月,他再次担任英国海军副官。在此期间,发生了处死著名的罗拉德派*领袖约翰·奥尔德卡斯尔爵士一案,这是由他亲自主持审讯的。在亨利五世逝世前的最后 3 年间,约翰既担任了对法军事行动的指挥,同时也负责英国的统治事务。在亨利五世最后一次卧床不起时,他负责指挥军队,而且直到亨利病逝,一直伴随着他。

贝德福受命管辖的领地包括诺曼底、加来和吉斯内地区、庇卡底、法兰西岛、夏尔特尔、香槟和基恩的西部。此外,亨利六世的封建统治权在布列塔尼公爵领地、勃艮第公爵领地和洛林公爵的某些领地也得到广泛的承认。而法国的其余地区则为“布尔日的国王”的拥护者们所控制。在诺曼底、庇卡底、香槟和法兰西岛,为数众多的城堡被法国的代理官员所控制,勃艮第领地的中部和图尔内仍然忠于法王。

* 中世纪出现于英国的农民和市民反天主教会的一个宗教派别,反对教会财产和封建制,主张社会平等。是英国宗教改革家威克里夫的信徒,也叫“穷牧师派”。——译者

约翰的统治面临着两项艰巨工作，其中任何一项都使他费尽心机。他必须在法国建立婴儿国王（亨利六世）的统治，以结束他的哥哥已开始的军事行动；他必须使在他控制下的各地区恢复秩序和繁荣，以证明他的政府存在之正确。他在军事上和外交上的传奇是众所周知的。起初，他几乎总是成功。北方阿曼涅克堡垒的外围几乎全部被占领。到 1424 年底，法国皇太子的王位继承问题似乎已没有希望。但是前几年的允诺从来没有履行*。格洛斯特公爵汉弗莱是一个性急、刚愎自用和凶暴的人。他的暴躁比法王查理七世手下的最好将军手中的剑，更利于法王的事业。先是格洛斯特公爵与荷兰的杰奎琳结婚，引起他与勃艮第公爵激烈冲突，几乎离间了贝德福公爵的最可靠同盟者。这件事打乱了贝德福关于 1425 年战役的全部计划。其次，格洛斯特公爵与博福尔的争吵，迫使贝德福公爵在英国待了一年多时间（1425～1427 年）。这些离心离德的事情带来的主要后果是，1424 年之后几年里征服毫无进展。贝德福公爵从英国返回法国之后，占领了缅因其余的法国城堡。英国统治政权实际上在奥尔良以北已经完全建立起来了。

这是英国在法国所拥有的统治权的顶点。1429 年在贞德的领导下，出现了法兰西民族精神的惊人复活，几个月之内，英国失去了一半征服地，整个卢瓦尔河流域、香槟和半个法兰西岛都丢了，巴黎也处在危急之中。嗣后几年的战役，贝德福公爵显然稍占

---

* 根据特鲁瓦条约，法王查理六世的儿子被剥夺了继承权。但查理六世和亨利五世死后，查理六世的儿子根本不承认英王对法国的统治，据法国南部称查理七世。——译者

上风,可是形势并没多大变化。1435 年勃艮第的腓力与查理讲和,使英国受到了致命打击。恰在这关键的时刻,约翰逝世,他的希望终于破灭了。

上述种种,简要地概括了贝德福公爵、兰开斯特的约翰的一生。历史上所记载的约翰,主要是他充当了杀害“奥尔良姑娘”的刽子手;而且作为一个战将,丧失了亨利五世取得的胜利成果。但人们却忽略了贝德福公爵生涯的另一面——他在实现法国政治上的重建和恢复和平秩序与经济繁荣的成就。甚至在 1358 年,法国的情况也远不如亨利五世逝世时(1422 年)更糟。《圣德尼编年史》写道:一群群武装暴徒掠夺了农村,“践踏了对上帝和人的敬畏,并且怒不可遏地把土地上的东西一扫而光,他们心里想的仅仅是抢劫和烧杀。”这些武装暴徒有些如前一世纪出现的“自由支队”一样,组织得很好。其中一位领导人正是历史学家昂盖朗·德蒙斯特莱,他靠抢劫发了财,隐居起来并着手写作。另一伙臭名昭著的匪徒被称为 Ecorcheurs(剥皮精),还有一伙叫做 Flayers(刮皮者)。1419～1449 年间的一部《巴黎一中产阶级的日记》生动地叙述了这一时期的艰难。这一时期,甚至狼也闯入巴黎城区。利西厄主教托马·巴赞叙述道:

> 西起夏尔特尔,东到埃诺境内,北至阿布维尔,到处一片荒凉。偶尔能看到几小块耕地或葡萄园,也是零零落落。而且几乎不是在城堡附近,就是靠近有围墙的城镇。每当劳动者冒着生命危险到地里去的时候,看守人便站在瞭望塔上观察敌人的动向,在附近的敌人靠近时,便吹起了警报号角。所

以人们对号角声习以为常,对其意义了如指掌。甚至连车和羊听到第一声号角时,也赶紧跑回家去。[①]

尽管外表平静,但是贝德福公爵的处境是极端困难的。他的统治是赤裸裸的外国人的统治。在查理六世还活着的时候,政府以他的名义维持统治,亨利五世曾能够向爱国的法国人要求对英国效忠。他得到法国王后和勃艮第公爵的支持,法国王室的传统势力也在赞助他。但是,当可怜的患精神病的国王逝世时,特鲁瓦条约不可能再掩盖那种不公正的假面具了。查理七世是合法的直系继承人,除了通过压力逼迫他的无能的父亲所允诺的条约之外,任何东西也不能损害他取得王位的资格。对于任何一个有点民族自豪感的法国人来说,让他承认一个英国公爵作为一个英国血统的法国国王的摄政,无疑是最大的耻辱。虽然勃艮第与阿曼涅克的仇争造成的苦难暂时足以抑制全法国对外国统治者的深恶痛绝,但是这个王国的基础是不稳固的。

1419年鲁昂陷落后,亨利五世曾为诺曼底组织了完善的统治机构;在巴黎也维持了正常统治。在他统治期间,诺曼底和法国的各等级正在开会,朝廷的工作似乎也没有出现严重中断,但是城外的情况,则近于混乱。用阿兰·夏蒂埃的话来讲,法兰西就像大海一样,"任何人只要有实力就有纵横驰骋的领域。"道路上大批盗贼出没无常。凶杀、纵火和抢劫的记载,在这一时期的编年史记载中不胜枚举。在法院和行政机关的档案记载中,更清楚地显示出这

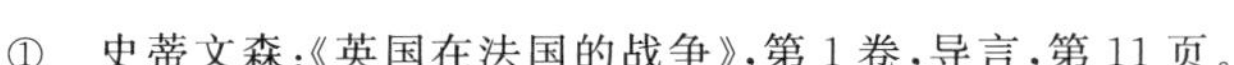

① 史蒂文森:《英国在法国的战争》,第1卷,导言,第11页。

一时期的恐怖状况。亨利五世处死强盗时每次都数以百计,并悬赏捉拿强盗,无论生死一概有奖。因俘获歹徒而领取奖金的收据,在他的案卷里接连出现,其数目几乎同猎狼受奖的记录相同。

然而,所有这些严厉的措施都没能解决问题。从来没有一块文明的国土会遭受到如此骇人听闻的苦难。

> 抢劫削弱了贸易。盗贼的首领雇佣一帮人在他手下服役,并付给他们固定的报酬。教士们脱下僧袍,离开寺院,带着自己的武器和马匹去从事这一新的职业。[①]

甚至血统高贵的人也成为强盗的首领。惯犯和散兵游勇构成了危险最大的匪帮,而且由于饥饿的农民、失业的手工业者及被穷极潦倒逼上梁山的破产贵族的不断补充使他们的人数激增。

只有军队的驻防地才是比较安全的地方,但这些保护者对地方的危害几乎不次于地方的强盗。勃艮第公爵的军队,甚至在友好的领地上,也是声名狼藉。

由于英国军队纪律较好,对地方危害较少,他们被付予一定量的例金,且被严格禁止抢劫农村和向人民勒索贡品。当军队长官们接到对军人行为的控诉时,似乎力图作出公正的判决。然而,英国军人抢劫库隆农村的事件,和贝德福发布的、关于赦免在自卫中杀死英国人的法国人的无数赦令,表明士兵的暴力行为是管束不

① 史蒂文森,前书引第 1 卷,第 37 章"关于武装的牧师",参看德尼佛:《百年战争期间,修道院的劫难》,第 1 卷,第 542 页和第 554 页。

住的。甚至在英国辖区内的城堡首领，也靠抢劫和勒索过往行人而弥补亏空。

法国军队中的情况更糟。法军是由苏格兰人、意大利人、布列塔尼人和卡斯蒂利亚人所组成，实际上是最无组织无纪律的乌合之众。他们收入微薄，须依靠抢劫来维持生活。法军士兵是这样的令人畏惧，致使城市请求取消卫戍部队。介于名副其实的强盗和“正规的”法国军队之间有一种游击队组织。在诺曼底，有些游击队员组织得很好，遵守纪律，在英国统治时期始终与查理七世保持联系。其他的人，仅仅由于他们是倾向于英国的受骗者，而与道地的强盗区分开来。英国人把所有这样的游击队员和一般的盗贼一概当成“土匪”。而且拦路的强盗和真正为道义而战的非正规士兵是难以区别的。

很明显，贝德福公爵希望从传统性的守法和对权力的敬畏中得到的帮助是微乎其微的，而这两点正是每个政府主要依靠的东西。但是法律权威极度地丧失已给他带来了好处，他的势力已强大到足以强迫人们顺从其统治。在农民眼里，小贵族是政权的化身，但他们中间大多数人或死或亡，连续性的苦难也削弱了瓦洛亚王朝对人民的影响。亨利五世不遗余力地制止土匪行为（虽然没有取得成功），极力使审判公正，似乎已经起到了部分调解作用。如果贝德福公爵完成了安定社会秩序的工作，那么，有希望使人们满足个人的实惠而忘记民族的自尊心，英王朝在法国的统治也会比变化无常的“好人”腓力获得更巩固的基础。

有迹象表明，英国对通过武力直接占领的省份总是比通过条约割让的省份更为关心。有人提出，这是因为在诺曼底和英国之间有着古老的联系的缘故。但是看起来,更为可信的似乎是,亨利五世和贝德福预见到巴黎的丧失是必然的,因而希望在诺曼底建立永久性的据点。亨利五世最后的打算之一是,即使被迫放弃诺曼底,也要使它不得安宁。贝德福公爵尽一切努力调解被占领的地方与英国统治的矛盾。与诺曼底的各个等级进行频繁的磋商;把英国的移民安置在从阿曼涅克夺来的土地上;在卡昂建立了一所新的大学。所有这一切的努力都是徒劳的。虽然大部分居民保持了几年的沉默,可是森林里总是挤满了游击队员。农民在1434年举行了全面起义。尽管他们被轻而易举地镇压下去,但这次起义清楚地表明了英国计划的破产。

摆在英国统治者面前的最紧迫的任务,是恢复社会秩序。为达到这一目的,实行了强硬的措施,公布了一项法令,要求每一个知道土匪行踪的人,都必须向政府当局报告,违者罚款或监禁。贝德福公爵在诺曼底的大部分地方驻扎了拥有15或20个弓箭手和4或5个武装人员的连队。他们巡查道路,为商人提供保护,迫使土匪在森林中隐匿。巴赞主教说,英国人使用猎狗追捕强盗。据他们估计仅仅在一年中,就处死了1万人。这是一个不可思议的数字。1426年,巴黎市长在一次剿匪出征中,逮捕了200名强盗。1431年另一次出征捕获29名。还有一次则俘获100名。关于贝德福公爵的种种努力的成就,博雷佩尔谈到:

> 这些措施,几乎完全无效。强盗的扩展没有停止,恐怖笼罩着诺曼底的旷野。多少次,各等级忙于对付这种可怕的祸害,多少次,以增加贝德福公爵补助金为交换条件,他和他的

后继者重新同意保障道路的畅通、保护商人和耕种者的和平与安宁。但这只是一种空洞的许诺，灾难不仅没减少，相反地随着法国人的日益得势、英国军队的纪律日益松散而增加，并且变得日趋深重而普遍。①

这种描述似乎是太为过分。事实上真正的情况是，1429 年和 1430 年英国统治政府失去了对局势的控制，形势对英国人极为不利，法国的状况比起最初时变得更糟。但是从弗纳伊尔战役*到援救奥尔良战斗之间的这一时期，是贝德福公爵真正有机会尽自己的能力，救济农业的唯一的时期。有迹象清楚地表明，形势正在好转。比如，成衣商热安·德邦瓦尔的申诉书，陈述他是出自无奈才从事抢劫："看到每一个好人、诚实的人离开空旷的农村，流落在异国他乡，人们感到无所适从，无处求告。也不知为何人劳作可以谋生，……。而且这位申诉者偶然发现，大概在 4 年前左右他便可能有工作可做，……他已经是专心致志干自己的工作和行业，而不至于干其他的事情了。"这一结论似乎证明：贝德福虽然一直没有成功地阻止灾难的发展、保证法国的安宁，但他却做出了英雄般的努力，使法国的状况有了明显的改善。

货币制度处于混乱不堪的状况。在查理七世身为太子之时，就已使货币大幅度贬值，为修正货币上的混乱，使他的一些铸币面值贬至原来的 1/40。种类不一、成色不同的货币、外币和伪币充

① 博雷佩尔：《诺曼底政府》，第 22 页。

* 1424 年贝德福公爵在弗纳伊尔击败法国人。——译者

斥这个国家。亨利五世试图发行一种成色足的金币，可是又借口金币将流入阿曼涅克领地而把它们收回。

在皮埃尔·弗南的编年史里，对于币值标准涨落的经济后果曾作了有趣的描述：

> 原来价值 18 但尼尔的通行货币，最后的牌价是 2 但尼尔，然后完全被禁止流通。许多富商为此损失惨重。此外，货币如此贬值使“领主”们甚为艰难，因为欠了他们现金的承租者……以所收获谷物的八成或十成来偿付重租；从而，许多领主和小乡绅受到严重损害……当货币恢复了它本来的价值时，与劣币通行时期成交的买卖有关的诉讼和争吵不断发生。

贝德福公爵从来没有成功地消除货币制度的弊端。实际上，即使他有足够的才智和丰富的理财法则的知识，也不一定能解决这一问题。因为除了大量伪币之外，查理七世发行的劣币(亨利六世的货币的逼真仿制品)经常大量地流入英国所控制的地区。贝德福为此发布了 18 条法令，其中 14 条是在他任职的第一年发布的。对于这个法规的价值，很难给予确切地评价。据 M. 于阿尔的见解，英国人发行和收回货币，只是一时的应急措施，所以破坏了货币制度。另一方面，史蒂文森在贝德福的法规里，发现他认可了“在他的统治时期之前的一项政策”。声称他规定的价值标准与金银的真正的价值是相称的。毫无疑问，贝德福政策的变化引起了极大的不满。然而，这一事实不会引起人们太多的重视，因为正像弗南所评论那样，劣币恢复到纯色时，引起的混乱和困苦不亚于货币贬值所引起的后果。

英国人对于战费开支甚少。尽管贝德福的一系列胜利影响极大,但1428年9月以前,国会一直没有给予国王任何定额津贴,而教会人士给予的补助金数量极少。在财政收支平衡时期,国王的直接的津贴估计每年为25 000镑。亨利在位的最初6年,平均岁入约84 258镑。就一个正在进行征服战争的国家来说,这样的税收当然不算重。在加来的驻军靠国内的一部分开支来维持,从1422年到1428年,每年平均大约16 000镑。

英国政府除了维持驻防加来的军队之外,对欧洲大陆的援助主要是派遣军队。英国政府的做法似乎是把兵士的6个月军饷按人数预付给派遣军的指挥官。看来在6个月满期后,英国几乎没有给派遣的军队发放军饷。贝德福公爵的大部分资金不得不依赖于欧洲大陆的财力。

关于整个英国领土的财政收支情况的估计,唯一可用的资料是截止于1428年9月30日的过去一年的数目。这一年的行政费开支是7万利佛尔,主要同巴黎国会有关;军费开支为17.5万利佛尔。当年岁入总数约为12.9万利佛尔,其中最重要的进项是对葡萄酒所征的25%的商品税,约10万利佛尔,及盐税1.5万利佛尔。

而在诺曼底1433～1434年的总预算如下:

酒税和盐税……………………………………11万图尔锂
津贴和僧侣的捐款……………………………16万图尔锂
财产(fouage 炉灶税)和人头税………………5万图尔锂

共计……………………320 000图尔锂
支出……………………363 000图尔锂
亏空额…………………43 000图尔锂

有关诺曼底各等级投票通过直接税的大量材料,是很有价值的。1421年亨利五世从第三等级得到40万图尔锂的补助金,其中3/10来自教士。1422年12月,贝德福公爵仍在征这种补助金。他显然认为征收小量补助金困难较小,因而直到1434年以前,他征收补助金数额从未超过20万图尔锂;1434年,他被允准征收34.4万图尔锂。多数情况下,每年的补助金浮动于6万到15万图尔锂之间,而后者数且较大,则分两三次清讫。除了教士们的捐款和某些地方上的补助金外,必须多次征收才能凑足平均每年2万图尔锂的款项。

诺曼底的教士在1423年、1427年和1428年(或许比这更为经常)捐助了1/10的岁收作为补助金。1428年的捐赠显然使教士们成为某些不择手段的行为的受害者。在征收1/10补助金之前,曾提请教皇批准。而接到教皇批复的训谕时,却要求达到3/10。其中1/10作为供给教皇发动的波希米亚十字军远征的费用;*2/10供贝德福公爵使用。鲁昂牧师会以此为理由加以反对,但是贝德福公爵还是得到那额外的1/10。

初步估计,美因茨1433年至1434年的财政税收约为56 000图尔锂。间接税占的比例很小,主要收入来自人头税,约25 800图尔锂和"移民税"25 000图尔锂。后一项收入在预算中被解释为对于希望外迁的法国支持者所强征的税款。

* 1419～1434年捷克爆发了胡斯战争,1420～1431年罗马教皇和德国皇帝对起义者发动过5次十字军进攻。——译者

虽然没收了敌人的大量财产，但是国库并没有因此而得到充实。因为这些财产被用来赏赐英国的拥护者，并在英国统治的持续期间给他们以可靠的实惠。至少在诺曼底，贝德福公爵的政策是：无论何时，被没收地产的人表示降服，就可能收回原被没收的地产。这些被没收了财产的人当中，一些是有声望的人。如让·儒弗内尔、唐内居伊·杜夏特尔和布列塔尼公爵阿瑟·德里什蒙。但是许多不出名的人仅仅因为逃离自己的家园，而像美国革命时的亲英分子一样被入驱逐之列。

1428 年至 1429 年的冬天，围攻奥尔良的开支上升到每月 4 万图尔锂。贝德福公爵献出了自己的一部分财产，下令所属的官员借出他们的薪俸的 1/4，用法国和诺曼底的间接税作为偿还的抵押品。大约在这一时期，虽然英国国内政府为了支援远征军战费而支付了巨款，但是看起来，贝德福公爵财政上的长期混乱在 1430 年之后变得越来越糟。他逝世时，留下的是大笔债务和空空的国库。由亨利五世开始的、使被征服国家支付征服战争的大部分费用的政策，抵消了贝德福本人使法国服从英国统治权的努力，也是使他的计划破产的主要因素。

贝德福摄政期间的工商业和农业的历史，充其量不过是社会的苦难史。接连不断的战争、盗贼和士兵的劫掠、道路和桥梁的失修，这一切因素致使经济活动受到了破坏。农民无法安全地耕种田地和牧放牲口，许多人逃到城里，靠乞讨为生，或者逃进森林，以劫掠为业。编年史家们对农业人口之苦难的惊人记载如此之多，以至于现代历史学家们更倾向于过高地估计当时的破坏程度。阿曼涅克人有组织地进行劫掠,农村成为他们进行积极活动的场所。而英国人在使用残酷的斗争方法上,比他们的对手更有过之而无不及,使阿曼涅克人积极活动的农村遭受了可怕的损害。但是在英国人控制下的地区,耕种者受到保护,农业有了很大的恢复。下面几段(根据官方文件)在编年史作者笔下很少看到的记载,就可以看到真相的一斑:

> 英国人尽极大的努力去减小人民的损失和博得他们的欢心。我们已经看到,桑利的人民很快地接受英国的统治。他们有充分的理由憎恨阿曼涅克人,因为阿曼涅克人已经靠这里的农民养了20年之久,并完全破坏了这个地区……恰恰相反,英国人则尽可能使战火停熄和将他们的队伍撤出这个国家。
>
> 从1424年到1429年,桑利和瓦洛亚地区的人民已经能够安全地工作。以前遭受的巨大的损失正在得到恢复。1429年8月,农村的形势虽然远不能令人满意,但是已经有了很大的进步。而当法国人来到时,这一切都失去了,法军在贞德的领导下,从英国人的手里解放了这一美好的地区,但也使之受到了破坏。阿曼涅克人是以残忍著称的,所有的农民因惧怕而逃离农村。他们收割了尚未成熟的谷物……躲到设防的城市里……法国的士兵以他们自己的行动证实了农民的惊恐是有道理的。①

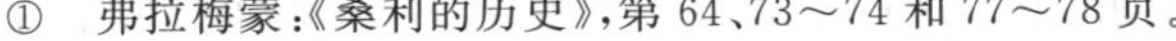

① 弗拉梅蒙:《桑利的历史》,第64、73～74和77～78页。

城市受到保护幸免于战争的最大破坏，可是生活的条件却非常艰苦。工业衰退，食品价格昂贵，劳动者失业，人口在急剧地减少。1423 年巴黎除了大量被毁坏倒塌和改为牛棚马厩的房子之外，估计还有完好的空房子 24 000 间。这些空房子不完全是由于人口稀少而空出来，而是部分地反映了中世纪不动产占有形式的特点。城市房地产的所有权带有固定的货币的职责。这种职责有时候由几个人承担。随着经济景况的逐渐衰逝，附属于房地产的职责超过它本身的价值。贝德福公爵发布了几项法令，试图改变这种状况，允许房主用单纯付款的方法获准所有权，但只获得部分的成功。

幸存下来的商业，主要是把必需的日常生活用品从农村转到城市。土地的荒芜和旅途的危险使粮食的供应成为一个棘手的难题。贝德福公爵曾一度成功地解决了这个问题。在战争形势对他有利时，供给巴黎的粮食价格低于前些年。而且也似乎没有经常求助于中世纪常有的抬高物价的权宜之计。我们确实没有听说过从 1421 年到 1429 年有过食物价格过高的事情出现。在此前后，在巴黎的中产阶级的记录里，则充满着对面包不足的抱怨，以及由此而给穷人所造成的苦难。食物供给在军队的护送下，从诺曼底运到巴黎。其中最突出的一个事例，则是这位摄政者在 1431 年冒着极大的生命危险，亲自监督运送食物。

在贝德福公爵的统治下，各城市里的商业和制造业部分得到复苏。大量的重新组织行会的法令和地方贸易的规章对此作了佐证。有关鲁昂、博韦和埃夫勒的毛织工人,巴黎的丝织工人;埃夫勒、夏尔特尔和巴黎的屠户;鲁昂的理发师、蓬图瓦兹的蜡烛制造商、塞纳河上布雷镇的渔夫,贝尔内的内衣类经售商和巴黎的外科医师的一些旧法令得以重申,新的法令也颁布了。

博韦的毛织工人的情况是耐人寻味的。这个地方原是以毛织品著称,可是百年战争破坏了它的繁荣。许多熟练的工人流落他乡,剩下一部分布商有权招收学徒。他们滥用特权使用学徒做仆人的工作而不传授手艺,并随意延长契约规定的学徒年限。从外地来的新工人,被行会控制下的作坊拒之门外。特权的滥用达到无以复加的地步,以至于博韦主教(皮埃尔·科雄)制定了一项法令,规定取消所有的现存行会规章,对所有真正有能力的品行端正的工人打开城市大门。

至于屠宰业的情况,包括政治上和经济上的问题在内,由于“卡博希”事件的结果,巴黎社会团体原有的权力已经在 1416 年被法皇太子取消,商业被置于巴黎市长的控制之下。但由于屠夫们对英国—勃艮第联盟*的事业做出了“令人愉快的和有益的”帮助,亨利五世恢复了旧时的屠宰业行会。贝德福公爵最初颁布的官方法令之一,便是批准它的特许状。同样,在夏尔特尔,因参与勃艮第党人而受到惩罚的屠夫们也获得了特许状,即任何一位屠夫,只要交纳少许手续费就可以开业。1426 年贝德福公爵废除了

* 1415 年亨利五世同勃艮第结盟,此后联盟曾一度瓦解,1419 年再度结盟,1435 年勃艮第脱盟,屠宰业行会曾与勃艮第党人站在一边。——译者

这些特许状,恢复了专利。

于 1424 年批准的贝尔内的内衣类经售商的规章,可以作为工业受到监督的典型。这项规章共有 11 条。摘要如下:1. 凡用没有缩过水和经过整洁处理的布做短裤,将予没收;2. 短裤的裁剪缝制必须非常合身;3. 每条短裤必须完全用相同的布料,至少是相同的颜色;4. 任何人不得兼用新旧两种布做成一件衣服;5. 除了每个星期六在市场上摆摊售货的固定的内衣商外,其他任何人不得拥有学徒;6. 任何作坊师傅使用学徒的数量不得超过 1 人,学徒期限应为 3 年;7. 学徒的花名册由“监管者”掌管;8. 学徒不得转投其他的作坊师傅;9. 如果学徒未经许可而擅离职守(“由于年轻或其他原因”),他的位置将被保留 1 个月;10. 学徒从师期满时,必须进行考试;11. 搬迁进城的熟练工人,在获准开业之前必须经过考试。

有些商业管理的法令规定得巨细无遗,如埃夫勒的屠宰业者的规章有 27 条,不仅规定了市场的检查,还详细规定了保护公众健康的必要防范措施。除了屠夫的儿子和女婿,任何人未经四年学徒期,都不得设棚摆摊。

每当颁布新的法令时,都可以看出是经过那些利害攸关者周密准备的,而且往往毫无改动地被批准。大部分法令仅仅是重新确认旧的特权,至于这种确认为什么是必要的却时常不甚明确。例如关于蓬图瓦兹的蜡烛商的法令,由于查理六世颁布的旧法令在该城沦陷时丢失,贝德福公爵便从档案中找出副本,重新颁布。笔者没有发现英方有过行使处置权或对管理地方商业、制造业的习惯法进行改革的任何材料。[①] 有一部法令直接提供了巴黎每况愈下的材料。1430年由于商业萧条,申请开业的酒商从60名减为34名。

可以认为,贝德福公爵很少干预对外贸易。除了1433年这位摄政者颁布的允许英国小麦出口到法国(因为法国粮食缺乏)的特许状之外,关于对外贸易方面的唯一资料,是1424年8月的法令,该法令批准了葡萄牙人在阿夫勒经商的特权。早在1309年,该港的葡萄牙商人已经取得特许权,在14世纪的不同时期,这些特许权曾略作改动而重新加以确认。贝德福公爵并没有给原决定增添新的特色。特许权包括免除入港税和授予种种司法豁免权。唯一特别重要的是规定,如果法—葡之间发生战争行动,葡萄牙商人和财产不受侵犯。

作为政治家贝德福的地位,很难单凭他的实际成绩而作出公正的估价。上任伊始,处境于他极为不利。亨利五世交给他的任务是,保卫英国占领地、完成对法国的征服。在完成以上的艰巨工作,达到长治久安以前,他的主要任务,只能是采用武功而不是文治。只要英国长期统治法国的全部问题悬而未决,为社会和经济制定广泛的改革必然是枉费心机。任何一位统治者所能做的,充其量只能在一定程度上维持秩序,在不打乱现存秩序的前提下实行公平法治,对迫在眉睫的危难采取应急的整治措施,等到实现和

① 巴黎的马贩可能是一个例外。旧的法令没有严格限制商人的人数,因此市场挤满了工匠、农夫、工人和流浪者。许多人受骗上当,而欺骗他们的人或者难以辨认,或者因穷极潦倒无力赔偿受害人的损失。贝德福公爵于是把马贩人数减少为24人,并且禁止其他人时常出入马市。见《法令集》,第13卷,第41页。

平后才可能实行更彻底的改革。

根据以上的情况来看，贝德福公爵所起的作用，获得最为荣誉的地位是当之无愧的。他远比亨利五世更努力地使自己的统治建立在人民富裕的基础上。财政上的困难，使他不得不强行征收重税；军事上的变故，也时常使他恢复正常秩序的努力受挫。然而他所完成的工作，证明他不仅具有时代所需要的聪明才智，而且渴望为时代的需要而贡献聪明才智。他的政府的衰落，并非由于他在位时的施政方式，而是由于失道寡助。他受到了英国人和法国人一样的敬重，甚至连他的敌人也承认对他本人的品质与对他的事业的评价是不相称的。特鲁瓦条约是一种罪恶，这种罪恶并没有因认真执行条约的规定而减轻。虽然贝德福公爵反复地要求放弃法国而在英国摄政，但对自己所负的使命从来没有动摇过。他向亨利五世发了誓，许诺要为征服全法国而不惜牺牲；他向巴黎的议会保证，为王国的美好，他将不惜献出自己的全部身心与家产，他实践了这两项诺言。他的失败并不是他个人的过错。

1435 年勃艮第公爵对英国的背弃（并非由于贞德的军事成就），中止了英国对法国的控制，此后的 18 年中，除了一个加来港被英国人占领之外，敌人被全部逐出法国。法国的政治、军事和行政恢复的历史，在这一章则无需涉及。这也许是理所当然的事情。但是，有必要强调，如果没有经济和社会秩序的恢复，政治、军事和行政三者中之任一方面的恢复，都是不可能完成的。归根结蒂，进步是建筑在物质福利之上的。法国应该恢复的不仅是农业、商业、工业，以至于明智的政府，强有力的军队领导均需要恢复。

关于农业的恢复，此处无需多谈，既然敌人已被驱逐，城乡治安已经恢复,强盗也被镇压,那么含辛茹苦的法国农民所唯一要做的,就是重建田园和葡萄园以便获得收成。有了和平,农业自然要发展。

至于法国的工商业,在查理七世的统治下,则经历了一个快速复苏。这主要是归功于王权的积极主动。王国政府为了促进工商业所采取的一系列措施,为这段历史提供了依据。不错,查理七世真正主要关心的是,军队的组织、财政的恢复和政府的司法。通过建立一些骑兵连队(1445 年),创建全国性的叫作“自由弓箭手”的步兵团(1448 年),终止了士兵对农村的蹂躏。由于规定了人头税,他为王国政府提供了永久性的财源。他修改了政府的司法,要求中央和地方的官吏更加严格负责。但是他也关心工商业的复兴。在对英战争取得伟大胜利之后,他签署了 1444 年的休战协定,该协定被连续地延长,实际上保持到 1449 年。这个和平的 5 年对法国是很有利的。1449 年战争再起时,繁荣昌盛景况并没有因而衰退下去。1450 年至 1451 年重新夺回了诺曼底和基恩,到 1453 年只有加来还留在英国人的手中。

伴随着和平的到来,商业获得复兴。原有的定期集市重新建立起来了。伦迪集市在 1444 年恢复。查理七世还试图恢复香槟集市,可是香槟的商业活力已经消失了。而且由于他保护了里昂的集市,使香槟受到致命打击。里昂是商业最理想的地方。通过罗纳河和索恩河流域,可以直接同地中海联系;通过塞纳河,很容易与巴黎和鲁昂相联系;越过阿尔卑斯山,可以进入意大利。1420 年当查理七世还是皇太子时,便准许里昂两个自由定期集市(每次为期 6 天)享有香槟集市、布里集市和伦迪集市的所有特权。但是在百年战争期间，百事俱废。1444年当商业恢复的时候，3个每次为期20天的集市代替了原来的两个集市。当然，里昂的集市确实面临着处于鼎盛时期的日内瓦集市的竞争。查理七世在1446年下令禁止法国商品向日内瓦出口。在开始时，禁令的作用还不太大，但查理七世仍然坚持下去。他在1454年、1457年和1466年，批准了里昂集市的特许权。到了路易十一统治时期，里昂击败了日内瓦，集市的数量增加到4个。到15世纪末和16世纪期间，除了法兰克福以外，里昂的集市使其他所有的集市的名声黯然失色。同小规模的地方商业相比，里昂集市代表着王国的大商业，甚至是国际性的商业。

查理七世并不局限于恢复集市和市场，他也向许多时常出入集市和市场的个体商人授予特许权。根据1455年6月15日的专利证，他特许在伦迪和巴黎的圣洛朗集市、香槟和布里的集市、鲁昂的圣罗曼集市以及法莱兹附近的吉布雷集市上出售的所有商品，免征每利佛尔12便士的市场税。

在恢复集市的同时，查理七世还建立了旧有的市场。他重建了巴黎市场的棚屋，并规定在某些日子增加了减价售货的优惠。此外，他采取了卓有成效的行政措施，减轻商人的税收和从有棚市场征收的王室房地产的租金，并确保货运安全运费低廉，以促进商品的流通。

我们已经看到，在14世纪，卢瓦尔河沿岸和商人公会是怎样建立起来的。在百年战争期间，这个商会忠实地为王国的事业服务。例如，多次向国王提供补助金，从而换得了国王的支持。通过1430年3月15日在絮伦发布的法令（该法令于5月11日在普瓦提埃议会登记注册),国王废除了"在过去60年内以任何名义或在任何情况下征收的、强加的和增殖的所有通行税,违者将要受到没收土地和商品的惩罚"。查理七世注意调查旧的通行税是多少;新的通行税又是多少。一个国会的议员曾进行了连续10年的调查,调查结果卢瓦尔河通行税减少到130(同14世纪一样)。当然,这个数目字还是相当大的。当盐从南特运到奥尔良时,由于货运费昂贵,或更确切地说是通行税昂贵(因为运输的价钱是比较低的),盐的价格便翻了一番。查理七世还派特使在加龙河、洛特河和塔恩河上更改通行税额。在法兰西岛和香槟地区的各河道上也照此办理。他查明在塞纳河上,商品从巴黎到阿夫勒其价格就翻了一番。他促使水路自由通行的行动,消除了最古老和最有害的一个弊病。由于这一弊病,法国商业曾受害不浅。

查理七世还鼓励疏通塞纳河支流诸河道,以改善航运状况。从厄尔河与塞纳河汇合处到夏尔特尔1里格*距离内,装载量不超过25桶酒的船只可以通航。在卢瓦尔河上,河道疏浚工作由卢瓦尔河商人公会承担,主干和一些支流,如曼恩河、卢瓦尔河、萨尔特河及克兰河的河床都被疏浚加深。商人们把卢瓦尔河划分若干段,每段设有检查员,任务是观察水流,疏浚河道并树以木桩标记,保持维修良好的双航道。商会对经由卢瓦尔河及其支流的商品课税,以支付维修河道的费用。查理七世的专利证准许征收这些称为"盒子税"(由于征收的钱放在盒子里)的附加税。

法国在地中海和大西洋上一度衰落的海上贸易也振兴起来。

* 1里格为长度单位,约合3英里或3海里。——译者

查理七世试图挽救已经淤塞的地中海港口，其中最重要的是埃格莫特。由于他认为埃格莫特港是“朗格多克最美丽、最有利可图、最安全”的港口，所以在1445年，除该港以外，由其他港口运进法国的香料和药材，他都课以10%的税收。其结果是使埃格莫特港垄断了同东方的贸易。1449年为了改进该港口，他积蓄了1 000利佛尔的金额。可是这笔钱的使用欠妥，况且由于大自然的力量太大以至于徒劳无功。在拉罗歇尔执行了相同的颇有见地的政策。到1453年收复波尔多以前，拉罗歇尔一直是法国大西洋岸的最好港口。1449年查理七世准许拉罗歇尔享有同埃格莫特一样的东方贸易特权。最后为了帮助纳尔榜，他还希图制服变化莫测的奥德河。为了航道的保养维护，他授权纳尔榜城征收盐的入市税并在费尔姆桥征收通行税。

1437年英国人曾在诺曼底海湾地区圣米歇尔山附近的一个几乎被海水包围的岩石上，建立了格朗维尔新城。1441年由于一次大胆地袭击，格朗维尔落入了查理七世的手中，查理加强了该城的防御工事。当1444年签订图尔休战协定时，他试图减轻该城居民的负担，并在1446年3月，宣布免除他们全部人头税和交纳国王补助金的义务。在城里建立了两个一年一次的定期集市，一个在2月的圣布莱斯节；另一个在9月圣母玛丽娅诞生的第二天。此外，开设了一个每星期六开市的市场。在短时期内，格朗维尔就成了诺曼底最为重要的港口之一。

1453年以后，基恩与英国之间的贸易进入了低潮。许多加斯科尼商人不满于法国在商业上的迫害，不堪忍受政府强加于他们的补助金和人头税，而迁居英国。直到路易十一当政时，波尔多人才恢复了商业的繁荣。

查理七世也保护法国商人在国外的商业活动。如果他们在异国他邦受难,政府便采取保护措施。国王尤其注意保护法国在埃及的商业利益。他派遣一些蒙彼利埃商人到伊斯兰教首领统治的突尼斯、布吉亚、奥兰和菲斯。关于这方面的历史,我们没有详细资料,但是如像有些人那样强调,从 1450 年起一个法国公司便支配了非洲海岸的贸易,并享有阿拉伯人给予的重要特权,这似乎是夸大其词。

此外,查理七世非常重视同意大利的商业来往。正如我们所知,查理六世已经征服了热那亚,并从 1396 年到 1409 年把该城置于法国占领下。1446 年查理七世企图重新占领该城,但没有取得成功。1458 年城内亲法派“弗雷若西”家族重新转向法国。洛林公爵、国王的辅政官昂儒的让,占领了热那亚。尽管弗朗切斯科・斯福尔扎*耍尽了阴谋诡计,加之热那亚人的反抗,让还是亲自坐镇了一个阶段。意大利的一个强大的沿海共和国便这样落入了法国人的手中,然而其统治是极为短暂的。1461 年热那亚人民又举行起义,之后路易十一便放弃了对这个共和国的统治权。正像他所说的,把热那亚人交给了“魔鬼,我的意思是指我的好朋友弗朗切斯科・斯福尔扎”。

另一方面,查理七世采用了一种可靠的货币体系,间接地支持了商业的发展。百年战争期间,百事俱废,一片混乱。国王亲自过

* 米兰公爵,为 15 世纪继维斯孔蒂家族之后统治北意大利的大贵族。当时热那亚处于米兰公国统治之下。——译者

问各种通货的发行。在 1422 年到 1428 年间，流行的货币不少于 41 种。此外，封地的铸币所也伪造国王的铸币。价值不等、来路不一的各种外国货币流入法国。这些货币的信誉比国王的铸币还要高些。在这一时期，由于欧洲原有贵金属的矿床枯竭，黄金和白银甚为稀少。而且在百年战争期间，大量的贵金属被埋藏起来，湮没无闻。到了 14 世纪末和 15 世纪初的奢华时期，大量的黄金、白银又被用于制造珠宝类精细工艺品和餐具。结果在查理七世统治时期，出现了金融危机。

在百年战争结束之前，查理七世已经亲自着手整顿金融上的弊端。1438 年颁布了一系列法令，开始恢复铸币；关闭所有未经批准的铸币所；废除伪币。旧货币从流通领域消失了。1453 年和 1456 年的法令禁止外国货币的流通，下令把外币拿到国王的造币厂进行熔毁。王国政府禁止贵金属出口，并不断地重申这个禁令。这就是查理七世对待雅克·科尔如此无情的原因，也是查理反对教皇在法国征收教士任教职首年税并在《国事诏书》中对这些与经济有关的问题作出某种程度让步的原因所在。因此在查理七世统治的末期，战争的创伤得到了医治。当然人口还没能达到百年战争前的密度，但法国已经具备了抗衡与克服危机和医治创伤的能力。

法国(尤其是南部法国)在同英国进行的灾难性战争之前，已经是一个商业大国，甚至有著名的富商大贾。这样的人物要推蒙托邦的博尼斯兄弟、里昂的蓬斯·德夏帕兰和纳尔榜的雷蒙·塞拉勒尔。但就查理七世统治时代布尔日最大的商人雅克·科尔来说,法国不仅已经有了最著名的商人,而且在柯尔柏*之前,也已经有了最著名的商业和贸易大臣。

雅克·科尔属于商人世家。他的父亲皮埃尔是布尔日的皮货商,积聚了相当数量的财产。14 世纪末,雅克·科尔出生在布尔日,当时贝里省处在著名的贝里公爵约翰的统治下。他是一个开明的手工艺的保护者。雅克在他父亲的店里长大,并受过不太完善的教育,托马·巴赞说他几乎是文盲,但是他接着又说,他是聪敏的,具有一个敏捷的经营商业的头脑。雅克·科尔对发财致富梦寐以求,野心勃勃,而且为了实现自己的野心可以不择手段。他经商并非一向诚实。有一位不诚实的铸币师傅,名叫拉沃·勒当诺瓦曾被英国人驱逐出诺曼底,避难于布尔日,成为雅克·科尔制造伪币的早期合作者。政府当局发觉了他们,将其审讯和判刑。可是查理却于 1429 年赦免了他们。而雅克·科尔已经转向其他的发财致富的道路上去了。

他与戈达尔家两兄弟皮埃尔和巴泰勒米组织了一个公司,向宫廷出售家具、挂毯和其他商品。在这个时期,宫廷里非常奢华铺张。国王、王后和王家子弟各自有单独的大住宅,每个家庭沉溺于挥霍无度的生活。这个公司正是在经营这个时期时兴的奢侈品而形成的。国王的账单并非总是付清的,但从特许权得到的附加利益却极为可观。而且,在布尔日仍是法国首都的时候,也就是说一直到 1439 年,这个公司一直很兴旺。

1432 年雅克·科尔和法国、威尼斯、热那亚、佛罗伦萨和加泰

* 柯尔帕(1619～1683 年),法国政治家及财政家。——译者

罗尼亚的商人一起到东方购买香料。他乘坐在一艘由纳尔榜驶向亚历山大的船上，指望在贝鲁特与同行的船只重新会合。可是在返航时，船在科西嘉海岸遇难，当地人抢劫了雅克·科尔的所有东西。当他回到法国时，可以说除了勇气和野心外，则是一无所有了。

由于他利用了旧时的影响，在宫廷里很快获得了一个重要的地位，并组织了一个庞大的商业公司，该公司的活动范围不仅包括法国，而且包括整个已知的世界。他建立了一支 7 艘商船的船队，其中 4 艘是大船——圣米歇尔、圣欧文、圣雅克和马德琳。这些船只定期往返于东西方之间，带回利凡特的商品——毛皮和地毯；阿拉伯的香料和中国的瓷器。他们也从事于奴隶贸易并在地中海沿岸各港口间运载旅客。通过这种商业贸易，雅克·科尔在东方获得了巨大的影响。尽管在 1432 年以前他自己似乎并没有到过东方，但是他有数以百计的代理人在东方。他与埃及苏丹阿布—赛义德*以及塞浦路斯的圣约翰骑士团缔结条约，由此获得巨大的商业利益。他挽救了一部分威尼斯商人在埃及被没收的财产，得到了威尼斯的关照。大约在 1445 年，他的侄子让·德维拉热被派往开罗，作为查理七世的使节与埃及苏丹签订了商约。商约保证法国商人在所有马木路克**国家经商贸易自由并受到保护。规定由在亚历山大的法国领事裁决商业事务。法国商船开始逐渐地取代威尼斯和热那亚的船只。雅克·科尔也同当时正威胁着君士坦

* 帖木儿朝最后一个君主，在位时间 1452～1469 年。——译者

** 马木路克(Mamluk 或 Mameluke，为阿拉伯语)，意为奴隶。此处系指埃及马木路克王朝即所谓“奴隶王朝”(1250～1517 年)统治下的国家。——译者

丁堡的土耳其人进行贸易。尽管基督教会禁止同异教徒进行贸易,他还是从教皇尤金四世那里获得这项权利并于1468年在罗马通过教皇尼古拉三世重新确认了这一特权。看来是他促使向土耳其人出售武器的生意兴隆起来。

他的商业活动不仅仅局限于东方,而且也在法国全境购买货物。他一定是个具有高度组织能力、非凡的首创精神、富于想象力、处理问题巨细无遗的人。他几乎在法国的每一个省都建立起一个货栈集中了附近的地方产品。布尔日给他提供呢绒和金匠的工艺品;里摩日提供毛织品;里昂提供丝绸和德国的进口货物。在鲁昂他有一处商号,使他同英国和佛兰德保持联系。1444年英法休战之后,他把法国的产品投放到英国的市场。据说他在布鲁日有一个分公司。

他的商业总部设在蒙彼利埃。在这里同东方各国保持着密切的联系。在蒙彼利埃城内,他拥有一座很大的货栈,包括有展览室、宽敞的地下室等等。他在汇兑市场建起了商人共济会会员集合处,此地后来成为蒙彼利埃市政府的府邸。雅克·科尔在他有生的最后几年间,把商业总部迁移到马赛。在这里他拥有一个商号机构,位于马赛港附近。在城市各类税收中,他每年须付11 000弗罗林,这表明他拥有的财富是多么巨大!

为了指挥这个庞大的商业,雅克·科尔至少有300个工作人员。每个商号皆有一代办负责,其中最出名的是吉约姆·德瓦热——一个布尔日的当地人。他经营国王的银制餐具,并主管为宫廷购买商品。后来他在朗格多克成为资金的主计长。除了这些代办人之外,还有商船的“船主”。这些人的首领是雅克·德维拉热，他与雅克·科尔的侄女结婚，而且有着光荣的经历，他曾在让·卡拉布里亚远征那不勒斯时帮助过他，从而成为洛林公爵的总管。在船主之下，是一群雇员，例如利凡特的购货代理商就是这类人。整班工作人员似乎对雅克·科尔都是忠心耿耿的。看来他是有挑选人才和用自己的热忱去鼓舞他们的天赋才能。为了保证船上有足够的水手，他经常拐骗在码头上的窃贼和港口附近地区的流浪汉、“无赖、酒店老板和其他的恶人”。

但是雅克·科尔并非只着眼于商业，他也从事于各种各样的投机事业。在蒙彼利埃，他成为一个大制造商，建立了印染工厂，尝试用鲜艳的红色染料印染呢绒，并以此而闻名于东方各国。在布尔日，他建立了一个造纸厂，他的带有橘黄色商标的纸张著称于世。在佛罗伦萨，他创办了一个丝织厂，该厂由两个佛罗伦萨人，即邦纳托尔索两兄弟主管。由吉约姆·德瓦热和皮埃尔·儒贝尔这两位代办人定期检查。他在法国中部，在布尔日、图尔和洛什包收国王的盐税。

以上所提还不是全部，雅克·科尔还在博若莱、里昂内和舍西开采了银、铅、铜三个矿床，这些矿是他买下来的，每年除了向国王缴纳 1/10 的利润外，还得加上 200 利佛尔。1455 年 1 月 17 日这些矿被政府没收，在国王的名义下经营了一年。1455 年 4 月 19 日，生产总监让·多维为这些矿山治理制定了极为有利的规章。

矿山事务的负责人既是主管者，又是税收人，名叫皮埃尔·加尼埃；主会计师兼管理员名叫尼古拉·塔罗，是皮埃尔·加尼埃的助理。皮埃尔·加尼埃主管矿山的师傅和工人，必须亲自巡视矿井,保证矿坑内木料支架的安全。工人们过着集体生活,饮食、住宿由矿山当局供给。为了使采矿费在生活费突然上涨时不致增加,矿主须预先贮存可以供应一两年的小麦。木匠、铁匠和金属制造工,在食宿条件方面比普通工人优越。工人必须发誓他们将"忠于职守、辛勤劳动……并按规章办事"。他们受到严格的纪律约束,被禁止以上帝和圣母玛丽娅的名义起誓。除了切割面包和肉的小刀以外,禁止佩带剑和匕首等利器。禁止伤害他人;禁止决斗或在矿内大小便。工人和其他的受雇者必须按时就寝,一日三次按时进餐。规章第53条规定:任何受雇于矿山者,不得娶妻成家。矿山的统治者负责审理所有违犯规章的行为,并有权对违章者实行罚款或监禁。在每个采矿团体里都配有警官,通过矿主决定,可以向马孔*的巡官和里昂的执事提出诉状。这些矿在1455年至1456年间的收入和支出的完整的账目被保存了下来。当时这些矿是由王国政府直接经营的。这些记录包括一些非常有意义的细节。显然矿工的报酬很不错,过着舒适的生活。他们的床上备有毯子和枕头,食物丰富。但是就某些别的方面来说,国家开采的这些矿是不利的,开矿的成本太高而利润太少,王国政府不得不将其出租,而从中收取"租金"和金属产品的1/10。1457年这些矿便归还给了雅克·科尔的儿子们。

雅克·科尔资财万贯,他的事业之兴旺人所共知。一位当代人这样说道:"他每年获得的财富超过王国所有其他商人所得的总

* 法国东部城市,位于索恩河右岸,现为索恩—卢瓦尔省首府。——译者

和。”估计他的财产在100万金埃居*左右。按今天的货币计算，其实际价值将超过200万美元。至于他的实际价值，即这笔钱在当时的购买力，是难以推算的。

在他财运亨通的日子里，他以衣着奢华而闻名，可与显贵相匹俦。无论在什么地方，他总是使用银制餐具。在法国的大多数重要城市里，他都有邸宅。如里昂、蒙彼利埃和布尔日。在布尔日，他建造的富丽堂皇的宅舍，既是建筑学的一个奇迹，又是一个民族的历史纪念碑。到处都可以看到雅克·科尔的“天下无难事，只怕有心人”的座右铭。在法国，尤其在贝里，他还拥有大片的地产——超过40个领地。一人得道，鸡犬升天。他的兄弟尼古拉成为吕松的主教；他的大儿子让出家，1446年当上了布尔日的大主教；他的第二个儿子，是布尔日的圣夏佩勒大教堂牧师会的成员；他的女儿嫁给布尔日的地方行政司法官。还有两个儿子，拉乌和若弗里仍操父亲的旧业。雅克·科尔是一位慷慨好施者。在布尔日，他修建了大教堂的圣器收藏室和供他的家族埋葬的小教堂；在巴黎，他恢复了邦—昂范学院。他毫不吝惜地给宫廷贵族赠送礼物，在他的账单上有着一长串的债务人名字。从1449年至1450年，他为查理七世从英国人手中夺取诺曼底筹措资金。在1450年他送给法王6万金币，作为围攻瑟堡的费用。

这样的财产必然引起他人的敌意和嫉妒。宠臣控告他的穷奢极侈，宣称这是对他们的侮辱。贵族们对这个暴发户的傲慢感到

* 法国古代硬币名称，种类很多，价值不一，在圣路易统治时期铸造，流行于中世纪法国。——译者

愤愤不平;商人也同样敌视他。因为他在法国确立了巨大的专利权,使大量的商人和工厂主倾家荡产。当他将他的商业总部迁移到马赛时,招来了蒙彼利埃人的憎恨。

他在政治上是否受到谴责呢?这方面的证据是不大清楚的。但是除了对他的嫉妒和憎恨之外,确有比较严厉的和颇有根据的谴责。他的经商方法并不是诚实的。在罗得岛,他制造了2.5万到3万都卡特的赝币,并用这些假钱付给他在亚历山大的债权人。在蒙彼利埃的造币厂里,他减低了银锭的成色。正当土耳其人包围君士坦丁堡之际,他被指控向土耳其人出售武器。为了讨好埃及的苏丹,他在亚历山大把当时一个在他船上避难的基督徒奴隶送还给原主。

因此雅克·科尔受到严厉的指控。甚至国王查理七世(他因出卖朋友而臭名昭著)也反对他,提出种种荒谬绝伦的控告,控告他毒害国王女主管阿涅丝·素雷尔。事实证明,阿涅丝是在1450年2月9日分娩时死去的,而且在她的遗嘱里,指定雅克·科尔为她的遗嘱执行人。1450年7月30日他被监禁在塔耶布尔的城堡里。他要求得到教会司法权的恩典,但纯属徒劳。图尔的大主教和普瓦提埃的主教为他辩护,也徒然无功。特别委员会仍对他进行审讯。其中一位委员是法国百年战争期间的早期盗匪首领安托万·德夏巴纳,他是科尔的一个死对头,蒙彼利埃人。法王亲自积极参加审讯。从1451年夏天到1452年6月,查理七世一直在监禁雅克·科尔的吕西尼昂地方。当诉讼转移到图尔时,法王是在图尔的普莱西。在毒害的控告失败后,雅克·科尔仍然蒙受着其他的罪名。1453年5月29日正是君士坦丁堡被土耳其人占领的日子，法王在委员会上宣布雅克·科尔犯了贪污国王税收罪、伪造货币罪、输送大量的货币给土耳其人罪和带金银出法国罪。但考虑到他以往的贡献，看在教皇出面调停的情面上，雅克·科尔的死刑得以赦免。但他却被剥夺所有的官衔，并判其免冠，手持火把请罪。他必须赎出那位已经由他转交给埃及的基督徒奴隶，或者用别的代替；交还他曾从国王的臣民身上敲诈的 10 万金币；偿付 30 万金埃居的罚金，直到完成以上各项方可出狱。他的所有财产被没收，本人被判处永久性流放。拍卖他的财产便花了好几年时间。毫无疑问，有许多财产的充公是不实的。审判员之一安托万·德夏巴纳，从来没有为所购财产向国王付钱。许多产业以低价出售，诉讼费几乎消费了所拍卖的全部金额。审判期间不在法国的，属于雅克·科尔的商船，一直没有回国，船上货物则卸在外国的分会的货栈里。不过其中一部分船后来被俘获，并以 9 100 利佛尔的价钱卖给贝尔纳·德沃尔。其中有一艘命名为圣米歇尔的货船，后来被土耳其人俘获。

1454 年 10 月，雅克·科尔在普瓦提埃越狱，躲藏在他曾捐助过的几个修道院中，然后前往他的侄子让·德维拉热所在地博凯尔。让保护了他，并帮助他到达尼斯，从那里乘船到罗马。教皇尼古拉五世欢迎他的到来，而他的继任教皇卡利克斯特三世则利用了雅克·科尔的非凡的组织天才。他得到了指挥一支准备反击土耳其人舰队的权力，1456 年 11 月 15 日在这支舰队出征途中，死于开俄斯岛。

雅克·科尔临终时，将他的子女推荐给国王，而在这时查理七世已经把他们父亲的部分财产归还给他们。全部归还工作也是由查理七世完成的。1454年4月14日，他把雅克·科尔在布尔日的住宅和在贝里的所有财产归还给他的两个儿子拉乌和若弗里。稍后查理七世又归还了在里昂的住宅和在那个地区的矿山。在查理七世去世时，雅克·科尔的儿子、布尔日的大主教试图重新进行诉讼，并向国王请愿。这个问题提交给最高法院，但终于杳无音讯。雅克·科尔为法国起过重要的作用。然而查理七世统治时期的工商业历史，并不完全是他一个人的历史。

我们接触到不少有关查理七世的商业政策，但是对他的工业政策却几乎一无所知。不过，根据某些材料，我们仍可以想象到法国工业经历过两种彼此对立又相互矛盾的政策。一种是倾向于自由；另一种则倾向于垄断和限制。

首先，让我们研究倾向于自由方面的政策。作为百年战争的结果，工人已经寥寥无几，生产严重停滞。为了鼓励生产，旧时对招募工人和工作自由的限制已被废除。在鲁昂，省三级会议于1407年提出凡外国人，只要服从行会监护人的监督便可以从事任何一种行业的工作。1408年法王批准了这个要求。1416年，夏尔特尔的执行官希望补救该城人口的减少，并降低食物价格，宣布可以自由办工业。为了鼓励皮革行业，1420年查理七世允许在特鲁瓦开夜工。在博韦，曾经一度兴旺发达的织布业已是一落千丈。1424年3月2日，博韦的伯爵兼主教皮埃尔·科雄采用发特许状的方式向所有外国商人开放博韦城。他批准生产廉价呢绒，因这种衣料分量较轻而区别于优质呢绒。查理七世继续推行这种政策。

在那多灾多难的日子里，工人大众自愿地或不可避免地放弃了工作，浮动性很大。被英国人逐出的工人寻找工作的机会更是渺茫。所以在15世纪初，经常有成群的工人离开法国北部各城镇。这些离乡背井的人把技艺传遍整个法国。这样一来，一些地方的工艺秘密变成了公开的知识。

为了追求更高的工资，工人也离开自己所在的城镇。当社会趋于安定的时候，他们的流浪生活的习惯依然如故。这些工人阶级已不愿意再次定居在一个固定的地方。正是在查理七世的统治下，流动日工开始形成。因而工人与行会分道扬镳，变得自由自在了。他们有时在流动一段时间后，在远离旧居的地方定居。

法国工人漂泊不定的生活是很有趣的。早在11和12世纪，法国便已经有一些流浪工人，但是他们在定居之后成了农业劳动者。英国人的入侵造成了手工业工人流离失所。这个阶级的存在常常是受到他人摆布的，不得不建立了同舟共济的组织。“帮工联合会”的习惯盖出于此。一般说来，这种互助关系是在相同的职业者之间进行，并且是秘密的，因为地方当局对他们满腹疑团。相同职业的同伙通过秘密暗号而相互认识，彼此帮助。包括为新来者找工作和提供经济上的资助。可是这一问题的全貌确实很不清楚。与此有关的各种各样的传说虽然已然收集起来，但由于只有为数甚少或根本没有书面材料，每个推论只能是假设。我们所确知的只是“帮工联合会”在15世纪就存在了。这是工人萍踪浪迹的生活的必然结果。

这些工人已不再墨守成规地依附于行会了，而是逃离行会自立门户。甚至在高度工业化的城镇里，行会也感受到来自家庭手工业工人的竞争。在法国北部，行会对他们进行了斗争，但是无法镇压这些秘密组织。不过在许多省份确实没有留下有关行会的记录,或者有也至少是个例外。自由工人占了支配地位。当然自由职业并不能逃脱所有规章的约束。而强行推行规章的与其说是行会,毋宁说是市政当局。但是,既然有为了公众利益而限制行会权力的公平政策,也还存在着另一种倾向于限制自由的政策。无论如何,行会制度取得了全面胜利。当1453年和平确立时,行会如雨后春笋般地建立起来,行会制度普及整个法国。在普瓦提埃,于1455年和1497年间建立的行会不少于12个;在布尔日,为了复兴纺织业,查理七世把布商组织进行会;1461年,行会制度被引入波尔多,并且被所有最重要的行业所采用。新的规章没有削弱行会的权力。正相反,新的规章更加严格、更加苛刻。它的组织和权威性的原则终于击败了工业自由的原则。行会巨细无遗地规定了手工业的工艺标准,并想方设法使用他们的权力,保护垄断和阻止工人成为业主。

第十三章　勃艮第公爵统治下的佛兰德(1369～1477年)

中世纪欧洲的大国是通过扩张和联合这双重过程形成的。即使由于封建的和地方的利益凌驾于中央政权之上从而导致所有的内部结合力丧失——如在德国和意大利,其名称仅成为一种地理概念——某种以前的统一的回忆仍保留在传说和人们的感情中。但是,中世纪晚期的一个重要国家却不是这样形成的。这就是位于"低地"的勃艮第国家,它是由勃艮第的四个公爵创立的,他们是:大胆者腓力(1363～1404年)、无畏者约翰(1404～1419年)、好人腓力(1419～1467年)和大胆者查理(1467～1477年)。勃艮第国家的形成既不是通过扩张也不是通过联合,而是像近代哈布斯堡家族的奥地利一样,是通过聚结形成的。在今天的欧洲地图上,它大约相当于比利时王国、荷兰王国和法国的北方诸省。它是一个多元起源的国家,由依附于德国的布拉邦特、埃诺、荷兰、泽兰、卢森堡等地区和附属于法国的佛兰德、阿图瓦构成。

由此可见,勃艮第国家具有混杂的性质,如果考虑到居住在这里的人民,则更带有这种性质。在它的国土上政治边界和语言边界犬牙交错……它把一群操罗曼语的人同操日耳曼语的人联合在一起。[①]

操法语的瓦隆人居住在佛兰德西部、埃诺、那慕尔、阿图瓦和布拉邦特南部;佛来芒人居住在佛兰德东部、布拉邦特北部和卢森堡;低地荷兰人居住在荷兰、泽兰、格尔德兰和茹色芬。勃艮第事实上是位于德法两国之间的一个“中间国家”,虽然在名称上没有体现出来。

尽管勃艮第国家有着多质性、二元性,缺乏自然疆界,但它却是一个真正的政治实体,而不是一个杂乱的组合体。它完全是历史进化的产物,使这个独一无二的国家克服并中和其固有的地方分离主义的力量是带有经济性质的。这里的人口之稠密、城市之众多,工商业之集中,都是西欧其他任何地方所无法匹敌的。早在12世纪,就出现了各城市之间商业协调一致的迹象。而各公国领地上在使经济协议臻于完善方面则比较落后。使这里商业复兴的并不是地方贸易。远方国家产品的输入才是具有决定意义的,这些产品是羊毛、锡、铜、盐、酒。于是市民力量壮大,阶级差别出现,结果产生了暴力冲突。佛兰德是一个无法依赖自己的农产品维持生存的地区,须从欧洲其他地方获得食物以及羊毛、金属。

只要低地国家以陆路商业为主,那么任何像共同的商业协议一类的东西便难以发展。譬如当佛兰德与法国和英国进行贸易时,布拉邦特却转向亚琛和科伦。河流和海洋航运业的发展使这些互相对立的倾向消除。它使布鲁日发展成为北欧最重要的商业

① 皮朗:《勃艮第国家》,载《美国史学评论》,第14卷,第479页。

港口。

斯吕伊的名称起源于13世纪末建于兹维恩河岸上的小河庄林米斯利特的水闸，这个小村庄几乎就在穆德对面，而穆德是佛兰德伯爵的水利管理人的办公驻所。这些水闸安装的确切时间尚不清楚。1296年以前，史书尚未提及斯吕伊，因此这些水闸可能建于1290年左右，导致这一推断的是1290年9月23日佛兰德伯爵颁布的一项特许状，指定林米斯利特为自由城，其居民为自由市民，享有和布鲁日相同的法律，并且要求布鲁日作为他们的首都。但是早在这些水闸建造以前的1270年，汉堡商人就已经在离达米不远的奥斯科尔克建立了一个商业代理处，它坐落在从兹维恩到达米的运河的西岸；律贝克在合科也有一个商业代理处，合科位于这条运河的同一河岸上，处在从奥斯科尔克到穆德的中途。因而很明显，到13世纪末，这个港湾周围的整个地区已变成了一个最重要的贸易中心，成为佛来芒、德国、法国和英国商人特别喜爱的常去之地。

到13世纪末

位于布鲁日旁边的安特卫普很快成为另一个出海口，这片海岸吸引了整个地区的商人，从此，全部经济生活沿一个方向发展。……而内陆地区仅仅构成兹维恩河或斯凯尔德河各港口的内地贸易区……对于这个地区的所有城市来说，根本的需要是能够在通向这些港口的商路上自由通行并减少那里的市场税。14世纪初期以来，各公国之间的联盟条约、仲裁条约、货币协定条约大批增加。其中最著名的是1339年，在詹姆斯·范·阿特维尔德统治时期缔结的条约，它在佛兰德、布拉邦特、埃诺、荷兰和泽兰之间达成了商业协定。[①]

14世纪是布鲁日商业高度繁荣的时代。13世纪伦敦的商人公会就已经是英国羊毛的大买主。但是在爱德华一世时期，英国开始发展海上贸易，装备了许多船只，把英国的羊毛运到布鲁日。于是，佛来芒商人发现，这种珍贵商品已转移到达米的码头，遂放弃了伦敦，伦敦的商人公会随之消失。

意大利商人放弃香槟集市后，便通过莱茵河，而更多的是通过海路建立了与布鲁日的直接联系。1317年以后，威尼斯和布鲁日之间建立了经常的业务往来。意大利人运来香料和东方的工业产品。同时，汉萨同盟的船只从德、俄、瑞典运来了建筑木材、小麦、熏鱼、金属、毛皮。位于波罗的海和直布罗陀海峡之中途的布鲁日城，集中了北方和南方的商品，成为北欧的主要贸易场所。

布鲁日达到了极度的繁荣。运河中竖有标杆，标明水的深度。水手们熟悉兹维恩河道，正像威尼斯的平底船船夫熟悉威尼斯的环礁湖一样。甚至直到今日，这个地区的高塔还是船只的信号标。在大海上远远就可以望到布鲁日的钟塔。

在布鲁日可听到各种各样的语言，可看到各民族的人：法国人、意大利人、卡斯蒂利亚人、阿拉贡人、普罗旺斯人、英国人，特别是德国人。因为在1336年，汉萨同盟在那里建立了一个商业代理处，因此，布鲁日变成了这个强大的海上同盟的最重要基地。起初

① 皮朗：《美国史学评论》，第14卷，第487～488页。

是有困难的，因而从1358～1360年，同盟营业所转移到多德雷赫特。但德国的商业公会很快返回布鲁日，并且在整个14世纪都留在那里。佛兰德的议会为外国商人提供了重要的便利条件。他们降低进口税，限制船难权，调整海上捕拿法，使批发贸易完全自由。这种商业很自然地把富有的人们吸引到布鲁日。条顿骑士团在那里设有固定的银行，从事重要的交易活动。教皇在整个北欧征收的什一税都储放在布鲁日的银行。城内有数百名伦巴第人，许多汇票可支付给那里的意大利银行家；但布鲁日没有犹太人，他们在佛兰德从来没有什么利益。

早些时候，佛来芒船只到国外运回羊毛。到14世纪，航行于兹维恩河的船只都是外国的。一句话，布鲁日的商人只不过是欧洲各国商人之间的中介人。在布鲁日，他们充当掮客，起着重要的社会经济作用；而在别处，这种角色只有船主来充当。布鲁日是欧洲最大的中介人。

外部事件也促进了佛兰德的商业繁荣。1355年12月13日，布拉邦特公爵约翰三世去世。其长女嫁给了卢森堡公爵、皇帝查理四世的兄弟温策尔。两个幼女分别嫁给盖尔德斯公爵和佛兰德伯爵路易。两年的战争之后，温策尔被迫放弃马利内的统治权，允许佛兰德伯爵接受布拉邦特公爵的头衔并把安特卫普赠给他作为采邑。由于兼并了马利内，路易成为斯凯尔德河两岸的主人，安特卫普就坐落在河岸上，因此，佛兰德伯爵认为他再也无须惧怕安特卫普对布鲁日的竞争了。

尽管频繁的纠纷使得强大的佛兰德诸城处于与法国国王公开敌对的地位（嫉妒它们的经济和政治优势的寡头贵族阶级求助于

法王),并使它们四分五裂,因而导致了内部动乱;尽管毛纺工业的需要使佛兰德诸城市必须与英国结盟,因而使这个地区卷进了英法战争的漩涡,然而佛兰德很快从混乱和入侵的影响中恢复过来。尽管陆地和海上发生了战争,商业仍迅速发展,最初集中在根特、伊普雷这类大城市中的毛纺织业,现在已分布到周围的小城市如卡塞尔、马利内、科明等。佛兰德手工业的特征是,工人们实行周工资制,而不是按件计酬,领取浮动工资。

1369年建立的新政权促进了这种日益发展的经济统一。是年,路易·德马尔因无子嗣继承他,便把女儿嫁给法国王子大胆腓力,他是勃艮第公爵,又是法王查理四世之弟。但是,勃艮第公爵们绝不是法国王室的驯服工具,他们千方百计地致力于使佛兰德摆脱对法王的依附地位,扩展并巩固他们的领土,在法国和德国之间建立一个强大而独立的国家。

正值佛兰德如此需要和平以恢复繁荣,新统治者需要时间以整顿王室秩序的关键时刻,暴力事件干扰了这两件事情,这是佛兰德的不幸。一些城市因伯爵决心限制它们的自由而愤恨不平,特别是根特在1382年起义之后,它的头上虽然还在流血,但并未屈服。几乎每个城市都因贵族和下层人民之间的斗争而分裂,而农村地区和小城镇又痛恨大城市。小城市不像大城市那样,受到那支配着行会劳动的狭隘章程的祸害。而农村的工人则满足于较城市工人为低的工资。最后,英法之间新的战争愈来愈迫近,而现在佛兰德同从前一样,无法避免卷入战争。事实上,佛兰德在这场短促冲突中首当其冲。英国商人被逐出布鲁日,其财产被没收。加来处于危险之中,因为法军就驻扎在格拉夫林和敦克尔刻,加来遭到突袭的危险迫在眉睫。由于政治和军事的原因，法国王室企图收复加来；尽管佛来芒的势力一直在加来居于支配地位，那里的织工也仍然急需他们的纺织机所必需的原料，佛兰德仍希望取消那里的英国羊毛商栈，因为它严重损害了佛兰德自己的纺织业。几乎整个佛兰德都依靠英国羊毛。工人阶级再次要求“昔日的美好时光”以及“啤酒和腊肉”。在贫困的工人阶级中可以听到埋怨之声，在波堡、贝尔格、卡塞尔地区谣言四起，说他们欢迎英国人。

1383 年，英国人在一次穿越海峡的战役中把法国人逐出了格拉夫林和敦克尔刻。不久，从加来到布兰肯贝尔的海岸落入英国人手中。尼乌波特、弗内斯、贝尔格、波堡、博普林、卡塞尔和其他许多小地方投降。战利品是丰富的。有些城市宁愿欢迎英国人做他们的统治者，而不欢迎法国人。这次胜利的一个奇特的余波是，由于英国的“艰难的时势”，伦敦的学徒和帮工逃离了他们的主人，迅速越过海峡去改善自己的命运。佛兰德在他们眼中是一个富庶的福地。来自根特的秘密使者在英国军营中怂恿英国人立即攻击伊普雷。伊普雷位于通向布鲁日的主要道路上，当时被一支法国军队所占领。城市内的商人阶级和统治阶级是亲法的。但根特派去的使者说，手工业者同情英国人，据说英国人声称他们将在佛兰德恢复公社自由。如果伊普雷被夺取，布鲁日就会失陷，法国人就会被逐出。

当时，伊普雷是一个繁华的地方。竣工于 1342 年的呢绒大厦是低地国家最壮观的建筑物①，城市周围是美丽的郊区，据说城内

① 这个呢绒大厦在世界大战中遭到毁坏，是文明的不可弥补的损失。

有居民 40 万人。伊普雷准备抵抗一次围攻,两个月之后,它仍未被攻克。英国人中发生了热病,并缺乏食物。也许最糟糕的是,赤手空拳的英国手艺人和逃亡帮工成群结队涌进了英国军营,拖累了英国军队,涣散了纪律。1383 年 8 月 8 日,最后一次进攻未能奏效,英国人撤围。法国人采取攻势,不久英国人又只拥有加来了。

和平至少还是来到了愁云密布的佛兰德,但繁荣却遥遥无期。大批具有法国风度、操法语的官员在伯爵—公爵麾下供职,惹怒了在他治下的佛来芒臣民,而他的豪华派头似乎表现了对穷人的傲慢无礼。这个地区的贫穷和枯竭是勃艮第的腓力在佛兰德统治的两个主要保障。

勃艮第第一个公爵是一个有胆有识的人。他的新领地上的财富和他所继承的国家的特殊的工商业利益必然导致勃艮第—佛兰德的政策偏离法国的政策。如果说他雄心勃勃,在政治上要使其成分复杂的国家脱离法国而独立,那么在经济上则是要摧毁加来的英国羊毛贸易中心,并强迫英国羊毛直接用船运到佛来芒港口,以使佛兰德独立。为此目的,他于 1385 年开始在斯吕伊修建牢固的防御工事,与桑维奇港和泰晤士河口遥遥相对。尼乌波特、库尔特雷和奥登纳德完成了四边形的防御工事。公爵想据此控制海峡,同时威慑在伊普雷、根特闹事的自己的臣民。总之,公爵想来个一箭双雕。英国政府强烈抗议斯吕伊的防御工事,同它在 1792 年反对斯凯尔德河的开放及拿破仑在安特卫普的防御工事同出一辙。同时,公爵又以禁令和贸易封锁令的形式对英国施加压力。1403 年,公爵宣布禁止与英国的一切贸易往来。这给他自己的人民造成了困难，不过他想以此迫使英国人把羊毛运到斯吕伊。在加来的英国羊毛商人埋怨道，他们遭到“惨重损失”，但政府却无动于衷。

在佛兰德内外的紧张关系达到顶点时，勃艮第的腓力去世（1404 年），其子无畏者约翰继位（1404～1419 年）。新公爵的第一个举动就是抚慰他的佛来芒臣民，虽然不是经济上的解脱。迄今为止，低地国家的政府所在地一直是布鲁日，它是一个瓦隆人的城市而不是佛来芒人的城市，而在社会风貌方面则是典型的贵族气派。宫廷语言和法律用语一直是法语。现在，勃艮第的约翰把官邸定于奥登纳德，宣布他将与自己的佛来芒臣民使用佛来芒语进行交往，最后许诺，他将竭尽全力恢复法国和英国之间的和平，恢复佛兰德的商业繁荣，他信守了前两个诺言，但最后一个他没能实现，尽管他有着良好的愿望。

观察一下这个时代政治经济思想的不断变化是有趣的。佛来芒各城市中合理的思想因素日益发展成为这样一种确定的信念，即他们有权处于一种独立的商业中立地位，而不管法国和英国之间的敌对。公爵的报复性的禁令和禁止贸易政策所带来的困难在发展这种新观念方面无疑是一个重要影响。英国也正在转向这种思想。加来的商人对英国议会施加压力，他们认为，如果不与佛兰德讲和，在加来的商品就毫无价值。甚至法国政府也出现这种新的思想方法的征兆，因为佛兰德和英国之间单独缔约的原则在 1405 年得到法国政府承认。奇怪的是，这个曾被称为 trêve marchande 的独立的商业条约被历史学家们忽视了。然而，这是历史上第一个明确提出战时中立贸易权和禁运品性质问题的文件。国际间合作镇压海盗的事宜也成为协议内容。

但所有良好的愿望都因勃艮第的腓力和奥尔良的路易在巴黎的仇争而很快化作泡影了。这场激烈斗争是为控制疯人国王查理六世的政府而展开的,它在1407年路易被勃艮第的间谍残酷谋杀时达到了白热化程度。勃艮第党和阿曼涅克党之间旷日持久的内战爆发了,法国陷入了支离破碎的境地,从而为亨利五世的入侵打开了大门。1419年无畏者约翰在蒙特罗桥遇刺促使勃艮第—佛兰德国家与仇敌英国结盟。

勃艮第—佛兰德的政治史虽与本章内容关系不大,但为清晰起见必须提及某些事情。在好人腓力统治下,低地国家实现了真正的统一。他获得了那慕尔、布拉邦特、林堡、荷兰、埃诺、泽兰、卢森堡和安特卫普,并且实际上形成了后来的比利时王国的基础。他是一个无冕之王,拥有与他同时代的国王同样强大的权力。

> 他与英国的联盟使他能够扩展其疆界,使佛兰德诸城市重新繁荣并达到这样的程度,以至于他临终时已成为基督教王国最富有的王侯。当代人估计他每年收入达90万都卡特,与威尼斯收入相同,比佛罗伦萨多4倍。他耗费巨资修建华丽的宫廷,其收入来自他领地上的财富,而国家之富有则在很大程度上归功于他的治国之才和贤明的内政。[①]

① 见《伦敦时报文学增刊》,1920年9月12日,奥托·卡尔泰列利的文章“勃艮第的宫廷”。

腓力于1435年断绝了与英国的联盟。他在自己的常驻地布鲁日过着快乐奢侈的生活。在那里,他保护油画、木刻、金属艺术品等。布鲁日成为整个北欧的艺术中心。像扬·范·爱克、罗杰·范·德魏登和雨果·范·德尔戈斯这样的大画家很好地回报了勃艮第宫廷给予他们的慷慨赞助。腓力的宫廷变成了15世纪的骑士之都,这种骑士与以前的骑士迥然不同。这是一些专事检阅和比武的骑士,在他们的生活中,贵妇人占着极为重要的地位。勃艮第的宫廷礼节发展了欧洲各宫廷一直沿用到19世纪的礼仪形式。这些礼仪规则通过好人腓力的影响传到西班牙宫廷、法国宫廷、德国宫廷以及英国爱德华六世和亨利八世的宫廷。确实,这些统治者把自己的意志强加于其臣民身上达到如此程度,甚至干涉臣民的服饰和个人仪容,当好人腓力脱发时,其廷臣也受命剃光脑袋。

在布鲁日建有宏伟壮观的建筑物,至今犹使旅游者赏心悦目,这里有高耸的塔楼、汉萨同盟总部、圣墓教堂。范·爱克兄弟和梅姆灵*使布鲁日的艺术成为文化史上著名的一章。中世纪晚期某些最著名的喜庆日曾在此举行——1430年好人腓力与葡萄牙的伊莎贝尔的婚礼,1468年大胆查理与约克的玛格丽特的婚礼都在这里举办。地中海的船舶驶向布鲁日港,带来了西班牙的羊毛、水果、橘子、枸橼、果汁糖浆、东方的挂毯和葡萄牙从其西非殖民地送回的稀有动物。好人腓力与葡萄牙公主的联姻使佛兰德和葡萄牙

---

* 汉斯·梅姆灵,15世纪末佛兰德画家,以其艺术才华和多产而著称。其绘画风格为16世纪意大利风格的北欧艺术之先驱。主要作品为肖像画和祭坛画。——译者

之间建立了积极密切的关系。

勃艮第国家庆典的壮观景象打动了一个当代英国人小约翰·帕斯顿，这可见于他在目睹大胆查理与约克的玛格丽特结婚时为期一周的庆典、盛会、筵宴和歌舞之后写给母亲的信。信中说："至于勃艮第公爵的宫廷(之豪华)，我还从未听说过哪个宫廷可与之相比，除非亚瑟王的宫廷。"

但与这豪华景象相对的还有另一方面。勃艮第公爵们是法国血统，其思想方法也是法国式的。他们的头脑中"没有传统的同情感，对于他的臣民中任何集团或任何阶级的权利和自由没有天生的尊敬"。[①] 因为一个多世纪以来，除布鲁日之外，各城市一直在为建立一个以人民群众为基础的自治政府而斗争，他们对这种城市运动，既恨又怕。由于传统和对根特的戒备，布鲁日实行贵族寡头政治，因而倾向于支持公爵的政治和领土政策。但其他城市则不是这样。勃艮第的腓力抑制伊普雷城衰落的努力和他对英国的政策都没有使那些对于公爵权力的急剧发展而愤愤不平的城市平息下来。甚至连布鲁日也于 1436 年举行暴动。1438 年，整个佛兰德发生城市起义，结果都被镇压，遭到相应的惩罚。根特最为顽强。1449 年，它拒不缴纳盐税，而布鲁日和伊普雷已被迫缴纳，从而导致了历时 4 年的冲突，结果是整个佛兰德城市自由的毁灭。

盐税是公爵从法国引进的两种令人憎恶的税收形式之一。另一项是炉灶税，14 世纪产生于法国。1437 年被引入勃艮第。这项税收由各城市和村庄按照炉灶数集体缴纳，尔后按比例向居民分

① 《剑桥近代史》，第 1 卷，第 425 页。

摊。极贫者税款有所减少。我们掌握了关于1437年、1464年、1472年、1480年、1486年和1526年这种税收的完整资料。当然最后三次的资料属于勃艮第以后的年代。但若把它们汇总起来通盘考虑，就可得出一些明确的结论。人们可以以10年为一期考察布鲁日，根特、伊普雷、卢万和其他城市的逐渐衰落。到16世纪最初15年，伊普雷的人口下降到5 000人，而当其繁荣的时候却有10万人。呢绒大厦荒废了，大街上野草丛生。根特由于靠近内陆而成为粮食市场而幸存下来。

大的工商业行会在这些事件之后幸存下来，因为它们是富裕市民的寡头联盟，与公爵政策有着天然的密切联系。但工商业却衰落了，而行会的钱袋也中空了。

伊普雷工业的衰落是佛兰德毛纺织业普遍衰落的标志，与此并行的是布鲁日商业的衰落。布鲁日的极盛时期是14世纪前半期，那时，它是北欧的商业中心。除了来自英国、法国、葡萄牙和西班牙港口的帆船外，汉萨同盟的船舶，威尼斯和热那亚的大帆船也云集于此。有17家商业公司在布鲁日驻有代理人。在户籍簿上注册的9 300名居民中，有8 000名手工业者，1 000名商人，这表明布鲁日在手工业方面也并非不重要。但富商支配一切，尽管他们的人数不超过800人。其中有243名百万富翁或至少是极富者。50个家族组成的集团统治着全城。其中最富有的家族经营航运业、商业、银行业、借贷业、包税业务、土地购买或出租。不太富的人从事酿酒、制造和呢绒销售或零售外国进口物品。被排除在手工业者之外的一定是一群人数众多的小商贩。

苛重的捐税不仅用来维持欧洲极端奢侈豪华的宫廷，而且用来进行战争,它给佛兰德的工商业带来了灾难,而公爵对英国的报复性政策却使他自食其果,这一切是易于理解的。但是佛兰德商业衰落的原因不止于此。汉萨同盟的衰落祸及布鲁日。此外,在兰开斯特朝国王统治下,英国愈来愈不依赖于佛兰德的织工,而开始自己制造呢绒。起初是利用为躲避国内混乱而渡海到英国的佛来芒移民,后来利用本国织工。一句话,15世纪英国梳、染、纺的都是自己的羊毛。因此,长期以来习惯于依靠佛兰德购买英国呢绒的汉萨商人和其他商人,现在到英国港口去购买呢绒。佛兰德丧失了自古以来作为加工者和中介人的垄断地位。

然而,布鲁日衰落的部分责任必须由统治着其商业的狭隘的寡头政府承担。布鲁日过于顽固地墨守商业上的陈规陋习。寡头政府对外国商人监视过严;它竭力防止外商在布鲁日出售从安特卫普、贝亨奥普佐姆*或其他一些布鲁日严加防范的地方购得的商品。布鲁日所采用的多数经纪业制度减少了贸易。因为在布鲁日达成的任何一项商业交易只有由当地的市民充当经纪人才是合法的。布鲁日的这项苛政慢慢地扼死了能下金蛋的鹅。“布鲁日的衰落归咎于较大规模和较自由的国际贸易形式的发展,其程度无论是布鲁日还是汉萨城市都没能够清楚地认识到。1477年布鲁日甚至采纳了一项关于建立一个贸易中心的议案,它将使商业交往的渠道变得更狭窄;汉萨同盟不愿意接受一个与先前相比特权较小的地位,因此商人和贸易实际上已转移了,而其营业所向安特卫普的正式转移却延误了半个世纪。同时,营业所失去了对商

* 布拉邦特的城市,临佐姆河,15世纪成为贸易中心。——译者

人的控制，许多较有进取心的人与莱茵和南德资本家发生联系，这些资本家的业务支配着16世纪的货币市场。腓力二世的政府提议与汉萨同盟诸城市结盟反对英国，这就为营业所重新控制安特卫普的德国商业团体提供了机会。这个计划之发端必定与1553～1557年英国和汉萨之间关系的破裂相联系，它在1562年的进一步发展与英国和尼德兰之间的冲突有关。"①

甚至大自然也与布鲁日为敌。14世纪初，兹维恩河港口开始淤塞，因此船舶在接近达米港时，困难愈来愈大。1404～1405年冬天，整个欧洲遭受了文献记载中一次最可怕、时间最长的暴风雨。佛兰德低矮的海岸被淹没达数里格。这场暴风雨的永久后果是，它打通了斯凯尔德河口的浅滩，安特卫普就坐落在这里，并且几乎封闭了兹维恩河。原来阻塞住斯凯尔河口的沙洲和岛屿被汹涌的海潮冲走，顺着河道大堆地涌进斯吕伊、达米港口和其他港口。安特卫普顿时变成一个海港。从此各国船舶蜂拥而至，这里实行一种与经济变化相适应的新的更自由的商业政策。布鲁日和安特卫普——这两个港市标志着两个不同的时代，奉行着两种不同的商业政策。

大胆查理试图另开一条运河以补救这一灾难，这就是慈瓦特盖特运河，他迫使根特和伊普雷捐资，尽管它们无力承担。但是情况并未好转。河床变得愈来愈浅，不久，在低潮时，到处都可以过河。布鲁日不再是一个港市。1494年，有四五千幢房屋荡然一

① 昂温在《英国史学评论》，第27卷，第814页上对鲁道夫·哈克的《尼德兰的德国商人》一书的评论。

空,化为废墟。

布鲁日的银行业早已破产。在阿维农教皇时期,整个北欧的什一税款都存放于此。教会大分裂时期,先是出现两个,继而三个相互竞争的教皇,使银行业元气大伤。因为只有一个教皇在布鲁日存款,只有部分欧洲承认这个教皇的管辖,从而使储蓄减少了。然而对布鲁日银行业的真正打击是文艺复兴时期的教皇取回了那里的全部教皇存款,把它们存放到佛罗伦萨和罗马的美第奇银行。于是布鲁日从此一蹶不振,永远变成了一个艺术珍品的博物馆,妥善保存着中世纪的遗物。

在低地国家几乎普遍的工商业衰落中,安特卫普是一个明显的例外。

在1353年以前,布拉邦特省是一个独立的公国,因为在这之前它没有与佛兰德合并。在14世纪,几乎低地国家的每一个公国都卷入了政治斗争的漩涡,在这个漩涡中,布拉邦特诸公爵像其他王公们一样,常常被迫在他们的政治义务和经济利益之间选择道路。英国在法国进行战争的早期,布拉邦特公爵灵活地采取了不偏不倚的中立立场,结果使他的国家免于遭受那折磨着佛兰德的内忧外患。他这样做之所以成功,一个原因是,布拉邦特与佛兰德相比经济比较落后。它主要经营农业而不是工商业。但随着工商业重要性的日益增长,布拉邦特的地位日渐重要,先是与佛兰德竞争,继而在15世纪压倒佛兰德。

由于布拉邦特公爵领处于低原地区南部两大经济中心——默兹河与斯凯尔德河流域之间,因而随着西欧商业和

> 工业的巨大复兴，它就自然而然地迟早要成为连接这两条重要水道的枢纽。迈斯特里丘特自13世纪初以来就归公爵所有，与公爵领内经济的发展有着特殊的关系。它位于默兹河左岸，从布洛涅和兰斯而来的古罗马大道经此向东到达科伦，由于这种有利的地理位置，它对于从莱茵地区和意大利向佛兰德和布拉邦特诸城市运输商品方面很早就具有重要性。[①]

布拉邦特的薄弱环节是梅克伦(法语，马列内)，这是列日主教的一块孤立采邑，曾抵押给埃诺伯爵。佛兰德伯爵和布拉邦特公爵为得到它而展开竞争。因为如果梅克伦为前者所有，安特卫普就会因其与内地经济联系被切断而遭受损害。1333年，当佛兰德伯爵路易购买了这块抵押地产的时候，就发生了这种情况。20年后，佛兰德伯爵又吞并了布拉邦特，两个国家合二而一。

随着两省的合并，布鲁日和安特卫普自然就成为竞争的对手。佛兰德伯爵们一心想发展两城之间的贸易。但安特卫普占有得天独厚的自然优势和地方行政条件。那里的人们不知行会为何物，也没有像布鲁日那样的限制贸易经营的灾难性的清规戒律。安特卫普提供了一个交易场所，且对所有的商人一视同仁。由于它作为一个市场具有头等重要性，因此它一直是一个永久性的大市场，在这里，人们的交易可以不受城市和行会的强制性规章的束缚。安特卫普不久就麇集着许多商业团体银行钱庄，如汉萨同盟、新建立的英国商人冒险家公司、奥格斯堡的富格尔家族和韦尔瑟家族

① 卢卡斯:《百年战争时期的低地国家》，第12页。

及热那亚的斯皮诺拉家族*。最后，美洲发现后，安特卫普成为欧洲最大的商业城市。

另一个正在兴起的布鲁日的竞争者是阿姆斯特丹。在汉萨同盟和佛来芒的航运记录中，阿姆斯特丹的名字日益频繁地出现。哥得兰海洋法第 54 款写道："倘若船只在斯堪尼亚或其他地方装货，并驶向佛兰德或其他市场，由于恶劣的天气或给养的缺乏而来到阿姆斯特丹……"等等。显而易见，须得海**是往返于波罗的海和佛兰德各港之间船只的避难所，并且以其他资料可知，到 13 世纪，阿姆斯特丹就已是一个重要商港了。构成阿姆斯特丹港的阿姆斯特尔河大坝比斯吕伊大坝早建了将近 90 年。早在 1204 年前后，阿姆斯特尔兰的封建领主吉斯帕里赫特二世在阿姆斯特尔河口建立了一座堡垒和一条堤坝，阿姆斯特丹城就是据此命名的。大概是 1270 年的一则汉堡的法律披露，与当时以精纺呢绒著称的乌得勒支进行贸易的汉堡商人惯于取道韦赫特河经营与乌得勒支的贸易，此河在离阿姆斯特丹稍微偏东的穆伊顿附近注入须得海。但这项贸易被放弃了，特别在冬季，因为远洋航船不能进入韦赫特河岸的小村庄马尔森以上的河道，船只常在这里被冰卡住。像阿姆斯特丹这样开阔而又隐蔽的港口的优越性很快就很明显了。另外，阿姆斯特丹是一个自由港，这一点与安特卫普相同，但不同于其他许多城市。1315 年，荷兰的弗洛里斯伯爵以叛国罪——真实的或捏造的——从阿姆斯特尔兰领主手中收回了这座城市，并把

* 皆为当时欧洲的大银行家。——译者

** 为荷兰与北海间的水域。——译者

它与荷兰伯爵领合并，阿姆斯特丹的强盛可能自此开始。1358年，阿姆斯特丹成为汉萨同盟的成员，并一跃而为须得海周围许多汉萨城市的首城，在这些城市中，斯塔韦伦、坎彭、兹沃勒比较重要，这些城市在1368年律贝克与丹麦的战争中为律贝克提供了船只。

然而，如果认为佛兰德眼睁睁地看着自己的商业特别是呢绒工业逐渐外流而无动于衷，那是错误的。农村中以西班牙羊毛为原料的毛纺织业由于不受城市狭隘保护主义的限制，而取代了大城市的工业。此外，佛兰德试图以发展亚麻织造业，特别是小城市中的亚麻织造业和奢侈昂贵的挂毯的办法来补偿它的毛织品贸易的损失。莎士比亚时代“阿拉斯”一词成为挂毯的通称，就说明了一个问题。是阿拉斯城为勃艮第宫廷提供了大部分挂毯。1420年的一份资产清单记载，公爵拥有4条寝室挂毯、59条大厅挂毯、9条教堂挂毯。好人查理大大增加了这些收藏物。这些挂毯价值如此之高，以至公爵建造了拱形的石头建筑物以便妥善保存它们，使之免遭火灾和不受潮湿。15世纪中叶以后，阿拉斯的衰落已清晰可见。1462～1467年，阿拉斯有59名挂毯工人，但是在1450～1467年间，织工师傅的人数没有增加。在格兰森和莫拉战役*后，瑞士人抢劫大胆查理的兵营时，查理的帐篷中装饰的美妙绝伦的挂毯是图尔内的产品。洪斯库特生产一种羊毛和真丝混纺织造的披肩，这项手工业的繁荣一直持续到路易十一时代。后来这里的工人避难到里尔附近诸城，特别是亚眠。1477年，法国路易十一

* 为瑞士邦联军队与勃艮第公爵大胆查理的会战，发生于1476年夏。——译者

攻克阿拉斯,给该城工业带来了巨大灾难。各种杂税和1479年阿拉斯居民的被逐“使其工业作坊受到打击而一蹶不振”。1477年阿拉斯的陷落结束了欧洲挂毯织造史的第一阶段。

阿拉斯主要的竞争者布鲁塞尔,在1466年勃艮第家族购买它的挂毯时才第一次被提到。好人腓力买了6幅关于“汉尼拔历史”的花毯。“然而,”蒙茨继续说道:“可以肯定,布鲁塞尔的工业作坊从这时候起与阿拉斯的工业作坊竞争,直到最后取而代之。”据推断,14世纪布鲁塞尔有工业作坊,但并没有清楚而确凿的证据证实这种观点。然而勃艮第公爵早期收藏的某些贵重的挂毯可能是在布拉邦特织造的。即使如此,在1441年以前还没有区别于普通织工的挂毯织工组织。另一方面,虽然布鲁塞尔的挂毯工业史模糊不清,但它的挂毯却是非常重要的,因此曾一度得到好人腓力的保护,当时他正从著名的图尔内织匠帕基耶·格勒尼埃手中购买挂毯。

15世纪,图尔内织造了许多精致的挂毯。“基甸的历史”* 这套挂毯是勃艮第家族保存下来的最受珍视的一条,图尔内的两个最出名的织工罗伯特·达里和让·德洛泰勒为此签订了加工合同。在这个世纪,布鲁日、根特和安特工普也生产数量可观的挂毯。据说,根特有十四五个织工,每个织工雇佣十一二名工人。实际上在安特卫普没有留下这类作品的记录,但有证据表明布鲁日的纺织享有盛名。布鲁日工业的动力多半是由范·爱克、罗杰·范·德魏登、梅姆灵、蒂埃里、布特以及后来的拉斐尔这类画家所

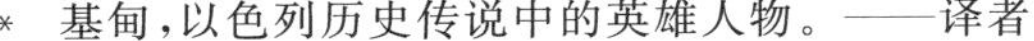

* 基甸,以色列历史传说中的英雄人物。——译者

提供的设计而产生的，因为从1420～1500年，大批阿拉斯、里尔、布鲁日、图尔内、布鲁塞尔出生的挂毯工人“涌向曼图亚侯爵、弗拉拉公爵和乌尔比诺公爵的领地，到威尼斯地区、托斯卡纳和翁布里亚”。这次普遍移民的原因是人们希望尽可能得到最好的底图。织工们逐渐认识到底图是促进挂毯业发展的最重要因素，挂毯之成败的决定性力量存在于设计之中。意大利画家们似乎特别适合于这项工作，因为他们的绘画匀称和谐，线条刚劲有力，包含丰富的思想。底图绘制者如科西莫·图拉*，曼特尼亚和列奥纳多·达·芬奇在佛兰德备受欢迎。

在这个世纪，有人试图把佛来芒织工的技术秘密引进英国，但毫无疑问最精致的挂毯是佛来芒作坊的产品。许多佛来芒挂毯被作为送给国王理查二世或兰开斯特公爵、格洛斯特公爵、约克公爵和奥尔巴尼公爵的礼物而传到英国。奥尔巴尼公爵理查于1414年从勃艮第无畏者约翰那里得到用以装饰卧室的挂毯，上面织有美丽的贵妇人和孩童的图案，它是由当时驻勃艮第宫廷的博斯韦尔伯爵送去的。显而易见，挂毯在英国人的生活中占有重要地位。“它被用于日常生活装饰，在庆祝节日、举行盛典时用作室内外装饰品。”亨利七世的王后伊丽莎白进入伦敦时的场面极为壮观，正如那位年迈的历史学家所描写的：“她将经过的一切街道都着上了盛装，有的挂上了挂毯和花帏，有些街道如瑟普街悬挂着五彩缤纷的金丝织物。”

---

* 意大利文艺复兴早期画家，15世纪弗拉拉画派奠基人，擅寓意画和室内装饰。——译者

挂毯作坊的产品表现了各种各样的内容。13世纪的织工主要欢迎宗教题材。14世纪则表现出对于世俗题材的爱好。有时表现出浪漫色彩如“查理大帝史”,“高卢的佩西沃的故事”*或“提修斯与金鹰”。还有取自当代生活的作品如“贝特朗·迪盖克兰”**,“列日战役”,“狩猎图”。自然景物也受到了一定的注意,特别受到德国织工的注意。他们在瓦特堡城堡的挂毯上用鲜花装饰武器,剑上点缀着鲜花、鸟儿、兔儿和松鼠嬉戏其间。但宗教题材并未完全抛弃,在流行的题材中有“伊绍和雅各的故事”,“基督耶稣的生活”,“耶稣蒙难”,“玛丽娅加冕礼”。也出现了寓言题材如“七项基本罪恶”和“生命之树”。

* 为12世纪出现在特鲁瓦的一部未完成的基督教传奇故事。——译者

** 百年战争期间法国杰出的军事统帅,生于1320年,卒于1380年;多次参加对英、对西班牙作战,三次被俘,获释后再战。1380年死于战场。见本书第三章。——译者

第十四章　14和15世纪的西班牙

西班牙由几个不同的王国构成，每个王国在早些时候就形成了各自独立的疆域，除葡萄牙以外，西班牙主要以联姻、继承遗产或征服形式合并在一起，置于一王的统辖之下。[①] 最初，在地理条件、社会关系和经济方面的差异，残留下来，而且的确几乎毫无变化。位于伊比利亚半岛北部边缘的阿斯图里亚斯公国是西班牙的摇篮，它从前是，现在仍然是一个栗木和栎木组成的丛林密布的多山国家。然而，山峦之中的沟壑却提供了牧场。因此，不知何时开始，阿斯图里亚斯就已是一个畜牧国家了。莱昂的情况亦如此，它的版图从旧卡斯蒂利亚平原突伸到加利西亚山地和阿斯图里亚斯山脉环绕的毗连处，这里陡峭的山坡，狭窄的山谷以及沉寂的草原也仅适宜畜牧业。阿斯图里亚斯公国和莱昂王国零碎的领地使之不能大量的养殖牛羊。在新旧卡斯蒂利亚巨大的中部高原，情形则完全不同了。高原地势由北往南呈下降趋势，经过一个又一个的台地，一直与中部西班牙大平原衔接。中部西班牙的干旱气候，使偌大的高原只能作为一个畜牧之地，而不利于稼穑。这里，巨大

① 在中世纪，当使用“西班牙”一词时，总是意味着卡斯蒂利亚。阿拉贡一直被认为是一个独立的国家，阿拉贡人从不称作西班牙人。

的专用牧场和富庶的牧地簇拥着一个个筑防的城镇，这些城市的位置标志着基督徒向伊斯兰教徒进军中的连续的驿站。对于卡斯蒂利亚来讲，幸运的是大封建主们的这些领地分散于全国各地，没有像在法国和德国那样，形成密集的地段，否则，王权根本无力控制这些封建主。

坎塔布连诸港市和法国的加斯科尼、普瓦图、诺曼底以及佛兰德、英国都有贸易往来。但是，因狭窄而贫瘠的海岸所限，商业的规模不大。倘若产品来自内地，西班牙还是能够通过狭小的比斯开湾诸港口，显示出较大的贸易量。但是，山脉绵亘，把整个西班牙中部和别的地方切断，内地要抵达它的北部港湾极不容易。对携入坎塔布连诸港的沙丁鱼和鲸油所征关税表明，捕鱼业是最重要的行业。

在安达卢西亚被征服（1248 年塞维利亚被征服，1262 年是加的斯）、卡斯蒂利亚王国得到出海口以前，西班牙商业一直不甚重要。早在 1251 年，无处不达的热那亚人就在塞维利亚获得了特权，西班牙的羊毛和皮革于是能够运销到意大利和佛兰德市场。加之，安达卢西亚与中部西班牙不同，它土质肥沃、气候适中，这样，塞维利亚的橄榄油、黑累斯的葡萄酒以及马拉加的水果就成了重要的出口商品。卡斯蒂利亚农业所获勉强供它自己耗用。除在穆尔西亚和安达卢西亚以外，对恶劣季节的防御都显得束手无策。因稼穑维艰，西班牙农民对农业的厌恶已成为第二天性。然而，“麦斯塔”* 即“牧主协会”只考虑牧畜得失而恣意地阻扼农业，扩

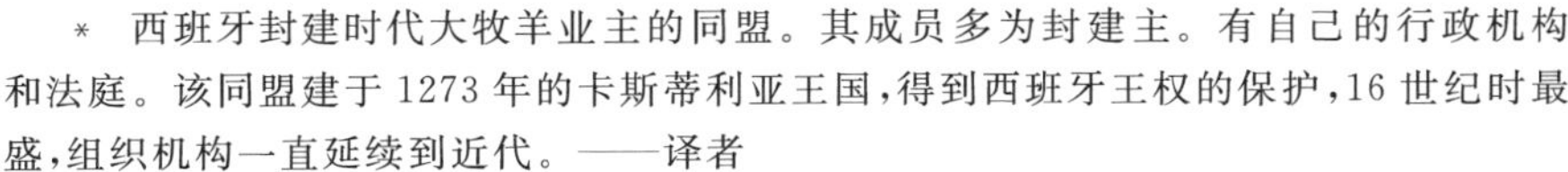

* 西班牙封建时代大牧羊业主的同盟。其成员多为封建主。有自己的行政机构和法庭。该同盟建于 1273 年的卡斯蒂利亚王国，得到西班牙王权的保护，16 世纪时最盛，组织机构一直延续到近代。——译者

大了农业经营的困难。牧主为了获得牧场，养成了烧毁林木，培植雏嫩的低矮林丛的习惯。农业与畜牧业经济之间的冲突是卡斯蒂利亚经济史的基础。1517 年羊毛生产者行会就拥有游牧羊 286 万只。9 月，牧羊狗围逐着巨大的羊群，下了高地，进入埃斯特雷马杜拉和安达卢西亚平原，这些牧羊狗对陌生人的凶暴，为塞万提斯所称道。在埃斯特雷马杜拉和安达卢西亚平原，母羊生殖羊羔，直至来年 4 月又重新北归去寻找牧草。

> 伊莎贝尔统治以前，羊毛和其他原料加工是西班牙工业的主要行业，对呢绒的输入和羊毛的输出实施关税政策以后，刺激了本地纺织业与佛兰德人的毛织品、那不勒斯人、土耳其人和印度人丝织品的竞争。①

卡斯蒂利亚朝西班牙的工业，除了那些附属于毛织品的行业以外，还有木工建筑业、金属业、砖瓦业等等。因此，大多数行会均由制革业、毛织业和金属业工匠组成。行会过分苛严的规定羁靰了工业，它不同于欧洲其他地方的行会政策。这个弊害，不是来自行会内部的妒忌和寡头政治的风气，更不是来自于王朝的压力。西班牙最熟练的工人一直不是基督教徒，而是摩尔人和犹太人。而且在技术性的工业中，如同在农业中一样，驱逐犹太人和摩尔人是有害的。1492 年，“当明智达理的斐迪南和伊莎贝拉联合的时候，决定将摩尔人逐出西班牙，他们疏忽了会因流放而引起后患无

① 西弗：《卡斯蒂利亚大起义》，第 22 页。

穷的报复。"[1]酿成 16 世纪地中海商业灾难的摩洛哥柏柏尔海盗，就是这些被放逐者的后裔。

莱昂和卡斯蒂利亚王国在 1492 年的大放逐以前，社会上存在四个等级的划分。第一等级：教士，颇有政治势力，并享有特权和拥有大量财富。第二等级：贵族，又可细分为三个不同等级的贵族：(1)富豪或大贵族，是与王权对抗的占有土地的军事贵族，其内部混战不已。(2)下级贵族，不如前者富裕，也不如他们高贵，他们依附于国王，但摆脱了大贵族们对他们的领主权。(3)骑士，属于平民贵族，从都市平民中得到补充。他们组织城市民兵，得到王室的赞助，迎头痛击大贵族和下级贵族。第三等级：特许城市的资产阶级，像其他地方一样，分别由商人、技工和自由的小土地所有者组成。这个等级是随征服而来的社会产物，最初，由新征服区域内的迁住者和移民构成，他们集中在设防城市里，被授予市政法权或市政特权。第四等级：犹太人、基督教控制下的穆斯林和阿拉伯化的基督徒。前者是已接受基督教徒管辖的穆斯林，在征服者统治之下，仍保留他们的宗教信仰和法律。后者，是阿拉伯化了的基督徒，他们是坚持基督教信仰的早期哥特居民的后裔，但是，几乎在其他所有的方面，已经变成伊斯兰教徒。上述四个等级中的三个，在卡斯蒂利亚为数甚多。

伊比利亚半岛上的另一个王国是葡萄牙，虽然葡萄牙是一个沿海国家，但海上贸易的发展却是滞缓的。其海上贸易的最早证据，是 1293 年关于往返于加斯科尼、普瓦图、布列塔尼、诺曼底、佛

---

① 莱恩·普尔：《柏柏尔海盗》，第 7 页。

兰德和英国诸港口船只的免税法令。1303 年爱德华一世颁布的商业法,便包括了葡萄牙商人。葡萄牙与英国的商业关系,比其他任何国家更密切。1353 年葡、英两国之间签订了一个航海通商条约,其后的若干年中,彼此关系通过两国王室的联姻得以充实和巩固。1386 年,以"好人约翰"(胡安)著称的葡萄牙国王约翰一世与英国亨利四世的妹妹菲利帕完了婚。英国的一些贵族淑女陪同她也一并嫁给了葡萄牙的王公贵族。如同在温泽一样,法语也进入里斯本成为宫廷语言。葡英两国联姻的子女,有的取葡萄牙名字,有的则取英国的名字。在葡萄牙历史上,像杜尔特(爱德华)和亨利这类名字的出现,便足以说明问题。勇敢的葡萄牙探险者——航海家亨利王子*就是最著名的联姻之子。英、葡两国贸易的主要物品是波尔图的葡萄酒和特产的红、白葡萄酒。其他农产品有坚果、葡萄干、各类干果和橄榄油。热那亚人很快就出现在葡萄牙,加泰罗尼亚人、佛罗伦萨人和威尼斯人也接踵而至。1385 年,葡萄牙在布鲁日建立了一个经商代理处。

卡斯蒂利亚的商业以原料产品为主,与之比较,阿拉贡和加泰罗尼亚的商业因两者联合而使产品的数量更大,品种更驳杂。卡斯蒂利亚若干世纪以来,一直是内陆国家。阿拉贡从十字军远征的时代开始,就有了国际性的海上贸易。在国王詹姆斯一世息政前的最后几年(死于 1276 年),曾因国土上层出不穷的新城和忙碌的港口引以为傲。马略尔卡岛的征服不仅扩充了阿拉贡的疆域,

---

* 后拥立为葡萄牙亲王,因兴办航海学校,奖励航海事业,故被称为"航海者"。在他的支持下,葡萄牙人南航探险,先后占领了大西洋上的亚速尔群岛、马德拉群岛、佛得角以及非洲西岸的几内亚等地,为后来发现印度铺设了道路。——译者

而且还增强了王国的威望和影响。阿拉贡的领事，被指派到了地中海的商业辐辏之地，一支强大的商业船队往返于地中海上。虽然这位征服者在阻止法国人侵略性的推进中是失败的；尽管障碍和困难层见叠出，但他维持了阿拉贡和加泰罗尼亚的联合，并牢固地建立起了一个地中海的商业殖民强国。

阿拉贡的詹姆斯一世为阿拉贡在地中海扩张的第二个步骤作了充分的准备。1282年，发生了“西西里晚祷事件”和阿拉贡对西西里的占领。经过浴血奋战，阿拉贡家族的一个王子最终稳固地确立了对西西里岛的统治权(1302年)。西西里之归属对阿拉贡商业的重要性是不能高估的，如果没有巴塞罗那的航运所供给的海上实力作后盾，阿拉贡在偌大地中海上的商业扩张是不可能的。假如不是因为加泰罗尼亚舰队，西西里晚祷又该怎样收场呢？西西里领地给阿拉贡提供了中部地中海上的一个战略基地。

中世纪晚期巴塞罗那的商业史是极盛而衰的商业史，詹姆斯一世统治时期最有趣的事实之一，即后来的巴塞罗那商业组织的几乎每一个特征都要回溯到那个时期。银行业管理的第一个立法，是1240年的法令。此法令把利息限制到18%。意大利的伦巴第人、佛罗伦萨人、锡耶纳人和卢卡人在1265年被驱逐出巴塞罗那。在早些时候，这些人的银行业作用是非常广泛的。1268年，所有的外国人被禁止在巴塞罗那经营银行业务。巴塞罗那银行业的历史，始于詹姆斯统治时期，不管这是否出于他的意旨，但由于兴建起自己的银行业，城市一定取得了很大的赢利，而不依赖于外国资本。巴塞罗那商业组织的另一个特征，是对经纪人的限制，这在詹姆斯统治时就已经开始。这种用来使商业管理免于欺诈的方法，是严格地限制因业务关系付给经纪人的报酬，这样，他们就不会为大笔酬金或贿赂而参与欺诈性贸易。幸存下来的监管经纪人行为最早的条例，制定于 1271 年。但是，早在 1251 年，就已有管理的迹象了。

1258 年，市议会支持国王颁布了第一个巴塞罗那海洋法。此条例包括二十二章，涉及海运经营最重要的事情。诸如：船长、货物管理人、领航员、出纳员各自的职责，进出港口、抛锚登岸、装卸货物以及武器装备等。在詹姆斯统治时期，我们还可以看到商业社团组织存在的最初痕迹。这种商业团体在市议会(拥有 200 成员)中只有 4 个代表，然而，不管怎样，它总是在发展。1263 年詹姆斯在亚历山大和突尼斯分别派遣了一个领事。这两人由阿拉贡—加泰罗尼亚首批派出的。是拥有很大权力的官员。他们是联系本国政府和海外侨民之间的纽带，被委以管理海外侨民的很多权力。1266 年，詹姆斯授权于巴塞罗那市议会一年一度选举管理“远海”航运事项的领事。这就意味着至少在当时称为“远海”的叙利亚诸港和埃及的范围内，给了城市管理海外事务的自主权。1268 年，这个权利扩大到“罗曼尼亚”(拜占庭帝国及其从前的马其顿、希腊的领地)，及其他任何加泰罗尼亚的船只可达之处。

在巴塞罗那商业组织进行改革期间使城市从事商业生涯的健康的精神状态仍在发展。重视工业的风气，从它在市政府的地位中便能反映出来。市议会的 200 个成员中大多数是工商业利益的代表，就是他们通过了 1258 年的海洋法。没有迹象说明，行会商人在市议会的组合中占支配地位。但议会仍然十分重视商业的价值，对商品的新的需求，使工业迅猛发展。巴塞罗那既然是一个制造中心，就需要向外寻求市场，倾销剩余商品。这样，与航海有关的产品，诸如船骨、熟铁、船上索具的供应都显著增加。皮革和葡萄酒仍然是重要的产品。加泰罗尼亚最有代表性和最有价值的输出品——羊毛制品的加工，尤其繁荣。木制成品制造业，如葡萄酒桶的生产也日益发展。在所有的其他行业中，我们已领悟到技术的改进。巴塞罗那的工业准备着面对世界，它的商品和商业很快就征服了每个港口。我们掌握了一部分关于阿拉贡和加泰罗尼亚工业规模的材料，据说阿拉贡古代王国的行会和同业公会的法令中囊括了 80 个行会，未曾刊布的阿拉贡文献第 40 卷载满了这些法令。

然而，“谁占有土地，谁就免不了战争”。法王腓力四世因对其他地区作战的兴趣太大，以至于不能同阿拉贡作战。因而，他为阿拉贡和马略尔卡商人设置了重重障碍。詹姆斯二世没有以从事战争来回报，反之，他和他的议员们制定了一项明智的政策，通过这项政策，阿拉贡从英国和柏柏尔得到大宗羊毛，并促进国内养羊业的发展而使本国贸易能够摆脱法国的控制。①

阿拉贡与热那亚的关系是紧张的。热那亚曾在西西里租借地的贸易中最受宠，它眼睁睁地望着西西里被日益强盛的敌手占去，冲突是不可避免的。几乎在阿拉贡刚刚稳固地控制西西里岛以后，放荡不羁的海盗活动旋即出现。1325 年，当阿拉贡人企图把在撒丁岛的比萨人撵走时，热那亚置热那亚—比萨两国之间旧恨

① 芬克:《阿拉贡文献》，第 2 卷，第 155～167 页。参照《英国史学评论》1924 年 10 月号，第 600 页，这份篇幅长而引人注目的文献用加泰罗尼亚语写成，共 12 页。

而不顾，派遣一支舰队去支援比萨人。因为撒丁岛是从阿拉贡的诸领地到马略尔卡和西西里岛之间的一个歇脚地。如它操于阿拉贡手中将成为横亘在热那亚近海的一个障碍。两次战争的拼搏（1331～1336 年和 1355 年）以两国财匮力竭而收场。然而，海盗活动在这一世纪从无间歇。

对于比西西里更远的战场，阿拉贡也兴味不减，从 1326 年到 1387 年期间，一个阿拉贡公爵控制着雅典公国。1289～1335 年和 1393～1398 年之间，西西里占据了杰尔巴和克肯纳诸岛，并以此为据点，控制东柏柏尔。阿拉贡的行动，常常足以兴废埃及苏丹。它与柏柏尔王国的关系始终是融洽友好的。

于是，巴塞罗斯的商业既有了免受敌人侵袭的安全保障，又有劫掠敌人商业的极好的基地，在地中海上发展起来。在国外，由于它控制了有力的战略咽喉之地，巴塞罗那的商业安全有所保障；在国内，统治者之英明政策又进一步促进了商业发展。赞助商业和支持城市对阿拉贡国王是非常有利的，他们需要城市的军事援助，并对繁荣中的商业的价值给予了正确评价。

1283 年，彼得三世废除了 1253 年以后设置的全部道路税。同年，盐务税的废止证明国王对渔业加工以极大的支持。1295～1299 年间采取了一些措施，即除敌国以外确保向任何国家输出各类商品的权利。但是，国王有权禁止在急景凋年输出粮食。1323 年詹姆斯二世豁免了巴塞罗那市民的商品在他及他的继承人所辖领地内的全部王室或地方关税。1343 年规定了巴塞罗那人输出白银、铸币、金块的特权。1356 年，又给了他们一项权利，除敌对的国家以外，他们可以将任何商品装入任何船只驶向任何国家。

巴塞罗那自由的商业政策与卡斯蒂利亚醉心于严苛的规定形成了鲜明的对照。

我们早在 1258 年就能够看到的商人行会，到 1279 年已发展到如此的程度，即获得了从其内部成员中选举两人作为法官，听审普通审判权之外的海上讼案的权利。但是，巴塞罗那的领事裁判法庭直到 1347 年以后才建立起来。这一年，市议会得到了每年选举两个海上领事和一个上诉法官的权利。他们可能有了像巴伦西亚领事法庭一样的审理一切海上讼案的司法权。1354 年，这种司法权限包括了“全部王国海领”。1380 年，彼得四世使巴塞罗那法庭终审全部海上讼事和一切商案。上诉法官的申诉甚至直接向国王的申诉也仅限于寡妇讼案、监护权讼案或涉及 300 镑以上财产纠纷的审理。

商人们从开明的国内方针和强有力的对外政策中得到的好处，又从巴塞罗那商业组织制度固有的传统得到增补。比较而言，1258 年商人组织还是一个势弱无力的团体。我们已洞悉它怎样获得了独立受理商业讼案的司法体系的权利。到了 14 世纪，它在市议会中也有相当大的权力。（自 1265 年以来）市议会的 100 个成员中，已有 32 个商团成员。加入这个团体是比较容易的。要求入会者唯一必备的资格，是实际从事商业、双亲都是纯巴塞罗那血统和本人在加泰罗尼亚出生。欲入会者必须由市议会和商人行会以 2/3 的赞成票通过。

为使巴塞罗那商业免受经纪人的欺诈，议会仍然实行确保经纪人廉洁的措施。一系列法律的颁布进一步限制了经纪人以卑下手段获利的可能性。譬如:经纪人不能受礼受贿,不能借经营贸易而自肥,他的交易所必须对买卖双方收费。

银行业发展迅速,为银行业制定的一些法律在原则上是惊人的现代化。1290 年詹姆斯二世命令,不能如数偿付债权人(存款者)金额的银行业者即被宣告为破产者,须变卖他们的所有物来偿付债务。再则,巴塞罗那议会(1299 年)规定,银行业者禁止保存两套账簿。一个银行业者须得在发誓以后,将其账目记入一个账簿上。1301 年莱里达议会要求银行业者在莱里达或巴塞罗那开业以前,交纳 1 000 银马克的保证金,在其他地方获得开业权利需要交纳 300 银马克。市议会也采取了措施,对银行作出规定,例如要求银行必须获得许可证,并且要保证一定的开业时间。

14 世纪加泰罗尼亚银行业已采用了汇票。这些汇票的形式还非常原始,但给银行家的信贷业务奠定了一个除现款以外的另一基础。这种改革的效果,是给信贷以更大的自由和使利息率必然的下降。詹姆斯一世曾制定合法利率为 18%,到了 1430 年,就下跌到 10%。私营银行对商业有不小的帮助,但是,它们的范围太受限制,不能完全满足信贷业的需要。因此,市议会于 1401 年建立了有名的“塔沃拉”,或称为市立银行。这个机构的设立成效卓著,并且一直到 19 世纪还存在。

加泰罗尼亚的手工业,特别是它的大宗输出物羊毛制品的生产不断递增,使商业有一个货源充畅的坚实基础。基督教徒开始从事从前被藐视并只留给犹太人干的诸如经纪人之类的职业,甚至政府也派出由贵族指挥的船只来从事贸易。

作为 14 世纪巴塞罗那商业特征的这种繁荣昌盛,是它明智的政治和经济政策理所当然的结果。亚历山大的贸易尤其值得注意。阿拉贡继承了霍亨斯陶芬家族旧有的与埃及亲善的政策，而詹姆斯一世保持了和这些伊斯兰教苏丹的友好关系，彼得三世继续维持了这些关系。阿方索三世（1285～1292 年）时期其关系甚至更为密切，1290 年和苏丹结成了攻守同盟。阿方索的目的是在与法国和教皇的角逐中得到埃及苏丹资金（如果不能提供人力）的援助。这个同盟条约的商业条款之一，规定不禁止向埃及出口铁、武器或木材。然而，鉴于阿方索很快放弃了同教皇和法王的斗争，接受了屈辱的塔拉斯孔和平条约，因而，上述条款是否得到批准尚属疑问。

但当詹姆斯二世即位之时，因敌人的重重围困和教会开除教籍的威逼，他实际上签订了一个同样的条约。可是，当他 1302 年与教皇再签订和约以后，又被迫颁布一个禁止与伊斯兰教国家通商的法令。但这个法令似乎纯粹为了政治目的，并没有认真执行。就在 1322 年，爱尔兰的方济各会修道士西蒙·西米恩尼斯在去圣地途中，于亚历山大发现了一个加泰罗尼亚的商馆。1338 年教皇又颁布了一个不准与埃及贸易的禁令，但埃及苏丹贿赂了国王彼得，禁令未能实施。1336 年，阿拉贡伟大的编年史家朱里塔谈到了关于阿拉贡与亚历山大的贸易规模。直到 1381 年，巴塞罗那继续向亚历山大派遣众多的领事。1386 年，3 个巴塞罗那骑士被派往埃及签订了一个通商条约。尽管巴塞罗那与埃及的贸易旅途漫长（往返需 10～11 个月），面临着海上劫掠的盛行，教皇的禁令，热那亚的商业劫掠者，伊斯兰教徒的革命以及贸易的高额过境税，巴塞罗那同亚历山大的商业贸易一直繁荣。阿拉贡对全部伊斯兰国王的和平与中立政策，或许是非基督教行为，但是，对本国却是非常有利的。

在叙利亚，加泰罗尼亚人在贝鲁特和大马士革已经有了商馆。大马士革的加泰罗尼亚领事管辖权包括叙利亚和小亚美尼亚。与小亚美尼亚贸易的痕迹可回溯到 1293 年，当詹姆斯二世派一个大使到蒙古乞合都汗*处时，也递交了一封信给小亚美尼亚的国王，要求为加泰罗人设置一个贸易大厅和公寓，为加泰罗尼亚人降低关税。这个国家的商业领事权在被置于大马士革领事馆所辖之前，由法马古斯塔的领事馆管辖。

巴塞罗那与利凡特诸岛也有商业关系，1302 年塞浦路斯舰队截获了一艘据供述是往返于坎迪亚和埃及之间贸易的加泰罗尼亚商船。下一个世纪，我们发现在坎迪亚设有巴塞罗那的一个领事。加泰罗尼亚的船只至少也偶尔光顾罗得岛，他们到那里的兴趣之一是圣约翰骑士团的西班牙地产与其总部之间移交专款。但是，加泰罗尼亚人同这些岛国之间的贸易和同东方商业中心之一的塞浦路斯的交往相比，十分微少。当阿克于 1291 年失陷之时，西方的商人旋即出走法马古斯塔，去取得贸易租借地或者去保护他们已经占有的地方。亨利二世把加泰罗尼亚商品的进出口关税定为 2％，转运商品的出口税为 1.5％。这一税额的确定带来了商业的繁荣昌盛和持续发展，直到 1373 年热那亚人占领法马古斯塔之时。

与罗曼尼亚签订的重要商业协定，也许可以推溯到巴塞罗那

---

* 为中亚的伊儿汗国大汗。在位年代 1291～1295 年。——译者

被允许在拉丁帝国设置领事的早期时代。不管怎样，关于这个商业来往，我们还是有一些事实的。1285 年，从罗曼尼亚返回的加泰罗尼亚人和西西里人的船只因受部分热那亚海盗的劫掠而得到热那亚政府的财政补偿。1290 年，拜占庭皇帝安德罗尼卡二世确定在帝国疆域内对从事过境贸易的阿拉贡国民征 3%的进出口商品关税。在痛苦的“加泰罗尼亚兵团”* 的插曲以后，加泰罗尼亚人与君士坦丁堡继续维持了一定量的贸易。这笔可观的贸易促使阿拉贡国王在 1320 年派遣一个特使到拜占庭对不合理的关税规定提出抗议，同时，在 1352 年，热那亚和迈克尔·巴列奥略（拜占庭皇帝）之间签订的一个和约中，有一条规定，将威尼斯和加泰罗尼亚商业拒之于帝国门外。但是，1383 年加泰罗尼亚至少在佩拉还驻有一个领事。除上述材料之外，我们再没有 14 世纪加泰罗尼亚商业在东罗马帝国的资料。当 1395 年跛子帖木儿劫掠塔纳的时候，有迹象表明一些敢于冒险的加泰罗尼亚商人成功地取得了进入黑海的贸易。然而，由于威尼斯和热那亚唯恐他人染指，警惕地防护着那里的贸易，加泰罗尼亚人大量分享黑海贸易似乎不可能了。

加泰罗尼亚兵团的漫长经历，以及从 1326 年到 1387 年雅典公国掌握在加泰罗尼亚人手里的事实，或许会证明阿拉贡在希腊

* 为一支加泰罗尼亚人的雇佣兵团，由加泰罗尼亚贵族罗哲·德佛劳尔领导。先参加法国西班牙贵族争夺西西里岛的战争，战后受雇于拜占庭皇帝安德罗尼卡二世去小亚同土耳其人作战。因纪律涣散，骚扰百姓，且目无皇纲，全不把拜占庭皇帝放在眼里，与拜占庭皇帝及臣民矛盾日深。1305 年，其首领被暗杀，引起拜占庭和加泰罗尼亚人的长期战争。1307 年后其势力转向希腊半岛。——译者

贸易中得到了某些好处。但是，事实并非如此。加泰罗尼亚人在雅典统治之初，对商业绝对有害。巴塞罗那在此地的利益的重要性不足以派遣一个领事。不过，雅典公国作为海军的出海港口毕竟是有用的。希腊的摩敦（威尼斯人 1204 年劫掠的地区）是一个重要的商业中心。威尼斯和巴塞罗那之间存在的良好意愿（这是他们同仇敌忾地对付热那亚的结果），使巴塞罗那得以染指于该地贸易，摩敦是它设有领事的商业城市。于是，14 世纪期间，巴塞罗那的商业在东部地中海得到了充分的扩展。它在利凡特贸易的主要中心是亚历山大。

巴塞罗那的贸易在地中海的意大利辖区取得了很大的发展。可以预料得到，这一有利形势，应归于阿拉贡家族对西西里岛的占有。西西里成为他们赞助这次冒险的一个报酬，加泰罗尼亚早期接受的贸易属地，保证了他们的西西里地区商业繁荣。1285 年，西西里的詹姆斯一世给了他们在巴勒莫派驻一个领事的权利。1288 年热那亚在这里享有的特权和应得物转让给了巴塞罗那商人。1296 年从西西里到巴塞罗那的谷物输出全部免税。意大利从西西里获得了大宗谷类产品。这就形成了一个沿海岸的贸易，它在加泰罗尼亚人的西西里商业中很快成为大宗贸易的项目。事实上，在热那亚对阿拉贡的战争中，大多数截获物是来自西西里和撒丁岛的谷物船只。无论如何我们不能忘记，西西里，特别是墨西拿港口，是一个西方产品和利凡特以及远东的产品交换的巨大市场。只要西西里还属于阿拉贡，这个贸易的优势就属于巴塞罗那。这一切，引起了从前享有这个优势的热那亚人十分不满。西西里为加泰罗尼亚的羊毛制品提供了又一个市场。它对西班牙的主要出口是丝绸和水果。西西里的贸易变得如此重要，以至于在建立巴勒莫领事馆以后的 50 年内，巴塞罗那在该岛又派驻了 3 个总领事和附属的 17 个领事。

征服西西里的后果之一，是疏通了亚得里亚海到加泰罗尼亚的贸易，这意味着与拉古萨、安科纳、曼夫雷多尼亚和威尼斯的通商。加泰罗尼亚与威尼斯的关系总是特别友好。和意大利其他地区也继续保持着贸易。尽管战争时有发生，加泰罗尼亚与热那亚、比萨还是时断时续地维持着商业往来。巴塞罗那和巴勒莫、那不勒斯之间的贸易关系是稳固的。在教皇国至少也有两个加泰罗尼亚商人。佛罗伦萨和巴塞罗那有特别亲密的贸易关系。在中部地中海地区，巴塞罗那与撒丁岛和马耳他保持着商业关系。撒丁岛出口的食品——肉类、干酪、牛羊板油和谷物，需求量都很大，巴塞罗那与该岛的贸易十分重要，以至于撒丁岛在并入阿拉贡辖地以后，立即在此处设立了一个领事，不久就增至四个。从 1335 年到 1511 年巴塞罗那在马耳他也设有领事。

北非地区的商业早为加泰罗尼亚商人所熟知。我们已经洞晓了詹姆斯一世在这些地区遵循着的什么样的政策。他们彼此间关系不仅限于签订单纯的商业条约，甚至包括了两方的军事盟约。在詹姆斯一世以后的统治期间，这个政策一直继续下来；实际上，阿拉贡国王和马格里布君主之间的政治关系比以前密切多了。1285 年阿拉贡与突尼斯签订了盟约；盟约的条款之一是特许突尼斯军舰在阿拉贡诸港整修。1292 年，在阿拉贡占领撒丁岛之前，从突尼斯国王处借了一笔款项用于军费开支。后来，又分别在 1309 年、1314 年和 1323 年与布吉亚签订了一系列条约。1309

年，阿拉贡国王援助摩洛哥国王从格拉纳达的摩尔人手中收复了休达。1357 年，阿拉贡和摩洛哥结盟反对“残忍者彼得”。如果阿拉贡和柏柏尔人之间未曾有过大宗贸易，那么，他们之间这种政治上的亲密关系就是不可思议的了。加泰罗尼亚人把布匹、葡萄酒、谷物、豆类、番红花贩入柏柏尔人地区。他们也出卖(甚至租赁)船只给北非人。柏柏尔输出多种物品，其中包括油类、蜂蜡、食糖、奴隶、马匹、腌鱼、皮革、树皮、染料以及柏柏尔商人从更远的东方输入的商品。然而，最重要的输出还是珊瑚。对这项商品的经营，加泰罗尼亚人处于实际的垄断地位。加泰罗尼亚同柏柏尔人的贸易是重要的，但同它在利凡特的经营相比，却不应予以高估。

可以预料，阿拉贡和卡斯蒂利亚、南部法国的贸易，使它们感到了它在公海商业扩张的影响和国力的增强。1282 年加泰罗尼亚人在塞维利亚建置了一个领事馆，他们运去谷物、贩回羊毛织品。1327 年又分别在马拉加和阿尔梅里亚建立了领事馆。1301 年在南部法国的蒙彼利埃也派驻了一个领事，可见，加泰罗尼亚的商业势力是强大的。

14 世纪，加泰罗尼亚的贸易在“海勒立斯石柱”* 以外也显示出很大的增长。在这些地区与佛兰德的贸易是最有价值的。早在 1267 年，加泰罗尼亚商人就已经在这里出没。但是，1300 年以前，阿拉贡和佛兰德之间没有持久贸易的征象。1378～1379 年，在布鲁日对外商征收“人头税”的一个清册中，税额的分摊情况记载如

* 亦有译为“赫丘利石柱”，即直布罗陀海峡两岸的石崖。古人认为这是地中海文明世界的西端。希腊神话中说，此处山崖是由海勒立斯劈开的。——译者

下：卡奥尔人 200 利佛尔，佛罗伦萨人 100 利佛尔，威尼斯人 100 利佛尔，加泰罗尼亚人 100 利佛尔，米兰人 80 利佛尔，卢卡人 70 利佛尔，热那亚人 50 利佛尔。值得注意的是清册中没有提到卡斯蒂利亚人。1405 年，布鲁日、伊普雷和根特的领事写信给巴塞罗那市议会，抱怨布鲁日长官实行了一些新的贸易规定，36 个加泰罗尼亚商人因违犯这些规定，被分别处以 25 埃斯库多罚金。1411 年的一份"服罪书"里，在布鲁日的威尼斯人被罚款 100 利佛尔，热那亚人 100 利佛尔，加泰罗尼亚人 80 利佛尔。后来，1438 年，因反叛事件，布鲁日被勃艮第公爵课以罚金，这些罚款均由外商帮她支付了。葡萄牙商人交付了 200 利佛尔，威尼斯人付 200 利佛尔，热那亚人付 150 利佛尔，加泰罗尼亚人付 100 利佛尔，阿拉贡人付 50 利佛尔。

14 世纪初，在英国也有加泰罗尼亚的商人。爱德华一世在授予外商优惠特权证的时候提到他们。然而，无以证明他们在英国的贸易有过任何引人注目的规模。14 世纪的商业年鉴中涉列英国最多的是关于它的海盗行为。每一个与低地国家有海上贸易的南部民族毫无例外的蒙受着英国人的袭击之苦。1418 年，亨利五世颁布专利特许状给阿拉贡国民。我们掌握着 1441 年巴塞罗那市议会交给一个英国羊毛购买主的命令，但是，这些资料不足以使我们肯定巴塞罗那与英国有任何重大的贸易。

1418 年，阿拉贡与热那亚之间爆发了公开战争，这场战争后来因为阿方索国王和昂儒家族争夺那不勒斯女王乔安娜的继承权而变得复杂化了。起初，阿方索是成功的。1425 年，他围攻热那亚，占领了那不勒斯。可是，命运是无常的，1435 年，阿拉贡舰队在蓬察岛被摧毁，国王本人成为俘虏。经过两年监禁，仰仗米兰公爵的势力才得以释放。后来，战争继续进行，阿方索终于签订了和约，那不勒斯成为其当然的属地。至此，阿拉贡权势达到了鼎盛。1343 年，阿拉贡兼并了马略尔卡和鲁西荣。1397 年，又吞并西西里。这样，唐·阿方索的王国除了伊比利亚半岛的领地以外，还包括马略尔卡、鲁西荣、撒丁岛、西西里和那不勒斯王国。

可以想象，在意大利南部，阿方索的征服给阿拉贡在南意大利的商业以一个很大的刺激，那不勒斯、加埃塔、伊斯基亚和奥特朗托都已是驻有领事的城市，与亚得里亚海沿岸各港口、威尼斯、安科纳和拉古萨的贸易也显露出非常活跃的征象。而拉古萨似乎特别引起加泰罗尼亚人的兴趣。

但是，任何繁荣的贸易数额都不足以弥补居主体的埃及贸易所承受的重创。15 世纪上半叶，埃及史册上灾难连绵。这种不幸的局面最初部分地归咎于某些苏丹的贪欲和狂信。然而，在东部地中海巴塞罗那商业灾难的最根本原因是加泰罗尼亚海盗船有害的活动。即使我们不提岁入主要依赖贸易的一个穆斯林王公的愤恨，海上劫掠也会激起上天的震怒。因此，除了三个短暂的时期外，在整个 15 世纪上半叶，亚历山大、大马士革（当时叙利亚是埃及王国的一部分）这些难得的市场都绝对的对加泰罗尼亚人关闭着。埃及的贸易丧失了。

然而，这个挫败，并不是加泰罗尼亚商业遇到的唯一不幸。它与热那亚的战争蜕化成长期的海上劫掠。除了道德上的影响，加泰罗尼亚商业的物资损失是惨重的。后来，埃及以西的柏柏尔诸国海上劫掠也滋长起来。这个现象，是较晚出现的。海盗匪帮从被放逐的西班牙摩尔人，宗教狂信者中得到了补充。而海港的这些暴徒骚扰非洲海岸，掠夺商业。到 15 世纪中叶，他们已经构成了实际的威胁。

阿方索五世死时（1458 年），他应允意大利人的大部分重要特权都被取消了。这样，给了加泰罗尼亚商业又一个打击。但阿方索的死，给王国广大的疆域带来的损失，远比与意大利贸易的丧失更为惨重。倘若他的继承者保持阿拉贡国王常有的气度，遵循他们传统的重商主义政策，上半世纪战争的损失，或许已得到弥补；柏柏尔诸国可能放弃海上劫掠，加泰罗尼亚海盗船的活动也可能被遏制。总之，新征服的领地提供了和平与秩序的境况的手段，能使阿拉贡商业达到它从前繁盛的水准，甚至更高。

可是，这只是历史上当个人因素起决定作用时的机会之一。不幸，阿方索将西班牙、西西里、撒丁岛诸领地留给了他的弟弟约翰二世，此人是一个卑鄙的家伙。加泰罗尼亚人很快举行了起义，推选阿方索五世的长子唐·卡洛斯作为他们的领袖。他们干得很成功。1461 年宣布停战，约翰同意协商，承认了加泰罗尼亚人的全部条款，答应不再涉足加泰罗尼亚，并要派唐·卡洛斯作为他的代理人统治巴塞罗那州。但三个月以后，这位年轻的王子死了。据揣测是被毒害的。不久，在王国领土上，法国和卡斯蒂利亚的军队鱼贯而入。1462 年 6 月 11 日，加泰罗尼亚宣布脱离阿拉贡而独立，战争仍在继续。然而，加泰罗尼亚人在寻求统治者时运气不佳。卡斯蒂利亚的亨利拒绝了他们的效忠，葡萄牙的“城主”彼得统治了两年半又死去；昂儒的雷内最初是一个成功的领袖，但是，后来却因固执而多疑招致失败。最后，约翰于 1472 年写了一封妥协信给巴塞罗那议会，表示了高尚的友谊：不咎既往，承认从前的立法和特权。这时，加泰罗尼亚人的国王已年迈昏庸；可恨的乔安娜也死了，加泰罗尼亚又疲于战争，于是，约翰的条件被接受了。他对加泰罗尼亚的统治，一直维持到1479年。

接下来是巴塞罗那的历史，在这一时期，当国内和平安定以及执行强有力的对外政策之时，审慎地鼓励商业，对它的昌盛是绝对必要的。然而，14年的战争，随以7年的约翰统治，几乎羁勒了加泰罗尼亚的海运业。它的最后的和完全的衰落，是在斐迪南（约翰之子）和伊莎贝拉统治时期。西班牙的联合并不意味着伊比利亚半岛关税限制的废止；每一省仍然把其他省的市民当做外国人看待。甚至在加泰罗尼亚的一些城市，也推行排斥巴塞罗那制品的现行政策，以此保护本地的产品。1487年，斐迪南在加泰罗尼亚设立了宗教法庭。这对商业几乎是致命的打击，因为在这个灾难时期，好像实际上能够从事工商业的只有犹太人或犹太血统的"皈依基督教者"。到了葡萄牙发现由水路到达印度的时代，巴塞罗那的商业已经是事过境迁了。

事实上，随着贸易利益转移到大西洋沿岸，地中海的贸易就颓然衰落了。至于在13、14和15世纪期间设立的55个领事馆，到了1550年只有马塞、墨西拿、热那亚、巴勒莫和那不勒斯5个保留了下来。

阿拉贡和巴塞罗那工业的历史比它商业的历史更简单。最重要的手工业产品是毛织品。15世纪，加泰罗尼亚人开始仿造外国的呢绒。例如像爱尔兰的哔叽；兰斯、奥斯坦德的驼绒和其他佛兰德城市的织品。1522年，仿制品名目更多，其中有意大利（佛罗伦萨的)、佛兰德和英国制品的仿制品。这时,加泰罗尼亚的呢绒在法国大量地使用,伦巴第输入了巴塞罗那毛织品值 12 万威尼斯都卡特。为了保护羊毛的生产,对原毛输入征收高额关税;1422 年,禁止了羊毛进口。同年,巴塞罗那议会决定严禁输入国外的毛织物、丝绸或黄金;在严苛的惩罚之下,除了加泰罗尼亚和王国其他省的纺织品以外,任何家庭或个人都不能穿用外国或外地的衣料。

在 1422 年召集的一次以协商改良商品和实行贸易保护为宗旨的手工业者会议上,呢绒企业主和染匠草拟了 97 项条款,涉及毛织物的制备、不同商品的质量、纺织工人的责任以及染色的规定等问题。羊毛行会的检查员督促着这些规则的执行。巴塞罗那的染匠越来越出名,以至国外的纺织品也送到此地染色加工。

毛织业远不是巴塞罗那最重要的行业,巴塞罗那所拥有的精干的人力和丰富的自然资源,尤其是矿物资源,更使它生产出了其他的商品。重要的工业有绳索制造业、制革业、制帽业、甲胄制造业、刀剑制造业、制陶业、玻璃制造业、帆布制造业和棉织业等。洋铁匠、铜匠、钢铁制造匠人在竞争中得到了保护,其关税率是50%。如此的高额税收对于皮制商品、熟皮、鞋的输入同样生效。但丝绸不属于应征税之列。15 世纪以前,还没有引进丝绸生产技术。然而,加泰罗尼亚人与西班牙摩尔人经常有接触,和北非的摩尔人也来往频繁。为什么他们没有更早些学到丝绸织造的技术呢?

巴塞罗那出口的另一种商品,是手工制作的珊瑚,这种珊瑚产于北非海岸和地中海其他沿岸地区。盐也是重要的输出物,腌肉似乎已大量地舶运国外,薰猪肉出口数量也很大,以至 1534 年通过一项立法禁止外运。番红花是非常重要的输出品，还有蜂蜜。1394年，一艘装载番红花和蜂蜜的货船从巴塞罗那开往亚历山大途中被热那亚海盗船追击。番红花也用船北运到其他地方，要证实其重要性是不乏材料的。中世纪巴塞罗那的磨石也非常著名。

磨坊、制革作坊、铁匠作坊、铁厂等等和金、银工艺品技工、制陶业工匠遍及各地。这些行业主要由犹太人或基督教统治下的穆斯林经营。其他的物品有木器（包括葡萄酒桶）、小兽皮、兽皮、玻璃制品、船具、麻索、毛绳和草绳以及腌肉等。15世纪引进了造纸术，1461年，热那亚截获了巴塞罗那的一艘船，货物中有17 000支芦秆笔。

远东的商路
陆路
海路
0 200 400 600 800 1000 英里
波罗的海
莫斯科维亚
塞尔维亚
乌拉尔山
大保加利亚
黑海
安纳托利亚
地中海
埃及
阿拉伯
红海
非洲
波斯王国
奥曼
阿拉伯海
印度
孟加拉湾
印度洋
大可汗帝国
阿尔泰山
昆仑山
西藏
缅甸
暹罗
苏门答腊
北京
南京
高丽
黄海
日本海
日本
海南
中国海
婆罗洲
西里伯斯
斯派瑟群岛
太平洋
远东的商路

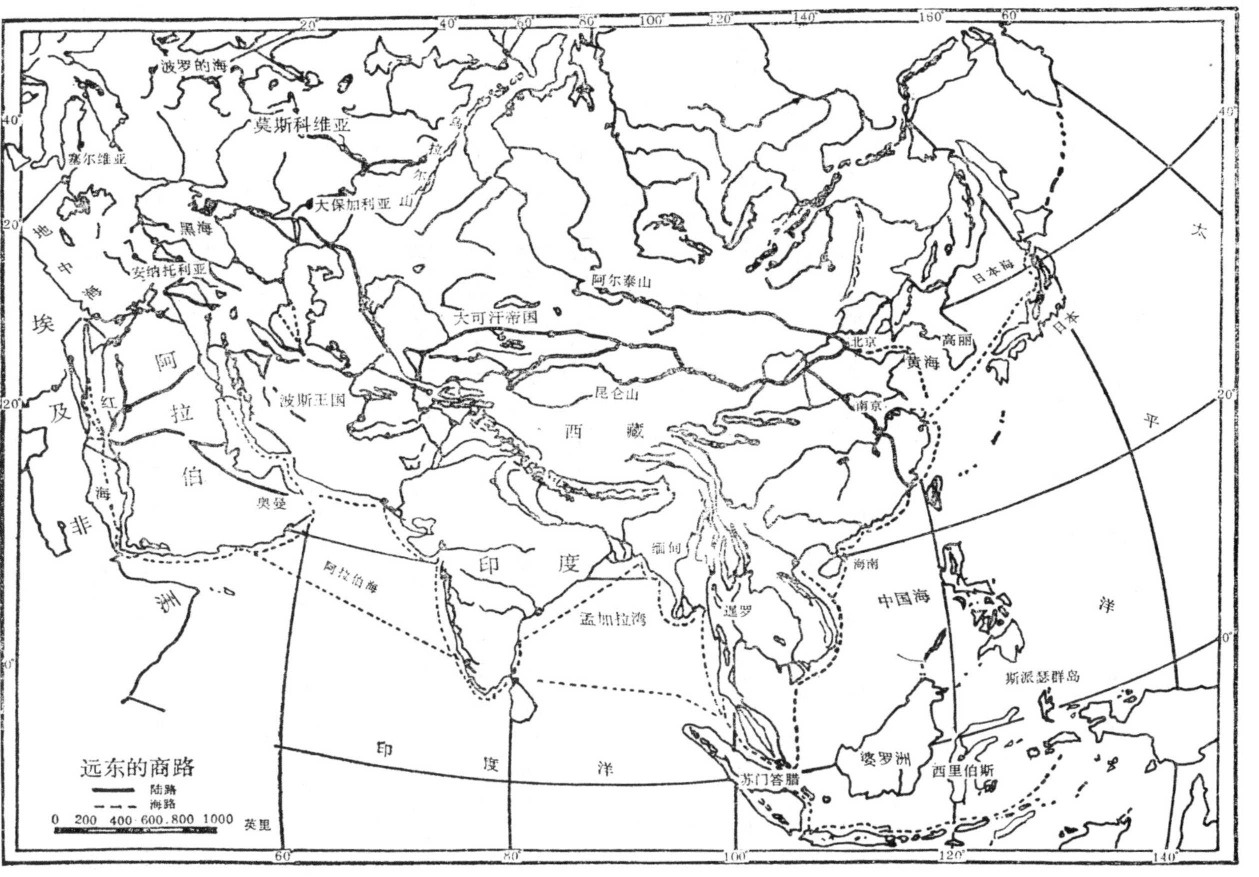

第十五章　巴尔干半岛、希腊和利凡特

“中世纪东欧和西亚、南亚之间的商路分为两部分:北部商路,主要经过陆地;南部商路,主要经过海洋。前者连接中亚、中国、印度和小亚细亚;后者经由叙利亚和埃及。每部分商路又有支路,它们在阿勒颇附近进入亚洲,分别通向大不里士和巴格达。对于大部分商品来说,南部诸商路,特别是取道红海的商路运输比较便宜,因为它们多半经过海洋。但对于比较昂贵的香料来说,这种看法就不甚重要了,主要是由于香料在船舱中易于受损。”①

北部商路对于君士坦丁堡有利,共有四条:(1)从顿河河口的塔纳经里海顶端到印度或中国。(2)从特拉布松到大不里士,再绕过里海海角到东方。(3)从亚历山大勒达湾的拉贾索,经大不里士或(4)经巴格达到东方,穿越亚洲或取道波斯湾。

特拉布松和拉贾索是到“蒙古各国的主要门户”。在大约1340年蒙古帝国崩溃以前,西方和远东之间的贸易往来是畅通无阻的。蒙古人民是异教徒,但他们是宽容的。甚至当西部蒙古人成为伊斯兰教徒,土耳其人开始扩张的时候,东西方的交往仍然持

① 利布耶:《奥斯曼土耳其人与商路》,载《英国史学评论》,第30卷,第578页。

续着，尽管不像以前那样便利。伊斯兰教化的蒙古人和土耳其人对于基督教商人深入到他们内地活动取敌视态度，但是却愿意与他们在黑海、爱琴海和地中海港口进行贸易。只是在马木路克埃及与基督教的商业关系几乎完全中断。教皇对于马木路克王朝毁灭耶路撒冷王国的举动从不宽恕，禁止与埃及的一切商业往来。对违犯者实行驱逐出教、褫夺公民权、继承权及根据遗嘱处理财产权利的惩罚。教皇梦想建立一支国际海军，在地中海上巡逻，并压制非法贸易。医院骑士团和塞浦路斯王国的舰队企图实现这项计划，但徒劳无功。但是因为与埃及的贸易有利可图，因而难以阻止。尼古拉四世、卜尼法斯八世和本尼迪克十一世缓和了这项禁止贸易法，允许与埃及进行贸易，但违禁品的贸易除外。威尼斯数世纪以来几乎垄断了与埃及的贸易，在 1302 年，与苏丹签订了一项新条约。热那亚和比萨在亚历山大驻有领事，这证明那里有他们的商人。在亚历山大的基督教徒的殖民地一定是相当大的，因为甚至在阿拉伯的史料中都提到了它。这些禁令自然就增加了那些对于塔纳、拉贾索、特拉布松以及君士坦丁堡有利的陆路商业，君士坦丁堡是利凡特商业的交易所，所有来自东方的商路都在这里汇合。

控制这项巨大的东方贸易曾是威尼斯在 1204 年征服拜占庭帝国的决定性动机，也是热那亚于 1261 年推翻威尼斯在黄金角统治权的目的。

1204 年的第四次十字军使拜占庭帝国分崩离析，但并未使之彻底毁灭。当异族征服者立足于君士坦丁堡、希腊和爱琴海的时候，在特拉布松和尼西亚的地方王朝还保存着拜占庭帝国的传统；在伊庇鲁斯，一个当地的大姓自称“君主”，把拉丁人驱逐出萨洛尼卡，在那里为拜占庭帝国取得了一席之地。尽管这三个国家彼此争斗，但它们有着拉丁人这个共同敌人，并且每个国家都密切注视着拉丁帝国的日益衰落，等待着收复失去的世袭领地之时机的到来。

1261 年，当这个时候来到，威尼斯在博斯普鲁斯的统治被推翻的时候，是尼西亚皇帝重新统一了巴尔干半岛和小亚细亚，形成了复兴的拜占庭帝国。但是拜占庭帝国从来未从第四次十字军的打击下完全恢复元气。以巴列奥略诸皇帝为代表的帝国"复兴"是不完全的。帝国没有恢复它先前的领土统一，也未曾恢复失去的权利。直到 1453 年灭亡时，它一直是一个残缺不全的国家。迈克尔八世仅仅把古代科穆宁帝国的一部分置于自己的统治之下。色雷斯被保加利亚人和塞尔维亚人占领着；亚得里亚海岸形成伊庇鲁斯君主国，并处于威尼斯和西西里王国的争议之中。帖撒利是一个独立的公国。伯罗奔尼撒半岛是雅典和阿黑亚公爵领地，处于法国王朝的统治之下。埃维亚*大岛被伦巴第血统的王公统治着。爱琴海诸岛作为一个整体构成了独立的纳克索斯公爵领地。因此，新的拜占庭帝国仅仅包括巴尔干半岛的中部和东部以及小亚细亚西部，由于 1261 年的革命是从尼西亚开始的，故小亚细亚西部被合并到欧洲部分。一句话，我们要区别两个区域：爱琴海以北以东的希腊地区和爱琴海以南以西的拉丁地区。即使在这个有限的范围以内，拜占庭帝国的统治也是受到限制的。热那亚事先要求大量商业特权作为它策划革命的报偿。

* 旧译优卑亚，希腊第二大岛，位于希腊半岛东南部。——译者

> 热那亚人不费吹灰之力就把利凡特贸易的垄断权从威尼斯转移到他们自己手中。利古里亚共和国并未参与第四次十字军，现在却因为发誓同威尼斯人作战，而被授予在整个希腊帝国和皇帝所要征服的、威尼斯人所占诸岛（克里特和内格罗邦特）自由经商的特权。热那亚人被获准在阿那卡、莱斯博斯和盛产乳香的开俄斯岛建立殖民地……他们获得了士麦拿城，并获准在光复君士坦丁堡后，以其郊区卡拉特为热那亚人特区。最后，对他们的敌人封闭黑海。自1261年宁费昂条约签订之日起，热那亚就作为利凡特势力开始发展。[①]

威尼斯仅仅保住了它先前领土中的埃维亚（或内格罗邦特）及克里特岛以及伯罗奔尼撒半岛[②]海岸的科龙和摩敦。两大岛屿盛产小麦、油、酒、蜡、蜂蜜、生丝和熟丝。科龙和摩敦，则是去圣地的香客登岸的重要港口，是基督教和犹太商人的繁荣的殖民地，二者中科龙尤为重要，并以胭脂红的生产著称于世。

在这种分裂而复杂的条件下，陆地和海洋贸易的无数困难艰辛是可想而知的。威尼斯和昂儒查理对热那亚和拜占庭帝国的全面战争似乎迫在眉睫。但由于1282年的西西里晚祷事件以及随之而来的昂儒家族国王势力的灭亡，这场战争避免了。

---

① W.米勒：《利凡特的拉丁人》，第118页。

② 此时及很久以后，伯罗奔尼撒半岛普遍被称为莫里亚。该称呼最早见于1111年，开始似乎只指埃利斯海岸，后用于全岛。该称呼的起源问题仍在争论中。见米勒上引书，第37页。

1294年，威尼斯和热那亚之间酝酿已久的战争爆发了。热那亚舰队袭击了克里特岛上的坎迪亚，并摧毁了摩敦港内一支威尼斯商船队。威尼斯则攻击君士坦丁堡的热那亚殖民地作为报复——当时卡拉特的墙垣还未完工——并捣毁了属于热那亚扎克利亚兄弟的弗西亚岛上的明矾作坊。从此以后，拜占庭皇帝没收在帝国境内发现的威尼斯商人的货物，热那亚人也与当地人一起对君士坦丁堡的威尼斯商人进行大屠杀。最后，威尼斯和热那亚于1299年媾和。但拜占庭帝国并未参与，威尼斯继续进行着卓有成效的战争，直到1303年，皇帝同意赔偿威尼斯遭受的损失，并让给它4个小岛屿。条约的款项中有一条规定禁止威尼斯商人深入帝国腹地经商，或从事盐和乳香贸易。在这些方面，皇帝寸步不让。但威尼斯继续策划反对巴列奥略皇帝，并且多年来一直做着重建拉丁帝国的迷梦。晚至1320年，它还在为此目的而策划。

威尼斯和热那亚的商业竞争是14世纪利凡特历史的关键。竞争的地区可分为5个：黑海地区、巴尔干半岛、爱琴海诸岛和莫里亚、叙利亚和圣地、埃及。土耳其人、帖木儿和马木路克是制约这场竞争的主要外部因素——前两者在小亚细亚和黑海地区，后者在埃及、巴勒斯坦和叙利亚。在俄国，克里木的鞑靼人是另一个因素。对这段复杂历史除了按地区叙述外，用任何别的方法都将引起混乱。

我们先叙述黑海地区。根据1261年宁费昂条约，热那亚取得以前威尼斯在黑海北岸的商业代理处，[①]其中顿河河口的塔纳和

① 汤普逊：《中世纪经济社会史》，第422～423页。

克里米亚的卡法最为重要。前者作为由中亚经阿斯特拉汗国而来的商路的终点站而具重要性，这里的商品具有东方特点。后者是来自俄国的原料如毛皮、琥珀、树脂和天麻的交易场所，而克里米亚则提供大量的马匹和小麦。此外，还有奴隶和腌鱼。但是，克里木鞑靼人和钦察地区金帐汗国的蒙古汗双方都向热那亚人寻衅。不久，热那亚人发现，他们背后是威尼斯的阴谋。1343 年，热那亚人被暂时赶出了塔纳，但 1347 年他们又回到此地。无论如何，威尼斯人在顿河对岸占据了一个基地，由此向别处扩展，主要是克尔索涅斯半岛上的索达亚(或称苏达克)。

与此同时，由于 1302 年加泰罗尼亚兵团的入侵在希腊造成了一种新的变化。这支由冒险家和刽子手组成的臭名昭著的军队自 1282 年以来就一直驻在西西里，阻挠昂儒家族恢复此岛的计划之实行。1302 年，在经过 20 年的战争解决了这一问题之后，加泰罗尼亚人发现已无人雇佣他们。在这关键时刻，拜占庭帝国的小亚细亚诸省第一次为日益发展的奥斯曼土耳其势力所威逼，皇帝安德罗尼卡二世邀请加泰罗尼亚雇佣兵前去援救。

1306 年，一支土耳其人被加泰罗尼亚兵团司令官罗杰·德佛劳尔征用，作为他的海盗军队，首次来到欧洲，他们不是去帮助皇帝，而是袭击了马其顿和希腊。在希腊的克菲苏斯一战(1310 年)，法国的骑士之花被屠杀。由于这次打击，拉丁人在伯罗奔尼撒半岛的统治一蹶不振。加泰罗尼亚大兵团在莫里亚安营扎寨并建立了一个国家，一直延续到 14 世纪末。然后，早在这个世纪之初就在科林斯占有一个据点的佛罗伦萨的阿奇阿茹里家族作为雅典公爵继续进行统治。[1] 这对于希腊的破坏甚于对巴尔干半岛的破坏——对内陆的破坏甚于对沿海地区的破坏——所以，尽管产生了这样的浩劫，尽管爱琴海上海盗横行，热那亚和威尼斯继续进行商业活动。在希腊的废墟上崛起了卡拉特。在君士坦丁堡，威尼斯人现在扮演着次于热那亚人的角色。1346 年前后热那亚在士麦拿还占有一个地盘，并拥有弗西亚的明矾产地，尽管这两个地方都受到土耳其人的威胁。

此后，土耳其人的发展引起了注意。土耳其人是土库曼人的一支，13 世纪初，他们在其世袭的部落酋长率领下定居于霍拉桑，他们的首领叫奥斯曼，因而他们就叫奥斯曼土耳其人。1220 年，蒙古人来到的时候，他们向西迁移，先寄居在阿塞拜疆，后到亚美尼亚。由此侵入小亚细亚的伊科纽姆苏丹国家，蒙古人的入侵已使之瓦解。起初，土耳其人的家庭总共不到 400 个，但在他们迁移时，随着与他们的状况相同的游牧部落的加入，它们的数目增加了。此时，小亚细亚分裂成众多的小公国。伊科纽姆的苏丹起初雇佣土耳其人做雇佣兵去征服他的分裂出去的国家，但不久土耳其人在多里立昂附近建立了自己的小公国，并开始蹂躏拜占庭在小亚细亚的领土。1340 年蒙古帝国的彻底崩溃便利了土耳其人的扩张。但更为重要的事实是，这种崩溃对直通中国的北部道路破坏严重，以至这条商路几乎废弃了，而经由波斯的道路也变得困难了。结果是威尼斯人和热那亚人请求教皇缓和对埃及的政策，

---

[1] 雅典在阿奇阿茹里家族统治下复兴了。那个时代的一幅热那亚地图上，当时以“雅典的港口”而闻名的比雷埃夫斯港第一次被称为狮子港，此名称由威尼斯兵工厂前面的巨大的花岗岩石狮而来。

并授予贸易特许状，因而南路的贸易获得了改善。

14 世纪中叶起，土耳其势力的发展是利凡特历史上的一个决定性的事件。1308 年，土耳其人攻占以弗所，1326 年夺取布鲁萨，并定为第一个首都。1328 年，尼科墨迪亚陷落。1330 年，曾召开过宗教会议的古城尼西亚被攻克。1330 年左右，苏丹们创立了叫做禁卫军*的著名步兵部队，是征募受过伊斯兰教育并受过严格训练的基督教儿童建立的。他们的纪律和理想也就是当年圣殿骑士团和医院骑士团在其极盛时期的纪律和理想。因为像十字军骑士团一样，禁卫军人也宣誓实行独身主义。伊斯兰教托钵僧随军出发以保持他们的狂热之火常燃不熄。1344 年，士麦拿被攻占，但热那亚人获准留在那里。可是这一次希腊人在小亚细亚除了斯库塔里和费拉德尔菲亚之外一无所获。黑海和普罗蓬蒂斯的小港口被占领。

与此同时，在小亚细亚东南角迄今一直保持着一种朝不保夕的独立地位的小亚美尼亚王国于 1347 年被马木路克消灭。这个事件对利凡特商业毫无影响。因为随着阿克在 1291 年的陷落，拉贾索港口成为东方的主要港口之一，并且由于教皇关于埃及贸易的禁令而更加繁荣了。居民们逃向塞浦路斯。到 14 世纪中叶，利凡特只有两个基督教公国幸存下来，这就是医院骑士团的罗得岛和塞浦路斯岛国。前者对于商业业无足轻重，但塞浦路斯却成为东方的明珠。在法玛古斯塔有着地中海各海上强国的账房和货

---

* 14 世纪晚期至 19 世纪间奥斯曼帝国的精锐部队。15～16 世纪因勇敢善战而受到高度尊敬，成为一支重要的政治力量。——译者

栈。

至于拜占庭帝国，到 14 世纪中叶它似乎正趋于瓦解。

> 在小亚细亚，拜占庭仅仅保有斯库塔里郊区，费拉德尔菲亚和弗西亚的两座城市。各个独立的埃米尔统治着南部和中部，奥斯曼人占据北部。7 年后，他们将由此进入欧洲，8 年多以后，将迁都亚得里亚堡。拜占庭的欧洲各省已被保加利亚帝国的疆界，尤其是被当时巴尔干半岛上最强大的国家塞尔维亚的迅速发展所分割。①

1329 年斯蒂芬·杜尚吹嘘自己是“塞尔维亚人和希腊人的皇帝”，他提议瓜分塞尔维亚和威尼斯之间那奄奄一息的帝国遗留下来的部分。但除了授予威尼斯在塞尔维亚自由经商的特权之外，这个建议并没有别的结果。到 1350 年，该计划注定要化为泡影，因土耳其人掌握着巴尔干各国的命运。

然而，爱琴海的局势一度发生奇特的转变，威尼斯和热那亚由此受到鼓舞，希望恢复被毁坏的拜占庭帝国，并挫败土耳其人。尽管威尼斯和热那亚分别与土耳其人签订了商约，但土耳其人的威胁变得如此之大，以至它们暂时弃嫌修好。两个国家都看到他们的特许权和航运业日益遭到危害。这种经济的自我利益促使它们支持教皇克列门六世发起的十字军运动。1344 年，一支国际舰队组成了，包括热那亚军舰 4 艘、威尼斯 6 艘、塞浦路斯 6 艘、罗得骑

① W. 米勒：《开俄斯的热那亚人》，载《英国史学评论》，第 30 卷，第 419 页。

士 6 艘。司令官是开俄斯的马丁·扎克利亚，因他害怕弗西亚的明矾矿落入土耳其人手中，也害怕失去开俄斯的巨额乳香收入(他从皇帝手中取得了这项收入的特许权)。这支海军于 1344 年 10 月 28 日突然出现于士麦拿港，焚毁了那里的土耳其船舶，劫掠港口，屠戮居民。一些顽强的商人和银行家立即在那里营业。土耳其人的反攻失败了，士麦拿在医院骑士团的保卫下依然处在基督教徒的控制之下。不久以后，马丁·扎克利亚被土耳其人俘获并处死。

基督教徒收复士麦拿的消息传入西方，使人们为之振奋，像一次十字军一样激发起某种情绪。一个荒诞不稽的说法在流传着，说士麦拿的保护圣徒约翰率领一支 20 万基督教徒组成的神奇大军出现了，并消灭了 130 万异教徒。教皇命令舰队在黑海采取行动以解救此时正遭克里木鞑靼人围困的卡法。但精明的热那亚人根据“两鸟在林不如一鸟在手”的理论，把远征的目标“转”到迄今仍附属于拜占庭帝国的开俄斯，开俄斯于 1346 年沦陷，它被热那亚人所占领是一个奇特而有趣的故事。

开俄斯岛上丰富的产品长期以来承包给热那亚大商人扎克利亚家族。它几乎完全从事于乳香生产。乳香是一种树脂，因其具有漆的效用而受到人们高度珍视。[①] 在开俄斯对面的大陆上，坐落着老弗西亚和新弗西亚，意大利人称之为 Foglia Vecchia(老弗

① 这个公司给每个村庄一定面积的种植园，承租人按照乳胶树的棵数每年一度缴纳一定量的珍贵乳香。如逢丰年，则多缴，超额的乳香按磅付给固定的价钱。但承租人如不交足规定的数量，就得付该定价的双倍。为了在生产过剩的年代里保持价格不下降，所有超额生产的乳香或者储存起来，或者焚毁。上引书，第 429 页。

格里亚)和 Foglia Nuova(新弗格里亚),在它境内有着当时已知世界上含量最丰富的明矾矿。一批雄心勃勃的热那亚商人立即组织了一个叫做马奥那[①]的特许公司开发这些资源。公司的股票在热那亚的交易所里作为证券出卖,但其中大部分掌握在富有的朱斯蒂尼阿尼家族手中,因此,这个公司常被称为朱斯蒂尼阿尼,尽管有着从圣·乔治银行借来的高息巨额贷款,并且每年要向土耳其人缴纳 14 000 都卡特贡金,13 个原股或优先股的每一股仍可得到一笔 2 000 都卡特的红利;而在公司兴盛时期原先价值 30 热那亚镑的小 caratto(或叫普通股),开价 4 930 都卡特。1474 年开俄斯的一个侨居股东在他的住处款待了当时仅是一个船长的克里斯托弗·哥伦布。直到 1566 年,马奥那公司一直占有开俄斯并向土耳其人纳贡。

同时——我们又转向士麦拿的事件——基督教国家的联合舰队在医院骑士团的伟大统帅指挥下粉碎了土耳其收复士麦拿的企图后,胜利地控制了海域,并且于 1347 年在伊姆洛斯岛附近焚烧了 150 艘土耳其船只。但这次胜利的结果大部分被同年马木路克摧毁拉贾索的事件抵消了。

至此,基督教军队精疲力尽了。他们的最大成就是攻占士麦拿,在 1403 年被帖木儿夺取之前,它没有从西欧手中失去。1348 年,医院骑士团和土耳其人媾和,条件是基督教商人仍然可以在小亚细亚港口经商,虽然教皇克列门六世拒绝批准它。一般说来,随

① 这个词大概是 Madonna(圣母玛丽娅)的缩写式,因为这个公司受圣母玛丽娅的庇护。圣母玛丽娅的塑像矗立在热那亚朱斯蒂尼阿尼的宫殿中。其他类似的公司有建于 1374 年的塞浦路斯的马奥那和建于 1378 年的科西嘉的马奥那。

着土耳其人吞并拜占庭帝国在小亚细亚的领土，他们也就同时接受了先前拜占庭帝国与热那亚和威尼斯签订的商业协定。

> 土耳其人的商业政策……并不总是敌视商业的。他们确乎企图排斥外国商人经营他们的内地商业，并且不准外国商人穿越他们的国家。但这样一种企图并不等于是反对外国人经商。在征服新地区的过程中，土耳其人经常修正与外国签订的旧商约，并且一般地能够忠实地遵守之。诚然，商业对他们来说是第二位的，征服才是第一位的。但为了收入的缘故，他们愿意鼓励商业。他们与热那亚和威尼斯作战，不是因为后者是商业大国，而是因为他们在土耳其的政治势力范围内拥有土地、城市，并且拥有特殊的权利。由于佛罗伦萨、安科纳和其他商业城市在利凡特没有土地，并且无所追求，因而关系始终是良好的。[①]

与土耳其人的和约一签订，威尼斯和热那亚立刻再次开战。威尼斯是肇端者。因为它对于热那亚人占有开俄斯极其嫉妒，它自己所占有的爱琴海上的内格罗邦特岛在富庶方面是不能与开俄斯岛相匹敌的。

皇帝坎塔库津为热那亚在君士坦丁堡的傲慢行径所激怒，犹豫地加入了威尼斯一方，像阿拉贡的彼得四世所做的那样。当时，彼得在撒丁岛的统治被热那亚所煽动的暴动所扰乱。1352 年，比

① 利布耶，上引书，第 582 页。

萨加入了它的古老的联盟。在佩拉港附近发生了一场激烈的海战，威尼斯败北。然而，第二年热那亚人在撒丁附近遭到惨败。1354年热那亚统帅多里亚在宗奇奥——它在中世纪的名称是纳瓦利诺——摧毁了一支威尼斯舰队，才使热那亚得以雪耻。最后，在1355年，米兰公爵的调节成功了。后来威尼斯秘密向皇帝提供贷款，获得忒涅多斯岛为抵押。1375年，由于皇帝不能按期付款，威尼斯取得了此岛的支配权。此岛的价值不仅在于它的商业，而且在于它扼守达达尼尔海峡门户的位置。[1] 威尼斯和热那亚之间战争的最后一幕发生于1381年，当时热那亚竭尽全力猛攻威尼斯在该岛上的堡垒，但在基奥贾附近的海战失利。那一年的都灵媾和结束了热那亚—威尼斯的商业竞争。热那亚被耗费巨资的战争和内讧弄得几乎精疲力尽，1396年，法国人占领了热那亚。

在这些事件的发展过程中，土耳其人实际上无所阻碍地放手征服巴尔干半岛。精明的苏丹为了在围攻君士坦丁堡时不消耗自己的资源，就全力征服巴尔干半岛内地。1365年，位于巴尔干半岛最富庶平原上的亚得里亚堡被攻占，土耳其人把首都从布鲁萨迁到此处。土耳其人变成了欧洲一大强国。1387年，帖撒利、彼奥提亚和阿提卡被征服。1389年，仅科索沃一战，就摧毁了塞尔维亚和保加利亚，1396年法、德、匈牙利联军于尼科堡战役的彻底失败，使土耳其势力在整个东南欧立住脚跟。土耳其人几乎全部占有了拜占庭帝国极盛时期所统治的欧洲部分领土及小亚细亚。热那亚人努力保护其在斯库塔里的商业特权，使之未遭破坏。

① 关于“达达尼尔”的起源见《史学评论》，第119卷，第338页。

1400年，君士坦丁堡似乎日趋没落；“不可能挽救其垂死的命运。”[①]后来，自称为成吉思汗后裔的伟大的亚洲征服者帖木儿，像当年成吉思汗一样，突然从亚洲逼来，其势凶猛。不管称他是鞑靼人还是蒙古人，他一定与中亚和西亚的野蛮的游牧部落有血缘关系。1369年，他是撒马尔罕的统治者，从这里开始，他把自己的势力范围逐渐扩大。1386～1393年间他征服波斯，1395年侵入南俄，毁灭卡法和塔纳，但由于马匹死亡，他不得已退军。

> 这些草原居民的征服和扩张受到其马匹特性的限制，这使他们不能忍受印度斯坦平原的酷热或北方阴湿的气候和潮湿多水的平原。这样，在南方，阻止了这批掠夺者深入印度平原；在北方，拯救了莫斯科免遭帖木儿游牧者的蹂躏。他的马匹因不适于食俄罗斯林带的湿草、不适应这里潮湿多雾的夜晚而大批死亡。[②]

1398～1399年，帖木儿入侵印度，夺取德里，由此西进，进攻叙利亚(1400年)。基督教欧洲听到帖木儿征服的消息，兴高采烈，因为它把帖木儿看作是反对土耳其的盟友；它向东方派出了荒唐的外交使团。教皇的使臣是约翰·格林劳，他是一个英国多明我会修道僧，曾在东方过了多年朝不保夕的生活，被任命为阿塞拜疆重要城市索达尼亚(或苏达涅)的大主教，这个城市位于里海西

① 维利，前引书，第1卷，第158页。

② 《爱丁堡评论》，1929年7月号。

南角附近，通往大不里士、撒马尔罕和东方的道路上。它是1303年由蒙古人建立的，迅速成为一个重要的商业场所。夏季一连数月大规模的集市在这里举行，展示着印度和中国的产品。阿塞拜疆以大不里士为政府所在地，由帖木儿的宠子米朗管辖。他公然支持基督教商人和使团，表示愿意与英国和法国君主结盟反对土耳其人。甚至在此以前，格林劳就与帖木儿有过会晤，“认为为了消灭另一个异教徒，与一个异教徒谈判是正当的。”来到撒马尔罕的另一个西方使臣是由卡斯蒂利亚的亨利八世派来的鲁·戈梅斯·迪克拉维戈，他的任职记录至今还保留着。

使基督教欧洲高兴的是，土耳其军队于1402年在安戈拉为帖木儿所败，苏丹巴耶塞特被俘，布鲁萨遭到劫掠。但同时士麦拿的陷落也使兴高采烈的基督教徒清醒过来。仿佛帖木儿要取代土耳其人，而不能使拜占庭或西方有所解脱。使土耳其得救的是帖木儿征服中国的雄心，尽管他年事已高，“眼睑已经合上”。但在锡尔河对岸的奥特拉尔他患了病，于是返回撒马尔罕，1405年2月19日去世，“留下的是毁坏的城市，荒芜的农村，劫掠过的山区和用人类的累累白骨堆成的金字塔。”

欧洲派到帖木儿处的这些使者肩负双重使命——与帖木儿缔结反对土耳其人的联盟，取得在叙利亚各港口、亚历山大勒达以及越过波斯到波斯湾顶端因而绕过埃及在拉贾索经商的自由。帖木儿飓风般的征服使西亚的商路发生重大变化。他之毁灭塔纳一举，严重损害了黑海—远东贸易。但威尼斯于1410年顽强地重建了塔纳。同样，他对波斯的战争切断了与叙利亚的贸易关系。他的明确的目的是使撒马尔罕成为去印度、中国、波斯、叙利亚和西方商队出发的中心点。随着他的去世这个梦想破灭了，他的帝国的分裂以及随之而来的波斯的混乱局面几乎摧毁了北部商路。威尼斯和热那亚不了解这一点，所以15世纪他们还在为争夺一个半空的袋子而大动干戈。

帖木儿的帝国在其儿孙时代变得四分五裂，土耳其人重新开始了征服，而在利凡特的基督教势力却厮杀成一团。塞浦路斯与埃及交战；1403年10月7日，在摩敦附近威尼斯和热那亚舰队进行了一场海战，尽管后者现在已挂着法国旗帜。

巴耶塞特之子穆罕默德一世在1421年去世之前一直与其兄弟们斗争。穆拉德二世重振了土耳其势力。如果不按天数而按年数算，拜占庭帝国存在的时间已经屈指可数了。1423年，帝国包括君士坦丁堡及其郊区、阿索斯山半岛、萨洛尼卡和伯罗奔尼撒半岛上的零星领地。1430年，穆拉德二世夺取萨洛尼卡，并且不祥地驱逐了那里的威尼斯商人；横跨科林斯地峡的墙垣被攻克；1431年，伊庇鲁斯遭到入侵，亚尼那陷落。与此同时，小小的山区“王国”阿尔巴尼亚也沦陷，这个王国在1271年到1368年间附属于那不勒斯的昂儒王朝。此后，它处于一个可能属于诺曼血统的王朝统治之下，并且保持其独立性，一直到1431年。威尼斯此刻为亚得里亚海东岸的领地而担忧。土耳其的征服对它步步逼近。

甚至在这些令人沮丧的事件之前，意大利城市就预料到拜占庭帝国的崩溃，它们为保卫自己在巴尔干半岛和爱琴海上的商业特权一直进行着剧烈的斗争。安戈拉战役之后不久，威尼斯利用土耳其力量之被削弱，得到了一个有利的商业条约。1403年，佩特罗·泽诺以一个同盟的名义与土耳其人会谈，这个同盟由皇帝约翰·巴列奥略、威尼斯和热那亚以及罗德岛骑士组成。苏丹同意向同盟的船只开放所有土耳其港口[①]，把内格罗邦特对面的海岸归还给威尼斯，取消巴耶塞特对佩拉和君士坦丁堡的热那亚人所征收的贡赋。没有谁比热那亚人更奴性十足，竟然允许自己在爱琴海的殖民地与土耳其人结盟。在佩拉和卡拉特的热那亚居民是狂热的亲土耳其派。

威尼斯仍然拥有爱琴海和伯罗奔尼撒的领土权，所以其政策略有不同。威尼斯起初与土耳其结盟以保护它的商业利益，而当这些利益因土耳其势力的发展遭到威胁的时候，它便逐渐与土耳其分道扬镳。苏丹在一个短时间内对威尼斯人采取攻势。土耳其舰队蹂躏了基克拉季斯群岛和内格罗邦特，土耳其人又在达达尼尔海峡两岸建立了堡垒，于是切断了威尼斯与君士坦丁堡的一切联系，使威尼斯对忒涅多斯的占领变得毫无意义。此后威尼斯的态度彻底改变了。1423 年，穆拉德二世包围萨洛尼卡，居民求救于威尼斯人，威尼斯人占领了此城，直到 1430 年土耳其人才得以把他们驱逐出去。

1430 年以后，威尼斯呼吸得更自由了，因为土耳其人把力量直指多瑙河地区。1438 年，他们入侵特兰西瓦尼亚，围攻荷尔曼斯塔特和贝尔格莱德，但没有成功。特兰西瓦尼亚的军队指挥官，后来的匈牙利国王约翰·洪约迪是中欧的希望。1443 年，土耳其人在尼什和索菲亚被击败。这些胜利使基督教势力感到自豪。

① 在条约中这个词是“échelles”，英国人讹用为“scales”。字面意为港口的阶梯，沿着它可从码头下到水边。

1396 年的尼科堡惨剧于 1444 年在瓦尔纳重演，从此后，欧洲精疲力竭，对君士坦丁堡的命运漠不关心。1446 年，土耳其人入侵莫里亚，焚烧科林斯，法国—意大利对伯罗奔尼撒的长期统治终结了。1448 年，约翰·洪约迪做出最后一次最大的努力反对土耳其人，但在科索沃战场上的第二次血战摧毁了他的军队。5 年后的 1453 年，君士坦丁堡被土耳其人攻陷。在几年的时间内，土耳其人完成了对那些孤岛似的地区的征服，“把威尼斯和特拉布松疆界之间广阔的地带都包括在它的范围之内。”

1453 年以后，威尼斯——热那亚稍逊之——急于尽可能夺取那些以前属于拜占庭帝国的支离破碎的领土，但同时它们又担心土耳其人夺去它们在利凡特还占有的领土。它们不得不佯装热衷于教皇提议的对土耳其的十字军运动，但同时又不想损害它们与土耳其的商业关系。因此，威尼斯在声称赞成十字军的同时，又向穆罕默德派出使团，重新获得它以前在那个业已崩溃的帝国中的商业特许权。热那亚国库空虚，则无力做任何事情。在 1453 年之后的重新调整中，这两个城市在利凡特的政治权力有所削弱，使商业特权几乎没有减少。土耳其的商业政策是被动的，他们宁愿让别人为他们经营商业，从而使他们自己有充足的机会来从事战争。威尼斯人继续在土耳其人中间经商。他们控制的一项主要商品是奴隶（主要是基督教徒，因为条约禁止他们经营伊斯兰教徒奴隶）。威尼斯人不断地走上领土扩张的道路，从长远观点看，这是徒劳的。例如，他们获得塞浦路斯岛的情况即是如此。苏丹虽然与威尼斯保持友好的关系，但绝非不愿意侵犯它在地中海的殖民地，对热那亚的殖民地也是如此。1475 年，土耳其人攻占了黑海沿岸的

卡法和塔纳。但在此时,它们的商业实际上已经不存在了。

意大利王公们拒不为一次新的十字军缴纳什一税。教皇徒劳地派遣收税人到所有欧洲国家。人们普遍抱着冷漠态度,因而收效甚微。1462 年,传来锡诺普和特拉布松陷落的消息。不久以后,一支强大的土耳其舰队出现于爱琴海上。

这次远征的目的是结束热那亚在莱斯博斯的统治,向开俄斯的马奥那公司和纳克索斯的公爵勒索更高的贡赋,并且可能的话,把圣・约翰骑士驱逐出罗得岛和它的属岛。[①]

莱斯博斯在 1462 年被攻克。教皇庇护二世把从契维塔韦基亚附近新发现的明矾矿的收入贡献给十字军,但整个行动失败了。意大利城市拒不纳贡。当土耳其人威胁拉古萨时,威尼斯拒绝为集结在安科纳的少量军队派遣运输船。如果此事发生,“也许就会有一次夺取达尔马提亚海岸和拉古萨的努力。”[②]阿尔巴尼亚在英勇的斯坎德培[*]死后于 1468 年被征服,只有他曾经抵抗过土耳其人。1479 年,威尼斯与土耳其人讲和,此后,就致力于在意大利岛上扩张势力,这项政策最终使它毁灭。“当威尼斯不再是利凡特的威尼斯而变成意大利的威尼斯的时候,它就衰落了。”[③]1480 年,土耳其人对罗德岛的又一次进攻被击退了,但他们攻占了奥特朗托,这使他们得以控制亚得里亚海峡。

---

① 帕斯特,上引书,第 3 卷,第 263 页。

② 雷蒙特,前引书,第 3 卷,第 1 部分,第 151 页。

* 阿尔巴尼亚民族英雄,幼年作为人质羁留土耳其。后改宗伊斯兰教。1443 年以后参加阿尔巴尼亚人抗击土耳其人的军队。1444 年组成阿尔巴尼亚王公联盟,自任统帅。因英勇抗击土耳其人,受到教皇表彰。死后阿尔巴尼亚沦陷。——译者

③ W. 米勒:《英国史学评论》,第 39 卷,第 136 页。

从这时起，土耳其人扔下了欧洲，一心一意地去征服波斯和埃及。前一个计划失败了——现代波斯的历史开始于第一个国王伊斯迈尔成功的抵抗。1509 年，使欧洲为之震动和使君士坦丁堡大部分化为废墟的大地震延缓了埃及的死期。1516 年，塞里姆一世征服美索不达米亚和叙利亚，最后在 1517 年征服埃及。那又是当时欧洲的一个转折点。1521 年贝尔格莱德被攻占，1522 年，罗得岛最后被攻占。1528 年，匈牙利遭到土耳其人的蹂躏，布达佩斯失陷，但维也纳进行了英勇而成功的抵抗。

至此，我们可以结束奥斯曼土耳其的历史了。我们已经进入了近代。然而，在结束本章之前，注意一下土耳其帝国的兴起对商业历史的广泛影响是很重要的。土耳其帝国的兴起与 15 世纪后半期伟大的海上发现处于同一时期，长期以来历史学家认为，这两个运动之间有着密切的联系；土耳其人切断了欧洲和东方之间所有伟大而古老的商路，因而欧洲就不顾一切探索通往东方的其他商路。1498 年，当葡萄牙人绕过好望角时，终于发现了这样一条道路。

不可否认，这个事件转移了东方的商路，“但是在土耳其势力的发展和地理大发现的原因之间极少或根本没有联系。一系列与土耳其帝国的兴起无关的动机导致了像葡萄牙的亨利和克里斯托弗·哥伦布这样的人去探索那个未知的世界。当通往印度的道路打通时，便发现该道路占有商业的根本优势。”[①]在 1502 年土耳其征服埃及之前，威尼斯人在亚历山大发现极少香料，在 1504 年，就

① 利布耶：《英国史学评论》，第 30 卷，第 577～578 页。

一点儿没有了。葡萄牙人把东方的市场抢购一空。从那时起，每年有12只船从里斯本启程到印度。但葡萄牙人并不满足于仅仅购买大部分印度香料，从而垄断这项贸易。从1507年起，他们封锁红海和波斯湾以便不使任何香料沿着过去的商路经过。威尼斯人也许在亚历山大找到一些香料，但它们价格很高，而在里斯本却相对低廉。威尼斯知道自己面临绝境，徒劳地督促苏丹在红海建造一支舰队，对葡萄牙作战。它甚至梦想在苏伊士地峡开凿一条运河。1529～1532年间，一个名叫路易吉·朗契诺特的意大利旅行家在埃及看到成千上万的劳动者在开掘地峡。西班牙也白费时间地打着苏伊士运河的主意。那是科泰斯*的一个梦想。1533年，他的一个官员伽斯珀·德埃斯皮诺萨向查理五世呈递一份备忘录，查理五世命令秘密勘测苏伊士地峡。后来腓力二世指定了一个类似的委员会，委员会认为，这个计划是不切实际的。当法国和西班牙进行战争时(1588～1598年)，尚普兰力劝亨利四世采取同样的计划。这项计划之失败，不是由于工程的困难，而是由于政治的复杂性。因为任何势力企图垄断在计划中的运河上的通行权，都将面临着与其他势力(它们从绕过好望角到远东的商路中获利甚厚)的战争。当然，土耳其人也将卷入其中。①

热那亚恢复其利凡特商业的计划是不同的，但同样是大胆的。这将打开与莫斯科公园(俄罗斯)的商业关系。1520年，一个名叫保罗·森图里昂的热那亚人到莫斯科，建设发展俄国—印度的贸

* 西班牙殖民主义者，曾征服秘鲁和墨西哥。——译者

① 上段所引材料引自古斯塔沃·科恩的杰出著作《16世纪末关于国际商路的伟大设想》。里窝那，1888年版。

易。这个计划中的商路将溯印度河而上，翻过兴都库什山脉，顺奥克苏斯河而下，绕过里海到达阿斯特拉罕，再溯伏尔加河及其支流和奥卡河而上到莫斯科，由此到里加，热那亚船只将在这里装载产品。除了必须翻越的高山和沙漠所造成的困难之外，计划中的一个致命错误是，奥克苏斯河被认为是流入里海，而不是流入咸海。但直到1555年人们才知道这一点；那一年，由腓力二世和玛丽发给执照的莫斯科公司的英国商业代理人詹金森由莫斯科到达了布哈拉。[①]

① 有趣的是1812年拿破仑在征服俄国时计划经由这同一条道路。

第十六章　黑死病

我们已经走到近代史的门槛。但是迄今为止一直在阅读本书的学者一定会根据本书的提示或自己的观察意识到，至少有一个重要的事件——黑死病——还未得到论述，并且大量的社会和经济现象被认为是理所当然的而未加解释。这些经济现象在整个欧洲是如此普遍，因此要在专述特定国家的历史的各章中讨论它们，将会引起混乱。它们是普遍的情况、普遍的因素，到处都在作为一种转化的力量而起着作用，逐渐改变着社会的结构和内容。它们共同发生着作用，逐渐积累着影响。它们的发展及其与 14、15 世纪整个文明的融合产生了欧洲进入 16 世纪宗教改革时代的形式和面貌。因此，以下各章将专门叙述这些力量和发展，最后一章将力图做一综合，把这漫长而复杂的整个转变过程的结果结合起来，并且进行评价。

1348～1349 年间，一种传染病从东方横扫欧洲，造成了历史上最严重的人口死亡。这种传染病因其使患者身上出现紫黑色的斑点而被称为黑死病。中世纪巴黎的医务人员对于黑死病的起源作了纵然不是最符合逻辑的也是最简要的说明。据他们说，黑死病起源于印度。

我们有一部分精确的材料可作为研究这种疾病根源的比较可

靠的线索。1333年，中国的江淮一带*农村遭受特大旱灾，田地荒芜，所有的植物枯焦，动物大批死亡。这场旱灾立即引起严重饥荒。第二年又是一场暴雨，大小河流上涨，溢出河床，造成普遍水灾，而广东省附近尤为严重。在这水灾和饥荒接连发生的时刻，疾病以某种方式发生就是自然而然的事情了。在中国的赤镇**，水灾之后，接踵而来的是一场瘟疫，使500万人致死，数目之大，令人难以置信。

这种瘟疫沿着商路从中国传入西方。当时，远东和欧洲之间的交通相当自由，因为其疆域囊括从中国长城到德意志边界的广大领土的蒙古帝国奉行着开明的商业政策。传染病菌有可能在包装丝绸的包捆中被从东方带到西方。当时整个亚洲都深受瘟疫之害。整个村庄、整个城镇，甚至整个省份的人口都完全灭绝。印度的某些地方死亡人口多达9/10。这场灾祸在蒙古帝国也非常严重。黑死病从中国向西传到克里木的鞑靼人那里，从克里木通过船只传到君士坦丁堡和热那亚。皇帝约翰·坎塔库津记述了君士坦丁堡黑死病的情形。黑死病传遍了小亚细亚、叙利亚和埃及。

1347年下半年和1348年上半年，黑死病传到西西里和威尼

---

* 据《元史》五行志(一)载：元统元年(1333年)“夏，绍兴旱……淮东、淮西皆旱”(第1106页)。“两淮大饥”(第1109页)。而黄河一带正值水灾。故译作“江淮”，以元史籍为准。——译者

** 据《元史》本记第三十八，《顺帝一》记载：元统二年(1334年)三月“庚子、杭州、镇江、嘉兴、常州、松江、江阴水旱疾疫，敕有司发义仓粮，赈饥民五十九万二千户”。此段史实接近于汤普逊此处所论。而赤镇恰在安徽境内，故此译。至于文中所谈瘟疫，《元史》未见其详。——译者

斯;1348年4月到9月流行于佛罗伦萨。整个意大利都遭受其害。它又从意大利越过阿尔卑斯山侵入瑞士、德国、波兰和匈牙利。1348年1月,黑死病通过船只传到马赛,由此迅速向北传播,同月到达阿维尼翁。

> 在阿维尼翁,黑死病的传染如此严重,以至于不仅与病人待在一起,即使看他们一眼似乎也会被感染。死亡的人如此之多,以至于死者无人料理,埋葬时找不到祭司在他们的坟前祷告。父子之间不相往来。博爱之情消逝了。死亡率如此之高,幸存者几乎不到1/4。甚至医生也惧怕感染而不敢对患者进行治疗。至于我,为了不背上恶名,不敢不到场,但仍然始终处于恐惧之中。[①]

阿维尼翁人口大批死亡,墓地很快被占满,尸体被扔进罗纳河以防腐烂。教皇开辟了另一处墓地,在那里,尸体在又宽又深的沟中重重叠叠地堆积着。黑死病从加斯科尼越过比利牛斯山,袭向西班牙。卡斯蒂利亚的阿方索在围攻直布罗陀时死于黑死病。在法国,黑死病于1348年10月传到巴黎,又向北传至低地国家。1348年8月,黑死病发生于英国的梅尔科姆。1349年1月1日,爱德华三世写信给温彻斯特主教,鉴于黑死病的蔓延,决定把国会会议推迟到4月27日。后又于3月16日发出通知,宣布由于黑

① 引自教皇克列门六世的医生居伊·德肖利阿克的回忆录。

死病的祸害，会议无限期推迟。很快地，葬礼的次数落后于不断增加的死亡者的名单，死者被埋入大坑之中。

苏格兰人认为值此英国遭受“上帝鞭子”的惩罚之际，正是对英国作战的适宜时机，因此越过边境，给果染上黑死病，并把它带回苏格兰。黑死病从苏格兰传播到爱尔兰，从英格兰通过船只传到卑尔根、挪威，1349 年由此传入瑞典、丹麦、北德。1351 年，黑死病再度回到俄国北部，如此，它在欧洲绕了一周。黑死病还被船只从卑尔根带到冰岛和格陵兰岛。

在德国和法国，医务行业出版了管理公民饮食和生活的规则和戒条。考察一下这些规则，我们就会清楚地看到，当时的人们对于黑死病的了解是多么浮浅；因为在繁多的关于人民饮食甚至道德习惯的规章中，很少提及清洁和卫生防预措施的必要性。医生规定了以胡椒、生姜和丁香腌制的食用肉的“适当食用期”；病人不可白天睡觉；须饮淡酒，食干鲜水果；避免食用凉的、潮湿的和含水分多的食物；肥胖者应坐在室外沐浴阳光。“人们若珍视自己的生命，必须清心寡欲。”佩鲁贾的一个医生命令健康的人用醋和酒洗澡，用醋喷洒房屋。人们必须经常嗅樟脑的气味。直到 15 世纪末，黑死病的受害者才被隔离，护理人员须同健康的人隔离 10 天的时间。有人建议用大火纯洁空气。据说阿维尼翁教皇由于听从了这个劝告，居住到偏僻之处，从而躲过了黑死病。

虽然这场大瘟疫的打击来得突然，并且可怕，但也并非没有预兆。首先，黑死病以前 20 多年来欧洲遭受了周期性的饥荒，而其中大部分或多或少是地方性的；但 1316～1317 年的饥荒却是普遍而严重的。必须承认，14 世纪的天气条件是不利的。这个附表将说明：

法国		英国	
1304年	饥荒		
1305	饥荒		
1310	饥荒		
1315	饥荒	1315～1316年普遍饥荒，小麦1315年每蒲式耳14先令11便士，1316年16先令。	
1316～1317	漫长而严寒的冬季		
		1321	半饥荒，小麦11先令
1325	旱灾	1325	普遍旱灾
1330	旱灾、葡萄园冻灾		
1330～1334	饥荒	1331	旱灾
1334	饥荒，人口大量死亡		
1342	塞纳河泛滥		
1344	饥荒	1344	旱灾
1348～1349	黑死病	1348	黑死病
1349～1351	土地荒芜引起饥荒	1351	普遍饥荒，小麦10先令2便士
1358～1359	饥荒		
1361～1362	饥荒和旱灾	1361～1362	旱灾
1363	严冬	1369	饥荒，小麦11先令10便士
1371	饥荒		
1374	饥荒	1374	旱灾
1375	饥荒	1377	旱灾
1390	饥荒		

关于法国的材料，在某种程度上不可全信，因为1346年以后英国对法国进行了蹂躏。但是，这整个形势不能完全归咎于战争，因为英国也表现了类似的情况，尽管不是如此尖锐。虽然气候对战争总是有着极大的影响，但战争却不能影响气候。黑死病还有一个前兆，这就是在黑死病之前蔓延整个西欧的鼠疫，从远古以来，老鼠就是瘟疫的征兆。关于这种观念，人们只要在

旧约圣经中就可以找到证据，这种象征主义在古代的艺术中得到了证明。

我们要探讨的第一个问题是：死亡人口的比例是多少？我们切不可轻信当代作者的估计，他们是在暗中袭来的恐怖和在光天化日之下肆虐的瘟疫的压力之下做出这种估计的。绝不会有 1/2 或 1/3 的人口死亡。死亡人口是否达到 1/4 也值得怀疑。当时的统计记录是如此零碎，即使能够全部得到，也不可依赖它们。我们只得努力搞清楚 1349 年前后普遍的过程，得出一个比较确定的结论。我们必须肯定，手头所有的那时的死亡“数字”是被无限地扩大了，但同时又承认黑死病引起了历史上最高的死亡率。对于人们在统计中所做的一切特别努力，例如，断言德国遭受的灾难比其他国家轻；城市中的死亡率高于农村；上层阶级和富人遭受的损失小于下层阶级；僧侣的禁欲生活使他们较其他人更免于黑死病的侵袭这些说法，只能认为是纯粹的臆测。

在我们详细探讨之前，还是先描绘一幅总的图画。这样，关于黑死病的后果就容易理解了。

随着黑死病纷至沓来的是：经济紊乱、社会动荡、物价上涨、利欲熏心、道德堕落、生产不足、工业停滞；疯狂享乐、挥霍浪费、奢侈豪华；社会和宗教的歇斯底里、贪得无厌、行政混乱和风习败坏。黑死病的直接后果是降低了物价，使市场上充斥着商品。原因不难寻找。任何一个文明社会都有一定量的剩余商品或产品积蓄，即使生产停止，也足够维持数月的时间。当黑死病消失的时候，幸存下来的人们发现，他们除了拥有那些原属死者的动产和不动产之外，还拥有这些积蓄的物品。

那些先前贫困的人们猝然发现自己变富了，因为他们是唯一幸存下来的继承者。土地、房舍、家具、货物、农产品、牛、马、羊都成为无主之财。所有可移动之物或四足行走可以驱赶之生物都被攫取；甚至地产也被占用，因为无人反对。甚至法庭也停止了工作。中世纪编年史家亨利·奈顿写道："那时，一切物品价格低廉。一匹马以前价值40先令，而今仅值6先令8便士；一条肥公牛值4先令；一条母牛12便士；一条小母牛2便士；一头大猪5便士；一只肥阉羊4便士；一只绵羊3便士；一只羊羔2便士；一CLOSE*羊毛9便士。牛羊徜徉于田间的庄稼中，无人驱赶，无人把它们汇集拢来。"另一个作家写道：

> 那时8蒲式耳小麦卖价12先令，8蒲式耳大麦9先令，8蒲式耳大豆8先令，8蒲式耳燕麦6先令，一条大公牛40先令，一匹好马6先令，一条好母牛2先令，甚至18便士。即使这样的价格也难找到买主。黑死病在英国持续了两年多。当蒙上帝赐福，瘟疫停止时，劳动力缺乏，妇女甚至儿童不得不耕地拉车。①

人们突然获得所有这些财富，其直接后果是许多人挥金如土，狂饮暴食。毛皮、丝绸、挂毯、富丽的家具、昂贵的食物、珠宝、金银餐具，这一切甚至穷人也买得起。男人们挥霍无度。住在破烂草

* "呫"为重量单位，一呫羊毛为24磅。——译者

① 《历史颂》(案卷集)。

屋中的贫穷的工人和更贫穷的茅舍农，先前像马尔格里·道一样，睡在稻草上，现在却舒服地躺在绒毛垫的床上，使用金银餐具盛装食物，而以前这却是贵族餐具柜中的装饰品。他们也经常从他们古老的住处搬迁到空房去。领主阶级遭到黑死病的沉重打击。“在王国内拥有佃户的达官贵人和小地主为了不使佃户离开他们而减少租金；有的减半收租，有的一半多些，有的不到一半，租期根据他们与佃户的协议为两年或三年、一年不等。”

但这种奢侈的状况很快成为过去。幸存的人们发现，他们个人确乎比以前富了；但欧洲却极端贫穷了，因为生产完全停止达数月，甚至一年之久，而当生产恢复的时候，欧洲的生产力已元气大伤，而浪费是极其严重的。当以前积累的剩余物资消费或浪费殆尽的时候，物价提高了，生产费用，无论是商品或服务费用都大幅度增加。农业劳动者、行会工人、家内仆从、教士，甚至祭司都罢工，要求提高工资。“第二年秋，谁也不能以少于 8 便士的工资（并管饭食）雇到一个割禾人；而雇割草者，至少要 12 便士并管饭食。由于无人从事收割，许多庄稼烂在地里。但是，在黑死病流行的那一年，各种作物如此之多，以至无人为之担忧……如果佣金低于 10 镑或 10 马克，就几乎雇不到牧师掌管教堂。几乎没有人愿意为 20 镑薪金而接受牧师职务。”租金很快提高。被离弃的房屋化为废墟；有人居住的房屋由于磨损消耗也自然而然地破旧了，木工及其他手艺人的工资常常提高，因此使房屋的修缮受到阻碍。

在牟取暴利的刺激下，主要日常用品的昂贵价格和工资劳动者的过分要求很快就达到了顶点。因此，政府求助于最高商品限价法和最高工资法。英国于 1399 年通过了“劳工法案”，法国于

1351年通过了类似的法律。

黑死病的社会结果是多方面的。首先,那时与现在一样,存在大量无家可归的人。黑死病相当于一次入侵,使人们惨遭杀戮或背井离乡。成千上万的人逃亡他乡。遭瘟疫袭击的地区一片荒芜。在以后的年代里,有人以有趣的方式发现了这方面的证据。新地名、新姓氏甚至各地区的陌生语言都证明了这一点。在南德和南法的城市中有意大利殖民区。在北意大利有法国人和德国人。在诺曼底有佛来芒人。在庇卡底等地有诺曼人。由于恐惧,人们发疯一样离开瘟疫传染地区,却常常逃到别的同样危险的地区。人口流动的另一个证据是某个地区所特有的技术工业和技艺出现于别的地区,因为手艺人从前一个地区逃到了后一个地区。

黑死病也使社会结构大为改观。它除了造成一个庞大的暴发户阶层外,还为许多人敞开了就业的大门。或者说为他们提供了从事各种新行业的机会。僧侣变成商人,先前的手艺人变成雇主和承包人,农业劳动者变成了乡绅。起源于诺曼征服和十字军时期的欧洲的旧贵族现在多半消失了,把他们的称号和土地遗留给国王,国王又把它们赐予新的宠臣。结果,欧洲产生了一个新的贵族阶层,这是一个新的暴发户阶层,他们没有旧贵族所拥有的功劳、荣耀或风度。称号犹存,但贵族血统却是新的而非旧的;他们是暴发户,而非世袭贵族。随着贵族政治的消失,骑士制度及其所独有的谦恭礼貌之风也成为过去。14世纪后半期,人们的举止堕落是一个触目惊心的事实。旧式的绅士风度不见了,举止粗俗、恶劣。原来亲切的语言变得低级下流,不堪入耳。每一个研究14、15世纪文学的学者都已注意到这一点。在这些世纪中,论述礼貌的书籍甚为畅销，也从反面证明了这一点。新的上流社会对于良好的举止一无所知，但它需要了解。甚至风尚也反映了那个时代颓废的状况。13 世纪反映贵妇人和显耀的绅士身份的精致体面的服装消失了。暴发户热衷于夸耀鲜艳的色彩、过多的衣服，多多地佩戴珠宝。成衣匠和妇女头饰制造者从这个阶级中大发其财。这些服饰是令人惊讶的产品，但并不令人赞美。

14 世纪末的另一个特征是对于腐败的政治和低效的行政的抗议。要求改革的呼声四起，已司空见惯。黑死病沉重打击了欧洲政府。200 年来，欧洲各国政府缓慢而艰难地发展着自己的行政机构并培养着一支熟练的雇佣官僚阶层。突然间这个经过专门训练的阶级减少了数千人，致使各国政府陷入瘫痪状态，其程度是超出我们的想象的。治安保护、法庭、立法，一个有机社会的许多日常活动受到抑制。政府机构几乎停止运转。当此紧急关头，发生了两件事情：官职需要填充，政府机器要不惜任何代价保持运转，于是许多愚昧、无能及狡黠之徒迅即跻身于公共机构；另外，许多官职空缺吸引着那些寻找工作的人、警察和专门寻求官职的人，这些人带着损公肥私的自私动机得到这些空缺。结果是惊人的财政浪费、行政的极端不善、盗用公款等弊端，以及自然产生的社会对于这些弊端的抗议。

在这方面，教会的状况并不比政府好。我们已经看到在 14 世纪后半叶欧洲就产生了对教会弊病和腐朽的抗议。但不应就此状况而严责教会本身。它还得要发挥作用，也需像政府那样，使各种各样的人物到教会任职，在瘟疫造成的普遍恐怖中，教会对于自己选择的人不可能过于谨慎。而教会职务是有利有势的肥缺，许多人跻身于教会生涯,原因就在于这种肥缺的物质利益。

对于政治和行政腐败的埋怨,犯罪的有增无已、人心的轻浮、道德的松弛、物价的上涨、投机活动的盛行、工农业罢工、铺张浪费、游手好闲或拒绝工作,这一切都是14世纪的普遍现象。黑死病引起了一场普遍的动乱和社会转变,在历史上除了世界大战的影响之外,什么也不能与之相比。

甚至从社会心理学领域看,也可同战时相比。整个人类都患了"弹震症",神经紧张。正是这种状况可以说明欧洲成千累万的人的半歇斯底里的心理状态,说明他们狂热病态的感情。旧的障碍拆除了、旧的约束消泯了。肤浅的而又疯狂的快乐、放荡的倾向、挥霍无度的风习、艳丽的奢侈品、狂饮暴食——这一切现象在习惯于心理分析的学者那里很容易地得到了解释。凡是在这样的时期,弗洛伊德学说中变态心理的现象得到了生动的体现。仅仅关于14世纪欧洲到处存在的这种离奇、强烈、病态的性现象就可以写一本书。

所谓鞭身教运动是一个宗教狂热和性刺激的混合物,它的影响是如此普遍以至成千的人们处于如痴如狂的状态。自十字军运动以来,欧洲还未发生过下层平民心理的如此可怕的表现。在教会、国家和社会的习惯性禁令消失的时候,人们的思想、行为发生了古怪的变化。旧政权的失败,给新的、僭越的政府以立足之地。庸医、测心术士、男巫、巫医、药贩子雨后蘑菇似地出现;十字路口热心的布道者,街头上的演说者竞相谴责社会及他们周围的弊病,竞相提出社会改革的灵丹妙药。业余布道者、业余改革者、假科学家、受贿者得到了一个黄金时机。

中世纪晚期的文学作品充满了这类社会心理现象，这些现象至今还未得到研究。甚至很少有人知道。当读者们得知关于《哈默尔恩的穿怪异服装的吹笛人》这一著名故事发生于黑死病流行时期，也许会感到惊讶。布朗宁*的这一著名民谣尽管荒唐有趣，却深含着悲怆哀婉的内容，这是他所未能洞察的。布朗宁和他的所有读者一样，把这个故事仅仅看成是一个传说。但无可否认，在表面现象的背后，有着真实的历史基础。在哈默尔恩发生的事情大概是这样：城内老鼠横行，穿怪异服装的吹笛人出现了（说不清他是庸医还是精神病患者），他提出要用魔法驱除老鼠。鼠灾可能被抑制住了，但吹笛人的奇装异服和他声称具有的更为奇特的力量，加之当时人们强烈的歇斯底里的感情，引起了孩子们天生的好奇心。吹笛人出现在街上的这种奇妙的景象吸引孩子们追随着他，孩子们被驱散了，再也没回来。穷孩子们完全被卷进了大众心理和感情冲动的浪潮之中，达到了歇斯底里的地步。他们中的许多人，像参加过儿童十字军者一样落入了职业绑架者和奴隶贩子手中。

关于价格，我们可以引用现代学者的论述

> ……转而探讨黑死病前后的一般价格水平。在研究14世纪时，我们可立即清楚地看到，自1200年以来，价格一般呈上涨趋势，直到1400年。自1400年始，插入一个价格下降的

* 即罗伯特·布朗宁（1812～1889年），英国维多利亚时期著名诗人。下面所记载的吹笛人的故事，德国的诗人歌德和格林兄弟也曾有记载。据传吹笛人用笛声驱走老鼠后，因得不到市民应付的报酬，故把孩子们带走。——译者

时期，大约持续到1475年，此时，价格又循着上涨的趋势发展。下表摘自戴夫内尔的《价格史》一书第1章，第27页，揭示了作者所确认的货币相对价值。以1894年的货币价值为1。

年份	货币相对价值	时期
1201～1225年	4.5	价格上涨时期
1226～1300年	4	
1301～1350年	3.5	
1351～1375年	3	
1376～1400年	4	价格下降时期
1401～1425年	4.5	
1426～1450年	4.5	
1451～1475年	6	
1476～1500年	5	价格上涨时期
1501～1525年	4	
1526～1550年	3	
1551～1575年	2.5	
1576～1600年	2.5	

因此，尽管黑死病发生的年代以食物价格的大幅度上涨为特征，但我们不能确定1348～1351年的黑死病对于价格水平本身有任何持久的影响。换言之，黑死病引起的破坏似乎没有达到如此严重的程度以至于改变这个时代的价格水平。

> 因为一般地，价格水平是任何一定时代流通的货币量的作用之结果，如有可能，我们最好搞清楚14世纪的货币状况。总的说来，自9世纪到12世纪中叶，银的生产逐渐增加。自1200年到约1450年，银的生产减少，明显的原因是所能开采的地面矿井已经枯竭，并且由于人们试图用水力采矿而使别的有生产能力的银矿淹没了，而这种试图也未成功。直到15世纪后半叶，由于在瑞典、德国、波希米亚和蒂罗尔发现了新矿，以及随后美洲贵金属的输入，银的生产又增加了……，银币数量减少本身就说明了整个14世纪法国的价格上涨。除了1348～1351年的实际年代的偶尔变化外，无须考虑黑死病的影响……1200～1400年间，伴随着银产量的减少，价格一般是上涨的……似乎非常明确，尽管1348～1351年间劳动力的损失导致了价格上涨，但黑死病对于英国或法国的价格水平并无持久的影响。①

当我们转而考察土地价值的时候，就会发现黑死病之后，土地价值并未像商品的价值那样，逞回到原有水平的趋势。西博姆说过，英国农业长期遭到破坏。由于劳动者死亡和幸存的人们要求高工资、土地所有者有两个对策：或把土地划分成小块出租，或者放弃农耕经营养羊业。在当时最大的羊毛原料生产者英国尤其如此。但是在从事农业的佛兰德、在香槟、托斯卡纳、伦巴第、在奥格斯堡周围，我们也发现同样情况，只是规模较

① H. R. 比特曼：《政治经济学杂志》，第36卷，第458～459页。

小——确实,在任何地方牧羊场地都靠近纺织者。另一个条件也促使人们采用这种方法,在1348～1351年的艰难岁月里,村庄和庐舍化为废墟,以后维修的费用如此之大,因而主人放弃了维修房屋的希望。下表是根据伦敦塔中保存的法令而列出的,引自克拉特贝克的《哈福德郡的历史》一书。这些数字是在所有的土地所有者死时,为税收的目的而统计的,它们表明了每英亩土地的估价。

	便士		便士
		1348(黑死病)	
1268年	9	1359	9.25
1271	12	1368	10.5
1274	12	1381	9.25
1285	6～7.5	1417	6
1291	9	1422	4
1313	12	1429	4
1330	6～8.5	1432	6
1331	8.5	1446	8
1336	11.5		
1338	11.5		

然而,对这些材料的分析将表明,黑死病不是14世纪英国土地价值下降的唯一原因。到1368年,土地价值几乎恢复到正常的水平就说明了这一点。显而易见,某些其他干扰的因素必须予以考虑,这只能是农民劳动力费用的增长。像1381年农民起义和15世纪中叶的玫瑰战争这样的社会混乱,加剧了这种状况。在法国,这种状况在1346～1380年和1413～1453年间由于战争和自

由支队的破坏,是非常突出的[①]。

下表是勒瓦瑟所制。(《工人阶级历史》,第 1 卷,第 524 页。)

法国每公顷土地的价格和收入

年代	可耕地		牧场		葡萄园		森林	
	价格	收入	价格	收入	价格	收入	价格	收入
1301～25	222	22.00	…	…	…	…	…	…
1326～50	108	10.80	235	23	463	46	52	5
1351～75	83	8.30	337	33	140	14	84	8
1376～1400	98	9.80	484	48	420	42	53	4
1401～25	89	8.90	136	13	376	37	60	5
1426～50	68	6.80	139	13	218	21	15	1.50
1451～75	48	4.80	218	21	127	12	15	1.50
1476～1500	97	8.10	123	10	228	19	55	4

我们已经考察了紧接着黑死病之后那些年代所特有的两个重要经济现象——商品价格和土地价格——并且看到其变化不可全部或直接由于黑死病。工资问题和日益增长的劳动费用是一个重要的,也许是最重要的因素。如果再考虑到立法的证据,就更是如此了。因为 14 世纪欧洲各国的法律文书中充满了旨在压低工资和限制农民、工人为提高工资而罢工的法令。与其

① 作为主要的经济条件在法国发生影响的是百年战争而不是黑死病,这种影响从这个世纪第二个二十五年中法国土地价格的下降中看得最为清楚。假如黑死病具有头等重要性,我们就应该在英国看到同样的现象,即在这个世纪的第三个二十五年中土地价格的下降。但是,入侵、蹂躏和劫掠——这一切都是战争带来的后果——造成的动乱似乎达到了足以引起法国土地价格下降的程度(《政治经济学杂志》,第 36 卷,第 477 页)。

作用密切相联的是劳役折算问题和维兰或早或迟的解放问题。工资是否压低、农奴解放是否由于黑死病而加快、劳役折算是归因于黑死病还是归因于别的影响，这一系列问题在历史学家那里都是悬而未决的。在这里，必须谨慎地做出概括性的说明。至少在温彻斯特主教的庄园中，黑死病之后并未出现被早期历史学家简单地归咎于它的那些灾难性结果。维兰没有罢工，也没有发生迅速的劳役折算。[①] 在整个欧洲，是农业劳动者、行会工人、家内服务人员甚至牧师举行罢工，要求得到比以前更多的补偿。

在大陆的立法中，我们看到许多限制罢工劳动者和手工业者的法令证据。

> 在西班牙，黑死病之后，地主使用奴隶以满足对劳动力的需求，这些奴隶一般是萨拉森人。这等于抛弃二元的庄园制度，因而遭到农业劳动者阶级的强烈反对。为了他们的利益并因为他们提供了抑制封建贵族的方便手段，王室既干涉阿拉贡又干涉卡斯蒂利亚。另一方面由于缺少一个拥有足量资本以接受租地的英国式的小农阶层，这就使黑死病之后可获得的土地落入市民手中，他们利用农奴劳动者耕种。在这样的情况下，政府实行了一项劳动政策，科瓦列夫斯基认为，这项政策把正常的工资削减了1/3到2/3。在欧洲各国中，几

① 见伊丽莎白·莱维特文章，载于维诺格拉多夫的《牛津社会和法律史研究》，第5卷。

> 乎只有威尼斯以一项精明的经济政策应付了黑死病的后果。所有旧的限制暂时中止了，这有利于自由的经济竞争。威尼斯以容易加入行会和真正获得一切工业和商业权利甚至公民权的许诺引诱外国移民移居其境内。利用这种方法，威尼斯和特拉·菲尔马的人口增加了；在短短几年内，又恢复到黑死病之前的普遍状况，并且有可能在避免任何社会动荡的情况下恢复旧制度，而这些社会动荡曾使其他不甚开明的政府遭到打击。在锡耶纳实行了一种有些类似的政策；在奥尔维耶托……他们想到了根据市场状况变化调整工资和物价比例的方法。[①]

两个最重要的劳工法案是 1349 年英国的法案和 1351 年法国的法案。也许英国是这种形式的立法的创始者。这一事实说明了这样一个结论，农村农民中的动乱要比城市工人中的动乱大。显而易见，英国还几乎完全是一个农业国。英国工业的发展直到兰开斯特王朝时代(1399～1461 年)才开始。

我们已经引用过编年史家奈顿的论述，他对于英国农民的不满做了生动的描述。

> 劳动者是如此的高傲和顽固，甚至连国王的命令也置若罔闻。因此，凡欲雇佣他们者，都需付给他们所要之物，或者

① 《政治科学季刊》，第 27 卷，第 323 页，参见科瓦列夫斯基：《国际历史年鉴》，第 181～212 页，1900 年巴黎年会文选第二部分(巴黎，1902 年)。

失去他的水果和粮食，或者满足人们贪得无厌的欲望……后来，国王将许多劳工逮捕，关进监狱；许多人退却，逃到丛林中；而那些被逮捕者则被处以沉重的罚金。

1349年6月，土地所有者的叫嚷和农民的骚乱导致了著名的劳工法案的产生，法案的序言写道：

鉴于大部分人民，主要是工人和雇工死于黑死病，并且某些人趁主人需要和缺乏雇工之机，要求主人付给他们极高的工资，否则不愿为主人劳动；而另一些人游手好闲，宁愿乞讨糊口，而不愿劳动谋生……根据我们的高级教士和贵族及其他有技能者之建议，特规定：王国之内凡身强力壮之男子和女人，年龄在60岁以下者，无论自由的或非自由的，若非靠做活为生，或无钱财以维持生计……若需要为别人工作，其工资须按朕即位后第20年的惯例支付。*

然而，人们无须把同情全部倾注到工人阶级身上。那时像现在一样，雇主和受雇者的关系这个困难而复杂的问题有两个方面。沙夫第斯伯里的女修道院院长不敢驱逐犯有极大浪费罪的佃农，怕的是失去劳动力，她的审案记录在一本年鉴中得到了生动的解释。行会工人的罢工不仅是为了提高工资和缩短工作日，而且是

* 该法令发于爱德华三世时期(1327～1377年)，他统治的第20年为1347年、即黑死病发生(1348年)的前一年。——译者

为了减少劳动天数。在德国流行着这样一句话:“星期一是星期天的兄弟。”

与1351年法国的“劳工法案”相比,英国的“劳工法案”已经得到如此深入的研究,而关于它的文学作品也是如此容易得到,因此我们扩大对法国法案的研究似乎是合情合理的,尽管它仅适用于巴黎城和巴黎郡,而不像英国法案那样,适用于整个王国。它比英国法案更为彻底和复杂。其实施程度却不如英国法案清楚。甚至法国历史学家关于它也没写出什么东西,这可能是原因之一。[①]好人约翰的立法部分地是以1307年7月7日腓力四世的大敕令为基础的。这个新的立法颁布于1351年1月30日,它在62个标题下包括250多项条款。

黑死病的结果是工人工资和食品、工业品价格的大幅度提高。约翰二世企图调整工资和物价。他规定了妇女日工的最高雇佣工资限额。对于全年受雇的家庭佣人,他规定:巴黎的卧房仆人每年的最高工资为30个苏,并提供他们须穿的鞋子。保姆的工资至多50个苏,牛奶房女工从圣马丁节到圣约翰节(11月11日到6月24日)为20个苏,从圣约翰节到圣马丁节为30个苏或者总共50个苏。对收割者和打谷者的工资也以同样的比例做了规定。农业劳动者中最优越的阶层,即播种者和收割者每天工资不得多于2个苏6便士。

在规定农业劳动者和家内仆役的工资之后,又规定了行会的

① 勒瓦瑟:(《工人阶级的历史》,第1卷,第501页及其后诸页)似乎是第一位提及它的存在的历史学家。仅见《政治经济学杂志》,第36卷,第437～475页。

工资。从圣马丁节到复活节，石匠、瓦匠、石板瓦匠、采石匠、木匠的工资是26便士，他们的助手是16便士；从复活节到圣马丁节，白天变长，他们的工资增加到30便士，其助手是22便士。各种商品都规定了价格，一般物品不可超过最高价格。这些价格是根据什么原则规定的呢？这项法令清楚地说明了这个问题。人们承认，日工和手艺人自从黑死病以来更富有了，但他们服务价格的提高不得超过1/3。工资与价格以同一比例增加。于是，为了不使商品普遍昂贵，规定了有利于消费者的最高价格。

但还有降低价格的方法，即增加工人人数，废除行会的限制性章程，这些章程阻碍巴黎的匠师数量增长。许多行会章程限制学徒人数，以减少未来的竞争者，因为这些学徒都是未来的师傅。国王约翰重申1307年法令的原则，笼统地规定，雇主可以随心所欲地雇佣学徒。这个法令的全部条款都值得注意。关于学徒期限和学徒工资的狭隘规定废除了。关于一项专门行业例如制造皮带和鞣革制鞋行业。有这样的规定："制带者从万圣节到三月中旬可在夜间工作，可按照自己的意愿雇佣学徒；两年结束时，这些学徒可经营自己的行业，并制造他们能够制造的产品。"这样，我们看到又一项狭隘的行会规则失败了。夜间工作得到了明确的认可，至少在冬天的月份里是如此，这项措施被采用，以增加生产和降低工业品价格。

但在行会消亡之前，并非全部行会的限制都取消了，某些古老的规则依然存在。例如：任何人不得同时从事两种不同的行业；商人不得滥用他们的手艺人和学徒。规定了工人的最高工资，因此，任意提高工资是不可能的了。

应当注意，这项法令规定了某些行业的师傅的人数，这是为了给他们一项垄断。但要注意这是哪些行业。在巴黎应有30个酒商经销市民的酒。60个酒商销售勃艮第酒。至多60个柴草过磅员。但这些职务是由商会会长或巴黎的皇家商会长、市政官任命的实实在在的职务，并非生产职务。故而这些任职者是公职人员。

其他行业的师傅如金匠、布商和石匠的数目是不受限制的。每个工人在其学徒期满后，可在巴黎市开业，不管其学徒期是否在巴黎度过。他只需服从本行业的总章程和缴纳入会费。

因此，"行会被国王约翰的法令破坏了"之说与事实相去甚远。一切都表明行会继续存在。管事师傅仍是行会首领，他们检验出售的商品，管事师傅由行会成员选择，但要经国王商会长批准，并向他宣誓。他们向商会长汇报他们所发现的违法行为，但管事师傅本身也是审判这些违法行为的法官。然而最终裁决权掌握在会长手中。一句话，国王约翰的法令对行会制度表示宽容甚至尊重；它仅仅为了公众的利益规定了物品的价格；它在行会中坚持"开放"政策，并废除了某些限制。

有人认为，法国王太子查理发展了其父的法令，规定工作完全自由。人们引用他在摄政期间于1358年9月写给巴黎成衣匠的信件为证。此时的成衣匠与马甲制造者不和，后者垄断了马甲和衬衣的织造。当马甲还是时髦之物时，查理的法令承认了这项垄断权；但现在马甲变成普通的服装，因而一般的成衣匠要求许可他们制造。查理五世指派巴黎的商会长调查这个问题；他规定，成衣匠从此也可以制造马甲。查理并未用这项法令破坏行会，像某些史学家所说的那样；他只是在这种服装流行后，允许两个行会制造它们。

1351年的法令还包含着关于在巴黎买卖的有趣条款。为了不使逃避最高限价法令的事情发生，人们被要求白天在公开场合下出售货物，以便对之进行控制。结果，外地商人只能在交易厅和市场上出售货物。甚至巴黎人在巴黎以外贩来的商品，也只能在交易厅中出售。行会师傅要检查这些货物，他们的权力得到巴黎市长、沙特莱城堡的审计员、公共起诉人和商人会长的支持。巴黎市民被禁止求助于外籍商人。只有在预定的信号发生后，市场才能开始进行交易。巴黎平民有购买自己消费品的优先权，剩下的物品方可出售给别人。出售鸡蛋、黄油和其他消费品的小贩没有遭到禁止，但对他们的收益却有规定；出卖20苏的物品赢利不得超过2苏。

这项法令的意义是重大的。这是我们所见的关于14世纪工商业组织的最长的法令，其详尽程度令人惊讶。但应当记住，这是一项在特殊情况下为抵抗可怕的危机而制定的法令。很明显，王室为了消除危机而进行干涉，但危机过后，这项法令就不再有效，这情况酷似1307年腓力四世的法令。王室想长期固定工资和工业品价格是办不到的。对其中的许多条款，行会不愿遵守，例如那些关于废除限制学徒年限的规定。然而，预期的目的之一达到了——价格下降了，与其说这是这项法令的结果，毋宁说是外部环境的影响。法国情况恶化——继1358年马赛领导的巴黎起义后，又发生了扎克起义，以及虚张声势者罗伯特·诺利斯爵士和被称为大祭师的阿尔芒·德塞尔沃莱之流领导的“自由支队”及英国军队的可怕的蹂躏。灾难是深重的。当生活必需品缺乏时，哪里又有奢侈品？人们的要求到处在减少。工人几乎不能维持生存；供过于求，价格下降到如此的程度，以至实际上似乎比黑死病之前的价格还低。有材料证明，在许多地方限制工资的劳工法令没有生效，并且由于许多强壮的劳动者不服从劳工法令而被捕入狱，从而使劳动力的困难状况更加恶化。

就古老的劳役租向货币租的转换和农业租佃制的采用而论，这些不可抗拒的铁的事实解除了过去领主和维兰之间的契约关系。这种契约使领主不能无视已经在业的佃农的意愿，随意增加佃农的负担和改变其义务，从而保护了农民。但在骤然而来的危机中，它并未按相反的方向起到使领主免受维兰剥削的作用。在这种新旧形势的斗争中，农民几乎到处都获得胜利。

> 黑死病加速了地租形式的转换，紧接着，是一个特殊有利于维兰获得自由的混乱时代。他们大批地放弃了自己的小块持有土地，而领主也发现，固持传统的义务极其困难，便愈来愈愿意在货币租的基础上进行协商。[①]

但是黑死病并未导致这个运动；它只是加速了一个先前已有的运动。因为从13世纪以来，(且不追溯以前)在欧洲进行的那个经济和社会革命就已经在很大程度上以货币关系取代了劳役关系。欧洲的自由佃农或拥有自己土地和少量农奴的人的数量超过人们通常的估计。与大陆相比，英国在这个缓慢的变化方面比较

---

① 维诺格拉多夫：《论文集》，第1卷，第131页。

落后。在英国,劳役折算直到15世纪初才成为普遍现象;在服从新形势方面,教会到处都落后于世俗社会。

不论如何,把黑死病提高到唯一的“持续不断的经济力量的尊严地位”[①]是错误的。因为还有许多其他复杂的现象与之混合在一起,使人们不易肯定黑死病是14世纪变化的唯一的,甚至最重要的因素。历史上有这样的时代,那时经济和社会力量如此紧密地交织在一起,以至它们所产生的问题难以解决。这些因素繁多而形形色色,因此无法进行社会统计。历史学家仅能确定一件事情,即没有哪一个政府曾经成功地理解或控制过自然的发展或自然的衰落。人死了,但时代的脚步却没有停止,这种运动是向前发展,还是向后倒退,是“进步”还是“衰落”? 谁说得清? 最多只能说,时代在变化。

① 维诺格拉多夫,上引书,第136页。

第十七章　行会与城市贵族的形成。无产阶级和阶级斗争

此处无须重复前书已写过的中世纪行会起源的理论问题。①

鉴于不可能把行会的起源归于任一种特别的原因或基础，我们可以认为，行会是中世纪倾向于社团联合的一种自然表现，仅此而已。但是，无论中世纪行会的根源——或诸根源是什么，有两个事实是很清楚的：即它们与市民阶级的产生和城市的形成同时发生；而且，在它们萌芽时，就是组织起来的自由商人或手艺人团体，以保护他们摆脱不自由的竞争和同等团体的竞争。最早出现的这类团体应是商人公会，在 11 世纪，我们就发现有其存在的迹象，而自由工匠的组织直到 12 世纪晚期才出现。

起初，所有各类商人和各行工匠都是组织在一起的。从事某一行业的工人都倾向于集中在城市中的某一条街和某一区内。在每一欧洲城市内，古街道的职业名称都是很有研究价值的。这种集团聚合的原因，首先是职业的便利；其次是嫉妒——监视他人雇工数量和产品价格的愿望。但是渐渐的，然而却是相当迅速的，技术或职能的分化过程，导致各种行会的形成。最后，我们看到出现了高度发展的各类团体。工作的类型成为把他们联结在一起的纽

① 见汤普逊：《中世纪经济社会史》，第 788～793 页。

带。于是，如我们所见，佛罗伦萨出现了7个大行会和16个小行会。在德国，最古老的行会是1106年沃姆斯的贩鱼者行会和1128年马格德堡的制鞋者行会。在德国，最先提到呢绒零卖商或服饰用品商，是在1221年的沃姆斯，而该行会则出现于13世纪末。此时，我们看到，药剂师们与这些呢绒商贩组织在一起。因为在行会形成的早期，某一商人和手艺人团体还不够大，或不占重要地位，因此，两个或两个以上的团体就要混合组织在一起。于是，我们在奥格斯堡发现布商、羊皮纸商、香料贩、鞋匠和扑克制造者混合在一起。在专营麻布和棉织品的乌尔姆城，布商行会是大行会。在斯特拉斯堡，帽匠是主行会。在乌尔姆和斯特拉斯堡，这两个行会是最富裕的。其他城镇也发现有同样混杂的行会。①

随着这一过程，出现了另一类似的倾向，即限定价格、维持工

① 这些商人和手工业行会必须与另一个更群众性的社团形式仔细区别。这类社团是共济团体，即互助保险团体。它们在数量上的增长十分迅速。饥饿、黑死病、遍布各地的宗教狂热，都使它们受到群众拥戴而获得好名声。它们是互助社团、保险团体、丧葬协会等。其成员生病期间，每周可接受一小笔津贴；而在康复期，数量要少一些。但这类资助不给予因殴斗而受伤者。例如，巴黎有两位市民：国王寝宫侍者雷蒙丹·勒蒙诺和雅克·德烈热，就于1332年7月在圣保罗教堂创办了一个共济会。其成员不仅限于工人，而且包括其他人。申请入会者只需有体面的服装、能付出5个苏作为入会费、付给办事人员2个便士、纳12便士的股款，即可入会。一年一度的聚餐费是3个便士。这一共济会提供葬礼用的火炬、蜡烛和柩衣；在某一会员逝世后的礼拜一，这一共济会出钱请主祭和副主祭作安魂弥撒礼。共济会还确保其他利益。这一团体的成员处于一特别守护神的保护下，并在日历上相应的日子，以该守护神的名义举行特别弥撒礼。这时往往是一个庄严的时刻，因为共济会的首领就在这一天就任。在祷告时，会员们颂唱圣母玛丽娅的颂词：当唱到“他使有权势的君王失去王位”时，前任首领退位；而唱到“使卑贱者升上高位”时，前者的继承人就位。这一仪式叫做免职式。新任首领往往要向此社团赠一礼品。

资水平，以防止降低产品成本，保持传统的一致性，扼杀竞争。

> 行会所追寻的目标是相应平等制。它的诸细则和过分的慎重均由此派生。垄断原料是被禁止的，合伙经营也被侧目而视。行会师傅只可以雇佣一定数量的人，经营一定数量的商业。外部和内部的竞争被拒之千里。共同体本身即使缺乏劳力，也不得雇用外籍工人；与内部产品相同的外部产品不得出售。买卖双方的利益都受到关照。行会有严格的条例用于测验某一工人所具备的能力。行会尽可能决定公平价格，并使之与政论家们有关合法利润的理论相一致；尽可能保持利率的稳定性，并采取手段阻止利率下降，同时控制需求，以使利率上升。①

然而，没有必要相信行会都依一个模式形成，或者认为，在中世纪晚期处处都可见到行会。有许多城镇，甚至有些具有一定规模的城镇，并没有行会组织。里昂和波尔多直到15世纪末叶才出现行会。

随着行会逐渐富裕和强大，它们在形式上和实质上都更贵族化了。这一内部分裂由以下两个过程所致：一方面，富裕商人通过联姻与旧土地贵族先后建立商业的和社会的联系，从此，他们的利益随着时间的推移终趋于一致。另外，由于工人们宁愿成为挣工资者而不愿做农业劳动者，因而大批地从庄园和农场流入发展中

① 见E.尼斯：《经济学史》，第103～104页，及汪德金代尔：《阿特维尔德的时代》，第106页。

的城镇，以求在工业中被雇用。农田价格随之下跌，许多富商便在镇外购买土地，这一行为使他们进一步与土地贵族合流。学者们曾经对某些地区的历史，对于城镇周围土地价格的波动，对于城镇对周边农村劳动力的严格控制，对于农村低工资造成的城镇劳动力的低价格，对于大城市实行的把外来移民和外来贸易拒之门外而小城镇和农庄却对它们表示欢迎的倾向，进行了有趣的研究。

于是，一个贵族阶级在城市中成长起来。这一贵族阶级狡猾地篡改了行会的规章，以便排斥较低等级的工人或商人，保证他们自己对行会控制权的垄断。这一目的是通过多种手段实现的。行会成员的入会费上涨到了最高点，使得小人物不能入会。而且，由于行会要求工人完成一件“杰作”* 以作为其成为行会师傅的条件，使工人更难于成为师傅。从表面上看，这一要求是为了保证产品质量而排斥没掌握高度熟练技巧的工人，事实上，这一条件是一挑战书，它排斥了所有那些统治集团想排斥的人。“杰作”的难度越来越大，这样，许多工匠就不能成为师傅。于是师傅身份逐渐成为某些家庭的世袭身份。行会规章的修改，有利于师傅的儿子，他们所付的入会费比一般工人须交的入会费要少得多，而且，如果他有“适当的经验”，即可免除“杰作”。这样，行会逐渐成为一个封闭的社团，而师傅身份成为世袭的资格。

随着行会数量的成倍增加和其财富的增长，它们越来越摆脱了政府的控制，而不论该政府是属于王室的还是封建主的。早在13 世纪，波洛尼亚就通过了法令，以惩罚侵犯行会利益的贵族。

---

* 手工业学徒成为行会师傅前必须完成的作品。——译者

这激怒了萨林贝内*的贵族精神，他宣称："但是，让这些人们恐惧吧，免得上帝的愤怒将降于他们身上，因为他们的确是反对圣训的（利未记，第19章，第15节）。"**腓力四世是成功地管理行会的最后一个法国国王。14世纪中期，行会摧毁了佛兰德伯爵的权力，结果，几乎到处的行会都逐渐被城镇所控制。但这一情况为时不长，很快就出现了相反的情况，城镇转而被行会所控制。一旦权力在握，行会首先关切的是建立工商业垄断，根据地方市场的需要而限制工商业、排除竞争。为达此目的，行会一方面拒绝给予那些不承认这些规章的人以公民权，另一方面征收寓禁关税以限制进口。

行会成员的选举权和被选举权是有限的。城市立法受到行会利益的支配。地方法规以法律形式批准了有关确定"杰作"的等级条例、固定了工资、劳动时间和学徒条款。工资降低了，如果雇佣工人"罢工"，外埠工人的引进仍可保持工资的低水平。劳动时间延长了，"日出而作，日没而息"在夏天成为常事。这样，夏天的工作日长达16小时，而在冬天也要工作很长时间。市政大厅钟楼上的大钟通报工作时间的开始和结束。长时期的工商业萧条不时出现。例如在佛兰德和佛罗伦萨，如果原料羊毛不能按期到达，成千上万的工人就被解雇，直到羊毛到达时。

对学徒条例的滥用，成为普遍不满的根源。帕尔格雷夫***给

* 萨林贝内（1221～1290年），意大利僧侣，编年史家，他的编年史记载了1167～1287年法国和意大利的历史。——译者

** 国内现有几种圣经版本及英文版中，此节均无此句，似注错出处。——译者

*** 帕尔格雷夫（1827～1919年），英国银行家和经济学家，编有《帕尔格雷夫政治经济学词典》（1894～1906年），三卷本，是一部范围广泛的很有价值的作品。——译者

学徒制下的定义是“一种制度，在这种制度下，那些要从事某一特定行业的人，要在一定时期内，在一个师傅手下工作，并服侍师傅，而师傅则要在这一时期内教授他们自己所从事的工业或工业分支的技艺。”[①]这一习俗的基本宗旨是为每一行业提供熟练工人，同时阻止竞争。因此，每一师傅门下都有数名男孩为他做工——其数目依行会规则而定——师傅把这些孩子带回家中，供给衣食，并训练他们掌握自己的手艺，作为学徒们工作的报酬。在学徒期间，学徒们的劳动是无偿的。起初，学徒期为二三年。但是，师傅们把学徒的额定服务年限延长至 4 年、5 年甚至 7 年，结果，师傅们几乎毫无代价地从富有经验的学徒那里，得到了雇佣一个熟练工人的实际收益。而对要求取得师傅身份的学徒的强制性征款，及对制作“杰作”的要求，更加深了学徒们的不幸。上述实例十分清楚地表明，到 14 世纪，行会已成为剥削和垄断的团体。

> 在这一团体内，一切事情都依师傅们的共同利益而定——提供相对廉价劳动力的学徒制；对熟练工的严格控制，禁止工会或劳动者为他们自己打算，限制工人的工资和劳动时日等。[②]

所有熟练工的工作都是计件工，每一工人必须生产一定量的产品，否则就会被解雇。大多数工业是“农舍”或家庭手工业：这就

① 《政治经济学词典》，第 1 卷，第 45 页。

② 《英国史学评论》，第 21 卷，第 776 页。

是说，工人在自己家的农舍中或在家庭附设的车间内劳动。但是，有一些工业是不适于进行这种农舍工业生产的。例如印染业，它需要大桶、煮器和压榨机等，因而需要有更多的设备和更大的空间，这是普通工人所不可能提供的。

随着行会变得越来越狭隘和排外，它们制定了越来越多的严格的规章。行会在努力为他们自己创造尽可能多的便利条件的同时，也同样努力维持师傅之间的平等。任何人不许可比别人赢利更多。行会不仅保护手工业师傅们对抗竞争对手和劳动者，而且也防止他们内部的相互对抗。因此，行会精心设计的条例反对赊销，反对垄断和囤积，赞成规定产品价格和质量，赞成有助于行东们共同利益的社会职能。行会谨防某一师傅以其机灵的交易手段使个人致富。每次购买原料都必须有利于整个行会。一般地，行会购买大批原料分发给师傅们。但是，尽管这些资本主义式的行会影响很大，却仍有一点与近代资本主义的企业有明显的不同——它们纯粹是地方性的组织。它们的垄断也仅是城市垄断。对于行会的历史资料进行分类是必要的。迄今为止，对于行会文献的年代学问题，以及市政当局提供的特权和行会本身公布的条例之间的不同，史学家们都还没有给以足够的重视。关于每一行会城市都有自己的特别贸易政策这一事实，也还没有被经济学家们充分认识到。

行会也力图维持某种产品的良好声誉，规定了这种产品制作和出售的条件，决定每匹呢绒的长度和宽度，为每件产品定价等。为了维护行会的名誉，只允许打上正式印记的商品在市场出售。这就是商标的起源。劣质的产品和技术不熟练的工人在中世纪并不罕见。每一行业可能只生产一种确定了一定质量标准的产品。由于行会严格地施行生产规章,师傅们不可采用新的生产方法和新的产品规格。一名师傅不可同时操两种行业,两个师傅也不可以联合经营以增加利润。由原料到制成品,从形式、样式到价格,一切都有细致的规定。由于商品上市前的这种监督,公众或许也受到了保护。而在另一方面,这种严格的统一要求和对竞争的压抑扼制了工人们的创造力,也剥夺了他们的自由权力。

控制了市政机关的行会要员们制定了相当英明的地方立法。

> 市政当局建立了城内市场,规定了价格,同时实行对商品的检查。对于所有的工人来说,充足的食品供应是十分必要的,因此,这也是市政管理的首要问题。在多数城市里,市政当局甚至进而提供了市属磨房、面包房和屠宰场。工业劳动者的特殊要求也没有被忽视。稍晚一些,我们发现了市属油坊、漂布厂、磨房、锯木厂及市属的印花、洗染和剪毛作坊以及呢绒服装厂。保证原料的质量是这一生产体系的一部分,手工业者不得使用未经市政当局打印记的原料和半成品;同时,市政当局也给呢绒或金属成品打印记。它们的目的是保证人人有饭吃,保证工人使用好原料,也保护消费者。[①]

但是,我们绝不能被表面现象所迷惑。上述政策和现代都市

---

① 印那马·斯特涅格的评论,(三),第2部分,《经济杂志》,第12卷,第77～78页。

制度之间并无相似之处。现代都市制度的目标是博爱，或至少是卫生的，并照顾到较贫穷阶级的利益。而中世纪行会的市政制度是“被一种担心所促成，即：个人企业可能无力以合理的支出提供对资本来说如此重要的劳动者之生活所需。”

此外，富裕市民以其对地方条件的改善，如铺路、供水、建下水道等，而自豪；也以其建立壮丽的公共建筑，如市政大厦、市场建筑及医院等，而自豪。1338 年，佛罗伦萨有 30 所医院，其中有些是教会所建，但多数是世俗建立的。仅卡里马拉一个组织，就资助了 9 所医院。行会活动中轻松的一面是它的社会娱乐活动。在公众的节日中，它们发挥了显著的作用。1313 年 6 月 6 日，当国王腓力四世的 3 个王子册封骑士时，巴黎举行了盛大的庆祝活动；巴黎的若弗里*写的韵体编年史留下了对这一庆祝活动的描述。各行会都带着自己的特别标记在国王面前列队游行，在他们的彩车上，皮革工人扮演了《列那狐的传说》中的形象；织工从《圣经》的《旧约》和《新约》中选择了表演题材；其他行会则选择了地狱、天堂等场景。

行会不仅参加所有的节日活动，也在政治活动中发挥作用。1301 年，巴黎市为了向国王纳补助金，对居民征收了 10 万利佛尔的人头税，面包师行会、酒商行会、粮商行会等许多行会选出了 24 名征税人来管理这一笔税款的征收。

在 14 和 15 世纪的欧洲，哪里有工商业，行会制度就在哪里发展。人们说得好，“所有高度发展的经济都是城市经济。……无城

* 若弗里（死于 1320 年），法国中世编年史家，据传是韵体编年史《美男子腓力》或《若弗里的韵体编年史》的作者，记叙了 1300～1316 年的法国历史，计 7 916 行诗。因他对所记事件和人物极为熟悉，该编年史颇有价值。——译者

市的农村经济是属于封建制度的。”①德国城市的行会数量不少于意大利及佛兰德的行会。德国南部和北部的行会在数量上也很少或根本看不出差距。法兰克福有137个行会，纽伦堡有96个，里加有90个，施特拉尔松有113个，汉堡有114个，律贝克有129个。无论什么地方，只要行会制度占了优势，那里的市政府就被行会所控制。行会的成员及其家族形成了一个城市贵族阶层，这是由富裕的、有显赫政治地位和社会影响的上层市民构成的社会集团，他们与地方封建贵族联姻，形成了一个社会整体。富裕的商人阶级成为城市贵族，管理着贸易和地方政权。

在城市贵族和下层劳动阶级之间，形成了一道鸿沟。劳动人们被称为“黑指甲”，受到城市贵族经济上的剥削和社会上的歧视。阶级冲突的战场不再是农村，而是城市；这一冲突也不同于以往封建时代，那是发生于贵族和农民之间，而这是发生于资产者和城市中被剥夺的民众之间。这是资本和劳工之间的冲突，也是阶级之间的冲突。封建时代曾经历了农村的农民起义，而14和15世纪，则经历了大工业中心城市的下层劳动阶级的起义和骚动。城市的下层阶级——工匠、手工业者、小店主起而反抗一个富裕的政治上保守的贵族阶层，反对贵族阶层的专权及他们的挥霍、对公共财富的侵吞。斗争始于13世纪后半期，延续了一个多世纪，到14世纪末以贵族和行会的胜利而告终。

1358年，普鲁士各城镇的富裕市民代表们起草了一个严

① 斯彭格勒：《西方的衰落》，第2卷，第477页、484页。

> 厉的法规，恐吓那些呼吁改善自己命运的熟练工们，宣称要割掉每一个罢工者的耳朵。后来，在但泽出现了行会师傅联盟，他们互相约定在一年内不接收任何可疑的人进他们的工场。1387年，在伦敦，一些熟练工人组织了兄弟会，宣告了他们反对行东集团和官办行会起义的开始。人们仿效他们起来斗争，但资产者不失时机地采取了立法手段来压制人们的抱怨和要求。[①]

在此之前，历次农民起义都失败了；每次“扎克”暴动都以统治者的血腥镇压而告结束。14世纪城市平民的起义和工人阶级的暴动，也没达到更好的结局。

下层劳动阶级中集体观念的形成及下层劳动阶级的起义，是14世纪的一种触目惊心的现象。由于激进的社会和政治思想的传播，14世纪后期的中世纪欧洲几乎处处都在动荡。这种激进的社会政治思想在1379～1382年的佛罗伦萨，在1382年法国的里昂、巴黎、卢昂及莱茵河岸的科隆和其他城市，都点燃了武装斗争的火焰。这些斗争不同于以往的扎克暴动及其他农民起义，那是些农村的居民、即农民的暴动。只是在英国，由于其经济上和社会上更落后于大陆国家，起义才采取了农民起义的形式。这些起义和暴动是工人的骚动，而城镇则是它们公开表演的中心。不成熟的带有共产主义性质的激进的社会意识时常与这些行动混杂在一起。14世纪的许多群众异端浸透了这样的信条，如在鞭身教徒和

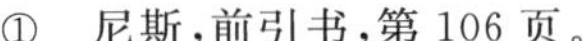

① 尼斯，前引书，第106页。

毕加第派*教徒中出现的那样。这是一场阶级斗争，一场穷人反对富人的斗争，是被半成熟的自由民主思想激发的、终日劳动的粗鲁群众和富裕的资产者及城市贵族的冲突。皮朗曾经写道："在法国革命之前，社会仇恨的狂热从未表现得比这一时期更残忍更野蛮。"**维利则说："一股陌生的民主运动的浪潮正在席卷整个欧洲，这一浪潮的特点是以粗暴和无政府去纠正暴政和坏的秩序。"与这一运动相混杂的是信仰复兴运动和鞭身教等宗教极端派的激进形式的出现。宗教异端运动常被用来表达欧洲下层劳动阶级对加害于自己的经济和社会弊病的不满。这一重要的社会革命，不能局限于狭窄的范围内进行描述。在意大利、法国、佛兰德、德国，我们都看到了它尖锐的表现形式。它是全欧洲的普遍现象，它表现在沃姆斯(1300 年)、列日(1302 年)、斯派尔(1304 年)、乌尔姆(1327 年)、美因茨和斯特拉斯堡(1332 年)、巴黎(1358 年)、奥格斯堡(1368 年)、不伦瑞克(1374 年)、科隆和佛罗伦萨(1379 年)；巴黎、卢昂、根特(1382 年)。这是在整整一个世纪内广泛浸延的运动。

所有这些运动，都同样地表现为对社会弊病的抗议，而那些在公社革命中得益最多者对此弊病是有责任的。它是下层民众的抗议，这些人对城市的发展和财富的积累作出了贡献，但是他们看到

* 13～14 世纪在尼德兰、德国、法国和意大利传播的一个异端派别，一般认为它是当时欧洲广泛流传的纯洁派的一支。——译者

** 亨利·皮朗(1862～1935 年)，比利时史学家。他所著的有关中世纪城市和社会、经济状况的著作有：《尼德兰古代民主》(1910 年)；《佛兰德纺织工业史资料汇编》(四卷本)(1906～1924 年)；《中世纪城市的起源和贸易的复兴》(普林斯顿，1925 年)等。——译者

的是：富裕、悠闲和舒适的特权，及参与能够保护这些特权的政府管理的特权，却把他们拒之门外。换一句话说，这场斗争是那些没有财富和权力，但却认为他们应该拥有财富和权力的人们对财富和权力的抗议；是我们今天称之为无产阶级的那个经济和社会阶级，反对我们今天称之为上层中产阶级的另一个阶级所具有的得天独厚的社会、经济和政治地位的民主抗议。除了上述共同点之外，另一引人注目的事实是这一运动的广泛性。在佛罗伦萨发生的事情也同样发生在根特和伊普雷。同样的情形也发生在德国，发生在汉萨城市中；在这些城市内，汉萨同盟是地方商人寡头政治的支持者。1374 年，不伦瑞克发生了反对统治议会的暴动，议会中的一些议员有的被杀，有的被流放。于是，不伦瑞克失去了其汉萨同盟成员的资格，它的商人也被排斥在所有汉萨控制的市场之外。开除商业关系是一件可怕的武器，而不伦瑞克的人们不得不为他们的民主愿望而卑躬屈节的付出赔偿，以得到重新入盟的许可。当时的这类运动既不是偶然发生的，也不是异常现象；它是普遍发生的，也是预料得到的。只是各次运动的细节有所不同。工匠们在捐税问题上尤其有抱怨情绪。在佛兰德，对葡萄酒、啤酒、煤炭和粮食所征的间接税，构成了城市预算的重要部分。由于这些捐税最沉重地压在群众头上，人们就把这些捐税看作商人寡头的一种剥削方式。根特的一些数字将使这一问题明朗化：

1326 年，总收入　……63 000 利佛尔，其中税款 48 000。
1333 年，总收入　……65 900 利佛尔，其中税款 54 000。
1337 年，总收入　……69 000 利佛尔，其中税款 37 000。
1338 年，总收入　……79 000 利佛尔，其中税款 41 000。
1339 年，总收入　……139 000 利佛尔，其中税款 38 000。

1342 年，总收入 ……75 000 利佛尔，其中税款 48 000。
1361 年，总收入 ……103 000 利佛尔，其中税款 38 000。

绝不能认为，中世纪城市中的下层劳动阶级像供人驱使的牲畜一样不会说话。事实与此相去甚远。在欧洲各处，织工们尤其是工人阶级中积极、智慧的阶级。在法国，tisserand（织工）一词与“激进”是同义词，有时也意味着“异端”。德文 zettel（条子），意味着一部织机的经线，由此词根而衍生了动词 anzetteln（策划），意即设计或谋划；文字上讲，就是运筹或谋划一个运动。织工的工作性质要求智慧、艺术修养，技术熟练和创造力，而在我们大机器时代是不要求工人具备创造力的。织工有一些时间来思考。他所生活于其中的富裕和繁荣的城市环境并不单调乏味。不管他有着什么样的艺术鉴赏力和艺术灵感，都是被壮美的建筑、民间的诗意和各个方面的形形色色的节日庆祝活动所激发的。

呢绒贸易和共产主义思想之间的密切联系是可以在整个中世纪找到踪迹的明显事实。……资本是需要不断增殖的，因此，呢绒工人或是成为血汗工人，由商人手中接受原料，并把手工业成品交给商人；或者是呢绒生产者本身变为资本家，雇佣大批熟练工人……在同当时存在于城市或国家的各种势力的历次斗争中，织工们都战斗在第一线。而且，他们乐于接受任一新的革新方案，发起反对整个社会的统治秩序的斗争。①

① 考茨基：《中欧的共产主义》，第 54 页。

但是，织工们并不是善战的士兵。艾尼厄斯·希尔维厄[*]于1451年嘲笑地写到波希米亚的塔波尔派：

> 城内有4 000名可以武装的男人，但他们都已成为工匠，而且他们大多数以纺织羊毛为生，因而在战斗中他们毫无价值。①

同18世纪一样，14世纪也有它的哲理。手工业匠师用以丰富其精神生活的文学是促使他思考的。早在13世纪，这种文学就发展到诅咒现存社会和政治结构为“反自然的”这一程度。这种文学显然是共产主义性质的。《玫瑰花传奇》中谈及国王的地位时，几乎不相信君权神授的信条。《耕者皮尔斯》[**]及其法文的姊妹篇《维吉埃的梦》[***]都散布这样的观点，即国王的统治糟透了。在英国，则有罗拉德教派的信徒，约翰·保尔和瓦特·泰勒。在佛兰德，范·马里兰[****]及《史鉴》的作者都是头脑不十分清楚的直率的共产主义者。很难设想，这些思想仅局限于地方性的传播。哪里有商品交换，哪里就有思想的交流。在巴黎和伦敦有根特派，而激

* 即教皇庇护二世（1458～1464年），是15世纪初欧洲公认的人文主义学者、诗人，著述甚多。1446年出家，1458年被选为教皇。——译者

① 《作品》，第662页，转引自考茨基《中欧的共产主义》，第75页。

** 中世纪英语头韵诗名篇，据传说为英国诗人W.朗兰的作品，是一部包罗各种宗教主题的寓言诗。——译者

*** 法国14世纪著名文学作品，约成于1376年，查理五世时期。——译者

**** 13世纪佛兰德著名诗人（1225～1291年）。其早期作品主要以法国文学为雏形，晚期则摆脱了法国的模式。代表作为三卷对话《马丁》，被誉为“尼德兰诗歌之父。”——译者

进的托钵僧团小兄弟修会*则到处都与广大人民在一起。

> 他们利用大众的不满，三五成群游历到农村……他们的尖顶风帽中塞着一些钱币、手套、独指手套、腰带和小刀。他们用这些东西甜言蜜语地诱惑妇女们的心；同时，他们在酒店和公共场所，以他们的音乐，他们给人和牲畜治病的医术，他们平易近人的品德，及他们通常具有的友好态度，随时得到人们的欢迎。他们参与每一次密谋，混入每一群人中……于是，如果他们愿意，他们就能够煽动和激发群众使之暴动。[①]

在14世纪，新闻传播的速度甚快。工匠逐渐地意识到他们作为一个人的权利。他们变得阴沉而暴躁。在他们的意识中没有任何东西可以制止他们使用暴力。背信弃义的王公贵族和为之解除誓言约束的教皇并没有树立好榜样。资产者已经表明，人所期望的权力可以用暴力或金钱购得，而工匠们却不能够用金钱去购买，因此，他只能用武装暴力来维护自己的权力，打破不平等和特权。

作为欧洲最工业化的城市，佛罗伦萨是最不安宁、最动荡的。但巴黎和根特也不亚于佛罗伦萨，并且在政治民主和社会激进主义方面迅速赶上了佛罗伦萨。在欧洲的平衡遭破坏，城市革命风行，工人们开始谈论天赋权利和自治的整个社会动荡时期，佛罗伦

---

* 即方济各会，建于1209年，因会士间互称“小兄弟”，又名“小兄弟会”。会士以安贫、节欲为其生活宗旨，早期以托钵乞食为生。后则因财富积累而分为三派，其中嘉布遣会仍遵循以往的严格生活方式。——译者

① 维利：《亨利四世统治史》，第1卷，第272～273页。

萨的普通劳动者们不断地发动起义。在14世纪前25年，我们看到，佛罗伦萨的工人阶级组织了工会以逼使雇主们让步。但是，控制着政权的雇主们却迅速制定了立法以镇压这一工人的联合。用以描述这类工人团体的丰富词汇表明它们受到了商人们何种看待。它们被称为：conventicula（秘密集会）、Lega（政治社团）、dogana（海关）、frantellanza（兄弟会）、congiura（阴谋者）、cospirazione（密谋者）、comunella（公司）及monopolio（垄断）。它也同样反映了结社思想的普遍性。[①]这种对于工人结社的态度也反映在立法上。在1324年的一则佛罗伦萨法令中，我们看到这样的句子："由于在合法的托辞下经常发生起义，所以未经共和国政府认可，任何群众团体或协会都不得成立。"羊毛业行会的章程（1334年）宣称：工人的团体和联盟是与圣保罗有关兄弟之爱和基督教的仁爱的训诫相对立的；这一章程还叹惜，行会内部过于经常地制定秘密章程，这些章程承认每一个人的工作自由，却不必服从市政官员和行会的法令。1338年，羊毛业行会的条款禁止工人的任何集会甚至宗教集会。1345年，梳毛工丘托·布兰迪尼及另外9名受雇于羊毛业行会的工人因企图组织梳毛工、刷毛工和其他羊毛手工业者结社而被处死。为了破坏工人组织工会的企图，外籍工人被雇佣来当"工贼"。大行会以扩大贸易为目标，同时实行保护关税政策。小行会和平民则憎恶战争，因为战争增加了捐税，只有利于那些大的手工业者和那些不从事贸易只靠投资为生的懒惰的富

① 罗多利科的"14世纪佛罗伦萨为结社权而进行的斗争"，载《历史》，第8卷，第179页。

有者。[1]

巴尔迪家族和佩卢齐家族及其他许多银行的衰落，严重地损害了上层阶级的利益。而且1346年，平民起来反对资产者，掀起了一次民主革命，或者更确切地说是疯狂地瞎冲乱干。城市的8名市政长官中，只给资产阶级两个席位，下层行会3个，普通工人群众3个。这一革命标志着贵族声望的黯然失色。许多家族甚至更名改姓。史学家维拉尼写道："看啊，当一个市政府由工匠、熟练工和白痴当权时，它会变成什么样子。"

寡头集团重整旗鼓企图再度控制政治机关。这时，黑死病降临，在相当一段时间内一切都瘫痪了。后来，佛罗伦萨慢慢康复，并恢复了对其邻国，特别是比萨的征服政策。由于1356年塔拉莫内港口的开放，比萨受到沉重的打击。不久，佛罗伦萨城内又发生分裂，里奇和阿尔比奇两家族之争使整个城市卷入其中。阿尔比奇家支持富裕的资产者，里奇则支持小行会和群众的事业。随着旧贵族的消亡，古典的军事贵族不复存在，上层阶级完全是资本主义的了。

在1379～1382年这一动乱年代，"褴褛汉"[2]的起义使矛盾达到了顶点，这一起义立即成为一次以民主思想为主导的政治革命、一次贫穷阶级反对富裕者的政治革命和较低社会等级反对上层阶级的社会暴动。在3年内，佛罗伦萨处于骚乱和内战中。但是，到1382年，大行会和"肥人"成功了。参加暴动者包括所

① 在德国，这一阶级被称为Lediggänger，即无业者。

② "褴褛汉"(Ciompi)一词出处未定。它似乎曾是梳毛工的俗称。

有的下层阶级。马基雅维里估计到，仅在一夜之间，就有 6 000 人参加骚乱。

简言之，这一骚乱的真相，就是下层民众控制了城市。这一期间，全部工商业都停止了，商店关门，家家闭户，贵重物品则被送到教堂和修道院以求安全保存。市议会变得惊恐不安，考虑着如何平息人们的不满。暴民们是难以控制的，他们在城内到处烧杀抢掠，打开监狱，并劫掠了阿涅奥利修道院和圣斯皮里托修女院。路易吉·圭恰尔迪尼继美第奇家的萨尔韦斯特罗之后担任正义旗手；他试图在一次演说中向群众宣布同意他们的要求，以平息群众的愤怒。他似乎是成功了。同时，市政长官下令放下武器、开港行船、外邦人自回自家。暴民们仍不满意，他们烧毁圭恰尔迪尼及其他一些人的房屋，毁坏羊毛贸易的记录，提出了进一步要求。这些要求也得到了满足。然而，没有城市议会的批准，改革不能生效，而法律禁止在同一天召集两次议会，于是会议不得不推迟。次日，正当议会考虑群众提出的条件时，会议被打断了，官员们仓促逃命，平民们控制了议会大厦。

暴民的首领是一位衣衫褴褛、赤足的穷梳毛工米凯莱·兰多，他率领暴民进入了议会大厦。一经发现自己已占领大厦，他们立即选举兰多为正义旗手。他安抚群众，推行改革。但他的统治仅仅维持了很短一个时期，即从 1379 年 6 月 20 日到 8 月 31 日。

褴褛汉起义既是罢工，也是革命。他们要求享有自己组织行会和参加政府的权利。他们建立起了三个新行会，(1)裁缝、剪毛工和理发匠行会；(2)刷毛工和染匠行会；(3)褴褛汉，即所有其他最下层工人的行会。在市政府的 8 名官员中，与以前不同的是，3

名选自大行会,3 名选自小行会,2 名选自新行会。显然,无产者和小行会得胜了。但是,当颇善于蛊惑人心的革命者领袖兰多辞职时,革命领导人内部发生争执,被贵族控制的具有专政权力的民团拒绝执行平民阶级的要求。在下一次选举中,贵族党获胜,到 1382 年,贵族保住了它的优势。不幸的起义领袖们被流放,其中最著名的是兰多和斯特罗齐。随后,161 名造反者被处死,新行会被取缔,到 1393 年,可以说,寡头集团已完全控制了市政。1397 年,在美第奇统治时期,另一次起义失败,大资本家仍然受到一定的保护。贵族控制了市政,但是在那些善于蛊惑人心的被虐待的劳动群众领袖们的领导下,起义的危险仍然存在。对于美第奇家族来说,借助无产者的斗争达到权力的宝座,是一现成可行的途径。美第奇家族把无产者的不满作为自己的资本,使他们自己成为无冕之王。在如此严重的相互敌对和摧残之后,斗争双方的疲惫不堪和普遍的和平愿望为美第奇家族的温和专制铺平了道路。佛罗伦萨更希望和平而不是自由。

1382 年巴黎的工人阶级起义不同于佛罗伦萨的褴褛汉起义。在巴黎的起义中,人们的不满有特别的原因而不是普遍的抱怨。但结局是相似的。直接起因是,政府在 1380 年取消了炉灶税和讨厌的销售税之后又恢复了它们。

查理五世在弥留之际取消了炉灶税。1380 年 11 月 14 日,摄政者们为减弱人民的反抗情绪也被迫取缔了商品销售税。但是,没有额外的税收,王室就无法生存;而且,尽管对英战争已停止,英法敌对行动仍在布列塔尼继续。1380 年底,召集了三级会议,投票通过了一项新的炉灶税。炉灶税的征集开始了,但完税数目远远不足。于是，昂儒公爵重新确定对出售商品征间接税，并征收1/30的盐税。这些捐税沉重地落到城镇的下层阶级身上。王室企图得到商人的首脑和资产阶级首领的赞同，并要求行会同意这一提案，但他们却推诿搪塞。于是，王室于1382年2月28日颁布了一项文告，3月1日开始征收上述捐税。就在3月1日这一天，巴黎骚动了。当一征税人企图向一在市场出售水芹的老妇强行征税时，受到人们攻击而被杀。其他征税人也遇到同样的厄运。暴乱群众越来越多，涌进格莱沃广场，向市政大厦发起攻击，夺得12 000只铅锤。这是国王的市政官于格·奥布里奥在一次英国入侵法国时贮在市政大厦内的。愤怒的人们犯下的暴行难以计算。他们杀了一些犹太人和一些妇女；抢夺了税册和账簿、珠宝及贵重物品。城门关上了，街上横拉着铁链。

较为明智的上层资产者企图制止这种混乱局面。手工业匠师组成的民兵团在其五十人长和十二人长的指挥下，在街头武装巡逻，解除了铅锤党人的武装。人们请求当时在万桑的国王平息人民的抱怨，向人民许诺恢复“圣路易的黄金时代”，即取消所有这一切新的税收。他也许诺实行大赦，只惩罚运动的首领。在一阵残酷的镇压之后，社会秩序得以重建。许多人被诬为运动的参加者和领导者而被斩首，而政府的特赦令却受到人们强烈地抱怨。

1382年2月24日，圣马太节那天，鲁昂发出了战斗信号。起义的先锋是铜匠和布商。运动扩展到这座城市的各条街道。警钟响过，暴民们就抢劫了主要资产者的商行，凿开葡萄酒桶，把酒倾倒在大街上。最后，暴动者袭击了犹太人区，抢劫了犹太人的商店。第一次起义过后，较温和的资产者投入斗争。他们迫使鲁昂市长取消在城内市场和磨房征收的年租；令圣欧文修道院的住持放弃他对该城施行的司法权。在圣欧文墓地举行的一次大会上，人们宣读了新的宪章，并发誓遵守之。群众的愤怒消散了，起义自行平息了，鲁昂担心地等着看国王将如何动作。这一起义被称为Harell，此为古法语词，意为叛乱或骚动。

巴黎恢复和平之后，宫廷立即赴诺曼底惩罚鲁昂人。未及查理六世进入鲁昂城，那里的起义首领已被斩首并在各城门悬首示众。曾作为起义信号的钟楼上的大钟，亦被搬了下来。1382 年 3 月 29 日，查理六世进入鲁昂之后，统治者的反扑继续进行；更多的人被杀害。国王镇压了鲁昂公社，该城失去了自治权，被置于王室监察官的监护之下；这一监护统治延续了几个世纪。鲁昂人被迫付一笔沉重的罚金。诺曼底的三级会议被迫对商品、盐及饮料征收新的售出税，鲁昂的工商业几乎毁灭。鲁昂的行会原已接受他们的市长所订的管理规章；而今，王室监察官和子爵又颁布了一些规章，使行会丧失其独立地位。此后，它们臣属于国王。而这一变化中却有一个优越条件，即新规章不像旧规章那么严格，城市也乐于接受那些要从事手工业生产的外邦工人。

鲁昂被惩罚之后，统治者们企图降服巴黎，但是，直到查理六世征伐佛兰德之后，他们的报复行为才得以实施。这时，国王在著名的罗塞贝克战役中战胜了根特人（1382 年 11 月 29 日）。暴乱的巴黎人曾希望佛兰德人取胜并曾与根特人互通消息。罗塞贝克凯旋之后，对巴黎人的惩罚指日可待了。1383 年 1 月 11 日，当国王准备进入巴黎时，巴黎的商会会长、市政官员们和大约 500 名资产者身穿节日盛装，出城迎接国王。他们想用一华盖迎接国王进入首都，但国王无情地令他们闪开道路回巴黎去。

查理六世在 12 000 人簇拥下，越过被毁坏的圣德尼门的废墟，像是进入一座被征服城市那样进入巴黎。对巴黎的惩处由此开始。街道上悬横的所有铁链都被拆除运往万森；市民们被迫把他们的武器送进卢浮宫或沙特莱城堡；上千人被捕，监狱中满是囚徒。许多人被杀。

1 月 20 日，查理六世下令沿街通报征收多种新捐税——一切上市商品每值一镑（利佛尔）交税 12 便士；每一蒲式耳食盐交 20 个苏；每桶*零售葡萄酒交 12 个苏。这些捐税没受到任何对抗立即收讫。

此外，巴黎的城市特权亦被取缔。1383 年 2 月 27 日的一个通令，取缔了商会会长和自治市政官员的合法地位。参加暴乱的商业和手工业全被破坏无遗。人们说："在我们巴黎城再不会有匠师了。"于是，巴黎有了自由贸易，只有国王的市长有权管辖这些自由贸易。任何形式的结社均被禁止，如同腓力四世以往所禁止过的那样。由于当局惧怕宗教团体也会成为骚乱中心，甚至宗教团体也被禁止。原雇用来巡视城市的十二人长、四十人长和五十人长也被镇压，从此，国王控制了巴黎。

在整个二月里，恐怖继续笼罩着巴黎。每天都有三四名囚徒被杀。最后，1383 年 3 月 1 日，在巴黎宫廷广场前召集了一个大型会议，每户至少必须有一人出席，这表明当时在巴黎定有许多寓

---

* 此处的桶容积为 400 公升。——译者

所。司法官皮埃尔·达热蒙在会上发表了长篇演说，历数巴黎人自1380年以来所犯的全部罪行，然后宣布大赦，但有40人不予赦免。其他被控有罪者付出足以使他们自己破产的巨额罚金而逃脱一死。

其他城镇因仿效巴黎也受到国王惩罚。钦差大臣到处搞调查。拉昂、博韦和奥尔良被罚以重金。亚眠的公社政权被取缔。

在南方也有一阵轰轰烈烈的运动，即朗格多克反对王室总督昂儒公爵强征苛捐杂税的斗争。当贝里公爵被任命为该地总督，作为国王查理六世的代表时，贝齐埃尔、卡尔卡松和尼姆出现了新的骚动。盗匪们利用这些混乱从中渔利，时常出没于丛林中。他们的数量从近郊失业工人中得以补充。1383年，这些盗匪被降服，在南方司法总管辖区，尤其在受匪害最重的地区，征收了巨额罚金；这笔罚金直到1387年才征齐。自阿尔比十字军以来，朗格多克还未曾体验过这样的制度。

同时，在佛兰德，特别是根特，也爆发了起义。此前佛兰德已经历了两次革命：一次是在腓力四世统治时期的革命，工人阶级和伯爵路易·德当皮埃尔联合反对资产者；第二次革命是在1339年和1345年间，在詹姆斯·范·阿特维尔德的领导下，资产者和工人联合起来反对公爵，并投靠了英王爱德华三世。第三次革命，发生于1375～1385年间，它必须在勃艮第诸公爵能够稳固地站稳脚跟之前清理环境。在这第三次革命中，斗争的双方是工人阶级和资产阶级或者城市贵族。这是一次民权起义和社会战争。1382年的起义是雇主和无产阶级——日薪劳动者和临时工——之间一系列尖锐冲突的高潮。虽然，随着佛兰德与法国亲王、勃艮第公爵腓力的联姻，斗争倾向于反对法国，但它并不是反对法国统治的斗争。它也不是政治斗争。它是一场以地方贵族、富商市民和征税者为一方，以下层工人阶级为另一方的一场阶级冲突。与下层工人阶级相混杂的是大量的西佛兰德的自由农民。他们害怕税吏，但不为工业萧条而烦恼，亦不担心丧失工作和降低工资。在佛兰德大大小小的许多城镇中，在成千上万的工匠和富裕的城市贵族之间，一个政治的、社会的和经济的鸿沟形成了。工匠们在政府中没有发言权，也不能成为行会成员。而行会已成为相当富裕的合作团体，它们以低工资雇佣成千上万的工人，使他们每日长时间地劳作。于是，1382 年，工匠们暴动了。在上述第一次革命中，布鲁日首当其冲。而在第二次和第三次革命中，根特成为斗争的中心。

1382 年爆发的大规模起义，是以个别地区的动乱为前导的，如 1359 年在根特和布鲁日，1366 年和 1377 年在伊普雷发生的起义。佛兰德起义爆发的直接原因，是伯爵向根特征特别税，以备 1379 年惠特曼日*的大规模赛马的支出。根特拒绝付此税款。伯爵一怒之下，向布鲁日提出征款要求。作为征款的回报，他允诺布鲁日在根特北部挖掘一条运河，使利斯河与根特相联结，直至海滨。人们只需看一眼地图即可明了，此运河在改善布鲁日商业的同时，将割断阿图瓦和瓦隆佛兰德对根特的农产品供应，此前，这些产品一直由斯凯尔德河出海。此外，根特和布鲁日之间的商业竞争由于两城之间的政治对立而恶化了。在根特，下层阶级控制了市镇——这是民主政体——与此同时，布鲁日则由掌握行会的

* 宗教节日，为复活节后第七个礼拜一。——译者

富裕市民的地方寡头政治所控制。

根特愤怒了。如果运河凿通，这里的小麦市场几乎肯定要移往布鲁日。利斯河与斯凯尔德河下游的装运工(船工)武装起来了。与此同时，布鲁日人开始开凿运河。但开工4个月后，一群根特人袭击了开运河者，使工程停顿下来。这一事件引起伯爵和根特的争端。一旦战争在所难免，根特人将立即组织了全境的叛乱。一群自称“白帽党”的武装工人在一船工首领简·约恩领导下，迫使台尔蒙德、阿洛斯特、库尔特雷、博普林、伊普雷以至于布鲁日都加入了这一斗争。所有的城市佛兰德人都揭竿而起。在动乱中，一个比约恩更伟大的人物，著名的詹姆斯·范·阿特维尔德之子，腓力·范·阿特维尔德站了出来。他是富有者，依靠地租和种植自己所拥有的围垦地为生。而没有任何经济上的要求推动他起义。可以认为，他是当时的社会民主派，是他自己的思想，而不是客观事实，促使他成为瞩目之人。

他担任领袖之时，造反者的败局几乎已定。伯爵一方面使用武力，另一方面狡猾地挑动萧条的农村反对城市，挑动小城市反对大城市，已逐渐占了上风。当腓力·范·阿特维尔德掌权之时，根特几乎孤立地处于包围之中，因饥饿而险些陷落。腓力采取积极措施重新调整命运的天平。一支称为 reizers 的骑兵在一名叫阿克尔曼的将领指挥下成立，其中一半人搞侦察，一半人运粮草。阿克尔曼同腓力·范·阿特维尔德一样，也是一位同情下层阶级的有产者。同时，一位叫库尔曼的内河“水军将官”组织了一支河上舰队，他的特殊使命是恢复这一濒临死亡的饥饿城市的粮食供应。阿特维尔德亲自进行军事指挥。在布鲁日，伯爵拥有一支8倍于阿特维尔德的军队。但是，根特人有效的领导和奋不顾身的勇气补偿了军力的不足。在根特人的勇敢冲击下，伯爵败绩；布鲁日被起义者占领和抢劫。佛兰德的形势在几周内即完全改观。几乎所有的城镇都响应了根特的暴动。阿特维尔德被拥立为佛兰德的监护人。

革命已是既成事实，然而，形势又迅速逆转。勃艮第公爵（佛兰德伯爵的女婿）怂恿他的侄子法王查理六世出面干涉。腓力·范·阿特维尔德从其父亲的前策，向英王理查二世求助。他的使者被指令向“法国的合法国王”理查*请求给予根特和其他佛兰德城市以自由的保障。但英国没有给以任何援助。据弗鲁瓦萨尔讲，可能是由于英国的统治阶级已在前一年的农民起义中充分体会了社会民主思想。1382 年 11 月 27 日，法国的罗塞贝克的胜利，摧毁了佛兰德的社会民主运动。尽管如此，后来根特又在弗朗茨·阿克尔曼指挥下进行了激烈的斗争。由于腓力·范·阿特维尔德在罗塞贝克被杀，弗朗茨就成为唯一幸存的群众领袖。

在欧洲许多车间和工厂中，人们沉痛哀悼佛罗伦萨褴褛汉起义的失败，巴黎、鲁昂暴动的泯没和罗塞贝克的受难日。工人阶级在欧洲每一工业区都遭到失败，而市民、资产者、雇主、事业家阶级则稳操权柄。直到 16 世纪，在欧洲才发生了另一次这样普遍的运动，那时，宗教改革成了人们广泛地表达社会怨愤的工具。

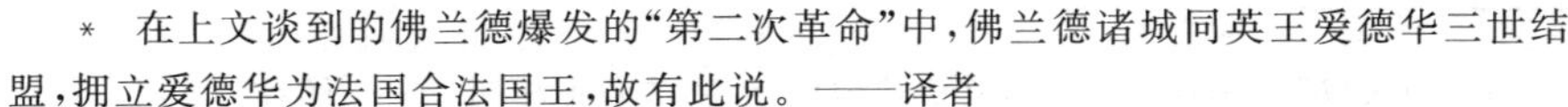

* 在上文谈到的佛兰德爆发的“第二次革命”中，佛兰德诸城同英王爱德华三世结盟，拥立爱德华为法国合法国王，故有此说。——译者

第十八章　文艺复兴时期的银行业

在正文开始之前，这里试图解释一下，上溯到十字军东征的头一个世纪中，资本主义是如何产生发展的，而就意大利而言，资本主义因素早在11世纪就已清晰可辨了。显然，教廷的财政措施可能是新发展的开端，但是如果没有欧洲工业和商业的崛起，教廷的新财政制度也不可能产生。教廷的货币造就了一个巨大的生机勃勃的蓄水池，实业投资可依赖于此，但注满这个大水池的源泉却是新兴的商业和工业。另一个因素是地租形式的变化，以前的劳役地租转化为货币地租，而农奴和维兰*也就变成了佃户或自由农民，甚至城市人口增加和工商业发展所引起的城内地产自然增值，也可算做资本主义因素之一，再一个有利因素是采矿技术改进所推动的贵金属增产，尤以德国和波希米亚最令人瞩目。

商业，并非割据诸侯的或国家的，而是国际间的贸易，是14、15世纪资本主义植根的沃土，是当时银行活动的基础。商业交往是高度经济发展的产物，作为一个不可或缺的因素，商品必然由消费性的转变成交换性的；换言之，生产商品时必须以创造其平均社会价值或平均市场价值为目的，而这又只有在劳动专业化水平相当高时才有可能实现。采矿工业就是循此路发展的，羊毛织物或

* 为农奴阶级的组成部分，其法律地位在英、法各不相同。——译者

亚麻织物，尤其是粗纺织物也是如此。上述各业在德国早已高度发达，而其后很久英格兰才想到引进德国矿工和粗呢纺织工以及他们的技艺和方法。在所有各种商业活动中，羊毛贸易和羊毛纺织业名列前茅，它们与早期银行业是同根所生。正因为如此，佛罗伦萨便在13、14、15世纪成为欧洲的第一个银行城。那里的银行世家都是家族式经营，他们间的竞争是但丁时代著名的“黑党”与“白党”对立的直接缘由。当切尔基家族组建一个同盟与佛罗伦萨三大金融望族的垄断斗争时，每一个商号都各择其营阵角分明。过去名为圭尔夫党和吉伯林党的名称虽然残存下来了，但已完全失去了当年的意义。①

早在佛罗伦萨之前，伦巴第已是新型金融业的沃野，但唯有阿尔诺地区的城市基于其庞大的毛纺织业，率先创立了大型金融商号，以“发展世界性商品贸易，同时发展世界性银行业务”，②并把贷款从纯粹的高利贷转变为投资。佛罗伦萨运用其几乎遍布全欧的、组织完善的经营机构来扩大其银行业务，并与推进商业贸易协调促进。从1250年左右起步伊始到两代人之后的14世纪头10年之末，佛罗伦萨银行业务已经发展到控制了整个基督教欧洲的信贷、其商人公会“细呢绒行会”和稍后的“羊毛业行会”所发挥的作用并不亚于罗马教廷。“羊毛业行会”的经营首次表现出阿尔诺商人是如何在英格兰和那不勒斯王国夺取了经济上的前哨阵地。买进羊毛，制成织物，再出售整修好的呢绒制品，这一行业获利如

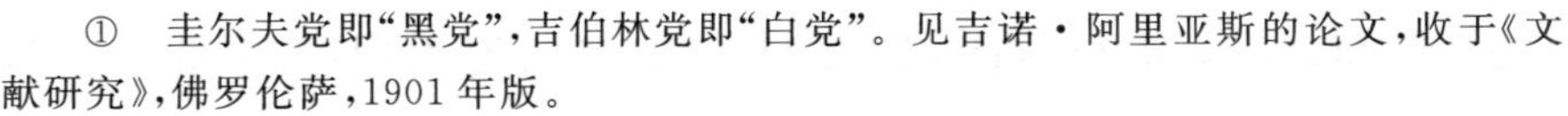

① 圭尔夫党即“黑党”，吉伯林党即“白党”。见吉诺·阿里亚斯的论文，收于《文献研究》，佛罗伦萨，1901年版。

② 戴维逊的论文，收于前引书，第4卷，第2册，第227页。

此丰厚，以至 12 世纪“细呢绒行会”就已接纳了最大的富商巨贾们，并通过此业对贸易的推动，使一大批较小的社团，包括名为“手艺人同盟”（实为银行家和货币兑换商的同业公会）在内，勃然兴起。

佛罗伦萨银行业与其羊毛贸易息息相关。如果说羊毛贸易以其利润促进了足量资本的积聚并使之能够投入贷款业务，那么银行业的利息和利润就有助于提供基金，以便阿尔诺商人和实业家得以购买巨额羊毛和织物，得以建立雇佣上千工匠的大型工场，并使佛罗伦萨在羊毛贸易中独占鳌头。

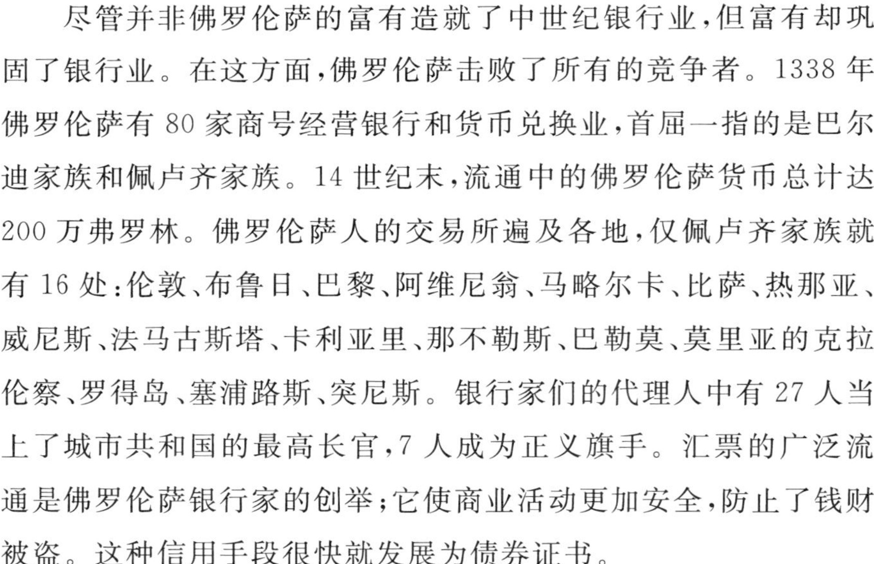

尽管并非佛罗伦萨的富有造就了中世纪银行业，但富有却巩固了银行业。在这方面，佛罗伦萨击败了所有的竞争者。1338 年佛罗伦萨有 80 家商号经营银行和货币兑换业，首屈一指的是巴尔迪家族和佩卢齐家族。14 世纪末，流通中的佛罗伦萨货币总计达 200 万弗罗林。佛罗伦萨人的交易所遍及各地，仅佩卢齐家族就有 16 处：伦敦、布鲁日、巴黎、阿维尼翁、马略尔卡、比萨、热那亚、威尼斯、法马古斯塔、卡利亚里、那不勒斯、巴勒莫、莫里亚的克拉伦察、罗得岛、塞浦路斯、突尼斯。银行家们的代理人中有 27 人当上了城市共和国的最高长官，7 人成为正义旗手。汇票的广泛流通是佛罗伦萨银行家的创举；它使商业活动更加安全，防止了钱财被盗。这种信用手段很快就发展为债券证书。

但当时的国际银行业如同今日银行业一样是一种成本昂贵的投机活动。政治就像利润一样捉摸不定，时常招致灾祸。1298～1326 年间，18 家银行倒闭：1298 年是布翁西尼奥里家族和里卡尔迪家族；1302 年是弗兰泽西家；1303 年阿曼纳蒂；1305 年是阿尔丁盖利、索隆纳涅里和兰贝蒂；1307 年莫齐；1309 年布翁科尔西、法菲和费兰蒂尼；1310 年普尔奇和林贝蒂尼；1313 年西林曼尼；1317 年马奇；1318 年科尔纳基尼；1321 年切尔基·比安基；1326 年皮拉斯特里。

这一系列银行破产倒闭的主要因素是卜尼法斯八世的倒台，教廷迁到阿维尼翁，腓力四世与爱德华一世间的战争、法国入侵佛兰德、爱德华二世在英格兰的暴政。1311 年爱德华二世把里卡尔迪和弗雷斯科巴尔迪两家族驱逐出英格兰。

在那不勒斯王国的佛罗伦萨银行家处境也不妙。王室挥霍无度炫耀宫廷，致使国王不得不把越来越多的政治和经济特权授给银行家们，大批银行人员当上了国王的重臣显贵。但是，与此同时，这些人行使职权时采用的方式，使之与人民大众疏远，这就播下了他们覆灭的种子。1328 年斯卡利银行破产，是其末日的开端。不久以后(1341 年)佛罗伦萨陷入了与比萨的战争，因为比萨曾把卢卡城从佛罗伦萨的控制下解脱出来，而卢卡又希望将自己重新置于佛罗伦萨统辖之下。由于佛罗伦萨无法独立克敌，它便寻求外援。一场政治危机引发了经济危机，几家银行倒闭了。较大的银行挨过了危机，但是当那不勒斯国王拒不偿还巴尔迪银行和佩卢齐银行近 20 万金弗罗林的债务时，它们的元气大伤。当然，这两家佛罗伦萨最大的银行完全有能力度过这场灾难，因为它们在英格兰继承了垮掉的里卡尔迪和弗雷斯科巴尔迪的事业，获利颇丰，并在一时间财运亨通扶摇直上。

巴尔迪和佩卢齐银行于 1290 年首次在英格兰出现。1290～1326 年间它们给国王的贷款额至少为 72 631 镑，其中只有 4 925

镑是1311年之前借出的。时光飞逝，联合起来的益处愈加明显，于是他们开始协调彼此的行动，这一传统于1337年左右，确立于1340年。爱德华三世(1327～1377年)即位之初对它们恩宠备至，授予许多特权。该国法律也尽行方便，数度放松以保护它们的收债工作。这方面的例证发生于1327年，当时“南安普敦的税收官受命立即向国王送交手头的每一笔羊毛税金，兽皮与羊毛皮税金，新增税金，而不必理会先前的规定，‘但是佛罗伦萨的巴尔迪机构所属商人除外’”。英国法律限制外商在本国居住，严禁以税金转让偿还外商的贷款，国王的这一行动显然是置法律于不顾的。

国王从银行家手中借得的资金其用途五花八门。1331年11月，巴尔迪银行同意每月提供1 000马克资助王室家务开支。作为回报，银行获得特权可以在伦敦、赫尔河畔金斯敦、泰恩河畔纽卡斯尔、哈特尔普尔和南安普敦收取某些关税。王室的其他成员也由银行家提供生活费用。王后、王后之母和切斯特伯爵都从银行得到了不少好处，使国王为此负债。不过，对银行家提出的主要要求是资助英国反对法国的军事行动。

到1336年，佩卢齐银行的作用日益突出，尽管在此之前它对贷款给爱德华三世并不热心。同年，该银行向国王贷款，以国会所允诺的某些收入为担保。当年前6个月结束时，国王显然欠银行32 000英镑。1337年，由于英国需要更多的钱来应付迫在眉睫的对法战争，佩卢齐银行就显得更为重要了。国王保证大量的源源不断的资金来源的唯一办法就是控制羊毛贸易，而这又只有求得深深打入羊毛贸易的意大利商人的支持和协助才可能实现。1338年3月，国王与巴尔迪银行和佩卢齐银行达成协议，国王将把他有权支配的全部英格兰羊毛移交给这两家银行，后者将出售之以便为国王谋利。

这一协议标志着意大利人在英国交上的好运已达登峰造极的地步。但与此同时，暴力正在意大利、法国和英格兰肆虐，并汇集起来使意大利人的地位越来越岌岌可危。1337 年英法之间爆发的漫长战争使商人们陷入困境。他们不可能与敌对双方都保持良好关系。正式宣战时，商人们在法国的代理人被逮捕，只有向瓦洛亚家族的腓力付出巨款才能逃脱长期监禁。同时，爱德华三世开始比以前更迟缓地偿还债务，因他坚持这样做，从而使债务越来越多。意大利的局势又给上述双重灾难火上加油，佛罗伦萨城市国家的财政困难日益加重，它在那不勒斯的投资也处于危险之中。紧接着与比萨的战争爆发了，对战费的筹集逼垮了好几个较小的银行(1341 年)，唯有巴尔迪和佩卢齐这样的大银行挣扎着免遭灭顶之灾。

显然，1341 年以后，随着英王日益债台高筑，巴尔迪和佩卢齐两家银行在英国的处境更加风雨飘摇。国王对苏格兰和法国的战争使他无法偿还已经立约为证的债务，却迫使他不得不寻求越来越多的贷款。再加上正在兴起的本国商人阶层对于王室恩宠外国人日益怨恨。确切情况不甚清楚，但很可能出现了一个商人阴谋集团，国王也深涉其中。不管怎么说，意大利人是大祸临头了。在 1343～1345 年间，他们似乎曾要求决算账目。紧接着，他们的所有代理人都被捕入狱，没有对这些人提出什么特别的指控，只是说他们欠了国王一大笔债务，幸好，爱德华所确认的这笔所谓债务，比起他自己向这些人借的钱少得多。国王原来下令必须在指定的日期前偿还"债务",但事后又赦免了他们。国王并未采取任何措施来减轻这些人的痛苦。显而易见,监禁意大利人并非由于他们犯下了什么不可饶恕的罪行,而是由于当局希望减除这批使他们心烦的人。

这段插曲实际上结束了这两家银行与王室的密切联系,尽管此后的一段时日中他们继续在英国从事私人贸易。在巴尔迪银行和佩卢齐银行破产之后,英国王室偿还了部分欠款,而使两家银行得以向因他们倒闭而受害的小银行提供一些补偿。在这方面,巴尔迪银行比佩卢齐银行运气更糟,因为它向英王贷款达50 493 镑 5 先令 2.5 便士,而收回的只有区区 150 镑。1346 年6 月,佩卢齐银行收回欠款 6 375 镑,1352 年 8 月又收回 100镑。英国拒付欠款使事态到了紧急关头,清理这两家银行的资产已是势在必行。这次著名的银行破产事件使意大利人心惶惶,于是在佛罗伦萨召集了一个会议,于 1347 年 9 月 6 日通过一项决议,责令巴尔迪银行偿还其债务的约 30%,佩卢齐银行偿还约 20%。

我们已经看到四个意大利银行是如何因与英国国王做交易而破产的:卢卡的里卡尔迪银行毁于爱德华一世手中,佛罗伦萨的弗雷斯科巴尔迪银行败在爱德华二世手下,巴尔迪与佩卢齐银行又因爱德华三世而遭灾。只有巴尔迪与佩卢齐银行的破产有可靠的数字,从 1290 年到 1345 年,它们向三位爱德华提供的贷款不少于433 000 镑,但是人们必须把这个数字乘以 5,才能切实了解这一崩溃的无比规模。

爱德华三世拒绝偿还其意大利债务所产生的后果,以及随后在欧洲引起的恐慌，恐怕只有 1892 年巴林家族*的破产和我们在 1893 年的恐慌才能与之相提并论。

佛罗伦萨的恐慌远远波及托斯卡纳，因为倒闭了的银行几乎在各地都有分行。佛罗伦萨只有一家银行挺过了这个著名的“黑色星期五”幸存下来，那就是美第奇银行。因为随着巴尔迪与佩卢齐银行在贸易量方面的增长，为了有助于一些小银行从事商业冒险，同时也许是为了确保它们自己免于承担过大的责任，这两家首要的银行把许多其他银行都卷带进与英国的交易之中。它们几乎全都被卷进了最后崩溃中，只有美第奇银行幸免一难。美第奇银行在当时不足以引人注目，但正是这种默默无闻救了它的命，在佛罗伦萨其他银行的废墟上，它日渐富有声名鹊起。尽管美第奇家族在文艺复兴时期的佛罗伦萨成为世代王公般的望族，尽管家族中出了两位教皇和两位法国王后，但至今仍使人们记忆犹新的却是当时当铺老板的标记——3 个金球，而 6 个金球则是银行业的标志，后来成为美第奇家族纹章的特征。不过直至 1415 年教皇重返罗马之后，美第奇家族的黄金时代才真正来临。

1124～1125 年的冬天，当威尼斯总督多梅尼科·米夏埃尔统率其舰队围攻提尔时，舰队军饷几近告罄，水兵和步兵险些叛乱。值此危急关头，多梅尼科·米夏埃尔性格中的机敏性质充分显露出来，他把许多皮革碎片打上威尼斯的印玺发给士兵们，发誓凯旋后将据此补发欠饷，他后来也真的实践了诺言。据我所知，这是历

* 英国近代商业和金融界大家族。18 世纪下叶建立，创建者为弗朗西斯·巴林爵士。——译者

史上发行不兑现法币的首例。令人费解的是意大利各地的王公诸侯何以没有利用这个锦囊妙计来改善自己的财政状况。

30 年后(1157 年),财政困难迫使威尼斯强制性借贷并成立一家银行专营由国家担保并作为公债流通的证券买卖,以此来筹措资金。最先认购这种强制借贷的人即成为该银行的股东。正是在 12 世纪的威尼斯出现的这种信贷方式,成为这一共和国经营长期国债证券的一种制度。[①] 政府需要金钱以进行战争,于是从有钱可贷的人们那里强行借款,并把某些政府岁收连同其利润借款的保证交给债权人。13 世纪初,债权人姓名和他们所贷出的款额都被登记在财政部的借款账上,而且这些债券也可以流通了。[②] 1318 年前,专指正规银行的术语就已开始流行。同年 9 月 24 日,威尼斯元老院通过一项法令,承认商业机构收纳储蓄为合法并使储户获得更可靠的保障。但这并不意味着国家银行的建立,只不过表明有一大批私人银行业已存在。直至 1587 年 4 月 11 日通过的另一项法令,我们通常所说的威尼斯银行(即市场银行或称广场银行)才真正建立起来。

热那亚与威尼斯的情况一样,第一座银行——圣乔治银行也是由国债持有人建立起来的。尽管该银行是 1407 年法国元帅布西考尔占领热那亚期间才建立的,但早在 1371 年就有证据表明,政府债券已在热那亚流通。在随后的那些艰难岁月中,这些称为"卢基"的政府债券不断增加,因此,布西考尔为了稳定局势,终于

① 莫梅蒂:《威尼斯史》,第 149 页;鲁伯克:《货币史》,第 801 页。

② 伯德苏:《海事法》,第 2 卷,前言,第 63 页;勒瓦瑟:《法国商业史》,第 1 卷,第 134 页。

在1407年建立银行来统一公债。因为在党派纷争中，商业是唯一稳定的因素。圣马克银行与圣乔治银行一样，都不是国家银行而是私人组织，它们的8个董事是公债持有人共同推选的。银行的实力异常雄厚，连政府也无法染指其中。圣乔治银行是国中之国，其经营管理之完善，远在政府之上。该银行那座富丽堂皇的文艺复兴时代风格的办公大厦，至今仍在为卡里卡门多广场增添着无上风彩。

某些史学家认为，这些首批银行并不是储蓄机构，而是经营票据贴现的最初场所。如果一位商人一旦购买了公债或购买了生产原料，他就必须支付款项或准备支付，但是他自己手中的票据不足以用来付款，而他的私人票据又不能流通。那么他就必须把他的私人票据兑换成某个银行的票据，并支付贴现费用，这样他就可以用可流通的票据来付款了。这就是贴现。但上述说法实际上大谬不然。大量证据表明，早在14世纪银行就已具有双重职能，既是票据贴现机构，又是储蓄机构。1400年左右，一个在罗马的英格兰主教乌斯克的亚当，在其《编年史》中记载道："每一个有钱人都把自己的资金存入商人办的银行，以备日后支付款项之用。"①

虽然威尼斯发行了长期公债并通过圣马克银行投入市场，但严格说来，这家银行和圣乔治银行都不是国家银行。巴塞罗那有幸于1401年建立了第一个国家银行，即卡比银行。政府把资金存入该银行，以防止私人储户遭到不测。

由于商业和工业的发展，由于欧洲的财富大量增长，银行也

①　见该书，第276页。

纷纷涌现。威尼斯成立了许多私人银行,诸如索兰佐、普留利、皮萨尼、利波曼尼、萨努多和蒂耶波罗。在佛罗伦萨、美第奇银行使其他所有银行相形见绌。教皇尼古拉五世在位期间,美第奇银行掌握了10万弗罗林以上的教皇资产。乔瓦尼·美第奇留下了179 221金弗罗林的遗产,科西莫一世和皮埃罗每人留下近25万金弗罗林,而这些款额还是他们大举投资于建造公共建筑、图书馆、艺术作品之后所余的。美第奇银行的业务广泛之极,因而在律贝克和米兰各成立了一家分行。只是后来因洛伦佐·美第奇陷于财政困境,才被迫于1984年关闭。洛伦佐·美第奇敏感地意识到低利率是发展银行业的关键所在,因此他的利率绝少超过15%,一般不高于5%。基于这一点,佛罗伦萨对犹太人比较宽容。洛伦佐曾说过:"佛罗伦萨这样一个伟大的城市,必须有犹太人。"由于教会明令禁止谋取利息(当然,有的人对此奉若神明,有的却置若罔闻),社会上有犹太人是有利于经商的益事,因为人们可以从犹太人那里借钱而不必铤而走险,否则,诚如洛伦佐所言:"当人们用这种方法弄不到钱时,他们就会去骗,去偷。"

15世纪,美第奇银行控制着两大财源,使其受益匪浅,一是有权收取佛罗伦萨的商业和工业税,二是充当教皇御用银行家。教皇的财政事务全部委托给美第奇家族的罗马银行办理;罗马关税全都包给他们,他们还拥有托尔法教皇明矾工场的特许权。但是,1472年,美第奇银行与教皇的财务关系突然中断,原因在于经济上的利害冲突。前一章谈过,托尔法的明矾矿产是教皇收入的重要来源之一,而佛罗伦萨的染色业也需要大量明矾,因此1472年当沃尔特拉地区发现一座明矾矿时,它不惜发动战争,并吞并了该地区。教皇希克斯图斯四世断然行动，把教廷财政事务转交给帕齐家族的银行办理，因为它是佛罗伦萨与美第奇家族在商业和社会事务中激烈竞争的敌手。

1478年，帕齐阴谋事件使事态发展到了顶点。这是帕齐家族及其同党为在政治上和金融上消灭美第奇家族而策划的，教皇也暗中参与。洛伦佐·美第奇的一生，作为文学艺术的保护者而显赫于世，以致人们不由自主地认为这位"高贵者"必然也是一个深得人心的统治者，可惜事实并非如此。"他从不关心任何人，不能容忍任何竞争，……他事事干涉，甚至于干涉市民的私生活和婚姻；不经他同意，什么事情也办不成。在打垮大贵族并提拔地位较低的人的过程中，他拒不遵从那些连科西莫都小心奉行终生的行为准则。"佛罗伦萨历史学家卡波尼就是这样记载的。帕齐家族深恐洛伦佐将毁灭自己，便密谋反对他。罗马的帕齐银行首脑弗朗切斯科·帕齐与教皇结成秘密同盟，而教皇告诫他们，事情恐怕不会像他们所希望的那样一蹴而就。教皇的预言应验了，帕齐阴谋失败了。洛伦佐开始了可怕的报复，他封锁佛罗伦萨23天，拉肢刑架和绞架，大忙而特忙；帕齐家族被灭绝了，对手银行的资产被"高贵者"洛伦佐统统没收。但是美第奇家族却再也未能控制教皇的财政。

失去美第奇家族的支持，也给教廷带来了烦恼。因为此时的罗马教皇已非昔比，他不但是一个在世俗官职之外还拥有特殊宗教权威和职能的意大利王公，而且也是全欧洲最富有的一个王公。这是因为他把自己的宗教权力金钱化了，例如出售圣职，征收苛捐杂税等等。在希克斯图斯四世时代，每一种教会职位和特权都可以出售了。当时的一个学者愤愤惊呼:“我们的教会、教职、祭坛、圣事、我们的祈祷,我们的天国,甚至我们的上帝都可以买来卖去了!”罗马教廷的每一个教职都有标价,而且还在挖空心思地扩大其销售市场。希克斯图斯曾自诩道:“一位教皇只需要笔和墨水就能得到他所想要的随便多少钱。”英诺森八世走的更远,他在罗马设立了一家专售赎罪券的特殊银行。有一次有人问教廷的副大法官,为什么买了赎罪券就可以免遭上帝的惩罚,他貌似虔诚地答道:“上帝并不是要一个罪人死去,而是要他付钱并活下去。”

15世纪后半期,罗马教廷的财富已成为全欧洲的笑柄。源源不断的金钱流入教廷金库,以至于教廷不必劳神在罗马城收税。1450年的大赦之年所收入的金钱大部分花在罗马城大兴土木之上。1517年列奥十世给39个红衣主教授职,一下子捞进50万都卡特。他死时,罗马的银行家们由于给他贷款过多,险些破产:比尼贷给他20万都卡特,加迪32 000都卡特,里卡索利10 000都卡特,红衣主教阿尔梅利尼和桑迪·夸特罗15万都卡特,红衣主教萨尔维亚蒂8万都卡特。

但是我们也应该肯定,文艺复兴盛期的教皇曾设立了被称为“仁慈之山”这样的慈善机构,其中最早的一个是教皇庇护二世于1463年在奥尔维耶托创办的。第二年,保罗二世在佩鲁贾也办起了一个。这些机构的创建者是穷人的永恒朋友——方济各会的修道士们。希克斯图斯四世也在萨沃纳即其出生地开办了一所。久而久之,在阿西西、曼图亚、里米尼、拉文纳、帕维亚、维罗纳、亚历山大里亚、弗拉拉、帕尔马、切泽纳、蒙塔尼亚那、基埃蒂、里埃蒂、纳尔尼、古比奥、蒙菲利斯、布雷西亚、卢卡和阿奎拉,都设立了慈善机构，而且几乎都是由方济各会主持的。正如路德维希·帕斯特曾评价过的："慈善机构扩散得异乎寻常的快，恰恰最好不过地表明，社会真正需要的正是它。"[①]但是在佛罗伦萨却一座慈善机构也没有，据说是因为犹太人向洛伦佐·美第奇贿赂了10万都卡特。依据法律，佛罗伦萨的犹太人放贷可以收取32.5%的利息，这足以说明他们压榨穷人已经达到何种地步。

教皇找到了替代美第奇家族的新的银行家，即奥格斯堡的富格尔家族。上一章已经讲过，14～15世纪德国南部诸城，例如，奥格斯堡、雷根斯堡、纽伦堡、乌尔姆等，商业和工业有长足进步，它们与意大利、西班牙和利凡特地区有着重要的商业联系。意大利大城市的一切将在德国大城市中再现，这是历史的必然。繁荣产生了余钱，余钱又由于放贷生息而自我增殖起来，久而久之，直到德国诸城也发展起银行业，而首开纪录的正是奥格斯堡。中世纪后期，在奥格斯堡兴起了一批大银行家族，诸如：富格尔、韦尔瑟、霍克斯泰特尔、埃欣格尔等等，还有许多。但与意大利不同的是，这些著名的家族不是从商业中，而是从矿业中获得其财源的。

德国矿业，尤其是银矿业，在13世纪达到其首次繁荣；14世纪内，虽然还有一些地方很发达，但这一时期总的说来是衰落了。这是因为当时采用的原始技术只能开采矿床的表层，结果两三代人的时间里矿源就枯竭了。1480～1570年，由于技术进步，迎来了德国矿业的第二个大发展时期。在工业化的历史中，德国矿业所发展起来的机械发明和技术工艺是一个重要的里程碑。最古老

① 《教皇史》，第5卷，第109页。

的矿井是个浅坑，就像一个露天采石场。如果深藏地下的被谑称为“棺材”的主矿脉，有几条支脉伸展出来，人们就在支脉上开采。但是这种方法只能开采浅矿层，于是竖井就成为当务之急，而这又“极大地提高了简陋的抽水机的能力并成为一时风尚”。如果矿层在山坡上并且不深，则开挖一条称为“水平线”的深沟，把水引出以利开矿。同时人们还采用了可用人力或畜力推动的绞盘，用皮桶来提水。更有效但也更困难的采矿方法是“平峒”，就是从山的一侧坡面上挖一个引水隧洞，直通竖井的底部。“平峒在于其技术意义和刺激了资本投入采矿业这两方面的重要性不能予以夸大，因为投资是矿业法所鼓励的。但是要想全面改进平峒，所耗资金毕竟太昂贵了；即使采用了这一技术，其效能也很有限，因为当竖井深挖到地底水平线以下后，就必须使用抽水机和绞盘来把水抽到平峒口上来。”[①]所谓抽水机，当时就是用环形链条带动一长串水桶，通过带有凹口的卷扬机或棘爪轮。所谓“帆链式”抽水机，就是在环形链条的间隙里系上皮制球状物，塞进一根长长的管子，使之严丝合缝，再用一部绞盘驱动，但这种机械到 1480 年才出现。它可以从管子中连续不停地大量抽水，因此在深矿井中必须用一组这种机械分级操作。如果有条件，还可以用上射水车来取代人力或畜力。

德国矿业和银行业中首屈一指的大公司是富格尔家族，它从 15 世纪后半期直到 16 世纪始终控制着欧洲货币市场。这个名闻遐迩的家族是一个名叫约翰内斯·富格尔的亚麻织工于 14 世纪

① G. R. 列维斯：《锡矿》，第 10 页。

中期在奥格斯堡创业发家的。他的儿子约翰内斯(死于 1409 年)扩大经营并成为一个亚麻织物贩子。他是奥格斯堡最有名望的市民,死后留下 3 000 金弗罗林遗产。其长子安德雷斯买到了一个贵族封号,结下了一门门当户对的婚姻并退出商界。家族的事业由其弟雅各布(死于 1460 年)继续推动,并使富格尔家族出人头地。雅各布有 7 个儿子,其中的 3 个,乌尔利希、乔治和雅各布第二,通过有利的婚姻和更为有利的向马克西米利安一世皇帝放贷增加了家族的财富。雅各布・富格尔第二(死于 1525 年)是其家族创始人的曾孙,他可能是有史以来最强大的金融家,比后来的罗思柴尔德、巴林、摩根等人更伟大。

1494 年富格尔公司成立。富格尔家族是哈布斯堡王朝的银行家并且财运亨通。他们的贷出的款额是以转让施瓦格和因斯布鲁克矿区的银子来偿还的,而且价格低于市场价 25%～30%。为了获得现金,皇帝把土地、矿山甚至城市的未来收入都抵押出去了,以此为基础富格尔家族发行了信用证券,甚至比实币流通得更为广泛。哈布斯堡王室领地上的西里西亚、匈牙利、卡林西亚、蒂罗尔、波希米亚等地的银矿、铜矿、铁矿全都落入富格尔家族掌中。蒂罗尔银矿从 1487 年起开采,匈牙利铜矿自 1497 年始。不多时,他们又获得了著名的赖兴施泰因大金矿。奥格斯堡的另外两家公司,韦尔瑟公司和霍克斯泰特公司,首先与他们合作。韦尔瑟公司 1448 年起就在施瓦格开矿,1460 年起在萨尔茨堡,1471 年起在萨克森,1492 年起在波希米亚(其矿井因胡斯战争关闭了 80 年)都开始采矿。韦尔瑟公司还在图林根经营炼铁业。

这些德国资本家早在当时就已在经营中令人惊讶地运用现代

商业垄断的种种手段。大公司购买小矿主的债券从而收买了他们的全部产权。1498年，首次有人试图建立一个辛迪加，结果成立了一家铜业联合企业。16世纪初，富格尔家族控制了德国、奥地利、波希米亚和西班牙的矿业和金属资源，而这些地区对欧洲的意义就如同加利福尼亚、内华达、科罗拉多和蒙大拿对美国的意义一样。富格尔家族拥有西班牙阿尔马登和瓜达尔考卡尔的水银矿和银矿，蒂罗尔和匈牙利的铜矿和银矿。1505年他们打入与东印度的贸易，他们是那个时代的古根海姆。*

尽管富格尔家族从一开始就把主要精力投入银行业和矿业，但他们也始终从事祖传的纺织业，而且在羊毛织物和亚麻织物之外又增添了棉制品织造业。他们在威尼斯购买埃及原棉，运回奥格斯堡自己的工场里加工制造。另外他们还从事丝绸、皮货、香料、西班牙柠檬、武器、弹药等多种贸易。马克西米利安皇帝一开始只购买他们的红布，但富格尔家族坚持要皇帝也买其他颜色的布，以便促使这些布时髦起来并扩大销售量，皇帝应允了。有时富格尔家族也经营珠宝珍奇。因此，当大胆者查理在南希战役中被瑞士军队一举全歼**，本人阵亡后，他们从瑞士人手中买到了取自查理尸体的腰带，然后把它卖给马克西米利安皇帝。

最值得注意的是富格尔家族在匈牙利的经营方式：他们不是作为中间商，而是作为主人与约翰·图尔佐合伙经营，而约翰已经

---

* 19世纪末20世纪初美国的大企业家族、大矿主。1901年起购得美国冶炼公司股权，从此左右冶金工业达30年之久，并为美当代采掘业奠定基础。——译者

** 该战役发生于1477年1月5日，为瑞士邦联军队同勃艮第的大胆查理为争夺阿尔萨斯而进行的战斗。该战役瑞士人的胜利使查理的计划破产。——译者

从王室和菲夫基尔辛主教手中获得了匈牙利西北部的一座古老的浸水的铜矿。

> 我们得知(这一家族)把资本投入建设新的工场并采用从铜中分离银的新技术,以及最重要的采用经由波希米亚和波罗的海,或者取道德国中部奔向尼德兰,或者向南前往威尼斯的诸条商路……由于渴望扩大市场的蒂罗尔政府的嫉妒,对威尼斯的贸易后来衰落了,但对尼德兰的贸易则达到了很大的比例。富格尔家族一旦控制了瑞典的铜,他们立即实行垄断。……汉萨同盟各城一般说力图阻止富格尔家族控制与诺夫哥罗德的贸易,阻止他们投资于安特卫普使之日益繁荣。但也不尽然,当律贝克歼灭富格尔家族的船队时,但泽和汉堡却欢迎其运铜车马队……富格尔家族建立了有效的邮递系统、补充或取代了托伦和塔西斯的官方机构。他们能够尽早获知重大事件的信息,这对他们的合伙人,尤其对他们自己的投机活动,无疑是巨大的帮助。①

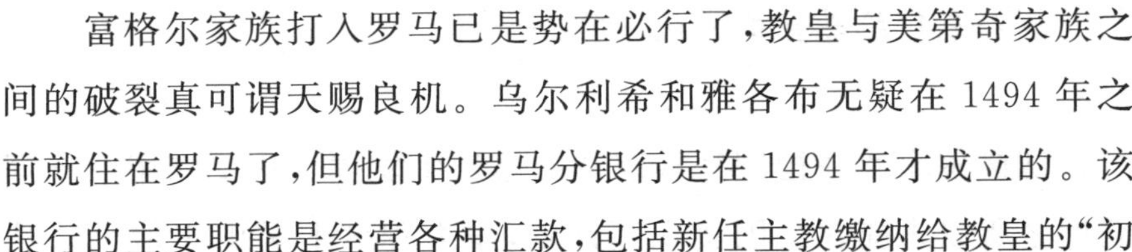

富格尔家族打入罗马已是势在必行了,教皇与美第奇家族之间的破裂真可谓天赐良机。乌尔利希和雅各布无疑在1494年之前就住在罗马了,但他们的罗马分银行是在1494年才成立的。该银行的主要职能是经营各种汇款,包括新任主教缴纳给教皇的“初

① 《英国史学评论》,第27卷,第565～566页;马克斯·詹森的论文《雅各布·富格尔的帝国》(1910年写于莱比锡)。

熟之果”*、“彼得便士”、“什一税”、出售赎罪券的收入等，这些钱有些是以金银或实币，有些是以汇票汇寄的。

> 从 1499 年起，富格尔家族开始向罗马教廷贷款，以他们所经办的宗教收入为抵押。例如，他们承担了 1501 年教皇亚历山大六世为组织一次十字军而答应给匈牙利的拉迪斯拉斯的费用。由于教会禁止收取利息，他们就要求教皇以投资的形式偿还高于本金的款额，而此次贷款的抵押是德国、匈牙利和波兰的修道团体的收入。富格尔家族在其新业务中不仅仅是通过高利息和兑换利润这两个办法来生财。从 1503 年起，他们又对其代理人和晚辈人滥授教职，以致其竞争对手向马克西米利安控诉他们买卖圣职。到亚历山大六世在任期之末，该银行已稳固确立其地位，罗马教廷财政部就连用于选举教皇庇护三世和尤利乌斯二世等的费用也要向他们申请贷款。该银行的作用实际上广泛而多样，他们负责征税，供养尤利乌斯二世的瑞士卫队，还向在国内有影响的人发放年金。他们成为教皇的后盾，就像他们兴旺的金属采炼业源源不断地补充供给教皇的大炮一样。[①]

富格尔家族在德国宗教改革的爆发中发挥了重要作用。查理五世之所以未能在德国实现其计划，很大程度上是由于他无法从

* 即任教职首年税。——译者

① 《英国史学评论》，1905 年，第 88 页，阿洛伊斯·舒尔特论文：《富格尔家族在罗马(1494～1523 年)》(莱比锡，1904 年)。

富格尔家族那里获得贷款，正如财政困难导致教皇广售赎罪券，丑闻百出，从而引发马丁·路德奋起反对一样。

任何一个研究路德运动的人都知道，是出售赎罪券一举激起了路德的抗议。例如勃兰登堡的阿尔伯特就是从富格尔银行借来3万都卡特，向教皇买到美因茨大主教的白羊皮披肩和红衣主教的职位。为了在1517年偿还贷款，他又花1万都卡特向教皇购买了在德国部分地区（包括萨克森和图林根）出售赎罪券的专营权。约翰·台策尔作为他的销售代理人经销这批赎罪券。在台策尔的推销旅行中，富格尔银行的一个代表昼夜相随，此人掌管赎罪券箱的钥匙，该箱必须当着台策尔的面打开，但里边的钱却流入富格尔在莱比锡开设的分行。然后收入的一半交给富格尔在罗马的代理人，由他转交给教皇的金库；另一半则归富格尔银行所有，作为美因兹大主教分期偿还的贷款。“正是诸如此类的交易引发了宗教改革。”①

正如教皇和皇帝在16世纪头25年中双双达到其权势的顶峰一样，富格尔家族此期内也飞黄腾达君临世界。他们的金钱已经影响了两位教皇的选举。马克西米利安1519年死后，他们又操纵选举，确保其孙查理五世当选，反击法王法兰西斯一世的竞争。在爱伦堡研究这一著名的戏剧性事件之前始终存在一个谜：没有一个历史学家知道，法国这一派是怎样以及为什么失败并被逐出舞台的。现在我们弄清楚了，此事整个是一笔金钱交易，几乎全靠行贿，以至于选侯们乘机数次提高受贿的价码。查理由于有富格尔

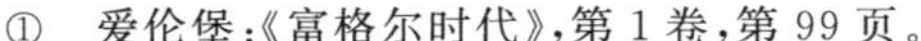

① 爱伦堡：《富格尔时代》，第1卷，第99页。

银行提供的高达543 000金弗罗林的贷款而获胜。“选举时的堂皇仪式，装模作样的庄重演说，其实只不过是企图欺骗人民的闹剧而已。”①

富格尔家族在匈牙利的矿业，是他们所拥有的同类企业中盈利最大的，但是土耳其人1526年征服匈牙利时把它毁掉了。不过这一损失由查理五世在西班牙为他们弥补了，他们差不多垄断了那里的采矿业。为了弥补他们的损失，查理五世把阿尔马登的水银矿，以及“主人钱”，即西班牙王室从世俗化的骑士团财产中抽取的收入，都租给富格尔银行。他们甚至插手远东和美洲，在地理大发现和西班牙在新世界的殖民地贸易史上写下了自己的一章。他们和韦尔瑟家族一起为西班牙与摩鹿加群岛的香料贸易提供资金。由于害怕葡萄牙人抢劫，该岛香料转运欧洲时不经好望角航路，而是由西班牙大帆船载运到智利，再从那里穿过巴拿马地峡，最后到达西班牙的塞维利亚。同样，在科泰斯征服墨西哥和皮萨罗征服秘鲁使之成为新世界的黄金国之前，韦尔瑟家族也从查理五世那里获得了开发驰名四海的委内瑞拉金矿的特权。

同时，在16世纪中期前后的欧洲，在宗教改革战争和查理五世与法兰西斯一世的其他战争中，富格尔银行的金钱继续发挥着重大作用。1547年的米尔贝格战役中，* 查理五世之所以能战胜萨克森的莫里斯和士马尔卡登联盟的军队，是因为富格尔银行提供的金钱使他得以雇佣比联盟所雇佣的更为精良的士兵，同样，正

① 爱伦堡，前引书，第103页。

* 德国农民战争被镇压后，德皇帝查理五世同德国宗教诸侯集团士马尔卡登联盟军队的战争。——译者

是富格尔银行的金币在危急关头打垮了法国军队和法国的外交武器。

16 世纪中期，富格尔家族和霍克斯泰特尔家族成立了一个金属公司，控制了欧洲金属市场。那时，数以百计的勤劳的人们就像如今一样，把自己节省下来的钱投资于这个公司，而公司破产时，他们也随之毁灭。当年对出现这一恐慌的一个目击者——奥格斯堡的克莱门茨·森德尔写道："许许多多农场雇工以及另外一些穷人，把他们不超过 10 个弗罗林的区区财产全部借给这家公司，以为他们的钱将万无一失，以为他们将会年年收到投资的红利。"金属公司破产之后，奥格斯堡城市议会不得不建造一座新的更大的监狱来关押负债者。

1563 年，仅西班牙哈布斯堡家族欠富格尔银行的债就高达 4 445 135弗罗林，而富格尔家族在西班牙的冒险事业也是其毁灭的原因。1562 年以及其后的 1575 年，腓力二世拒绝偿还他们的部分贷款，而到 1607 年，西班牙已经彻底破产。这还不算，除了西班牙欠的债以外，哈布斯堡家族的奥地利一支在 1574 年到 1617 年之间，也向富格尔银行借款达 615 000 弗罗林。总的算起来，到 17 世纪中期为止，哈布斯堡家族负债 800 万弗罗林。其结果是富格尔家族历代子孙在 250 来年（1409～1650 年）的生涯中所赚到的钱（1550 年约计已达 500 万至 600 万弗罗林），就这样付之东流了。

第十九章　现代经营方法的起源

中世纪商业法的资料主要见之于城市特许状、私人文件、特权授予书、免税证书之类文献中。换言之，诚如威廉·阿诺德于1861年所断言："历史就是法律的本源，法律就是历史的本源。"[①]

相似的环境必然产生相似的结果。某些历史学家在古代埃及人、亚述人和希腊人的法律中找到了相同的条文，就想以此来证明那些制度古已有之一脉相承。但这是徒劳的。因为罗马之前任何古代民族的法律，都只是在纯粹考古学的意义上才有价值。这些法律与欧洲中世纪或近代的法律没有任何直接联系。中世纪有它的功劳，其杰出人物创立了为当时人们的利益所要求的法律制度，至少就商业和商业法而言确实如此。诚然，古代腓尼基人和希腊人的世界中也有关于货币兑换、银行业务、驻有领事的港口之类的文件，但这并不能证明它们与中世纪时代的那些相同的制度有什么联系。

甚至在中世纪内，相似的原因也会产生相似的结果，这一点千真万确，无须确定什么有机联系。以下事实看来就足以为证了：13世纪佛兰德发展起来的特别商业信用状就与意大利产生的"汇兑证书"或者日耳曼法中的"债务认可状"没有任何历史渊源关系。它是独立发展而成的，也是后两者的一种混合物。

① 见《德意志国家的钢铁工业的历史》，巴塞尔，1861年版。

时至1300年，欧洲商业兴旺发达程度之高，已经使商人们需要兼能读写拉丁文和本民族文字的秘书人员了。在佛兰德，账本叫做huge，因此，1301年，杜埃的雅克·勒布隆有“一账簿，簿中有特许证及布拉邦特和其他地方欠有账簿持有者的许多债券及借债文书”①。这种对秘书人员的需求，正是人们对当时的教会学校日益不满的原因之一。结果，不久之后我们就看到，许多像佛罗伦萨和布鲁日那样的先进城市创建了公共世俗学校。在这种学校中，老师用听写的方式教会学生们如何书写业务函件。所用的语言首先是拉丁语，但早在1204年就出现了运用本民族语言的事例——《加图的双行诗集》* 译成了当地语言。书写形式上用的是草体的哥特文字，极像现代德文的草书。

人们习惯于把中世纪史与近代史的人为分界线划在16世纪，但现代经营方式及实践却都发端于14、15世纪，而不是16世纪。那些在16世纪得以发展的制度已然沿用甚久，而在经商实践中，16世纪几乎没有创造什么新东西。

在前边一章中，我们已经叙述了14、15世纪银行业的历史，但是银行业只不过是中世纪晚期众多经商方式中的一种。由于欧洲经营商业的规模和种类与日俱增，新的经商方式行将发明，或者说废弃已久的古代方法复兴在望；而为了便于进行贸易，新手段势必风靡一时；所有这一切都必不可少，也势在必行。今天的所谓“普通人”，很少了解或根本不了解他所使用的种种经商手段，多是得

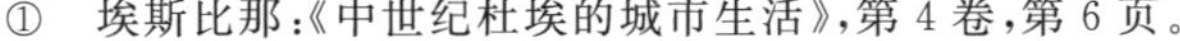

① 埃斯比那：《中世纪杜埃的城市生活》，第4卷，第6页。

* 加图，古罗马诗人，语法学家和“新”诗派领导人，其创作时期为公元前1世纪。——译者

益于文艺复兴时代。他对近代银行的历史茫然无知，对早期经商方式的历史也是一窍不通。

11、12 世纪，一方面由于工商业自身的独立发展，另一方面由于十字军东征的刺激，商业和工业的规模日渐庞大；货币经济开始逐渐取代昔日的自然经济，于是导致了商业革命，从而复兴了古代的经营手段并召唤着新方式的诞生。意大利人一马当先，首先运用这些新方法，因为他们是中世纪最卓越的商业民族，也是十字军东征的最早受益者。

商业史的初期，贸易仅仅是一种产品的交换。商人们车马辚辚周游四方，用他们的商品交换自己所需的必需品和奢侈品，也交换日后有利可图的其他商品。那时可能也需要相当数额的货币，但在十字军东征之前，并非普遍需要通货。参加第一次十字军的人抵押或出卖了他们的地产，携款在身；早期商人也莫不如此。但是携款上路风险甚大，土匪或强盗诸侯们会把他们洗劫一空。当然，对于十字军成员或那些披挂上阵随从成群的贵族来说，这尚不足虑；但商人们可就险象丛生了。他们一路上总是车马成行。只好雇佣一批卫队，不然就只好给沿途的领主留下买路钱。

在 12 世纪，如何大量运输钱币这一大难题，实际上由圣殿骑士团解决了。它那无数设防的骑士团辖区遍布欧洲和东方；它拥有数千武装骑士，有自己的海上船队。正因为如此，它在 12 世纪为欧洲立下的功劳堪与 1849 年以后韦尔斯—法戈公司* 在美国

* 美国一家公司的名称，为 1852 年由亨利 · 韦尔斯所创的合股公司。原从事加州到美国东部之间的运输和银行业务，后扩大至西部和拉丁美洲。——译者

西部所作的贡献相比。一旦需要，圣殿骑士团就运送钱币，调度资金。法王路易七世参加第二次十字军前往东方时，国内摄政者絮热尔就是通过圣殿骑士团给他送钱输款。英王亨利三世时代，曾利用圣殿骑士团和医院骑士团，在英格兰与爱尔兰之间、英格兰与法兰西之间运送金钱。教皇和诺留三世也曾效仿许多无官无职的个人，通过这两个骑士团向罗马汇钱。

在这种实践过程中，人们开始用活支汇信或汇票，而不再把现金运来运去。这是顺理成章的，然而也是革命性的步骤。一纸票据代替了现金在周转流通，它的出现标志着经济活动中的一场革命。12 世纪里出现了各种各样的票据形式：有订货用的应付票据和期票；有可以在应付款地区内支取现金的普通票据，以及到期后可以在另一地区按通行汇率支付的应付票据；有在指定地区内或在卸货地区内支付的应付票据；还有在某个确定日期到期的票据或叫即期支票。[①] 信用概念的出现以及它成为经商惯例，这实在是欧洲经济史上的最重大事件之一。

对汇票之起源的研究探讨已如汗牛充栋，而且学者们也莫衷一是。有些人声称，汇票是阿拉伯人的惯用手段，西方基督教世界一点一滴地采用了它。而事实上，阿拉伯人的影响确实应予考虑；许多商业术语都来自阿拉伯词汇，例如：交易、库存、关税、海关、出入境货品等等。但是此说中的真实成分也就仅此而已，因为汇票的起源是各种因素融于一炉。有理由相信，各国国王曾给他们的财务官员开具付款证书，此举成为惯例后就创造出了汇兑票据。

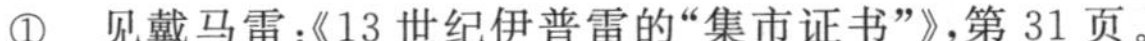

① 见戴马雷：《13 世纪伊普雷的“集市证书”》，第 31 页。

在盎格鲁—诺曼国家中，国王命令某个指定的人向另一个指定的人交付某些款项时，总是这样写道："从我们的财库中付出款项若干。"以及诸如此类的话。这些证书被称为"特许证书"。圣路易进行十字军远征时就使用特许证来贷款。这一特许证书还附有写给法国某个官员的"密封函件"，函中命令该官员付给特许证书持有者若干数额的金钱。换言之，这种证书也就是付款证书或者汇兑票据。不过后来付给持证人的钱已经不是原来所借的那种货币了。某些史学家过于相信佛罗伦萨历史学家维兰尼，他把汇票的发明归功于腓力四世从法国驱逐出去的那些犹太人。说这些犹太人前往伦巴第之后，从该地发出"委托状"或即期支票，以便挽回他们在法国的财产。但事实驳倒了这种理论，因为王室已经没收了法国犹太人的财产，而且由于犹太人在法庭上没有任何地位，他们的支票也绝不会得到承兑。还有一些类似的作者企图从佛罗伦萨教皇党人的活动中寻找汇票的起源，因为这些人被驱逐出城之后，也曾用这种方法来挽救自己的财产。专攻十字军历史的史学家汉斯·普鲁茨并没有明确地说十字军发明了汇票，但他确信：

> ……直到那时为止，这些商业上的新发明还极少应用；不容置疑，正是十字军成员使这些新发明具有了极其广泛的使用价值，由此，他们为当时已令人刮目相视的西欧的经济发展，提供了一种商业发展的崭新方式。[①]

① 见《十字军时代西欧的经济发展》，第 69 页。

还有一段更加明确的叙述，把发明汇票的荣誉归于圣殿骑士团：

> ……看来，圣殿骑士团很早就已经创造出一种方式，即用汇票在他们的各个辖区之间调拨钱财，各国国王、巨商和意大利商人似乎已毫无代价地受益于这种方式。[①]

最早的一份见于记载的汇票（当然，肯定不是事实上最早的），是1199年8月25日，国王约翰应允分四次分期偿付某些皮亚琴察商人的2 125马克时所签下的一张汇票。这笔钱由于国王理查的命令已经预付给罗马的两位主教了。[②] 看来，国王约翰在处理其财政事务时已大量运用信用状。1202年1月6日，他派两名代理人前往罗马，并授予他俩一份"致全体商人"的信，他在该信中许诺说，如果有人预付给他的代理人500马克，那么"在双方约定的日期，任何人只要交验此信并持有这两位代理人承认确已收到此款的证明"，他就将如数偿还这笔款项。

M.布朗卡尔在芒迪厄尔家族的文件中，发现了另一份早期的债务汇票，签署日期是1220年2月15日。这份汇票上写着："马赛城的巴尔特罗梅奥·马切拉里与彼得鲁斯·维达利斯，根据协商一致同意，于墨西拿城斯特凡诺·德曼杜里奥及圭莱尔莫·本

① 费里斯：《圣殿骑士团同英国王室的关系》，见《美国史学评论》，1902年10月号，第12页。

② 厄谢尔：《汇兑票据的起源》，载《政治经济杂志》，1914年，第569页；麦克弗逊，第1卷，第367页；邦德：《有关已披露的案卷之片断》，见《考古》，第28卷，第216～217页。

利文加手中借得 1 094 塔兰特黄金携往墨西拿港……”,借贷人承诺,一个月之内,一俟他们即将起航的船到达马赛港,即行归还这笔欠款。[①]

此后,使用汇票的实例就不胜枚举了。它们的形式所变甚微,但文件的主要部分到下一个十年却有所改变。1214 年签署于热那亚的一份此类证书可谓典型:“我——银行家西蒙·鲁比奥,从你——莱蒙多·德波迪奥赞迪诺手中,接受了 34 利布拉雅努斯银币和 32 第那尔;因此向你许诺,一俟你离去,向我出具此信,我将付你 8 个马科斯优质银子。”付款的时间地点业已约定,而且此文件依照惯例由 3 人作证。

但是,有一些史学家不愿意把发明汇票的荣誉让给意大利的发明者。这是由于在北欧也发现了与汇票异曲同工的新流通方式,至于它产生的时间,如果我们承认,流传至今的汇票形式比那些早在 12 世纪就已通用,只不过现在失传了的汇票形式要晚的话,那么它就是在 1 200 年之后才产生的。北欧所发现的这些汇票叫做集市证书,也就是时常出入于香槟定期集市的那些商人所开出的期票或支票。比利时历史学家戴马雷在伊普雷档案馆(该馆毁于第一次世界大战中),发现了大约有 8 000 份此类文件,都写于 1249～1291 年间。难道还有比这更早的吗?这些文件都是两联的亲笔字据,一联由债权人持有,另一联由定期集市的官员们保存,而契约本身也经由官员中的两人作证。债务人是第三个证人——“所有的人及债务人本人需在场。”债务人既不在两联上盖

① 法格涅:《文献集》,第 1 卷,第 110 页。

章，也不签名。这种集市证书的广泛应用促进了商业往来空前大量地增长；反过来，定期集市商业日益重要又刺激了信用的扩大。由于不必使用现金交易，一个人买了东西之后，就可以在为此专设的地方官员面前宣布自己欠了某人多少钱，并承诺将来在商定的时间地点支付此款。某些此类信用状还包括一项条款，允许债权人把权利转授第三者。这里面可能就包含着背书*的萌芽。

各个定期集市都为进行此类债务结算提供了正式的时间和场所，订立契约时须履行法律手续，请人作证，而且时常还要求交付抵押品以确保遵约付款。凡在香槟集市签订的债务契约，都可以广泛地实行强制支付。例如 1300 年 6 月，马斯·拉特里给法国国王和香槟集市保护人写信，要求逮捕一个曾在特鲁瓦城的圣让集市上向他签约举债的威尼斯商人，并要求扣押该人的货物以抵偿债务。

意大利的汇票同“集市证书”的相似之处，难道没有使我们看出它们各自的发展既独立又平行吗？或者说，难道不是使用“集市证书”的意大利商人把它们传入香槟集市和佛兰德的吗？对于这一命题，一些人坚持，一些人反对。戴马雷先生坚信，集市证书是一种原始信用方式，它是在香槟集市和佛兰德发展起来的，没有受到意大利人的影响；因为这两类信用方式“一个是日耳曼意识创造的，另一个是拉丁民族精神的产物”。中世纪法兰西商业方式和日耳曼商业方式在佛兰德同时并存。法国书写体系和特许状加盖印玺制度被伊普雷和布鲁日采用，并一直流行到 15 世纪最后几年。

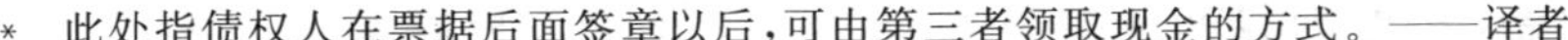

* 此处指债权人在票据后面签章以后，可由第三者领取现金的方式。——译者

与此同时，1339年以后，日耳曼的账簿制度或者叫做账目登记册制度则在根特兴旺。我们应当注意这样一个重大事态：13世纪之初，信用的原则，即必须拥有一个诚实经营并有支付能力的良好信誉这一原则，已经在西欧得到普遍遵行；有赖于此，信用状和汇票才得以流通。在他的《短篇小说集》一书中，波焦*讲述了一则轶事，就足资论证：

> 梅塞雷·皮埃罗·达诺切拉需要在佛罗伦萨付给别人一大笔都卡特。于是他就把这笔钱交到罗马的美第奇家族的银行里，换回一纸信用状，然后他就带着信用状前往佛罗伦萨。旅途中，他开始怀疑自己能否收回这笔钱。可是他一到佛罗伦萨的银行，他的钱立即分毫不差地付给了他。于是他又来到科西莫那里，说道："你的信用就是你的声誉。"而科西莫答道："梅塞雷·皮埃罗啊，别人的信任就是商人的财富，一个商人得到的信任越多，他也就越富。"

在某些此类教诲中，我们可以发现这样一句话："……愿付钱给你，或给你的代理人。"这就是说，在近代，如果你允许债权人把债权转让给第三者，第三者又转让给第四者，依此类推，那么你只需在信用状上签字证明即可。不过这种方式在当时并不普遍。当时的法庭普遍坚信："唯有对那些实际签订契约的人，法庭才可以

---

* 意大利人文主义者(1380～1459年)，生前发现和整理了许多罗马古代名著手稿，晚年著《佛罗伦萨史(1350～1455年)》，及上述《短篇小说集》。——译者

强制他们执行之。”因此就必须在法律上人为制造出这样一个代理人。我们已经发现了这种制造法律代理人的文件，而这些文件使那时候的交易具有了奇妙的现代交易的风格。

我们还发现了一些文件，它们不像信用状，倒更像信用转让书，而且它在银行信贷转让书开始使用之前就已出现了。还有一些文件具有支票的形式。1274 年 6 月 11 日，英王爱德华一世曾颁布了这样一道命令：“致伦敦新圣殿的财务官，韦林兄弟，兹令你付给国王的商人卢克·德卢克斯 2 000 镑；此款从该商人根据在英格兰的耶路撒冷圣约翰医院骑士团副团长兼财务官约瑟夫之训令而收的钱以及该商人根据佩恩·德卡杜尔西斯的训令对若干犹太人征收的税款中支出。上述 2 000 镑由该商人带到巴黎，以备国王到巴黎时之用。”此外还有一件事例：教皇亚历山大四世在英王亨利三世的怂恿下，扶植康沃尔的理查*，反对西西里的曼夫雷德，但教皇精明到家了，他以开除教籍相威胁，向英格兰各主教发出即期支票，强迫他们掏腰包。

我们发现，14 世纪初，商人们把他们的商业活动账目记在账簿上，而且一旦需要在法律上确定一笔金额时，这些分类账就可以作为依据。当时的这种账本保存下来的相当多，并已出版，作了广泛的研究。了解这些账本是至关紧要的。

最古老的分类账中，有一批是某个犹太人商业团体的分类账。

* 康沃尔的理查为英王亨利三世之弟、德皇腓特烈二世之妹夫，1257 年在英王支持下竞选帝位，直接同西西里王、德皇腓特烈二世之子曼弗雷德发生冲突，教皇站在英王一边。——译者

该团体在维祖尔和阿尔各有一所商号，其首脑是某个名为维祖尔的埃利阿的人。该团体经营于1300～1310年间，我们所保存着的账目即属这一时期。他们的活动范围遍及整个法兰西伯爵领，在北方越过了孚日山脉；在南方深入索恩河—卢瓦尔河地区。在这些账本中，他们用希伯来文记下了他们的贷款账目，而且全都井井有条。但是1310年腓力五世下令驱逐犹太人，该令也适用于法兰西伯爵领，于是埃利阿的财产被没收并归王后珍妮所有。账本至此中断，而我们也就会明白，这些账本怎么会在科多尔的档案馆中发现。

我们现在还保存着博尼斯兄弟的账本，他们是15世纪蒙托邦的商人。[①] 其中账本C是1339～1369年间的账目登记簿；显然，还有更早的两个账本A和B，但均已失传。博尼斯兄弟是经营广泛的商人，他们在拉福里街出售的商品包罗万象，从农产品到纺织品、香料、鞋、武器、药材一应俱全。他们也是火药商，还开了一家出租马车行。他们又是殡仪承办人，并向各色人等出租葬礼用品。此外，他们还是银行家，以货物为抵押贷款，也就是说，他们是当铺老板，是放高利贷者。他们承包城市税收和教会岁收。他们的账本还附有一本存款账，上边记载着托管于他们银行的各笔资金以及他们所经营的产业。所有这一切都记载得详而又详。每一笔账目，不论现金交易还是信用往来，都逐记不漏。这些账本是首屈一指的重要文献，也是14世纪商业史资料的宝库。

① 见于塔恩—加隆两省档案；由爱德华·福雷斯蒂编入《加斯科尼历史档案》中，出版于1890、1893和1894年，分为两卷。

布瓦塞尔兄弟是鲁埃格省* 圣安东尼的商人，他们的账本也由同一位学者所发现。布瓦塞尔兄弟是批发商。还有一个账本是贝亚恩商人雅克·奥利维埃的，该账本中的财务往来始于1391年7月，止于1392年7月。奥利维埃原来是一位呢绒制造商，但不久之后他就扩大业务，在纳尔榜买卖羊毛纺织品和布制品，并在亚历山大、贝鲁特、大马士革、罗得岛等地经营贸易。他出口纺织品和闻名遐迩的纳尔榜蜂蜜，换回香料。他在蒙彼利埃、巴塞罗那和佩皮尼昂都有客户。他放贷、包税、经营产业，各业兴旺。他在故乡是一位举足轻重的人物。

另外还有两个账本，被确定为14世纪前述阿尔省的遗物。该省通行法语，在商业上与法兰西联系密切。第一个账本是雨果·泰拉尔的日记账，他是福卡尔基的布商，同时又是公证人。这个账本内包括了1330～1332年间的账目。第一卷记载着买主的姓名，接下来依次是债务数目、商品名称或还债日期（或是宗教节日或是集市召集日），保证人姓名——如果有的话。账本中还经常出现付货日期和开立或注销账户的记载。这些都是商人本人或他的秘书亲笔书写的。但有的时候雨果·泰拉尔也在账簿上加盖公证人的大印，因为他本人就是公证人，可以自己确证自己的签名的真实性。

14、15世纪，中世纪的经济制度垮台了。教会经过与世俗政权长期斗争后，证明它无力统治世界。人性再也不能容忍经济学

* 法国旧省名，相当于今阿韦龙和塔恩—加隆两省的大部，北接奥弗涅，南和西南邻朗格多克，东以热沃当和塞文山脉为界，西与凯尔西毗连。——译者

家们的笼统概念和抽象的要求了。个人的活力势不可当，而政府则支持为教会所不齿的商业活动。当时，除了实践中发生的经济变化之外，更值得注意的是，人们写出了浩如烟海的经济学文献。当时的论文有论金钱、税务、获求利润等等。最著名的经济学家是死于 1382 年的尼古拉·奥兰。

一般来说，基于商品实际流通的汇票不被视为高利贷，因为它可能产生的任何折扣或利润都可以看作是货币周转过程中所做工作的报酬。这种观念产生了逃避教会法的最有趣的手段之一，即"工资概念"，用这种方法，只要某笔交易中多少使用了一点劳动，那么从中获取"酬金"也就名正言顺了。这就导致了证券经纪事业的出现，因为以汇票为伪装而放贷盈利实在是易如反掌。[①]

甚至连某些类型的教皇敕令也成了可以流通的证券。因为当时的佛罗伦萨银行家们，普遍在罗马教廷里收购教皇分配教会岁收的敕令，然后通过他们的业务上的客户，在相应地区偿付这笔款项。这种活动在英格兰尤甚。死于 1475 年的一位葡萄牙人若安内斯·孔佐布里努斯曾留下一本只有 34 页的小册子，但它非常珍贵，我们从中查到了许多令人感兴趣的资料。他的这本名为《公平交易及贸易和生息方式的探讨》的小册子于 1483 年在巴黎印刷出版。作者把该书题献给威尼斯显贵尼古拉·利波曼诺，献词是："贸易使您的城市名扬四海，而在这本书中，您可以看到在管理贸易时孰是孰非。"论文的第一部分论述"贸易"，即交换或商业交易；

① 伦敦市长及市议员于 1364 年颁布的公告中攻击"非法的可恶的货币契约""最狡猾地欺骗群众的东西，他们称之为汇兑"。（阿施雷：《英国经济史》，第 2 卷，第 426 页。）

并探讨了让渡契约的本质，即把财产从一个人或一些人手中转移到另一个人或另一些人手中的那种契约；还探讨了雇佣契约、租约、出借货物或金钱的契约的本质。在这部分的每一章中，作者都严格区分合法利润与高利贷。书的第二部分专论高利贷，其中的第五章论述对外贸易中的法律和道德。正是从这一章中，我们得知教皇的敕令作为商业证券在流通。

教会禁止放债生利，而逃避这一禁令的锦囊妙计就是出售收租权。许多土地所有权都拥有交纳固定租金的佃户，而这种情况就被视为一种权利并可以将其出售。如果地主需要金钱，他就把自己的土地，包括收租权一起，出售给别人以获得一笔金钱，然后地主又收回自己的地产，条件是以后将由他向买主支付租金。

还有另一种逃避方法，即合伙制或叫合资制。这样的一个团体可没有什么灵魂，因此，一个人怯于教会惩罚而不敢做的许多事，它却可以公然行之。通常以“委托”形式出现的合伙制，除了作为逃避高利贷禁令的一种狡计之外，还产生了极为重大的后果。这种合伙制为商业冒险开创了另一块用武之地；它把那些囊中充盈、然而对商业事务几乎一窍不通或极不热衷的人都吸引到一起。一个商人（举荐者），一般来说不可能伴送他的商品到买主那里去，而他又不愿意仅仅派一个仆人去照看，于是他就与某人（管理者）合作，那人将处理有关业务。作为回报，那人获得一定比例的利润。第三种既不违反法律规定，又能放债谋利的妙计就是：双方约定，债务人可以不付利息地使用一笔钱，直到预定的某个时候。但期满后债务人并不归还借款，以便债主控告他撕毁契约，从而要求债务人赔偿损失。

13、14、15 世纪期间，在欧洲进行的商业活动无计其数并飞速发展，终于冲破了不准谋取利息的禁令。贷款的运用额如此之巨大，卷入其中的商业活动常常如此之彻底，以至于人们最终公开要求获取利息，再也不用处心积虑地掩饰了。大约 15 世纪时，对于金钱的全新认识越来越普及，人们开始理解到：钱本身就具有增殖力。

这种商业社团的发展需要详尽描述。我们发现，在 15 世纪时，它已遍及欧洲，尤其是南欧。它们是由大商人们组成的。这些大商人经营一切商品，从刀剑和金属器具直到棉布和丝绸。但是他们无法零售刀子、剪子之类的小商品，只好刀剪按打卖，香料按袋卖，而棉布织品和丝绸因为在产地就打好了捆，他们只得原封不动地进口，再原封不动地出售。

严格说来，这些商业社团可以看作是有限公司的一种形式，因为两者性质相似。另一类社团是为经营方便而组成的，其中应该包括股份公司。我们在中世纪发现了各式各样的股份公司。起初，其形式异常简单。例如，一个牲畜贩子为了经营牲畜饲养业，向几个人借了一笔钱，但他不是还给债主们金钱，而是与债主们一起分享畜群带来的利润。再如，一个商人把自己的某些商品委托给一个小贩，让他到定期集市上去沿街叫卖，或者委托给一个出海旅行者，让他代为出口货物，所获利润由合伙双方平等分配。这种合伙制不一定只有两个人，也可以由几个人一起合伙。这种具有资本主义特征的组织是为了进行商业剥削而组合的。正如今天一样，它的全部股份划分成若干部分，而利润则以股息的形式，按照每人拥有股份多少来分配。

这种组织是为了建造并装备一艘海船从事贸易而组成的。他们雇佣一名船长,由此人负责运送并出售商品并保证他们能从中获利。但在这种情况下,投资者独自承担责任,该船长却没有责任。于是人们日积月累地建立了责任限定并分摊的原则。这种责任也就是一艘船或一个贸易公司的证券,它可以出售或转让给别人,它所带来的利益和义务也就随之转手。不过这种原则发展得非常缓慢。

如果事实真如一位伟大的德国法律史学家曾经写到的那样:"股份公司是一种使其他一切形式都黯然失色的组织。可以说,以其财政力量,能征服整个世界。"[①]这样说来,合伙制的发展史就更加具有重大意义了。德国和英国的作家们像在探讨汇票的起源时一样,坚决主张股份公司也是北欧诸民族创造的。

W. R. 斯科特在其三卷本著作《1720 年之前的股份公司》中,写下了一小段介绍性文字,承认了下述事实:"起码"在 15 世纪初期,"意大利各国中"就存在着同样性质的组织。他还提示道:"如果我们还记得在早期,意大利财政在英格兰所具有的重要意义,那么就不能排除这样一种可能性:也许组建股份公司的办法是在时机成熟之际被照抄过来的;也不能排除另一种可能:当一个此类组织最终建立时,就其主要性质来说,它很可能是从海外引起的,而非土生土长之物。"但是,在接下去的 15 页论述中,他却自相矛盾地力图证明,股份公司肯定是英国土生土长的机构,它来源于"商

① 茹瑟夫·科勒:《法哲学》,第 183 页。

人同业公会”。这说明，作者被自己的爱国热忱弄昏了头。事实上，股份公司是意大利的一种商业经营方式，在英国出现类似公司之前，它就产生并存在颇久了。

联营商业的最初形式可能是委托，或者联营。起初，它只不过是为进行海上贸易而达成的暂时协议，但后来也被用于内陆贸易并发挥了更显著的作用。我们可以给它下这样一个定义：“一个不予限定责任的实际经营的合伙人，与一个以一笔确定数额为保险金的投资合伙人，所结成的一种业务关系。”①

历史上，委托制来源于阿拉伯人。在穆罕默德时代它就存在了，是当时麦加富商之间盛行的一种合伙形式。随着伊斯兰教的征服，这种组织从阿拉伯半岛传遍了整个地中海世界。正如后来在西方各国中一样，在阿拉伯人中间，“委托”之所以形成组织，应该归功于人们处心积虑地逃避伊斯兰教法律中反对放债生息的规定。正是通过此类组织，意大利金融家的业务才得以进行。因爱德华三世拒还欠款而破产的巴尔迪家族和佩卢齐家族，就是仅仅部分地以自己的资金从事贸易，他们的资本中的大部分是由合伙人和储户提供的。当然，这就足以解释他们的倒闭何以引起殃及八方的灾难。“委托”这种组织形势非常普遍，而且在中世纪的商业中具有举足轻重的作用。在 15 世纪，它几乎是全世界的典范。②

当时发展起来的第二种建立合伙制的形式，承认合伙人无限

① 帕尔格雷夫:《政治经济学词典》。

② 尼斯，前引书，第 285 页。

的责任。它似乎来源于家族型的商业企业，这种企业中，“商号”这个术语还是指的它的字面意思“家”。最初，合伙商号只有权动用每个合伙人投入公司的资产中的金钱部分，而剩下的货物部分则由合伙人自行掌握。同样，合伙商号也只对每个合伙人都投资于其中的共同基金负责。但是随着商号的逐步发展——其细节已不可考——“每个合伙人的独立资本的无限责任成为惯例。”[①]随着岁月流逝，责任无限的家族型合伙制逐渐向并无血缘纽带联系的其他个人开放，这种组织形式在15世纪中开始与“委托”型的合伙制并驾齐驱。

第三种组织形式就是我们今天所说的股份公司，它是由于经营的需要，由于前两种形式力不胜任而发展起来的。我们可以这样来描述这类公司：“享有法人权利，以一笔划分为若干股份的资本经商，其股份与普通合伙制或‘委托’合伙制中的股份不同，它可以用契约转让，也可以死后遗传。”[②]

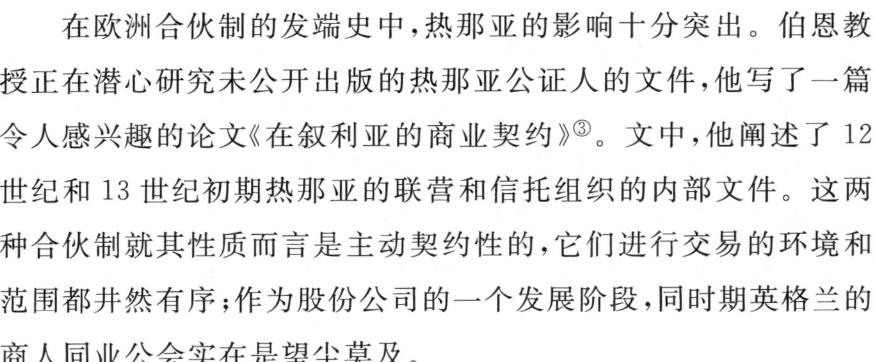

在欧洲合伙制的发端史中，热那亚的影响十分突出。伯恩教授正在潜心研究未公开出版的热那亚公证人的文件，他写了一篇令人感兴趣的论文《在叙利亚的商业契约》[③]。文中，他阐述了12世纪和13世纪初期热那亚的联营和信托组织的内部文件。这两种合伙制就其性质而言是主动契约性的，它们进行交易的环境和范围都井然有序；作为股份公司的一个发展阶段，同时期英格兰的商人同业公会实在是望尘莫及。

①② 帕尔格雷夫，上引书，第3卷，第67页及第68页。

③ 《经济季刊》，第31卷(1916～1917年)，第128～170页。

12世纪对叙利亚贸易的一般特征就能很好地说明这一点。这种贸易只能按照固定时间表,有规律地间或为之。这种险象丛生,耗资巨万的漫漫海途的贸易,需要在叙利亚长期逗留,在那里精心整修船只或船队;也就需要在贸易中集中全部人手和全部可用资本;发生战争时,尤其是海盗猖獗之时,还需要派出护航舰队,护送商船队半程或全程,而在回程中也需要护航接迎。一般情况下,商船队总是在9月或10月驶离热那亚,以便圣诞节到达叙利亚,中途也可能在撒丁岛和西西里停留,但一般都是踏浪直达。5月或6月船队返回热那亚,中途时常在亚历山大和西西里或在布吉亚和休达停留。1097年,"公社"* 成立之后,热那亚开始在东方进行大规模贸易,而这可能主要归功于第一次十字军远征。此后13年中,热那亚6次派遣武装商船队去叙利亚,每次包括2～60艘船不等。早在此时,这种贸易中的大部分就是由一些巨富家族进行了。

贸易的数量和参加者的人数出现了双重剧增的倾向。例如,在保存至今的契约中,就有为了进行1191年秋季航行而订立的37份契据,代表着80多个人的买卖;有为了1203年秋季航行订立的81份契据,涉及约200人,还有1205年春季航行的132份契据,包括300多个投资者的投资。①

* 即城市自治公社。——译者

① 伯恩的"12世纪热那亚与叙利亚的贸易",载《美国史学评论》,第25卷,第211～212页。

从12世纪中叶起，似乎就已经出现了两种形式的“公司”，即“航海联营者”和“信托公司”。最早最简单的“航海联营”形式，只由两个合伙人组成，其中一个叫做“驻在合伙者”，他提供航行所需资本的2/3，自己不出家门；另一个叫做“经营者”或“船主”，他提供其余的1/3资本并奔波海外，实际经营贸易。伯恩教授为了方便，把两个合伙人一个称为“投资者”，一个称为“代理商”。代理商采购当地货物，从总收入中支付各种费用，把货物带回热那亚。在当地或西欧平安地卖掉东方商品之后，与投资者对半平分纯利润。在1154年之前，每次航行都分别独立签约。

接下来的10年标志着贸易量和经营方式都飞速发展了。1158年8月，以布罗努斯和德尤斯塔为契约中的两个合伙人，为进行叙利亚贸易组建了一个为期三年的“联营”。因戈·德沃尔塔和因戈·诺琴蒂二人的契约更令人感兴趣。1156年9月之前，他们组成了一个“联营”，并向叙利亚投入一部分资本。到1157年6月，他们的事业一帆风顺，资本额已从300利佛尔增长到810利佛尔。1160年秋天，诺琴蒂显然仍是代表这个“联营”前往叙利亚，此时他们的资本已增至1 100利佛尔。后来到了1162年，这一“联营”经营将近6年之后，随着诺琴蒂返回热那亚而关闭。此间，他至少往返叙利亚两次，而商人们则一直在西方出售他们的商品。

从简单的“联营”起，发展了四种形式：

一、几个合伙人组成的“商团”。假如有两个或两个以上的“驻在合伙者”，那么就由他们共同提供2/3资本，买卖做完后，他们获取一半纯利润并分享之。12世纪后期，还有一些“驻在合伙者”有一个以上代理商。

二、在此类“商团”中，代理商除了自己正式的 1/4 资本之外，还可以用自己的其他金钱或货物经营。他添加的这笔款子必须按照投资的里拉数分担航行费用，但此款所获纯利则尽归他自己享有。总的说来，该“商团”获利的方式在于减少了有关的“驻在合伙者”投资的数量。

三、在此类“社团”中的投资者额外借出一笔钱。在这种情况下，由于代理商奔波劳苦，他可以得到额外投资所获纯利的 1/4，这同样能使他降低费用，一如在上一种情况下的投资者之所为。

四、在这种“商团”中，代理商可以运用局外人的资本来经营，既可以加上他自己或一个或多个合伙人所投入的额外资本，也可以没有。这种情况下，有关费用按照总投资的里拉数支付，而“局外人”的资本所获纯利的 1/4 将归“商团”所有。出于各种考虑，这笔钱一般都是在财务结算时大家平分。1179 年之后，这种形式的合伙制度占据了统治地位，而它实质上就是一个信托组织。12 世纪末期，为了进行叙利亚贸易，这类信托组织成为更普遍的契约关系形式；而它的最重大的意义也许就在于：对外贸易参与者的范围广泛扩大到那些资金相对微薄的人，就连那些下层教士们也开始参加进来。再者，这种组织也开始连续经营一次以上的航行，它标志着对外贸易中出现了一个极其令人注目的新发展：人们委托独立经营的商船进出热那亚以运销货物，而代理商常驻叙利亚，投资者则留在热那亚。万一托销的商品无法交给收货人，那么承运人中的“第二代理商”就可以像代理商本人那样，按通行办法处理所运的货物。

只有某些新兴的大企业才需要把这些杂七杂八的合伙商人们融汇成一个庞大而组织完善的公司。这样的大企业出现于14世纪。我们发现,在开俄斯岛、塞浦路斯和科西嘉岛都有马奥那[①]存在;而到14世纪末,它们与已然羽翼丰满的有限公司,即后来15世纪的圣乔治商号比肩而立比翼齐飞。

休达城的马奥那是最早的实例。它深刻地揭示了热那亚商业与政治之间的关系。这个马奥那是作为保存和增殖政治性财产的一种手段而产生的,由于城市公社的商业不断扩大,它就更加难能可贵了。1234年,在休达爆发了一次革命,萨拉森人消灭了当地的热那亚人政权。由于苏丹拒绝按照热那亚的要求赔偿损失,热那亚共和政府就集结了一支包括100艘或更多舰只的舰队,并强迫对方达成了一项于己有利的解决办法。苏丹被迫偿还了一笔巨额赔款和全部战争费用。当时,由于热那亚财库一如既往空空如洗,它就把所有参加舰队的船主和其他要求苏丹赔偿的人都组织在热那亚的马奥那之内。债权人被登记下来,也许还自愿让渡了他们的股份。政府把所征服地区的使用物权抵押给马奥那直到政府有能力偿还其成员的债务时为止。关于这个最初的马奥那,我们所知甚少。但是只要简要回顾一下它的伙伴,1347年开俄斯的马奥那的历史,我们就能看到这种组织的更多的内部活动方式。

若干年前,热那亚曾把格里马尔迪家族逐出热那亚政权机构,

① 该词的起源尚属不清。人们曾推测这是“madonna”(圣母玛丽娅)的略写形式,贸易公司委身于圣母以求得到保护。《英国史学评论》,第30卷,第421页。

但他们又在摩纳哥建立了自己的政权。时至1346年,格里马尔迪家族控制下的城市迫在眉睫的入侵威胁着热那亚的民众政权。由于缺乏资金,热那亚政府号召平民们组织舰队,于是平民们贡献出约44艘船只。其中29艘船的船主接受了政府的条件,在舰队司令西蒙·维尼奥索的指挥下迎战入侵者。当然,这些所谓军舰其实比私掠船也大不了多少。而且,尽管有国家支持,但他们的远征几乎是一次海盗旅行。每当这支舰队出现,敌方就四散奔逃。如此这般,此次远征不但没能满足将士们的爱国热忱,就连自己存在的理由也丧失了。

有鉴于此,冒险精神十足的维尼奥索想出一个绝妙的好主意:近东不正是热那亚人大显身手的希望之乡吗?于是他率领舰队直扑内格罗邦特。在那里,他听说有一支威尼斯和罗得岛的联合帆船队正在航行途中,已从拜占庭帝国手中夺取开俄斯岛。这对热那亚人是一个双倍的刺激,因为其一,不过区区数年前热那亚刚刚丢掉这个岛屿;再者,眼睁睁地看着威尼斯人以建立抗击土耳其的基地为借口而夺占该岛,也与热那亚人的秉性格格不入。维尼奥索提议帮助该岛居民抗击兵临城下的敌军,条件是当地人允许在岛上升起热那亚的旗帜,并允许一支小型守军靠岸。但当地人拒绝了。结果,热那亚人经过苦战才得以登陆,又围攻了3个月才攻克了要塞。战胜者对当地人民宽大为怀,任命了一名总督,以热那亚共和国的名义监督岛上的各项事务。为了一劳永逸起见,热那亚人还吞并了新旧弗西亚、萨摩斯岛和尼西亚。

就这样,热那亚人在该岛建立了统治。但是,当舰队返回故乡时,他们却发现国库无力偿还这些冒险家们所投入的高达203 000

热那亚镑的资金。于是双方达成一项协议，公司以热那亚的名义管理该岛政府20年。届时，共和国所欠债务将全部清讫。在此期间内，由此项事业（现在叫做马奥那）最初的29名参加者自行征税并垄断乳香贸易（乳香是一种芳香树脂，是该岛的主要出产物）。就这样，一帮海盗获得了一大片地区的实际统治权，并获得了该地区巨大收益所产生的可观的收入来源，于是他们摇身一变而成为一个特许公司。在理论上，热那亚人对此岛的统治由一个经每年一度复杂的选举过程确立的市政官组建的政府来维持。这位市政官以热那亚共和国的名义实施统治，并在自己的法庭上审判当地案件。财政事务由两个称为马萨里的官员管理，这两个人向热那亚的审计官呈交年度账目。这个组织带来的直接后果就是，尽管该岛的地方统治权在母国政府手中，但贸易所生实际利润却归入特许公司。

公司成立后的11年中，各种事件接踵而来，它们足以说明马奥那的灵活性和股份转让的情况。在这11年中，最初的发起人开始倦于投资，维尼奥索死了。到1358年，公司的股份集中到8个人手中，其中只有1人是最初的马奥那的成员。由于这些人中的大部分缺席股东住在热那亚，他们就把主要来自乳香交易的公司岁收包给一家第二公司；该公司成立于1349年，由12人组成。这两个公司之间渐生不和，共和国政府进行了调停。1362年双方缔结了一项新协议，后起的那个公司将控制该岛12年。于是那12个人就自己组织了一个“商号”，他们不用自己家族的名称命名，却自称为“朱斯蒂尼阿尼”。他们试图对内部出售股份加以整顿。任何成员都不得把自己的股份卖给另一成员，以防止股份持有人减少到12人以下。不过,允许成员们经共和国总督同意后,把股份卖给商号以外的人。这12个人的股份,每份都平均分成3个“卡拉第”(Karati)①然后再把每份“卡拉第”分成8等份。但这些旨在使股份永保12份的措施有如昙花一现。1365年,两个股东退出商号,返回热那亚,他们的股份落入一个叫雷卡内利的人之手,于是此人就成为新公司的领袖。

1373年,新的马奥那买下了老组织的全部产权。根据它与老马奥那签订的协议,到1374年如果政府还没有偿还它所欠的债务,那么它将丧失(对开俄斯岛的)一切权利。为了自我拯救,共和国向新马奥那的成员借钱还了债,重新拥有了该地区,条件是再一次把该地区抵押给新马奥那成员20年,这些人将从该地区的收益中扣除自己应得到的利息,剩下的大约有2 000金都卡特的余额将移交给共和国。此外,新马奥那将预付7年的余额。

此后,新马奥那的历史较为复杂。20年后,还债期限再次来临时,热那亚却像上次一样;财政上捉襟见肘。马奥那的成员以银行家的私人身份,借给政府一笔足以还债的款子。于是国家徒具虚名地拥有了该岛。但是为了偿付新债的利息,政府不得不把该岛岁收又一次转让20年。1385年,租约更新了,规定在1418年之前把该岛割让给公司。1413年,政府再次举债,结果又把割让期延到1447年。如此往复,该岛割给公司直到1509年。1513

① 阿拉伯语为qîrât,源于希腊语κερά τιου——豆荚。原是称量金银珠宝的变量单位。后用以指在一伙人或一个公司中的股份,通常为总体的1/12或1/24。

年，共和国决心一举付清欠债，并且实际上已经在原债款基础上提高了款额。但是公司拒不承认这个款额，其理由是，债务产生于近200年前，考虑到货币的相对价值，政府提出的款额尚嫌不足。于是租约继续有效，最后在1528年开俄斯岛永远租给了马奥那。作为回报，公司每年交纳2 500都卡特租金。这样，马奥那就不仅掌握了经济和行政管理事务，也管理了外交政策。尽管这种状况使公司从热那亚的连绵战事中脱身于一时，但这也是公司最终垮台的原因。马奥那在成功地击退了威尼斯人和希腊人的入侵之后，终于在1389年向土耳其称臣纳贡。与公司的利润相比，土耳其人一开始的征贡额并不是什么重担，贡款主要出自明矾矿和乳香树园。但时至1566年，事情发生了变化，当时的纳贡额增加到14 000金都卡特，另外每年还要赠送土耳其高官们价值2 000都卡特的红色布匹。那时热那亚已经拒绝对该岛承担责任。1566年，由于拖欠贡赋，土耳其人占领了该岛。即使在其末日来临之际，马奥那仍能付给最初的13个股份每股2 000都卡特股息。而“在经营情况最佳时，最初只值大约30热那亚镑的最小的股份，开价高达4 930热那亚镑。”①开俄斯岛的热那亚人统治是16世纪特许公司的先兆，它与东印度公司、西印度公司以及其他许多此类商业兼殖民组织简直别无二致。

塞浦路斯的马奥那的基本特征也同开俄斯岛的如出一辙。1374年，热那亚占领了法马古斯塔，坎波弗雷戈索的彼得“以公社

① W.米勒：“热那亚人在开俄斯”（1346～1566年），《英国史学评论》，第30卷，第418页。

和马奥那首席股东的名义”与塞浦路斯国王签订了一项条约。其中规定:除了赔偿 90 000 都卡特远征费用之外,塞浦路斯人必须在 12 年中分期付给马奥那一笔数达 2 012 400 都卡特的惊人巨款,并且每年付给国家 40 000 都卡特。最后,在 1374 年和 1403 年,塞浦路斯被完全置于热那亚人统治下,由马奥那管理。在科西嘉岛上的马奥那(1378 年)情况则是这样:当时热那亚已据有该岛,但是山区土匪经常四处蹂躏,于是政府就把全部行政管理权授给一家以莱奥内洛·洛梅利尼为首,由 5 名资本家组成的公司。虽然公司承认共和国的主权,但它甚至有权不经热那亚政府批准就任命当地总督。1463 年,“开俄斯岛韦基亚公司”创立了,最初只有 415 个股份。1498 年,它按 4%的利率筹集到 1 600 份股金的新贷款,到 1513 年就还清了。但是就在同年,又重新发行了已付清的股票并增加了 460 股,全部股份限定为 25 000 股*,其中 350 股将存在圣乔治银行中作为偿债基金。正如先前政府所办的公司的情况一样,这些贷款股票成为投机买卖的对象。威尼斯仿效了这种体制,因为那里已经批准了反投机法。

尽管马奥那和特许公司的经营极其现代化,但是西夫金却指出,它们并非现代意义上的股份公司。一家现代股份公司由股票组成,每股的金额固定,反之马奥那的股份则是一种虚无缥缈的单位。现代股份公司的股票持有人总是盼望股息越高越好,但股息却总是有涨有落。在热那亚,尽管在理论上股息是固定不变的,但是在实践中,它既不是定期支付也不是全部付清,因而实际上股息

* 原文如此,据上文所有股份统计,似应是 2 500 股。——译者

是随分配到每股上的岁收所产生的利润的多少而变化。这就是股份的价值有涨有落的原因之一。

商业事务总是息息相关的。一种形式的兴衰常常是另一种形式兴衰的条件。再说，各种商业机构之间存在着一种自然的接合方式。经营方法上的优势、个人和集体的企业、商业组织的形式、公债股票的建立、复式簿记、保险业、股份公司，所有这一切都互相联系着并总体联系着。

保险这一形式比汇票和股份公司更能遮人耳目。它是现代商业的另一块基石，据说它也是日耳曼人发明的。12 世纪和 13 世纪布鲁日就存在着某些为货物保险的活动。有理由认为，1310 年已成立了一家特许公司，专门出售商品海运保险和其他保险。由于它收取利息，所以保险业就与教会发生了矛盾，因而教会声称，这是一种反对上帝的赌博行为。尽管如此，1318 年在比萨的卡莱里塔尼小港，约 1375 年在葡萄牙，都有海运保险业存在。加泰罗尼亚的保险业出现于 1435 年。1442 年，一个名叫乌扎诺的佛罗伦萨商人，对比萨—伦敦和米兰—布鲁日的海运保险开了价。15 世纪，热那亚商人在布鲁日成立了一个正规保险公司。1456 年，一个名叫马尔科·真蒂利的热那亚人和查尔斯·洛梅利诺，曾被勒令偿付一笔保险赔偿费。西班牙和佛罗伦萨商人也成立了保险公司。英国的第一个保险机构成立于 1601 年，但是它行文发言的风格证明保险活动早就存在了。“然此术吾邦异域之商贾用之久矣。”

历史证明，征服者民族的文化如果比被征服民族还低，那它就

不可能彻底毁灭被征服者的法律和商业制度。罗马的簿记制度就传给了基督教会和蛮族商人。簿记技术的成熟与商业的发展齐头并进。罗马人把日记账、账簿、分类账运用自如。但是在7世纪的“颓废时代”，罗马人的记账方法在西欧显然荡然无存。但它在君士坦丁堡和东罗马帝国得以保全，而阿拉伯人又从那里引进了它。当十字军时期贸易开始复兴之际，意大利商人，主要是威尼斯人、热那亚人、佛罗伦萨人，又把这失传数百年之久的方法再度引入西方。

公元1000年左右的文献中就提到使用罗马人的算盘或计数器之事，不过用的不是阿拉伯数字而是罗马数字。阿拉伯数字直到12世纪才通用，它“很可能是通过商业活动引进推广的，而不是靠学术性书籍。但是到了12世纪末，当时的世界分成了两大部分，一部分坚持推行新计算方法，使用阿拉伯式记数法；另一部分继续采用旧计算方法，并通过严格立法来抵制新奇的阿拉伯数字，佛罗伦萨迟至1299年还在这么干”。[①] 1202年，意大利数学家比萨的列奥纳多出版了《算经》一书。这是目前所知论述簿记法的最早的著作。1348年，热那亚的部分城市记账员也应用了这种流行方法。1398年时，一本论述簿记方法的佚名入门书已经在意大利广泛流传。

意大利簿记方法随着贸易的扩大传播到北欧。簿记法来源于意大利，这从它所用的术语也可以确证无疑。例如银行、记账、折扣、信用、债务等等，都是意大利语词汇。英国论述簿记的第一本

① 哈斯金斯:《12世纪的文艺复兴》，第312页。

书——詹姆斯·皮尔的《意大利商业账目技法，或复式簿记》(1569年，伦敦)，也证明了这一点。

活字印刷术发明之后，有关簿记的算术教科书和手稿就广为印刷，获利甚丰，畅销一时。1478 年在特雷维索[①]印出了第一本商业算术教科书。未曾几时，威尼斯的拉托尔特印刷所后来居上，于 1484 年印出了彼得罗·博尔戈(或博尔吉)的算术论著，而且在 1484～1577 年间至少印行了 16 版。"虽然就时间而言此书屈居第二，但我们完全可以称之为这一领域中第一部意义重大影响深远的著作。"[②]1494 年，威尼斯的帕乔利出版了第一部透彻论述复式簿记法的著作。而且，他的重要性足以使一位地位不亚于达·芬奇的画家饰之以手书。1496 年，佛罗伦萨印行了乔基奥·迪洛伦奇·基亚里尼的《商业手册》一书。在已印行的书籍中，它首次附有一幅银行家办公室的插图。这部书首次揭示了，15 世纪佛罗伦萨的商人们中间所应用的银行业和兑汇业中的惯例。它对弄清这一时期中簿记法如何实际运用很有价值，也很引人入胜。

帕乔利清晰准确地描述了复式簿记制度。但早在这位修士的著名论著问世 150 多年前，这一制度就已在北意大利应用了。

热那亚城市公社的财务官于 1340 年所做的年度账目中，

---

① 大卫·E. 史密斯:《爱西斯》，第 6 卷，第 311～331 页。(爱西斯为埃及神话中司繁殖的女神。——译者)

② 大卫·E. 史密斯:《爱西斯》，第 8 卷，第 41 页。

就已经有一套极为发达的复式簿记制度。1339 年发生的一场火灾，把热那亚国家财政官员此前所做的账本化为灰烬。现在尚存一本 1278 年度的热那亚城市公社账本，它用的是单式簿记法。由于 1278～1340 年间的账本业已失传，热那亚财务官究竟何时开始在账目中采用复式簿记法已无法肯定了。

1340 年的原始契据登记簿现存于热那亚档案馆，共计 478 页。第一部分是财务管理官、税务官和公证人的账目，但此页保管不善，模糊不清。但是热那亚市政府的购物账、各类债主名单、雇佣的武装人员清单则较为清晰。最近，哈佛大学商业史学会得到了其中四页的直接影印件。第一页是购物账，有胡椒、丝绸、蜂蜡和糖；第二页记载着货物的损失和损耗；第三页是各类债主名单；第四页开列了雇佣兵的花销……。记账用的是中世纪拉丁文。账页的左栏是借方，右栏是贷方。借方栏标为“debe(n)t nobis pro”(或者“入”)，贷方栏标为“recepimus”(或我们已收回)，即使借方空白也照标不辍。……所载各项如果用斜线划掉，则表示此页已转入一本新的分类账或已被抵消。由于借方和贷方都在同一账页上，众多项记载就簇集一处。这与威尼斯那种下笔精心整洁悦目的方法相去甚远。对此，帕乔利曾有描述，而且 15、16 世纪的威尼斯账本也可予证明。威尼斯账簿的借方、贷方分别记在对开的两页上，每一项记载都占据一横行或二横行，不像热那亚账本那样挤在一个狭窄的空间里。

威尼斯在簿记学发展上一马当先，意大利大部和北欧大部地区都唯其马首是瞻。实际上，16 世纪人们普遍把复式簿

记称为“威尼斯式的簿记”。但是，人们所知的复式簿记的最早先例不是出现于威尼斯而是出现于热那亚，即热那亚财务管理官1340年的契据登记簿。名列第二的最初先例是1390年佛罗伦萨的一本分类账，它属于一家经营钱币兑换的美第奇家的阿韦拉尔多公司，它倒是采用威尼斯方法的。这些事实使得复式簿记法究竟在意大利何时何地起源成为问题。这个难题恐怕永无解答之日了，因为早期账本中残存至今的只是凤毛麟角。威尼斯最早的账本为1406年之物。由于威尼斯方法与热那亚方法不尽相同，因此它们有可能是各自独立发展而又并驾齐驱。那么，意大利人是继承了罗马或拜占庭的方法呢？还是真的自己发明了复式簿记呢？复式簿记是首先用于官方账目，而后才推广到商业账目呢，还是恰恰相反？目前为止，证据有限，不足定论。但是将来随着对意大利各档案的不断探寻，人们也许会部分地或完全地弄清这些难题，以及有关现代会计方法早期历史的同样引人入胜的问题。①

即使在纽伦堡这样的城市中，直到中世纪末期，批发贸易与零售商业之间才有所区别。大经纪人们大量买进，然后相机行事，或则批发，或则零售。柯特根认为早在14世纪就有批发商人独立存在，但这一论点已被贝洛和乌尔利兹推翻。当批发与零售最终区分开时，是食品供应商捷足先登了。一个批发胡椒和调味品的商

① 佛罗伦斯·埃德勒：《商业历史协会年鉴》，哈佛大学出版，第4卷，第4期，1930年6月，第11～12页。

人叫做“食品杂货商”，而一个零售的商人叫做“香料贩”。可惜“杂货商”一词最早期的拼写法已不为人所知，否则这个词的原始形式将会使人们回忆起杂货商这一行的历史渊源。

经济状况和需求逐渐把公私商业与欧洲信贷业结合在一起，就跟今日的商业界相差无几。此时，出现了类似我们今天的证券交易所的机构，也就不足为奇了。许多素来最讨厌投机的农民上升到资产阶级的地位；工业和商业的发展；尤其是在本质上比先前土地贵族的商业更具冒险性的海外贸易的发展；雇佣劳动者阶级的扩大；人们不再把财宝藏之密室而是投资于合伙商号和股份公司；这一切变化共同作用，产生了股票交易。最初的股票是政府债券，后来贸易公司的股份也可以买卖了。在威尼斯，1206 年以后，登记了国家的债权人的姓名，政府所发的临时股份凭证成为可以买卖的流通票据，并可以抵押或作为借贷的保证金。这种方法不久就传遍了意大利其他城市。这种公债的利率从 3%～25%变化不定，根据政治局势而涨落。1407 年热那亚公债利率为 7%。至少在佛罗伦萨，由于公债可流通可获利生息，于是产生了一个活跃的投机市场。其他城市可能也是如此。1345 年巴尔迪银行和佩卢齐银行破产后，佛罗伦萨把它的国家债务合并为政府公债，数达 57 万弗罗林，利率为 5%。许多城市也以城市自有产业和来自入城税与入市税*的收入，作为不让渡所有权的抵押而发行公债。

* 此两种税略有区别，前者是外埠商人进入城市必缴的税款；而后者是商人把商品投放市场而缴的赋税。——译者

1371年佛罗伦萨成立了第一个证券交易所。"股票"(stock)一词来源于英国。迟至1834年,如果你借钱给英国银行,那么他们将在一块木雕的小牌子的两侧边缘上刻下钱数,然后把小木牌劈成两半,银行保存一半,债权人拿走另一半,这就是"木块"(stock),也就是股票。股票到期支付时,两块"木块"必须严丝合缝地对起来才行。[①]

要弄清楚国际法的起源,我们就必须追溯到十字军时期。

第一部海商法汇编诞生于加泰罗尼亚,它选编了习惯法,还在许多章节里编入了航海惯例。这些惯例显然出现于大约13世纪中期,被称为《海上领事法》。看来,威尼斯人1255年在君士坦丁堡首先采用了这套法典,并为方便起见,译成了意大利文。比萨人、热那亚人和欧洲其他以海上事业为生的民族都竞相效法。《海上领事法》成为地中海各港口通行的基本法。但它系产生于海盗横行、四海不宁之时,因此远不可能实施,或者只有到后世才能放手运用。不过这部法典毕竟是一种法律,并列入了私法条款中,它提供了某种保护,使当时的商业受益匪浅。

在与阿拉贡、热那亚、威尼斯签订的各项条约中,腓力四世对民船捕押敌国船只特许证加上了某些条件,即:只有向有关政府发出若干次命令之后,才可以签发这种特许证。持证人必须具结保证他已办理过一切法律手续,还必须发出一封信,传遍那个拒绝他的正当要求的国家的所有地区,以使每个商人都及时得到通知。

① 普尔,R. L.:《财务史》,第89页。

而且只有拖延一定时期，以便敌方加强防卫之后，他才能行使捕押权。还有，不得因为其中一人的过失，就去骚扰前往定期集市的商人；这些商人只对他们个人的债务负责。此外，捕押敌船特许证又是一份保证书。它禁止出海旅行者为使自己受到捕押敌船特许证的保护而挂出伪造的旗帜，此类骗局一旦被发现，即行没收该船及船货。查理五世时代出现于法国的海事法庭，有权审理一切有关海事的民事的及刑事的事件。于是，一种新的法律制度建立了。

14 世纪初，正规的商业条约终于开始得到承认。腓力四世曾于 1310 年 1 月签署了一项商业优惠条约，授权葡萄牙商人在阿夫勒定居。但这项条约我们可以不屑一顾，因为那些特殊优惠都是为了吸引外国商人的，再说条约也不是与葡萄牙国王签订的。不过某个同时代人告诉我们，查理四世在 1327 年签订了一系列商业条约。1308 年 9 月 8 日，挪威国王哈孔与佛兰德伯爵罗伯特签订了一项条约，规定两民族间自由通航通商 5 年，如果挪威国王或某公司或某人欠了佛来芒臣民的债，则扣押其货物直到债务还清，但此期间内照常通商。

由此我们看到，在 14 世纪之初，中世纪那种阻碍通航，使海上贸易毫无安全可言的坏习惯已经开始被人们抛弃。欧洲各国乐于为其扬帆于异国海域或经商于海外的臣民们提供保护。

中世纪的领事制度是促进贸易的一个重要因素，它提供了必要的条件，舍此正常贸易将很难进行。中世纪商人在异国时，常常多灾多难：收不回借出的债；动辄就被罚款，而且不按他所知道的商业习惯法，却根据他知之甚少的地方惯例来罚。不管他为了经商去异国，还是仅仅到另一个城市，处处如此。前往伦敦的商人，不管来自挪威还是来自布鲁日或鲁昂，在那里一概被视为外夷。正因为如此，领事馆就成为进行贸易不可或缺的机构。在促进国际贸易的同时，领事制度也为统一各地法律和惯例作出了贡献，并为日后建立国际法机构奠定了基础。

人们一直把领事制度历史的初期称为“自治城市时代”。那时国家不保护商业。商业有自己的基于自由交往和互惠的领事馆。国王并不任命领事，而由那些需要领事保护其利益的人们任命。

佛罗伦萨驻外国的领事人数之多，分布之广，可以说明它的贸易的范围和重要性。1423～1500年间，佛罗伦萨派任的领事遍及亚历山大、那不勒斯、马略尔卡、君士坦丁堡、塞浦路斯、黑海各港口、印度、波斯，还有中国。此外，每个领事机构都有司法官员、包办伙食的商人、译员、检查员、书记员、士兵等等随时效力。一般说来，每个领事由一名月薪为四千金弗罗林的秘书协助，还有两名助手和一名当地译员。领事不得经商，不得以任何方式为异国工作，他的薪金来自对他所在港口的进出商品所征之税。例如在伦敦，就根据汇票和买卖船货的价值征税，以支付领事的薪金。佛罗伦萨的商业越来越重要，以至1421年它在已有的贸易领事之外，又向比萨派驻了6名海事领事。1426年，这些海事领事中的3人调回佛罗伦萨。留在比萨的那3人的职责是：监督一切贸易、鼓励商人和航海者使用港口、防止走私、保护佛罗伦萨的商品、查验提货单和船只证件，检查全体船员，以及监督发工钱、检修船只，保证分类账精确无误。在佛罗伦萨的另外3个人也有自己的职责：接收来自比萨的报告并将其归档、发布各种海运消息并在新梅尔卡托

开廊中张榜公布、批准对那些被提名为驻外领事的人的任命或征召、接受有关海事的申诉和诉讼并加以判决、一旦需要官方干预时向国家议会提出请求。

随着15世纪王权的兴起、自治城市的领事消失了,以后的领事由政府任命,代表君主。1485年,佛罗伦萨人洛伦佐·斯特罗齐被任命为英国驻比萨的领事。授权一名官员对在地中海的英国人负责,这似乎还是有案可查的第一次。英国领事制度的建立,应该归功于理查三世。

很久以前,有句格言说:"统计资料就是静止的历史,历史就是运动着的统计资料。"[①]但在今天,历史学家也好,统计学家也好,都不会采用这个定义。因为现代史学家不以描述事件为满足,他像经济学家一样,兴趣在于找出造成这些事件的条件。"在现代意义上,统计资料对我们来说,只是对一定地理区域内和一定历史时期中,那些可以用数字形式来反映的特定因素进行的一种综合考虑。"[②]但是,如果从更大更自由的意义上看,那么,无论历史学家在何时何地发现了一个井然有序的政府或企业,他们也就一定会发现统计资料。

今天,政府、商业组织和社会学团体倾泻出来的统计资料有如没顶汪洋。现代统计学家以拥有它们而沾沾自喜,因此,他们可能会认为,从那些早年的历史统计资料中不可能得出什么科学结论。

---

① 施洛泽尔于1804年讲。

② R. P. 福克纳:《宾夕法尼亚翻译与重印》,第3卷,第2期,前言。

但这恰恰暴露了他们不学无术。统计学是经济研究的一个专门学科，按照各人的不同理解，可以说它的创立者是17世纪的威廉·配第爵士，或18世纪的阿森沃尔，或19世纪的凯特尔*。但早在14、15世纪，就有大量的统计学文献问世了，而且当时的和现在的进步历史学家都看出了它们的价值并加以运用。

从12世纪中期起，具有统计学性质的文献，无论公家的还是私人的，在数量和品种上都一跃而起。这是个确凿的证据，它表明欧洲的财富与日俱增，表明在中世纪的最后几个世纪中，商业和工业都一日千里地发展。到1500年时，此类资料之多，几乎使历史学家不知所措。而此类文献中散失了的肯定要比档案馆中抢救下来的多得多。这一时期的统计资料不同于封建时代后期。那时的资料包括封地登记簿、王室财库的岁入登记、采邑财产清单、测量数据和估产额记录，总之是反映农耕经济状况的文献。① 反之，中世纪末年的统计资料文献包括：王公、教会和自治城市的征税单、关税或海关税清单、各港口保存的用以征收海运税的航海登记簿、人口统计明细表、失事和海盗造成的商人的海运损失、要求偿还或找回损失货物的申请书、商人的账本、银行贷款清单、各种分类账等等不一而足。从1300年起，所有这些各类文献就普遍出现了。

哈布斯堡王朝的鲁道夫从腓特烈二世那里借得一计：把各封

* 凯特尔(1796～1874年)，比利时数学家、天文学家、统计学家和社会学家。因将统计学和概率论用于社会现象而著名。——译者

① 中世纪的封建国家除了领主权和占有权的区分外，一无所知；它把农产品视为固定的产业，因此农产品几乎就是我们考察地产所唯一要考察的东西。——布克哈特：《文艺复兴》，第69页。

地登记造册。查理四世则在勃兰登堡策划了一次末日大清查。1417年,皇帝西吉斯蒙德在奥地利和波希米亚征收一种户税。巴伐利亚的阿尔伯特1418年在格罗宁根和奥梅兰登征收家庭税。卢森堡的亨利七世每年收入达190万马克;而其子查理四世夺取波希米亚后岁收达300万马克。在法国,路易九世1260年的收入估计已达360万利佛尔,而腓力四世更高达1 080万利佛尔。

各国政府渴求增加收入,因此需要统计情报,这是这个工商业活跃时代的一大特点。由于各国政府越来越依赖税收增加财力,越来越依赖以税收为抵押的贷款,它们也就越来越迫切需要统计学知识。因此,意大利的所得税和提成税建立在统计调查制度之上也就不足为奇了。经济革命促使人们引进各种新的税制,昔日取之于地产的财富,曾迫使政府忙于地籍清查、估定地产价值、计算收支等事务,但在新税制下,取之于工商业的财富几乎完全取而代之。另一方面,我们也注意到了封建时代的"炉灶税"在法国具有的重要意义;我们看到,詹加莱阿佐·维斯孔蒂运用银行家的手腕治理政府,精心地保存了他的分类账目;我们也看到,在威尼斯人的《对外关系文献》中包含着极有价值的统计资料。

某些现代历史学家只知道当今各国政府所发布的浩如烟海的蓝皮书,如果有人认为统计学概念如此之早就已存在,他们就会冷嘲热讽,而且还低估这一时期文献的价值。不过这些文献确实不具备现代文献的精确的科学价值,否则它们也不会被人不屑一顾。

> 公平地说,威尼斯可能确实是统计科学的诞生地,也许是与佛罗伦萨同时,并且由更为开明的专制政体所继承。……

> 在意大利各国中，清醒的政治意识、伊斯兰教行政管理的榜样、长期活跃的贸易和商业实践，这些因素共同作用，首次产生了一种真正的统计科学。……当时的作者们在讲述这些事情时享有最大的自由，……也许正是意大利各民族首先进行了人口统计，不是按照家庭数或能拿起武器的男子数，也不是按照能处世为人的公民数，而是按照个人来计算，而这就为以后的统计奠定了最公正的基础。[①]

早在 1288 年，米兰就进行过一次人口调查，其内容包括：户数、人口、役令男子、贵族宫殿、水井、面包房、酒店、屠户、鱼贩子、小麦消耗量、狗的数量、盐价、木材价、干草价、酒价；还有下列各行业的人数：法官、公证人、医生、学校教师、抄书人、武士、铁匠；以及医院、修道院和其他宗教团体的数目及其所得捐赠的数目。

北欧人为时较晚才如梦方醒地意识到官方统计的价值。汉萨同盟各城市"从未超越简单的贸易平衡表的程度。舰队、陆军、政治权力和政治影响等等都被列为商人分类账上的债权债务"[②]。即使是比北欧任何地区都先进的佛兰德，也比意大利落后。16 世纪中叶，佛罗伦萨历史学家圭恰尔迪尼曾经对低地国家竟然还在运用如此贫乏的统计学知识惊讶万分。

像威尼斯、热那亚、佛罗伦萨这样伟大的意大利工商业城市，自然而然地成为统计学文献的发祥地，而且正是这些城市的历史

---

① 布克哈特，上引书，第 70～71 页。

② 布克哈特，上引书，第 69 页。

学家首先发现并鉴赏了它的价值。意大利文艺复兴时期的历史著作家们，基于对人和事的观察与体验，形成了自己的观点。他们评说各类政府的功罪、财富与自然资源的影响、商业和贸易的发展、税收的本质；并且显示出他们对统计学的本质和价值有着入木三分的真知灼见。

第一个真正出类拔萃的佛罗伦萨历史学家乔瓦尼·维拉尼，在分析共和国岁收时，就显示出了这种文艺复兴时代的真才实学。西蒙斯曾经公允地评价道："维拉尼的全部著作成为中世纪文献中奇峰独立的纪念碑，它象征着统计学和经济学坚忍不拔、前程无量，证明了当时的意大利各民族在欧洲民族之林中遥遥领先，何其壮哉！"[①]就这样，1343 年维拉尼估算政府收入为 604 850 金弗罗林，但战争吞噬了其中的绝大部分。对敌方米兰就花费了 60 万金弗罗林。维拉尼汇总各项收入如下：(以弗罗林为单位)

食物入城税	90 200
酒税	58 300
盐税(每蒲式耳对市民征 40 银币，对农民征 20 银币)	14 450
契约登记费	11 000
磨坊	4 250
租金所得税	4 250
屠宰场	15 000
牲畜市场	2 150
楼厅(商店)	5 550
饮料、水果店	450
护照	3 500
兵役免除税	7 000
携带武器许可证	1 300
对居住在周围地区的佛罗伦萨市民的农村财产、磨坊、捕鱼权等	

① 《僭主时代》，第 205 页。

征收的税…………………………………………………………………… 300 000

在另外一章，维拉尼提供了关于行政管理支出的数据：(以弗罗林为单位)

市长薪金……………………………………………………………………15 250
政府其他官员薪金……………………………………………………………31 500
公共娱乐场所的照明、取暖费用及公共动物园费用……………………… 2 400
警察……………………………………………………………………………10 800
送信者和间谍………………………………………………………………… 1 200
大使……………………………………………………………………………15 000

人口统计资料也同样令人感兴趣。在描述了佛罗伦萨的地形，尤其是著名的壁垒之后，维拉尼说，在佛罗伦萨，15～70 岁能持械上阵的男子有 25 000 人，其中 1 500 人是贵族。除去僧侣和修女，佛罗伦萨总人口估计为 90 000 人，再加上流动人口平均为 1 500人。这个估计数基于维拉尼从面包店得到的每日面包消耗量。[①] 每年出生人口总计 5 800 人。共有 8 000～10 000 名儿童知道怎样阅读；有 6 所小学，学生 1 000～1 200 人；有 4 所中等学校，学生近 600 人。佛罗伦萨有 57 座教区教堂，5 座大寺院，24 所女修道院，10 所男修道院(这种比例失调很有意思)，30 所医院，内设 1 000 多张床位。羊毛工场超过 200 座，每年出产 7～8 万匹呢绒，价值 120 万弗罗林。毛纺工业雇佣 3 000 多人。在这之前 30 年，佛罗伦萨羊毛工场多达 300 座，但那以后贸易已经衰落了。1472 年，佛罗伦萨又对工业和商业进行了一次最重要最全面的调查，而且，富裕的佛罗伦萨市民于 1427～1432 年间所支付的进口税的资

① 维拉尼，第 10 册，第 193 节。

料保存下来了。[①]

佛罗伦萨有许多伟大的历史学家，其中最著名的是瓦尔基和圭恰尔迪尼，所有这些伟大的历史学家都从那些在各档案馆中发现的统计文献中汲取资料。“在16世纪上半叶，恐怕世界上没有一个国家拥有哪怕一本文献堪与瓦尔基对佛罗伦萨的壮观描述相比。”[②]瓦尔基估计佛罗伦萨有1万个炉灶（或家庭），5万非宗教人口和2万教职人员。而据詹诺蒂计算同时期的威尼斯有2万个家庭。瓦尔基对佛罗伦萨的商业风气和商人生活的评论也是洞若观火，妙趣横生。

戴维逊发现的一份著名文献中，记载了佛罗伦萨各行会的财政状况。这份文献反映了1321年10月对每个行会的资产估价。数据如下（以金弗罗林为单位）：毛纺织行会2 000，丝绸行会400，医生和药剂师行会330，屠户行会325，卡里马拉或叫细呢绒行会320，法官和公证人行会100，银行家行会100，石料木料商行会80，锁匠和铁器匠行会80，木匠行会50。

文艺复兴时期佛罗伦萨统计文献的范围和精神实质是同类文献中最丰富的。各种清单几乎是有规律地每隔10年重制一遍，并系统编排，制成表格。1422年的一份财产清单列举了72项与新梅尔卡托有关的交易；清点了流通中的货币（总计200万金弗罗林）；记载了新兴的金线编织业；并在结尾抒发了作者对共和国普遍繁荣的观感。在洛伦佐·美第奇的《记事》一书中，已经估算、记

① 爱伦堡，前引书，第1卷，第52页注释。

② 布克哈特，上引书，第79页。

载了这个家族1434～1472年间的财富总额和所有商业活动。

威尼斯文献中的统计情报极其丰富，即令不优于佛罗伦萨文献，至少也可与之平分秋色。总督托马索·莫切尼戈临终之际(1423年)，总结了他治理威尼斯国家期间的经济成果：偿还了以往战争贷款400万都卡特，还结余600万都卡特。据他估算，每年用于贸易的资金达1 000万都卡特。威尼斯拥有小型船只3 000艘，水手17 000人；中型船只300艘，水手8 000人；巨型战舰45艘，水手11 000人。威尼斯房产总值达1 000万都卡特，租金收入达50万都卡特。收入在70～4 000都卡特间的威尼斯人有1 000名。泽卡的商业每年超过100万都卡特。威尼斯与佛罗伦萨之间每年的贸易额总计达292 000都卡特。

威尼斯最伟大的历史学家马里诺·萨努多曾经总结了威尼斯1423年的统计资料，并确定了位于意大利大陆部分的威尼斯所辖各省的收入数。来自帕多瓦城及其所辖地区的年收入总计65 500都卡特，而治理该地的费用不超过14 000都卡特。各省上缴盐税165 000都卡特；督治属地(即威尼斯直辖领土)的土地税计为25 000都卡特；意大利以外的地产的土地税为5 000都卡特；教会上缴22 000都卡特，关税为16 000都卡特；犹太人缴纳11 000都卡特。国家支付6 000都卡特房租，以使每个穷人有家可归。

科里奥的《米兰史》中也载入了统计资料，堪与维拉尼和萨努多的著作相映生辉。热那亚没有能与这些巨匠比肩而立的历史学家，但是具有统计性质的热那亚文献无计其数，都收藏在各档案馆中。即使是14世纪正处于水深火热之中的罗马，也有许多明细账目，反映了科拉·迪里恩齐征收的户税以及他在教皇国里垄断食盐的收入总额及商品税总额。红衣主教阿尔博诺掌管教会基金期间，基金余额有所增加。1371 年，红衣主教安杰利科编辑了一部更加精确的文献，反映了罗马尼阿地区和安科纳地区的经济、财政状况。当年，罗马尼阿有 346 444 户，年收入达 10 万金弗罗林。近代史学家施穆勒在其划时代的著作中，[1]根据保存于意大利各档案馆中的资料，已经估算出了意大利各主要国家的年收入：(以金弗罗林为单位)

热那亚	1214 年	600 000
	1293 年	1 500 000
	1395 年	3 000 000
比萨	1293 年	2 400 000
佛罗伦萨	1340 年	3 000 000
	1423 年	4 000 000
教皇国	1450 年	4 000 000
	1520 年	4 000 000
	1590 年	8 000 000
米兰	1423 年	10 000 000
	1500 年	12 000 000—15 000 000
威尼斯	1423 年	11 000 000
	1500 年	12 000 000—15 000 000

后来在 15 世纪中，甚至卡斯蒂利亚人的西班牙以及英国也开始赶上了历史的步伐。1482 年，阿隆索·德昆塔尼拉奉教皇之命在卡斯蒂利亚进行了一次人口统计，结论是有 150 万个家长。早在 1429 年，巴尔德罗夫拉召集的国会就曾下令统计阿拉贡的人口，结论是当时有家长 42 683 名。1495 年在塔拉戈纳召集的国会

① 《德意志国民经济学说概述》(莱比锡，1901～1904 年)，第 1 卷，第 294 页。

又一次下令统计人口，家长总计为50 319人。15世纪西班牙其他地区的类似文献没有传之于世，但只要把格拉纳达、纳瓦拉、阿拉瓦与吉普斯科亚七零八落的材料收集在一起研究就可以估算出，15世纪末，全西班牙人口总计180万户。若按5人一户计算，除葡萄牙外，比利牛斯半岛人口约为900万人。

我们所掌握的反映北欧中世纪末叶情况的统计情报中，主要是关于德国自由城市的材料最为丰富。德国史学家孜孜不倦地从地方记载中估算出了下列城市的人口、年收入、利率、税务负担的概数：律贝克、汉堡、法兰克福、巴塞尔、德累斯顿、伯尔尼、美因兹、科隆、雷根斯堡、奥格斯堡、纽伦堡、斯特拉斯堡、布雷斯劳、但泽、罗斯托克、乌尔姆。1488年德累斯顿的税单和人口统计表明，该地每人平均占有财富的实际价值已达735马克。百年复百年，德国自由城市的数目激增陡长，这本身就是德国工商业发展的绝好证据。公元1000年时，德国大地上当得起“城镇”之称的地方不超过12处，而且必须明白，即使这些地方也还没有自由的城市自治权。11世纪，这样的城镇有16处，12世纪有28处，13世纪猛增到119处，14世纪突破200处，15世纪已近250处。[①] 1378年，伦敦人口为46 000人。[②] 根据在这些城市中征收的户税，已经估算出了令人感兴趣的人口概数。在15世纪末，科隆无疑是德国最大城市，估计拥有52 000人口。黑格尔和比希尔已经估算出：纽伦堡1431年有22 797人，而后来于1499年的统计是20 211人。约

① 施穆勒，上引书，第1卷，第268～269页。

② 维利：《亨利四世统治史》，第3卷，第413页的注释。

1475年时，斯特拉斯堡、乌尔姆、布雷斯劳的人口不超过20 000人；奥格斯堡、汉堡不超过18 000人；法兰克福不超过14 000人；1460～1461年度，律贝克有20 436人，1487～1488年度有22 172人；罗斯托克1378年有10 785人，1410年有13 935人；但泽1416年人口为8 549人；德累斯顿1489年有4 817人；巴塞尔1454年有7 650人。[①]

时至1500年，欧洲的每一位大使都在尽一切可能地寻求有关驻在国的财政情报和其他统计资料，这已成为其日常工作。各国政府如饥似渴地寻求这种统计知识，这一现象反映了地理大发现时期和列国逐鹿于意大利时期的时代特色。在早期威尼斯的《对外关系文献》中，有两份查理五世编制的帝国收入和许多贵族收入土地和岁收的清单。[②] 当时，战争与银行贷款之间的联系是可以理解的。盖勒·冯·凯泽贝尔*猛烈抨击"腐烂发臭的金钱"和"舞枪弄棒的小丑"，用现代术语来说，就是抨击军火制造者和靠战争肥己的野心勃勃的政客。

① 贝洛：《季刊》，第2卷(1904年)，第477页以后。

② 德罗伊森：《科学论文集》，第3卷(1857年)。

* 瑞士出生的基督教宣教家。曾在弗赖堡大学学习和执教。以其宣教文风泼辣犀利著称。——译者

第二十章　中世纪末期的法国（1461～1515年）*

在15世纪后半叶，一切影响欧洲从中世纪转变为近代社会的因素和力量都在同时起作用，有时候它们甚至融合到一起，很难区分开来。这些力量是客观条件、实践和思想的混合体。这个新的经济和社会条件、这种新的精神遍及于欧洲大部分地区。在欧洲各处，较高的文化发展与经济财富相并行。不管什么地方、什么时候，只要有古老的中世纪封建教会的文化也就会有落后的经济条件和僵死的社会结构。旧欧洲是封建的、宗教的和以农业为主的欧洲。而新的年轻的欧洲是资产阶级的、商业化的、工业化的、资本主义化的欧洲。资本主义在欧洲的发展是与旧欧洲之转变为新欧洲成正比的。北方的文艺复兴，不管是佛兰德的还是德国的，都是独立于意大利的，但是它与工商业的联系之密切，资产阶级性质之纯粹，是与意大利诸城市的文艺复兴相同的。

政治上，这个时代的标志是"关于统一国家的政治新思潮，这个统一国家是由一个或多或少具有绝对权威的中央所统治的，而与旧式的，由或多或少独立的领地松散合成的封建王国相

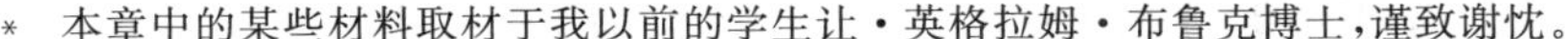

* 本章中的某些材料取材于我以前的学生让·英格拉姆·布鲁克博士，谨致谢忱。

区别”[1]。封建历史衰落以后，王朝历史随即兴起。贯穿欧洲的，这种走向中央集权的普遍趋势，在法国、西班牙和英国最为明显。在这些王国里，这种趋势以最大的规模、最强大的力量发挥作用。在意大利，专制主义在其性质上更具地方性，但就其实质而言，恰与其他任何地方一样，是绝对的专制主义。而在德国，由于德国政治发展的特殊性，专制主义不甚普遍。然而“甚至马克西米利安一世也可以看到他的家族所控制的一个普遍稳定的君主制王朝正隐约出现”。[2] 到处可以看到，随着领土的兼并，政治权威和权力集中于国王手中，旧的封建地方主义不能抗拒新的君主制度和民族主义趋向。除德国以外，甚至大城市也屈服了。在法国，大胆查理覆灭以后，国王对大封建家族已无所畏惧。

法王路易十一、查理八世和路易十二统治下的历史，是 15 世纪后半叶欧洲各项事物新秩序的典型，它是这样的重要，以至有更详细叙述之必要。

法国君主政府首要关心的问题自然是保证它的收入，建立国王规定和估算征税额的绝对权力。纵使国王可以改革领地上的税收制度，它的贡俸在罕有的和平时期也是不够用的。中央集权、黩武政治和欧洲的现状都急需开支，所以财经政策必须与政治相协调。查理八世在其统治的最后几个月中，计划靠王室领地收入和关税来维持日常开支，并计划每年从人民手中征收不超过 120 万

① 蒂利:《法国文艺复兴的文艺》，第 126 页。

② 斯彭格勒:《西方的没落》，第 2 卷，第 382 页。

法郎的税款以维持国家防务，他这只是在筹划不可能实现的倒退步骤。尽管科曼尼曾警醒地评论过："在世界所有的国王中，我们的君主最没有理由使用这样的言辞：'我有向我的臣民任意征税的特权'。"①但是，国王正是利用这一不召集三级会议之权宜之计，使三级会议的财权仅仅成为一种传统。查理八世宁愿与外省的三级会议相协商，因为他们绝不能抵制或修改御前会议的决定。1484年，情况逆转了，三级会议重申了它的财权，但是，图尔的宣言*只是没有实际效果的姿态而已。国家君主政府的财权竟然扩大到这种程度，它可以公然宣称"你们不得先于我而征税"，以制止贵族们在未经国王特许状批准的情况下恣意向其臣属征税。

这样，在王权加紧搜刮时，当然没有人出来阻止。查理七世的岁收总额曾经是180万利佛尔，人头税约为120万利佛尔。从1462年至1483年的人头税统计如下：

1462	1 200 000 利佛尔
1474	2 700 000 利佛尔
1481	4 600 000 利佛尔
1483	3 900 000 利佛尔

由于路易十一已把他所获得的几乎全部皇家领地转让出去，他在他的领地上每年平均只得到10万利佛尔的收入。看一看当财务署斗胆过问他慷慨馈赠事情时，国王是怎样地含糊其辞，是很说明问题的。1484年的补助金和盐税共计655 000利佛尔，到1498年，国家正处在逐渐兴隆的前夜，也只增加到700 000利佛尔。这

① 科曼尼:《回忆录》，第1卷，第385页。

* 1483年，查理八世冲龄即位，其姐安娜任摄政；次年在图尔召开了上述三级会议。——译者

是征税工作非常腐败和无能的证明。

这一总数仍然不够,当然只能借助于老的应急措施:什一税、银行贷款和地方的强制借贷等。在维护由自己来掏腰包的权利方面,教士们并不比王国里的其他人更有利。什一税的征收,即非通过对教皇的要求,也未经教士们同意。转让教会产业的税收和国王对空缺教职的圣俸所享有的权利带来了相当可观的数额。自然,王国政府尽可能地选择使用法国城市借贷的手段,这样的贷款不仅免除了利息的支付而且根本不必偿还。这些摊派是不定期的,而且负担很重。这不仅对城市政府的财政,同时也对城镇的繁华产生了极坏影响。1463 年路易十一为了赎回索姆城*而短缺 20 万利佛尔,遂从一些城市金库中提取了这笔钱。1496 年巴黎又被要求提供 3 万克朗,城市对此怨气冲天。但这些苛捐杂税也并非随意索取,而是确有需要,所以国王对这些申诉也充耳不闻。只有当洪水或瘟疫这样的灾难发生时,路易十一才减少一些赋税。而查理八世则宁可先提高其征收的数目,使其超过实际需要,而后再演出慷慨减税的喜剧。

在皇家预算中最最显著的项目是宫廷的开支。路易十一生活得像个资产者,使其家庭开支从 1460 年的 250 000 利佛尔猛增到 1481 年的 415 550 利佛尔。我们还能发现路易十一曾埋怨说:“当工职人员在和他们认为像我这样钱包丰满的人们打交道时,他们总想尽力按照他们自己的利益来安排事物,以便从中取得最多收

* 为法国北部庇卡底地区的城市,临英吉利海峡和加来港。百年战争以后,路易十一收回这一地区,基本统一了法国。——译者

益。”[①]查理八世和摄政女王安娜想要“生活得像个样”，他们的开支接近了 100 万马克。因为用馈赠礼物和年金把贵族和王室联系起来已是公认的政策，所以在预算中这一笔开支也很大。为了这个目的，查理八世平均每年花费 50 万利佛尔。无怪乎说，在查理八世逝世时“无数人对他沉痛哀悼，因为他对他的宠臣们曾比以往任何一个国王更加慷慨。他给予他们的实在太多了”。[②]

对那些用得着的，或危险的外国人，国王同样给予年俸和定期的赏赐。每年有 16 000 克朗送到英国各官员处去。1475 年至 1483 年送给英王的那份每年达 5 万克朗。瑞士的领主们更是贪得无厌。科曼尼计算过，从格兰森战役到查理八世去世，伯尔尼、卢塞恩、弗赖堡、苏黎世和他们的地方领主们曾收到 100 万以上莱茵弗罗林。一般地说，从金钱上看，年俸及贡金比战争费用便宜得多，但是查理八世为了进行他自己选择的侵略战争而给予外国的这笔补助金，甚至连这种合理性也没有。

然而，与所有其他开支相比，军费是最大的开支。在欧洲，民族国家的国王和统一的国家，还是新鲜事物。这样它的政府的各项政策，就不得不总是被武力威胁所左右，“大棒”不得不总放在明处。如果人们把显示公理后面有强权的必要性也加以考虑，路易十一和查理八世总是偏重军队的理由就很明显了。路易十一增进其军事实力的早期措施是把每个城市所提供的弓箭手的数目增加 2 倍或 3 倍，并在他认为优秀的城市巴黎组织一支民兵。普瓦提

① 1479 年 1 月 1 日的信件。

② 科曼尼，前引书，第 2 卷，第 288 页。

埃在1468年提供12名自由弓箭手，而在1474年就得送出23名。桑利到1467年把它的指标提高3倍而提供了18名。国王认为装备这支军队的花费是无法容忍的开支，坚决拒绝支付。法格涅专门出版过一个有趣的文献，它提供了有关把巴黎的手工业工人和商人们组织到61个旗队或军队中的情况，它们必须装备精良，训练有素，随时准备为国王效力。在体会到了城市兵的无能和不服从的事例之后，路易采用了雇用外国雇佣兵这个十分不得人心的可怕步骤，因而，由于“他仿效意大利王公建立了一支可怕的雇佣兵军队，给他的国家造成一个必将长期流血的重创”[①]。各城市都认为这一政策有如毒蝎的惩罚，因为城市钱财的消耗要比士兵的消耗更沉重得多。所以为平息路易死后的反叛思潮，安娜·德博热*解散了瑞士雇佣军，企图组织一支本地宪兵，但未成功。查理八世做出了真正努力，以加强纪律来使士兵这个称号不再与抢劫者同义。但是他常在意大利而离开本土，使这一切改革归于无效。

也许源于这种新措施的军队的最大弊端，是把国王军队驻扎在城里或城郊。国王可为整肃纪律下达命令。但是，由于军队不能按时得到军饷，士兵们必然会以这样或那样的方式，破坏市民的财产和安全，而得到欠饷。当军队在城里或城市附近时，商业常常几乎中断，因为商人们如果仅仅会成为掠夺对象，他们就不进城来。在军队驻扎的同时，还有一个个的王室监收官来索要火药、盔甲、粮食。1476年在兰斯城，他们还要过火炮、马匹和各种车辆。

---

① 科曼尼，前引书，第2卷，第43页。

* 即法王查理八世之姐，博热的波旁公爵之妻，在路易十一死后，协助幼弟查理摄政。——译者

城堡的昂贵的维修费用要由每个城市自己支付，虽然王室官员可能来监工，并且从中取利。

舰队的费用与军队的费用同时增长。由于海盗的猖獗，由于与英国和西班牙的无休止的冲突，最后还由于夺取意大利的企图，这支舰队是必要的。路易十一继承了雅克·科尔*的事业。查理八世更进了一步。有一次，他从威尼斯招来一位造船主为他监造三艘新船。当查理在 1491 年招募 500 名新水兵时，王室财库没有蒙受任何损失，因为它向该地区的免税城市征收了一份人头税，合 200 多利佛尔。要应付重大的任务，法国舰队的力量是不够的。1494 年，法国使用了热那亚的舰队。科曼尼曾说过："那支在热那亚待命的舰队，花费大约 30 万法郎，它把王室国库几乎耗尽。"①

路易十一和查理八世的时代最多不过是一个断断续续进行战争的时代。这种局势不仅仅导致了法国资源的耗尽，而且因军队在全国各地进攻或反攻引起了正常经济生活的中断。应该注意到，战争已不再是一个等级的冲动，它已成了资本主义事业，这个事业需要以一种比国家收入更迅速更方便的有效方式取得更大数量的金钱。② 在很大程度上是因为这一点，国家君主政府才和国际银行结合在一起。路易十一所进行的那样的战争，为统一的国家增添了像诺曼底和勃艮第这样在工商业上很重要的省份，这当然对国家的经济产生有利的影响。科曼尼说，路易十一决心获得

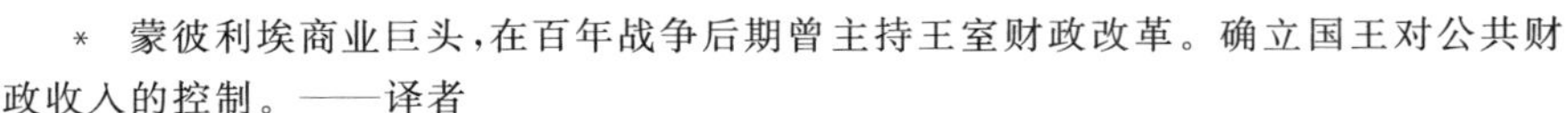

* 蒙彼利埃商业巨头，在百年战争后期曾主持王室财政改革。确立国王对公共财政收入的控制。——译者

① 科曼尼，前引书，第 2 卷，第 122 页。

② 卡塞：《晚期中世纪》，第 158 页。

诺曼底是由于“它能提供大量的金钱，据我所知诺曼底每年得付出95万法郎，而有人说，还要更多”。[①]

经济复苏变得重要起来，农业是复苏的第一步。但路易十一和查理八世对农业复苏却没有什么直接影响。除了攫取那些其所有主拿不出土地契约和凭证，也没钱在法庭上证明土地占有合法性的地产外，国王很少对土地主动关心。开荒中表现出来的极大力量，大领地之分割成许多小块地、地产的普及、通过引进短期租赁制使土地收入与地价的波动相适应的企图、灾难性的地租契约的盛行，这些运动和趋势与君主政府本身并无关系。而君主政府制止粮食投机，囤积居奇的努力，也完全失败了。谷物，尤其是小麦的生产与葡萄酒的种植曾有过飞跃的发展。到1500年地价又回升到1400年的状况，而在法国，土地资本仍将继续维持。

与农业不同，工业却感到落到皇室的手中。

> 到15世纪末，已出现对个人行动自由的反动，自由雇工为商业法规所代替，这尽管是自发的，但也受到皇室的鼓励。皇室和资产阶级联合起来，粉碎了与商业的外部竞争。商业也经历了相似的反动。法国各省的狭隘观念立即发出了保护本省物产、恢复省间关税的呼吁。过去在战后大受欢迎的外国人，现在都陷入无所作为的苦恼中。[②]

① 科曼尼，前引书，第1卷，第70页。

② 《英国史学评论》，第21卷，第576页。

老的行会在过去只是一个法律不大健全的团体。国王们,除去腓力四世外,或认为工业组织不是公共行政机构的一部分,或受其他方面牵扯过多而不想干涉。现在改革的动力已来自双方。自由行会为法定行会所代替。这是由于工匠师傅们正在尽力把他们的组织变成一个封闭的社会等级,尽力更细致地规定他们的劳动条件和产品的数量与质量。因为那些手工业者的下层是一群容易受鼓动的人们,也因为工匠师傅通过控制城市机关的方法来控制城市政策,所以路易十一和查理八世也就与这些工匠师傅们结成同盟。路易十一多次进行干预,迫使自由工匠组成封闭的行会。1481 年在图尔,他命令:"本城所有工匠……都要宣誓(入会)。"这个制度后来趋向于成为工业的普通法,它甚至推广到一些较小的城镇。在这次及其以后的干预中,路易十一是有各种动机的。控制工匠师傅的数量,以便利益均沾,这对手工业是有利的。公众要求得到质量合格的产品和保证稳定的供给,对此工匠们的答复是,除非制止自由竞争,不然他们就不得不关闭其作坊,从而使城市一无所有。与工匠师傅的联盟,不仅使国王在反对诸封建领主时得到城市的支持,同时皇室金库也可以从行会各种费用和罚金的征课中得到一笔可观的收入。

在人们可以想到的各种场合,人们都能够听到皇室官员们的强制命令:如修订或批准法规条令,决定劳动时间和节假日,甚至议定商标的使用,规定制作的流程或确定质量标准等等。在巴黎,路易十一把对商人工会的治安监察权交给市政官卫队。在一些次要的城镇中,领地上的管家和司法总管也有同样的权力。在里昂,司法总管拒绝承认别针制造匠提出的法规,并向国王告发他们违反公众利益。直到查理八世执政时，这些法规才得到承认。

尽管路易十一要进行一些战争和抵抗，但他仍花费时间来参与有关手工业的大量的立法活动。仅在1467年6月这个遭受侵犯的月份里，*国王就对制鞋匠、漂布匠、制球匠、手套匠、裁缝、紧身衣缝制匠颁布了法令。在1479年颁布关于管理全国毛织品加工的大法令时，这种立法活动达到了顶峰。这个法令是在和巴黎制衣业协商之后制定的。原在巴黎应用的制度越来越被认为是典范，政府依据巴黎模式再来制定统一的法规。

路易十一认为，为了国王或工业的利益，对各业行会制定法律和规章的国王，应有权特免那些规定，这是不言自明的。所以在手工业中，他使他所喜欢的人成为该行业的匠师。在特鲁瓦，他许可一些皮革匠在夜间工作。路易和查理对于向扩大了的奥尔良城移民有兴趣，曾下令，在新城区的工匠，不受任何行会的控制，但仍受皇室官员的监督。为了促使丝织业在本国的发展。王室使新兴的丝织业仍保持其自由手工业的特点。

在路易十一和查理八世时代如此明显的工业复兴中，人们能够看出其发展不仅仅来自行会组织的增长，新兴工业的引进和皇室的保护措施。也许更有理由说，它来自15世纪后叶商品需求的日益增长和市场的不断扩大。

民族工业中最最兴旺的是羊毛纺织业，鲁昂是这个工业的最大中心。纺织业市镇的兴旺非常引人注目以至引起竞争。得到路易十一恩宠的图尔和在1488年被查理免除其纺织行会的羊毛和

* 指勃艮第公爵大胆查理对法王的对抗活动。——译者

染料税的普瓦提埃相继成为该行业的中心。由于皇室的支持,这种工业的体制也被引进到朗格多克,以至这个省份对法国北方和意大利的从属关系渐渐削弱。1477年路易指示尼姆组织纺织业。1476年他对蒙彼利埃施以同样的恩泽或指令,虽然那里的行会直到1483年才组织起来。查理八世利用限制性关税,保护这一新兴工业,以抵制来自加泰罗尼亚的竞争。

由于路易十一的开创和扶植,在法国建立了丝织业。1466年12月,国王向里昂人民发出通告,向该城征集2 000图尔锂以在他们中间建立丝织业。他期望通过这一行动,使这个城市富裕起来,并阻止王国的钱财外流。因为照他的估计,法国每年为购买丝锦要付给意大利40万到50万金克朗。他宣称这新兴工业是一个光荣的手工业。"振兴此业将使各等级之男女合法地从业……从而令彼等于今尚属无用的教会人士、贵族及其他宗教界妇女将据有体面而有益的职业。"[1]次年他从热那亚、佛罗伦萨和威尼斯招来丝织工人,把他们安置在里昂市,给予他们重要特权。但是里昂人民却认为这全部计划是一个完全轻率和代价昂贵的改革,表现出不情愿也没有能力把这个工业干得很成功。就这样,刚建立起来的这个手工业,4年之间全部迁移到图尔。在图尔,丝织业牢牢地扎下了根,而且查理八世通过禁止输入金银线锦、丝绒、绸缎和锦缎(1485年)来帮助这项"奢华衣料"的织造。

在鼓励开发国家矿藏资源上,国王也发挥了同样的作用。1471年路易十一颁布通令,创立了矿务局,它有权授予开采权,并

① 见《路易十一书信集》,第3卷,第121～122页。

且能勘探和开发那些业主无力开采的矿藏。同时他从莱茵地区和士瓦本调来工人，给予他们公民权，并免赋税和兵役。这些豁免项目被查理八世再次确认。对国外熟练劳工的这种款待是这个国家工业发展的一个有力因素。从事造船和纺织的意大利人与搞金属制造和印刷的德国人证明是最有用的人。到15世纪末，矿山主要由德国人开采。

那些富裕的资产阶级和贵族们对金属的工艺品产生了热情，尤其是对金和银，这种热情直到劳力的供和求超过了金属的供应才结束，像1482年在第戎城那样。路易在馈赠图尔的圣马丁（1478～1480年）时，表现出他固有的向宗教势力的有意挥霍。他送给他一个含银量达6 776马克的银制格子窗架，两个金银圣骨匣和一尊国王的跪像。

法国很快地采纳了新的印刷术。1470年一个法国人和三名德国人把新印刷术引进巴黎，1473年来自列日和纽伦堡的印刷工匠在里昂采用这种印刷术。从巴黎和里昂，它迅速传播到全国。里昂成为全欧著名的书市，从1473年到1500年间，有160多个印刷工匠在那里开业。到查理八世统治末期，在整个王国内，法国的印刷工匠已在取代他们的德国竞争者。

当国王把他的注意力转向商业时，显然，最紧迫的需要是恢复因长期战争而解体的集市和市场。这是一项为国王、贵族和各城市都由衷期待着的美好事业。路易以国王文告的形式创建或重建了66个集市，其中包括查理七世在里昂建立的几个相当不景气的集市在内。1463年路易写给财务署的信中曾同意“对朕之城市里昂之臣民签发此等朕之文件……盖因朕甚悦于建此等集市”。（对这个无情的君主来说,这是多么温和的言辞啊!)财政大臣须立即去证实和转送这些信件。当时给予这种许可是与路易对待日内瓦集市的政策有关的。法国商人云集日内瓦,法国的货币流入日内瓦,使他这位重商主义者心如刀绞。于是国王把里昂集市的数目增到 4 个,并且规定与日内瓦集市同时举行;他还赐予来里昂集市的商人以一些重要的豁免权和特惠权;最后,他禁止任何法国商人进入日内瓦。他对日内瓦的愤怒抗议无动于衷,虽然这些抗议作为他敲诈里昂向国王纳贡的手段,倒很有用。里昂集市在 1484 年曾一度衰落。当时它被断定太靠近边界,而让过多的货币流出国境,因之集市先迁到布尔日而后又迁到特鲁瓦。然而里昂的特权在 1494 年又恢复了。1470 年,对日内瓦的措施又被用来对付佛兰德所有的大集市。所有北欧人被禁止与大胆查理的领土发生任何商业联系,同时在卡昂又建立了两个自由集市,其开市的日期和安特卫普的集市的开市日期完全一致。

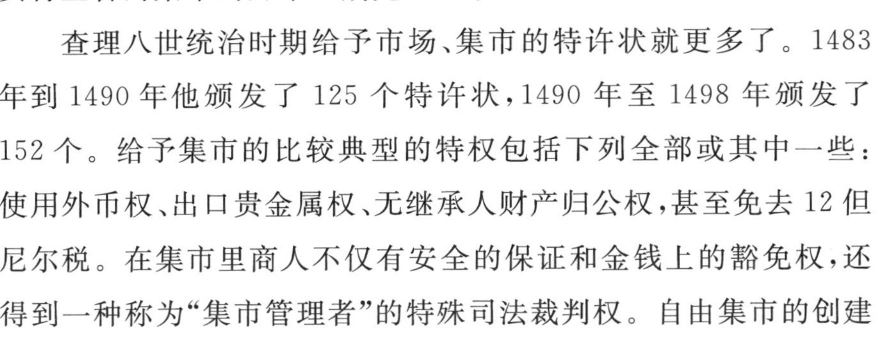

查理八世统治时期给予市场、集市的特许状就更多了。1483 年到 1490 年他颁发了 125 个特许状,1490 年至 1498 年颁发了 152 个。给予集市的比较典型的特权包括下列全部或其中一些:使用外币权、出口贵金属权、无继承人财产归公权,甚至免去 12 但尼尔税。在集市里商人不仅有安全的保证和金钱上的豁免权,还得到一种称为“集市管理者”的特殊司法裁判权。自由集市的创建极大地激励了这些地区的贸易和商业活动。

无继承人财产归公权的压力遍布各港口和大城市。但路易和查理不受此限,对外国商人们给予更多的个人豁免权甚至给予大量批准入籍的特许。由于路易十一从不允许人们把政治上的对立同对于法国有利的经济手段不必要地纠缠在一起，他准许他的臣民甚至可以与敌对国家维持商业联系，并且还禁止报复。1470年，他写信给特鲁瓦市，警告其市民说，尽管勃艮第公爵扣留过法国商人的货物，但特鲁瓦市却不必损害勃艮第人的财产，已没收的所有货物必须发还。

其他促进贸易的措施是皇室提供的对运河的疏导和对道路桥梁的修缮。然而比泥坑和摇晃的桥梁更坏的障碍，是那些地方关税和领主们的名目繁多的过境税，它们榨干了商旅的钱袋，使两地间运输遭到无法忍受的拖延。君主政府愿意倾听商人团体的呼吁和某些等级的抗议，因为毁掉地方关税和关卡，与皇室反封建求统一的目标相吻合。然而把关税界限扩大至国家的边界线，在当时几乎还没有开始。虽然路易十一在罗纳河和索恩河撤销了许多关卡的阻拦，并在1483年计划把国内所有关卡全部撤除，但后来查理八世重申这项立法，证明这两位国王的努力都不很成功。事实上只是各城市和商人公会所从事的长期艰苦的斗争，才最终废除了这个弊端。

1464年6月19日国王颁布在全国各地建立邮政业务的法令。邮政业务，正像科曼尼指出的，“在这以前从未有过”。虽然它当时未普及，但这个法令毕竟是一个重要的进步。邮费是每匹马行4里格需资10个苏。没有材料说明这是否吃亏。

到15世纪后半叶，新的民族国家的统治者们认识到对国际贸易系统的管理已变为国家的职能，因而国家间的协定开始取代了各城市或各国同业公会之间的旧合同。在这些协定中，贸易的权利，而不是专制君主的让步或个人的容忍，变成了普遍的法则，所以任何友好国家的商人都可以进入国境、四处行商和设店铺开业。

法国历史学家M.查理·德拉隆西埃尔曾把路易十一描述为一个可靠的商业保护者,其信念是"由法国人经营的工业、商业和法国的航海业"。[1] 路易十一是最早的重商主义者之一,因为他坚持发展国家的经济实力,以实现法国的经济独立。也因为他要求法国工商业摆脱世界经济强国意大利的控制并与之竞争。但按拉维斯的说法,路易不是一个狂妄的保护贸易主义者。虽然他希望利用所有的国家资源,来使国库充实、人民富裕,并防止货币外流;虽然他保护过新兴工业,使垄断地中海贸易的大胆计划得以发展,但他还是非常明确地认识到,有时候法国是需要其他国家的合作的。他对外国商人的欢迎态度,他与英国签署的自由贸易条约,他的全部商业协定,都是他决心使法国摆脱由于战争和无政府状态造成的经济孤立的证明。查理八世继承了路易对法国工业的保护政策。但1484年,他,或毋宁说是博热的安娜,既向法国人也向外国人宣布,商业完全自由。这实际上表明了自由贸易已经战胜了贸易保护主义。

路易十一把法国经济由从属于意大利的,尤其是从属于威尼斯商人的地位中解放出来的战役,开始于两个法令:一个是一切香料、丝绸和其他利凡特的产品必须用"法国大商船"进口(1464年)。另一个是,外国人禁止进入朗格多克港。法国建造了四条大商船,其中一条集中在西班牙沿岸活动,另外三条均从埃格莫特出发,经由马赛、尼斯、比萨、加埃塔、那不勒斯、巴勒莫、墨西拿和罗

① 见隆西埃尔:《历史问题杂志》,第58卷,第75页。

得岛，到达雅法、贝鲁特和亚历山大。路易十一企图把埃格莫特所享有的同样的特权给予受他保护的卡利乌尔。这一举动遭到反对，以致埃格莫特的垄断权又被恢复。但当皇室吞并普罗旺斯时，埃格莫特港口遭到了致命的打击。对外商和外船的清除引起朗格多克商人的不满，他们抗议说，他们的集市遭到毁灭，他们的出口额减少了一半。他们甚至企图以出钱改建埃格莫特港的手段来贿赂国王。路易十一禁止外国人进入朗格多克的计划明显失败了，以至于他在1467年废除了这个法令。但他想以削弱威尼斯海上贸易的手段给予威尼斯更有力的打击。因此法国舰队频频成功地袭击并劫掠威尼斯大商船，以至这些船只只有在武装护航下才能航行，而船长们还总是害怕在每一个海角岩石背后埋有伏兵。1478年威尼斯以容忍而不是以友善而得到了和平。1481年国王放弃了法国大商船的垄断，准备推行一项更为理智的措施，即敦促各个等级的国民们来建造船只。前一年他还特许贵族们、教士们和皇室官员们去从事贸易而无损于他们的地位。

由于获得了普罗旺斯，使路易激发了对利凡特商业的新的兴趣。他招来11个重要城市的商人代表于1482年2月在图尔开会。在会上他的代理人解释了一个“在利凡特沿海建立商业和航海业总公司”的投资10万利佛尔的庞大计划。公司的商船完全垄断利凡特产品的经营，并用这些产品供应整个西欧。有些商人认为里昂的自由集市吸引来外商，从而损害了地中海滨海城市。他们私下可能表示希望国王陛下在有关利凡特的商业问题上停止这些轻率的鼓动；并公开答复道，法国很穷，内陆城市也不可能有兴趣支持这样一个公司，最好的原则毕竟是贸易完全自由。因而，这个大公司没有进一步的发展。

为了法国在地中海的贸易，路易在不懈努力中所关心的另一件事是，在 1482 年，他向突尼斯和博纳的“国王们”派去一位使节，但这没有得到什么持久性的结果。

在查理八世宣布贸易自由时，法国与地中海贸易关系的全部问题似乎已经解决了。唯一不满的表示来自朗格多克，它面对普罗旺斯的竞争和法国南方经济均势的转移，正在逐步失势。然而，随着法国对意大利的入侵，魔鬼又出动了。

在不断缔结的协定中，总涉及与西班牙、葡萄牙、英国及汉萨同盟的关系。查理八世当政前期，马略尔卡岛和巴伦西亚是对法国商船开放的，而且还有一位法国领事派往那不勒斯。但是路易渐渐开始对卡斯蒂利亚的商人们，显出一些厌恶情绪。因为他们专营奢侈品，掠走了过多的法国钱财。他的态度导致西班牙对法国的关闭政策。而与此同时，葡萄牙开放了。而且在巴塞罗那协定之后，与西班牙重建了更密切的商业联系。

自从战争爆发以来，西海岸各港口的状况都很糟。这里实际上没有法国自己的船只，而英国船只又被查理七世禁止驶入。路易为了援助拉罗歇尔，第一次对驶入这个港的船只废除“入港税”。到 1463 年，路易给所有国家的船只进入波尔多港的权利，只需支付 12 但尼尔的税金。后来国王发布一个敕令，命一切波尔多邻近省份的商人的所有出口商品必须经由波尔多再向西班牙、葡萄牙、纳瓦拉、布列塔尼、英格兰和佛兰德转运，从而使波尔多有了出口专营权。

路易十一十分赞同英法贸易，因为英国人买走南方的橄榄油，加斯科尼和香槟的葡萄酒，北方的各种纺织品和零星服饰杂货，但只卖出不甚昂贵的原料，如羊毛和皮革等。国王决心把英国商人引回法国，甚至要把英吉利海峡变成英法的领域。当他诱使勃艮第的腓力向英国人关闭佛兰德商港时，英国人被迫转向法国。但是“公益战争”*的爆发使英法之间无法缔结任何条约。1470 年路易十一与亨利六世进行停战谈判，这为两国之间提供了 6 年的完全自由贸易。路易与缔结这些条约的使节们联系，要行使一个新的计划，利用外交人员的随身行李豁免权，把价值 25 000 克朗的法国产品运出去，不是为出卖，而仅仅是去展出。这个计划没有成功，所以欧洲没有领略这种“博览会”的早期发展形式。就在这时，爱德华四世又回来了，战争再度爆发，但由于拉罗歇尔被宣布为中立港，(1472 年)那里的贸易未受损害。1475 年至 1476 年订立了停战协定，它规定只有属于英国和法国的船只，可以在两国之间进行贸易。查理八世有充分理由渴望同英国建立一种诚挚的谅解。他极愿意执行 1492 年和 1497 年的协定，因为这些协定废除了对两国人民的一切额外义务，并在港口设置了特别法官来处理海事案件。双方政府同意，采取共同行动反对海盗，并对战利品的权利作出规定。

路易十一在当政的大部分时期与佛来芒人的关系是不友好的。虽然他对低地国家内部的集市的禁令从未彻底实施过，但路易还是拒绝了佛来芒人关于减免每桶葡萄酒两克朗税金的要求(1476 年)。1478 年至 1483 年低地国家的商船还经常受到法国舰

---

* 1464 年，以法国勃艮第公爵为首的大贵族组成“公益同盟”，以同王权相对抗，进行了多年战争。——译者

队的攻击和掠夺。

对汉萨同盟，情况就不同了。路易在接连几个协定中(1464年、1473年、1483年)免除了他们所有的补助金、附加税和盐税，并免除他们在货物过磅时应付的过磅税，这种过磅税连法国商人也得支付。汉萨的商人们可以在法国占有任何财产，可随意处置它们。法德交战时，有一年他们结账后，离开了这个国家。国王指派海事法官、鲁昂市的司法副官、拉罗歇尔的主管人员和其他人为保护人，这些人将处理涉及汉萨商人的各种案件。法国人在汉萨同盟各城市中也得到同样的特权。

然而，尽管人们那么努力地签订贸易协议，它对商业的刺激仍常常被海盗和海上掠夺的影响所抵消。西班牙和英国总可以看作是法国的宿敌。而到路易十一逝世时，法国舰队正在追逐英国、西班牙、葡萄牙和意大利的船只。不仅外交关系是如此紧张、多变，以至于人们总可以找到去袭击邻国海岸的各种借口，而且报复的权利即使在陆上不被承认，在海上也总是被承认的。况且，资助精练能干的海盗船长们去劫掠邻邦敌人的商船，毕竟比设法抓住著名的海盗吊在帆桁上要少许多麻烦。但是，查理八世在1492年至1493年间所签订的一系列协定，还是成功地使比斯开湾和英吉利海峡的贸易变得和平与安全了。

关于路易十一与法国各城镇间的紧张关系已有不少叙述。表面看来，国王对他的"优秀城市"是多么仁慈！他在信中曾亲切地向他们致意曰："朕亲爱的良友"，并亲切地感谢里昂城"为朕之岳父萨瓦公爵所做的一切；朕对尔等甚悦于此"[①]。他把自己的困难

① 见《路易十一书信集》，第2卷，第138页。

告诉他们，以此表示对他们的尊重。他说，尽管增加了贝里公爵的年俸，公爵还是离开了朝廷。他还及时警告他们说，布列塔尼、贝里和勃艮第公爵正用麻风病人充当密使。更有甚者，他恢复了城市特权，间或还降低一些赋税。为了证实他对忠实的巴黎行会会员的信任，他把他们组成一支由皇室官员统率的民兵。最能表示对市民及他们的能力的信任的，是 1470 年、1479 年和 1483 年他召开了由城市的优秀商人组成的谘议会。

但在这些表象的下面，只有功利主义。在他与顽固不化的封建势力斗争时，路易需要城市的支持。因为每实施一个攻击行动和实行一项政策，他都需要金钱，而这些金钱只有从城市和市民资本家那里才可获得。当然，路易十一对城市的独立，也同对待国家中任何可能有力量违背其意志的其他政治势力的独立一样，给予坚决打击。他支持剥夺市民会议的权力，把它授予一些更富裕的资产阶级寡头，这些寡头反过来又服从他的命令。在选举中，在法庭和城市治安中，国王的代理人掌握着权力，这种权力甚至不加以任何掩饰。国王可以毫不顾虑会有任何有效的反抗，而向普瓦提埃人发出命令，要他们选举米肖・道伦“朕之宫廷侍从及普瓦图税官”为市长[①]；或者指示亚眠人说，国王愿意要让・德科洛瓦当市长。

国王代表下一步又开始对市政当局的预算加以真诚有效的关注。路易十一的官员们出席审议财务的会议，查理八世的官员监督税收的估算和对弊端进行调查。在另一端，皇室也控制着地方财政。因为虽然中央政府把全部财源消耗在战争和“政治”上，实

① 见《路易十一书信集》，第 2 卷，第 132 页。

际上对城市未尽义务，但城市还是完全按照国王的意志来征城市税。城市税以国王所承认的入城税为基础，而征收的种类和数额要由国王决定。路易也很赞同城市的这种论点，即在城市中居住的贵族及神职人员，应该为城市的开支作出贡献，尤其是在城堡的维修上。一般说来，国王规定，教士们应缴纳城市税，贵族们也必须缴纳其在城区或郊区非封赠土地的土地税。而被授予贵族称号的资产阶级——他们已是一大群人——则不享有免税权。但是对于那些为国王效劳的官僚或个人，情况则不同。国王经常向城镇下达各种豁免命令，其中较为典型的事例有：他曾写信给里昂人要求使让·德加盖萨尔担任"军队的首席传令官和朕属骑兵扈从队的教官"，而免去他父亲皮埃尔·杜尼弗尔的城市税[①]，他写信给特鲁瓦人要求他们崇拜自己关于豁免当地"人头税"和警戒任务的文件；他还施予安托万·多泽纳克的遗孀一笔抚恤金。

要估计路易十一和查理八世的经济政策的价值是困难的。在这个时期，即大约 15 世纪的后 40 年，法国经济复苏既为政府的政策大大推动，也受到它的严重阻碍。中央政府与国家经济生活的关系变得具有如此的决定性和支配性。在一个世纪之久的战争引起的消耗性的经济停滞之后，多国性的商业贸易和朝气蓬勃的工业发出了悦人的呐喊。用图尔的 M. 英伯特的恰当言辞来说："如果说西班牙找到了黄金，那么法国'生产'了它。"各城市感觉到生活的激流，它们推翻旧城墙来建筑新的街道。自立的人们到处可见，他们因成功而骄傲。国家城乡人口的增长。对绸缎织物的疯

① 《路易十一书信集》，第 3 卷，第 205 页。

狂追求导致了1485年的限制法规，它禁止任何非世袭贵族或收入不足200利佛尔的骑士穿这种新式的昂贵服装。鲁昂的纺织工匠们在1494年则提出抗议说，放弃呢绒服装的现象是如此严重，以至造成呢绒业的危机，除城市无产者外所有各阶级人们的生活水平是全都提高了。

这些国王绝不是“小人物的国王”。如图尔的M.英伯特所说，在这个等级森严的社会中，城市的公众总是乌合之众，他们动荡不安，也没有雄图大志，君主政府不可能依赖他们。他们是一种威胁，经常起义，但在国王支持下，他们又被无情地镇压。穷人受到皇室的盐税、补助金及城市的入城税等过重负担的压榨。低工资、高捐税和高昂的食品价格造成了城镇中贫民的惊人的增加。兰斯城的10 000人口中，贫民就有2 000名。

要发现法国社会景象中的阴暗面，人们不必去听取1484年在图尔举行的三级会议的哀诉。城市预算上出现持续的赤字，拿城市的税收作抵押这种欠考虑的补救办法也无济于事。但这种情况的出现也许是由于皇室苛重的赋税，也由于人们不能按照新的历史时期的需要对地方的财政措施加以调整。

无论如何，尽管城市感到他们有理由抱怨，但也必须注意到，因为城市对国王是有利的，因而也受到了他的恩宠。用亨利·塞的话说：“大城市的情况优于中小市镇，中小市镇的情况强于农村。”[①]政治利益会迫使国王减轻城市的赋税负担，但是国库并不会因此受到损失。这些赋税被转嫁到已经负担沉重，而又不会提

① 亨利·塞：《路易十一与城市》，第350页。

出抗议的农村去了。如果在那些尚有等级会议的地方,还能以他们的名义就恶劣的情况提出抗议的话,那就可以想象,那些没有等级会议的省份情况就更糟了。农村民众因赋税而变得穷困,又被武力打倒在地。

这样,人们可以看到,在法国经济复兴时期的总的情况,这一复兴是由君主政府的经济活动和政策所支配和推动的,但又被它的政治目的和手段所限制和阻碍。在路易十一不能避免,查理八世又不愿意避免的战争之摧残下,经济的进步是无法充分保障这个国家的命运的。

1494 年法国对意大利的举世瞩目的战争突袭究竟是更大胆的商业霸权计划中的一个大胆行动,还是一个心胸狭隘的人对于权欲的贪得无厌,对此人们众说纷纭。有人认为,法国要使自己成为各大海域的霸主,[①]必须对抗西班牙人在大洋上,葡萄牙人在利凡特航线上(他们通过消除意大利人的竞争使自己控制了这一航线)的垄断。法国也可以通过控制意大利资源,摆脱它在商业上对威尼斯的从属地位。当每一艘载着昂贵货物在地中海航行的船只都挂上了法国国王旗帜的时候,法国就不会再去嫉妒靠在它西方和北方港口上的平平常常的黯然失色的西班牙和英国船只了。然而卡塞把法国对意大利的侵略政策称为是王朝政治,认为这次入侵目的荒诞,手段野蛮,毫无必要。[②] 查理八世是被盲目的"扩张权力的冲动"所驱使。富埃特宣称[③],15 世纪下半叶的繁荣的法国

① 图尔的 M. 英伯特:《宗教改革的起源》,第 1 卷,第 260 页。

② 卡塞:《晚期中世纪》,第 154、160 页。

③ 富埃特:《1492～1559 年的欧洲国家体制史》,第 54、57 页。

是防御性的国家，从经济的观点看，不会受到损害，侵略扩张的帝国主义政策是纯粹的奢侈品。他说在这个时期的政治措施中没有比法国对意大利的入侵更完全依靠统治者的个人意志而不是军事、经济需要的了。法国政府的决定是由于错误地判断了成功的可能性。这个错误，在一定程度上应归因于不完善的法国外事机构。

不管查理八世是否继承了路易十一想把地中海变为法国内湖的梦想，法国对意大利的入侵对经济产生了影响。首先，需要缔结代价昂贵的让步协定来收买欧洲列强，使之保持中立或给予赞许。埃当普勒、巴塞罗那和桑利协定，给予亨利七世 745 000 金克朗，把鲁西荣和塞当尼城让给西班牙，却没有收取 30 万克朗的押金，大量领土让给了马克西米利安皇帝。此外，还要设法开发财源供应 40 100 员的军队和 100 门攻城炮，50 艘舰艇的舰队，24 艘大船和 12 只大帆船。皇室领土的转让，强制性的城市贷款、米兰的贡俸、向热那亚银行的贷款——因为查理第一个公开的行动是掠夺和驱逐里昂的美第奇银行代理，所以佛罗伦萨的金融市场就不再对法开放——等等手段不得不尽量利用。为了意大利战争，查理以 45％的利率从热那亚的绍利银行借来 10 万法郎，并从米兰公爵处借来 5 万都卡特。法国国王甚至拮据到如此地步，他竟向萨瓦公爵夫人和蒙费拉侯爵夫人借来首饰，典当了 24 000 都卡特。查理深信，当那不勒斯的 150 万利佛尔岁入一到手，这种暂时的财政困窘状况就会立即过去，他甚至答应用这笔钱偿还从特鲁瓦那些不情愿的市民处挖出来的借款。在这笔账的另一面，显然还有这种考虑：和意大利在工商业和文化上的密切接触，定会迫使法国

人的工商业技术向前发展，定会激发起法国与具有较长历史的意大利工业的竞争，定能导致新的需求，而法国人会立即来满足这种需求。查理把一些珠宝首饰匠、绣花匠、家具匠、风琴制造师傅们，很可能还有其他跟在法国军队后面的工匠和商人们、带回昂布瓦斯城堡*。但是这一年和意大利的交往，与其说建立了新的事业，毋宁说只是对既有的活动的一种刺激，因为自从查理七世统治以来，法国的，而不是别国的，油漆匠、木刻匠、玻璃工人、帷幕工人的作坊已有了成倍的增长，法国军队到意大利时法国商人已在意大利牢牢站稳了脚跟。

路易十一所采取的保护贸易立法和整个欧洲由于法国在意大利进行的，以扩张领土为目的的，野心勃勃的战争而对法国的嫉妒，共同导致国王在经济上的孤立。然而新的政策弥补了所有这些表面现象。在路易十二(1498～1515 年)时代，法国经济的繁荣是不容置疑的。当代历史学家克劳德·德西塞尔描述过的生动图像还可由许多别的例证来加以详述。一位现代历史学家是这样描绘路易十二时代的：

> 在法国的历史上，从来没有一个历史时期享有如此巨大的繁荣。20 年内没有内战；行政管理稳定而严格，维持着良好秩序；人身财富得到安全保障；卑微者得到了不受权势者欺压的保护，对劳动者提供了抵抗贵族和军队的保护。这些都

* 位于法国中部安德尔—卢瓦尔省的昂布瓦斯，11 世纪由昂儒伯爵所建，15～17 世纪常为法王行宫。——译者

结出了丰硕的成果。人口迅速地增长;城市感到了城墙的限制,不断向郊区扩大延伸;在树林中和在以往贫瘠的荒地上,魔术般地成长起村庄和庄园;使法国人口减少的致命的战争遗迹,已彻底地不见了。一位当代作家西塞尔说道,王国土地上 1/3 的地区在此 30 年中,重建了文明。农业产量大为增长,税收承包人付出的承包款总数增加了 2/3 以上,皇室领地的收入与每个人的收入以同样的比例增长,这使得国王能够在不压迫国家的情况下从事他的事业。工业和商业取得了同样的进展,商业交往无限增多,现在的商人到罗马、那不勒斯和伦敦,要比以往去里昂或日内瓦还方便。建筑、家具、衣着的奢华优雅足以证明艺术的发展和全面繁荣。[1]

① 亨利·马丁:《法国历史》,第 8 卷,第 471～472 页。

第二十一章　中世纪末期的德国、意大利和西班牙

15 世纪末，德国人民在所辖疆域内是富庶的，土地得到了精耕，绵亘的森林地带得到开拓，矿业得到充分的利用。在欧洲所有国家中，德国在黑死病流疫中蒙受的损失最小。德国商人在西方商界中独占鳌头，汉萨同盟控制着北海，南德人从他们在威尼斯的商行代理处向整个欧洲运销东方香料。德国的工匠以他们娴熟的技能和精制品驰名世界，市民们的家中珍宝充盈。自然经济让位于货币经济，资本和信贷通过德国金融巨头的代理处成为商业生活中司空见惯的特征。欧洲的君主则是德国金融巨头们的主顾。[①]

商业促使了城市的繁荣，城市是 13～15 世纪德国生活中的经济特征。在德国中央集权软弱之时，城市却很强盛。城市并不是社会的统一体。14 世纪的行会战争，具有经济的、社会的，也具有政治的性质。城市不是民主的，因为财富产生新贵族。其下层为无产阶级，他们是动荡时代的危险因素。呢绒工人和呢绒商、羊毛商之间的冲突，实际上是劳动与资本的斗争。16 世纪初，许多城

① 《经济杂志》，第 12 卷，第 76 页。

市中都有无产阶级为争得权利，反对市议会而掀起的新的斗争。然而城市足够的强大，对初次的挑战满不在乎，但是，几年以后，城市无产阶级与不满的农民在德国农民战争(1525 年)中联合起来了。

14 至 15 世纪，德国整个市民阶级的地位逐渐地得到改善，而无产阶级和农民的景况从 13 世纪起日趋恶化。地方势力由于未受到国家的限制而恶性膨胀。致使农民在纳税、交租、徭役和以货物或劳役抵充租税的形式下，蒙受经济上的严重剥削。这种情况，因新出现的一类小官僚——阁员的盛行而愈甚。这样，在中世纪晚期的德国，我们看到在欧洲别的地方没有的一种社会现象，至少在同等程度上，普通农民和市民之间分化日益加深。或者换句话说，一边是市民的稳步上升；一边是农民的稳步下降。市民和骑士使得农民孤存独处，比以前更加没有保障。或许是由于他们的压力，或许是由于因袭了政治和社会的怠惰，土地上的农民被这两股巨大的能动因素所钳制，生活显著地降落下来。而这两股势力之一的市民阶级因他们广泛的利益和致富需要手工劳动者，便给受压深重的农民以避难之所；而军人阶级——骑士们唯一的财源则在于定居在他们土地上的农民，农民必须供养他们、他们的家属和侍从。为了从一方财产的权利和另一方依附、无靠的地位的这种交易中得到一切利益，最终，他们用尽阴谋手段。随着时代的发展，这种对劳动的特殊剥削不断加重，受磨难的、惶惑的劳苦者，终于起来造反了。

这一时期的政治，经济变化，弃农经商的实际价值，深深地影响着下等贵族骑士。他们的产业遭到分割。随着火药的发明，这些人在军事上的重要性消失了。他们住在远离城市的山上，固守着自己的武器和无实际内容的特权。然而，优雅的骑士风度，掩饰不了潜藏在其背后的贫穷和衰落。

这个阶级厌世反感的结果，是骑士与城市之间的战争。虽然这些下等贵族的一部分，仅仅以和平方式争取他们的权利，但其中的激进派则甘愿以作战度日。但是，到15世纪末叶，劫掠和私家战争已迅速加剧。在德国，强盗们的劫掠肇事使商业贸易比低地国家更不安全。许多人服役不是为了犒赏，而是为了战利品，而他们的受害者——农民和城市即使抗议也毫无效果。另一方面，骑士声称高等贵族压迫了他们，尽管仍要求他们履行兵役义务，但剥夺了他们旧日的渔猎权。

关于整个德国农民阶级的状况，特别难于恰当地予以概述，因为在某地可能存在的事实，在另一地就可能不存在。例如，在摩泽尔河流域，农民的境遇是极悲惨的；而在士瓦本，当农民丧失利益时，却情愿为了维护他们的权利而战斗。从个别地方的情况是不可能得出一般结论来的，同样，也不可能对各地情况都了如指掌。不同的作者撰写了各具特色的报道，但时常忽略了说明他们讲的是那个区域。在德国，农业居民的第一等级，是由为数不多的，获得了人身自由和占有少量土地的自由持地农构成。这些持地农民在农业居民中只占极少数。当然，土地几乎完全属于教俗封建主所有，他们将土地划分为出租地，租给自由佃农。自由佃农是农民的第二等级，他们交纳地租，取得对土地的使用权，人身上是完全自由的。在没有自由持地农的一些小公国中，自由佃农的地位仅次于牧师和贵族。再进一步分下去，远远超出其他等级的，为数最多的是半自由佃农，他们虽有人身自由，但又被羁束在土地上。德国的附属农即属此类。居于社会最低阶层的是农奴，他们受到苛刻的奴役，还要蒙受体罚。但除波罗的海南岸的波美拉尼亚以外，其他地方的农奴数量不多。他们只能连同土地一道被出售。在15世纪，也有关于自由佃农降为附属农的实例，但总的来说，到了这一世纪的末叶，旧有的附属农都上升为自由佃农了，尽管他们还受土地使用权的严格限制，束缚在其租地上。可是，迟至1750年，在希尔德斯海姆主教区，总计为8 000农户的田庄中，大约有4 500户是农奴。

农奴必须履行两种义务，既要交纳一定数量的产品，又要提供一部分劳役。为了支付前者，得交纳1/10的谷物、蔬菜、牲畜给封建主。有的地方，“遗产税”* 高达30%。农民也要用自己的马匹为领主服劳役，他们被指派在家里、厨房、森林或者葡萄园服役，也去打猎、捕鱼以及服一般的差役。有时劳役是按习惯规定的，而有时则不然。这是一种沉重得难以忍受的劳役制，特别是在劳役没有一定限度的时候，因为服役期间，农民是无权支配自己的时间的。这些劳役有时很苛刻，但也常随领主之意愿而减轻。因此，可以恰如其分地说，这种劳役是无一定规章可循的。骑士、王公、神职人员为了满足生活上的日益奢侈的需要，总是企图加重下属农民劳役，使之更加依附于自己，这是有例证的。但农民真正受压迫的时期大概是从16世纪开始的。

中世纪末叶的形势，正好给予农民勇气。人口的增加，城市消

* 农奴死后份地归还领主，农奴的子女需要继承份地时交纳的一种捐税，也称为“死手捐”。——译者

费的扩大，为农民提供了现成的市场，这意味着舒适和富足的可能。德国不仅仅全部的农村人口，即便是城市大部分居民，也依靠农业为生。因而，粮食大幅度的增加，价格是极其低廉的。大约在1500年左右，萨克森一双鞋售价为3格罗申、一只绵羊4格罗申、一车柴5格罗申。当时的讽刺作家们都强调农民的富裕，但必须记住这些作家们描述的不是他们自己那个阶级。温菲林说："在德国许多地方……农民们由于富裕而挺直了脖子，并追求舒适。"1478年的《奥地利编年史》中断言：这些农民"穿的长袍和饮用的葡萄酒比他们的领主都好"。食物是丰富的，1482年的《萨克森法令》记载道：雇用刈草人必须保证每餐有四个菜方能令其满意。当时，人们认为有必要以节约法令来规定普通人的衣着。15世纪期间，有人抱怨说："30年内没有真正的农民出生。"一个讽刺作者不赞成对农民称呼"高贵的阁下"。农民问道："为什么不能？我有很多钱，并且像贵族一样穿戴。"实际上，在15世纪，特别南部德国的农民，并不像100年以后那样寒碜可怜。

在农民眼里，领主是最有权力的阶级，他们给了佃户们谋生的可能，但提供了最激烈的抱怨理由。例如，即使在冰雹或暴风雨袭击的急景凋年，领主的租税也必须交付，而且总是供纳最好的产品。领主们积极地参与贸易和生产，但他们愈活跃，农民景况愈坏，他们成为农民们最凶恶的竞争者。利用他们的权势，把农民撵出市场。农民愤懑不满的又一个原因，是领主爱把公有地攫为己有，因而缩小了农民对公有牧场、森林、水源的使用权。林木的采集被禁止，领主的牛羊在公地上牧放，也唯独领主才有打猎和捕鱼的特权。领主作为地方法官的地位，为更加不公正开了路。

牧师也要求农民交纳沉重的什一税，贫穷的代理主教必然压榨在其教区内的农民以谋生活，乞食修士则依赖农民施济。“教堂花费农民的钱多，而满足他们的少。”也许农民的不幸更多是缺乏自由，而不是经济上的需要；他们无力反对剥削。

国家也在扩大它的活动范围，侵犯领主的权利，强占公有土地。在15世纪的蒂罗尔，森林和溪流被视为贵族的财产，或是从公有地中划出供给矿业，或设置熔炉。对于蒂罗尔来说，国家控制公有地是一件大事情，因为它拯救了森林，但农民只看到他们丧失了权利。当地的诸侯，也企图控制木材运输和金属冶炼必不可缺的水力。农民被迫给新来的矿工移民们提供生活空间，允许他们享用本地的森林和牧场；移居者享受这些权利，但不承担任何义务，造成了乡民和矿工之间的很大差别。这一时期的国家已初露专制主义的端倪，它的权利范围甚至比今天更大，然而，在庇护农民免遭领主不公正的待遇时，它还显得无力。国家对立法和司法的重视，有利于国库充盈，而贪赃枉法的官员导致了下层人民对整个上层阶级的反感。国家立法对土地问题的处置是微不足道的。《巴伐利亚立法》(1474年、1501年)或者《马克西米利安的立法》(1510年、1518年)中几乎都没有提到农民问题。中世纪唯一的普遍土地条例，即蒂罗尔的土地条例(1404年)也毫无效果。由于国家不能解决土地的社会问题，到中世纪末期，阶级差别扩大了。

如上所述，各地的农民状况也许并不都那么糟糕，但由于领主不断加重租税盘剥，处境越渐恶化。士瓦本、法兰克尼亚、莱茵、蒂罗尔、斯坦尔马克、上奥地利的农民运动，多是针对封建领主违反往常的惯例、法规等等行为而进行的。1525年农民战争的序幕的口号也是“破除新规，恢复旧法!”农民始终都正确，事实上是不可能的；但当许多地区的农民都提出同一要求的时候，他们就或许是正当的了。宗教改革之前的农民起义并不总是属于同一类型，但耕地的不稳定、社会和宗教因素的错综交织等多方面动因，构成15、16世纪初期农民运动的特征。城市已开始与上层阶级斗争，并显示出了一股郊外农民达不到的力量。社会的动乱，并不是由重大的原则问题，而是由具体的不满所引起。农民以胡司派起义和瑞士的革命为榜样，对共同利益有了认识，便组织起来进行斗争。1458年，在萨尔茨堡反对铸制劣币举行了一次成功的起义；而在1478年，卡林西亚联盟*公开反对土耳其人，但也包含了经济和宗教上的要求，却没有实现任何改革。在肯普滕修道院占有的土地上习见的景况之恶劣，已到了声名狼藉的地步。佃农完全被掠夺了，自由农民沦为农奴。因增加额外税收，1491年爆发的起义，第一次使城市和乡村的不满分子联合在一起。但这次起义没有取得什么成效，景况依然如故，一直到1525年以前。到15世纪末，各种日益增加的迹象预示着酝酿中的风暴，其中心似乎在莱茵河流域、德国西南部和奥地利。农民有时因旧的税收而不满，有时因新租税而抱怨，有时则因丧失公有地而苦恼。在奥地利，乡民和城市、下级牧师结成联盟，以毁灭、谋杀、劫夺和纵火来发泄不满。马克西米利安在他的奥地利辖区内企图以处罚来求得公正，甚至主张减轻负担。贵族们自然反对这一主张，结果，农民的负担

* 卡林西亚为奥地利南部行省，濒临德拉瓦河，邻南斯拉夫边界，故有反对土耳其人威胁的直接需要。但关于该联盟，史料少有提及。——译者

比以前更加沉重了。

至此，农民的纲领对减轻地方的不满已显得保守；他们没有改革世界的思想。但是，狂热者们发现，骚乱动荡的环境对他们反正统观念的传播有利。很快，推翻整个现存制度就成为农民的普遍要求。在波希米亚，爆发了“胡司派运动”，那里的农民比他们的德国兄弟处境更糟。激进党徒吸引了不少心甘情愿的听众，但起义以后，农民的状况只是变得更坏，而“波希米亚精神”则被游说的传教士带进了德国。15 世纪的第一次农民起义，即反对帝国城市沃姆斯的起义，引起了巨大的骚动。

尼科劳斯豪森的插曲也许是早期运动中最引人注目的。汉斯·贝海姆*是禁欲主义者和狂热派，他究竟是不是一个骗子，还无定论。他预言在现世实现人人平等的舒适生活，这些社会主义的宣传，吸引了来自德国四面八方的民众。这一重要的法兰克尼亚运动，展现出来的阶级仇恨和广泛的不满，是 1525 年以前任何一次激动人心的运动所不能比拟的。法兰克尼亚的联合，预示着来日的危机。

或许，我们所引证的这些连续不断的起义的实例已足够了。农民的秘密组织遍布全国。他们的旗帜标上了“鞋会”的标记，那是从 1468 年在米尔豪森附近出现以后，便被乡民们佩戴而成为不满斗士的徽标的。在民间进行调查，经济方面的抱怨甚于社会方面，社会方面又甚于宗教方面。这种宗教方面的不满，不是表现在教义上。农民们一定程度上以旧日的权利为借口，他们要求废除

* 1476 年领导法兰克尼亚农民起义的领袖。——译者

新颁租税，渴望着像过去那样享有公共森林和牧场。但也有一部分人的要求具有乌托邦，即空想共产主义的倾向，想要推翻封建主义，他们这样说道："财产必须共同享有。"劳工阶级在农民运动中出现了，他们成了领导运动的批评家。他们已经是一个自为的阶级，并意识到是劳动人民的生产养活了上等阶级。

这一时期的文学作品表达了农民对天主教会、封建制和资本剥削的愤懑。农民和作家们都怀着同样的痛苦心情，期待同一个救世主——皇帝。但是，由于实际状况，马克西米利安在改革方面的尝试，看来毫无成效，未能摆脱因循守旧的桎梏。纵使他有意作革命性的改革，也没有必要的实力控制那些独立自重的贵族。德国各处天怒人怨，只要有最微小的借口，都能够导致人民联合起来反叛。

15 世纪德国的生活是复杂的和多方面的。要广泛地了解社会状况，仅仅记住农民的抱怨和城市无产者生来即要制造麻烦是不够的；必须记住维也纳奢靡的宫廷生活，仍旧拦路打劫的骑士，以及市民豪华的住宅。德国不仅仅是富格尔家族和韦尔瑟家族的本土，而且也是丢勒[*]和梅兰希顿[**]的国家。文艺复兴多方面影响

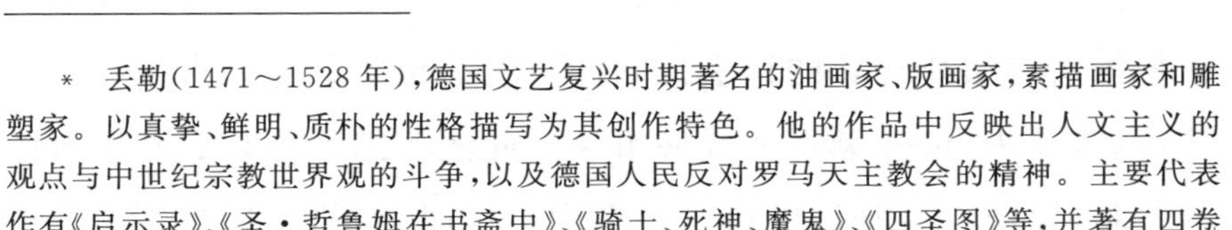

[*] 丢勒(1471～1528 年)，德国文艺复兴时期著名的油画家、版画家，素描画家和雕塑家。以真挚、鲜明、质朴的性格描写为其创作特色。他的作品中反映出人文主义的观点与中世纪宗教世界观的斗争，以及德国人民反对罗马天主教会的精神。主要代表作有《启示录》、《圣·哲鲁姆在书斋中》、《骑士、死神、魔鬼》、《四圣图》等，并著有四卷《人体比例研究》专著。——译者

[**] 梅兰希顿(1497～1560 年)，中世纪德国教育学家。号称"日耳曼教师"。教育思想表现为人文主义思想与新教相结合的特点。他倡导学生阅读古典作家的作品，但由于他创置的学校未能摆脱神学的统治，故宗教的偏执和猜忌得到了发展，新经院主义的思潮盛行。——译者

的巨大潮流，逐渐波及北部，而这时的马丁·路德刚刚成年。

对德国历史上的这些考察，可以用15世纪"接受"罗马法的有关资料作结。因为罗马法的引用，对德国的商业状况有很重要的影响。但是，我们必须首先审查势必被取代的本地法律的性质。条顿法在其应用上是个人和地方性的。政治上的分权，阻碍了共同的德意志法律的制定。像封建领地和教会人士各行其是一样，乡镇、城市、地区都有自己的法律，没有一致的法律原则。依社会地位而定的各种法律中每一国民集团的权利和他们自己的法律观念都得到了公认。骑士有"采邑法"，农村一般有"土地法"，庄园里有"领主法"，城市有"城市法"，行会有"结社法"，农民有"农民法"。15世纪初，这些法律没有被编辑成典作为准则，并且常常互相矛盾。所以，在巴塞尔议会上，一致提议编纂各省完善的法律，摈弃粗劣的法律，——那是一件海勒立斯*的艰巨工作。15世纪末叶，出现了仿效《萨克森法律汇编》和《士瓦本法律汇编》的格式制定地方法典的倾向。

在《萨克森法律汇编》中，德国法律达到了最完善的程度，从来没有一部法典有如此完备的人民性且不受外来的影响。它是13世纪由艾克·冯·雷普高编辑的。它在德国是空前的，但成为后来德国所有法律形式的样板。它的目的是传播萨克森自由人民的法律，排斥采邑法、领主法或城市法。此法典的效力是武装了德国的北疆，以防止罗马法的侵入。在大空位时代，最初用拉丁文写成

---

* 亦有译为"赫尔克里士"或"赫拉克勒斯"的，海勒立斯为希腊罗马神话中主神宙斯之子。相传他历尽艰辛、完成了迈锡尼国王欧律斯透斯要他做的12件苦差事，被后世誉为最艰巨的"12件英雄业绩"。——译者

的《萨克森法律汇编》被译为高地德语。

《士瓦本法律汇编》也编辑于13世纪，它是以《士瓦本法》和《巴伐利亚法》为基础的。《士瓦本法律汇编》不仅大量借鉴了《萨克森法律汇编》，而且也有赖于罗马法律、宗教法规和帝国法律。其目的是传播超越纯粹地方团体的立法原则。对这些立法的某方面的研究，可以正确评价这些法典的系统和完善。例如，《士瓦本法律汇编》对矿业的管理就作了许多明细的规定。从这一点可以断定，13世纪以来德意志帝国使用的各种精心制定的矿山管理条例，是德国的法律，而不是罗马法。

这种地方法律与德国14和15世纪所经历的从自然经济到货币经济、从农业到商业过渡的经济变化不相适应。许多新问题超出了旧日土地法的范围。必要的新工具在罗马法里面已经齐备，把罗马法引入德国法律的重要性应是毫无问题的。它的影响渗透到经济和政治领域，甚至涉及伦理和宗教的范畴。封建制度在罗马法面前衰颓了。在这一发展过程中，针对上层阶级和政治上的掌权者有许多怨言，但没见任何反对罗马法的普遍的、深刻的怨言。罗马法的这一和平的胜利，也许归因于俗人掌握了科学知识以及学者们在宗教上的优势。由于半自由的德国人沦落到罗马农奴或奴隶的地位，故传统和普遍的看法是，罗马法在德国的引用，给农民带来了极大的苦难。这样，阶级对抗就扩大了，并为“德国农民战争”奠定了基础。然而，费伊*却指出：在农民身上产生的

* 费伊(1876～1967年)，美国史学家，被认为美国最有名的德国史权威。——译者

这个影响，仅仅是传说，而且，16世纪的著作中，没有表现出罗马法之引入德国使德国农民降低到罗马奴隶身份，农民也不全都反对罗马法；罗马法的通行，并不是德国农民战争的原因，农民战争的原因在其他经济、政治和宗教领域内可得到充分地解释。对此问题，卡塞赞同费伊的看法，他最近写道："采用罗马法并没有使农民的状况恶化，因此，与农民战争的原因是无关的。"

观察了德国，我们再转向意大利。15世纪末叶，意大利经济衰落的迹象已洞若观火。很显然，与1494年法国的入侵这类不幸事件无关。威尼斯已不再是近东国家而成为意大利的了。* 它在大陆维持其势力扩张，与米兰公爵和教皇抗衡这一政策不仅招致在东方的失利，而且付出了沉重的代价。伦巴第在米兰公国的统治者维斯孔蒂和后来斯福尔扎贪欲无度的财政剥削和奢靡滥费之下呻吟。甚至佛罗伦萨也流露出衰亡的征兆。佛罗伦萨曾几乎享有优质毛纺的垄断权。但是，由于不只在意大利，而是远至南德、佛兰德和法国南部的其他地方都实现了地方性的生产技术的改进，佛罗伦萨毛纺业的垄断被打破了。加之，在欧洲广泛推行的一次贸易保护政策，即寓禁关税（从中我们会看到重商主义的最初表现形式），对佛罗伦萨很为不利。

然而，佛罗伦萨人没有退避三舍，没有对自己工业的日益瘫痪等闲视之。像邻国那样，他们寻找了保护贸易的补救方法。即：禁

---

* 15世纪末，随西、葡两国的海外探险，新航路开辟，西欧与东方的贸易由东部地中海渐移至大西洋沿岸，故此时威尼斯的势力已达不到利凡特（近东），只作为意大利半岛的一个城市国家而存在。——译者

止出口毛织工业中使用的原料和许多有关的物品，例如：羊毛投梭、剥毛具、毛线、毛布边角料、铁制织布机、染料、明矾、铅制商标和签条等等。对歧视佛罗伦萨商人的意大利城市的呢绒一概排斥。但是，这一措施却产生了有害的结果，因为买不到佛罗伦萨呢绒，意大利的消费者便惠顾自家的生产者，从而助长了他们的发展。国外市场既已丧失，细呢绒行会无论如何也要保住国内的市场，他们企图以建立专利权来实现这一措施。1452 年，作了初次的尝试，当时，某种类型的进口纱线已禁止出口。然而，最有效的手段是 1458 年 8 月 22 日的立法，这个立法在细呢绒行会的坚持下由市议会通过，以每年由细呢绒行会交纳 4 000 弗罗林给国家作为立法的报酬。这一立法禁止在佛罗伦萨出售所有国外布匹，只有一些不足道的例外。

这样，羊毛行会基于自己的利益和保护贸易制度而发起的运动，自 1393 年试图采用高额保护关税开始，便有了合乎逻辑的结果。顺便提及一句，如此强有力的法律能够被市议会通过，也显示出这个颇有实力的行会团体的巨大势力。一些著者在 1458 年的这个法令里看到细呢绒行会的衰亡。但是，倘若我们依照多伦的说法，事实就不是这样。从 15 世纪初叶以来，呢绒行会的业务已经走下坡路了。在这个时期，进口外国半成品呢绒经加工后转卖的业务也停止了。此后，它只在意大利北部和利凡特经营国外呢绒的批发贸易，以及在国际贸易中有利可图的其他各类商品。①

1458 年的立法，只是完成了已经接近其结局的衰败颓落的过

① 多伦，前引书，第 422 页。戴维逊，前引书，第 4 卷，第 2 章，第 246 页。

程。从那时起的细呢绒行会，仅仅从事对教会建筑和福利机关的管理工作以及关注金融事务。1532 年以后，当共和国崩溃之时，"在佛罗伦萨的史册上，这个古老的大行会，占据了 500 多年的工业、商业、社会和政治上的绝对优势以后，迂缓地然而又是必然地衰败了。它的死亡和入土一样毫不引人注目，没有一个书记*给世人留下一个字，说明它断气的时日。"①

16 世纪时，佛罗伦萨的羊毛工业和羊毛行会彻底地让位了。在大公科西莫一世统治时期，与羊毛行会有关的商馆数量减至 168 个，16 世纪末叶前又减到 88 个。羊毛行会与其古老的竞争者**殊途同归，厄运相同。它销匿的准确日期无人知晓，或许在斐迪南一世（1556～1564 年）统治期间，根据《圣米歇尔法规》关闭其领事馆，收回其所有权之日。

至于热那亚国家，已成为法国的属地，繁荣已经消逝。但意大利仍是一个富裕的国家，而灾祸正寓于它的财富之中，因为它的富裕，招来了 1494 年法国人的入侵。随后，德国人、西班牙人又纷然而至。1455 年，那不勒斯的税收是 31 万都卡特，佛罗伦萨是 20 万都卡特，教皇国是 40 万都卡特，米兰是 50 万都卡特，威尼斯是 80 万都卡特——与西班牙国王们税收额相同。1492 年，那不勒斯税收总计达到了 60 万都卡特，佛罗伦萨增至 30 万都卡特，威尼斯高达 100 万都卡特。然而，这些数字往往使人误解，实际上，1455 年至 1494 年之间税收的增加并不说明社会财富的增加，而是税收

* 登记死者的记录员。——译者

① 斯塔里，前引书，第 138 页。

** 指细呢绒行会。——译者

敲诈和财政勒索加重的结果。意大利君主们耗尽剩余，动用国资，最终使国家落到悲惨的境地。罗马不像其他国家，它处于最有利的地位，因为教皇们征收全欧的宗教赋税，从而补充了教皇国的地方收入。但是，宗教改革的爆发和 1527 年罗马遭劫，最终也给罗马带来了灾难。

美洲的发现给西班牙带来了财富。地理大发现的影响我们随后会予以考察。然而，无论是农业、工业，还是商业方面，都没有使西班牙的财富有大的长进。查理一世（也是神圣罗马帝国的查理五世）是一个佛兰德人，并非西班牙人。在他结婚之前，曾订婚 10 次，最后与一个没有给他带来任何领地的公主完婚。作为哈布斯堡家族的首领，他必须阻止宗教改革运动的深入和土耳其人的进军。西班牙给他提供了军队，而他的经费则来自佛兰德。在西班牙，除了摩尔人的王国以外，生产相当落后，随着 1492 年摩尔人的被驱逐，西班牙王国的国民中，丧失了最勤勉的能工巧匠。

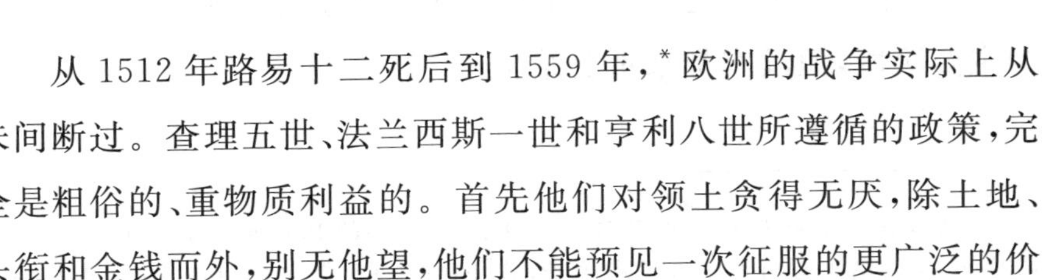

从 1512 年路易十二死后到 1559 年，* 欧洲的战争实际上从未间断过。查理五世、法兰西斯一世和亨利八世所遵循的政策，完全是粗俗的、重物质利益的。首先他们对领土贪得无厌，除土地、头衔和金钱而外，别无他望，他们不能预见一次征服的更广泛的价值。其政策，在马基雅维利的著作《君主论》中已有陈述，该书把西

* 此处似有误，据《简明不列颠百科全书》和其他史籍，路易十二死于 1515 年。——译者

泽·博尔吉亚*和天主教徒斐迪南奉为圭臬。战争因个人目的而发动。复杂混乱的联盟没有任何益处，统治者的行为，对于他们的国家利益毫无关系。总之，君主们的政策是失败的，它给本国臣民带来了灾难和痛苦。然而，君主们死抱着这些错误的政策，直到宗教战争产生新的结果为止。即使是在同一个政府的政策中也存在着内在矛盾和尖锐的对立。于是当查理五世的卡斯蒂利亚的顾问们发出战争叫嚣的时候，而低地国家**却希望与法国和平了。

欧洲战争的主要战场是德国和意大利。这些国家，是欧洲政治上最四分五裂的国家。意大利的大国有威尼斯、热那亚、米兰、教皇国和那不勒斯。在这些地方，不是贵族阶层发动战争，而是意大利本身为侵略大开着门户。那不勒斯和米兰特别刺激了法国和奥地利的贪欲。德国也有类似的分裂，像意大利一样，德国只是一个地理学上的名词。皇帝力图增强他的权力，但被土耳其人和法国人牵制。最后，像我们在1512年和1520年的战役中看到的那样，英王亨利八世又重新对法国提出了王位继承权的要求。从1494年到1559年一连串的、充满了戏剧性事件的战争，可分为三个主要阶段，但没有带来重要结果。

* 原文是Caesar Borgia，似有误。《君主论》中赞颂的Borgia，Cesare（1475/1476～1507年）是教皇亚历山大六世的私生子，曾任巴伦西亚大主教（1492年）、枢机主教（1493年）和教皇军司令（1496年）。1498年放弃教职与那瓦尔家族联姻，使教皇在法兰西援助下控制大片土地。他善于用阴谋和暗杀达到目的。被马基雅维里举为新时代君主师表。——译者

** 低地国家亦称为“尼德兰”。其地域包括今日的荷兰、比利时、卢森堡和法国北部的部分地区。在16世纪初叶以后的欧洲战争中，处于西班牙哈布斯堡王朝统治下。——译者

为争夺那不勒斯和米兰领有权的战争，最初是法国占有优势，后来是哈布斯堡家族。在这些战争中，产生了一种新的军事手段，即靠长矛装备的步兵部队，这是由瑞士人首先使用的。火器对他们威胁不大，好像回复到了古代希腊的方阵战术。尔后，这样的步兵部队在西班牙被模仿建立，接着是德国的执矛骑兵，最后在法国使用。战争中，教皇尤利乌斯二世在中部意大利重建了教皇国。

1515 年，法兰西斯一世在帕维亚被俘；1527 年，罗马又遭洗劫。这样，教皇和英国结成联盟共同对付查理五世。法国与土耳其联盟，乃是一件前所未闻的事件。这一结盟之后是 20 年的战争，直到 1559 年，法国才明确地放弃了它对意大利的领土要求。

德意志王公们因皇帝而惴惴不安，遂与法王结盟，皇帝则被迫放弃了任何干预他们独立的企图。简言之，75 年的战争，以米兰公国和那不勒斯王国归并于奥地利王室和教皇国的巩固为唯一结果，战争的结局仅此而已。

第二十二章　近代社会的开端

我们已走到中世纪的尽头而立足于近代社会的门槛上。当此之时，尽管强大而保守的机构，特别是教会，依然顽固地墨守种种陈规旧习，但那些新兴的伟大力量却在发生作用，已经或正在改变着陈旧的基本社会条件。传统势力阻抗着变革。总之，1500 年的欧洲正处于转变之中，一场迅速的转变。旧事物日趋衰亡，万物皆在更新。新世界在人们脚下展开；新制度在人们中间流行；而这些人自身就是新社会的组成部分；人们心中孕育着各种新思想。16 世纪，当西班牙和法国争夺欧洲政治霸权之时，工、商业领导权却落到荷兰和英国手中。安特卫普和阿姆斯特丹最早的国际性大交易所的发展；此类交易所中的交易业务的方式；信贷的不同形式；利率；证券交易；采矿业的重要性；垄断和托拉斯的组合与分化；报纸（作为一种商业股票行情的简报）的问世；各国不同的金融财政政策；日内瓦和美因河畔的法兰克福兴起的大规模集市贸易；国债的演变——所有这一切都表明了欧洲社会状况的变化。

我们看到，这些变化形式万千。政治上的变化表现为国家君主制和强有力的君主政体在西欧兴起，虽然这在中欧和意大利没有发生。战争艺术和军役制发生了引人注目的重大变化。步兵的作用增强，而骑兵的作用减弱。军事组织不再具有封建性质。领主和附庸之间旧有的军役纽带已经解除。军队在思想和组织上均隶属于国王和国家。古老的"四十日军役制"已让位于契约制，在这一制度下，军队首领与国王订立契约，装备他自选的一定数量的兵员，并为他们提供武器、马匹和军粮，而政府方面则依据每个作战团体的级别和地位，按照已确定的标准，按季向他们支付军饷。战争已经成为由国王税收支持的一种交易，其中亦有巨额私人资本投入。[①]

这种变化还反映在资产阶级广泛的影响上。此种现象既有社会和经济含义，也具有政治含义。资产阶级乃是社会中一个新阶级；它代表着一种由封建时代既已得到承认的新的经济政策和经济思想。这个资产阶级既能够也愿意为了自己并在自己身上花费金钱。富商大贾建造起一幢幢富丽堂皇的住宅，比之先前的贵族宅邸毫不逊色，如布尔日的雅克·科尔的宅邸。他们餐桌上摆着金银餐具，身上穿着裘皮丝绸。但是，除了人们倾心于投资建筑住宅以外，几乎没有任何使人确信无疑的迹象能够表明普遍的繁华。这个发迹的新阶级对建造教堂却兴趣索然。他们没有像他们在13世纪的前辈一样，表现出建筑宗教设施的热情。他们只为自己而不为僧侣建造。他们具有世俗思想，甚至有反教权的思想。作为社会上一个缺乏悠久文化传统的暴发阶级，资产阶级更喜欢"火焰式"或"装潢式"建筑风格，即一种蜕变的哥特式风格。

同时，这个资产阶级虽然最初是处于僧侣和贵族之下的一个单一的社会等级，还是从侧面发生了分裂。资本主义控制的工商业取代了行会生产制度，其结果是各地广大劳动群众在政治上都

① 维利：《皇家历史学会公报》，第3集，第5期，第106页。

几乎毫无权力。在社会上，他们是被压迫者；在经济上，他们是日工和工资雇佣劳动者，忍受着长时间劳动、低工资和失业的痛苦。这个阶级中地位最低下的部分，逐渐变为在中世纪未曾有过的新的社会成分，这便是无产阶级。中世纪曾存在过当时的流浪者阶层，它的赤贫者和乞丐。但是，由于中世纪社会是农业社会，而非都市社会，因而这个阶层无论在何处都不是一个紧密结合在一起的社会集团。然而，时至1500年，随着大城市的兴起，城镇居民分化为上下两个社会阶层，加之雇佣条件不断恶化，物价飞涨，城市无产阶级遂到处可见。无产阶级的起源——由于无产阶级的问题，今日世界仍在斗争——可追溯到14、15世纪变化了的经济状况，并与行会制度和资本主义的兴起相关。[①]

文艺复兴时期研究社会及政体问题的进步学者，如托马斯·莫尔爵士和西班牙人路易·魏韦思都认真地思考过穷人的问题。莫尔在其《乌托邦》中表述了自己的思想。魏韦思则不尚空想而注重实践，在《论赈济贫民》一书中，他将穷人分为三个阶层：住在贫民院和慈善收容所的穷人；无家可归的乞丐阶层，以及极为贫困但尚有某种存身之处的穷人。他想让所有城镇去调查属于其中每个阶层的人数，连同有关他们蒙受苦难的原因的材料。他建议成立地方官员监督下的救济中心组织。向所有人提供工作机会，禁止任何乞食行为。身体强壮而无技艺的穷汉可雇为力工、修建公共工程，愚顽的穷汉则应被强制从事苦工。

① 参见瑞特金格：《德意志天主教之历史政治概观》，第95卷（1885年）；迈耶：《普鲁士年鉴》，第48卷（1881年）；冯·康斯坦尼基：《劳工和贫穷》，《历史杂志》，第113卷，第3期（1914年）。

经济性质的革命不如政治革命那样蔚为壮观，而且复杂得多。然而，经济革命的影响是否终归不如政治革命影响大还难于确定。15 世纪的商业活动，很少像以前那样通过个体商人进行，而是通过大型贸易联合公司进行，例如像德意志的汉萨同盟和英格兰商人探险者公司（特许公司）这样的联合股份公司。这些大联合体有着前所未有的资本和政治影响。由于欧洲各国已经意识到贸易的重要性，故努力采取保护关税法和航海条例等措施，以排除竞争者，促进各国各自的商业。

不过，由于某些限制，商业往来仍然历尽艰辛（如今，这些禁遏大都废除）。无论在陆地还是在水上，生命财产安全保障已得到很大改善，道路已较为通畅。但是流通货币繁杂，特别是在德意志和意大利，使用起来既不方便且混乱不堪。在这一点上，英国是无与伦比的，因为它只有一种国币，而且，除了兰开斯特外，它只有一种度量衡制度（1390 年法案）。商业活动的另一大害是通用的度量衡制不统一，令人眼花缭乱，无所适从。汉萨同盟始终未能建立起统一的币制，或统一的度量衡。甚至路易十一也未能革除这两种弊端，他去世前四个月（1483 年），曾招来一个商人代表团，以谋求采取一些措施，看“是否可能在吾王国境内建立单一度量衡制和单一流通币”。这位秃头国王在向这个召集起来的团体训话时，强调了两个方针：（1）国内贸易自由，（2）统一的货币和度量衡体制。然而，久远的传统和习俗的惰性，还有地方嫉妒心理都过于顽强，难以克服。路易十一的打算只得冬眠待时，直到 1789 年。

至于中世纪末期贸易的发展，应该注意到集市数量日增，其重要性日长。尽管这些集市是从以前的市场发展而来，但它们已具

有国际性质。在中世纪中期，几乎只有香槟集市具有广泛的影响。然而，随着财富的增长，政制的改善、领土的统一、道路的改进，在14、15世纪的欧洲各国都相继出现了集市。其中最大的是美因河畔的法兰克福集市，其次是日内瓦、里昂、安特卫普和奥得河畔的法兰克福的集市。以前，集市分为春季集市和秋季集市，每次开市历时数周，有时则是仲夏短期集市。到了15世纪，在最大的贸易中心出现了常年商品市场，开始取代昔日的定期集市，在常年市场上有便于商业活动的信贷市场。

15世纪，一场土地革命在欧洲获得进展，一方面由于工商业发展，衍生出种种新型财富，另一方面则由于古老的庄园经济的公社特征的消逝。关于这一革命有许多佐证，其中很重要的是关于这一时期土地转让的资料，因为，这些资料把土地分为草地、牧场、耕地和荒地，并提供了每种土地的数量。如果仔细考察连续若干年的这些资料，即可揭示出土地各种不同用途的变化及其相应比例。对比15世纪和16世纪的土地转让，其间的区别是最明显的。前者涉及最多的是耕地；后者转让的主要对象是牧场、草地和泽地。换言之，以前按公社方式享用这些土地的权利已经消失。14世纪时，草地、牧场被瓜分的现象实属例外；到了15世纪，即便此种情况尚未普及，也并非罕见。而且，有许多证据表明，商人们尽量置备田产，成为土地所有主；或者是为了投资，或者以他们中最富有者而言，是为了占有乡村地产，模仿贵族绅士。由此可见，这一运动发展的趋势是要打破旧的社会平衡和经济平衡。一个反对此种发展趋势的英国人以古怪的语言写道："吾辈祖先的智慧和政策就是那样地把商贾和匠人从农夫（耕夫）和什一汉中分离出来，

使他们中没有人会照顾他人的利益；而且通过这种方法……这个国家曾经充满了绅士和农夫（耕夫），现在则栖息着商贾和百工；以致没有一个人满足于自己的身份地位，结果把一切都弄得糟糕透顶，恰如许多年前一样。”

我们不必在这有限篇幅中叙述14、15世纪人类发现与探险的历史。欧洲对亚洲的渗透可上溯到13世纪中期，教皇英诺森四世和法国的路易九世派遣一些芳济各会派教士到中亚大可汗*宫廷中布道。1294年，马可·波罗在中国居住了17年之后回到欧洲。由两名托钵僧，普兰·卡皮尼和卢布鲁克撰著的《联系》一书，特别是马可·波罗游历的故事，激起了欧洲的好奇心和商业欲望。蒙古人将亚洲和东欧联为一体曾便利了此种商业交往。但是，如我们曾经谈到过的，帖木儿掠夺性的征服和奥斯曼土耳其的扩张越来越阻隔了此种交往。土耳其人并非有意损害贸易，而是他们没有能力促进贸易。

葡萄牙人发现好望角和1498年瓦斯科·达·伽马到（印度）卡利库特的远航是影响巨大的事件，它使穿越亚洲或经由红海或波斯湾到达东方的旧商路衰败了。到达远东的全海航运新航线无比优越，特别是运费率比穿越整个亚洲广阔地区要低廉得多，因而，这一发现把欧洲的前沿改到了西方。里斯本、加的斯、塞维利亚、波尔多、拉罗歇尔、圣马洛、安特卫普、阿姆斯特丹、伦敦、布里斯托尔等城市取代了威尼斯、热那亚、君士坦丁堡和亚历山大的地位。地中海贸易缩小成为单纯的沿海贸易或海岸贸易。此后，大西

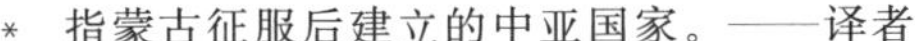

* 指蒙古征服后建立的中亚国家。——译者

洋和印度洋便成为到远东去的坦途海道。15 世纪的地理大发现,在总体上改变了商业贸易的局面。值得注意的是,如果没有罗盘和科学的制图学的发明,没有造船技术的巨大进展,进行如此长距离的远航是不可能的。瓦斯科·达·伽马和哥伦布,确如彼得拉克和列奥纳多·达·芬奇一样,是他们自己那一类复兴运动的产物。

奴隶制在 14、15 世纪时有了大的发展,这一事实对于那些笃信进步理论以及认为文艺复兴时代是何等"开明"的人士来说,确实是难于接受的景象。1258 年蒙古帝国的瓦解,土耳其人的崛起和扩张,帖木儿撼山动地的征服战争,驱散了大批人口,使他们或是四处逃亡,或是被俘为奴。同时,葡萄牙人开拓了西非沿海地区,带来了许多黑奴。结果,地中海各国的奴隶不断增多。威尼斯和热那亚的奴隶贩子从土耳其买进切尔克斯人*、保加利亚人、塞尔维亚人、亚美尼亚人和叙利亚人。阿尔及利亚和摩洛哥的奴隶贩子则向加泰罗尼亚和普罗旺斯的商人贩卖尼格罗种人和黑人奴隶。葡萄牙人从塞内冈比亚、几内亚海岸和尼日利亚带走了数以千计的人。意大利语"莫罗"(moro)一词指任何黑色皮肤的人,黑人则被称为 moro negro("莫罗黑人")。但不知奥塞罗是纯"莫罗"人还是实际上的埃塞俄比亚人? 15 世纪末,由于罗马极为富有,这里成为主要的奴隶市场。阿拉贡的天主教国王斐迪南在 1488 年送给教皇英诺森八世 100 名摩尔人作为礼物,教皇则把这些人分赠给红衣主教和贵族们。这种奴隶贸易被认为是合理的,理由是这些被擒获者大都是回教徒或异教徒。但这一理由并不适

* 今苏联高加索境内的一个民族,15 世纪处于土耳其人奴役下。——译者

用于亚美尼亚人、保加利亚人和塞尔维亚人。东方妇女多被用作家内女仆，其中艳丽者被择为妻妾。有些淫荡的西西里和意大利贵族竟有数房婢妾。富人大家以其拥有身为黑奴的角斗士、魔术师、卖艺者甚至爵士乐队为荣耀。

中世纪晚期的一个突出现象就是制定了大量禁止奢侈的法律。此种立法的目的，一方面是为禁止新发迹阶级在衣着、餐具、家具、珠宝上过度挥霍浪费钱财。一种流行的想法是要注意使每个人墨守其社会地位和名分的界限，以维持社会的稳定。由此出现了许多有关衣着的繁琐法律。从另一方面说，这类立法是关于举止和品行的简朴要求的一种表示，人们可从中看出清教主义的端倪。但是这些法律的主要目的可能是在经济方面。有关财富性质的谬误之见盛行于各个时代。14、15 和 16 世纪的（固然还有 17、18 世纪的）经济理论实际上是把贵金属视为财富本身。凡在国外出售货物换回黄金储存在国内的国家将日益富有，而输出黄金的国家则会日益贫困。禁止奢侈浪费的立法，目的在于保持贵金属的有利于政府的平衡。用伯利爵士的话说，伊丽莎白时代的英国国内政策是“以各种政策措施，限制使用我们并不需要的国外商品”。直到 1776 年亚当 · 斯密发表其《国富论》时，这种“重商主义”理论才告无效。而且事实已经证明，两个国家可以通过售出其拥有的多余货物，购进所需货物而达到互利。禁止奢侈浪费的立法之另一个目的，是保护国内工业，因为华贵的纺织品一般来自国外。

优雅举止的衰减是中世纪晚期一个引人注目的社会现象。旧

封建贵族的衰败使许多世代长期遗留和精心培育出来的那些旧日美德黯然失色。高雅恭谦的谈吐和举止、绅士的风度和淑女的娴雅尽随“豪绅”阶级的经济衰退和政治败落而消逝。“节操”、“快乐”、“忠实”、“多情”、“贤明”、“守秘”、“慷慨”、“勇敢”、“顽强”、“大胆”、“侠义”等词汇表示的古老的高贵品质已失去其意义。因为曾经珍重这些品质的那个阶级已经消失，这些品质的价值也就消失了。这些词中的每一个词都具体地表明已经逝去的世俗美德的一个方面。到了此时，它们不是被废弃不用，就是以一种退化的意义流行于世。“勇敢”甚至已不再是一个古词；“节操”的概念已发生了极大变化；昔日“快乐”的含义与近代的含义差别很大；“侠义”也仅是一个浪漫色彩的词汇；至于“多情”一词，现代人认为毫无可信之处。

从以前的依附农民中兴起的市民阶级——其中许多人身居高位、极为富有——形成了新的暴发贵族，对旧贵族中精心养成的古老传统甚为陌生。因此，温良恭谦的风尚衰微了，人们品行变得粗野起来，言谈举止蛮横鲁莽。但是，像任何时代的社会野心家们一样，新发迹阶级乐于模仿他们反对并取代的那个阶级。许多败落贫穷的贵族作为家庭教师受聘于富有市民之家，他们的职责主要不在智力教育方面，而在其禀赋的道德影响上。关于礼仪、礼貌问题的书籍极为流行，是当时著述方面的一个独特现象。1455年左右发明印刷术以后，这类书籍即在最畅销之列。例如在英国有卡科斯顿的《礼貌手册》，在法国有《勒·图·兰德里骑士篇》。最著名的是巴尔达萨雷·卡斯蒂廖内在意大利出版的《朝臣楷模》一书。这类书还可以列出许多。

财富不仅创造财富，而且新的财富与由此产生的不可避免的社会变化相结合，还孕育新的思想。中世纪意识形态的瓦解给新思想发展造成机会。中世纪的人所受的教育使他把教会的信条视为毋庸争辩的事实。这些使人感到是事实的信条甚至给当时的经济生活打下了印迹。经院哲学意识形态和 13 世纪经济生活之间存在着联系。但是，民族国家和自由城市的兴起，伴随着经院哲学的衰落，导致了新思想的产生。

> 甚至早在宗教改革时代以前，经济生活的复杂性就使得圣托马斯·阿奎那阐明的、并记载于教廷法规中的那些限制经济贪欲的旧伦理道德越来越难以维持。用产生于农村贸易实践中的概念表达的社会道德理想主义，无论其何等正确，也根本不能约束新的国际商业主义及其广泛而复杂的联系。经济生活日益世俗化了，所以指导经济的不是法律，而只不过是深思熟虑的自我利益，这主要是由于基督教的理想主义在发现旧的思想工具无能为力时，不能熔铸出新的控制工具。①

中世纪晚期与教会禁止牟利相对抗的企业精神的造反，即为一例。不过另一种注定必然具有广泛影响的思想也在中世纪晚期产生了。这就是反教权主义。

从长远观点看问题，我们可以说，腓力四世和爱德华一世的政

① 见《大西洋月刊》，N. 尼布尔对 R. H. 陶尼所著《宗教和资本主义的兴起》一书(1926 年纽约版)的评论。

策就是反教权的。但是，这里“反教权”一词所指的，是人们对于教会的巨万财富、巨额的捐赠、有实利的经济特权和他人不许享有的豁免权的日益增长的不满情绪或公众舆论。此种变化的一个迹象是教产越来越多地被划归俗界使用。另一个更为重要的迹象，是旨在限制或剥夺教会上述物质收益的立法增多起来。当今那些经济和社会的理想家们极力去左右各国政府。15 世纪时，他们却极力去控制教会。

威克里夫早就宣传说，国王不仅可以，而且必须夺走滥用权力的邪恶教会的财产，任何反对国王的教皇或主教都应被视为异端和破坏教会和平者而撤销其神职；枢密院应该打破教会对任何土地和地租的永恒占有，夺取土地和租税，而置于国王和世俗权力的控制下；所有的捐赠都是有害的桎梏……这里有一个明确的计划，要把这些无益的财产用来资助教会、法庭、军队和穷人。实际上，该项计划早在此十多年前已由约翰·帕维在一本专题小册子中提出过。[①]

威克里夫的追随者为实现他的主张，毫无怠慢，立即行动。

许多国会骑士认为，如果国王占有当时尚为主教、大修道院长和副修道院长们浪费的财产，那么他就可以用这些钱维持 15 个伯爵、1 500 名骑士和 6 200 名法官，此外，还可以得

① 维利，前引书，第 3 卷，第 309 页。

到 20 000 镑的年收入以充王室金库。据估算，仅从大修道院夺取的这些可自由处理的基金，其总数每年可达 322 000 马克（相当于 214 666 镑 13 先令 4 便士）。如果合理使用这笔钱，就可以帮助每个城镇维持那里穷苦人的生计，比当时多维持 100 多所救济院，每个救济院将由两名世俗教士照料，每年资助其 100 马克。同时，除了这个数字以外，小教堂还将获得足够的钱以资助 15 000 名教区神父和僧侣，每人每年付以 7 马克的常薪。这些明确的数字并未见于正式案卷。其中最早的估算是亨利五世的传记作家提供的，这是他在大约 30 年以后写的。但是，他提供的细节能够使我们确信，总数只是粗略的估算，正像在当时缺少精确的详细统计的情况下，不得不常常做的那样。

1439 年法国的“国务诏书”* 将教会的税收权置于国王控制下，这使得反教权主义在法国难以传播。然而，在德意志和意大利却有许多反教权立法的例证。德意志城市极力迫使教会组织处于城市司法管辖之下，缴纳一些款项，作为市政当局保护他们的报酬。德意志帝国城市的官方档案保存了大量证据，表明城市竭力剥夺教会免税特权以增加市政当局的岁收。宗教改革的经济背景就蕴藏在这些事件之中。

“导致路德派反叛的动机，不论从长远看还是切近地看，在很

* 即“布尔日国事诏书”，宣布教皇权应在宗教会议之下，反对教皇在法国征税，保持法国教会独立。据美国学者威廉·兰格主编的《世界史编年手册》记载，该诏书是 1438 年颁布。——译者

大程度上都是世俗性的，而不是宗教性的。”此种说法极为真实。[①]德意志人民对教会的许多行径和做法的日益增长的愤懑，早在改革风暴爆发前整整一个世纪就已经显而易见了。1529 年瑞士的圣加尔城为了勾销欠负当地修道院的 6 000 弗罗林债务而改信新教。不幸的是僧侣们自己却未能洞悉时代发展的迹象，而激烈反对城市对教产以及由教会出售的农产品和加工产品征税。城市里的修道院甚至要求将这种豁免权扩大到世俗信徒弟兄们，即所有那些在教产上居住并被教会雇佣干活的人。但是城市坚持要把纯粹为教会目的使用的财产和属于僧侣个人的生产所得的财产区分开。他们尤其反对教会的永久产业，因为这种产业对城市财政破坏极大。民众情绪常常激愤起来，城市中的修道院不止一次地遭到愤怒民众的攻击。奥格斯堡、乌尔姆、巴塞尔、弗赖堡等城市，地方政府严厉要求教会遵行纳税义务。巴塞尔城甚至要求当地僧侣服军役，理由是市政府的保卫及于所有的人，故每人都应承担义务。这种反教权情绪对于修道院教士比对于世俗教士更为激烈。德意志大修道院院长特里塞缪兹 1493 年悲哀地写道：“君主们曾建造了修道院，并向它们捐赠。如今，他们却剥夺、摧毁修道院。”三年以后，我们看到，他再次哀叹道：“建造修道院的日子已经过去了，它们的毁灭之日已经来临。”英国对修道院大规模的剥夺也为期不远了。1517 年 9 月 9 日，伊拉斯莫写道：“在世界的这块土地上，我担心一场大革命迫在眉睫。”

法国和荷兰的卡尔文教派和英国的清教派所体现的 16 世纪

① 亨利·查理·利。

的实业精神，是15世纪反教权主义的副产品。

> 卡尔文主义接受了来自修道院环境的禁欲善行的思想，并把它传布于尘世。由此导出的第一个最为重要的基本信条是，浪费时间是弥天大罪。每个人都必须在他的职位上刻苦工作，因为艰苦的劳动，不论体力还是脑力的劳动都可以有效地防止各种邪恶罪孽的发生。而且，不仅如此，上帝的选民应该抓住上帝显示给他的任何合法发财的有利机遇。被韦伯*推为新教核心代表人物的巴克斯特提出"假若你拒绝了这个机运，而选择了稍差的获利机运，那么，你就错过了一个上帝给你的呼召的目标，你就是当上帝要求你时，拒绝做上帝的代理人，拒绝接受上帝的恩赐，拒绝为了上帝而利用那些恩赐"。很容易看出，这种态度会如何激励资本主义的事业。[①]

反教权主义的温和表现，可以从城市民众对僧侣过分控制教育的反抗中看到。早在12世纪，此种思想即已初露锋芒。12世纪中期，根特的大火焚毁了教堂学校，市民们得益于这场灾难，开办了一所世俗学校。但是，这却使当地圣彼得修道院的僧侣大为恼怒，他们希望教堂学校的焚毁能使他们自己的学校得利，因而向罗马提出抗议。教皇亚历山大三世支持两个教士集团对市民的指

---

* 马克斯·韦伯（1864～1920年），德国社会学家和经济学家，认为新教思想、特别是卡尔文主义同资本主义的发展有密切联系。——译者

① 《伦敦时报文学副刊》，1930年7月10日，评马克斯·韦伯所著《新教伦理和资本主义思想》一书，塔尔科特·帕森斯译。

责。结果，这项教令又使佛兰德伯爵不满。1179 年，他建立了一所世俗学校，学校的教师是一位公证人。1195 年伊普雷人创立了一所市立学校。到 13 世纪时，佛兰德城市学校便广为普及。这些学校分为三等：初级学校、中等学校和高等学校。而在文艺复兴时代的意大利教育同样有很大的发展，正如我们已经看到的那样。

对世俗教育和世俗学校的这种要求，具有实用的目的。商人们愈来愈需要有读写的能力，而且需要能写会念的书记员，不过不是使用拉丁语，而是使用本国语；不是去钻研神学，而是去记账，而且要能够处理商务文件。文艺复兴包括一种功利主义的人生哲学，一种对新的教育方针的要求，以及进行产业和技术训练的愿望。

有几位颇具慧眼的中世纪思想家，曾经认识到通晓商务乃是教育的主要部分。英国的顿斯坦（故于 988 年）要求每一位教士通晓一门手工技艺。12 世纪，奥顿的和诺留、圣威克托的雨果，以及坎特伯雷大主教凯尔瓦迪（1272～1279 年），都做过机械技艺的分类。

毫无疑问，14、15 世纪的手工技术专长显然已从 13 世纪曾达到的高水平下降了。由于行会内部的变革，匠师成为雇佣资本家，一般工匠被排斥于行会之外，这就严重地损害了工匠们的聪明才智和工作效率。因为工匠们已无心工作，他们成了人体工具，产业苦工。他们竭力去争取尽可能高的工资，和尽可能短时间的工作，却对自己的产品质量漠不关心。除了几个专门的手工艺，例如铠甲手艺外，熟练的工匠和手艺人已不多见。朗兰在长诗《农夫皮尔斯》第 5 961～5 970 行中发出这种抱怨。近代之初问世的空想主义文学作品，例如莫尔的《乌托邦》，所提出的教育的课程中就包括了职业训练。这是一个重要史实。每一个乌托邦居民不仅要掌握一门手艺，而且还要谙熟农耕。

> 使莫尔提出对群众进行产业教育这一规定的背景，在书中表现得很明确。《乌托邦》开卷几页集中谈到了压在穷人身上的无数重负——频繁的混战，富人们的懒散奢侈，粮田变为牧场，而又缺乏必要的条件以使群众受到足以让他们维持生计的职业训练。在莫尔生活的时代，普遍对这些条件下产生的问题极为关心，这一点从下述事实可以得到说明，即创设为穷人准备的，并对穷人加以培训的教区学徒制度的立法，就是从这个时期开始的。①

拉伯雷在其《巨人传》第 24 章中提出了他的教育观点。他希望他的学生“去看人们如何冶炼金属或铸造枪炮；看宝石工怎样干活，金匠和宝石切割匠又怎样干活”，还要去“拜访炼金术士、造币工、室内装饰工、织工、丝绒工、钟表匠、镜匠、印刷工、乐器制造匠以及诸如此类的工匠”。法兰西斯·培根爵士在《新工具》第一卷，第 98～106 页中，有力地表述了同样的主张。

可惜的是，我们所了解的所有关于文艺复兴时期机械发明的进展情况非常之少。应用于中世纪的最熟知的工程机械，例如滑轮、螺旋起重器、起重机等早在罗马时代即为人知。人们始终用环

① 安德森：《社会的学校》，第 11 卷，第 371 页；也见邓洛普和登曼：《英国学徒制和童工》，第 248 页。

绕轮轴的踏车来提供动力，由一组人或一匹马驱动踏车，转动轮轴，卷起绞绳。绞绳的一端绕在轮轴上，另一端从一横杆上的动滑轮上伸出来。到16世纪时，在布鲁日、安特卫普和伦敦这样的工业重镇已普遍使用这种起重机。[①]

罗马人已经知道装有三个滑轮的绞动式滑车，即两个滑轮在上，一个在下的滑轮组；还知道装有五个滑轮的滑车，其中两个装在下面，三个装在上面；甚至知道“复合绞车”即装有许多滑轮的绞动式滑车。人们把这些机械装置用于船舶、磨房，或用于剧场提升沉重的幕布。中世纪使用这些机械的情况大体相似。起重机的技术术语是“卷扬装置”，“起重机”一词是从布鲁日城市的大起重机得名而成流行用语，这台起重机的顶端横轴上饰有一排木制鹤。伦敦上泰晤士河街三鹤胡同的名字就取自一度安装在江边低处的起重机。我们还看到，1438年，在德意志有另一种起重机，它是用一组由复滑车带动的重砣启动的。[②]

中世纪建筑师使用一种被称为avis，即“鸟”的提升设备，把泥灰和其他材料送到高处，法文中至今仍把它称为oiseau(鸟)。查理大帝的《庄园敕令》中(第45、62节)两次提到木旋工。820年史料提到圣加尔城有一旋工作坊。金属抽丝工艺出现在15世纪的纽伦堡。1373年特里尔市议会记录中提到了钻井，而到15世纪时，钻井已很常见。1438年的一部手稿中，画着在长铁链上装有若干吊桶的水泵。旋转筒水泵也已经使用了。棘轮、链轮、偏心轮

---

① 有关布鲁日起重机的图形，参见马尔科姆·莱茨所著《布鲁日》一书，第32页。

② F.M.费尔德豪斯：《古代技术》，第521页。

和曲轴也已经为人们所知。[①] 被称为 chiveria 的矮小手推车得到了普及。而且，当我们知道现在通用的转门早在 6 世纪就已存在时，一定会为之惊讶。在德意志，它被称为“旋转门”。

早在 1272 年，卢卡城就已使用了与掷丝装置相联的纺织机械，并由此传到意大利北部、法国、奥地利、瑞士。水磨最先出现于 6 世纪的意大利、风磨则在十字军东征时由东方传入。在古典时代，锯木用手工操作，悬在支架上的锯由两人各持一端来操纵。这在整个中世纪也完好地流传下来。高卢诗人奥舍尼乌斯在其散文诗《摩泽尔河》第 361～364 行中描述了这种操作。1245 年，在德意志最先提到水力锯木，14、15 世纪时，先进的德意志城市已建立起市立锯木场。[②] 上射水轮和下射水轮都很普及。早在 13 世纪以前，锯木劳动就已发生了由手工工具变为机械工具操作的革命性变革。当时一部手稿的一幅插图就画有锯木板的机械。锯刃与一个杠杆装置平行，该装置自动推动木料向前，木料即被锯开。这种原始的锯木场显然是用人力驱动。但是，在 16 世纪的图画中可以看到，水力驱动已用于同样的机械上，并使用了多刃锯。15 世纪还发明了装有明轮推进器的船只，关于这一发明的几幅图画流传至今；但这种装置无论用手力或踏轮都难以使轮桨达到足够的转速，因而实际上难以采用。转动烤箱是一种机械烘烤器，其烤叉由装在炉罩内的一个风扇推动着转动。约在 1420 年，在德意志发明了螺丝钉、螺杆和螺母。

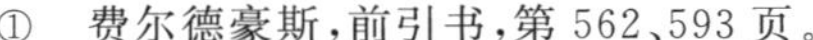

① 费尔德豪斯，前引书，第 562、593 页。

② 费尔德豪斯，前引书，第 893 页。

在所有这些标志着欧洲历史已经从中世纪境界转入近代范围的引人注目的经济变化中，给人印象最深的，是物价上涨，概而言之，就是生活费用的增加。由于工资保持不变，这种状况就更加令人触目。人们由此而陷入了进退维谷的困境。早在13世纪，物价即已开始上涨，但是对此毕竟还有所补偿，因为工资大体上同物价的变动保持平衡，直到14世纪中期，黑死病的猖獗才造成了一场危机，有关这场危机的性质我们在前一章已经谈及。日益发展的资本主义势力加重了这场导致剧烈动乱的令人厌烦的灾难。资本主义势力的代表者为了尽可能增加利润而奉行压低工资、延长工时的邪恶政策。结果，劳动阶级中经济上的不满情绪普遍增长，社会动乱日益加剧，到1380年左右，这种状况到达顶点，爆发了罢工、骚动甚至激烈的人民起义。

然而，物价的飞涨受到两种因素的限制。由于可开采的表层银矿已近枯竭，而矿井开采工艺尚未发展到能够克服深井中地下水的技术水平，因而自1200年到1450年前后，欧洲白银产量下降了。而且，战争连年不休，在东方抵抗土耳其人，在西部则有百年战争，因此大量消耗贵金属，以致通货膨胀的祸害无法落到人民身上。法国即使在与英国长期斗争结束之后，物价仍缓慢上涨，工资则在下降。但是，路易十一采取了精明有效的政策，使物价趋于稳定，在其统治末年，开始出现新的繁荣，持续到查理八世统治时期和路易十二统治初年。与此同时，整个欧洲贸易价格略有下降。此后，上涨的曲线停止了。意大利战争的耗费再次造成物价下跌的趋势，当然这必定也影响到亚平宁半岛。同时，土耳其人对欧洲侧翼（匈牙利）的进攻，对德意志也起了同样的作用。

然而，这些大战役造成的捐税重负，在经济上的破坏作用也许比另一项新事态造成的破坏要小些，那就是15世纪后半期德意志采矿技术发生的革命变革。用这种新技术，可以进行深井采矿。结果，富格尔家族、霍克斯泰特尔家族和其他大矿主控制下的德意志、波希米亚和蒂罗尔各银矿，开始向欧洲输出大量贵金属，其数量之大，以前在欧洲从未见过。其结局就是通货膨胀，物价上涨。

从下面这张附表中可以具体说明这些变化（以法国为例）。①

统治者	年份	实价	各统治时期平均实价	按1914年以前法郎价值计算之购买力
路易十一	1461～72	6.097法郎	6.255法郎	61法郎
	1473～83	6.541法郎		
查理八世	1483～86	6.024法郎		55法郎
	1487～92	5.640法郎	5.651法郎	56法郎
	1493～95	5.471法郎		57法郎
	1496～98	5.471法郎		
路易十二	1498～1502	5.471法郎		57法郎
	1503～07	5.471法郎		58法郎
	1508～11	5.471法郎	5.433法郎	57法郎
	1512～15	5.324法郎		55法郎

我们可以发现，1500年到1520年之间物价逐渐地涨上去，而工资的增加却没跟上。食品费用和各类租金都提高了，而工资和薪金却没有相应增加，这招致了广泛的不满情绪，这种不满发展到高潮就成为罢工、骚动和要求革除弊端、给予救助的民众喧嚷。而不知所措的政府不能满足这些要求，他们面临着一个无形的敌人。在正式职业之下是临时性劳工，他们开始形成一种危险的力量。

① 引自保尔·拉沃：《16世纪普瓦图的价格危机》，载《历史杂志》，第72卷，第1页。

失业或半失业大军流动于各城镇之间，最后停留在最大的城市里。流浪变成了对公共秩序的威胁。贫民院、育婴堂、慈善团体和城市救济所只能引诱更多的无业者，因为这些机构把寻找工作做的人和逃避工作的人混淆在一起。劳动条件持续恶化。毫无疑问，1500 年以后，民众生活水平下降了，而实业阶级却发了大财，正像经济危机时代的暴发之徒经常所做的那样。

这种穷困的基本原因，并不像有些人可能认为的那样，是由于法兰西斯一世和查理五世之间、瓦洛亚王朝和哈布斯堡王朝之间为争夺欧洲霸权而进行的长期大战所致。这些冲突造成的损失表现为苛重的捐税、资金的糟蹋和商业的中断，代价固然惨重。但总的看来，它们的后果所起的破坏性作用，还是比西属美洲殖民地大量白银开始充斥欧洲，引起通货急剧膨胀所造成的破坏作用要小些。富有得几乎令人难以置信的波托西和墨西哥矿山的白银以及秘鲁印加帝国的黄金，在除了亚历山大征服东方，罗马征服希腊、迦太基以外，人们前所从未见的广大范围内，起了德意志矿业复兴在小范围内曾起过的那种作用。“在很长一段时间内，物价关系动荡不定，这对社会制度的演变，对各个阶级的分化改组起了重要作用……贵金属充斥于欧洲，导致了在近代（如果不是全部历史的话）硬币基础上发生的一场最大的价格革命。”[①]16 世纪从美洲西印度群岛输入欧洲的金银绝对数字是 16 632 648.20 公斤白银和 181 234.95 公斤黄金，此中尚未计入走私贩运的部分。[②]

---

① 汉密尔顿：《经济和商业史杂志》，第 1 卷，第 1 页。

② 见汉密尔顿：“输入西班牙的美洲金银”，载《经济学季刊》，第 43 卷，第 436 页。

如此大幅度通货膨胀的后果，就是当时令人触目的货币购买力的可怕的低落。法兰西斯一世统治时期(1515～1547 年)利佛尔的购买能力从其前任统治时期的 55 法郎下降到 47.85 法郎，1547 年到 1559 年又下跌到 27.50 法郎，1559 年到 1610 年降到 12.50 法郎。按 1914 年以前美元比价计算，这些复本位制中金银法定比价意味着法国利佛尔在不到一百年时间里从 12.20 美元下跌到 2.40 美元。1200 年价值 22 000 法郎的财产到 1300 年仅值 16 000 法郎。到 1400 年仅值 7 500 法郎；1500 年仅值 6 500 法郎。而在 16 世纪，即在西属美洲殖民地白银大量流入欧洲的时代，那份值 6 500 法郎的财产竟然下降到 2 500 法郎了！还应记住，在那个世纪，整个欧洲的情况在很大程度上与该世纪法国的情况相同。

> 1597 年，安达卢西亚的物价几乎 5 倍于同一世纪初的物价……这一时期法国物价上升的趋势……似乎相似……16 世纪头 25 年间，法国物价开始上涨，到同一世纪最后 25 年达到最高点……到 16 世纪末，法国物价停止上涨，(但是)北欧各国上涨的趋势却持续到 17 世纪。[①]

1650 年，英国物价上升到最高点，相当于 1451～1500 年物价的 3.31倍。

从这些数字中，我们看到了另一个依据，说明宗教改革运动何

---

① 汉密尔顿：《经济和商业史杂志》，第 1 卷，第 31～32 页。

以具有经济——社会的特点，何以成为发泄普遍不满的一种方式。而且，还须看到，1600 年以后不久，这种灾难迅即达到顶点，这与劳动阶级最初从欧洲迁居美洲殖民地的时间刚好相吻合。他们希望在美洲找到较好的生活环境，或至少可以摆脱国内的环境。毫不奇怪，17 世纪是以欧洲居民向新世界迁徙为其特征的。新英格兰、弗吉尼亚，乃至我国所有沿海各州的移民开拓，更多地是由于欧洲的经济灾难和社会怨恨而不是由于宗教迫害引起的。

译　后　记

一、本书由1982年参加东北师范大学历史系主办的“中世纪史进修班”的中青年世界中世纪史学者协力译出，并得到有关学校和单位老一辈学者的关怀和帮助。

二、参加本书译校工作者如下（以章节的先后为序）：

序论，第四、五、二十二章，陈志强（天津南开大学历史系）译，庞卓恒（天津师大历史系）校；

第一、十二章，沈之兴（华南师大历史系）译，郑如霖（华南师大历史系）校；

第二、三章，洪明（武汉大学历史系）译，卢鹤纹（南开大学经济系）校；

第六、八、十一、十八、十九章，潘绥铭（中国人民大学历史系、原东北师大研究生）译，徐家玲（东北师大历史系）校；

第七、十四、二十一章，四川大学历史系孙锦泉译，潭英华（第七章）、卢剑波（第十四、二十一章）校；

第十三、十五、十六章，《历史研究》编辑部张云秋（原东北师大研究生）译，徐家玲校；

第九章，宫秀华（东北师大历史系）译；卢文忠校；

第十、十七章，徐家玲译，卢文忠校；

第二十章，牡丹江绥化师院王洪慈译，卢文忠校；

全书由徐家玲主校、统稿。

三、在本书翻译的全过程中，受到东北师大郭守田教授和朱寰教授多方面的关怀和支持；东北师大古典文明研究所的韩景涛副教授和中国人民大学经济系的徐璇教授也曾给予具体指导。谨在此表示衷心的感谢。

四、由于水平的限制，加之有关参考书欠缺，译文中错误疏漏之处一定不少，恳请读者多加批评指正。

主 译 者

人名译名对照表

二　画

卜尼法斯　Boniface
卜尼法斯八世　Boniface Ⅷ

三　画

马丁，爱德华·J.　Martin, Edward J.
马塞尔，艾蒂安　Marcel, Etienne
马赛厄斯　Mathias
马歇尔，艾尔弗雷德　Marshall, Alfred
马基雅维里　Macchiavelli
马克西米利安一世　Maximilian Ⅰ
于阿尔　Huard, M.

四　画

巴尔托利，贝蒂洛　Bartoli, Bettino
巴尔托洛梅奥　Bartolomméo
巴尔德罗夫拉　Valderrobla
巴林　Baring
巴康，罗杰　Bacon, Roger
巴赞，托马　Basin, Thomas
巴那夫　Barnave
巴切特，阿　Bachet, A.
巴特勒，本　Butter, Ben
巴克斯特　Baxter
巴耶塞特　Bayezid
巴泰勒米　Barthelmy
巴列奥略，约翰　Paleologus, John
巴蒂斯塔，莱翁　Battista, Leon
贝海姆，马丁　Behaim, Martin
贝海姆，汉斯　Böhm, Hans
贝里　Berry
贝德福　Bedford
贝罗黎，安杰洛　Berorieri, Angelo
瓦沙，古斯塔夫　Vasa, Gustavus
瓦尔基　Varchi
瓦西里一世　Basil Ⅰ
比基　Biche
比特曼　Bittermann, H. R.
比兹雷　Beazley
乌尔比诺　Urbino
乌尔利希　Ulrich
乌扎诺　Uzzano
韦伯，马克斯　Weber, Max
厄谢尔　Ussher
邓洛普　Dunlop
尤利乌斯　Julius
扎克利亚，马丁　Zaccaria, Martin
孔佐布里努斯，若安内斯　Consobrinus, Johannes

五　画

卡西米尔　Casimir
卡西米尔三世　Casimir Ⅲ
卡尔，威廉　Carl, William
卡塞　Kaser
卡奇，福尔科　Caci, Folco
卡恰，富尔奇奥　Cacia, Fulcio
卡波尼　Capponi
卡皮尼，普兰　Carpini, Plan

六　画

安德罗尼卡二世 Andronikos Ⅱ
安杰利科 Angelico
达里，罗伯特 Dary, Robert
达热蒙，皮埃尔 d'Agemont, Pierre
达诺切拉，梅塞雷·皮埃罗 da Nocera, Messer Piero
达卡斯特罗，乔瓦尼 da Castro, Giovanni
约翰 John
约翰三世 John Ⅲ
约恩，简 Yoens, Jahn
亚当斯，亨利 Adams, Henry
亚历山大三世 Alexander Ⅲ
亚盖洛，符拉迪斯拉夫 Jagello, Vladislav
圭多 Guidi
圭贝蒂尼，彼得罗 Guibertini, Pietro
圭恰尔迪尼，路易吉 Guicciardini, Luigi
乔托 Giotto
乔治 Georg
乔安娜 Joanna
多维，让 Dauvet, Jean
多伦，阿尔弗莱德 Doren, Alfred
多泽纳克，安托万 Dozenac, Antoine
列奥十世 Leo X
列维斯 Lewis, G. R.
迈耶 Meyer
迈因哈德 Meinhard
丟勒 Dürer
朱里塔 Zurita
考茨基 Kautsky
华莱士，威廉 Wallace, William
吉斯帕里赫特二世 Gijsbrecht Ⅱ

七　画

阿特维尔德，雅克·范 Artevelde, Jacob Van
阿特维尔德，腓力·范 Artevelde, Philip Van
阿特维尔德，詹姆斯·范 Artevelde, James Van
阿尔伯特 Albert
阿尔博诺 Albornoz
阿方索三世 Alfonso Ⅲ
阿方索五世 Alfonso Ⅴ
阿布—赛义德 Abu-Said
阿道夫 Adolf
阿施雷 Ashley
阿诺德，威廉 Arnold, Wilhelm
阿多尔，乔瓦尼 Adorno, Giovanni
阿奎那，圣托马斯 Aquinas, St. Thomas
阿曼涅克 Armagnac
阿森沃尔 Achenwall
阿里亚斯，吉诺 Arias, Gino
阿克尔曼，弗朗茨 Ackermann, Franz
阿奇阿茹里，安东尼奥 Acciaijuoli, Antonio
利奥波德 Leopold
利奥波德五世 Leopold Ⅴ
利顿，布韦尔 Lytton, Bulwel
利布耶 Lybyer
利波曼诺，尼古拉 Lippomano, Nicolaus
杜尚，斯蒂芬 Dushan, Stephen
杜布瓦，皮埃尔 Dobois, Pierre
杜尼弗尔，皮埃尔 du Nievre, Pierre
杜夏特尔，唐内居伊 du Chatel, Tanneguy
亨利 Henry
亨利四世 Henry Ⅳ
亨利七世 Henry Ⅶ
亨利八世 Henry Ⅷ
亨利，马丁 Henry, Martin
克力门五世 Clement Ⅴ
克力斯田二世 Christian Ⅱ
克拉特贝克 Clatterbeck
沃迪马三世 Waldemar Ⅲ
沃尔辛厄姆 Walsingham
芬克 Finke

八　画

九　画

科勒，茹瑟夫　Kohler，Josef
科恩，古斯塔夫　Coen，Gustavo
科曼尼　Commines
科洛姆　Colomb
科瓦列夫斯基　Kovalevsky
哈克，伊本　Haukal，Ibn
哈克，鲁道夫　Häpke，Rudolf
哈孔　Haakon
费伊　Fay
费里斯　Ferris
费尔德豪斯　Feldhaus
洪约迪，约翰　Hunyadi，John
洪诺留三世　Honorius Ⅲ
洛梅利诺，查尔斯　Lommelino，Charles
洛梅利尼，莱奥内洛　Lomellini，Leonello
珊兹　Schanz
珍妮　Jeanne
保尔，约翰　Baul，John
津克，伯纳德　Zink，Bernard
柯尔柏　Colbert
施穆勒　Schmoller
查理四世　Charles，Ⅳ
威克里夫　Wyclif
洪诺留三世　Honorius Ⅲ

十　画

格利哥里七世　Gregory Ⅶ
格利哥里九世　Gregory Ⅸ
格利哥罗维斯　Gregorovius
格哈德　Geihard
格林劳，约翰　Greenlaw，John
格洛斯特　Gloucester
格勒尼埃，帕基耶　Grenier，Pasquier
莫尔，托马斯　More，Thomas
莫尔蒂默　Mortimor
莫罗，卢多维科·伊尔　Moro，Ludovico Ⅱ
莫里斯　Maurice，F. D.
莫梅蒂　Molementi
莫厄海德　Muirhead
莫切尼戈，托马索　Mocenigo，Tomaso
爱德华　Edward
爱德华一世　Edward Ⅰ
爱德华六世　Edward Ⅵ
爱克，扬·范　Eyck，Jan Van
爱伦堡　Ehrenberg
爱伯哈德　Eberhard
埃当普　Étampes
埃夫勒　Evreux
埃布纳，马修　Ebner，Matthew
埃德勒，佛罗伦斯　Edler，Florence
埃米利亚尼—圭迪奇　Emiliani-Giudici
朗兰，威廉　Langland，William
朗克，利奥波德·冯　Ranke，Leopold von
朗廷杰　Runtinger
朗契诺特，路易吉　Roncinotto，Luigi
诺琴，因戈　Nocentius，Ingo
诺利斯，罗伯特　Knollys，Robert
莱茨，马尔科姆　Letts，Malcolm
莱维特，伊丽莎白　Levett，Elizabeth
泰勒，瓦特　Tyler，Wat
泰拉尔，雨果　Teralh，Hugo
索勒尔，德尔　Soler，Del
索雷尔，阿涅丝　Sorel，Agnes
陶尼　Tawney
配第，威廉　Petty，Willian
桑巴特，维尔纳　Sombart，Werner
真蒂利，马尔科　Gentili，Marco
夏蒂埃，阿兰　Chartier，Alain
海德维希　Hedwig

哥伦布，克里斯托弗　Columbus，Christopher
桑戴克　Thorndike
特里塞缪兹　Trithemius

十一画

维斯孔蒂，瓦伦丁　Visconti，Valentine

十 二 画

腓力三世　Philip Ⅲ
腓力四世　Philip Ⅳ
富格尔，雅各布　Fugger, Jakob
富格尔，约翰内斯　Fugger, Johannes
温菲林　Wimphiling
温策尔　Wenzel
道伦，米肖　Dauren, Michau
道格拉斯　Douglas
蒂利　Tilley
蒂埃里　Thierry
森德尔，克莱门茨　Sender, Clemens
森图里昂，保罗　Centurione, Paulo
登曼　Denman
塔罗，尼古拉　Tharo, Nicholas
雅各布　Jacopo
斐迪南　Ferdinand
焦维奥　Giovio
谢泼德　Shepherd, W. R.
舒尔特，阿洛伊斯　Schulte, Aloys
琼金根，康拉德·冯　Jungingen, Conrad von
絮热尔　Suger

十三画

詹森，马克斯　Jansen, Max
詹诺蒂　Giannotti
詹金森　Jenkinson
詹姆斯　James
詹加莱亚佐　Giangaleazzo
路易　Louis
路易七世　Louis Ⅶ
路易九世　Louis Ⅸ
路德，马丁　Luther, Martin
雷姆，卢卡斯　Rem, Lucas
雷普高，艾克·冯　Repgow, Eike von
雷卡内利　Recanelli
塞，亨利　See, Henriy
塞利斯，乔治　Sayles, George
塞拉勒尔，雷蒙　Seraller, Raymond
福克纳　Faulkner, R. P.
福雷斯蒂，爱德华　Forestie, Edouard
蒙森　Mommsen
蒙雷亚莱，弗拉　Monreale, Fra
瑞特金格　Ratzinger
鲍德温五世　Baldwin V

十四至十七画

赫希沃格尔　Hirschvogel
德尔戈斯，雨果·范　der Goes, Hugo Van
德尔贝夫克，西莫内　del Befco, Simone
德尔托尔焦，乔瓦尼　del Torgio, Giovanni
德夏帕兰，蓬斯　de Chaparay, Ponce
德夏蒂荣，雅克　de Châtillon, Jacques
德夏巴纳，安托万　de Chabannes, Antoine
德沃尔，贝尔纳　de Vaulx, Bernard
德沃尔塔，因戈　de Volta, Ingo
德马尔，路易　de Mâle, Louis
德马里尼，昂盖朗　de Marigny, Enguerrand
德莫莱，雅克　de Molay, Jacques
德莫伦第诺，卜尼法斯　de Molendino, Boniface
德科洛瓦，让　de Caurroy, Jean
德科克莱尔，菲尔曼　de Coquerel, Firmin
德维拉热，让　des Villages, Jean
德维拉热，雅克　des Villages, Jacques
德尼　Denis
德博热，安娜　de Beaujeu, Anne
德烈热，雅克　de Leuge, Jacque
德瓦热，吉约姆　de Varge, Guillaume
德魏登，罗杰·范　der Weyden, Roger Van

德伯塞,埃弗拉尔　de Boessay,Evrard
德莱尔,M.利奥波德　Delisk,M.Leopold
德彼珊,克里斯蒂娜　de Pisan,Christine
德洛泰勒,让　de L'ortyle,Jean
德圣德尼,让　de St.Denis,Jéan
德克莱西,路易　de Crécy,Louis
德卢克斯,卢克　de Lukes,Luke
德佛劳尔,罗杰　de Flor,Roger
德内韦尔,路易　de Nevers,Louis
德诺加雷,威廉　de Nogaret,William
德里什蒙,阿瑟　de Richemont,Arthur
德邦瓦尔,热安　de Bonval,Jehan
德布罗斯,皮埃尔　de Broce,Pierre
德西塞尔,克劳德　de Syssel,Claude
德圣西罗,尼古拉　de Santo Siro,Nicholas
德昆塔尼,阿隆索　de Quintanilla,Alonso
德巴尔迪,马斯提诺　de Bardi,Mastino
德加盖萨尔,让　de Garguessalle,Jean
德圭皮埃尔,居伊　de Dampierre,Guy
德肖利阿克,居伊　de Chauliac,Guy
德塞尔沃莱,阿尔芒　de Cervolles,Armand
德蒙斯特莱,昂盖朗　de Monstrdet,Enguerran
德梅齐埃尔,菲利普　de Mezières,Philip
德卡杜尔西斯,佩恩　de Cadurcis,Payn
德拉隆西埃尔,M.查理　de la Roncière,M.Charles
德鲁米利亚科,拉尔夫　de Rumiliaco,Ralph
德埃斯皮诺萨,伽斯珀　de Espinosa,Gaspar
摩根　Morgan
摩蒂默,休　Mortimer,Hugh
穆基　Mouche
穆拉托里　Muratori
穆罕默德二世　Mohammed Ⅱ
霍雷肖,布朗　Horatio,Brown
霍克沃德,约翰　Hawkwood,John
儒贝尔,皮埃尔　Joubert,Pierre
儒弗内尔,让　Jouvenal,Jean
薄伽丘　Boccaccio
戴维森　Davidson
戴维逊,罗伯特　Davidsohn,Robert
戴马雷　Des Marez
戴夫内尔　D'Avenel
魏韦思,路易　Vives,Louis

图书在版编目(CIP)数据

中世纪晚期欧洲经济社会史/(美)詹姆斯·W.汤普逊著;徐家玲等译.—北京:商务印书馆,2017
(汉译世界学术名著丛书:120年纪念版:珍藏本)
ISBN 978-7-100-14143-7

Ⅰ.①中… Ⅱ.①詹… ②徐… Ⅲ.①欧洲经济—经济史—中世纪 Ⅳ.①F150.933

中国版本图书馆CIP数据核字(2017)第137995号

汉译世界学术名著丛书
(120年纪念版·珍藏本)
中世纪晚期欧洲经济社会史
〔美〕詹姆斯·W.汤普逊 著
徐家玲 等译

商务印书馆出版
(北京王府井大街36号 邮政编码100710)
商务印书馆发行
南京爱德印刷有限公司印刷
ISBN 978-7-100-14143-7

2017年12月第1版　　开本 710×1000 1/16
2017年12月第1次印刷　　印张 46 插页 3
定价:225.00元